10주년 기념판 추천사

임경근 목사님의 『교리와 함께하는 365 가정예배』 책의 10주년 기념판 출간을 진심으로 축하하며 함께 기뻐합니다. 가정예배는 자녀 신앙 교육의 근본입니다. 자녀 신앙 교육의 1차적 주체로서 부모의 가장 중요한 사명은 가정예배를 드리는 것입니다. 저에게도 제일 고마운 부모님의 음성은 "자, 이제 우리 예배드리자"였습니다. 한 주 168시간 중 주일 아침 교회 학교 한 시간만으로는 부족합니다. 한국 교회 신앙 계승을 위해 꼭 필요한 것이 가정예배 운동입니다. 특히 기독교 신앙의 핵심인 '교리'와 함께하는 가정예배는 자녀들을 견고한 하나님의 사람으로 세워 줄 것입니다. 이 책을 모든 그리스도인 부모들에게 가정예배 교재로 추천합니다.

박상진 _ 한동대 석좌교수, 장신대 명예교수

미국 개혁 교회에서는 어려서부터 하이델베르크 요리문답을 가정이나 교회에서 연속적으로 가르치는 전통이 있습니다. 그렇게 신앙 교육을 받고 성장한 교인들은 기독교의 기본 교리가 그들의 마음과 삶에 자연스레 스며들고 체화되어 온갖 거짓된 사조에 미혹되거나 흔들리지 않는 견고한 신앙의 토대가 확립됩니다. 그에 비해 한국 교회에는 그런 교육이 현저히 부재하다는 사실에 안타까움을 느낍니다. 그것이 교회 생활을 오래 했음에도 이단 사이비 사상에 쉽게 휘말리는 이들이 많은 문제의 근원일 것입니다. 이 책은 그런 문제의식에서 출발하여 교리 교육의 공백을 메우려는 부단한 노력의 결실이라고 봅니다. 하이델베르크 요리문답의 내용적인 순서를 따르되 어렵고 딱딱한 교리 해설이 아니라 기독교의 핵심 진리를 어린 자녀의 눈높이에 맞추어 쉽고 간명하게 풀었습니다. 그래서 한 가족이 다 함께하는 가정 예배용으로 또는 교리교육용으로 활용하기에 아주 적합한 책입니다.

박영돈 _ 고려신학대학원 교의학 은퇴교수

『교리와 함께하는 365 가정예배』가 지난 10년 동안 많은 사랑을 받아 왔는데, 이번에 10주년 개정판이 출간되게 된 것을 경축합니다. 제2차 종교개혁 이래 실제 생활 각 방면의 개혁을 이루어낸 화란 개혁 교회 전통을 몸소 경험하고 연구했던 저자가 하이델베르크 교리문답서를 재료로 삼아 본서를 집필하느라 심혈을 기울였습니다. 가정예배가 하나의 형식이거나 경건 생활의 올가미가 아니라, 창세기 35장의 야곱의 가정 부흥처럼 조국 교회에 속한 가정들의 가슴 깊은 경건이 불타오르게 하는 일에 장작들로 더욱 쓰임받기를 바라면서 모든 그리스도인 가정의 필독서로 권합니다.

이상웅 _ 총신대학교 신학대학원 조직신학 교수

『교리와 함께하는 365 가정예배』가 10주년 기념 양장본으로 출간하게 된 것을 진심으로 축하드립니다. 저도 고등학교 때까지 거의 매일 가정예배를 드리며 부모님으로부터 찬송도 배우고 성경에 대한 질문을 하며 신앙을 다졌습니다. 가정예배는 사실 '집밥'이라 해도 과언이 아닌데, 이 책은 최고의 요리사가 영양소를 고려해서(목차를 보면 놀랄 겁니다) 차려 놓은 뷔페 집밥입니다. 가정마다 이 고급지고 맛있는 집밥을 드시면 좋겠습니다. 저는 비신자를 만나 복음을 전하는 사역을 하고 있는데, 표현이 부드럽고 쉬워서 비신자와 같이 공부하거나 선물을 해도 좋을 것 같습니다.

강신욱 _ 낮은울타리교회 담임목사, 낮은울타리 대표

믿고 보는 저자 임경근 목사님의 『교리와 함께하는 365 가정예배』가 벌써 10주년을 맞았습니다. 가정예배는 그리스도인의 신앙생활에 없어서는 안 될 요소입니다. 하지만 가족들과 막상 가정예배를 드리려고 하면 어떻게 해야 할지, 또 어떤 책으로 하면 좋을지 막막할 때가 있습니다. 더 이상 고민할 필요가 없습니다. 이 책이 바로 그런 분들을 위한 선물입니다. 더구나 10년 동안 독자들의 사랑을 받아 온 책이기에 이제 한국 교회 가정예배의 '교과서'로 불려도 손색이 없다고 생각합니다. 저는 이 책의 특징을 이렇게 정리하고 싶습니다. 첫째, 저자의 해박한 신학 지식이 본문 해설에 녹아 있습니다. 둘째, 이 책은 일주일 단위로 성품에 관한 내용을 다룹니다. 교리적 지식은 성품 훈련이 동반될 때 더욱 진가를 발휘할 수 있습니다. 셋째, 이 책은 본문 해설과 관련된 성경 구절과 교리문답을 함께 제시합니다. 이것은 저자의 해설이 성경적이고 교리적인 근거가 있다는 뜻입니다. 저의 진심을 담아 『교리와 함께하는 365 가정예배』를 모든 성도들의 가정에 추천합니다.

권율 _ 부산 세계로병원 원목, 『전능자의 손길』 저자

저는 『교리와 함께하는 365 가정예배』를 가지고 1년 동안 가정예배를 인도한 경험이 있습니다. 실제로 책을 사용해 보면서 많은 장점들을 발견했습니다. 첫째, 자녀들에게 기독교 교리를 체계적으로 가르칠 수 있다는 점. 이 책은 우리 아이들을 이단으로부터 보호해 주는 백신이 될 것입니다. 둘째, 매일 가정예배를 드릴 수 있다는 점. 『교리와 함께하는 365 가정예배』는 하이델베르크 요리문답과 웨스트민스터 소요리문답의 흐름에 따른 관련 성경 말씀 365부분이 본문으로 구성되어 있습니다. 따라서 1년 동안 매일 가정예배를 드릴 수 있습니다. 쉽지는 않겠지만 부모와 자녀 모두에게 평생에 남는 추억이 될 것입니다. 셋째, 말씀과 교리를 삶에 잘 적용할 수 있다는 점. 『교리와 함께하는 365 가정예배』는 단순히 교리적 지식을 나열하는 데 그치지 않습니다. 교리를 어떻게 삶에 적용해야 하는지를 알려 줍니다. 『교리와 함께하는 365 가정예배』를 통해 말씀을 배운 아이들은 하나님의 말씀대로 살아가는 지혜를 얻게 될 것입니다.

김태희 _ 부산 비전교회 담임목사, 『성도를 위한 365 통독주석』 저자

10주년 기념판

교리와 함께하는
365 가정예배

세움북스 는 기독교 가치관으로 교회와 성도를 건강하게 세우는 바른 책을 만들어 갑니다.

10주년 기념판

교리와 함께하는
365 가정예배

초 판 1쇄 발행 2014년 12월 20일
개정판 1쇄 발행 2015년 12월 7일
10주년 기념판 1쇄 발행 2024년 12월 30일

지은이 | 임경근
펴낸이 | 강인구

펴낸곳 | 세움북스
등 록 | 제 2014-000144호
주 소 | 서울시 종로구 대학로 19 한국기독교회관 1010호
전 화 | 02-3144-3500
이메일 | holy-77@daum.net

디자인 | 참디자인

ISBN 979-11-93996-32-4 (03230)

교리와
함께하는
365
가정예배

임경근 지음

세움북스

이 책의 사용 매뉴얼

1. 가정예배란 무엇인가요?

1) 가정예배, 교회예배와 달라요!

'예배'하면 주일예배가 생각납니다. '묵상, 찬송, 대표기도, 성가대, 특송, 설교, 헌금, 축도' 같은 순서가 머리에 스쳐 지나갑니다. 가정예배도 그 공적 예배를 흉내 내야 할까요? 아니요! 가정예배는 교회의 예배 형식을 따라하지 않아도 됩니다. 가정은 교회가 아니기 때문입니다. 가정예배는 따로 정해진 형식이 없다고 말하는 것이 옳습니다. 성경은 가정예배를 하루에 몇 번 해야 한다는 지침을 주지 않습니다. 구약성경에서 하루에 세 번 기도한 것(시 55:17)에서 유추해 하루 세 번 가정예배를 드리는 전통이 있긴 합니다만, 이 또한 유추한 기준일 뿐 절대적이지 않습니다. '가정예배'라는 이름도 웨스트민스터 예배모범에서는 '가족기도회' 혹은 '가정기도회'라고 부릅니다. 이렇듯 가정예배는 내용의 성격상 '가정 경건회'라고 불러도 좋습니다.

2) 무엇을 하나요?

'말씀'과 '기도'와 '찬송'이 있으면 됩니다. 순서는 바뀌어도 좋습니다. 중간에 가족들의 대화가 길어져도 상관없습니다. 온 가족이 하나님 앞에 둘러앉아 함께 하나님의 말씀을 듣고 이야기를 나누는 것, 그것이 가정예배의 핵심입니다. 이런 가정예배는 그리스도인이 반드시 누릴 복된 자유이며 기쁨입니다.

3) 언제 하나요?

가정예배는 하루 중 언제 하면 좋을까요? 각 가정의 사정에 따라 결정하면 됩니다. 가족 회의를 통해 가장 잘 모일 수 있는 시간을 정하고 규칙적이고 일관성 있게 하면 됩니다. 필자가 네덜란드 개혁교회에서 배운 전통에 따르면 매일 하루 세 번, 매 식사 시간에 합니다. 식사가 끝나면 성경을 읽고, 가정예배용 365일 책을 읽고, 찬송하고, 기도하는 형식으로 진행합니다. 스코틀랜드 전통에서는 하루에 두 번, 식사 전 오전과 오후 시간에 합니다. 그렇다면 우리 한국 상황에서는 언제가 가장 좋을까요? 이른 아침일 수도 있고 저녁일 수도 있습니다. 중요한 것은 '가족이 언제 모두 모일 수 있는가'입니다. 모두 모일 수 있는 시간이 그 가정에 가장 좋은 시간입니다.

4) 얼마나 오래 하나요?

모든 것을 적당하게 질서대로(고전 14:40) 하는 것이 좋습니다. 너무 길거나 너무 짧으면 안 됩니다. 그럼 어느 정도가 적당할까요? 대체로 15분 전후가 좋습니다. 성경을 읽고 가정예배 지침서를 읽고 찬송하고 잠시 이야기를 나누고 기도하는 모든 시간이 너무 길면 안 됩니다. 며칠 반짝하고 말 것이 아니라, 평생 할 것이기 때문에 무리하게 하지 않는 것이 좋습니다. 물론 때에 따라 오래 할 수도 있고 짧게 끝낼 수도 있습니다만 아이들이 있을 경우, 너무 오래하면 안 됩니다.

5) 누가 인도하나요?

가능한 한 아버지가 하는 것이 좋습니다. 하나님께서 아버지에게 가장의 권위를 부여하셨기 때문입니다. 아버지가 없을 경우, 제임스 알렉산더는 그 집의 장남이 인도하도록 권면합니다만, 남편에게 위임을 받아 아내가 인도해도 됩니다.

6) 분위기는 어떠해야 하나요?

경직되지 않고 자연스러워야 합니다. 가정예배에는 온 가족이 이야기를 하는 시간이 있습니다. 이 시간이 딱딱한 훈계나 지겨운 잔소리를 늘어놓는 시간이 되지 않도록 주의해야 합니다. 마음을 내어놓고 허심탄회하게 이야기할 수 있는 따뜻한 분위기는 가정예배가 가진 독특한 특징입니다. 이 점을 살리지 못하면 가정예배에 대해 부정적인 인상을 갖게 되고 가정예배가 오래가지 못하게 됩니다. 이러한 이유로 어릴 때 가정예배를 해 본 사람들 가운데 많은 수가 가정예배에 대해 지긋지

굿하다는 인상을 가지고 있습니다. 안타깝습니다. 그렇다고 가정예배를 장난스럽고 경망스럽게 진행하는 것은 유익하지 못할 것입니다. 가족의 신앙을 교육하고 훈련하는 시간이기 때문입니다.

7) 기도는 어떻게 하나요?

기도는 간단명료하며 구체적이어야 합니다. 미사여구를 동원한 '멋진' 기도나 같은 말을 반복하는 '중언부언하는' 기도는 좋지 못합니다. 또한 길게 하지 말아야 합니다. 그런 기도는 골방에서 혼자 하시기 바랍니다.

기도는 하나님과 우리의 대화이기 때문에 솔직하게 해야 합니다. 또한 기도제목은 먼 이야기가 아니라, 가정 안이나 주변에서 일어나는 구체적인 것들이어야 합니다. 물론 다양한 형식으로도 기도해 볼 수 있습니다.

8) 찬송은 어떻게 하나요?

가능한 한 쉬워야 합니다. 온 가족이 함께 할 수 있는 찬송을 선택하십시오. 같은 곡을 반복해서 부르는 것을 두려워하지 마십시오. 잘 알지 못하는 좋은 찬송을 한 곡씩 배우는 것도 좋습니다. 어린이와 청소년은 CCM을, 부모 세대는 찬송가를 주로 부르기 때문에 가족 사이에 좋아하는 교회 음악이 서로 다릅니다. 그러나 가정에서는 공통분모를 찾아야 합니다. 아이들은 엄마 아빠가 좋아하는 찬송가를 배워야 합니다. 왜냐하면 신앙은 세대를 거쳐 내려오기 때문입니다.

9) 설교하지 마세요!

가정예배에서는 설교를 하지 말아야 합니다. 가정예배에서 실패하는 경우는 아버지나 어머니가 설교를 하려고 하기 때문입니다. 설교는 교회에서 목사님에게 듣고, 가정에서는 온 가족이 성경을 읽고 그 안에서 설명하고 있는 교리를 배우고 적용합니다. 모든 가족이 하나님에게 듣고 배운 것을 가족끼리 나누면 됩니다. 잘못하면 설교는 잔소리가 되고 그렇게 되면, 아이들에게 가정예배는 지겹고 싫은 시간이 될 것입니다. 물론 필요할 경우에 훈육의 말은 가능할 수 있습니다.

2. 이 책을 가정예배에서 어떻게 사용하나요?(이 책의 활용법 14-15쪽 참고)

1) 성경 읽기

그 날의 성경 본문을 읽습니다. 가능한 한 아버지가 성경을 읽어 주십시오. 가끔은 가족이 나눠서 읽는 것도 좋습니다만, 너무 자주 그러면 말씀을 아버지께 '듣고 배우는' 기쁨과 즐거움을 놓칠 수 있습니다. 아버지는 가정의 영적 책임자입니다.

2) 교리 설명 읽기

읽은 성경에 근거한 교리 설명(내용)을 읽습니다. 필자는 어린이도 이해할 수 있도록 쉬운 언어를 사용했습니다. 만약 아이가 이해할 수 없는 단어나 내용이 있을 때는 인도자가 설명을 해 주십시오. 교리적 주제는 교회 역사를 거치며 정리된 것이기 때문에 아이들의 수준에 맞지 않게 어려울 수도 있습니다. 그렇다고 당황하지 마시기 바랍니다. 언젠가 아이들의 마음속에 교리적 질문이 생길 때, 이때 들었던 답을 기억하게 될 것입니다. 그것이 교리교육의 유익입니다. 어떤 학자들은 미리 교육하지 말고 질문이 생기기 시작할 때 답을 가르쳐 주는 것이 가장 좋다고 이야기하기도 하지만, 적어도 신앙교육만큼은 그렇지 않습니다. 하나님과 하나님께서 우리를 위해 행하신 일과 우리가 어떻게 하나님의 은혜에 감사해야 하는지는 '미리' 가르쳐 주어야 합니다. 그것이 성경의 교훈이고, 하나님의 뜻입니다.

3) 토론하고 이야기 나누기

교리 설명을 읽은 후에는 반드시 아이들에게 질문을 하십시오. 묻고 답하는 방법은 인류 역사를 통해 가장 좋은 교육법으로 알려져 왔습니다. 그것이 바로 교리문답 교육의 특징이자 장점이기도 합니다.

질문을 하는 이유는 다음과 같습니다. 첫째, 아이들이 내용을 잘 이해했는지 확인하기 위해서입니다. 질문은 어려우면 안 됩니다. 시험이 아니기 때문에 지적 능력이 보통이라면 누구나 대답할 수 있는 질문을 해야 합니다. 물론 아이의 나이를 고려하는 지혜가 필요합니다. 질문은 창피를 주려는 것이 아니라, 격려하기 위함임을 기억하십시오. 둘째, 아이들이 주의를 기울여 성경과 교리 설명을 잘 들었는지 알기 위해서입니다. 질문을 통하여 자녀들이 무엇을 알고 무엇을 모르는지 파악

해 지속적으로 도와줄 수 있습니다. 셋째, 아이들과 부모가 같은 주제를 가지고 생각과 이야기를 나눌 수 있습니다. 이 시간은 교리적 지식을 정리하는 시간이지만 각자의 신앙과 삶을 나누는 시간이기도 합니다. 신앙적 고민과 삶의 고통을 진솔하게 이야기할 수 있습니다. 부모도 자녀들에게 어려움을 이야기할 수 있으며, 자녀들도 부모에게 솔직한 모습을 이야기할 수 있는 시간입니다.

4) 기도하기

책의 빈 공간에 기도 제목을 적어 두는 것도 좋습니다. 아니면 따로 기도 노트를 정리하는 것도 좋습니다. 다음 해에 같은 본문을 공부할 때 새로운 감동을 경험하게 될 것입니다. 하나님께서 가정을 인도하시고 돌보시는 것을 확인할 수 있습니다.

5) 반복 효과!

이 책을 한 해만 하고 끝내지 마십시오! 매년 혹은 격년으로 반복해서 공부하는 것이 좋습니다. 마치 우리가 매 주일 복음을 반복해서 듣는 것처럼 말입니다. 네덜란드 개혁교회는 매주 오후 시간에 하이델베르크 요리문답을 강의합니다. 1년이면 설교를 통해 요리문답 전체를 배울 수 있습니다. 이것을 평생 반복합니다. 놀랍지 않나요? 그들의 신앙이 얼마나 탄탄할는지요!

6) 성품을 배우고 훈련하기!

이 책은 매 일곱째 날에 성품 주제를 다룹니다. 성품은 그리스도인의 신앙 인격입니다. 성품은 성령의 열매입니다(갈 5:22-23). 교리적 지식은 머리에만 머물지 않고 자연스럽게 삶으로 연결됩니다. 신자는 믿는 바를 삶 속에서 실천합니다. 성령님이 우리가 배운 신앙을 삶 속에서 표현할 수 있게 도와주십니다. 베드로는 그것을 '신성한 성품에 참여하는 것'으로 표현했습니다(벧후 1:4). 그러므로 온 가족이 한 주일에 한 성품을 배우고 훈련한다면 큰 유익을 얻을 것입니다.

3. 이 책을 다른 용도로도 사용할 수 있나요?

이 책은 기본적으로 가정예배용으로 만들어졌습니다만, 다른 용도로도 사용할 수 있습니다. 개인 묵상뿐만 아니라, 개인적인 교리 공부에도 좋습니다. 더 깊은 교리 공부를 위한 좋은 입문서뿐 아니라, 더 나아가 그룹 성경공부 교재로도 활용할 수 있습니다.

기본적으로 성경 본문이 있고 그 본문에 근거한 교리를 해설했기 때문에 큐티(Q.T., Quiet Time) 시간에 교리를 공부할 수 있습니다. 개인적으로 교리를 공부하기는 쉽지 않습니다. 누군가에게 설명을 들어야 하는데 그런 시간을 마련하기도 어렵습니다. 교리를 가르쳐 주는 교회도 찾기가 쉽지 않습니다. 그러나 개인적으로 이 책을 펼쳐 매일 읽어 간다면 가랑비에 옷 젖듯이 자연스럽게 교리적 지식을 쌓아 가게 될 것입니다. 교리를 더 깊이 공부하기 원하는 분들을 위해 'HC(Heidelberg Catechism, 하이델베르크 요리문답) 27문' 혹은 'WSC(Westminster Shorter Catechism, 웨스트민스터 소요리문답) 34문'과 같이 안내해 놓았습니다. 요리문답 본문과 그에 해당하는 해설서를 찾아본다면 좋은 심화 공부가 될 것입니다.

또 그룹 교리 공부 교재로 사용할 수도 있습니다. 매주 모일 경우, 본문 아래 제시된 질문에 각자가 미리 답을 찾은 뒤 모임에서 발표하고 토론하는 형태로 공부할 수 있습니다. '하이델베르크 요리문답' 본문을 찾아보고 싶으면 본서 부록에 수록된 것을 참고하시면 됩니다. 그리고 '웨스트민스터 소요리문답'은 아래에 소개된 책을 참고할 수 있습니다.

〈참고할 만한 자료들〉

『하이델베르크 요리문답』, 성약
『특강 하이델베르크 요리문답』, 이성호, 흑곰북스
『하이델베르크 교리문답 입문』, 라일 비어마 외(공저), 부흥과개혁사
『하이델베르크 요리문답 해설』, 자카리아스 우르시누스, 크리스챤다이제스트
『하나님의 강력한 위로』, 프레드 H 클로스터, 나눔과섬김
『웨스트민스터 소요리문답: 웨스트민스터 소요리문답 하이델베르크 요리문답 상호대조』, 성약
『특강 소요리문답』, 황희상, 흑곰북스
『지금 시작하는 교리교육』, 황희상, 지평서원

교리와 함께 하는
365 가정예배 _이 책의 활용법

성경

그 날의 성경 본문을 읽습니다. 가능한 한 아버지가 성경을 읽어 주십시오. 가끔은 가족이 나눠서 읽는 것도 가능합니다.(이 책은 개역개정 성경을 사용하였습니다.)

찬송

가능한 한 쉬워야 합니다. 온 가족이 함께 할 수 있는 찬송을 선택하십시오. 같은 곡을 반복해서 부르는 것을 두려워하지 마십시오. 잘 알지 못하는 좋은 찬송을 한 곡씩 배우는 것도 좋습니다.(이 책은 새찬송가를 사용하였습니다.)

질문

교리 설명을 읽은 후에는 반드시 아이들에게 질문을 하십시오. 질문은 어려우면 안 됩니다. 질문은 창피를 주려는 것이 아니라, 격려하기 위함임을 기억하십시오.

성경

찬송
204장 1~4절

HC 45
WSC 42문

32

HC, WSC

하이델베르크 요리문답(HC, Heidelberg Catechism)
웨스트민스터 소요리문답(WSC, Westminster Shorter Catechism)
관련 교리를 더 깊이 공부하고 싶을 경우, 안내되어 있는 교리를 찾아 볼 수 있도록 관련 요리문답을 소개했습니다. 관련 하이델베르크 요리문답을 읽어보기 원하시면 이 책 부록에서 찾을 수 있습니다. 필자는 어린이도 이해할 수 있도록 쉬운 언어를 사용했습니다. 만약 아이가 이해할 수 없는 단어나 내용이 있을 때는 인도자가 설명을 해 주십시오.

- 이 책을 잘 사용하려면 먼저 교리와 관련된 성경구절을 읽습니다. 그리고 그 교리에 관한 해설을 읽은 다음, 질문을 생각해 보고 함께 이야기하는 시간을 갖습니다. 그 후 제시된 찬송을 부릅니다. 관련 교리를 더 깊이 공부하고 싶을 경우, 안내되어 있는 교리를 찾아 볼 수 있도록 관련 요리문답을 소개했습니다. 참고하면 도움이 될 것입니다.
- 이 책은 기본적으로 가정에서 부모가 자녀들과 함께 읽으며 교리적 주제를 공부하도록 고안되었습니다. 그러나 개인적으로 교리 공부를 할 때도 활용할 수 있습니다. 또는 개인이 이 책을 큐티 시간에 매일 하나씩 공부할 수도 있습니다. 혹은 중고등부나 청년 그룹에서 읽고 토론하는 것도 가능합니다. 한 주제씩 그룹에서 각각 공부한 것을 토론할 수 있습니다.

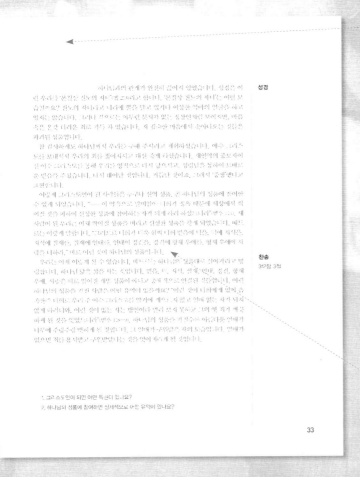

성품예배

이 책은 매 일곱째 날에 성품 주제를 다룹니다. 성품은 그리스도인의 신앙 인격입니다. 성품은 성령의 열매입니다(갈 5:22-23). 교리적 지식은 머리에만 머물지 않고 자연스럽게 삶으로 연결됩니다. 신자는 믿는 바를 삶 속에서 실천합니다. 성령님이 우리가 배운 신앙을 삶 속에서 표현할 수 있게 도와주십니다. 베드로는 그것을 '신성한 성품에 참여하는 것'으로 표현했습니다(벧후 1:4). 그러므로 온 가족이 한 주일에 한 성품을 배우고 훈련한다면 큰 유익을 얻을 것입니다.

본문

가정예배에서는 설교를 하지 말아야 합니다. 가정예배에서 실패하는 경우는 아버지나 어머니가 설교를 하려고 하기 때문입니다. 설교는 교회에서 목사님에게 듣고, 가정에서는 온 가족이 성경을 읽고 그 안에서 설명하고 있는 교리를 배우고 적용합니다. 모든 가족이 하나님에게 듣고 배우고 나누면 됩니다. 잘못하면 설교는 잔소리가 되고, 그렇게 되면 아이들에게 가정예배는 지겹고 싫은 시간이 될 것입니다. 물론 필요할 경우에 훈육의 말은 가능할 수 있습니다.

* 기도

기도는 간단명료하며 구체적이어야 합니다. 미사여구를 동원한 '멋진' 기도나 같은 말을 반복하는 '중언부언하는' 기도는 좋지 못합니다. 또한 길게 하지 말아야 합니다. 기도 제목은 가정 안이나 주변에서 일어나는 구체적인 것들이어야 합니다.

머리말

2009년 어느 날 한 대형 출판사로부터 가정예배 때 사용할 책을 써 달라는 요청을 받았습니다. 시중에 이미 많은 책이 나와 있지만 내용이 가벼워 무게 있는 책이 나오면 좋겠다며 필자에게 원고 집필을 요청한 것입니다. 계약을 하고 쓰기 시작한 원고는 2011년 5월에 시작한 다우리교회 개척으로 조금 늦어졌습니다. 거의 1년이 지난 2012년 가을이 되어서야 겨우 원고를 완성해서 출판사로 보냈습니다. 그런데 기획한 출판사는 얼어붙은 출판시장의 영향으로 기독교 분야를 아예 없애 버려 더 이상 계약을 추진하기 어려웠습니다. 그렇게 묻히게 될 뻔한 원고가 이번에 세움북스에서 출판의 열매를 맺게 되니 얼마나 기쁜지 모릅니다.

2005년, 네덜란드 유학시절(1994-2001)에 첫째와 둘째를 키우면서 읽어 준 네덜란드어 이야기 성경을 한국에서 태어난 셋째를 위해 아내가 번역하기 시작했습니다. 제대로 된 한글 어린이 이야기 성경이 없다는 판단 때문이었습니다. 넷째가 입양되어 오면서 번역은 더 늦어져 속도를 내지 못했습니다. 결국 4년 만에 『두란노 이야기 성경』(두란노키즈, 2009)이라는 이름으로 빛을 보게 되었습니다. 한국 그리스도인의 가정예배를 위한 첫 발걸음이었습니다.

『두란노 이야기 성경』이 '성경 이야기'라면 이 책 『교리와 함께 하는 365 가정예배』는 성경에 나오는 교리적 주제를 논리적으로 정리한 '교리 이야기'입니다. 가정에서 부모는 자녀에게 성경을 잘 가르쳐야 합니다. 성경을 공부하고 암송해야 합니다. 성경 지식이 늘어가면 다음으로 필요한 것이 교리적 지식입니다. 성경을 논리적 주제에 따라 잘 정리하는 것이 필요합니다. 성경에 나타난 교리적 지식을 잘 알지 못하면 이단들의 잘못된 가르침(교훈=교리)에 쉽게 넘어가고 맙니다. 요즈음처럼 이단이 득세하는 때도 없습니다. 우리 주변에 서성이는 이단들은 자신들이 고안하고 만든 교리적 체계로 우리와 자녀들을 유혹하며 공격합니다. 교리로 무장되어 있지 못하면 속수무책으로 당할 수밖에 없습니다. 교리를 잘 알면 하나님을 바르게 알 뿐 아니라, 하나님께서 우리를 위해 행하신 일이 무엇인지, 우리에게 요구하시는 본분이 무엇인지도 잘 알 수 있습니다. 교리적 체계를 세워갈 때 우리 믿음이 든든히 서고 풍성한 삶을 누릴 수 있습니다.

이 책은 1563년에 만들어진 『하이델베르크 요리문답』을 기준으로 집필되었습니다. 『하이델베르크 요리문답』은 1517년에 시작된 종교개혁이 완성되어 가던 시점에 만들어진 교리입니다. 어쩌면 한국 교회에는 비교적 생소한 요리문답일 것입니다. 그러나 이 요리문답만큼 모든 개신교 종파에서 공유할 수 있는 보편적 교리도 없습니다. 본래 복음은 보편적입니다. 복음은 모든 시대와 장소와 인종을 초월하여 적실합니다. 하이델베르크 요리문답은 종교개혁 신앙을 따르는 모든 교회가 따를 수 있는 교리임이 틀림없습니다. 하이델베르크 요리문답은 세 부분으로 나눠져 있습니다. 첫째는 인간의 죄와 비참에 대한 것입니다. 둘째는 인간의 죄와 비참에서 어떻게 구원을 얻는가(사도신경)에 대한 것입니다. 셋째는 구원받은 우리가 어떻게 하나님께 감사할 것인가(십계명+주기도문)에 대한 것입니다. 그러므로 교리는 우리에게 생소한 내용이 아니라 사실은 아주 친숙한 것입니다. 내용이 명쾌합니다. 이 책은 하이델베르크 요리문답의 순서처럼 사도신경, 십계명, 주기도문의 큰 덩어리로 구성되어 있습니다. 어떤 교리의 주제는 어린이가 이해하기 어려울 수도 있습니다. 그렇기 때문에 필자는 가정예배에서 여러 세대가 함께 교리적 주제들을 놓고 생각하고 토론하며 공부할 수 있도록 애를 썼습니다. 가급적 쉬운 단어를 사용했습니다. 자칫 어렵고 무거울 수 있는 교리적 주제를 쪼개어 설명하려 했습니다. 읽어가다 보면 한 주제를 여러 부분으로 나누었기 때문에 단 한 번의 설명으로 의문이 다 해결되지 않을 수도 있습니다. 찬찬히 인내하며 읽어나가면 뒤로 갈수록 궁금한 것들이 차차 해결되는 것을 경험할 수 있을 것입니다. 또 가정예배에서 토론할 수 있도록 질문을 덧붙였습니다. 토론질문은 두 개입니다. 배우고 느낀 것을 나누며 확인하고 정리하기 위함입니다. 그냥 듣고 지나가면 쉬 잊어버립니다. 자신의 말로 질문을 생각해 보고 대답하는 과정을 통해 오래 기억할 수 있습니다. 질문하고 답하는 방식은 전통적으로 가장 좋은 교육 방법입니다.

일주일에 하루는 '성품'을 공부하도록 배치했습니다. 성품은 그리스도인이 거듭나 새로운 삶을 살아가면서 익히고 훈련하고 습관화해야 하는 부분입니다. 이 부분에서 잘 훈련되지 못하여 자신뿐만 아니라 다른 사람도 힘들게 하는 경우가 많습니다. 중요한 성품 주제를 52개로 정리했습니다. 잘 활용하면 가정에서 일어나는 실제적인 문제들을 배우고 훈련할 수 있을 것입니다.

이 책을 잘 사용하려면 먼저 교리와 관련된 성경구절을 읽습니다. 그리고 그 교리에 관한 해설을 읽은 다음, 질문 문제를 생각해 보고 함께 이야기하는 시간을 갖습니다. 그 후 제시된 찬송을 부릅니다. 관련 교리를 더 깊이 공부하고 싶을 경우, 안내되어 있는 교리를 찾아 볼 수 있도록 관련 요리문답을 소개했습니다. 하이델베르크 요리문답(HC, Heidelberg Catechism)과 웨스트민스터 소요리문답(WSC, Westminster Shorter Catechism)만 안내했습니다. 참고하면 도움이 될 것입니다.

이 책은 기본적으로 가정에서 부모가 자녀들과 함께 읽으며 교리적 주제를 공부하도록 고안되었습니다. 그러나 개인적으로 교리공부를 할 때도 활용할 수 있습니다. 또는 개인이 이 책을 큐티 시간에 매일 하나씩 공부할 수도 있습니다. 혹은 중고등부나 청년 그룹에서 읽고 토론하는 것도 가능합니다. 한 주제씩 그룹에서 각각 공부한 것을 토론할 수 있습니다.

이 책이 나올 수 있도록 허락해 주신 세움북스의 강인구 대표에게 감사드립니다. 한국 교회의 교리에 대한 무관심 때문에 출판사들도 교리에 관한 책을 출판하지 않으려 합니다. 그런데 그런 분위기에 편승하지 않고 오히려 이와 같은 책을 출판하고 싶어 하는 강인구 대표와의 만남은 하나님의 인도하심이 틀림없습니다. 원고를 초벌 교정해 주신 황희상 선생에게 감사드립니다.

마지막으로 아내 윤혜숙에게 감사합니다. 아내는 늘 필자의 글을 읽고 허술한 부분을 족집게처럼 집어내며 교정해 주었습니다. 아내의 아픈 조언이 없었다면 이 책은 없었을 것이라고 해야 할 것입니다. 네 명의 자녀, 예림, 예솔, 예찬, 예서에게 감사합니다. 책을 집필하기 위해 며칠을 멀리 기도원에서 보내기도 했는데, 아빠 없는 설움을 잘 참아 주었습니다. 모쪼록 이 책이 한국 교회와 가정에서 신앙교육을 하는 데 조그마한 도움이라도 된다면 큰 영광이겠습니다. 우리를 사랑하셔서 예수 그리스도 안에서 우리를 죽음의 구렁텅이에서 구해 주신 하나님께만 영광이 있기를 바랍니다.

솔리 데오 글로리아(soli Deo gloria)!

10주년 기념판을 내면서

《교리와 함께하는 365 가정예배》는 지난 2014년 1쇄 이후 1년 만에 4쇄를 찍고 개정판을 내었습니다. 그리고 개정판 5쇄를 찍었습니다. 본서는 지난 10년 동안 넘치는 사랑을 받았습니다. 또 해외에 계신 많은 분들도 이 책으로 가정예배를 하고 유익을 얻었다고 감사 인사를 전해 옵니다. 지난 여름에는 뉴질랜드에서 한 가족이 다우리교회를 방문했는데, 바로 《교리와 함께하는 365 가정예배》를 통해 개혁 신앙을 배울 수 있었다며 감사해했습니다. 저자로서 큰 기쁨이고 영광입니다! 이번에 출판사가 10주년을 맞아 양장본으로 표지를 바꾸어 새롭게 출판합니다. 가정에서 언약의 말씀을 자녀에게 대대로 전수해 줄 튼튼한 형태의 책으로 만든 것입니다. 선물용으로도 적격입니다. 결혼을 앞둔 부부나, 새가족 수료, 그리고 주일학교 교사 등 선물용으로 아주 유용하게 활용할 수 있을 것으로 기대합니다.

2024년 12월 저자 임경근

10주년 기념판

교리와
함께하는
365
가정예배

교리문답 순서에 맞춘

가정예배, 개인묵상

그룹과 구역모임을 위한

365일 예배 안내서

우리의 유일한 위로는 무엇일까요?

성경

롬 14:8

우리가 살아도 주를 위하여 살
고 죽어도 주를 위하여 죽나니
그러므로 사나 죽으나 우리가
주의 것이로다

찬송

70장

HC 1–2문

우리의 전 삶(살아 있을 때나 죽었을 때나)에서 유일한 위로가 있다면 무엇일까요? 죄와 비참 속에 있는 우리의 유일한 위로는 우리가 우리의 것이 아니고, 몸도 영혼도 우리의 신실한 구주 예수 그리스도의 것이라는 사실입니다. "우리가 살아도 주를 위하여 살고 죽어도 주를 위하여 죽나니, 그러므로 사나 죽으나 우리가 주의 것이로다"(롬 14:8). 그런데 사람은 보통 자기 몸과 영혼이 자기 것이라고 생각합니다. 자기가 잘하면 자랑하고, 잘못하면 자기가 책임져야 합니다. 사람이 자신의 인생을 책임질 수 있을까요? 불가능합니다! 사람은 모두 죄인이므로 다 지옥에 갑니다. 그렇기 때문에 우리의 유일한 위로는 우리가 우리 것이 아니고 예수 그리스도의 것이라는 사실을 확신하는 것입니다. 이것이 우리에게 가장 큰 위로입니다. 왜냐하면 그분께서 우리의 몸과 영혼을 책임지시기 때문입니다.

예수님은 우리를 위해 무엇을 하셨습니까? 그리스도께서는 보혈로 우리의 모든 죗값을 완전히 치르시고, 우리를 마귀의 모든 권세에서 해방하셨습니다. 본래 우리는 하나님께 속하지 않고 사탄에게 속해 있었습니다. 사탄이 우리를 죄라는 쇠사슬로 꼼짝 못하도록 묶어 놓았기 때문입니다. 그런데 예수님이 우리를 사탄의 손에서 구해 주시고 품에 안으시어 보호해 주십니다.

하늘에 계신 우리 아버지의 뜻이 아니면 머리털 하나도 땅에 떨어지지 않도록 우리를 보호하십니다. "너희에게는 머리털까지 다 세신 바 되었나니 두려워하지 말라"(마 10:30-31). 하나님께서는 정말로 모든 것이 합력하여 우리의 구원을 이루도록 하십니다. "우리가 알거니와 하나님을 사랑하는 자, 곧 그의 뜻대로 부르심을 입은 자들에게는 모든 것이 합력하여 선을 이루느니라"(롬 8:28).

예수님은 진리의 성령님으로 우리에게 영생을 보증하시고 확신시켜 주십니다. "성령이 친히 우리의 영과 더불어 우리가 하나님의 자녀인 것을 증언하시나니"(롬 8:16). 성령님은 성경 말씀 가운데 약속하시고 성령으로의 세례로 우리에게 도장 찍으신 것을 믿게 하십니다.

그래서 결국 우리가 예수 그리스도의 제자로서 마음을 다하여 즐거이 그리고 자원하는 마음으로 그분을 위해 살도록 하십니다.

나눔 토론

1. 본래 우리는 누구의 소유였나요? 지금은 누구의 소유인가요?
2. 예수님의 소유가 되고 나서 얻은 유익이 무엇인가요?

그리스도인의 위로

우리 주변에는 불신자가 많이 있습니다. 옆집 할아버지와 할머니, 그리고 아랫집 아이들도 교회에 가지 않습니다. 그들은 좋은 사람들이고, 우리는 그들과 사이좋게 지낼 수도 있습니다. 그들은 정직하고 도둑질을 하지 않습니다. 거짓말도 하지 않고 이웃에게 친절하기까지 합니다. 겉모습만 봐서는 신자 같지만 그리스도인은 아닙니다. 그렇다면 신자와 불신자의 차이가 무엇일까요?

신자는 불신자와 생각하는 것과 삶의 방식이 다릅니다. '하나님과 사탄이 세상에 있는가?'에 대한 생각과 행동이 다릅니다. '사람이 죽고 난 후 어떻게 될까?'에 대한 생각이 다릅니다. 그렇다고 신자와 불신자의 차이를 보면서 신자가 불신자를 깔보거나 무시하는 것은 좋은 태도와 바른 행동이 아닙니다. 왜냐하면 신자도 삶에서 그들보다 더 나은 것이 별로 없기 때문입니다.

신자와 불신자의 가장 큰 차이는 하나님이 신자 편이라는 것입니다. 신자가 사탄 편이 아니고 하나님 편에 속한 것은 신자가 뭘 특별히 잘해서가 아닙니다. 신자가 예수님을 믿어 하나님의 자녀가 된 것은 순전히 하나님 덕분입니다. 하나님께서 우리를 사랑하셔서 귀한 독생자 예수님을 보내시고 사탄이 묶어 놓은 죄의 쇠사슬에서 우리를 구해 주셨습니다. 그래서 신자는 사탄에게 속하지 않고 우리 주 예수 그리스도의 소유입니다. 우리가 예수님의 소유라는 것이 불신자와 가장 큰 차이입니다.

본래 우리는 사탄의 노예였습니다. 사탄이 죄의 쇠사슬로 우리를 꽁꽁 묶어 놓았습니다. 그런데 성자 하나님께서 우리 대신 십자가 위에서 속죄양으로 죽으심으로 우리의 모든 죗값을 계산하셨습니다. 우리는 사탄이 묶어 놓은 죄의 쇠사슬에서 풀려났습니다. 성부 하나님의 허락 없인 우리의 머리카락 하나라도 그냥 땅에 떨어지지 않습니다. 하나님께서는 우리 주변에 일어나는 모든 일을 사용하셔서 우리를 보호해 주시고 구원해 주십니다. 동시에 성령 하나님께서는 우리가 영원히 살게 된다는 것을 확실하게 믿게 하십니다. 또 우리가 기쁜 마음으로 하나님의 영광을 위해 살도록 도와주십니다. 하나님은 정말 대단하십니다. 우리가 상상하지도 못할 일들을 친히 다 해 주셨습니다. 우리가 한 일은 아무것도 없습니다. 그런데도 우리는 하나님의 자녀가 되어 있습니다. 이것이 불신자와 다른 차이이고, 우리의 최고 위로입니다.

성경

시 1편

복 있는 사람은 악인들의 꾀를 따르지 아니하며 죄인들의 길에 서지 아니하며 오만한 자들의 자리에 앉지 아니하고 오직 여호와의 율법을 즐거워하여 그의 율법을 주야로 묵상하는도다 그는 시냇가에 심은 나무가 철을 따라 열매를 맺으며 그 잎사귀가 마르지 아니함 같으니 그가 하는 모든 일이 다 형통하리로다 악인들은 그렇지 아니함이여 오직 바람에 나는 겨와 같도다 그러므로 악인들은 심판을 견디지 못하며 죄인들이 의인들의 모임에 들지 못하리로다 무릇 의인들의 길은 여호와께서 인정하시나 악인들의 길은 망하리로다

찬송

83장

HC 1문
WSC 31문

나눔질문

1. 신자와 불신자의 가장 큰 차이는 무엇입니까?
2. 성부, 성자, 성령님이 각각 우리에게 하시는 일이 무엇입니까?

사람의 존재 목적

성경

롬 1:23-25

썩어지지 아니하는 하나님의 영광을 썩어질 사람과 새와 짐승과 기어다니는 동물 모양의 우상으로 바꾸었느니라 그러므로 하나님께서 그들을 마음의 정욕대로 더러움에 내버려 두사 그들의 몸을 서로 욕되게 하게 하셨으니 이는 그들이 하나님의 진리를 거짓 것으로 바꾸어 피조물을 조물주보다 더 경배하고 섬김이라 주는 곧 영원히 찬송할 이시로다 아멘

롬 5:11

그뿐 아니라 이제 우리로 화목하게 하신 우리 주 예수 그리스도로 말미암아 하나님 안에서 또한 즐거워하느니라

찬송

68장

HC 1문

하나님께서 왜 사람을 창조하셨을까요? 사람의 존재 목적이 무엇일까요? 웨스트민스터 소요리문답 제1문의 답은 이렇게 대답합니다. "사람의 제일 되는 목적은 하나님께 영광 돌리고 그를 영원토록 즐거워하는 것입니다." 그런데 타락한 인간은 제일 되는(chief) 창조 목적을 값싼 목적으로 바꿉니다. '제일 되는 목적'의 영어 표현인 '취프 엔드'(chief end)를 잘못 발음하면 '치프 엔드'(cheap end), 곧 '값싼 목적'이라는 뜻이 됩니다. 사람은 하나님의 제일 되는 소중한 창조 목적을 아주 값싼 것으로 바꾸고 맙니다. "썩어지지 아니하는 하나님의 영광을 썩어질 사람과 새와 짐승과 기어 다니는 동물 모양의 우상으로 바꾸었느니라……이는 그들이 하나님의 진리를 거짓 것으로 바꾸어 피조물을 조물주보다 더 경배하고 섬김이라"(롬 1:23-25). 하나님을 섬기지 않고 피조물을 하나님처럼 섬기고 있습니다.

요즈음 중고등학생에게 공부하는 이유를 물어보면 대답이 참 가볍고 값싸다는 것을 느낍니다. 그들이 공부하는 이유는 단순합니다. 좋은 대학에 들어가기 위해 공부합니다. 어른들도 크게 다르지 않습니다. 그들이 살아가는 목적은 결코 고상하지 않습니다. '돈과 명예와 힘'을 얻기 위해 열심히 일하고 있습니다.

하나님께서 사람을 만드신 목적이 과연 그런 것일까요? 그렇지 않습니다. 인간의 창조 목적은 하나님을 영화롭게 하는 것입니다. 사람들은 하나님을 영화롭게 하는 것에 대해 부담스러워합니다. '하나님을 영화롭게 한다'는 것은 '하나님께 영광을 돌려 드린다'라는 뜻입니다. 본래 인간은 피조물로서 하나님께 드릴 것이 없습니다. 하나님 역시 영광이 부족해서 사람의 칭찬이 필요하신 분이 아닙니다. 본래 하나님께 있는 영광을 우리가 가로채지 않고 또 우리에게 주신 영광을 그대로 그분께 찬양과 기도로 돌려드리기만 하면 됩니다. 우리가 받은 영광은 너무나 크고 많습니다. 하나님의 형상, 선택과 예정, 칭의, 성화, 영화 등이 있습니다.

그리고 '하나님을 영원토록 즐거워하는 것'입니다. 하나님께서 원하시는 것은 우리의 행복입니다. 하나님과 우리의 관계가 행복해 좋아하며 누리는 것을 원하십니다. 마치 자녀가 부모님을 존경하고 감사하고 좋아하는 것을 부모가 원하는 것처럼 말입니다. 이처럼 하나님께서는 우리가 당신을 좋아하고 기뻐하며 즐거워하는 것을 귀하게 여기십니다.

나눔 질문

1. 사람들은 인간의 존재 이유를 무엇이라고 생각하나요?
2. "하나님을 영화롭게 하고 그를 영원토록 즐거워한다."라는 뜻을 설명해 보세요. 구체적으로 삶에서 어떻게 이 목적을 이룰 수 있을까요?

일곱 살 난 '아다미'라는 아이가 있었습니다. 그 아이는 부잣집 아들이었습니다. 큰 집과 아름다운 정원도 있었습니다. 장난감도 많았습니다. 아다미는 열 살 된 '사타니'라는 동네 형과 알고 지냈습니다. 아다미는 언제부턴가 부모님이 집에 계시지 않을 때면 사타니 형을 데리고 와 놀았습니다. 부모님이 없는 집에서 형과 노는 것은 정말 신나고 재미있었습니다. 어느 날 사타니 형은 아다미에게 "우리 저 방에 들어가 보자."라고 말했습니다. 아다미는 손사래를 쳤습니다. "안 돼! 아버지가 저 방에는 절대로 들어가지 말라고 하셨어. 만약 저 방에 들어가면 집에서 쫓겨날 거라고 말씀하셨어." 형 사타니는 씩 웃으며 안됐다는 듯이 말했습니다. "넌 아직 어려서 잘 모르는데 절대로 그런 일은 일어나지 않을 거야!"

그 말을 들은 아다미는 그 방에 들어가 보고 싶은 마음이 생겼습니다. 어느 날 아다미는 사타니의 말대로 아버지가 들어가지 말라고 하신 방에 들어갔습니다. 얼마나 재미있는 것이 많은지요! 정말 신나게 놀았습니다. 그런데 큰일이 나고 말았습니다. 놀다가 그만 아버지가 가장 아끼시는 비싼 도자기를 깨뜨리고 만 것입니다. 얼른 깨진 도자기 조각을 깨끗이 청소했지만, 아다미는 그때부터 아버지가 무서워졌습니다.

게다가 그 이야기를 들은 사타니는 그 사실을 아버지에게 알리겠다고 위협하면서 아다미를 자신의 종으로 만들었습니다. 아다미는 걱정이 되어서 밥도 먹지 못하고 잠도 잘 수 없었습니다. 점점 말라가다가 그만 죽을병에 걸리고 말았습니다. 아버지가 아다미에게 말했습니다. "애야! 무슨 이야기든지 하거라. 무슨 근심이 있니?" 아다미는 울면서 자신의 잘못을 다 말하며 용서를 구했습니다. 아버지가 말했습니다. "난 네가 잘못한 것을 다 알고 있었단다. 네가 스스로 잘못을 이야기할 때까지 기다렸지. 너의 죄를 용서한단다." 그날부터 아다미는 다시 살아날 수 있었습니다.

우리도 마찬가지입니다. 사람은 누구나 죄인입니다. 사탄은 죄를 이용해 우리를 꽁꽁 묶어 자신의 종으로 만들었습니다. 사람은 꼼짝 못하는 사탄의 졸병이 되었습니다. 하나님의 아들이 아니라 사탄의 종이 되었으니 얼마나 불쌍한지요. 사람은 죄인으로 태어나 항상 죄를 짓습니다. 죄 때문에 불행하게 살다 죽습니다. 사람은 그것 때문에 슬퍼 울고 있습니다. 누구나 위로가 필요합니다. 이 불쌍한 사람을 위로해 주실 분이 있을까요? 만약 그런 분이 계신다면 얼마나 좋을까요!

성경

롬 3:23-24

모든 사람이 죄를 범하였으매 하나님의 영광에 이르지 못하더니 그리스도 예수 안에 있는 속량으로 말미암아 하나님의 은혜로 값없이 의롭다 하심을 얻은 자 되었느니라

찬송

10장 3절

HC 1, 8문
WSC 12-19문

나눔질문

1. '아다미'와 '사타니'는 누구를 생각나게 하나요? 성경의 등장인물로 말해 보세요!
2. 사람은 정말 불쌍한가요? 무엇 때문에 그렇게 되었습니까?

당신도 불쌍합니까?

성경

눅 15:11-24

또 이르시되 어떤 사람에게 두 아들이 있는데 그 둘째가 아버지에게 말하되 아버지여 재산 중에서 내게 돌아올 분깃을 내게 주소서 하는지라 아버지가 그 살림을 각각 나눠 주었더니 그 후 며칠이 안 되어 둘째 아들이 재물을 다 모아 가지고 먼 나라에 가 거기서 허랑방탕하여 그 재산을 낭비하더니 다 없앤 후 그 나라에 크게 흉년이 들어 그가 비로소 궁핍한지라 가서 그 나라 백성 중 한 사람에게 붙여 사니 그가 그를 들로 보내어 돼지를 치게 하였는데 그가 돼지 먹는 쥐엄 열매로 배를 채우고자 하되 주는 자가 없는지라 이에 스스로 돌이켜 이르되 내 아버지에게는 양식이 풍족한 품꾼이 얼마나 많은가 나는 여기서 주려 죽는구나 내가 일어나 아버지께 가서 이르기를 아버지 내가 하늘과 아버지께 죄를 지었사오니 지금부터는 아버지의 아들이라 일컬음을 감당하지 못하겠나이다 나를 품꾼의 하나로 보소서 하리라 하고 이에 일어나서 아버지께로 돌아가니라 아직도 거리가 먼데 아버지가 그를 보고 측은히 여겨 달려가 목을 안고 입을 맞추니 아들이 이르되 아버지 내가 하늘과 아버지께 죄를 지었사오니 지금부터는 아버지의 아들이라 일컬음을 감당하지 못하겠나이다 하나 아버지는 종들에게 이르되 제일 좋은 옷을 내어다가 입히고 손에 가락지를 끼우고 발에 신을 신기라 그리고 살진 송아지를 끌어다가 잡으라 우리가 먹고 즐기자 이 내 아들은 죽었다가 다시 살아났으며 내가 잃었다가 다시 얻었노라 하니 그들이 즐거워하더라

찬송

254장 2절

HC 1, 8문

WSC 12-19문

누군가 병원에 입원해 있으면 병문안을 갑니다. 왜죠? 아픈 사람은 위로가 필요하기 때문이죠. 나라를 지키는 군인에게 위문편지를 보내거나 위문공연을 가기도 합니다. 감옥에 갇혀 있는 죄수들을 면회합니다. 이렇게 어렵고 힘들고 고통 속에 있는 사람들에게는 위로가 필요합니다. 스스로 문제가 없고 행복하다고 생각하는 사람에게는 위로가 필요 없습니다. 위로하겠다고 하면 오히려 싫어할 것입니다.

아버지의 유산을 미리 달라고 해 먼 나라로 떠난 한 유대인 아들이 있었습니다. 이 아들은 아버지를 떠났지만, 굉장히 행복하다고 생각했습니다. 아버지의 자리를 다른 무엇이 채워 줄 수 있다고 믿었던 것입니다. 그것은 바로 돈이었습니다. 돈은 그를 행복하게 해 주었습니다. 친구도 많이 만들어 주었습니다. 그에게는 위로가 필요 없어 보였습니다.

그러나 행복은 오래가지 않았습니다. 어느 날 돈이 다 떨어졌습니다. 친구들은 돈이 없는 그를 떠나갔습니다. 설상가상으로 그 나라에는 큰 흉년이 들었습니다. 그가 의지할 사람은 아무도 없었습니다. 자기의 비참한 처지를 이해해 주고 위로해 줄 사람은 단 한 명도 없었습니다. 결국 그는 한 집에 고용되어 돼지 치는 일을 하게 되었습니다. 돼지 치는 천한 일은 유대인이 가장 싫어하는 일이었지만, 그런 일이라도 해야 할 정도로 삶이 궁핍하고 힘들었습니다. 배가 고파 돼지가 먹는 먹이를 먹으려 해도, 주인은 그것조차 주지 않았습니다. 돼지보다 못한 처지가 된 것입니다. 배고픔만큼 비참한 것도 없습니다. 한때 행복하다고 생각했던 아들은 인생의 쓴맛을 보는 비참한 자리에 이르게 된 것입니다.

이 아들은 자신의 비참과 죄를 깨닫게 되었습니다. 그는 이제 위로가 필요한 사람입니다. 바로 이것입니다. 만약 우리가 우리의 잘못과 비참과 슬픔과 고통을 정확히 알고 인정한다면, 하나님의 위로를 바라게 될 것입니다. 우리는 먼저 자신의 상태가 얼마나 심각한지 잘 알아야 합니다. 그래야 하나님의 위로가 얼마나 귀한 것인지 알 수 있습니다. 곧 우리 스스로 얼마나 심각한 죄와 비참에 처해 있는지 알지 못한다면 하나님의 위로는 의미가 없습니다. 스스로 건강하다고 생각하는 사람에게는 의사가 쓸데없는 것과 같습니다. 스스로 병이 들었다고 인정하는 사람만이 의사를 찾습니다. 문제가 없다고 생각하는 사람에게는 하나님의 도움이 필요 없습니다 (눅 5:31). 당신도 정말 불쌍한 처지에 있나요?

나눔질문

1. 자기 자신의 죄와 비참이 무엇인지 찾아보세요!

2. 어떤 사람이 위로를 거절하나요? 또 위로가 필요하다고 생각하는 사람은 누구입니까?

당신의 진짜 문제는 무엇입니까?

병원에는 아픈 사람이 옵니다. 대부분의 경우 자기 질병의 원인을 모릅니다. 의사 선생님이 진찰을 해 보고 이런 저런 문제가 있으니 치료를 하자고 말합니다. 그런데 의사 선생님이 그렇게 진단해 줘도 그것을 인정하지 않는 사람들이 있습니다. '저는 아무런 문제가 없어요! 밥 잘 먹고, 운동도 열심히 하고 있으니 곧 나을 겁니다.' 자신의 문제가 무엇인지 잘 알지 못하거나 인정하지 않는 사람들은 의사 선생님의 도움을 거절합니다.

그러나 자신의 문제가 무엇인지 아는 사람은 도움을 찾습니다. 어떤 사람이 병원에 가서 정기 건강검진을 했습니다. 그런데 암이 발견되었습니다. 하늘이 무너지는 듯한 절망감 때문에 두렵고 무섭고 떨렸습니다. 하지만 의사는 요즘 좋은 치료방법이 많이 개발되었기 때문에 수술이나 약물 치료로 거의 나을 수 있다고 말했습니다. 의사의 도움을 받아 치료를 하기로 했습니다. 그 병이 발견되기 전에는 전혀 문제가 없다고 생각했지만, 그 병을 알고 난 후에는 도움을 받아 나을 수 있는 길을 찾았습니다.

우리 영혼의 문제도 그와 같습니다. 사람에게 가장 큰 질병은 죽음에 이르는 병입니다. 사람은 죽음을 두려워합니다. 당신은 죽는 것이 무섭지 않습니까? 죽은 사람을 본 적이 있습니까? 주검은 무섭습니다. 그런데 사람은 왜 죽습니까? 사람이 죽는 이유는 죄 때문입니다. 아담과 하와가 에덴동산에서 하나님의 말씀에 순종하지 않고 사탄의 말에 순종해 하나님에게서 멀어져 죽게 되었습니다. 아담 이후 모든 사람은 아담의 죄와 자기 죄 때문에 죽습니다. 지금 우리는 살아가고 있다고 생각하지만, 사실은 죽어가고 있습니다. 언젠가 죽을 건데 그 시점을 향해 달려가고 있기에 죽어간다고 할 수 있습니다.

왜 이런 일이 생기나요? 모든 사람은 죄를 지어 하나님과의 관계가 끊어졌고, 하나님의 진노와 저주 아래 있습니다. 그래서 이 세상에서 온갖 비참함을 겪다가 결국 죽음에 이르고 영원히 지옥의 고통에 떨어집니다. 사람은 바로 이 죄 때문에 불행하고 불쌍합니다. 사람들은 돈이 없는 것이 가장 비참하다고 생각하지만, 하나님과 멀어져 죄 가운데 있는 것이 가장 비참한 것입니다. 사람들은 이것을 인정하지 않습니다. 그렇기 때문에 위로를 받지 못합니다.

성경

창 3:1-7

그런데 뱀은 여호와 하나님이 지으신 들짐승 중에 가장 간교하니라 뱀이 여자에게 물어 이르되 하나님이 참으로 너희에게 동산 모든 나무의 열매를 먹지 말라 하시더냐 여자가 뱀에게 말하되 동산 나무의 열매를 우리가 먹을 수 있으나 동산 중앙에 있는 나무의 열매는 하나님의 말씀에 너희는 먹지도 말고 만지지도 말라 너희가 죽을까 하노라 하셨느니라 뱀이 여자에게 이르되 너희가 결코 죽지 아니하리라 너희가 그것을 먹는 날에는 너희 눈이 밝아져 하나님과 같이 되어 선악을 알 줄 하나님이 아심이니라 여자가 그 나무를 본즉 먹음직도 하고 보암직도 하고 지혜롭게 할 만큼 탐스럽기도 한 나무인지라 여자가 그 열매를 따먹고 자기와 함께 있는 남편에게도 주매 그도 먹은지라 이에 그들의 눈이 밝아져 자기들이 벗은 줄을 알고 무화과나무 잎을 엮어 치마로 삼았더라

찬송

255장 2절

HC 1, 8문
WSC 12-19문

나눔질문

1. 위로는 자신이 비참하다는 것을 아는 사람에게 필요합니다. 자신에게 문제가 없다고 생각하는 사람에게는 무슨 문제가 있나요?
2. 사람에게 가장 큰 문제는 무엇입니까?

말세의 징조: 성품의 파괴

성경

딤후 3:1-5

너는 이것을 알라 말세에 고통하는 때가 이르러 사람들이 자기를 사랑하며 돈을 사랑하며 자랑하며 교만하며 비방하며 부모를 거역하며 감사하지 아니하며 거룩하지 아니하며 무정하며 원통함을 풀지 아니하며 모함하며 절제하지 못하며 사나우며 선한 것을 좋아하지 아니하며 배신하며 조급하며 자만하며 쾌락을 사랑하기를 하나님 사랑하는 것보다 더하며 경건의 모양은 있으나 경건의 능력은 부인하니 이같은 자들에게서 네가 돌아서라

찬송

188장 1절

세상의 마지막 때 어떤 일이 일어날까요? 말세가 되면 일어나게 될 징조를 예수님이 알려 주셨습니다. "민족이 민족을, 나라가 나라를 대적하여 일어나겠고 곳곳에 기근과 지진이 있으리니"(마 24:7). 전쟁과 기아, 지진과 쓰나미 같은 현상이 일어날 것이라고 했습니다. 이런 외적인 현상은 예전에도 있었고, 지금도 있습니다. 세상의 마지막 때는 이미 온 것입니다.

또 하나의 징조가 있습니다. 그것은 외적인 것이 아니라, 내적인 것입니다. "너는 이것을 알라. 말세에 고통하는 때가 이르러 사람들이 자기를 사랑하며, 돈을 사랑하며, 자랑하며, 교만하며, 비방하며, 부모를 거역하며, 감사하지 아니하며, 거룩하지 아니하며, 무정하며, 원통함을 풀지 아니하며, 모함하며, 절제하지 못하며, 사나우며, 선한 것을 좋아하지 아니하며, 배신하며, 조급하며, 자만하며, 쾌락을 사랑하기를 하나님 사랑하는 것보다 더하며, 경건의 모양은 있으나 경건의 능력은 부인하니 이같은 자들에게서 네가 돌아서라"(딤후 3:1-5).

어떤가요? 신문에 보도되는 살인과 폭력, 사기 사건을 보면서 '말세가 되었구나' 하는 생각이 들지 않나요? 이것 말고도 우리 주변에서 경험할 수 있는 것이 참 많습니다. 폭력과 왕따, 언어폭력이 그런 것입니다. 우리는 어떤가요? 부모님의 말씀에 순종하기는커녕, 오히려 투정하고 불평합니다. 감사하는 마음이 없습니다. 다른 사람을 배려하지 않고 괴롭히는 사람을 보면 더욱 그런 생각이 듭니다. 성폭행을 통한 가정파괴도 심각한 문제입니다. 바로 이런 모든 나쁜 일이 사람의 성품과 관련된 것입니다. 사람의 성품이 파괴된 것입니다.

언제부터 그렇게 되었을까요? 본래 하나님은 사람을 선한 성품으로 창조하셨습니다. 하지만 아담과 하와가 불순종하여 죄를 지었습니다. 그리고 그 죄는 모든 사람에게 유전되어 본래 가지고 있었던 아름다운 성품을 망가뜨렸습니다. 하나님과 사람 사이, 사람과 사람 사이, 그리고 피조물과의 관계가 모두 파괴되었습니다. 바울이 디모데에게 권면한 것을 기억하세요? 말세에 고통하는 때, 곧 성품 파괴가 심각할 것이니 조심하라는 말은 오늘 우리를 향한 것입니다. 지금이 말세입니다.

나눔질문

1. 말세가 되면 나타나는 외적 징조는 어떤 것들이 있나요? 지금도 그런 일들이 있나요?

2. 내면적인 말세의 징조를 주변에서 확인할 수 있나요?

죄와 비참에서 벗어나는 방법

사람의 가장 큰 문제는 창조주 하나님을 떠나 사탄의 편에 서면서 죄를 지어 비참한 상태에 빠진 것입니다. 죄의 영향 때문에 사람은 질병, 고통, 슬픔으로 불행해졌고, 결국 죽습니다. 이 문제를 해결하기 위해서는 먼저 자신의 상태를 정확하게 진단해야 합니다. 문제의 원인을 알아야 해결책을 찾을 수 있습니다. 그렇지만 원인을 안다고 문제를 해결할 수 있는 것은 아닙니다.

불교는 사람에게 '생로병사'가 있다고 정의합니다. 그것은 인간의 욕심과 악한 마음 때문이라고 생각합니다. 그렇지만 그 해결책이 없습니다. 불교에서는 이 문제를 해결하는 방법으로 '해탈(解脫)'을 제시합니다. 해탈이란, 문제에서 '벗어나는 것'입니다. 명상과 수행을 통해 깨달음을 얻어 사람의 모든 문제에서 자유하게 되면 부처가 된다고 믿습니다. 이것은 사람의 문제를 근본적으로 해결하는 것이 아닙니다. 사람이 왜 죽는지 알지 못하기 때문입니다. 그 문제를 해결하려 하지만, 사실은 피하는 방법뿐입니다.

죄로 인해 비참해진 삶은 잊거나 피한다고 해결할 수 없습니다. 세상을 창조하신 창조자가 누구인지 알아야 하고, 그분이 세상을 만드시고 인간을 창조하신 목적이 무엇인지 알아야 합니다. 사람이 창조주 하나님께 순종하지 않고 불순종함으로 어떤 문제가 생겼는지 알아야 합니다. 더 나아가 그 하나님께서 사람의 문제를 해결해 주시기 위해 어떤 방법을 주셨는지 알아야 합니다. 그것이 성경에 기록되어 있습니다.

성경은 사람이 어디에서 왔고, 창조의 목적은 무엇이며, 어디에서 잘못되었는지를 잘 가르쳐 줄 뿐만 아니라, 구원의 방법도 가르쳐 줍니다. 그 해결책이 바로 '길과 진리와 생명'이신 하나님의 아들 예수 그리스도입니다. "내가 곧 길이요, 진리요, 생명이니 나로 말미암지 않고는 아버지께로 올 자가 없느니라"(요 14:6). 예수 그리스도께서 우리 죄를 십자가 위에서 대신 지시고 죽으심으로 우리의 죄 문제를 해결해 주셨습니다. 우리를 비참한 지옥의 구렁텅이에서 구해 주시려고 예수 그리스도께서 십자가 위에서 자신의 생명으로 우리 대신 우리의 죗값을 갚으셨습니다. 우리 죄 때문에 우리가 죽어야 하는데, 하나님의 독생자 예수 그리스도께서 대신 죽으시고 하나님과의 끊어진 관계를 다시 이어 주셨습니다. 바로 이 소식이 본질상 진노의 자녀(엡 2:3)였던 우리에게 복음입니다!

나눔질문

1. 사람의 문제가 무엇인지 아는 것만으로 충분한가요?
2. 문제 해결의 바른 길을 알아야 합니다. 그 유일한 방법은 무엇입니까?

성경

요 14:6

예수께서 이르시되 내가 곧 길이요 진리요 생명이니 나로 말미암지 않고는 아버지께로 올 자가 없느니라

찬송

260장 1절

HC 2문
WSC 21문

은혜로운 행위언약

성경

창 2:16-17

여호와 하나님이 그 사람에게 명하여 이르시되 동산 각종 나무의 열매는 네가 임의로 먹되 선악을 알게 하는 나무의 열매는 먹지 말라 네가 먹는 날에는 반드시 죽으리라 하시니라

찬송

20장

HC 3문
WSC 12, 20문

하나님께서는 여섯째 날에 사람을 만드셨습니다. 그분은 인간을 아주 특별하게 창조하셨습니다. 사람은 하나님의 형상대로 창조되어 세상을 정복하고 경작하고 다스릴 수 있습니다. 사람은 다른 피조물과 다릅니다. 특별(unique)합니다. 하나님께서는 사람을 사랑하셔서 특별한 관계를 맺으셨습니다. 창세기 2장 16-17절에 나오는 내용이 바로 그것입니다. "동산 각종 나무의 열매는 네가 임의로 먹되, 선악을 알게 하는 나무의 열매는 먹지 말라. 네가 먹는 날에는 반드시 죽으리라." 하나님께서 사람과 맺은 최초의 언약입니다. 언약은 하나님께서 사랑하는 사람과 관계를 맺는 방법입니다. 하나님께서 사람을 사랑하시고 특별하게 대우하신다는 표시입니다. 우리는 이것을 '행위언약(行爲言約)'이라고 부릅니다. '생명언약'이라고도 부르죠. '생명을 주는 언약'이기 때문입니다. 창세기에는 '언약'이라는 말이 나오지 않지만, 선지자 호세아는 "그들은 아담처럼 언약을 어기고 거기에서 나를 반역하였느니라."(호 6:7)라고 하면서 '언약'으로 표현했습니다. 하나님께서 사랑으로 생명을 약속하시고 요구도 하셨습니다. '약속'과 '요구'가 언약의 핵심 내용입니다. 이 약속을 믿고 순종하면 복을 받고, 믿지 않고 불순종하면 저주를 받습니다. 이렇게 인간의 행위에 의해 복과 저주가 결정되기 때문에 '행위언약'이라고 부릅니다.

사람들은 이 행위언약을 무시무시하고 지키기 어려운 율법이라고 생각하지만 결코 그렇지 않습니다. 이 언약은 하나님께서 아담과 하와에게 복을 주시기 위한 방법이었습니다. 그런 의미에서 행위언약은 은혜입니다. 동산에는 먹을 것이 굉장히 많았고 그 가운데는 생명나무도 있었습니다. 먹을 것이 없어 어쩔 수 없이 금지된 나무 열매를 먹은 것이 아닙니다. 또 아담과 하와가 에덴동산에서 행위언약을 지키지 못한 것은 행위언약을 만드신 하나님 책임이 아닙니다. 사람 스스로 뱀(사탄)의 꾐에 빠졌고, 금지된 과일을 따 먹었습니다. 하와는 뱀이 꾀어 먹었다고 발뺌을 했고, 아담도 하나님이 주신 하와가 줘서 먹었다고 핑계했습니다. 이렇게 자기의 죄를 인정하지 않고 다른 사람에게 죄책을 전가시키는 모습은 우리에게서도 종종 볼 수 있습니다. 결국 사람은 스스로 하나님께 죄를 지어 모든 좋은 선물을 잃고 말았습니다. 에덴동산의 좋은 것들을 누릴 수 없게 된 것뿐만 아니라, 하나님과의 관계가 끊어졌습니다. 자신들만 에덴동산에서 쫓겨난 것이 아니라 모든 사람이 그렇게 되었습니다. 자신들만 죽은 것이 아니라 모든 사람이 죽었습니다. 우리와 우리 자녀들까지도 죽었습니다. 행위언약은 은혜롭지만, 우리가 죄를 짓습니다.

나눔질문

1. '행위언약'이 무엇입니까? 불공평하고 힘든 언약이었나요?
2. 행위언약을 어기게 된 결과는 무엇입니까? 우리에게 어떤 영향이 있나요?

우리 주변에는 꽤 괜찮아 보이는 사람들이 있습니다. 그런 분들은 착하고, 겸손하며, 정직하고, 양심적입니다. 나이가 들어 '내가 좀 더 열심히 일했더라면 자식에게 불행을 물려주지 않을 텐데……'라며 자신의 잘못과 부족함을 인정하기도 합니다. 그렇지만 이런 마음과 고백이면 충분할까요? 사람이 볼 때에는 꽤 괜찮아 보이지만, 하나님의 기준에는 턱없이 부족합니다. 자신의 경험과 양심을 기준으로 잘못과 부족함을 인정하는 사람은 하나님 앞에서 자신이 죄인이라고 인정하기 쉽지 않습니다. 왜냐하면 자기 자신이 '판단자'이기 때문입니다. 더구나 사람의 판단은 완전하지 않습니다. 사람에게서 나오는 것들은 "악한 생각, 곧 음란과 도둑질과 살인과 간음과 탐욕과 악독과 속임과 음탕과 질투와 비방과 교만과 우매함"(막 7:21-22)이라고 성경은 말합니다. 인간의 죄와 비참을 알기 위해서는 창조자 하나님을 알아야 합니다. 하나님께서는 어떤 기준으로 우리를 판단하실까요? 그 기준은 하나님의 말씀입니다. 이 율법의 잣대로 우리 자신을 평가해 보면, 우리가 얼마나 죄가 많고 비참한 존재인지 알 수 있습니다.

한 부자 청년이 있었습니다. 그는 스스로 율법을 잘 행한다고 자신만만했습니다. 예수님은 그에게 말씀하셨습니다. "네게 있는 것을 다 팔아 가난한 자들에게 주라. 그리고 나를 따르라." 청년은 재물을 버릴 수 없었습니다. 그는 슬퍼하며 예수님을 떠났습니다. 부자 청년은 평소에 자신에 대해 후한 점수를 주었습니다. 그는 율법의 조항 몇 개를 지키기만 하면 된다고 생각했습니다. 그러나 예수님이 생각하는 죄는 하나님의 율법을 조금이라도 부족(any want)하게 지키면 그 법을 어기는 것입니다. 청년은 예수님의 말씀을 듣고는 자신이 얼마나 별 볼일 없는 사람인지, 얼마나 비참한지 조금 알게 되었을 것입니다. 율법을 완전하게 지킬 수 없기 때문에 슬펐을지도 모릅니다. 그는 해결 못할 큰 근심을 가슴에 안고 돌아갔습니다. 그가 다시 돌아와 자신의 죄와 비참을 인정하고 예수님께 도움을 요청했는지는 알 수 없습니다. 그 부자 청년이 스스로 완벽하게 율법을 행했다고 생각한 것은 착각이었습니다. 그 정도로 율법을 행하는 것으로는 자신을 구원할 수 없다는 것을 깨달았을 것입니다. 이렇게 하나님의 온전한 율법(말씀)만이 우리의 죄(잘못)와 비참에 대해 정확하게 가르쳐 줍니다. 당신은 이 점에서 부자 청년과 어떤 차이가 있나요?

성경

막 10:17-22

예수께서 길에 나가실새 한 사람이 달려와서 꿇어 앉아 묻자오되 선한 선생님이여 내가 무엇을 하여야 영생을 얻으리이까 예수께서 이르시되 네가 어찌하여 나를 선하다 일컫느냐 하나님 한 분 외에는 선한 이가 없느니라 네가 계명을 아나니 살인하지 말라, 간음하지 말라, 도둑질하지 말라, 거짓 증언하지 말라, 속여 빼앗지 말라, 네 부모를 공경하라 하였느니라 그가 여짜오되 선생님이여 이것은 내가 어려서부터 다 지켰나이다 예수께서 그를 보시고 사랑하사 이르시되 네게 아직도 한 가지 부족한 것이 있으니 가서 네게 있는 것을 다 팔아 가난한 자들에게 주라 그리하면 하늘에서 보화가 네게 있으리라 그리고 와서 나를 따르라 하시니 그 사람은 재물이 많은 고로 이 말씀으로 인하여 슬픈 기색을 띠고 근심하며 가니라

찬송

201장 1절

HC 3문
WSC 14문

나눔 질문

1. 우리 가운데는 꽤 괜찮아 보이는 사람들이 있습니다. 그런 사람이 있으면 말해 보세요. 그 사람을 판단한 기준이 무엇이었나요?
2. 하나님의 법의 기준에서 생각해 볼 때 우리는 어떤 존재일까요?

죄의 시작

성경

창 3:1-8

그런데 뱀은 여호와 하나님이 지으신 들짐승 중에 가장 간교하니라 뱀이 여자에게 물어 이르되 하나님이 참으로 너희에게 동산 모든 나무의 열매를 먹지 말라 하시더냐 여자가 뱀에게 말하되 동산 나무의 열매를 우리가 먹을 수 있으나 동산 중앙에 있는 나무의 열매는 하나님의 말씀에 너희는 먹지도 말고 만지지도 말라 너희가 죽을까 하노라 하셨느니라 뱀이 여자에게 이르되 너희가 결코 죽지 아니하리라 그것을 먹는 날에는 너희 눈이 밝아져 하나님과 같이 되어 선악을 알 줄 하나님이 아심이니라 여자가 그 나무를 본즉 먹음직도 하고 보암직도 하고 지혜롭게 할 만큼 탐스럽기도 한 나무인지라 여자가 그 열매를 따먹고 자기와 함께 있는 남편에게도 주매 그도 먹은지라 이에 그들의 눈이 밝아져 자기들이 벗은 줄을 알고 무화과나무 잎을 엮어 치마로 삼았더라 그들이 그 날 바람이 불 때 동산에 거니시는 여호와 하나님의 소리를 듣고 아담과 그의 아내가 여호와 하나님의 낯을 피하여 동산 나무 사이에 숨은지라

롬 5:12

그러므로 한 사람으로 말미암아 죄가 세상에 들어오고 죄로 말미암아 사망이 들어왔나니 이와 같이 모든 사람이 죄를 지었으므로 사망이 모든 사람에게 이르렀느니라

찬송

255장

HC 3, 7문
WSC 14문

한 아이가 학교를 마치고 집으로 가는 길에 친구에게 전도했습니다. "너 교회 올래? 하나님 믿으면 좋아!" 그 친구는 전도하는 아이에게 이렇게 대답했습니다. "하나님이 공부 잘 하게 해 주니? 난 하나님을 믿느니 차라리 내 머리를 믿겠다." 왜 이렇게 반응할까요? 하나님이 누구신지 모르기 때문입니다. 사람은 자기를 창조하신 하나님을 알지 못하고 믿지 않습니다. 하나님의 말씀도 좋아하지 않습니다. 하나님을 사랑하지 않고 미워합니다. 원래부터 사람이 이렇게 창조된 것은 아닙니다. 본래 사람은 하나님을 닮았습니다. 그런데 어쩌다 사람이 이 지경이 되었을까요?

우리의 원래 조상인 아담과 하와가 에덴동산에서 하나님의 명령에 불순종해 죄가 세상에 들어왔습니다. 이것을 '타락(墮落)'이라고 말합니다. '떨어져 죽게 되었다'는 뜻입니다. 하나님께서는 사람을 창조하시고 모든 세상과 우주를 다스리는 총리로 세웠는데 그 자리에서 떨어졌습니다. 하나님과의 관계가 끊어져 영적으로 죽게 된 것입니다. 이것을 '원죄(原罪)'라고 부릅니다. '뿌리가 되는 죄'라는 뜻입니다. 우리 자신이나 주변을 돌아보거나 역사를 살펴보면 사람이 얼마나 잔인한지, 얼마나 서로 증오하며 미워하는지 발견할 수 있습니다. 심지어 예쁘고 귀여운 어린아이조차도 악한 마음이 심어져 있습니다. 그 죄는 바로 아담과 하와의 원죄에서 시작된 것이고, 모든 사람에게 유전된 것입니다. "그러므로 한 사람으로 말미암아 죄가 세상에 들어오고 죄로 말미암아 사망이 들어왔나니 이와 같이 모든 사람이 죄를 지었으므로 사망이 모든 사람에게 이르렀느니라"(롬 5:12).

아담과 하와가 불순종했기 때문에 "반드시 죽으리라."(창 2:17)라는 하나님의 말씀처럼 사람은 누구나 죽습니다. 아담은 단순히 한 개인이 아닙니다. 모든 사람의 대표입니다. 그가 지은 죄는 모든 인류가 지은 것과 같습니다. 그래서 에덴동산에서 시작된 아담의 죄가 모든 사람에게 유전되었고, 우리 아이도 죄 가운데 잉태되고 태어납니다. 그 죄의 대가는 무섭습니다. 죄의 값은 죽음입니다.

타락한 사람은 하나님의 형상을 완전히 잃어버렸습니다. 이제 사람은 모든 능력과 재능을 하나님의 형상대로 사용하지 않고 사탄의 형상대로 사용합니다. 사람이 하는 모든 일은 하나님과 관계없습니다. 죄는 이렇게 우리에게 치명적인 영향을 미칩니다. 죄가 세상에 들어와 우리 삶의 방향이 어그러지게 된 것입니다.

나눔질문

1. '타락'과 '원죄'의 뜻이 무엇입니까?

2. 원죄로 타락한 결과 사람에게는 어떤 변화가 일어났나요?

성경

레 5:17

만일 누구든지 여호와의 계명 중 하나를 부지중에 범하여도 허물이라 벌을 당할 것이니

찬송

255장

HC 3, 9문
WSC 14문

사람은 누구나 아담의 원죄 때문에 죄인으로 태어납니다. 우리 자신을 가만히 살펴 보면 그 사실을 확인할 수 있습니다. 정말 우리는 죄인입니다. 그런데 한 가지 궁금한 것이 있습니다. 그렇다면 사람은 스스로 선한 행동을 전혀 할 수 없습니까? 세상에는 착한 사람도 많이 있습니다. 도둑질도 하지 않고, 거짓말도 하지 않고, 법도 비교적 잘 지키는 사람을 봅니다. 우리 마음에도 늘 나쁜 마음만 있는 것은 아닙니다. 때로는 착한 생각도 합니다. 가난한 사람을 돕고 수해를 입은 사람에게 구제금을 보내기도 합니다. 아프리카에서 기아에 죽어가는 어린이를 위해 매달 기부금을 보냅니다. 이런 사람을 무조건 악하다고 할 수 있을까요?

글쎄요! 우리 생각은 그렇지만 성경은 뭐라고 대답할까요? 성경은 우리가 선을 조금도 행할 수 없는 죄인이라고 말합니다. 그러면 성경이 말하는 선과 악의 기준이 무엇일까요? 하나님의 눈에는 무엇이 선이고, 무엇이 악일까요? 아담과 하와는 하나님께서 먹지 말라고 명령한 '선악을 알게 하는 나무 열매'를 먹었습니다. 그들은 하나님의 말씀에 불순종했습니다. 이것이 죄입니다. 살인을 하거나 도둑질을 하거나 간음을 한 것이 아닙니다. 불순종한 것만으로 죄를 지었다고 말합니다. 이 때 '죄' 란 무엇입니까? 하나님의 권위와 법을 떠나는 것입니다. 죄는 하나님 없이 혼자 살려는 것입니다. 선과 악의 기준은 사람이 아니라, 하나님입니다. 사람이 하나님 없이 스스로 뭔가 할 수 있다고 생각하는 것 자체가 죄입니다. 우리가 볼 때 대단해 보이고 착해 보일 수 있지만, 하나님 없이 하는 것은 죄입니다.

또 하나님께서 우리에게 가르쳐 주신 죄의 기준은 다음과 같습니다. '죄는 하나님의 율법을 조금이라도 부족(any want)하게 지키거나 그 법을 어기는 것'입니다. 하나님의 율법이나 자신의 양심을 완벽하게 지킬 수 있는 사람은 아무도 없습니다. 겉모습은 착해 보이고 선해 보이지만, 사실 그 마음은 악한 생각과 더러운 것으로 오염되어 있습니다. 그렇기 때문에 모든 사람이 죄를 범하여 하나님의 영광에 이르지 못합니다. 의인은 없나니 하나도 없습니다. 모든 인간은 이렇게 죄 때문에 비참한 처지에 빠져 있습니다.

나눔질문

1. 죄란 무엇입니까?
2. 세상에는 의인이 없다는 것이 정말인가요? 왜 그렇나요?

율법은 무엇을 요구하나요?

성경

마 22:37-40

예수께서 이르시되 네 마음을 다하고 목숨을 다하고 뜻을 다하여 주 너의 하나님을 사랑하라 하셨으니 이것이 크고 첫째 되는 계명이요 둘째도 그와 같으니 네 이웃을 네 자신같이 사랑하라 하셨으니 이 두 계명이 온 율법과 선지자의 강령이니라

찬송

204장 1-2절

HC 4문
WSC 42문

우리가 보통 율법이라고 할 때는 '모세오경(창세기, 출애굽기, 레위기, 민수기, 신명기)'을 말합니다. 더 줄여, 율법의 대표선수는 '십계명'입니다. 이보다 더 짧게 이야기한다면, 한 마디로 율법은 '사랑'으로 요약될 수 있습니다.

'모세오경' ➜ '십계명' ➜ '사랑'

율법은 우리에게 어느 정도 수준을 요구할까요? 사람들은 눈에 보이는 행동으로 나타난 것만 죄라고 생각합니다. "살인하지 말라."라는 제6계명을 단순히 사람을 죽이지 않는 것으로만 적용하려고 합니다. 대체로 사람들은 "나를 위하여 새긴 우상을 만들지 말고"라는 제2계명을 잘 지키고 있다고 생각합니다. 그래서 사람들은 죄를 이야기할 때 구체적인 죄의 행위만 이야기하지 '마음'은 생각하지 않습니다. 왜냐하면 사람은 다른 사람의 마음을 볼 수 없고 알 수 없기 때문입니다. 바리새인들은 바로 이 점을 잘 이용했습니다. 겉으로 드러난 율법을 지키는 데는 철저했습니다. 그래서 그들은 많은 사람들에게 존경과 부러움을 받았습니다. 그러나 마음을 보시는 예수님은 그들의 죄와 잘못을 아셨습니다. 예수님은 그들의 그럴듯한 겉모습에 속지 않으셨습니다. 그들의 속마음을 훤히 들여다보고 계셨던 것입니다. 예수님은 바리새인들의 행동을 잘 칠해 아름다워 보이지만 속은 악취가 나는 시체가 놓여 있는 무덤과 같다고 비유하셨습니다. 예수님은 다른 사람을 마음으로 미워해도 살인(제6계명)한 것과 같고, 다른 여자와 같이 자고 싶은 마음을 가져도 간음죄(제7계명)를 지은 것이라고 하셨습니다. 예수님은 마음으로 짓는 죄도 심각하게 생각하십니다.

예수님은 마태복음 22장에서 분명하게 율법을 요약하셨습니다. "……주 너의 하나님을 사랑하라……둘째도 그와 같으니 네 이웃을 네 자신같이 사랑하라 하셨으니……"(37-40). 예수님이 우리에게 요구하는 율법의 수준은 매우 높습니다. 하지 않아야 할 것을 행한 것도 죄이지만, 해야 할 것을 하지 않은 것도 죄입니다. 하나님을 사랑한다고 하면서 사람을 사랑하지 않거나, 사람을 사랑한다고 하면서 하나님을 사랑하지 않는 것도 죄입니다. 하나님과 사람을 100% 사랑하지 않고 50% 정도만 사랑해도 죄입니다. 하나님은 우리에게 완전한 율법의 순종을 요구하십니다. 웨스트민스터 소요리문답 14문은 죄를 이렇게 정의했습니다. "죄는 하나님의 율법을 조금이라도 부족하게 지키거나 그 법을 어기는 것입니다."

나눔질문

1. 우리는 눈에 보이는 행동으로 짓는 죄만 생각합니다. 어떤 것들이 있나요?
2. 눈에 보이지 않는 마음으로 짓는 죄는 어떤 것들이 있을까요?

하나님의 성품에 참여하라!

사람은 죄와 허물로 죽어 하나님과의 관계가 완전히 끊어져 있었습니다. 성경은 이런 우리를 '본질상 진노의 자녀'(엡 2:3)라고 합니다. '본질상 진노의 자녀'는 어떤 모습일까요? 진노의 자녀라고 머리에 뿔을 달고 있거나 이상한 악마의 얼굴을 하고 있지는 않습니다. 그러나 겉으로는 아무런 문제가 없는 정상인처럼 보이지만, 마음속은 온갖 더러운 죄로 가득 차 있습니다. 저 깊숙한 마음에서 솟아나오는 것들은 파괴된 성품입니다.

참 감사하게도 하나님께서 우리를 구해 주시려고 계획하셨습니다. 예수 그리스도를 보내셔서 우리의 죄를 짊어지시고 대신 죽게 하셨습니다. 새언약의 중보자이신 예수 그리스도를 통해 우리를 영적으로 다시 낳으시고, 성령님을 통하여 보배로운 믿음을 주셨습니다. 다시 태어난 것입니다. 거듭난 것이죠. 그래서 '중생'했다고 표현합니다.

이렇게 그리스도인이 된 사람들은 누구나 신의 성품, 곧 하나님의 성품에 참여할 수 있게 되었습니다. "……이 약속으로 말미암아 너희가 정욕 때문에 세상에서 썩어질 것을 피하여 신성한 성품에 참여하는 자가 되게 하려 하셨느니라"(벧후 1:4). 새 사람이 된 우리는 이제 썩어질 성품을 버리고 신성한 성품을 갖게 되었습니다. 베드로는 이렇게 말합니다. "그러므로 너희가 더욱 힘써 너희 믿음에 덕을, 덕에 지식을, 지식에 절제를, 절제에 인내를, 인내에 경건을, 경건에 형제 우애를, 형제 우애에 사랑을 더하라." 바로 이런 것이 하나님의 성품입니다.

우리는 이제 이렇게 살 수 있습니다. 베드로는 하나님의 성품대로 살아가라고 명령합니다. 하나님 닮은 삶을 사는 것입니다. 믿음, 덕, 지식, 절제, 인내, 경건, 형제 우애, 사랑은 따로 떨어진 개별 성품이 아니고 총체적으로 연결된 것들입니다. 이런 하나님의 성품을 가진 사람은 어떤 유익이 있을까요? "이런 것이 너희에게 있어 흡족한즉 너희로 우리 주 예수 그리스도를 알기에 게으르지 않고 열매 없는 자가 되지 않게 하려니와, 이런 것이 없는 자는 맹인이라 멀리 보지 못하고 그의 옛 죄가 깨끗하게 된 것을 잊었느니라"(벧후 1:8-9). 하나님의 성품을 가질수록 아름다운 열매가 나무에 주렁주렁 맺히게 될 것입니다. 그 열매가 구원받은 자의 모습입니다. 열매가 없으면 죄를 용서받고 구원받았다는 것을 잊어버리게 될 것입니다.

성경

벧후 1:4-10

이로써 그 보배롭고 지극히 큰 약속을 우리에게 주사 이 약속으로 말미암아 너희가 정욕 때문에 세상에서 썩어질 것을 피하여 신성한 성품에 참여하는 자가 되게 하려 하셨느니라 그러므로 너희가 더욱 힘써 너희 믿음에 덕을, 덕에 지식을, 지식에 절제를, 절제에 인내를, 인내에 경건을, 경건에 형제 우애를, 형제 우애에 사랑을 더하라 이런 것이 너희에게 있어 흡족한즉 너희로 우리 주 예수 그리스도를 알기에 게으르지 않고 열매 없는 자가 되지 않게 하려니와 이런 것이 없는 자는 맹인이라 멀리 보지 못하고 그의 옛 죄가 깨끗하게 된 것을 잊었느니라 그러므로 형제들아 더욱 힘써 너희 부르심과 택하심을 굳게 하라 너희가 이것을 행한즉 언제든지 실족하지 아니하리라

찬송

312장 3절

---

1. 그리스도인이 되면 어떤 특권이 있나요?
2. 하나님의 성품에 참여하면 실제적으로 어떤 유익이 있나요?

생활규칙과 청진기

성경

롬 7:7–12

그런즉 우리가 무슨 말을 하리요 율법이 죄냐 그럴 수 없느니라 율법으로 말미암지 않고는 내가 죄를 알지 못하였으니 곧 율법이 탐내지 말라 하지 아니하였더라면 내가 탐심을 알지 못하였으리라 그러나 죄가 기회를 타서 계명으로 말미암아 내 속에서 온갖 탐심을 이루었나니 이는 율법이 없으면 죄가 죽은 것임이라 전에 율법을 깨닫지 못했을 때에는 내가 살았더니 계명이 이르매 죄는 살아나고 나는 죽었도다 생명에 이르게 할 그 계명이 내게 대하여 도리어 사망에 이르게 하는 것이 되었도다 죄가 기회를 타서 계명으로 말미암아 나를 속이고 그것으로 나를 죽였는지라 이로 보건대 율법은 거룩하고 계명도 거룩하고 의로우며 선하도다

찬송

199장 4절

HC 4문
WSC 42문

율법은 무시무시해 보입니다. '무엇을 하라!', '무엇은 하지 마라!'라고 명령합니다. 율법을 생각하면 그것을 주신 하나님도 무서운 분 같아 보입니다. 어떤 사람들은 구약성경과 십계명을 싫어합니다. 신약성경만 좋아합니다. 어떤 선교단체는 성경을 나눠주지만 구약성경을 빼고 줍니다. 만약 불신자가 율법을 읽으면 무시무시한 하나님으로 오해할 거라는 염려 때문이겠지요. 율법에 대한 오해 때문입니다.

하나님께서 율법을 주신 것은 마치 아버지가 입양된 자녀에게 가정에서 지켜야 할 기본적인 '생활규칙'을 준 것과 같습니다. '내가 너를 입양한 아버지란다. 내가 네 아버지이니 너는 나를 사랑하고 내게 존댓말을 해야 한다. 거짓말하지 말고, 도둑질해서는 안 돼!' 아버지의 이런 요구가 과한가요? 입양된 자녀는 당연히 감사함으로 순종합니다. 이 규칙을 나쁘다고 생각하는 자녀는 없습니다. 아버지는 자녀를 사랑하고, 자녀는 아버지를 사랑합니다. 이런 관계에서 아버지의 요구는 아름다운 것입니다. 사랑의 규칙입니다.

하나님께서 우리에게 주신 율법도 마찬가지입니다. 율법은 우리를 골탕 먹이기 위해 주신 것이 아닙니다. 하나님께서는 우리를 사랑하셔서 우리를 부르시고 구원해 주시고 언약을 맺으셨습니다. 하나님께서 비천한 우리와 사귀겠다고 하시면서 우리에게 주신 것이 율법입니다. 본래 하나님께서는 십계명을 언제, 누구에게 주셨나요? 그렇죠. 이스라엘 백성을 이집트에서 구원하신 후 시내 산에서 주셨습니다. 십계명 서문을 보면 "나는 너를 애굽 땅, 종 되었던 집에서 인도하여 낸 네 하나님 여호와니라."(출 20:2)라고 했습니다. 이집트에서 구해 주신 후에 십계명을 주셨습니다. 만약 이집트에서 십계명을 주셨다면 결과가 아니라 조건이 되고 힘든 짐이었을 것입니다. 그러므로 율법은 무서워서 지키는 것이 아니라 좋아서 지킵니다. 율법은 거룩하고 의로우며 선합니다(롬 7:12). 하나님께서 우리를 사랑하셔서 주신 것이 율법입니다.

그런데 문제가 있습니다. 우리가 율법을 다 지킬 수 없다는 것입니다. 율법은 문제가 없습니다. 지키지 못하는 우리가 문제입니다. 율법은 우리가 당연히 지켜야 할 규칙이지만, 동시에 우리의 죄와 비참을 깨닫게 하는 역할도 합니다. 율법은 최고의 의사이신 하나님께서 우리를 진단하시는 '청진기'와 같습니다. 하나님께서 사랑의 청진기인 율법을 주신 이유는 우리를 치료하고 살리시기 위함입니다. 그러니 율법은 은혜입니다!

나눔과 적용

1. 율법은 마냥 귀찮은 것이기만 합니까? 율법은 무엇과 같습니까?
2. 하나님의 율법은 무엇과 같습니까?

죽음에 이르는 병

사람이 하나님의 율법을 다 지킬 수 있을까요? 하나님을 사랑하고 이웃을 사랑하라는 십계명을 다 지키기는 어렵습니다. '친구가 나보다 영어를 잘하면 왠지 질투가 납니다.' '나를 미워하면 나도 미워합니다.' '운전할 때 종종 교통 신호를 어깁니다.' '높은 분에게 잘 봐달라고 뇌물을 주는 경우도 있습니다.' '다른 사람을 사랑하기는 커녕 나 자신만 사랑합니다.' 그러고 보면 하나님의 율법을 완전히 지킬 수 있는 사람은 이 세상에 아무도 없는 것 같습니다. 위대한 성인들도 좋은 말을 많이 했지만, 자기 스스로 옳다고 생각하고 가르친 것(양심)조차도 완전히 지키지 못합니다.

하루는 훌륭해 보이는 한 부자 청년이 예수님을 찾아왔습니다. 부자 청년은 율법을 잘 지켰기 때문에 천국에 들어갈 자격이 있다고 스스로 만족했습니다. 그러나 예수님은 의사로서 그의 문제가 무엇인지 정확하게 진단하셨습니다. 이렇게 말씀하셨습니다. "가진 재산을 다 팔아 가난한 자들에게 주고 나를 따르라!" 돈을 사랑했던 청년은 자신의 진짜 모습을 발견하고 고개를 숙인 채 떠나갔습니다. 돈도 많고 예수님도 잘 믿으면 좋겠는데 예수님은 한 가지는 포기하고 예수님만 택하라고 요구하십니다. 부자가 천국에 들어가기가 얼마나 어려운지 마치 낙타가 바늘귀로 들어가는 것보다 어렵다고 했습니다. 낙타가 바늘귀에 들어갈 수 있나요? 불가능합니다. 이처럼 부자는 천국에 들어가기 힘듭니다.

그러나 희망이 있습니다. 사람은 불가능하지만, 하나님께서는 하실 수 있습니다. 제자들이 놀라 물었습니다. "그러면 누가 구원을 받을 수 있습니까?" 예수님은 이렇게 대답하셨습니다. "사람으로는 할 수 없으되……하나님으로서는 다 하실 수 있느니라"(27절). 사람은 누구나 자신이 가진 모든 것을 포기하고 예수님을 따를 수 있는 능력이 없습니다. 그렇지만 하나님께서는 하실 수 있습니다. 인간의 생각으로는 불가능해 보이는 일이지만, 하나님께서는 하실 수 있습니다. 어떻게 가능한가요? 하나님께서 율법이라는 청진기로 우리의 죄를 알려 주신 것은 우리를 고쳐 주시기 위해서입니다. 하나님께서는 사람의 문제가 무엇인지 아십니다. 죽음에 이르는 병(죄)을 고쳐 주시기 위해 병(죄)을 진찰하시고, 그 결과를 알려주십니다. 죽음에 이르는 병을 가졌다는 하나님의 진단을 받아들이는 사람은 희망이 있습니다.

성경

막 10:27

예수께서 그들을 보시며 이르시되 사람으로는 할 수 없으되 하나님으로는 그렇지 아니하니 하나님으로서는 다 하실 수 있느니라

찬송

198장 4절

HC 4문
WSC 42문

나눔질문

1. 율법을 지켜 천국에 들어갈 사람이 있을까요?
2. 율법을 지켜 천국에 들어갈 수 없다면 우리에게는 희망이 무엇입니까?

율법을 다 지킬 수 있을까요?

성경

롬 3:10-23

기록된 바 의인은 없나니 하나도 없으며 깨닫는 자도 없고 하나님을 찾는 자도 없고 다 치우쳐 함께 무익하게 되고 선을 행하는 자는 없나니 하나도 없도다 그들의 목구멍은 열린 무덤이요 그 혀로는 속임을 일삼으며 그 입술에는 독사의 독이 있고 그 입에는 저주와 악독이 가득하고 그 발은 피 흘리는 데 빠른지라 파멸과 고생이 그 길에 있어 평강의 길을 알지 못하였고 그들의 눈 앞에 하나님을 두려워함이 없느니라 함과 같으니라 우리가 알거니와 무릇 율법이 말하는 바는 율법 아래에 있는 자들에게 말하는 것이니 이는 모든 입을 막고 온 세상으로 하나님의 심판 아래에 있게 하려 함이라 그러므로 율법의 행위로 그의 앞에 의롭다 하심을 얻을 육체가 없나니 율법으로는 죄를 깨달음이니라 이제는 율법 외에 하나님의 한 의가 나타났으니 율법과 선지자들에게 증거를 받은 것이라 곧 예수 그리스도를 믿음으로 말미암아 모든 믿는 자에게 미치는 하나님의 의니 차별이 없느니라 모든 사람이 죄를 범하였으매 하나님의 영광에 이르지 못하더니

찬송

204장

HC 5, 8문
WSC 18-19문

그렇다면 사람은 과연 율법을 완전하게 지킬 수 있을까요? 아닙니다. 사람은 율법을 완전하게 지킬 수 없습니다. 불가능합니다. 사람은 큰 죄인이고 불쌍한 처지에 있기 때문입니다. '죄'라는 말과 '비참'이라는 말은 사람에게 기분 좋은 단어가 아닙니다. 만약 어떤 사람이 멀쩡한 나를 향해 "너 오늘 불쌍해 보인다."라고 말한다면 상당히 기분 나쁠 것입니다. 만약 누군가 "네 어머니, 나쁘더라?"라고 말한다면 기분이 좋지 않을 것입니다. 지금도 우리 주변에는 수많은 죄와 비참한 일들이 일어나고 있습니다. 텔레비전, 신문, 인터넷이 그러한 것

들을 쉴 새 없이 보도합니다. 기근, 질병, 실직, 사고, 살인, 전쟁, 자연재해, 강간, 왕따, 성추행, 사기, 거짓말, 폭력 등 수도 없이 많습니다. 이런 것들은 겉으로 드러난 비참한 것들입니다. 그러나 더 비참한 것은 인간 내면의 보이지 않는 곳에 있습니다. 노르웨이 화가 뭉크(E. Munch)가 1895년에 그린 "절규"라는 작품은 인간에게 비참한 것이 있음을 표현합니다.

이 그림의 분위기는 불안하고 혼돈이 가득합니다. 요동치는 하늘과 강물과 초원과, 눈을 크게 뜨고 놀라서 귀를 막고 소리 지르는 사람. 무엇이 느껴지나요? 작가는 이 그림을 왜 "절규"라고 했을까요? 작가는 이 그림을 통해 다른 사람이 아닌 바로 우리 자신을 보기 원했을 것입니다. 만약 자신의 내면 세계를 바라본다면 우리가 얼마나 비참한 상태에 있는지 더 분명하게 알 수 있을 것입니다. 사람은 하나님의 율법이나 하나님께서 인간에게 주신 양심의 법을 완전히 순종하지 못하기 때문에 죄인으로 비참한 삶을 살고 있습니다. 우리 속에는 본성적으로 하나님과 이웃을 미워하는 성향이 있습니다. 대부분의 사람은 이 사실을 인정하기 싫어합니다.

그러나 이 사실을 알고 인정하는 사람에게는 희망이 있습니다. 자신의 질병을 인정하는 자만이 의사를 찾기 때문입니다. 하나님께서는 창조자이시기 때문에 죽음의 질병에 걸린 인간을 고칠 수 있는 유일한 의사이십니다. 하나님께서는 우리 깊숙한 곳에 자리 잡고 앉은, 죽음에 이르는 병의 원인균인 죄를 낱낱이 찾아내실 것입니다. 왜 그렇게 하십니까? 우리를 고쳐 주시기 위해서입니다. 자신의 죄를 인정하고 고백하는 것이 바로 치료 받는 지름길입니다.

나눔과 적용

1. 사람은 하나님께서 요구하시는 법을 완전하게 지킬 수 있나요?
2. 그러면 우리는 희망이 없나요?

원조(元祖) 사람의 아름다운 모습

이제 우리는 사람이 얼마나 보잘것없고 죄가 많고 비참한 상태에 있는지 알게 되었습니다. 그러면 하나님께서는 본래부터 인간을 그렇게 나쁘게 창조하셨을까요? 원래 조상인 사람은 어떠했을까요? 성경을 읽어보면 원조 사람은 악하지 않았습니다. 하나님께서는 사람을 좋게 창조하셨습니다. 세상 모든 만물과 사람을 창조하시고 좋았다고 말씀하셨습니다. 더구나 사람을 하나님의 형상으로 창조하셨습니다. 하나님의 형상이라고 하면 우리는 하나님도 코와 귀와 눈과 입을 가졌다고 생각합니다. 그렇지 않습니다. 하나님은 형상이 없습니다. "너를 위하여 새긴 우상을 만들지 말고."(출 20:4)라고 명령하셨습니다. 그러면 하나님의 형상이 무엇입니까? 성경은 먼저 하나님의 형상은 '참된 의와 거룩함'(엡 4:24)이라고 말합니다. 또 하나님과 세상을 아는 '지식'도 포함합니다(골 3:10). '다스리는 것'입니다. 하나님께서 세상을 통치하시는 것처럼 사람에게도 같은 형상을 주셔서 세상을 다스리게 하셨습니다(창 1:26-28). 하나님께서는 왕으로서 세상을 다스리시지만, 사람은 총리로서 세상을 다스립니다. 사람이 하나님의 형상으로 만들어졌기 때문입니다. 다른 어떤 피조물도 하나님의 형상으로 창조되지 않았지만, 사람은 만물을 다스리는 통치자로 창조되었습니다. '의와 거룩함과 지식'은 바로 이 다스리는 일을 위하여 하나님께 받은, 일반 피조물과 구별되는 사람의 특별한 것입니다.

이렇게 하나님께서 창조하신 목적대로 세상을 다스리면 복된 삶을 살 수 있었습니다. 아담과 하와는 에덴동산에서 하나님이 창조하신 모든 세계를 그 목적대로 다스릴 수 있었습니다. 생물의 이름을 지은 것에서 하나님의 형상을 발견할 수 있습니다. 또 원조 사람은 자신을 창조하신 하나님을 바로 알고 진심으로 사랑했습니다. 아담과 하와는 하나님과 함께 동산을 거닐고, 대화를 나누며 행복하게 살았습니다. 영원한 영광 가운데 하나님과 함께 사는 것을 즐겼습니다. 하나님께 찬양과 영광을 돌렸습니다. 하나님 이외에 다른 뭔가를 좋아하거나 하나님과 같은 자리에 놓는 어리석은 일을 하지 않았습니다. 이것이 원조 사람과 하나님의 아름다운 관계입니다. 적어도 아담과 하와가 선악을 알게 하는 나무 열매를 따 먹기 전까지는 그렇게 살았습니다. 바로 이런 아름다운 모습을 갖고 싶지 않나요?

성경

창 1:26-28

하나님이 이르시되 우리의 형상을 따라 우리의 모양대로 우리가 사람을 만들고 그들로 바다의 물고기와 하늘의 새와 가축과 온 땅과 땅에 기는 모든 것을 다스리게 하자 하시고 하나님이 자기 형상 곧 하나님의 형상대로 사람을 창조하시되 남자와 여자를 창조하시고 하나님이 그들에게 복을 주시며 하나님이 그들에게 이르시되 생육하고 번성하여 땅에 충만하라, 땅을 정복하라, 바다의 물고기와 하늘의 새와 땅에 움직이는 모든 생물을 다스리라 하시니라

시 8:4-9

사람이 무엇이기에 주께서 그를 생각하시며 인자가 무엇이기에 주께서 그를 돌보시나이까 그를 하나님보다 조금 못하게 하시고 영화와 존귀로 관을 씌우셨나이다 주의 손으로 만드신 것을 다스리게 하시고 만물을 그의 발 아래 두셨으니 곧 모든 소와 양과 들짐승이며 공중의 새와 바다의 물고기와 바닷길에 다니는 것이니이다 여호와 우리 주여 주의 이름이 온 땅에 어찌 그리 아름다운지요

찬송

69장 1-4절

HC 6문
WSC 10문

나눔터

1. 본래 하나님은 사람을 어떻게 창조하셨습니까?
2. 하나님의 형상으로 창조되었다는 뜻은 무엇입니까?

지킬 수 없는 율법, 왜 주셨나요?

성경

창 1:27

하나님이 자기 형상 곧 하나님의 형상대로 사람을 창조하시되 남자와 여자를 창조하시고

3:4-6

뱀이 여자에게 이르되 너희가 결코 죽지 아니하리라 너희가 그것을 먹는 날에는 너희 눈이 밝아져 하나님과 같이 되어 선악을 알 줄 하나님이 아심이니라 여자가 그 나무를 본즉 먹음직도 하고 보암직도 하고 지혜롭게 할 만큼 탐스럽기도 한 나무인지라 여자가 그 열매를 따먹고 자기와 함께 있는 남편에게도 주매 그도 먹은지라

3:13

여호와 하나님이 여자에게 이르시되 네가 어찌하여 이렇게 하였느냐 여자가 이르되 뱀이 나를 꾀므로 내가 먹었나이다

찬송

79장

HC 9문
WSC 14문

우리는 하나님과의 관계가 회복되지 않으면 율법을 다 지킬 수도 없고 죄만 짓게 된다고 배웠습니다. 하나님을 믿지 않는 사람들은 이 말을 기분 나빠하고 싫어합니다. 자기 스스로 할 수 있는 것이 아무것도 없기 때문에 자존심 상해합니다. 그들은 '하나님은 지키지도 못할 율법을 왜 만들었느냐.'라고 불평합니다. '율법만 만들지 않았어도 사람들은 행복하게 살 수 있었을 텐데…….'라고 짜증을 냅니다. 이 질문은 꽤 그럴듯해 보입니다. 우리가 죄를 짓게 된 것이 하나님 때문이라는 말입니다. 그렇지만 이 질문을 가만히 들여다보면 죄에 대한 책임을 지지 않으려는 사람의 나쁜 마음이 숨어 있습니다. 율법을 지키지 못하는 것이 자기 때문이 아니라, 하나님 탓이라고 말하는 것입니다.

성경을 자세히 읽어 보면 아담과 여자는 하나님의 언약을 지킬 수 있는 능력이 있었습니다. 에덴동산 중앙에는 '생명나무'와 '선악을 알게 하는 나무'가 있었습니다. 그 외에도 에덴동산에는 먹을 수 있는 수많은 나무열매가 있었습니다. 하나님께서는 그 중에 선악을 알게 하는 나무 열매만 먹지 말라고 명령하셨습니다. 사람이 그 열매를 먹으면 죽기 때문입니다. 하나님의 명령에 순종해 그 열매를 먹지 않으면 죽지 않고 영원히 살게 됩니다.

그런데 하나님은 왜 사람에게 그런 법을 주셨을까요? 그것은 사람이 하나님의 형상으로 창조되었기 때문입니다. 사람은 하나님처럼 세상을 다스리는 능력을 가졌습니다. 하나님께서 세상을 다스릴 특권과 능력을 사람에게 주셨습니다. 하나님께서 온 우주의 왕이시라면, 사람은 총리와 같습니다. 총리는 왕을 대신해 다스립니다. 총리는 왕이 아니지만, 왕이 하는 모든 것을 할 수 있습니다. 그런데 하나님과 총리 사이에 차이가 있어야 했습니다. 총리는 왕이 정한 법 안에서만 다스려야 했습니다. 왕처럼 자신의 능력과 특권을 자기 마음대로 사용해서는 안 됩니다. 총리는 왕이신 하나님의 뜻 안에서 일해야 했습니다. 반드시 이 의무를 지켜야만 좋은 총리입니다.

좋은 총리는 주어진 의무를 짐으로 생각하지 않습니다. 왕의 요구를 너무나 당연하게 여기고, 기쁨으로 의무를 다할 것입니다. 총리로서 세상을 다스릴 수 있는 것이 얼마나 영광스럽고, 즐겁고, 복된지요. 그런 의미에서 하나님께서 사람에게 율법을 주신 것은 큰 복입니다. 그런데 사람이 스스로 그 의무를 저버리고, 특권과 복을 잃어버렸습니다. 정말로 안타까운 일입니다.

나눔토론

1. 행할 수도 없는 법을 하나님께서 만드셨나요?
2. 율법을 주신 이유가 무엇입니까? 하나님은 사람을 어떻게 대우하십니까?

하나님은 사랑이십니다. 사랑은 죄와 잘못을 덮습니다. 만약 우리가 짓는 죄에 대해 일일이 매를 들고 벌을 내리신다면 잔인한 하나님이 아닐까요? 구약성경을 읽어보면 잔인해 보이는 하나님을 만나게 됩니다. 잘못하면 혼내고 벌주고 심판하십니다. 그런데 신약성경을 읽어보면 예수님의 사랑이 포근하게 느껴지는 것 같습니다. 상처를 싸매어 주시고, 죄를 용서해 주시고, 십자가에 죽기까지 하셨으니까요! 신약성경의 예수님이 구약의 하나님보다 훨씬 사랑스럽고 좋게 느껴집니다. 그래서 어떤 사람은 구약의 하나님은 진노의 신이고, 신약에 나오는 신이 사랑의 하나님이라고 믿었습니다. 그래서 구약성경은 버리고 신약만 좋아했습니다. 신약성경 가운데서도 구약을 많이 인용하는 마태복음과 히브리서를 읽지 않았습니다. 어떻게 생각하세요?

이것은 하나님을 오해한 것입니다. 하나님은 '공의'와 '사랑'을 동시에 가지고 계십니다. 공의와 사랑은 나누어지지 않고 하나입니다. 앞면과 뒷면의 다른 두 면을 가지고 있어도 한 손인 것과 같습니다. 하나님의 공의는 사랑과 함께 일하고, 하나님의 사랑은 공의를 버리지 않습니다.

하나님은 죄를 지은 아담과 하와를 에덴동산에서 내어 쫓았습니다. 노아 시대의 죄인들은 모두 홍수로 멸망했습니다. 그러나 노아를 살려 주셨습니다. 하나님께서는 악인을 심판하시고 의인을 구원하신다는 것을 보여 주었습니다. 그리고 원죄(原罪)에 대해 지금도 죽음으로 벌하시고 계십니다. 하나님께서는 우리 스스로 짓는 자범죄(自犯罪) 혹은 고의로 짓는 고범죄(故犯罪)에 대해서도 벌하십니다.

그런데 어떤 경우에는 하나님께서 즉각 죄인에게 벌을 내리지 않으십니다. 오히려 죄인이 잘 되고 의인이 힘들게 사는 경우를 많이 봅니다. 부자와 거지 나사로의 이야기(눅 16:19-31)에서도 마찬가지입니다. 부자는 좋은 옷을 입고 매일 잔치를 했고 맛있는 음식을 배부르게 먹었습니다. 그렇지만 나사로는 거지였습니다. 배고프고 병들고 추위에 떨어야 했습니다. 그렇지만 이 이야기는 그렇게 끝나지 않았습니다. 부자는 죽어 지옥에 갔고, 나사로는 천국에 갔습니다. 결국 가난했던 나사로보다 부자의 마지막이 비참하게 되었습니다. 부자는 이 세상에서 벌을 받지 않는 것 같지만 사실은 이미 벌을 받고 있었습니다. 죄를 지으면서도 잘 되는 것 자체가 하나님의 심판입니다. 죄인이 죄를 지어도 잘 되도록 놓아두는 것은 복이 아니라, 벌입니다. 결국 죄인은 심판의 때에 영원한 형벌을 피할 수 없습니다.

나눔질문

1. 사랑의 하나님만 좋고 공의의 하나님은 싫은가요?
2. 지금은 불의가 승리하는 것처럼 보일 수 있습니다. 언제 우리는 공의의 하나님이 살아 계심을 알게 될까요?

성경

시 7:6-17

여호와여 진노로 일어나사 내 대적들의 노를 막으시며 나를 위하여 깨소서 주께서 심판을 명령하셨나이다 민족들의 모임이 주를 두르게 하시고 그 위 높은 자리에 돌아오소서 여호와께서 만민에게 심판을 행하시오니 여호와여 나의 의와 나의 성실함을 따라 나를 심판하소서 악인의 악을 끊고 의인을 세우소서 의로우신 하나님이 사람의 마음과 양심을 감찰하시나이다 나의 방패는 마음이 정직한 자를 구원하시는 하나님께 있도다 하나님은 의로우신 재판장이심이여 매일 분노하시는 하나님이시로다 사람이 회개하지 아니하면 그가 그의 칼을 가심이여 그의 활을 이미 당기어 예비하셨도다 죽일 도구를 또한 예비하심이여 그가 만든 화살은 불화살들이로다 악인이 죄악을 낳음이여 재앙을 배어 거짓을 낳았도다 그가 웅덩이를 파 만듦이여 제가 만든 함정에 빠졌도다 그의 재앙은 자기 머리로 돌아가고 그의 포악은 자기 정수리에 내리리로다 내가 여호와께 그의 의를 따라 감사함이여 지존하신 여호와의 이름을 찬양하리로다

찬송

247장

HC 11-12문
WSC 85문

성품은 열매

성경

갈 5:18-23

너희가 만일 성령의 인도하시는 바가 되면 율법 아래에 있지 아니하리라 육체의 일은 분명하니 곧 음행과 더러운 것과 호색과 우상숭배와 주술과 원수 맺는 것과 분쟁과 시기와 분 냄과 당 짓는 것과 분열함과 이단과 투기와 술 취함과 방탕함과 또 그와 같은 것들이라 전에 너희에게 경계한 것같이 경계하노니 이런 일을 하는 자들은 하나님의 나라를 유업으로 받지 못할 것이요 오직 성령의 열매는 사랑과 희락과 화평과 오래 참음과 자비와 양선과 충성과 온유와 절제니 이같은 것을 금지할 법이 없느니라

찬송

182장 1, 4절

존 로크(John Locke)는 사람은 태어날 때 아무것도 그려지지 않은 빈 종이와 같다고 했습니다. 그 생각을 이어 받은 미국의 근대교육의 아버지인 존 듀이(John Dewey)는 아동의 인격을 소중히 여기는 아동중심교육을 주장했습니다. 이 생각은 지금 우리에게도 영향을 미치고 있습니다.

그러나 성경은 무엇을 말할까요? 갈라디아서 5장은 모든 사람은 죄인이어서 생각하고 행동하는 모든 일이 악하다고 합니다. 특히 사람이 하는 일을 '육체의 일'이라고 표현한 것을 보십시오. 사람이 뭔가 일을 하면 좋은 것이 나올 법한데 전혀 그렇지 않습니다. "음행과 더러운 것과 호색과 우상숭배와 주술과 원수 맺는 것과 분쟁과 시기와 분 냄과 당 짓는 것과 분열함과 이단과 투기와 술 취함과 방탕함과 또 그와 같은 것들이라"(19-20절). 사람 스스로 하는 일이라는 것이 이렇게 악한 것들밖에 없습니다.

그러나 중생한 그리스도인은 성령님의 인도에 이끌리는 사람입니다. 갈라디아서 5장은 그리스도인이 하는 일을 '일'이라고 하지 않습니다. 바울은 그리스도인의 행실을 '열매'라고 했습니다. 일과 열매의 차이가 무엇일까요? 그렇습니다. 일은 스스로 뭔가 한 것이고, 열매는 나무에 붙어 있으면서 나무에서 공급되는 진액을 먹고 저절로 맺히는 것입니다. 본래 우리는 죄인으로 아무리 많은 일을 해도 나쁜 열매만 맺습니다. 그런데 성령 하나님의 인도를 받는 사람은 선한 열매를 맺는다는 말입니다.

그러면 성령님의 인도에 따라 맺게 되는 열매가 무엇입니까? "오직 성령의 열매는 사랑과 희락과 화평과 오래 참음과 자비와 양선과 충성과 온유와 절제니 이 같은 것을 금지할 법이 없느니라"(갈 5:22-23). 첫 번째 세 가지(사랑, 희락, 화평) 열매는 그리스도인의 가장 기본적인 성품입니다. 두 번째 세 가지(오래 참음, 자비, 양선) 열매는 그리스도인과 비그리스도인의 다양한 관계에서 나타나는 성품입니다. 세 번째 세 가지(충성, 온유, 절제) 열매는 순서대로 하나님, 이웃, 그리고 자기 자신과의 관계에서 나타나는 성품입니다. 그리스도인으로서 '육체의 일'이 아닌 '성령의 열매'를 많이 맺고 싶지 않으세요?

1. 본래 사람은 선한 존재입니까? 사람이 하는 일의 결과가 무엇입니까?
2. 왜 '육체의 열매'라고 하지 않고 '육체의 일'이라고 했을까요?

죽지 않는 방법이 있나요?

죄를 짓는 사람은 누구든지 벌을 받습니다. 사람들이 죽는 것도 바로 이 죄 때문입니다. 이 세상에서 죽을 뿐 아니라, 저 세상에서도 죽습니다. 영원한 죽음입니다. 부자와 나사로 이야기에서 부자는 죽어 저 세상에서 하나님과 함께 살지 못하고 몸과 영혼이 모두 영원히 비참하게 살게 됩니다. 이와 같이 모든 사람은 죄인이기 때문에 처참한 벌을 받습니다.

그러면 죄인이 이 영원한 형벌을 받지 않고 하나님의 은혜를 받을 수 있는 방법은 없을까요? 성경이 그 방법을 알려 줍니다. 그것은 하나님의 공의를 만족시키는 것입니다. 하나님께서 죄에 대한 화를 푸시고 화해하실 수 있는 조건이 이루어져야 합니다. 하나님께서 "응! 됐어!"라고 말씀하셔야 합니다. 그러면 '하나님의 의(義)'는 무엇입니까? 하나님의 의는 하나님께서 스스로 옳다고 생각하시며 행하시는 것입니다. 하나님께서 죄와 벌에 대해 말씀하셨습니다. "선악을 알게 하는 나무의 열매는 먹지 말라. 네가 먹는 날에는 반드시 죽으리라"(창 2:17). 하나님의 말씀에 불순종(죄)하면 죽는 벌을 받는 것이 하나님의 의입니다. 하나님은 사랑이 많으시지만 동시에 공의로우신 분입니다. 이 법을 바꾸지 않는 것이 하나님의 의입니다. 하나님께서는 죄를 그냥 면해 주시지 않습니다.

사람이 이 하나님의 의를 만족시키기 위한 방법은 한 가지밖에 없습니다. 사람 스스로 이 죽음의 심판에서 벗어나기 위해 값을 지불하든지 아니면 다른 사람이 해야 합니다. 이것을 우리는 '구속(救贖)'이라고 말합니다. '구(救)'는 '구원하다'라는 말이고, '속(贖)'은 '돈을 주고 (죄의) 노예 신분에서 빼내다'라는 뜻입니다. 우리 스스로 노력해 죗값을 지불하든지 아니면 다른 사람이 죗값을 완전히 갚아야 합니다. 죄 때문에 하나님의 무시무시한 형벌을 받아야 합니다. 만약 사람이 스스로 혹은 다른 사람의 도움을 받아 이 죄의 문제를 해결할 수 있다면 하나님과의 관계도 좋아질 것입니다.

그런데 이 방법이 가능하겠습니까? 사람들은 자신이 뭔가 착(선)한 일을 많이 하면 구원받을 수 있다고 생각합니다. 그래서 착한 일을 많이 하는 사람들이 있습니다. 선행을 많이 한다고 공의로우신 하나님의 마음을 바꿀 수 있을까요? 불가능합니다. 죽음에 이르는 죄를 지은 인간에게 주어진 벌은 스스로 해결할 수 없습니다.

성경

창 2:17

선악을 알게 하는 나무의 열매는 먹지 말라 네가 먹는 날에는 반드시 죽으리라 하시니라

찬송

539장

HC 13문
WSC 19문

나눔토론

1. 사람은 영원히 살 수 있을까요?
2. 사람은 자신의 죗값을 완전히 갚을 수 있을까요?

죽은 자가 스스로 자신을 구할 수 있을까요?

성경

욥 9:2-3

진실로 내가 이 일이 그런 줄을 알거니와 인생이 어찌 하나님 앞에 의로우랴 사람이 하나님께 변론하기를 좋아할지라도 천 마디에 한 마디도 대답하지 못하리라

시 130:3

여호와여 주께서 죄악을 지켜 보실진대 주여 누가 서리이까

찬송

539장

HC 13문
WSC 19문

하나님께서는 사람을 하나님의 형상대로 창조하셨습니다. 그러므로 사람은 스스로 뭔가를 할 수 있는, 곧 다른 피조물과는 다른 특별한 능력을 가진 존재가 아니던가요? 사람들은 스스로 자신의 죗값을 치르기 위해 착한 일을 하기도 합니다. 어떤 사람이 가게에서 비싼 시계를 훔쳤다가 나중에 주인에게 붙잡혔습니다. 잘못을 해결하기 위해서는 돈을 주거나 감옥에서 고생을 하면 됩니다. 이런 방법으로 사람은 스스로 자신의 죄를 해결할 수 있다고 생각합니다. 또 자기도 모르게 짓는 죄에 대해서는 평소에 착한 일을 많이 하면 해결할 수 있다고 믿기도 합니다. 사람을 죽이는 큰 죄는 모르지만, 보통 죄는 스스로 해결할 수 있다고 생각합니다.

사람들은 죄를 상대적으로 생각합니다. 다른 사람과 비교하면서 평가합니다. 다른 사람보다 못하면 잘못했다고 생각하고, 다른 사람보다 나으면 괜찮다고 말합니다. 사람들이 사는 지역과 국가에 따라 죄에 대한 기준도 다릅니다. 사람 개인의 기질에 따라 죄에 대해 느끼는 정도도 다릅니다. 꼼꼼한 사람은 작은 잘못에 민감하지만 큰 잘못에는 둔하기도 합니다. 나름대로 사람들은 자기 죄를 스스로 해결하는 방법을 알고 있다고 생각합니다.

사람들은 스스로 죄인이라고 생각하지만, 심각하지는 않다고 생각합니다. 마치 2층 높이에서 떨어진 사람과 같다고 생각합니다. 다리가 부러지는 정도로 다치긴 했지만 죽을 정도는 아니라는 것이지요.

그러나 성경에서 말하는 죄인은 100층 높이에서 떨어진 사람과 같습니다. 사람은 죄 때문에 완전히 죽었습니다. 그저 뼈 몇 개가 부러지고 시간이 지나면 다시 회복될 수 있는 병이 아니라는 말입니다.

죄를 평가하는 기준이 무엇입니까? 사람이 아니라 하나님의 기준으로 평가해야 합니다. 하나님의 눈으로 우리를 보면 온몸이 죄로 뒤덮여 있습니다. 우리가 생각할 때는 작은 죄 같지만 하나님은 우리를 죽을병에 걸렸다고 진단하십니다. 모든 사람은 하나님 앞에서 바로 그 죄 때문에 이미 죽었습니다. 사람은 하나님 앞에서 죽었기 때문에 자기 스스로 죄의 문제를 해결할 수 없습니다. 그것이 사람의 죄와 비참입니다. 사람은 날마다 죄를 더 짓고 그 죄의 값을 더 높이 쌓아가고 있을 뿐입니다. 우리의 죄가 그렇게 심각하고 비참하군요!

나눔토크

1. 우리는 죄에 대해 어떻게 생각합니까?

2. 하나님께서 우리 죄에 대해 생각하시는 것은 무엇입니까?

제사제도가 우리의 죄를 용서하지 않나요?

사람이 스스로 영원한 형벌에서 벗어날 수 없다면 다른 방법은 없을까요? 혹시 하나님의 창조물 가운데 사람의 죄를 대신해 죽는 방법으로 영원한 형벌을 해결할 수는 없나요?

구약시대에는 죄를 용서받을 수 있는 방법(레 4:27-31)이 있었습니다. 만약 어떤 사람이 죄를 지었다면 양이나 염소 같은 제물을 가져와 성전 제단에서 제물의 머리 위에 손을 얹고 죄를 고백하며 자신의 죄를 제물에게로 전가(옮김)시킵니다. 그리고 자신의 죄를 대신 짊어진 제물을 자신이 칼로 직접 죽입니다. 피가 흘러나오면 그 피를 제사장이 받아 번제단 뿔에 바르고 나머지는 단 밑에 쏟아 버립니다. 제물의 기름은 제단에 태워 향기로운 제사로 드립니다. 그러면 제사장이 그의 죄가 용서되었다고 말합니다. 이런 방식으로 유대인은 죄를 해결했습니다.

그러면 지금도 그런 방식으로 우리의 죄로 인한 영원한 형벌을 해결할 수 있을까요? 아니오. 짐승의 제사로는 우리의 영원한 형벌을 해결할 수 없습니다. 왜냐하면 구약성경에 기록된 제사제도는 그 자체로 사람의 영원한 형벌을 완전히 없앨 수 없기 때문입니다. 히브리서에 이런 말씀이 있습니다. "이 제사들에는 해마다 죄를 기억하게 하는 것이 있나니, 이는 황소와 염소의 피가 능히 죄를 없이 하지 못함이라"(히 10:3-4). 구약성경의 제사제도는 죄를 없애기 위함이 아니라, 죄를 깨닫게 하는 것이 목적이었습니다. 사람이 얼마나 큰 죄를 지었는지 짐승을 죽이면서 알도록 하기 위해 이 제도를 주신 것입니다. 일시적으로는 죄를 용서받았을지 모르지만, 영원한 형벌을 피할 수는 없습니다. 구약의 제사제도에서 우리는 몇 가지를 배울 수 있을 뿐입니다.

첫째, 죄인도 피할 길이 있다는 것을 알 수 있습니다.
둘째, 그러나 죄는 그냥 자동으로 용서되는 것이 아닙니다.
셋째, 죄의 값은 사망이라는 것을 보여 줍니다.
넷째, 피 흘림이 없으면 죄 용서가 없음을 말합니다.
다섯째, 이것이 모두 해결되어야 하나님과 죄인 사이에 평화가 임한다는 것을 배웁니다.

성경

시 49:7-8

아무도 자기의 형제를 구원하지 못하며 그를 위한 속전을 하나님께 바치지도 못할 것은 그들의 생명을 속량하는 값이 너무 엄청나서 영원히 마련하지 못할 것임이니라

찬송

274장

HC 14문
WSC 17문

나눔칼문

1. 구약시대에 이스라엘 백성은 어떻게 죄를 용서받았나요?
2. 제사제도를 주신 목적이 무엇입니까?

우리에게 구원자가 있을까요?

성경

롬 8:3-4

율법이 육신으로 말미암아 연약하여 할 수 없는 그것을 하나님은 하시나니 곧 죄로 말미암아 자기 아들을 죄 있는 육신의 모양으로 보내어 육신에 죄를 정하사 육신을 따르지 않고 그 영을 따라 행하는 우리에게 율법의 요구가 이루어지게 하려 하심이니라

롬 8:11

예수를 죽은 자 가운데서 살리신 이의 영이 너희 안에 거하시면 그리스도 예수를 죽은 자 가운데서 살리신 이가 너희 안에 거하시는 그의 영으로 말미암아 너희 죽을 몸도 살리시리라

찬송

250장

HC 15문
WSC 21-22문

하나님께서는 사랑이 넘치시는 분이지만, 동시에 의로우신 분입니다. 약속한 것은 반드시 지키시는 분입니다. 사람은 하나님께 불순종해서 결국 죽었습니다. 하나님과의 관계가 멀어졌습니다. 하나님을 찾지도 않고 찾을 수도 없고 자기 마음대로 살아갑니다. 하나님을 사랑하지 않고 사람을 미워합니다. 본성이 그렇습니다. 하루도 빠짐없이 나쁜 생각들이 속에서 솟아오릅니다. 그러니 날마다 죽음의 골짜기를 걸어가고 있는 것과 같습니다.

그런데 더 큰 문제는 사람 스스로 그 지옥의 삶에서 벗어날 수 없다는 것입니다. 이 세상에서도 불가능하고 저 세상에서도 안 됩니다. 혹시 사람 가운데 위대한 분이 우리 대신 뭔가 착한 일을 해서 우리를 구원할 수 있을까요? 이순신 장군이 일본의 공격에서 우리 민족을 구했는데 이런 분이 나타나면 우리에게 희망이 있지 않을까요? 혹시 아버지와 어머니가 자녀를 위해 뭔가 해 줄 수 있을까요? 동물을 제사해 죄를 용서받으면 되지 않을까요? 아쉽게도 그 모든 방법은 소용이 없습니다.

사람의 문제를 해결할 수 있는 구원자는 피조물 밖에서 와야 합니다. 또 그 구원자는 반드시 사람이어야 합니다. 왜냐하면 하나님께서는 사람에게 책임을 물으시기 때문입니다. 하나님의 영원한 형벌을 감당해야 하기 때문에 피조물은 구원자가 될 수 없습니다. 그분은 하나님이어야 합니다. 우리의 구원자는 참 사람이면서 동시에 참 하나님이어야 합니다.

시계가 고장 나면 시계를 만든 공장에서 고칠 수 있습니다. 자동차가 고장 나면 자동차를 만든 공장에서 교육 받은 정비사가 고칠 수 있습니다. 사람의 문제는 사람을 만드신 분이 해결할 수 있습니다. 그분이 사람을 설계하고 직접 만드시고 당신의 생기를 불어 넣으시고 당신의 모습으로 창조하셨습니다. 사람의 문제를 해결 할 수 있는 분은 창조주 하나님뿐입니다. 하나님께서 나서셔야 문제가 해결될 수 있습니다. 하나님 이외에 사람의 문제를 해결할 수 있는 방법은 없습니다.

우리는 복음을 통해 그것을 압니다. 하나님만이 인간의 죄의 문제를 해결할 수 있다는 것을 압니다. 그러나 복음을 믿지 않는 자들은 그것을 알지 못할 뿐만 아니라 알아도 인정하기 싫어합니다. 우리에게는 구원자가 있습니다! 성경에서 배웁니다.

나눔터

1. 사람의 죄 문제를 해결할 수 있는 피조물이 있을까요?
2. 우리의 죄를 구원할 수 있는 분은 어떤 분이어야 합니까?

사람은 누구나 죽습니다. 할아버지도 언젠가 죽습니다. 사랑하는 부모님도 죽습니다. 사람이 태어나는 것은 기쁘지만, 죽는 것은 슬픕니다. 사람은 죽음을 두려워합니다. 죽지 않고 영원히 살고 싶지만 사람은 반드시 죽습니다. 중국의 진시황도 죽지 않으려고 영원히 살 수 있는 '불로초(不老草)'를 구하러 온 세상을 다녔지만 결국 죽었습니다.

사람은 창조주 하나님께 불순종해 영원한 벌을 받아 죽습니다. 모든 사람은 죄인으로 태어나며 또 스스로 죄를 짓고 그 대가로 죽습니다. 사람은 비참한 존재입니다.

그런데 이 비참한 상황에서 구해 줄 수 있는 구원자는 없을까요? 만약 구원자가 있다면 어떤 사람이어야 할까요? 하나님께서는 죄를 지은 자, 곧 그 당사자가 죽어야 한다고 말씀하셨습니다. 하나님께서는 아담과 언약을 맺었습니다. "네가 먹는 날에는 반드시 죽으리라."(창 2:17)라고 말씀하셨습니다. 명령을 어긴 아담이 죽어야 합니다. 이것이 하나님의 언약입니다. 아담은 죽었습니다. 아담의 후손으로 우리도 그 안에서 죄를 지어 죽습니다(롬 5:12). 그러므로 사람의 죄를 없애기 위해서는 반드시 참 사람이어야 합니다. 적당하게 사람 같아서는 안 되고 참 사람이어야 합니다. 어머니의 몸에서 태어나고, 기쁨과 고통도 느끼고, 슬픔과 아픔, 외로움을 느낄 수 있는 완전한 사람이어야 합니다.

동시에 그 참 사람은 죄가 없어야 합니다. 왜냐하면 죄인이 죄인을 구원할 수 없기 때문입니다. 물에 빠져 죽어가는 사람이 물에 빠져 죽어가는 또 다른 사람을 구해 줄 수 없는 것과 같습니다. 죄인을 구원하기 위해서는 죄 없는 사람이 필요합니다.

참 사람이면서 동시에 죄가 없는 사람이 있을까요? 없습니다! 왜냐하면 아담 이후 모든 사람은 원죄와 자범죄로 인해 모두 죄인이기 때문입니다. 모든 사람은 죄를 지었는데, 어떻게 죄가 없는 의로운 참 사람을 찾을 수 있을까요?

절망입니다. 사람과 피조물을 바라보면 희망이 없습니다. 그러나 희망이 있습니다. 하나님께서 방법을 마련하셨습니다. 하나님께서는 사랑하는 외아들 예수 그리스도를 세상에 보내셨습니다. 예수님은 우리를 대신해서 조롱받으시고, 슬픈 일을 겪으셨으며, 창에 찔리고 채찍에 맞으며 고통당하시고 십자가에서 죽으셨습니다. 예수님은 참 사람이시면서 죄가 없는 의인이십니다. 바로 그분이 우리의 구원자와 중보자가 되셨습니다. 얼마나 감사한지요!

성경

사 53:3-5

그는 멸시를 받아 사람들에게 버림 받았으며 간고를 많이 겪었으며 질고를 아는 자라 마치 사람들이 그에게서 얼굴을 가리는 것같이 멸시를 당하였고 우리도 그를 귀히 여기지 아니하였도다 그는 실로 우리의 질고를 지고 우리의 슬픔을 당하였거늘 우리는 생각하기를 그는 징벌을 받아 하나님께 맞으며 고난을 당한다 하였노라 그가 찔림은 우리의 허물 때문이요 그가 상함은 우리의 죄악 때문이라 그가 징계를 받으므로 우리는 평화를 누리고 그가 채찍에 맞으므로 우리는 나음을 받았도다

딤전 2:5

하나님은 한 분이시요 또 하나님과 사람 사이에 중보자도 한 분이시니 곧 사람이신 그리스도 예수라

찬송

하나님이 세상을 이처럼 사랑하사

HC 16문
WSC 21문

나눔과 토론

1. 모든 사람은 죽습니다. 그러나 죽는 것은 자연스러운 것이 아닙니다. 왜 죽나요?
2. 죄 없는 사람이 있을까요? 그가 우리 죄 문제를 해결할 수 있을까요?

구원자는 꼭 참 하나님이어야!

성경

요 1:1-18

태초에 말씀이 계시니라 이 말씀이 하나님과 함께 계셨으니 이 말씀은 곧 하나님이시니라 그가 태초에 하나님과 함께 계셨고 만물이 그로 말미암아 지은 바 되었으니 지은 것이 하나도 그가 없이는 된 것이 없느니라 그 안에 생명이 있었으니 이 생명은 사람들의 빛이라 빛이 어둠에 비치되 어둠이 깨닫지 못하더라……참 빛 곧 세상에 와서 각 사람에게 비추는 빛이 있었나니 그가 세상에 계셨으며 세상은 그로 말미암아 지은 바 되었으되 세상이 그를 알지 못하였고 자기 땅에 오매 자기 백성이 영접하지 아니하였으나 영접하는 자 곧 그 이름을 믿는 자들에게는 하나님의 자녀가 되는 권세를 주셨으니 이는 혈통으로나 육정으로나 사람의 뜻으로 나지 아니하고 오직 하나님께로부터 난 자들이니라 말씀이 육신이 되어 우리 가운데 거하시매 우리가 그의 영광을 보니 아버지의 독생자의 영광이요 은혜와 진리가 충만하더라……우리가 다 그의 충만한 데서 받으니 은혜 위에 은혜러라 율법은 모세로 말미암아 주어진 것이요 은혜와 진리는 예수 그리스도로 말미암아 온 것이라 본래 하나님을 본 사람이 없으되 아버지 품 속에 있는 독생하신 하나님이 나타내셨느니라

찬송

하나님이 세상을 이처럼 사랑하사

HC 17문
WSC 21문

사람의 죄를 없애고 죽음에서 구원해 줄 수 있는 분은 사람이어야 하지만 동시에 하나님이어야 합니다. 왜냐하면 사람은 하나님의 영원한 형벌을 짊어질 수 없기 때문입니다. 죽으시고 부활하셔서 영원한 생명을 우리에게 주실 수 있는 능력을 가져야 하는데 사람은 불가능하고 오직 하나님만 가능합니다.

죄는 사람에게서 좋은 것을 빼앗아 갔습니다. 죄가 하나님과 사람 사이에 비집고 들어왔습니다. 사람은 이 어그러진 관계를 회복할 수 없습니다. 제단에서 동물을 가지고 희생 제사를 드릴 수는 있습니다. 그렇지만 그것은 별 효과가 없습니다. 사람 스스로 하나님께 헌신하더라도 여전히 죄 가운데 머물고 있습니다. 사람이 노력할수록 하나님과의 관계는 더 멀어지기만 합니다.

그러나 한 가지 방법이 있습니다. 그것은 사람이 만든 방법이 아닙니다. 이 방법은 하나님이 만드신 것입니다. 하나님께서는 죄로 인해 사람과 멀어진 관계를 어떻게 회복시키셨습니까? 하나님께서는 사람들이 도저히 생각해 낼 수 없는 방법을 생각하시고 실천하셨습니다.

하나님께서는 우리를 구원하기 위해 하나밖에 없는 독생자를 준비시키셨습니다. 우리를 향한 하나님의 사랑이 얼마나 큰지 한번 생각해 보십시오. 보통 아버지가 자신의 아들이 병원에 입원하게 되면 얼마나 가슴 아파하는지 모릅니다. 아버지 자신이 아들 대신 병원에 입원할 수 있다면 차라리 그렇게 하고 싶은 심정입니다. 그만큼 자식을 사랑합니다. 그렇지만 자식에 대한 부모의 사랑은 하나님의 사랑과는 비교할 수 없습니다.

하나님께서는 아무런 잘못이 없는 하나밖에 없는 아들을 세상으로 보내셔서 지옥의 무서운 고통과 영원한 벌을 받도록 하셨습니다. 왜 하나님은 이런 일을 하셨을까요? 바로 우리를 위해서입니다. 우리는 우리의 죄 때문에 당연히 죽어야 하지만, 하나님은 우리를 사랑하셔서 구원하기 원하셨습니다. 그래서 참 하나님이신 아들 예수님을 세상에 보내 십자가 위에서 우리 대신 죽게 하심으로 우리의 죄를 용서하셨습니다.

이것만이 우리가 구원받을 수 있는 유일한 방법입니다. 왜냐하면 하나님의 아들은 한 분밖에 없고, 그 하나님만이 우리의 죄를 대신 질 수 있으시기 때문입니다. 하나님 감사합니다!

나눔터론

1. 죄를 지은 사람은 다른 사람의 죄를 해결할 수 없습니다. 왜 그렇죠?

2. 하나님께서 방법을 주시지 않으면 희망이 없습니다. 어떤 방법을 주셨나요?

성품을 훈련하라!

그리스도인은 그리스도의 영이신 성령님의 보호 속에 살아갑니다. 성령님이 인도하시는 대로 믿음으로 순종하고 따라가면 열매를 맺게 됩니다. 좋은 성품의 아름다운 열매입니다. 그런데 하나님께서 약속하신 선물이지만 믿음으로 순종하지 않고 훈련하지 않으면 우리 것이 되지 못합니다. 왜냐하면 우리는 아직도 우리를 포기하지 않은 사탄과 전쟁 중이기 때문입니다. 사탄은 지금도 거듭난 성도를 넘어뜨려 잡아먹으려고 합니다. 자꾸만 '육체의 일'을 하도록 유혹합니다. 성도는 때때로 사탄에게 지기도 합니다. 우리가 사탄을 이길 수 있는 방법은 없을까요? 사탄에게 이길 수 있는 방법은 하나밖에 없습니다. 성령님의 음성을 듣고 믿음으로 순종하는 것입니다.

성경은 이렇게 가르칩니다. "마땅히 행할 길을 아이에게 가르치라. 그리하면 늙어도 그것을 떠나지 아니하리라"(잠 22:6). '마땅히 행할 길'이라는 말은 '마땅히 행할 성품'이라는 뜻입니다. '길'은 '태도'나 '성품'이라는 뜻으로 번역할 수 있습니다. '마땅히 행할 태도(성품)'를 아이에게 가르쳐야 한다고 명령합니다. '가르치다'라는 단어는 '훈련하다(train up)'로 번역할 수 있습니다. 이제 말씀의 뜻을 더 분명히 알 수 있지요? '마땅히 행할 성품을 아이에게 훈련시키라'는 뜻입니다.

하나님의 성품을 아이에게 훈련시켜야 합니다. 성령의 아홉 가지 열매를 훈련해야 합니다. 어릴 때 잘 훈련해 놓으면 늙어도 그것을 잊어버리지 않습니다. 어릴 때부터 성품을 잘 훈련하면 그리스도인답게 사는 데 유익합니다. 어릴 때 성품을 훈련하지 않아도 괜찮다고 마음을 놓는 사람이 많습니다. 어른이 되면 자연스럽게 배운다고 여깁니다. 그러나 그런 생각은 매우 위험합니다. 잘못입니다. 좋은 성품을 훈련하지 않고 있으면 나쁜 습관이 훈련됩니다.

나쁜 것은 특별히 시간을 내서 훈련시키지 않아도 자연스럽게 훈련됩니다. 왜냐하면 본래 우리가 악한 본성을 지니고 태어났기 때문입니다. 더구나 사탄이 우리 자녀를 끊임없이 나쁘게 훈련합니다. 요즘 아이들이 과잉행동 주의력결핍 장애(ADHD)를 많이 앓고 있습니다. 아이들은 쉽게 폭력적이 되고, 분노를 표출하며, 무책임하고, 배려하지 않으며, 거짓말을 밥 먹듯이 하고, 욕설을 아무렇게나 뱉어 버립니다. 이것은 버려야 할 '육체의 일'입니다. 좋은 성품을 훈련하면 이런 것들을 극복할 수 있습니다. 성령님도 경건의 훈련을 사용하셔서 일하십니다. 그 훈련을 받고 싶지 않나요?

성경
잠 22:6

마땅히 행할 길을 아이에게 가르치라 그리하면 늙어도 그것을 떠나지 아니하리라

찬송
188장 1절

나눔터

1. 우리는 중생했는데 왜 자꾸만 '육체의 일'을 하게 될까요?
2. '마땅히 행할 길을 아이에게 가르치라'는 의미가 무엇인지 설명해 보세요.

오직 그리스도(solus Christus) 안에만 구원

성경

고전 1:30

너희는 하나님으로부터 나서 그리스도 예수 안에 있고 예수는 하나님으로부터 나와서 우리에게 지혜와 의로움과 거룩함과 구원함이 되셨으니

찬송

36장

HC 18문
WSC 21문

옛언약(구약, 舊約)에 의하면 죄를 지은 사람은 속죄제를 드려 죄의 책임에서 해방됩니다. 그러나 새언약(신약, 新約)에 의하면 짐승의 피가 죄를 없애지 못합니다. 그렇다면 이 두 가지 내용은 서로 모순됩니까? 성경이 일구이언한 것입니까? 그 대답은 예수 그리스도에게서 찾을 수 있습니다. 예수님은 이 모든 불완전한 것을 완전히 해결하셨습니다. 골고다 언덕의 십자가 위에서 그 문제를 완전히 해결하셨습니다. 하나님의 아들이 사람들의 죗값을 죽음으로 대신 치러주심으로 문제를 해결하셨습니다. 하나님께서는 구약 시대에 드린 많은 제사를 앞으로 오실 예수님의 십자가의 죽으심을 생각하면서 제정하셨습니다. 자신의 죄를 고백하고 믿음으로 제사 드린 자들을 미리 용서해 주신 것입니다. 나중에 예수님의 피가 뿌려질 것임을 보시고 속죄 제사를 통해 죄를 용서해 주셨습니다.

그러면 지금 우리는 어떻게 됩니까? 우리는 죄의 벌을 감당할 수 없을 뿐만 아니라 피의 희생 제사를 드리지도 않습니다. 그러면 우리의 죄는 어떻게 해결됩니까? 예수님이 고난 받으신 후 2,000년이 지났지만 하나님은 과거에 일어난 한 번의 희생 제사를 보시고 단번에 신자의 죄를 용서해 주십니다.

미리든지 나중이든지 인간의 죄는 그냥 면제되지 않습니다. 이 죄를 위한 완전한 보상이 있어야 했습니다. 그 보상이 예수 그리스도에 의해 충분하게 이루어졌습니다. 예수님이 하나님과 사람 가운데서 '중보자'가 되셨습니다. 중간에서 문제를 해결해 주신 분이 바로 예수님입니다. 그분은 참 하나님이고 참 사람이셨습니다. 예수님은 하나님께로부터 나셨고 십자가에 죽으시고 죽음을 이기시고 부활하셨습니다. 그래서 하나님께서는 예수님을 보시고 우리의 죄를 용서해 주시고 의롭다고 인정해 주시고 살려 주셨습니다. 우리의 의를 보신 것이 아니라, 예수님의 의를 보시고 우리를 의인이라고 불러 주셨습니다. 마치 구약 시대에 염소나 양이 사람의 죄를 대신해서 죽은 것처럼 말입니다. 하나님을 떠났던 우리가 하나님과의 관계를 회복했습니다. 그리고 예수님은 우리를 거룩하게 하셨습니다. 우리가 세상에 속하지 않고 하늘에 속하도록 구별하셨습니다. 놀라운 신분의 변화입니다. 마지막으로 예수님은 우리를 구속해 주셨습니다. 우리의 죗값을 다 치러 주시고, 죄 때문에 사탄의 노예가 된 상태에서 구원해 주신 것입니다. 우리는 예수 그리스도 안에서 자유인이 되었습니다. 자유인!

나눔질문

1. 구약 시대 사람은 어떻게 죄를 용서받나요?
2. 지금 우리는 어떻게 죄를 용서받을 수 있나요?

사람은 하나님을 볼 수 있을까요? 그 어느 누구도 하나님을 본 사람이 없습니다. 단지 아담과 하와만 하나님을 보았습니다. 모든 사람이 죄를 지었기 때문에 그 어느 누구도 하나님의 영광에 이르지 못합니다. 하나님을 볼 수도 없습니다. 만약 하나님을 보게 되면 죽을 것이기 때문입니다. 죄인은 하나님께 가까이 갈 수 없습니다. 왜 그렇습니까? 죄 때문입니다.

이스라엘 백성이 이집트를 탈출해 3개월이 지나 시내 산에 도착했습니다. 하나님께서는 시내 산에서 언약을 맺으십니다. 모세의 손에 십계명을 들려 주셨습니다. 그때 백성들은 시내 산 밑에서 몸을 성결케 한 후 기다려야 했습니다. 그렇지 않고 모세처럼 산으로 올라가는 사람은 죽을 것이라고 경고하셨습니다(출 19:21). 이스라엘 백성은 감히 하나님께 가까이 가고 싶은 마음도 없었습니다. 우레와 번개와 나팔 소리와 산의 연기를 보고 떨면서 멀리 서 있기만 했습니다. 너무나 두려웠기 때문입니다. 백성들은 모세에게 이렇게 요청했습니다. "당신이 우리에게 말씀하소서. 우리가 들으리이다. 하나님이 우리에게 말씀하시지 말게 하소서. 우리가 죽을까 하나이다"(출 20:19).

모세는 죄인인 이스라엘 백성과 하나님 사이에서 연결 역할을 하는 중보자(仲保者)였습니다. 중보자란 하나님과 인간 사이에 서서 그 관계를 좋게 하고 화해시키는 역할을 하는 사람을 말합니다. 모세는 예수 그리스도의 그림자와 같습니다. 그림자를 보면 실체가 있다는 것을 알 수 있는 것처럼, 실체이신 예수님이 세상에 오셨습니다. 그림자였던 모세의 역할은 끝났습니다. 인간은 완전한 중보자가 될 수 없습니다. 하나님과 인간 사이의 문제를 해결할 수 없습니다. 왜냐하면 인간 모세는 완전하지 않기 때문입니다. 모세도 죄인이었습니다. 참 중보자가 필요합니다. 그분이 바로 죄 없으신 예수 그리스도이십니다.

우리가 사용하는 용어 가운데 '중보기도'라는 것이 있습니다. 중보기도는 하나님과 어떤 사람 사이에 들어가 대신 기도하는 것을 말합니다. 사람이 다른 사람을 대신해 기도해 줄 수는 없습니다. 자신의 기도를 다른 사람이 대신 할 수 없습니다. 기도는 직접 하나님께 할 수 있습니다. 중보자 예수 그리스도를 통해 기도하는 것입니다. 우리가 일반적으로 사용하는 용어인 '중보기도'는 '다른 사람을 위한 기도'로 바꾸어 사용하는 것이 오해를 낳지 않을 것입니다. 우리의 중보자는 예수님뿐이고 예수님만이 우리를 위해 중보기도하시는 분입니다.

성경

출 20:18-21

뭇 백성이 우레와 번개와 나팔 소리와 산의 연기를 본지라 그들이 볼 때에 떨며 멀리 서서 모세에게 이르되 당신이 우리에게 말씀하소서 우리가 들으리이다 하나님이 우리에게 말씀하시지 말게 하소서 우리가 죽을까 하나이다 모세가 백성에게 이르되 두려워하지 말라 하나님이 임하심은 너희를 시험하고 너희로 경외하여 범죄하지 않게 하려 하심이니라 백성은 멀리 서 있고 모세는 하나님이 계신 흑암으로 가까이 가니라

찬송

36장

HC 18문
WSC 21문

나눔질문

1. 왜 하나님과 사람 사이에 중보자가 필요합니까?
2. '중보기도'라는 말이 어떤 면에서 잘못되었습니까?

성경에 예언된 예수 그리스도

성경

창 3:15

내가 너로 여자와 원수가 되게 하고 네 후손도 여자의 후손과 원수가 되게 하리니 여자의 후손은 네 머리를 상하게 할 것이요 너는 그의 발꿈치를 상하게 할 것이니라 하시고

히 1:1-2

옛적에 선지자들을 통하여 여러 부분과 여러 모양으로 우리 조상들에게 말씀하신 하나님이 이 모든 날 마지막에는 아들을 통하여 우리에게 말씀하셨으니 이 아들을 만유의 상속자로 세우시고 또 그로 말미암아 모든 세계를 지으셨느니라

찬송

36장

HC 19문
WSC 2-3문

하나님과 사람 사이에 나빠진 관계를 회복할 수 있도록 중매를 서 주신 분을 '중보자'라고 부릅니다. 이 중보자는 하나님이면서 동시에 사람이어야 합니다. 전능하시고 의로우신 분이어야 합니다. 이 중보자는 바로 예수 그리스도이십니다. 그런데 예수 그리스도께서 참 하나님이고 참 사람이라는 것을 어디에서 알게 되었습니까? 사람이 지어낸 이야기가 아닐까요? 그렇지 않습니다. 이 사실은 성경에서 발견할 수 있습니다. 성경은 아주 오래전 에덴동산에서부터 이 기쁜 소식을 가르쳐 주었습니다. "내가 너로 여자와 원수가 되게 하고 네 후손도 여자의 후손과 원수가 되게 하리니, 여자의 후손은 네 머리를 상하게 할 것이요 너는 그의 발꿈치를 상하게 할 것이니라"(창 3:15). 여자의 후손, 곧 예수 그리스도께서 사람으로 태어날 것을 사람이 타락한 후에 바로 알려 주셨습니다. 또 믿음의 조상 아브라함과, 이삭과 야곱을 통해 보여 주셨습니다. "……땅의 모든 족속이 너로 말미암아 복을 얻을 것이라……"(창 12:3). 또 여러 선지자(사 42:1-4; 43:25; 49:6; 52:13-53:12, 렘 23:5-6; 31:32-33, 미 7:18-20), 곧 이사야, 예레미야, 다니엘, 미가, 말라기를 통해 충분히 보여 주셨습니다. "옛적에 선지자들을 통하여 여러 부분과 여러 모양으로 우리 조상들에게 말씀하신 하나님이 이 모든 날 마지막에는 아들을 통하여 우리에게 말씀하셨으니……"(히 1:1-2).

구약성경에 나오는 율법과 제사들과 다른 의식들은 하나님과 인간 사이에 완전한 중보자가 필요하다는 것을 보여 줍니다. 성전에서 드리는 '제사의식'과 '유월절 행사'와 '할례 예식'을 통해 앞으로 오실 메시아에 대해 미리 보여 주었습니다. 마지막으로 하나님의 아들, 예수 그리스도께서 사람의 몸으로 직접 세상에 오시고, 고통당하시고 하나님 아버지께 완전히 순종하시고, 우리의 죄를 없애 주시려고 십자가에 죽으심으로 하나님의 공의와 사랑을 보여 주셨습니다. 그렇게 해서 하나님과 죄인 사이에 막힌 담을 모두 헐어버리고 평화를 주셨습니다. 예수 그리스도께서 그것을 하셨습니다. 예수 그리스도는 완벽한 중보자이십니다. 우리와 하나님 사이의 중보자에 관한 이야기가 기쁜 소식(good news), 곧 '복음(福音)'입니다. 성경은 바로 이 중보자에 대해 말합니다. 성경의 중심은 중보자 예수 그리스도이십니다.

나눔대로

1. 중보자 예수님이 참 하나님이고 참 사람이라는 것을 어디에서 알게 되었나요?
2. 중보자 예수 그리스도에 대해 말하는 성경을 이야기 해 보세요.

오직 믿음으로(sola fide)

사람은 누구나 죄인으로 태어납니다. 아담이 죄를 지었기 때문입니다. 그런데 예수님이 많은 사람을 위해 십자가에 죽으셨습니다. 바울은 이렇게 말했습니다. "그런즉 한 범죄로 많은 사람이 정죄에 이른 것같이 한 의로운 행위로 말미암아 많은 사람이 의롭다 하심을 받아 생명에 이르렀느니라"(롬 5:18). 그렇다면 예수님 때문에 모든 사람이 구원을 받는 것인가요? 죄는 유전되지만 은혜는 유전되지 않습니다. 성경은 오직 진실한 믿음을 가진 사람만이 구원을 받는다고 합니다. 참된 믿음으로 그리스도에게 접붙여지고 그분이 주시는 모든 은혜의 복을 믿음으로 받아들이는 사람들만 구원을 받을 수 있습니다. 구원은 자동으로 그냥 얻는 것이 아닙니다. 교회 출석을 잘하는 것으로 충분하지 않습니다. 그리스도를 믿는 믿음이 없이는 구원을 받을 수 없습니다. 시편 2편 12절은 "그의 아들에게 입 맞추라. 그렇지 아니하면 진노하심으로 너희가 길에서 망하리니, 그의 진노가 급하심이라. 여호와께 피하는 모든 사람은 다 복이 있도다."라고 했습니다. 예수 그리스도와 사귐이 없는 자는 구원이 없고 하나님께 의지하는 자는 구원을 얻습니다. "영접하는 자 곧 그 이름을 믿는 자들에게는 하나님의 자녀가 되는 권세를 주셨으니"(요 1:12). "하나님이 세상을 이처럼 사랑하사 독생자를 주셨으니 이는 그를 믿는 자마다 멸망하지 않고 영생을 얻게 하려 하심이라"(요 3:16). 하나님께서는 우리 편에서 책임 있는 믿음의 행동을 요구하십니다. 예수님은 우리에게 좁은 문으로 들어가라고 하십니다. 좁은 문은 참된 신앙의 길을 가리킵니다. 참된 믿음을 선택해야 구원을 얻습니다. 교회에 속해 있는 것만으로 구원을 받을 수 없습니다.

로마 천주교회에서는 개인적 믿음보다는 성례가 그들을 구원한다고 믿습니다. 거의 모든 사람이 7가지 성례에 참여하기만 하면 은혜를 받는다고 여깁니다. 세례를 받고 성례에 참석하기만 하면 구원을 얻는다고 생각합니다. 천주교회는 교회를 사람들에게 구원을 나누어 주는 도구라고 생각합니다. 그러나 구원은 교회의 제도를 통해 오지 않습니다. 구원은 교회에서 선포되는 말씀을 통해 오직 성령님으로 말미암는 진실한 믿음을 통해 옵니다. 모든 사람이 구원받는 것이 아닙니다. 예수 그리스도를 믿는 자만이 구원을 얻습니다. 우리에게 믿음을 주시는 성령님이 얼마나 귀하신지요!

성경

요 1:12-13

영접하는 자 곧 그 이름을 믿는 자들에게는 하나님의 자녀가 되는 권세를 주셨으니 이는 혈통으로나 육정으로나 사람의 뜻으로 나지 아니하고 오직 하나님께로부터 난 자들이니라

3:16

하나님이 세상을 이처럼 사랑하사 독생자를 주셨으니 이는 그를 믿는 자마다 멸망하지 않고 영생을 얻게 하려 하심이라

3:18

그를 믿는 자는 심판을 받지 아니하는 것이요 믿지 아니하는 자는 하나님의 독생자의 이름을 믿지 아니하므로 벌써 심판을 받은 것이니라

3:36

아들을 믿는 자에게는 영생이 있고 아들에게 순종하지 아니하는 자는 영생을 보지 못하고 도리어 하나님의 진노가 그 위에 머물러 있느니라

찬송

543장

HC 20문
WSC 20문

나눔질문

1. 예수님의 십자가 죽음은 인류 모든 사람을 위한 것이었나요?
2. 성경은 어떤 사람이 구원을 받는다고 말하나요?

진실한 믿음이란 무엇입니까?

성경

롬 4:16-21

그러므로 상속자가 되는 그것이 은혜에 속하기 위하여 믿음으로 되나니 이는 그 약속을 그 모든 후손에게 굳게 하려 하심이라 율법에 속한 자에게뿐만 아니라 아브라함의 믿음에 속한 자에게도 그러하니 아브라함은 우리 모든 사람의 조상이라 기록된 바 내가 너를 많은 민족의 조상으로 세웠다 하심과 같으니 그가 믿은 바 하나님은 죽은 자를 살리시며 없는 것을 있는 것으로 부르시는 이시니라 아브라함이 바랄 수 없는 중에 바라고 믿었으니 이는 네 후손이 이같으리라 하신 말씀대로 많은 민족의 조상이 되게 하려 하심이라 그가 백 세나 되어 자기 몸이 죽은 것 같고 사라의 태가 죽은 것 같음을 알고도 믿음이 약하여지지 아니하고 믿음이 없어 하나님의 약속을 의심하지 않고 믿음으로 견고하여져서 하나님께 영광을 돌리며 약속하신 그것을 또한 능히 이루실 줄을 확신하였으니

찬송

548장

HC 21문
WSC 86문

사람은 예수님을 진실하게 믿어 구원을 받습니다. 그러면 '진실한 믿음'이란 무엇일까요? '진실한 믿음'은 하나님께서 사람에게 주신 성경의 모든 내용을 진리라고 생각하는 '확실한 지식'입니다. 성경의 내용 가운데는 이해할 수 없는 것이 많습니다. '어떻게 하나님은 이 세상을 6일 동안 다 창조하셨을까?' '왜 하나님께서는 에덴동산에 선악을 알게 하는 나무를 두셨을까?' '삼위일체 교리를 도저히 이해할 수 없어. 도대체 하나님은 어떤 분일까?' 이 모든 것을 이해해야 확실한 지식을 가질 수 있다면, 아무도 확실한 지식에 이를 수 없을 것입니다. 성경에는 실제 적용하기 힘든 명령도 많습니다. 지킬 수 없기 때문에 확실한 지식이 아니라고 한다면 어느 누구도 확실한 지식에 이를 수 없을 것입니다. 예를 들면, "네 원수를 사랑하라."라는 명령은 지키기 쉽지 않습니다. 속옷을 달라 하는 사람에게 비싼 겉옷까지 주라는 명령도 지키기 쉽지 않습니다. 이해되지 않고 내 생활에 적용하기 힘들다고 진리가 아니라고 말할 수 없습니다. 성경은 하나님의 말씀입니다. 하나님 말씀은 진리입니다. 다 이해하지 못해도 그것이 진리라고 확실하게 믿는 것은 우리가 하나님을 신뢰하기 때문입니다. 아들이 아버지의 뜻을 다 이해하지 못해도 아버지가 하는 말을 확실하다고 믿습니다. 만약 하나님을 신뢰하지 않는다면 하나님의 말씀인 성경도 확실한 지식으로 받아들이지 않을 것입니다. 확실한 지식은 든든한 신뢰와 분리될 수 없습니다.

'진실한 믿음'은 성령님이 우리 마음에 주신 성경 말씀에 대한 '굳건한 신뢰'입니다. 하나님께 대한 신뢰가 있기 때문에 그분이 하시는 말씀의 내용, 곧 지식에 대해서도 믿습니다. 곧 오직 은혜로, 오직 그리스도의 공로로, 하나님께서 죄 사함과 영원한 의로움과 구원을 다른 사람뿐 아니라 우리에게도 주신 사실을 지식과 신뢰로 믿는 것입니다.

진실한 믿음은 말씀에 대한 확실한 지식과 굳건한 신뢰입니다. 이것은 나뉠 수 없는 동전의 양면과 같습니다. 진실한 믿음은 성령 하나님께서 우리 가운데 주시는 은혜로만 가능합니다. 성령님이 성경의 내용을 믿도록 우리 마음속에서 도와주십니다. 성령 하나님, 감사합니다!

1. 진실한 믿음이 무엇입니까?
2. 진실한 믿음은 어떻게 갖게 되나요?

우리는 무엇을 믿나요?

교회에 다니지 않는 친구들이 "너는 뭘 믿니?"라고 물으면 대답하기 막막할 때가 많습니다. "응, 나~ 예수님 믿어."라고 말하면 또 친구가 묻습니다. "예수? 예수가 누군데?" 어디에서부터 시작해야 할지 몰라 당황하기도 합니다. 우리가 무엇을 믿는지 짧게 잘 요약해서 설명하기란 쉽지 않습니다. 그리스도인 가운데서도 서로 믿는 내용이 다르다면 문제입니다. 우리는 개인적으로 하나님을 믿지만, 교회 안에서 함께 믿습니다. 우리는 한 하나님을 믿기 때문에 형제자매입니다. 형제자매는 하나님을 한 아버지로 모시고 있기 때문에 믿음이 하나여야 합니다. 이렇게 한 믿음을 가진 교회를 시간과 장소를 초월하는 교회, 곧 '공교회(보편교회)'라고 부릅니다.

우리는 성경 말씀에 약속된 모든 것을 믿습니다. 그러나 조심해야 합니다. 우리는 성경에 관한 가르침을 믿는 것이 아닙니다. 세상에는 성경에 관한 많은 종류의 가르침이 있습니다. 그런 것들을 다 믿어야 한다면 혼란스러울 것입니다. 우리는 오직 성경 말씀에 약속된 것만 믿어야 합니다. 세계 여러 곳의 믿는 성도들이 인정할 수 있고, 우리 조상들과 지금 우리 가족과 앞으로 태어날 자손들이 다 함께 인정할 수 있는 신앙의 내용이 있다면 최고이겠습니다. 그런 신앙의 내용이 있을까요?

예! 있습니다. 바로 '사도신경'입니다. 교회 역사를 통해 우리에게 전해진 좋은 신앙의 유산입니다. 성경에 약속된 내용을 아주 간단하게 잘 요약한 것입니다. 본래 초대교회 때부터 세례를 받기 전에 세 가지 믿음을 고백했습니다. '나는 전능하신 하나님 아버지를 믿습니다. 그의 독생자 예수 그리스도를 믿습니다. 나는 성령님을 믿습니다.' 성부 하나님, 성자 하나님, 성령 하나님에 대한 믿음을 표현한 것입니다. 우리가 믿는 신앙의 내용입니다. 이 단순한 고백에 점점 내용이 더 붙여져 지금 우리가 아는 '사도신경'이 되었습니다. 모두 12가지로 구성되어 있습니다. 사도신경이야말로 우리가 믿는 신앙의 가장 대표적인 요약이며, 믿음의 내용입니다. 성부, 성자, 성령, 교회, 성도의 교통, 죄의 용서, 몸의 부활과 영생에 대해 짧고도 분명하게 정리되어 있습니다. 사도신경을 잘 암송하고 있습니까? 자, 같이 한번 암송해 보죠! 우리는 앞으로 이 사도신경을 배울 것입니다.

나눔토론

1. 성도는 하나의 신앙을 가지고 있어야 하는데, 우리의 현실은 어떻습니까?
2. 우리가 함께 고백할 수 있는 좋은 신앙고백이 있나요?

성경

사도신경(새번역)

나는 전능하신 아버지 하나님, 천지의 창조주를 믿습니다. 나는 그의 유일하신 아들, 우리 주 예수 그리스도를 믿습니다. 그는 성령으로 잉태되어 동정녀 마리아에게서 나시고, 본디오 빌라도에게 고난을 받아 십자가에 못 박혀 죽으시고, 장사된 지 사흘만에 죽은 자 가운데서 다시 살아나셨으며, 하늘에 오르시어 전능하신 아버지 하나님 우편에 앉아 계시다가, 거기로부터 살아 있는 자와 죽은 자를 심판하러 오십니다. 나는 성령을 믿으며, 거룩한 공교회와 성도의 교제와 죄를 용서받는 것과 몸의 부활과 영생을 믿습니다. 아멘.

찬송

1장

HC 22문

아이를 훈련할 것이 없다?

성경

잠 29:15

채찍과 꾸지람이 지혜를 주거
늘 임의로 행하게 버려둔 자식
은 어미를 욕되게 하느니라

29:17

네 자식을 징계하라 그리하면
그가 너를 평안하게 하겠고 또
네 마음에 기쁨을 주리라

찬송

560장

아이들을 가만히 내버려두면, 하나님과 사탄의 중간쯤에 있을 것이라고 생각하기
쉽습니다. 그러나 절대로 그렇지 않습니다. 하나님의 말씀으로 성품을 훈련하지 않
으면 사탄이 나쁜 성품으로 훈련합니다. 우리는 주변에서 성품이 좋지 않은 아이들
을 어렵지 않게 봅니다. 학교, 학원, 슈퍼마켓, 놀이터나 거리에서도 볼 수 있습니
다. 심지어 교회당에서도 나쁜 성품을 가진 아이들을 만납니다.

그런데 사실 '나쁜 성품의 아이'는 종종 '나쁜 훈련을 하는 부모' 때문에 생겨납니
다. 부모가 아이에게 성품 훈련을 시키지 않기 때문이죠. 아이가 부모의 말에 순종
하지 않고 떼를 쓰는데도 그냥 봐주고 넘어갑니다. 훈련하지 않고, 그 순간을 넘기
기에 바쁩니다. 훈련은 필요하고 중요합니다. 운동선수가 경기 전에 피나는 훈련을
하는 것처럼, 아이를 바른 성품으로 살아가도록 훈련시켜야 합니다. 부모는 아이의
문제를 그냥 풀어주기만 하는 존재여서는 안 되고, 훈련 교관과 같은 역할을 해야
합니다. 어떤 부모는 "우리 아이는 별로 훈련할 것도 없고 때릴 일도 없다."라고 합
니다. 그런 경우가 있을까요? 불가능합니다. 그런 경우는 부모가 아이의 잘못된 성
품을 다 받아주기 때문에 '안 돼!'라고 말할 것도 없는 것입니다. 그러니 '훈련'시킬
것도 없다고 생각합니다. 아이들이 해야 할 것과 하지 말아야 할 것의 기준이 없습
니다. 성경 말씀이 기준인데도 적용하지 않습니다.

성경은 아이를 훈련하기 위한 아주 구체적인 지침을 우리에게 주었습니다. "채
찍과 꾸지람이 지혜를 주거늘 임의로 행하게 버려 둔 자식은 어미를 욕되게 하느니
라……네 자식을 징계하라. 그리하면 그가 너를 평안하게 하겠고 또 네 마음에 기쁨
을 주리라"(잠 29:15, 17). 성경은 아이를 훈련하기 위해 훈계하고 매를 들라고 가르
칩니다. 요즘 학교는 체벌을 금지했습니다. 잘못된 훈육을 금지하기 위한 것이죠.
그렇지만 하나님께서는 가정에서 부모가 체벌하는 것을 허용합니다. 아이가 순종
하지 않으면 따끔하게 매로 다스리며 훈련해야 합니다. 이것이 하나님께서 가르쳐
주신 성품 훈련의 방법입니다. 현대인은 이런 방법에 거부반응을 보이며 싫어합니
다. 비인격적이라고 여깁니다. 그러나 인간이 하나님보다 지혜롭지 못합니다. 하나
님 말씀대로 하면 그 방법이 최고입니다.

나눔질문

1. 하나님의 성품으로 훈련하지 않으면 중간 상태로 있다는 생각이 왜 틀립니까?
2. 성경은 우리에게 어떻게 훈련하라고 가르쳐 줍니까? 효과 있는 좋은 방법이라고 생각하십
   니까?

사도신경: 세 번의 "나는 믿습니다."

이제 친구가 "넌 무엇을 믿니?"라고 물으면 대답할 수 있겠죠?
"응. 내가 믿는 것은……"이라고 시작하고, 사도신경을 이야기해 주면 정답입니다.

성부 하나님

나는 전능하신 아버지 하나님, 천지의 창조주를 믿습니다.

성자 하나님

나는 그의 유일하신 아들, 우리 주 예수 그리스도를 믿습니다.
그는 성령으로 잉태되어 동정녀 마리아에게서 나시고,
본디오 빌라도에게 고난을 받아 십자가에 못 박혀 죽으시고
장사된 지 사흘 만에 죽은 자 가운데서 다시 살아나셨으며,
하늘에 오르시어 전능하신 아버지 하나님 우편에 앉아 계시다가,
거기로부터 살아 있는 자와 죽은 자를 심판하러 오십니다.

성령 하나님

나는 성령을 믿으며, 거룩한 공교회와 성도의 교제와
죄를 용서받는 것과 몸의 부활과 영생을 믿습니다. 아멘!

사도신경은 본래 초대교회에서 성부와 성자와 성령의 이름으로 세례를 받기 전에 하나님께서 어떤 일을 하셨는지를 분명하게 가르치고 고백하도록 만들어진 것입니다. 본래 이 신앙고백은 라틴어(Latin)로 쓰였습니다. 가장 처음에 나오는 단어가 '크레도(credo)'인데 '나는 믿습니다'라는 뜻입니다. 첫 번째는 성부 하나님을 믿는다고 고백하고, 두 번째는 성자 하나님을, 세 번째는 성령 하나님을 믿는다고 고백합니다.

참, 사도신경을 고백할 때도 눈을 감아야 할까요? 사도신경은 기도가 아닙니다. 신앙고백이니 눈을 뜨고 고백해도 상관없습니다. 오히려 눈을 감는 것보다 서로 바라보며 함께 고백하는 것이 훨씬 의미가 있습니다. 지금 바로 그렇게 한번 해 보실까요!

성경

마 28:19-20

그러므로 너희는 가서 모든 민족을 제자로 삼아 아버지와 아들과 성령의 이름으로 세례를 베풀고 내가 너희에게 분부한 모든 것을 가르쳐 지키게 하라 볼지어다 내가 세상 끝날까지 너희와 항상 함께 있으리라 하시니라

찬송

4장

HC 23문

나눔토크

1. 사도신경 한국 번역이 최근 바뀌었습니다. 새로 바뀐 것과 옛 것의 차이가 뭔지 찾아 보세요.
2. 사도신경은 꼭 눈을 감고 고백해야 할까요? 그렇지 않다면 왜 그렇습니까?

사도신경의 구조

2월 06 FEBRUARY

성경

창 1:26

하나님이 이르시되 우리의 형상을 따라 우리의 모양대로 우리가 사람을 만들고……

찬송

4장

HC 24문
WSC 6문

사도신경은 세 부분으로 나뉩니다. 사도신경은 신자가 믿는 하나님에 관한 내용입니다. 하나님께서는 삼위, 곧 성부·성자·성령 하나님으로 계십니다. 이 삼위일체(三位一體) 하나님에 대해 고백하기 때문에 사도신경이 세 부분으로 나뉘는 것은 당연합니다. 그렇지만 이 세 부분은 분리되지 않고 서로 연결됩니다. 세 부분이 하나입니다. 마치 성부 하나님, 성자 하나님, 성령 하나님이 '하나님'으로 하나인 것과 같습니다. 우리가 이해하기 어렵지만 삼위 하나님께서는 우리의 창조와 구원과 삶을 위해 모두 함께 일하고 계십니다. 그렇지만 동시에 삼위 하나님께서는 각각 하시는 일이 나눠집니다. 성부 하나님께서는 우리를 창조하셨고, 성자 하나님께서는 우리를 구원하셨고, 성령 하나님께서는 우리를 성화시키시는 분으로 사도신경에서 고백하고 있습니다.

성부 하나님께서는 천지와 사람과 생물을 창조하셨습니다. 그런데 많은 사람들은 창조를 믿지 않고 진화론을 믿습니다. 하나님을 믿는 신자조차 창조보다는 진화론의 과학을 더 신뢰하기도 합니다. 성부 하나님께서는 창조뿐 아니라 세상을 보호하며 다스리십니다. 우리를 자녀와 상속자와 양자로 삼으실 것을 약속하십니다. 우리에게 좋은 것을 공급해 주시고 모든 악에서 지켜 주십니다.

성자 하나님께서는 스스로 우리의 구속자가 되기 위해 세상에 오셨습니다. 그분의 피로 우리의 모든 죄를 씻어 주시고 우리를 그분과 하나 되게 해 주실 것을 약속했습니다.

성령 하나님께서는 우리를 거룩하게 해 주기로 약속하셨습니다. 우리 가운데 계시면서 우리를 그리스도의 몸의 지체로 만드시고, 우리가 그리스도 안에서 죄로부터 깨끗하게 되고, 우리의 삶이 매일 새롭게 되도록 약속하셨습니다.

성부·성자·성령 하나님께서는 사람을 창조하실 때 의논하시고 당신의 형상으로 사람을 만드셨습니다. 하나님께서는 사람을 모든 피조물 가운데 가장 아름답게 창조하셨습니다. 동시에 하나님께서는 죄로 죽은 우리를 구원해 주셨습니다. 죄로 부끄러워하는 아담과 하와에게 가죽옷을 입혀 주신 하나님께서는 이제 우리에게 '의의 옷'을 입혀 주십니다. 삼위일체 하나님께 감사합시다!

나눔터

1. 사도신경은 몇 부분으로 나눠집니까?
2. 사도신경을 삼위일체 하나님으로 설명해 보세요.

56 교리와 함께하는 365 가정예배 10주년 기념판

삼위일체라는 말은 성경에 나오지 않습니다. 그런데도 진리인가요? '삼위일체'라는 단어는 없지만, 하나님께서 한 분이고 세 위로 계신다는 사실은 성경에 나옵니다. 그러므로 우리는 삼위일체 하나님을 믿습니다. 성경에 보면 분명히 하나님이 한 분이지만 삼위로 계십니다. 초대교회 때 불신자가 교회에 회원으로 들어오려면 "성부와 성자와 성령의 이름으로" 세례를 받아야 했습니다. 예수님이 제자들에게 그렇게 명령하셨습니다. "그러므로 너희는 가서 모든 민족을 제자로 삼아 아버지와 아들과 성령의 이름으로 세례를 베풀고"(마 28:19). 이 말씀을 가만히 보면 하나님께서 세 분 같지만 한 분입니다. 만약 세 분이라면 '(아버지와 아들과 성령의) 이름들로(복수)'라고 해야 합니다. 그런데 그냥 "······이름으로(단수)"라고 합니다. 한 분이라는 말이죠! 그런 의미에서 하나님은 참 신기하고 신비하신 분입니다. 한 분인데 마치 세 분인 것 같습니다. 한 분인데 삼위(성부 · 성자 · 성령)로 계십니다. 이것을 '삼위일체'라고 부릅니다. 이해가 잘 되지 않지만, 성경에 나타난 하나님은 삼위일체로 계신 분이 분명합니다.

많은 사람이 삼위일체 하나님을 성경대로 믿지 않고 자기 마음대로 생각하는 잘못을 했습니다. 삼위일체를 이해하기 위해 설명하는 여러 가지 방법이 있습니다. 그런데 잘못된 설명인 경우가 있습니다. 예를 들면, 태양 자체(성부)가 있고, 1초에 광년의 속도로 달리는 빛(성자)이 있고, 지구에 도착해서 따뜻하게 느껴지는 온기(성령)가 있는데 이것으로 삼위일체를 설명하기도 합니다. 물이 얼면 얼음(성부), 녹으면 물(성자), 끓이면 증기(성령)가 되는 것으로 삼위일체를 설명하기도 합니다. 이 설명은 그럴듯해 보이지만, 성부 하나님께서 천지를 창조하실 때 성자 · 성령 하나님도 함께 하셨고, 예수님이 세상에 오시고 세례 받으시고 죽으실 때도 성부와 성령님이 함께 하셨다는 것을 설명하지 못합니다. 삼위일체 하나님은 각각 주도적으로 하시는 일이 다르지만, 늘 일체(一體)로 함께 일하십니다. 그러니 삼위일체 하나님을 그런 방식으로는 충분히 설명할 수 없습니다. 오히려 오해만 불러일으킬 뿐입니다. 삼위일체 교리는 신비롭습니다. 하나님께서 왜 우리를 창조하시고, 구원하시고, 성화시키시는지 알 수 없듯이 말입니다.

성경

마 28:19

그러므로 너희는 가서 모든 민족을 제자로 삼아 아버지와 아들과 성령의 이름으로 세례를 베풀고

찬송

5장

HC 25문
WSC 5문

나눔질문

1. 삼위일체 하나님이라는 단어가 성경에 나오지 않는다고 해서 믿지 않아야 하나요?
2. 성경에 하나님이 삼위일체로 소개되고 있나요?

"나는 전능하신 아버지 하나님, 천지의 창조주를 믿습니다"

성경

욥 38:4-11

내가 땅의 기초를 놓을 때에 네가 어디 있었느냐 네가 깨달아 알았거든 말할지니라 누가 그것의 도량법을 정하였는지, 누가 그 줄을 그것의 위에 띄웠는지 네가 아느냐 그것의 주추는 무엇 위에 세웠으며 그 모퉁잇돌을 누가 놓았느냐 그 때에 새벽 별들이 기뻐 노래하며 하나님의 아들들이 다 기뻐소리를 질렀느니라 바다가 그 모태에서 터져 나올 때에 문으로 그것을 가둔 자가 누구냐 그때에 내가 구름으로 그 옷을 만들고 흑암으로 그 강보를 만들고 한계를 정하여 문빗장을 지르고 이르기를 네가 여기까지 오고 더 넘어가지 못하리니 네 높은 파도가 여기서 그칠지니라 하였노라

찬송

68장

HC 26문
WSC 9문

사도신경의 첫 부분은 이렇게 시작합니다. "나는 전능하신 아버지 하나님, 천지의 창조주를 믿습니다." 본래 라틴어 사도신경은 '나는 믿습니다(credo)'라는 단어가 가장 먼저 나옵니다. 이 단어만 봐도 이 글이 신앙고백이라는 것은 분명합니다. 이렇게 고백할 때 우리가 구체적으로 무엇을 믿는다는 말일까요?

우선 우리는 '전능하신 하나님'을 믿습니다. 하나님께서는 하늘과 땅과 모든 생물을 무(無)에서 만드셨습니다. 동시에 영원한 작정과 섭리로 그것들을 보존하고 다스리십니다. 일반학교에서는 창조론을 믿지 않고 진화론을 가르칩니다. 우리는 일반 실용적인 과학을 존중합니다. 그러나 우주 기원에 관한 과학은 인정할 수 없습니다. 우주 기원에 관한 이론들은 반복적인 실험을 통해 증명될 수 없기 때문입니다. 진화론은 실험에 의해 증명되지 못했습니다. 한 종에서 다른 종으로 넘어가는 중간 과정을 지금까지 증명하지 못했습니다. 요즘은 유전자 지도(게놈)를 발견해 진화의 증거를 찾을 것이라고 기대하고 있지만 이 사실은 가설입니다. 사람들은 진화론을 과학이라고 생각하지만, 그것은 증명되지 않았으며 과학적이지 않습니다.

우리는 성경에 쓰인 그대로 창조를 믿고 압니다(히 11:3). 굳이 창조과학으로 창조를 증명할 필요도 없습니다. 믿음으로 압니다. 단지 설명하는 측면에서 창조과학자들의 노력이 도움이 될 수 있기는 합니다.

다음으로 우리는 하나님을 '우리의 아버지'로 믿습니다. 어떻게 하나님이 우리의 아버지가 되십니까? 성자 하나님인 예수 그리스도 때문에 그렇습니다. 사람은 본래 죄를 지어 하나님을 아버지라고 부를 수 없었습니다. 죄인의 아버지는 사탄이었습니다. 그런데 예수님이 우리 죄를 대신해 십자가에 죽으셨습니다. 예수 그리스도께서 우리의 죗값을 다 계산하셨습니다. "누구든지 예수님을 믿는 자는 하나님의 자녀가 됩니다." 예수님 덕분에 우리가 하나님을 아버지라고 부를 수 있게 되었습니다. "입양된 것입니다." 하나님 아버지는 자녀 된 우리의 몸과 영에 필요한 모든 것을 주십니다. 또 이 눈물 골짜기 같은 세상에서 당하는 그 어떤 어려움도 합력하여 선을 이루게 하실 것입니다. 왜요? 우리가 그분의 자녀이기 때문입니다. 우리는 이것을 확실히 믿습니다.

1. 진화론과 창조론을 학교에서 어떻게 배우고 있나요? 어떤 어려움이 있나요?
2. 어떻게 해서 우리가 하나님을 '아버지'라고 부를 수 있나요?

강원도 속초 바로 밑에 '대포'라는 이름의 항구가 있습니다. 한 사람이 자그마한 어촌이라 생각하고 회를 먹으러 갔는데 의외로 사람이 많이 붐볐습니다. 그런데 놀라운 일이 일어났습니다. 오래전 알고 지내던 한 부부를 만난 것입니다. 너무나 반가웠습니다. '와! 이런 우연이 있을까! 이렇게 먼 관광지에서 만나다니!' 사람은 모든 일이 우연히 일어난다고 생각합니다. 그래서 원하지 않는 나쁜 우연을 피하고 좋은 기회를 얻기 위해 열심히 노력합니다. 도박이나 복권 같은 우연에서 기회를 찾는 사람도 많습니다.

또 다른 사람들은 우연을 극복할 힘이 없으니 이를 '운명'이라 여기고 체념하며 받아들이기도 합니다. 인간을 포함한 모든 것을 지배하는 어떤 초능력이 있을까요? 우리나라 사람도 '운명'을 믿습니다. '대자연'이라는 어떤 힘이 있다고 믿는 것이죠. 그래서 좀 더 고상한 말로 '자연의 법' 혹은 '자연의 섭리'라는 말도 사용합니다. '섭리'란 자연계를 지배하는 원리와 법칙을 말합니다. '대자연의 섭리'가 세상을 지배한다고 믿습니다.

그러나 우리는 '대자연의 섭리'가 아니라, '하나님의 섭리(providence of God)'를 믿습니다. 하나님의 섭리란 '하나님의 전능하고 언제 어디나 미치는 능력'입니다. 하나님께서는 당신의 손으로 직접 만물을 창조하셨습니다. 창조의 하나님께서는 또 그 피조물에게 필요한 것들을 '공급'하십니다(provide). 창조 세계를 보존하고 다스리십니다. 우리 주변에서 보는 잎과 풀, 비와 가뭄, 풍년과 흉년, 먹을 것과 마실 것, 건강과 질병, 부와 가난은 우연히 일어나지 않습니다. 아버지 하나님의 직접적인 보살핌을 받고 있습니다. 매일 해가 뜨고 지고 비가 오고 초목이 자라는 것은 단순히 자연 법칙이 아닙니다. 흉년이 들기도 하고 교통사고를 당하거나 갑자기 심각한 병에 걸리기도 합니다. 우리는 그럴 때 '우연히 그렇게 되었다'고 생각합니다. 그러나 하나님 앞에는 '우연'이 없습니다. 오직 하나님의 섭리만 있을 뿐입니다. 때로는 우리가 하나님의 섭리를 다 이해하기 힘듭니다. 그렇지만 우연은 없고 하나님의 섭리만 있습니다. 이것은 확실한 사실입니다. 성경이 그렇게 말하고 있기 때문입니다.

성경

행 17:17-28

……우주와 그 가운데 있는 만물을 지으신 하나님께서는 천지의 주재시니 손으로 지은 전에 계시지 아니하시고 또 무엇이 부족한 것처럼 사람의 손으로 섬김을 받으시는 것이 아니니 이는 만민에게 생명과 호흡과 만물을 친히 주시는 이심이라 인류의 모든 족속을 한 혈통으로 만드사 온 땅에 살게 하시고 그들의 연대를 정하시며 거주의 경계를 한정하셨으니 이는 사람으로 혹 하나님을 더듬어 찾아 발견하게 하려 하심이로되 그는 우리 각 사람에게서 멀리 계시지 아니하도다 우리가 그를 힘입어 살며 기동하며 존재하느니라 너희 시인 중 어떤 사람들의 말과 같이 우리가 그의 소생이라 하니

찬송

68장

HC 27문
WSC 7-8, 11문

나눔질문

1. 그리스도인은 '우연'이나 '운명', '대자연의 섭리'에 대해 어떻게 생각해야 할까요?
2. '하나님의 섭리'란 무엇입니까?

하나님, 시계태엽을 감고 던져 놓은 시계공?

성경

시 139:1-24

여호와여 주께서 나를 살펴 보셨으므로 나를 아시나이다 주께서 내가 앉고 일어섬을 아시고 멀리서도 나의 생각을 밝히 아시오며 나의 모든 길과 내가 눕는 것을 살펴 보셨으므로 나의 모든 행위를 익히 아시오니 여호와여 내 혀의 말을 알지 못하시는 것이 하나도 없으시니이다 주께서 나의 앞뒤를 둘러싸시고 내게 안수하셨나이다 이 지식이 내게 너무 기이하니 높아서 내가 능히 미치지 못하나이다 내가 주의 영을 떠나 어디로 가며 주의 앞에서 어디로 피하리이까 내가 하늘에 올라갈지라도 거기 계시며 스올에 내 자리를 펼지라도 거기 계시니이다 내가 새벽 날개를 치며 바다 끝에 가서 거주할지라도 거기서도 주의 손이 나를 인도하시며 주의 오른손이 나를 붙드시리이다……

찬송

68장

HC 27문
WSC 8-9, 11문

세상에는 하나님을 믿는 사람이 있고 믿지 않는 사람이 있습니다. 하나님이 계시다고 믿는 것을 '유신론(有神論, theism)'이라고 부릅니다. 하나님이 없다고 생각하는 것을 '무신론(無神論, atheism)'이라 합니다. 당신은 무신론자입니까, 아니면 유신론자입니까? 유신론자라고요! 그런데 '유신론' 가운데는 '이신론(理神論, deism)'이라는 것이 있습니다. 이신론을 믿는 사람들은 하나님의 존재를 인정하기는 하지만, 우리 삶을 간섭하는 분은 아니라고 믿습니다. 이런 사람들은 하나님께서 세상을 창조하셨다고 인정하긴 합니다. 조물주 하나님이 계시는 것은 믿습니다. 그런데 그 조물주 하나님은 세상을 만들어 놓고 자연법칙을 두어 간섭하지 않고 스스로 돌아가도록 내버려두셨다고 생각합니다. 그들은 시계를 가지고 이것을 설명합니다. 시계를 만드는 시계공이 있습니다. 그가 시계를 정교하게 만듭니다. 시계가 완성된 후 태엽을 감아 놓으면 스스로 알아서 잘 돌아갑니다. 시계공은 더 이상 시계를 돌보지 않아도 됩니다. 왜냐하면 스스로 잘 돌아가니까요. 이 세상도 그와 같다고 믿습니다. 온 우주는 정해진 법칙에 의해서 잘 돌아간다고 믿습니다. 사람들도 이 자연의 법칙을 잘 이해하고 순응할 뿐만 아니라, 스스로 문제를 해결하고 책임져야 한다고 생각합니다. 아무리 어렵고 힘들어도 사람이 스스로 해결해야 합니다. 하나님의 도움은 없습니다. 잘못하면 인간 자신의 책임입니다.

의외로 우리 주변에는 이렇게 생각하는 사람이 많습니다. 하나님을 믿는 사람 중에도 마치 하나님이 없는 것처럼 행동하는 이들이 있습니다. 교회에서 예배드릴 때에는 하나님을 인정하지만, 월요일부터 토요일까지는 스스로 모든 것을 계획합니다. 기도하지도 않습니다. 하나님의 말씀을 읽지도 않습니다. 하나님의 뜻을 묻지도 않습니다. 그렇게 살고 싶지도 않습니다. 이들은 자신을 이신론자라고 말하지는 않지만 실제로는 그렇게 살아가는 사람입니다. 당신은 어떻습니까?

하나님은 멀리 계시는 분이 아닙니다. 우리의 모든 삶을 내버려두시는 분이 아닙니다. 우리가 앉고 일어서는 것을 보시고, 우리의 생각을 아시는 분입니다. 시편 139편은 구체적으로 하나님이 우리의 삶 깊숙한 곳까지 개입하시는 분이라는 것을 보여 줍니다. 우리에게 필요한 것을 공급해 주십니다. 이것을 하나님의 섭리라고 합니다. 하나님의 섭리가 우리에게 얼마나 큰 위로가 되는지요!

나눔토론

1. 유신론과 이신론의 차이가 무엇입니까?
2. 실제 우리 생활에서 이신론자처럼 살아가는 때가 있나요? 설명해 보세요.

훈련하라! 그러나 노엽게 하지 말라!

성품을 훈련해야지요! 그런데 아이를 훈련시키겠다고 시작했다가 작심삼일로 포기하는 부모가 의외로 많습니다. 뒤늦게 "오직 주의 교훈과 훈계로 양육하라."라는 말씀을 실천해 보겠다는 열심을 내보지만 실패합니다. 그것은 에베소서 6장 4절의 첫 부분에 나오는 경고, "너희 자녀를 노엽게 하지 말라."를 무시한 결과인 경우가 많습니다.

　어떤 부모가 아이를 훈련시킵니다. 예배 시간에 설교에 집중하기 위해 바른 자세로 앉아 움직이지 않고 조용히 있는 훈련을 합니다. 10분이 지나면서 아이가 힘들어합니다. 몸을 비틀고 짜증을 내기 시작합니다. 어떻게 합니까? 그 자리에서 아이의 뒤통수를 때려도 될까요? 그런 방법은 아이를 노엽게 할 수 있습니다. 성경은 아이의 마음속에 분노를 일으키지 않도록 훈육하라고 했습니다. 부모가 주의 교훈과 훈계로 양육해야 할 의무가 있지만 자녀를 노엽게 하는 방법은 안 됩니다. 다른 사람이 보는 앞에서 신체적 체벌을 하는 것은 훈련의 효과보다는 수치심을 불러일으켜 좋지 않습니다. 그럴 경우에는 조용히 교회당 바깥으로 데리고 나가는 것이 좋습니다. 아무도 보지 않는 곳에서 훈련하려 하는 바를 분명하게 전하십시오. 반드시 서술형, 즉 완전한 문장으로 이유를 설명하십시오.

　그렇게 분명하게 경고했음에도 불구하고 순종하지 않으면 체벌을 할 수도 있습니다. 체벌이 필요하다면 바로 그 시점이 적절합니다. 보통의 경우는 잘못을 해도 그냥 넘어갑니다. 봐 주는 것이 우선은 좋아 보입니다. 그러나 결국에는 쌓아둔 분노가 한순간에 폭발합니다. 화가 난 상태의 부모가 자녀에게 매를 들면 효과가 별로 없습니다. 오히려 역효과를 낳을 수도 있습니다. 훈련은 징벌과 다릅니다. 단지 때리기만 하는 것도 아니고 긍정적 지지만 하는 것도 아닙니다. 훈련은 징계보다 훨씬 적극적인 교육 방법입니다. 물론 징계도 훈련의 한 방법이긴 합니다만, 징계가 필요 없도록 예방하는 것은 매우 적극적인 교육 방법입니다. 아무리 많은 징벌도 예비적 훈련을 따라갈 수 없습니다.

　하나님께서도 철을 연단하는 것처럼 이스라엘 백성을 훈련시켜 정금같이 나오도록 하셨습니다. 군 훈련소의 훈련조교처럼 단호하고, 일관성 있고, 집중하는 훈련이 필요합니다. 하지만 자녀를 노엽게 하는 것은 금물입니다. 훈련은 어렵고 힘들지만 그 열매는 아름답습니다. 성령의 아홉 가지 열매를 풍성하게 맺을 것입니다.

성경

엡 6:4

또 아비들아 너희 자녀를 노엽게 하지 말고 오직 주의 교훈과 훈계로 양육하라

찬송

496장 2-3절

나눔교류

1. 자녀를 주의 교훈과 훈계로 양육해야 하지만 해서는 안 되는 것은 무엇입니까?

2. 훈련이 쉽지 않지만 그 열매는 무엇입니까?

성경에 나타난 섭리의 예

성경

롬 11:33-36

깊도다 하나님의 지혜와 지식
의 풍성함이여, 그의 판단은
헤아리지 못할 것이며 그의 길
은 찾지 못할 것이로다 누가
주의 마음을 알았느냐 누가 그
의 모사가 되었느냐 누가 주께
먼저 드려서 갚으심을 받겠느
냐 이는 만물이 주에게서 나오
고 주로 말미암고 주에게로 돌
아감이라 그에게 영광이 세세
에 있을지어다 아멘

찬송

68장

HC 27문
WSC 8-9, 11문

우리는 하나님의 섭리를 알 수가 없습니다. 섭리는 하나님의 일이기 때문입니다. 그래서 사도 바울은 자신의 동족인 이스라엘 백성의 구원이 어떻게 될지 설명하면서 하나님의 지혜와 지식의 풍성함, 곧 하나님의 섭리에 대해 노래했습니다. "깊도다! 하나님의 지혜와 지식의 풍성함이여, 그의 판단은 헤아리지 못할 것이며 그의 길은 찾지 못할 것이로다……이는 만물이 주에게서 나오고 주로 말미암고 주에게로 돌아감이라. 그에게 영광이 세세에 있을지어다 아멘"(롬 11:33-36).

그러나 우리가 하나님의 섭리를 전혀 알 수 없는 것은 아닙니다. 하나님께서 행하신 일을 보면 하나님의 섭리를 어느 정도 알 수 있습니다. 그것이 성경에 기록된 역사입니다. 예를 들면, 창세기 3장 15절의 원시복음이 그렇습니다. "내가 너로 여자와 원수가 되게 하고 네 후손도 여자의 후손과 원수가 되게 하리니 여자의 후손은 네 머리를 상하게 할 것이요 너는 그의 발꿈치를 상하게 할 것이니라 하시고." 이 구절은 아담과 하와를 속인 뱀에게 하신 하나님의 말씀인데 그 의미가 당시에는 분명하지 않았지만, '여자의 후손'인 예수 그리스도께서 뱀, 곧 사탄의 머리를 상하게 할 것이라는 섭리를 알려 줍니다.

이 하나님의 일하심은 아브라함을 부르시면서 더 분명하게 계시되었습니다. 아브라함은 복의 근원이 되었습니다. 왜냐하면 '여자의 후손'이 그에게서 태어나게 될 것이기 때문이었습니다. 그러나 그 과정은 쉽지 않았습니다. 이집트에서 400년 동안 고생을 해야 했습니다. 그 후 모세의 인도로 출애굽해 가나안 땅으로 돌아왔습니다. 여러 왕의 시대를 지나 정말 아브라함의 후손으로 예수 그리스도께서 태어나셨습니다. 사탄은 여자의 후손을 죽이려고 했지만, 발꿈치를 상하게 하는 정도밖에 이루지 못했습니다. 예수 그리스도의 죽음은 사람들의 죄를 대신 짊어지신 대속의 죽음이었습니다. 결국 사탄은 죄로 사람을 얽어매 자신의 종으로 만들 수 없게 되어 머리가 상한 것과 같게 되었습니다.

앞으로 사탄은 비틀거리며 예수 그리스도의 교회를 핍박할 것입니다. 그러나 결국 예수 그리스도의 교회가 승리할 것입니다. 이것이 성경에 나타난 하나님의 섭리의 역사입니다. 와! 정말 굉장하지요? 하나님께서는 정말 살아 계시면서 이 우주와 세상을 다스리십니다. 우리에게 필요한 것들을 공급해 주십니다. 이것이 하나님의 섭리입니다.

나눔질문

1. 하나님의 섭리를 보려면 무엇을 공부해야 할까요?
2. 예수 그리스도의 교회는 결국 어떻게 될까요?

느부갓네살 왕이 고백한 하나님의 섭리

우리나라 대통령은 누가 결정하나요? 미국 대통령은 누가 뽑나요? 당연히 그 나라의 국민이 뽑지요. 엄마, 아빠, 삼촌, 고모, 할아버지, 할머니가 투표소에 가서 투표를 하면 더 많은 표를 얻은 후보자가 대통령이 됩니다. 성경도 그렇게 말할까요? 성경은 하나님께서 왕과 대통령을 세우시기도 하고 그만두게도 하신다고 말합니다. 투표라는 방법을 사용하지만, 하나님께서 그 결과를 다 이끄시고 조정하십니다. 그러므로 대통령은 누가 세운다고 말해야 할까요?

다니엘 선지자가 활동하던 시기에 세계 최강 국가는 바벨론이었습니다. 남왕국 유다가 바벨론에 멸망해 수많은 사람이 포로로 잡혀 갔습니다. 그 가운데 다니엘도 있었습니다. 이렇게 된 것은 하나님께서 위대한 바벨론의 왕 느부갓네살을 매로 사용하셔서 불순종하는 이스라엘을 벌 주셨기 때문입니다. 그런데 바벨론의 느부갓네살 왕은 스스로 높아져 자기가 잘나서 그렇게 큰 나라가 되었다고 착각하며 교만했습니다.

어느 날 하나님께서 느부갓네살 왕에게 꿈을 꾸게 하셨습니다. 그 꿈은 그의 마음에 기쁨보다는 불길한 느낌을 주었습니다. 꿈은 이런 내용이었습니다. 땅 한가운데 한 나무가 있는데 하늘에 닿을 정도로 크고 잎사귀가 아름답고 열매가 많아 모든 민족과 동물들이 먹이로 사용할 수 있을 정도였습니다. 그런데 갑자기 한 순찰자, 곧 한 거룩한 자가 하늘에서 내려와 나무를 베고 가지를 자르고 잎사귀를 떨어뜨리고 열매를 헤쳐 짐승과 새가 그곳을 떠났습니다. 그렇게 7년이 지났습니다. 그것이 꿈이었습니다. 다니엘이 그 꿈을 해석해 주었습니다. 하나님께서 느부갓네살의 교만을 꺾으시려고 왕의 자리를 빼앗아 7년이나 아주 낮은 자리에 있게 하셨다가 다시 왕위에 앉히실 것이라고 예언했습니다. 정말로 그대로 되었습니다. 왕은 이렇게 고백해야 했습니다. "지극히 높으신 이가 사람의 나라를 다스리시며 자기의 뜻대로 그것을 누구에게든지 주시는구나!"(단 4:25)

그 후에 일어난 나라들도 마찬가지입니다. 페르시아, 그리스와 로마 문명, 서양 문화의 발달과 오늘 미국의 패권까지 하나님의 역사입니다. 지금은 미국이 세계 최강을 자랑하지만, 앞으로 어떻게 될지는 아무도 모릅니다. 앞으로 중국이 세계 최강 국가가 될까요? 아무도 모릅니다. 오직 하나님만 아십니다. 우리는 하나님의 섭리를 믿습니다. 하나님의 말씀에 순종하며 그분이 하시는 일을 믿고 따르면 걱정할 필요가 없습니다.

성경

단 4:1-37

느부갓네살 왕은 천하에 거주하는 모든 백성들과 나라들과 각 언어를 말하는 자들에게 조서를 내리노라 원하노니 너희에게 큰 평강이 있을지어다 지극히 높으신 하나님이 내게 행하신 이적과 놀라운 일을 내가 알게 하기를 즐겨 하노라 참으로 크도다 그의 이적이여, 참으로 능하도다 그의 놀라운 일이여, 그의 나라는 영원한 나라요 그의 통치는 대대에 이르리로다……그러므로 지금 나 느부갓네살은 하늘의 왕을 찬양하며 칭송하며 경배하노니 그의 일이 다 진실하고 그의 행하심이 의로우시므로 교만하게 행하는 자를 그가 능히 낮추심이라.

찬송

68장

HC 27문

WSC 8-9, 11문

나눔토론

1. 우리나라 대통령은 누가 뽑나요? 서로 이야기해 보세요!
2. 성경은 어떻게 말하나요?

하나님의 섭리와 인간의 자유가 충돌되지 않나요?

성경

마 10:29-30

참새 두 마리가 한 앗사리온에 팔리지 않느냐 그러나 너희 아버지께서 허락하지 아니하시면 그 하나도 땅에 떨어지지 아니하리라 너희에게는 머리털까지 다 세신 바 되었나니

찬송

68장

HC 27문
WSC 8-9, 11문

우리는 이렇게 고백할 때 참 마음의 위로를 얻습니다. "나는 나의 것이 아니요, 몸도 영혼도 나의 신실하신 구주 예수 그리스도의 것입니다. 예수 그리스도께서는 그의 보혈로 나의 모든 죗값을 완전히 치러 주셨고, 나를 마귀의 모든 권세에서 해방하셨습니다. 또한 하늘에 계신 나의 아버지의 뜻이 아니면 머리털 하나도 땅에 떨어지지 않도록 나를 보호하시며, 참으로 모든 것이 합력하여 나의 구원을 이루도록 하십니다"(하이델베르크 요리문답 1문). 하나님은 머리털 하나가 빠지는 것까지 아십니다. 그 말은 우리에게 일어나는 아주 자그마한 일까지도 다 아신다는 뜻입니다. 그렇다면 한 가지 궁금한 것이 있습니다. 하나님께서 세상의 모든 것을 보존하시고 다스리신다면 사람은 스스로 할 수 있는 것이 아무것도 없다는 말인가요? 우리 스스로 자유롭게 결정하지 않나요? '하나님의 섭리'와 '사람의 자유'가 서로 모순되는 것 같습니다.

하지만 성경은 이 두 가지가 서로 모순된다고 말하지 않습니다. 성경은 하나님의 섭리도 이야기하고 사람에게 스스로 의지적으로 결정하고 행동하도록 명령도 합니다. 우리가 이해하기 힘들지만, 이 두 가지는 서로 모순되지 않고 조화롭게 하나님의 일을 이루어 갑니다. 요셉의 일생을 보십시오. 요셉은 하나님께서 주신 꿈을 보았습니다. 하나님의 놀라우신 계획이었지만, 그것에 대해 아는 사람은 아무도 없었습니다. 그것 때문에 형들이 요셉을 시기해 노예로 팔았습니다. 사람은 하나님의 말씀에 순종하기도 하고 불순종하기도 하지만, 그것을 통해 하나님께서는 당신의 뜻을 이루십니다. 하나님께서는 형들의 시기심을 이용해 이스라엘 자손을 보호하시려고 했습니다. 오랜 세월이 지난 후 요셉이 자기 앞에 서 벌벌 떨고 있는 형들에게 말했습니다. "하나님이 큰 구원으로 당신들의 생명을 보존하고 당신들의 후손을 세상에 두시려고 나를 당신들보다 먼저 보내셨나니, 그런즉 나를 이리로 보낸 이는 당신들이 아니요 하나님이시라"(창 45:7-8). 요셉이 하나님의 섭리를 고백한 것입니다. 어릴 때는 알 수 없었지만, 나중에 하나님의 섭리를 이해할 수 있게 된 것입니다. 경건한 그리스도인들은 '우연히'라는 말을 쓰지 않습니다. 왜냐하면 세상에는 절대로 우연이라는 것이 없기 때문입니다. '하나님의 섭리로(by the providence of God)'라고 합니다. 우리도 생활에서 '우연'이라는 말을 쓰지 맙시다. 세상의 모든 일은 하나님의 섭리로 일어나기 때문입니다.

나눔질문

1. 하나님의 일과 우리의 일이 서로 모순되는 것처럼 보이는 경우를 생각해 보세요.
2. 성경은 하나님의 섭리와 인간의 자유에 대해 어떻게 가르칩니까?

하나님께서는 온 우주와 세상과 사람을 창조하시고 섭리로 보존하시고 다스립니다. 이 사실을 믿고 아는 것이 우리에게 어떤 유익이 있을까요? 어떤 사람은 하나님의 창조를 믿지만 하나님의 섭리를 받아들이지 않습니다. 하나님을 우리와 사귀며 교제하시는 인격으로 믿지 않습니다. 이렇게 하나님의 구체적인 다스림을 거부하는 사람은 섭리 교리가 주는 유익도 누리지 못합니다. 하나님의 섭리를 믿는 신자만 그 유익을 얻습니다. 그 유익이 무엇일까요?

첫째 유익은 어떠한 고난과 어려움 속에서도 인내할 수 있는 힘이 생긴다는 것입니다. 하나님의 뜻과 섭리를 이야기할 때는 언제나 좋은 것, 잘 된 일만 생각합니다. '학교에서 좋은 성적을 얻었다', '유명 대학에 들어갔다', '좋은 직장에 들어갔다'는 것만 섭리라고 생각하는 경향이 있습니다. 그러나 하나님의 섭리에는 좋은 일만큼 힘든 일도 있습니다. 부(富)만 있는 것이 아니라 가난(貧)도 있습니다. 풍년만 있는 것이 아니라 흉년도 있습니다. 기쁠 때나 슬플 때나 하나님의 섭리를 생각하면 어려움을 참을 수 있는 힘이 생깁니다.

둘째 유익은 좋은 일에 감사하게 한다는 것입니다. 믿음이 없는 사람은 고난당할 때 잘 되게 해 달라고 조르다가, 잘 되면 감사를 잊어버립니다. 믿음의 사람은 안 될 때는 인내하고 잘 될 때는 하나님께 감사합니다. 10명의 나병 걸린 사람들이 있었습니다. 모두 예수님의 말씀을 듣고 제사장에게 달려가다가 나았습니다. 그런데 아홉 명은 예수님께 돌아와 감사하지 않았습니다. 그들은 모두 유대인이었습니다. 그러나 한 명만 예수님께 돌아와 감사했습니다. 그는 사마리아 사람이었습니다. 예수님은 그 믿음을 보시고 죄를 용서해 주셨습니다. 감사한 것을 믿음으로 보셨습니다. 감사하는 것을 보면 그의 믿음을 볼 수 있습니다.

셋째 유익은 미래의 일에 대해 확신을 가질 수 있다는 것입니다. 사람은 자신의 미래에 대해 궁금해합니다. 누구나 앞으로 일어날 일에 대해 관심이 많습니다. 그래서 점쟁이를 찾아가기도 합니다. 내가 시작하는 사업이 잘 될지 용한 점쟁이들은 안다고 생각하고 엄청난 돈을 내고 물으러 다닙니다. 하나님의 섭리를 믿는 사람들은 미래를 궁금해하지 않고 불안해하지도 않습니다. 그냥 믿고 신뢰하며 아버지의 손을 잡고 가는 아이처럼 한 걸음 한 걸음 확신을 가지고 걸어갑니다.

성경

욥 1:21-22

이르되 내가 모태에서 알몸으로 나왔사온즉 또한 알몸이 그리로 돌아가올지라 주신 이도 여호와시요 거두신 이도 여호와시오니 여호와의 이름이 찬송을 받으실지니이다 하고 이 모든 일에 욥이 범죄하지 아니하고 하나님을 향하여 원망하지 아니하니라

찬송

68장

HC 28문
WSC 8문

나눔질문

1. 섭리 교리는 우리에게 어떤 유익이 있습니까?
2. 앞으로 우리의 미래는 어떨까요?

예수님은 누구신가요?

성경

마 1:18-25

예수 그리스도의 나심은 이러하니라 그의 어머니 마리아가 요셉과 약혼하고 동거하기 전에 성령으로 잉태된 것이 나타났더니 그의 남편 요셉은 의로운 사람이라 그를 드러내지 아니하고 가만히 끊고자 하여 이일을 생각할 때에 주의 사자가 현몽하여 이르되 다윗의 자손 요셉아 네 아내 마리아 데려오기를 무서워하지 말라 그에게 잉태된 자는 성령으로 된 것이라 아들을 낳으리니 이름을 예수라 하라 이는 그가 자기 백성을 그들의 죄에서 구원할 자이심이라 하니라 이 모든 일이 된 것은 주께서 선지자로 하신 말씀을 이루려 하심이니 이르시되 보라 처녀가 잉태하여 아들을 낳을 것이요 그의 이름은 임마누엘이라 하리라 하셨으니 이를 번역한즉 하나님이 우리와 함께 계시다 함이라 요셉이 잠에서 깨어 일어나 주의 사자의 분부대로 행하여 그의 아내를 데려왔으나 아들을 낳기까지 동침하지 아니하더니 낳으매 이름을 예수라 하니라

찬송

86장

HC 29문
WSC 20문

우리나라에는 고대 왕들의 이름을 후세대가 붙여 주는 경우가 있습니다. 그 왕의 특징과 왕이 한 일을 가지고 이름을 만들어 부릅니다. 오래 살았다고 '장수왕', '나라'를 넓게 개척했다고 '광개토왕'이라고 부릅니다. 우리 이름은 죽고 난 후가 아니라, 태어날 때 지어집니다. 부모는 이 아이가 어떤 사람이 되면 좋겠다는 생각을 이름에 나타냅니다. 그래서 동양 사람의 이름에는 뜻이 있습니다. 당신 이름의 뜻은 무엇인가요?

그런데 예수님의 이름은 부모가 짓지 않았습니다. 예수님이 돌아가시고 나서 제자들이 붙여 준 것도 아닙니다. '예수'라는 이름은 하나님께서 직접 지어 주셨습니다. 하나님께서는 천사 가브리엘을 통해 마리아와 요셉에게 나타나셔서 뱃속에 있는 아이의 이름을 '예수'라고 지어 주셨습니다. 그 뜻은 '자기 백성을 그들의 죄에서 구원할 자'(마 1:21)입니다. 예수라는 이름은 예수님이 무슨 일을 하실 것인지 분명하게 설명합니다. 예수님은 하나님이지만 사람들을 죄에서 구원해 주시기 위해 사람의 몸으로 세상에 오셨습니다. '예수'는 당시에도 많은 사람이 사용하던 평범한 이름이었고, 구약성경에도 자주 등장하는 이름입니다. 특별히 '여호수아'라는 이름은 '예수'라는 이름과 같습니다. 모세의 뒤를 이어 이스라엘 백성을 가나안 땅으로 인도했던 여호수아 말입니다. 또 바벨론 포로 생활에서 이스라엘 백성이 약속의 땅으로 돌아올 때 인도한 제사장 '여호수아(예수아)'(슥 3장; 학 2장)도 같은 뜻을 가졌습니다.

사람들은 예수님께 많은 것을 요구합니다. 어떤 사람은 예수님이 억압받고 무시당하는 세상을 바꿔 주시기를 바랍니다. 다른 사람은 예수님이 우리를 가난에서 벗어나 부자가 되게 해 주실 것이라고 믿습니다. 유대인은 예수님이 로마에게서 독립시켜 주실 것이라고 믿었습니다. 요즈음은 예수님이 공부를 잘하게 해 주실 것이라고 믿습니다.

그러나 예수님은 이름에서도 나타난 것처럼 우리를 모든 죄에서 구원하시기 위해 오셨습니다. 지금도 예수님은 하늘 우편에 앉아 계시면서 우리를 위해 기도하고 계십니다. 예수님만이 우리를 죄에서 구원하실 수 있는 유일한 분입니다.

나눔해요

1. '예수'라는 이름은 누가 지어 주셨나요? 무슨 뜻인가요?
2. 예수님이 세상에 오신 이유가 무엇입니까?

예수님 플러스(+)

요즘은 이름에 플러스(+)를 붙이는 경우가 많습니다. '홈플러스', '수학플러스', '상상 플러스' 등 수없이 많은 플러스가 있습니다. 사람들은 의식적이든지 무의식적이든 지 '플러스'(+)를 좋아합니다. 뭔가 덤으로 더 가지는 것을 싫어할 사람은 아무도 없 습니다.

사람들은 구원과 복을 받기 위해 예수 이름만 의지하는 것에 불안해합니다. 예 수라는 이름에 또 다른 뭔가를 플러스(+)하기를 좋아합니다. '예수 플러스(+)'를 좋 아합니다. "천하 사람 중에 구원을 받을 만한 다른 이름을 우리에게 주신 일이 없 다."(행 4:11)고 했지만, 뭔가 좀 부족하다고 생각합니다.

예수+성인: 로마 천주교회는 구원과 복을 받기 위해 성인 혹은 자기 자신이나 다 른 어떤 것을 예수 이름에 덧붙입니다. 성인들의 신앙이 보통사람보다 뛰어나 자신 을 구원하고도 남은 선행을 다른 사람에게도 나누어 줄 수 있다고 가르칩니다. 그래 서 성인들을 숭배합니다. 대표적인 경우가 마리아숭배입니다. 마리아는 신앙이 좋 아 죄가 없고 죽었다가 부활해 하늘로 올라갔다고 믿습니다. 예수님의 어머니인 마 리아에게 기도하면 마리아가 예수님께 그 내용을 이야기해 잘 들어 줄 것이라고 믿 습니다. 또 마리아의 어머니인 안나를 숭배하기도 합니다. 마르틴 루터도 무시무시 한 폭풍우를 만났을 때 무서워 성 안나에게 자기를 살려 주면 수도사가 되겠다고 맹 세했습니다. 안나는 마리아에게, 마리아는 예수님께 부탁한다는 것입니다. 이것은 그럴듯해 보이지만 성경에서 가르치는 것은 아닙니다.

예수+나: 또 다른 경우는 예수님으로 충분하지 않고 자기 자신의 수행이나 선한 행동을 통해 구원과 복을 받을 수 있다고 생각하는 것입니다. 철야기도나 오랜 금식 기도와 선행이 그들을 구원한다고 생각합니다. 그러나 이것은 매우 위험한 비성경 적인 생각입니다.

이처럼 예수 플러스(+)로 신앙생활을 하는 사람은 유일한 구원자인 예수님을 말 로는 자랑하지만 실제로 삶과 행위로는 부인하는 것입니다. 예수님이 완전한 구원 자가 아니든지, 아니면 참 믿음으로 예수님을 구주로 영접하고 구원에 필요한 모든 것을 오직 그분에게서만 찾든지, 둘 중 하나만 사실입니다. 당신은 어떤 신앙생활을 하고 있나요?

나눔질문

1. 예수님 이외에 중요하다고 생각하는 것들이 어떤 것들이 있는지 써 보세요.
2. 우리의 구원을 위해 예수님만으로는 충분하지 않나요?

성경

행 4:11~12

이 예수는 너희 건축자들의 버 린 돌로서 집 모퉁이의 머릿 돌이 되었느니라 다른 이로써 는 구원을 받을 수 없나니 천 하 사람 중에 구원을 받을 만 한 다른 이름을 우리에게 주신 일이 없음이라 하였더라

찬송

314장

HC 30문
WSC 21문

겸손(1): 하나님과 자신의 죄를 아는 것!

성경

빌 2:3

아무 일에든지 다툼이나 허영
으로 하지 말고 오직 겸손한
마음으로 각각 자기보다 남을
낮게 여기고

찬송

212장

한국 사람에게는 체면과 겸양의 문화가 있습니다. 손님을 대접하며 식사를 준비한 안주인이 "차린 것은 없지만 많이 드세요!"라고 합니다. 평소보다 훨씬 많이, 어쩌면 과도하게 차린 음식에도 불구하고 그런 표현을 씁니다. 이런 표현과 자세에는 체면과 겸양이라는 문화가 들어 있습니다. 말은 그렇게 하지만 사실은 '많이 차렸는데 알아주세요!'라는 반대 의미일 수도 있습니다. 이런 것이 겸손일까요? 오히려 '정성을 다해 준비했습니다.'라고 말하는 것이 오히려 겸손 아닐까요? 음식을 준비한 의미와 메뉴에 대해 친절하게 설명해 주는 것이 손님을 더 잘 접대하는 겸손한 자세가 될 수도 있습니다. 단순히 자신을 낮추는 것이나 체면과 겸양의 자세를 겸손이라고 볼 수 없습니다.

또 목사가 교인에게 어떤 봉사를 요청하면 "저는 잘 못하는데⋯⋯"라면서 한 걸음 물러서는 경우가 있습니다. 참 겸손한 사람 같습니다. 그렇지만 은사가 있는데도 "잘 못한다."라는 말과 태도는 겸손일까요? 진정으로 겸손한 마음의 표현인 경우도 있겠지만 그렇지 못한 경우도 있습니다. 오히려 자신이 잘하는 것을 솔직하게 인정하고 이야기하는 것이 겸손일 수 있습니다.

반대로 "제가 해 보죠."라는 말과 자세가 마냥 교만한 태도일까요? 은사가 있을 경우 그렇게 대답하는 것이 오히려 겸손한 자세일 수 있습니다. 겸손은 허영으로 하지 않는 것입니다. 허영은 자신이 가지고 있는 것보다 과도하게 줄이거나 늘이는 것을 말합니다. 겸손은 사람 앞에서 겉으로만 다른 사람을 높이고 자신을 낮추는 듯 말하고 행동하는 것이 아닙니다. 겸손은 마음속에서 우러나오는 진실함입니다. 자신의 모습 그대로를 인정하고 표현하는 것입니다.

성경에서 말하는 겸손이 무엇일까요? 그것은 두 가지를 믿고 알고 인정하는 것입니다. 첫째는 하나님의 거룩하심과 위대함을 알아야 합니다. 하나님이 계시며 그분이 우리를 만드신 분이며 다스리시는 왕이라는 사실을 알면 겸손하지 않을 수 없습니다. 이렇게 하나님을 제대로 알면 우리는 우리 자신이 어떤 존재인지를 알게 됩니다. 둘째로 알아야 할 것은 자신의 죄와 비참함이 얼마나 큰지입니다. 이 두 가지를 아는 사람만이 진정으로 겸손할 수 있습니다. 그냥 겸양으로 겉모습만 겸손한 척하는 것이 아닙니다. 다툼이나 허영이 아니라, 하나님과 사람 앞에서 겸손한 마음과 자세를 가지는 것입니다.

나눔질문

1. '저는 잘 못해요!'라는 표현은 겸손인가요? 만약 그렇다면 어떤 의미에서인가요? 그렇지 않다면 왜 그렇지 않습니까?

2. 진정한 겸손은 어떤 것입니까?

왜 예수를 그리스도라 부르나요?

우리는 '예수'라는 이름이 얼마나 좋은지 알았습니다. '예수'라는 이름은 우리가 죄에서 구원받을 수 있는 이름입니다. 그런데 우리는 왜 예수님을 또 '그리스도'라고 부를까요? 예수라는 이름은 우리를 구원하신 분의 개인적인 이름입니다. 예수님이 어릴 때 부모와 동네 아주머니와 할머니들이 불러 주던, 친구들이 부르던 이름이었습니다. 바리새인과 서기관들도 예수라는 이름을 불렀습니다. 그런데 어느 누구도 예수님을 '그리스도'라고 부르지는 않았습니다. 왜냐하면 '그리스도'는 이스라엘 백성들이 오랫동안 기다리던 다윗 왕, 제사장, 선지자보다 위대한 '메시야'였기 때문입니다. '메시야'라는 말은 히브리어로 '기름 부음 받은 자'입니다. 이 말을 신약성경을 기록한 그리스 말로 부르면 '그리스도(christ)'가 됩니다.

사람들은 예수님이 30년 동안 나사렛에서 사실 때에는 그냥 예수라고만 불렀습니다. 그런데 예수님은 공생애를 시작하시면서부터 '그리스도'라고 불리기 시작했습니다. 예수님이 제자들에게 "너희는 나를 누구라 하느냐."라고 물으셨을 때 베드로는 "주는 그리스도시요, 살아 계신 하나님의 아들입니다."라고 했습니다. '그리스도'는 예수님이 하시는 일을 보고 불러 주는 직분(일자리)의 이름입니다. 예수님이 구약성경에서 기름 부어 맡긴 세 가지 직분을 행하셨다는 의미입니다. 구약성경에서 기름을 부어 세운 직분은 '왕'과 '제사장'과 '선지자'입니다. 예수님이 바로 이 세 가지 직분을 세상에서 행하셨습니다.

첫째, 예수님은 그리스도로서 우리를 구원하기 위한 하나님의 비밀스런 뜻을 보여 주시는 '선지자'로 성령 하나님에 의해 기름 부음을 받았습니다.

둘째, 예수님은 그리스도로서 자기 몸을 한 번에 희생 제사로 드려 우리의 죗값을 지불하시고, 지금도 하늘에 계신 아버지 앞에서 우리를 위하여 끊임없이 기도하시는 분으로 성령 하나님에 의해 '제사장'으로 기름 부음을 받았습니다.

셋째, 예수님은 그리스도로서 우리를 말씀과 성령님으로 다스리시며, 우리의 구원을 이루시며 보호하시고 다스리시는 영원한 '왕'으로 기름 부음을 받았습니다.

그래서 우리는 예수님을 '그리스도'라고 부릅니다. '그리스도'라는 이름이 얼마나 좋은지요!

성경

마 16:13-20

예수께서 빌립보 가이사랴 지방에 이르러 제자들에게 물어 이르시되 사람들이 인자를 누구라 하느냐 이르되 더러는 세례 요한, 더러는 엘리야, 어떤 이는 예레미야나 선지자 중의 하나라 하나이다 이르시되 너희는 나를 누구라 하느냐 시몬 베드로가 대답하여 이르되 주는 그리스도시요 살아 계신 하나님의 아들이시니이다 예수께서 대답하여 이르시되 바요나 시몬아 네가 복이 있도다 이를 네게 알게 한 이는 혈육이 아니요 하늘에 계신 내 아버지시니라 또 내가 네게 이르노니 너는 베드로라 내가 이 반석 위에 내 교회를 세우리니 음부의 권세가 이기지 못하리라 내가 천국 열쇠를 네게 주리니 네가 땅에서 무엇이든지 매면 하늘에서도 매일 것이요 네가 땅에서 무엇이든지 풀면 하늘에서도 풀리리라 하시고 이에 제자들에게 경고하사 자기가 그리스도인 것을 아무에게도 이르지 말라 하시니라

찬송

92장

HC 31문
WSC 23문

나눔질문

1. 그리스도라는 이름의 뜻은 무엇입니까?
2. 그리스도의 세 직분은 무엇이며, 그 의미는 무엇인가요?

그리스도인(人)(Christian)

성경

시 133:1-3

보라 형제가 연합하여 동거함이 어찌 그리 선하고 아름다운고 머리에 있는 보배로운 기름이 수염 곧 아론의 수염에 흘러서 그의 옷깃까지 내림 같고 헐몬의 이슬이 시온의 산들에 내림 같도다 거기서 여호와께서 복을 명령하셨나니 곧 영생이로다

찬송

208장

HC 32문
WSC 23-26문

'기름 붓다'라는 말은 '어떤 특별한 일을 하도록 직분을 주어 세운다'는 뜻입니다. '기름 부음 받은 자'라는 뜻의 '그리스도'가 세 가지(선지자·제사장·왕) 일을 하기 위해 부름 받은 특별한 분이라는 뜻이 있는 것처럼, 그리스도를 따르는 그리스도인도 마찬가지로 예수 그리스도처럼 부름 받았습니다. 그리스도인도 세 가지 직분을 받습니다. 우리가 자격이 있고 능력이 있기 때문이 아닙니다. 하나님께서 예수 그리스도 안에서 우리를 그리스도인으로 부르시고 일을 맡기신 것입니다.

본래 아담과 하와는 이 세 가지 직분을 잘 감당할 수 있었습니다. 아담과 하와는 "먹지 말라."라는 하나님의 말씀을 받았던 '선지자'였고, 안식일에 하나님께 나아가 예배를 드리는 '제사장'이었으며, 땅에 있는 모든 것을 다스리는 '왕'이었습니다. 그런데 죄 때문에 그 세 가지 직분이 망가져버렸습니다.

대신 예수 그리스도께서 오셔서 그것을 완성하시고 회복시키셨습니다. 우리는 이제 다시 그 세 가지 일을 할 수 있게 되었습니다. 하나님께서 우리를 선지자, 제사장, 왕으로 세우셨습니다. 예수님이 대표로 기름 부음을 받으셨기 때문에 예수님을 믿는 우리도 그 기름 부음을 받은 것이나 다름없습니다(시 133:1-3). 교회의 머리 되신 예수님의 머리 위에 성령님의 기름 부으심이 있었다면, 몸(교회)의 각 부분(교인)이 된 우리에게도 그 기름이 부어졌습니다. 그래서 우리도 그리스도인으로서 선지자, 제사장, 왕의 세 가지 직분을 감당할 수 있습니다.

첫째, 선지자로서 믿음으로 말씀 되신 예수 그리스도를 말과 행동으로 전합니다. 불신가족이나 친구, 이웃에게 복음을 전할 수 있습니다. 그것이 선지자로서의 그리스도인의 역할입니다.

둘째, 제사장으로 감사의 제사를 하나님께 드립니다. 속죄제사는 우리가 드릴 필요가 없습니다. 예수님이 다 이루셨기 때문입니다. 우리는 주일에 예배합니다. 그것이 감사제사의 대표적인 예입니다. 더 나아가 월요일에서 토요일까지의 모든 삶도 감사의 제사로 드려야 합니다.

셋째, 왕으로서 죄와 마귀에 대항하여 싸웁니다. 우리의 싸움은 지금도 계속되고 있습니다. 왕으로서 사탄과 싸워야 합니다. 이 모든 것이 우리 자신의 힘으로는 불가능하지만 선지자, 제사장, 왕 되신 예수님의 이름으로 가능합니다.

나눔질문

1. 그리스도를 따르는 사람들을 누구라고 부릅니까? 그 의미는 무엇일까요?
2. 그리스도인의 세 가지 직분은 무엇이며, 그 의미가 무엇입니까?

하나님의 독생자, 예수!

예수님을 마음속에 받아들이고 그 이름을 믿는 사람은 하나님의 자녀입니다. 그런데 하나님께는 아들이 한 분밖에 없지 않습니까? 예수님은 '하나님의 독생자'라고 불립니다. 예수님이 하나밖에 없는 하나님의 아들이라면 우리가 하나님의 아들일 수 있나요?

성경은 이 두 가지를 모두 말하고 있습니다. 예수님을 하나님의 '독생자'라고 하고, 우리를 하나님의 '아들'이라고 부릅니다. 삼위일체 하나님께서는 하나밖에 없는 성자 하나님과 함께 계십니다. 사도신경은 독생자를 '외아들'이라고 부르기도 하는데, 같은 뜻입니다. 하나님께는 본질적으로 영원한 아들이 예수님 한 분밖에 없습니다. 그분이 성자 하나님입니다.

성자 하나님은 사람이 되셔서 세상에 계셨습니다. 그런데 세상은 빛 되신 성자 하나님을 알아보지 못했습니다. 하늘에 계신 아버지의 독생자이시지만 사람의 몸을 입고 있었기 때문에 알아보지 못했습니다. 본래 하나님을 본 사람이 아무도 없지만, 독생자 하나님께서 사람의 모양으로 지구에 나타나셨습니다. 그분이 바로 예수님입니다.

그러면 우리는 누구입니까? 예수님을 영접했기 때문에 우리도 하나님의 아들입니다. 입양된 아들입니다. 하나님께는 한 아들밖에 없지만, 이제 많은 아들이 생겼습니다. 우리는 비록 입양아지만 당당한 하나님의 아들입니다. 하나님의 독생자이고 외아들이신 예수님이 우리를 '형제'라고 불러 주십니다. 정말 굉장한 특권이 아닐 수 없습니다.

우리는 독생자이신 성자 하나님과는 차원이 다른 아들입니다. 독생자 예수님은 전능하신 하나님으로 온 우주를 창조하신 분이고 우리는 피조물일 뿐입니다. 외아들이신 예수님은 하나님이고 우리를 도우시는 분이지만, 우리는 도움을 받는 아들에 불과합니다. 그렇지만 이것은 죄인인 우리에게 엄청난 신분상승이 아닐 수 없습니다. 우리에게는 과분한 영광이 아닐 수 없습니다. 하나님께 감사합시다.

나눔과 묵상

1. 예수님도 하나님의 아들이시고 우리도 하나님의 자녀인데 어떤 차이가 있습니까?
2. 우리가 하나님의 아들이 된다는 것을 생각해 보고, 그 감격을 말해 보세요.

성경

요 1:1-18

태초에 말씀이 계시니라 이 말씀이 하나님과 함께 계셨으니 이 말씀은 곧 하나님이시니라 그가 태초에 하나님과 함께 계셨고 만물이 그로 말미암아 지은 바 되었으니 지은 것이 하나도 그가 없이는 된 것이 없느니라 그 안에 생명이 있었으니 이 생명은 사람들의 빛이라 빛이 어둠에 비치되 어둠이 깨닫지 못하더라 하나님께로부터 보내심을 받은 사람이 있으니 그의 이름은 요한이라 그가 증언하러 왔으니 곧 빛에 대하여 증언하고 모든 사람이 자기로 말미암아 믿게 하려 함이라 그는 이 빛이 아니요 이 빛에 대하여 증언하러 온 자라 참 빛 곧 세상에 와서 각 사람에게 비추는 빛이 있었나니 그가 세상에 계셨으며 세상은 그로 말미암아 지은 바 되었으되 세상이 그를 알지 못하였고 자기 땅에 오매 자기 백성이 영접하지 아니하였으나 영접하는 자 곧 그 이름을 믿는 자들에게는 하나님의 자녀가 되는 권세를 주셨으니 이는 혈통으로나 육정으로나 사람의 뜻으로 나지 아니하고 오직 하나님께로부터 난 자들이니라 말씀이 육신이 되어 우리 가운데 거하시매 우리가 그의 영광을 보니 아버지의 독생자의 영광이요 은혜와 진리가 충만하더라……율법은 모세로 말미암아 주어진 것이요 은혜와 진리는 예수 그리스도로 말미암아 온 것이라 본래 하나님을 본 사람이 없으되 아버지 품 속에 있는 독생하신 하나님이 나타내셨느니라

찬송

92장

HC 33문
WSC 34문

독생자 예수님과 입양된 우리가 친구 사이?

성경

요 15:12-15

내 계명은 곧 내가 너희를 사랑한 것같이 너희도 서로 사랑하라 하는 이것이니라 사람이 친구를 위하여 자기 목숨을 버리면 이보다 더 큰 사랑이 없나니 너희는 내가 명하는 대로 행하면 곧 나의 친구라 이제부터는 너희를 종이라 하지 아니하리니 종은 주인이 하는 것을 알지 못함이라 너희를 친구라 하였노니 내가 내 아버지께 들은 것을 다 너희에게 알게 하였음이라

찬송

394장

HC 33문
WSC 34문

놀랍게도, 예수님은 우리를 친구라고 불러 주십니다. "너희는 내가 명하는 대로 행하면 곧 나의 친구라. 이제부터는 너희를 종이라 하지 아니하리니, 종은 주인이 하는 것을 알지 못함이라. 너희를 친구라 하였노니, 내가 내 아버지께 들은 것을 다 너희에게 알게 하였음이라"(요 15:14-15). 황송한 일이 아닐 수 없습니다. 왜냐하면 우리는 피조물이고, 성자 예수님은 하나님이기 때문입니다.

예수님은 하늘에 계신 아버지 하나님의 말씀을 듣고 온전히 순종했습니다. 예수님이 제자들에게 아버지 하나님의 말씀을 다 들려 주셨습니다. 그 말씀을 듣고 온전히 순종하는 자는 동일하게 하나님의 아들이기에 예수님을 그들을 친구라 불러 주신다는 뜻입니다. 예수님을 믿는 성도는 더 이상 사탄에게 사로잡혀 종노릇하지 않고 예수 그리스도 안에서 하늘 아버지의 말씀에 순종하려고 합니다. 그렇기 때문에 예수님은 그리스도인을 친구라 불러 주겠다고 하셨습니다. 놀라운 은혜입니다.

그렇다고 우리가 주위 친구 대하듯 예수님을 불경스럽게 대할 수는 없습니다. 왜냐하면 예수님은 우리와 신분이 다르기 때문입니다. 예수님은 삼위일체 하나님, 곧 창조주이시고 구원자이시며 보호자이십니다. 그에 비해 우리는 날 때부터 비천한 처지에 있었던 죽을 죄인이었습니다. 예수님 덕분에 구원받아 하나님의 자녀로 입양되었을 뿐 아직도 여전히 죄의 영향 때문에 고통 가운데 있습니다. 우리는 예수님이 없이는 아무것도 할 수 없는 존재입니다. 그분이 우리의 이름을 불러 주셨기 때문에 우리의 존재가 의미 있습니다. 예수님이 우리를 친구라고 불러 주시는 것이 그저 황송할 뿐입니다.

그렇지만 예수님이 우리의 친구라면, 우리는 예수님께 가까이 가는 데 두려워할 필요가 없습니다. 예수님도 친구처럼 우리와 가까이 하십니다. 찬송가 394장 1절은 이렇게 노래합니다. "이 세상의 친구들 나를 버려도 나를 사랑하는이 예수뿐일세 예수 내 친구 날 버리잖네 온 천지는 변해도 날 버리지 않네." 우리의 친구 되신 예수님과 친근한 관계를 맺고 살아갑시다.

나눔터

1. 예수님이 우리를 친구라 불러 주신 이유가 무엇입니까?
2. 우리가 예수님의 친구지만, 어떤 자세로 임해야 할까요?

교회에서 기도할 때 "우리 주님!"이라고 부릅니다. 예수님에게 '그리스도' 외에 '주'라는 이름이 또 있다는 것이지요! 왜 예수님을 "주님!"이라고 부를까요? '주'라는 말은 무슨 뜻일까요?

'주(主)'는 '주인(主人)'의 줄임말입니다. "이 집 주인이 누구입니까?"라고 할 때 주인은 집을 가진 임자라는 말입니다. "이 노예의 주인은 누구입니까?"라고 물으면, "예! 제가 이 노예의 주인입니다. 방금 저 사람한테서 비싼 돈을 주고 샀습니다."라고 대답할 때 사용되었습니다. 그러니까 우리가 예수님을 '주님'이라고 부를 수 있는 사이라면, 우리의 주인이 예수님이라는 말입니다. 그건 사실입니다. 예수님은 십자가의 보배로운 피로 죄의 노예 신분이었던 우리의 몸과 영혼을 금이나 돈으로 사는 것처럼 우리의 모든 죄에서 구해 주셨습니다. 우리는 사탄을 주인으로 모시고 살았는데, 예수님이 십자가 위에서 죽으심으로 우리의 죗값을 다 지불하시고 우리를 구원하셔서 '우리의 주인'이 되셨습니다. 그래서 우리는 예수님을 '주님'이라고 부르게 되었습니다.

예수님이 '우리 주님'이면 우리는 당연히 '예수님의 종'입니다. 사람들은 '종'이 되길 싫어합니다. 종은 주인이 시키는 것만 해야 합니다. 주인이 좋아하지 않는 것을 하면 야단을 맞기 때문입니다. 그렇지만 '누구의 종인가'가 중요합니다. 만약 주인이 난폭한 깡패라면 정말 불행한 종일 것입니다. 그러나 천지를 창조하시고 온 우주를 다스리시며, 죄를 용서해 주시고 사탄의 올무에서 풀어 주신 분이 우리의 주인이라면 사정이 다릅니다. 우리는 그분을 주님이라고 부르는 것만으로도 엄청난 복을 받은 것입니다. 누구든지 주의 이름을 부르는 자는 구원을 얻는다고 했습니다. 예수님을 주라고 부를 수 있는 것이 얼마나 큰 복인지 모릅니다.

로마시대에는 로마황제를 '주님'이라고 부르며 섬겼습니다. 로마황제는 자기를 '주'라고 부르도록 요구했습니다. 그러나 당시 그리스도인들은 예수님만 '주'라고 불렀습니다. 그래서 많은 그리스도인이 원형 경기장에서 사자 밥이 되기도 했습니다. 그들은 참 주인이 누구인지 알았습니다. 그 사람들은 주님 덕분에 행복했습니다. 우리는 어떤가요? 주님 덕분에 행복한가요?

성경

행 2:21
누구든지 주의 이름을 부르는 자는 구원을 받으리라 하였느니라

찬송

149장

HC 34문
WSC 27문

나눔 질문

1. 우리의 주인(소유주)은 누구입니까?
2. 로마황제를 '주'라고 불렀는데, 당시 그리스도인들은 어떻게 생각하고 행동했습니까?

자기가 주인이라고 생각하는 현대인

성경

요 8:31-36

그러므로 예수께서 자기를 믿은 유대인들에게 이르시되 너희가 내 말에 거하면 참으로 내 제자가 되고 진리를 알지니 진리가 너희를 자유롭게 하리라 그들이 대답하되 우리가 아브라함의 자손이라 남의 종이 된 적이 없거늘 어찌하여 우리가 자유롭게 되리라 하느냐 예수께서 대답하시되 진실로 진실로 너희에게 이르노니 죄를 범하는 자마다 죄의 종이라 종은 영원히 집에 거하지 못하되 아들은 영원히 거하나니 그러므로 아들이 너희를 자유롭게 하면 너희가 참으로 자유로우리라

롬 1:22-25

스스로 지혜 있다 하나 어리석게 되어 썩어지지 아니하는 하나님의 영광을 썩어질 사람과 새와 짐승과 기어다니는 동물 모양의 우상으로 바꾸었느니라 그러므로 하나님께서 그들을 마음의 정욕대로 더러움에 내버려 두사 그들의 몸을 서로 욕되게 하게 하셨으니 이는 그들이 하나님의 진리를 거짓 것으로 바꾸어 피조물을 조물주보다 더 경배하고 섬김이라 주는 곧 영원히 찬송할 이시로다 아멘

찬송

262장

HC 34문

요즈음은 종이나 노예제도가 없어졌습니다. "대~한민국 짝짝~짝~짝짝!" 이렇게 외치는 대한민국은 자유 민주주의 국가입니다. 아무도 다른 사람의 주인이 될 수 없고 종이 될 필요도 없습니다. 법적으로 모든 사람은 평등하고 옛날 주인과 종의 관계는 없어졌습니다. 자기 자신의 주인은 자신이지 돈이 많거나 높은 신분을 가진 사람의 소유가 아닙니다. 고대시대에는 '순장'이라고 해서 주인이 죽으면 종도 함께 무덤에 묻는 믿을 수 없는 일이 있었습니다. 지금은 그런 일이 일어나지 않습니다. 현대인은 스스로 자유하며 모든 것을 마음대로 할 수 있다고 생각합니다. 자기가 자기의 주인입니다.

그런데 생각해 봅시다. 정말 사람은 스스로 자신을 책임질 수 있습니까? 자기의 주인은 자기 자신입니까? 내일 학교에 갈 것인지 가지 않을 것인지, 피아노 학원에 다닐 것인지 말 것인지, 이 대학에 갈 것인지 저 대학에 갈 것인지 나 스스로 생각하고 판단하고 결정합니다. 그런 의미에서 사람은 자유인입니다. 그런데 과연 그럴까요?

사람은 결코 자기의 주인이 되지 못합니다. 왜냐하면 사람은 스스로 완전하지 않기 때문입니다. 사람은 자기가 정해 놓은 계획도 잘 지키지 못합니다. 방학 때 계획을 멋있게 짜 놓지만 지켜내지 못합니다. 자기 양심의 법도 잘 지키지 못합니다. 또 사람은 스스로 자신의 생명을 선택할 수 없고 더구나 죽음의 문제를 해결하지 못합니다. 사람은 대단한 존재 같아 보이지만, 사실은 약점이 많습니다. 왜 그럴까요? 그 이유는 한 가지입니다. 모든 사람은 죄를 지어 하나님에게서 멀어졌기 때문입니다.

예수님 당시 유대 종교 지도자들은 스스로 종이 된 적이 없다고 말했습니다(요 8:33). 그런데 예수님은 그들에게 이렇게 말했습니다. "……죄를 범하는 자마다 죄의 종이라"(요 8:34). 예수님의 말씀은 진리입니다. 정말 현대인은 자기도 모르는 사이에 죄의 종이 되어 있습니다. 사탄의 종이 되어 있습니다. 예수 그리스도 밖에 있는 사람은 누구나 사탄의 종입니다.

1. 옛날과 달리 지금은 '종(노예)'이 없습니다. 그러면 정말 우리는 종이 아닐까요?

2. 유대 종교 지도자들은 자신을 어떻게 생각했습니까? 예수님의 평가는 무엇입니까?

겸손(2): 겸손의 유일한 모델, 예수님!

우리 주변에서 겸손한 사람을 찾을 수 있을까요? '저분은 참 겸손한 사람이야!'라고 평가할 수 있는 사람이 있나요? 주변에서 찾기가 쉽지 않습니다. '저분은 겸손하다'고 생각했더라도, 그분을 더 잘 아는 분에게 물어보면 실망하는 경우가 종종 있습니다. 우리는 사람의 겉모습과 그의 삶의 일부분만 볼 수 있을 뿐입니다.

정말 본받아야 할 겸손한 사람은 없을까요? 어디엔가 있지 않을까요? 정답은 '없다'입니다. 우리가 본받아야 할 겸손의 모델은 '사람' 중에는 없습니다. 완전한 하나님이면서 완전한 인간이신 예수님 외에는 겸손의 모델이 없습니다. 예수님은 겸손 그 자체였습니다. 예수 그리스도가 유일한 겸손의 모델입니다. 왜 그럴까요?

예수님의 3년 사역 가운데 마지막 순간이 다가오고 있었습니다. 제자들은 3년 동안 예수님 곁에서 말씀을 듣고 이적과 표적을 경험하며 배워 이제 듬직한 모습으로 설 정도가 되었습니다. 그런데 예수님의 사랑하는 두 제자(야고보와 요한)가 이런 요구를 했습니다. "선생님이여! 주의 영광 중에서 우리를 하나는 주의 우편에, 하나는 좌편에 앉게 하여 주옵소서"(막 10:37 참고). 마태복음을 보면 그들의 어머니가 그렇게 요구한 것으로 표현되어 있습니다. 어머니의 치맛바람도 대단했고, 두 아들도 예외가 아니었던 모양입니다. 요즘 표현으로 하자면 그들의 어머니는 '헬리콥터 어머니'임이 틀림없습니다. 다 큰 아들들의 삶을 일일이 도와주고 있으니 말입니다.

예수님이 말씀하셨습니다. "너희 중에 누구든지 으뜸이 되고자 하는 자는 모든 사람의 종이 되어야 하리라"(막 10:44). 순간 분위기가 싸늘해졌을 것입니다. 제자의 삶이 어떠해야 하는지 분명한 답을 주셨습니다. 제자는 낮은 자리에서 다른 사람을 섬겨야 한다고 하셨습니다. 예수님은 이렇게 말씀하셨습니다. "인자가 온 것은 섬김을 받으려 함이 아니라 도리어 섬기려 하고 자기 목숨을 많은 사람의 대속물로 주려 함이니라"(막 10:45; 마 20:28 참고).

예수님의 죽으심을 앞둔 시점에서 제자들이 보여 준 관심은 우리의 모습을 반영합니다. 우리는 높은 곳을 향해 달려가고 싶어 합니다. 그러나 예수님은 낮은 곳으로 가라고 하십니다. 예수님은 겸손한 삶을 살라고 명령하십니다.

성경

막 10:35-45

세베대의 아들 야고보와 요한이 주께 나아와 여짜오되 선생님이여 무엇이든지 우리가 구하는 바를 우리에게 하여 주시기를 원하옵나이다 이르시되 너희에게 무엇을 하여 주기를 원하느냐 여짜오되 주의 영광 중에서 우리를 하나는 주의 우편에, 하나는 좌편에 앉게 하여 주옵소서 예수께서 이르시되 너희는 너희가 구하는 것을 알지 못하는도다 내가 마시는 잔을 너희가 마실 수 있으며 내가 받는 세례를 너희가 받을 수 있느냐 그들이 말하되 할 수 있나이다 예수께서 이르시되 너희는 내가 마시는 잔을 마시며 내가 받는 세례를 받으려니와 내 좌우편에 앉는 것은 내가 줄 것이 아니라 누구를 위하여 준비되었든지 그들이 얻을 것이니라 열 제자가 듣고 야고보와 요한에 대하여 화를 내거늘 예수께서 불러다가 이르시되 이방인의 집권자들이 그들을 임의로 주관하고 그 고관들이 그들에게 권세를 부리는 줄 너희가 알거니와 너희 중에는 그렇지 않을지니 너희 중에 누구든지 크고자 하는 자는 너희를 섬기는 자가 되고 너희 중에 누구든지 으뜸이 되고자 하는 자는 모든 사람의 종이 되어야 하리라 인자가 온 것은 섬김을 받으려 함이 아니라 도리어 섬기려 하고 자기 목숨을 많은 사람의 대속물로 주려 함이니라

찬송

82장 4절

나눔질문

1. 우리가 본받아야 할 겸손한 사람이 우리 주변에 있습니까? 생각해 보세요.
2. 예수님이 우리에게 요구하시는 삶의 자세는 무엇입니까?

예수님을 주인으로 모신 종은 행복합니다

성경

마 6:24-32

한 사람이 두 주인을 섬기지 못할 것이니 혹 이를 미워하고 저를 사랑하거나 혹 이를 중히 여기고 저를 경히 여김이라 너희가 하나님과 재물을 겸하여 섬기지 못하느니라 그러므로 내가 너희에게 이르노니 목숨을 위하여 무엇을 먹을까 무엇을 마실까 몸을 위하여 무엇을 입을까 염려하지 말라 목숨이 음식보다 중하지 아니하며 몸이 의복보다 중하지 아니하냐 공중의 새를 보라 심지도 않고 거두지도 않고 창고에 모아들이지도 아니하되 너희 하늘 아버지께서 기르시나니 너희는 이것들보다 귀하지 아니하냐 너희 중에 누가 염려함으로 그 키를 한 자라도 더할 수 있겠느냐 또 너희가 어찌 의복을 위하여 염려하느냐 들의 백합화가 어떻게 자라는가 생각하여 보라 수고도 아니하고 길쌈도 아니하느니라 그러나 내가 너희에게 말하노니 솔로몬의 모든 영광으로도 입은 것이 이 꽃 하나만 같지 못하였느니라 오늘 있다가 내일 아궁이에 던져지는 들풀도 하나님이 이렇게 입히시거든 하물며 너희일까보냐 믿음이 작은 자들아 그러므로 염려하여 이르기를 무엇을 먹을까 무엇을 마실까 무엇을 입을까 하지 말라 그러므로 염려하여 이르기를 무엇을 먹을까 무엇을 마실까 무엇을 입을까 하지 말라 이는 다 이방인들이 구하는 것이라 너희 하늘 아버지께서 이 모든 것이 너희에게 있어야 할 줄을 아시느니라

찬송

262장

HC 34문
WSC 39-40문

우리는 누구의 '종'일까요? '종'은 주인 아래서 주인의 말에 복종하고 주인을 위해 사는 사람을 말합니다. 옛날에는 부잣집에 종이 있었습니다. 그 종들은 다른 사람들보다 잘 먹고 좋은 대우를 받았습니다. 그렇지만 나쁜 부잣집 주인의 종들은 매도 맞고 추위에 떨며 고생을 합니다. 누구나 종이 되는 것은 싫겠지만, 누구의 종이 되느냐에 따라 다릅니다. 사탄의 종이 되기 원합니까? 아니면 하나님의 종이 되길 원합니까?

사탄은 자기의 종이 되면 재물과 돈과 명예를 준다고 약속합니다. 그 말에 속아 사탄을 따라가 그의 종이 되면 멸망합니다. 아담과 하와도 에덴동산에서 그렇게 속고 말았습니다. 사탄은 본래 거짓말쟁이입니다. 사탄은 예수님께도 아담과 하와를 자기 종으로 만든 방법을 사용했습니다. 예수님이 40일 동안 음식을 드시지 않고 물도 마시지 않고 금식하셨을 때 마지막 날 세 가지 시험을 하였습니다. 돌을 떡으로 만들어 보라고 했고, 성전 꼭대기에서 떨어져 보라고 했습니다. 마지막으로 자기에게 절하면 온 천하 만물을 주겠다고 했습니다. 이 요구들은 제법 그럴듯해 보였습니다. 그러나 예수님은 사탄의 유혹을 거절하셨습니다. 하나님의 말씀으로 극복하셨습니다. 예수님은 하나님 아버지의 말씀에 처음부터 끝까지 완전히 복종하셨습니다. 이 세상에 오신 목적을 이루셨습니다.

예수님은 두 주인을 섬기지 말라고 하십니다. 하나님과 재물을 겸하여 섬기지 못할 것이라고 하십니다. 만약 사탄의 종이 되면 하나님께서 하시는 말씀을 듣지 않을 겁니다. 그래서 무엇을 먹을까, 무엇을 마실까, 무엇을 입을까 염려합니다. 그렇지만 하나님의 종이 되면 걱정하지 않습니다. 염려하지 않습니다. 먼저 그의 나라와 그의 의를 구합니다. 그러면 주인 되신 하나님께서 우리에게 필요한 모든 것을 주십니다.

그래서 우리는 예수님을 '주(主)' 혹은 '주인(主人)'이라고 부릅니다. 성도의 주인은 예수님입니다. 신자만이 누리는 확신과 안정과 평안은 '주님의 주 되심'을 인정하고 믿으면 생깁니다.

나눔질문

1. 현대인은 누구나 종이 되는 것을 싫어합니다. 그런데 사람은 사탄의 종이든지 하나님의 종이든지 둘 중 하나입니다. 우리는 누구의 종이 되길 원합니까?
2. 예수님을 '주님'이라고 부르는 사람의 삶은 어떻게 다를까요?

예수님을 믿는 사람은 더 이상 사탄의 종이 아니라, 예수님의 종입니다. 예수님은 우리에게 할 일을 맡기셨습니다. 주인이 종을 믿고 아들처럼 재산을 맡기고 일을 하도록 하셨습니다. 보잘것없는 종이지만, 친아들처럼 만들기 위해 양자로 삼아주셨습니다. 정말 영광스럽고 감사합니다. 우리는 아들 같은 종으로 대우받는 굉장한 신분을 가진 존재입니다. 하나님께서 믿는 우리에게 좋은 것을 주시고 은사에 따라 하나님의 일을 하도록 하셨습니다.

예수님은 우리가 믿음직하고 지혜로운 종이 될 것을 기대하십니다. 예수님은 비유로 설명해 주셨습니다. '충성되고 지혜 있는 종'과 '악한 종'을 비교하셨습니다. 한 주인이 두 종에게 일을 맡기고 멀리 여행을 떠났습니다. 충성되고 지혜 있는 종은 주인이 맡긴 일을 명령대로 충실하게 잘 합니다. 그 종은 억지로 그렇게 하는 것이 아닙니다. 주인이 명령한 일을 하는 것이 기쁨이고 영광입니다. 그래서 주인에게 고마운 마음으로 진심으로 맡겨진 일을 합니다. 그런데 '악한 종'은 주인이 늦게 올 것이라고 생각하고 나쁜 일을 합니다. 친구들을 못살게 굴고, 때리고, 술친구들과 먹고 마시며 허랑방탕했습니다. 그런데 어느 날 주인이 갑자기 생각보다 빨리 돌아왔습니다. 주인은 그 종에게 엄한 벌을 내렸습니다.

우리도 이와 같이 사랑이 많으신 주인을 모시고 있습니다. 그러나 동시에 엄하신 주인을 모시고 있음을 알아야 합니다. 주인 되신 하나님의 말씀에 순종하지 않는 종은 쫓겨날 것입니다. 우리 그리스도인들이 어떻게 살아야 할지 생각해야 합니다. 믿는다는 것은 반드시 수고가 따릅니다. 주인의 말씀에 순종하는 수고가 필요한 것입니다.

하나님께서 포도나무를 심고 과수원을 만드셨습니다(사 5:1-7). 좋은 묘목을 심고 물과 거름도 충분히 주셨습니다. 추수를 하면 포도주를 만들 공장도 세우셨습니다. 주인은 좋은 포도가 열리기를 기다렸습니다. 그런데 아주 질이 나쁜 포도가 열렸습니다. 주인은 그 포도 과수원을 포기하고 가시와 엉겅퀴가 나는 황무지로 만들어 버릴 것이라고 하셨습니다.

우리도 주인 되신 그분이 원하는 그리스도인이 되기 위해 힘써야겠습니다.

성경

마 24:44-51

이러므로 너희도 준비하고 있으라 생각하지 않은 때에 인자가 오리라 충성되고 지혜 있는 종이 되어 주인에게 그 집 사람들을 맡아 때를 따라 양식을 나눠 줄 자가 누구냐 주인이 올 때에 그 종이 이렇게 하는 것을 보면 그 종이 복이 있으리로다 내가 진실로 너희에게 이르노니 주인이 그의 모든 소유를 그에게 맡기리라 만일 그 악한 종이 마음에 생각하기를 주인이 더디 오리라 하여 동료들을 때리며 술친구들과 더불어 먹고 마시게 되면 생각하지 않은 날 알지 못하는 시각에 그 종의 주인이 이르러 엄히 때리고 외식하는 자가 받는 벌에 처하리니 거기서 슬피 울며 이를 갈리라

찬송

560장

HC 34문
WSC 40-42문

나눔 질문

1. 두 종류의 종에 대해 이야기해 보세요.
2. 하나님은 우리에게 무엇을 요구하시나요? 우리는 어떻게 해야 할까요?

2월 28 FEBRUARY

"성령으로 잉태되어 동정녀 마리아에게서 나시고"

성경

눅 1:26-38

여섯째 달에 천사 가브리엘이 하나님의 보내심을 받아 갈릴리 나사렛이란 동네에 가서 다윗의 자손 요셉이라 하는 사람과 약혼한 처녀에게 이르니 그 처녀의 이름은 마리아라 그에게 들어가 이르되 은혜를 받은 자여 평안할지어다 주께서 너와 함께 하시도다 하니 처녀가 그 말을 듣고 놀라 이런 인사가 어찌함인가 생각하매 천사가 이르되 마리아여 무서워하지 말라 네가 하나님께 은혜를 입었느니라 보라 네가 잉태하여 아들을 낳으리니 그 이름을 예수라 하라 그가 큰 자가 되고 지극히 높으신 이의 아들이라 일컬어질 것이요 주 하나님께서 그 조상 다윗의 왕위를 그에게 주시리니 영원히 야곱의 집을 왕으로 다스리실 것이며 그 나라가 무궁하리라 마리아가 천사에게 말하되 나는 남자를 알지 못하니 어찌 이 일이 있으리이까 천사가 대답하여 이르되 성령이 네게 임하시고 지극히 높으신 이의 능력이 너를 덮으시리니 이러므로 나실 바 거룩한 이는 하나님의 아들이라 일컬어지리라 보라 네 친족 엘리사벳도 늙어서 아들을 배었느니라 본래 임신하지 못한다고 알려진 이가 이미 여섯 달이 되었나니 대저 하나님의 모든 말씀은 능하지 못하심이 없느니라 마리아가 이르되 주의 여종이오니 말씀대로 내게 이루어지이다 하매 천사가 떠나가니라

찬송

119장

HC 35문
WSC 22문

'동정녀'는 결혼할 나이가 되었지만 **결혼하지 않고 남자와 잠을 잔 적이 없는 여자를** 말합니다. 사람들은 처녀가 어떻게 아이를 가질 수 있을까, 의심합니다. 예수님이 동정녀 마리아의 뱃속에 아홉 달 동안 있다가 태어나셨다는 것을 믿지 않는 사람이 많습니다. 특히 많이 배운 사람들이 이 사실을 믿지 못합니다. 사실 그들이 믿지 못하는 것이 이해되지 않는 것은 아닙니다. 결혼을 해서 남자와 여자가 잠을 자야 아기가 생기는 것이 당연합니다. 그런데 결혼도 하지 않은 처녀가 아기를 가졌다는 것은 이해하기 힘듭니다.

그런데 성경은 예수님이 "성령으로 잉태"되었다고 합니다. 성령 하나님께서 처녀 마리아의 몸에 예수님을 넣으신 것입니다. 성령 하나님께서는 천지를 창조하실 때에도 '물 위에 운행(날개로 덮으시며)'하시며 일하셨습니다. 바로 그 성령 하나님께서 마지막 아담인 예수님을 지으실 때에도 함께 하셨습니다. "성령이 네게 임하시고 지극히 높으신 이의 능력이 너를 덮으시리니 이러므로 나실 바 거룩한 이는 하나님의 아들이라 일컬어지리라"(눅 1:35). 예수님은 사람의 방법이 아니라, 하나님의 방법으로 태어나신 것입니다.

만약 예수님의 동정녀 탄생을 믿지 못한다면 하나님의 천지창조도 믿지 못합니다. 왜냐하면 두 가지 다 하나님께서 하신 일이기 때문입니다. 하나님께서 어떻게 말씀으로 천지를 창조하셨는지 이해할 수 없는 것처럼 동정녀 탄생도 이해할 수 없습니다. 그러나 우리는 하나님께서 하시는 일을 믿을 수 있습니다.

또 예수님이 이렇게 태어나셔야 할 이유가 있었습니다. 예수님은 죄인과 하나님 중간에서 화해시키는 화해자(중보자)의 일을 하셔야 했습니다. 그 화해하는 일을 하시기 위해서는 예수님이 참 하나님이면서 동시에 참 사람이셔야 합니다. 우리의 중보자는 참되고 영원한 하나님이어야 사람을 영원한 죄에서 구원할 수 있습니다. 그래서 예수님은 성령님의 능력으로 마리아의 몸에 계시다가 태어나셨습니다. 그리고 우리의 중보자는 참 사람이셔야 사람의 죄를 대신 질 수 있습니다. 그래서 예수님은 마리아의 몸에서 태어나신 것입니다. 참 고맙고 감사합니다.

나눔 질문

1. 예수님은 동정녀 마리아에게 어떻게 잉태되셨나요?
2. 동정녀 마리아에게 잉태되었다는 의미는 무엇인가요?

예수님의 동정녀 탄생이 나와 무슨 상관이 있나요?

예수님이 성령으로 거룩하게 잉태되고 태어나신 것이 우리와 무슨 상관이 있을까요? 예수님이 사람이든 하나님이든 그 복잡한 문제가 우리와 무슨 상관이냐고 생각하는 사람이 있습니다. 하지만 예수님이 사람인 마리아의 몸에 계시다가 태어나신 것은 우리에게 큰 유익이 있습니다. 본래 사람은 어머니의 뱃속에서 잉태되고 태어납니다. 사람은 어머니의 뱃속에서부터 아담의 원죄에 참여하고 태어나 죽을 때까지 죄를 짓습니다. 다윗은 자신의 죄를 이렇게 인정했습니다. "내가 죄악 중에서 출생하였음이여, 어머니가 죄 중에서 나를 잉태하였나이다"(시 51:5). 모든 사람은 죄를 뱃속에서부터 가지고 있고, 그렇게 태어나 평생 죄를 짓고 삽니다. 우리 자신도 모두 태어날 때부터 죄인이었습니다.

그러나 예수님은 죄 없이 마리아의 몸에 잉태되셨습니다. 영원하신 참 하나님, 곧 성자 하나님께서 사람의 몸에 들어오셨습니다. 신비한 일이 일어난 것입니다. 성자 하나님께서 우리와 똑같이 여자의 뱃속에서 잉태되고 태어나셨습니다. 우리와 다른 점도 있습니다. 예수님은 죄 없이 태어나셨다는 것입니다. 예수님은 이런 방법으로 어머니의 뱃속에서부터 가지고 있는 우리의 죄를 하나님 앞에서 깨끗하게 없애 주십니다. 뱃속에서부터 시작된 우리의 죄를 없는 것같이 덮어 주시기 위해 예수님이 사람의 뱃속으로 들어 오셨습니다. 예수님은 태어나셨을 때 아주 약한 아기였습니다. 어린 시절도 있었고, 중고등학교 아이들과 같은 때도 있었고, 청년의 시기도 있었습니다. 예수님은 이렇게 세상에 30년 동안 사셨습니다. 예수님은 완전한 하나님이지만, 동시에 완전한 사람이셨습니다. 배가 고프면 울기도 했을 것입니다. 오줌도 누어야 했을 것입니다. 그렇지만 죄는 짓지 않으셨습니다. 그리고 나머지 3년 동안 공개적으로 일하시다가, 십자가에 죽으시고 또한 부활하심으로 우리의 구원을 완전히 이루셨습니다.

예수님은 동정녀의 뱃속으로 오시고 태어나심으로 우리가 죄 가운데 잉태되고 태어난 죄까지 용서해 주셨습니다. 그래서 예수님의 동정녀 잉태와 출생은 우리의 구원에 큰 유익이 있습니다. 예수님이 마리아의 몸에 잉태되고 태어나신 것은 우리에게 얼마나 큰 힘이 되는지 모릅니다.

성경

시 51:5

내가 죄악 중에서 출생하였음이여 어머니가 죄 중에서 나를 잉태하였나이다

찬송

126장

HC 36문
WSC 32문

나눔질문

1. 우리는 언제부터 죄인이었습니까?
2. 예수님이 동정녀에게 잉태되고 태어나신 것은 우리와 무슨 상관이 있습니까?

"고난을 받아"

성경

사 53:1-12

우리가 전한 것을 누가 믿었느냐 여호와의 팔이 누구에게 나타났느냐 그는 주 앞에서 자라나기를 연한 순 같고 마른 땅에서 나온 뿌리 같아서 고운 모양도 없고 풍채도 없은즉 우리가 보기에 흠모할 만한 아름다운 것이 없도다 그는 멸시를 받아 사람들에게 버림 받았으며 간고를 많이 겪었으며 질고를 아는 자라 마치 사람들이 그에게서 얼굴을 가리는 것같이 멸시를 당하였고 우리도 그를 귀히 여기지 아니하였도다 그는 실로 우리의 질고를 지고 우리의 슬픔을 당하였거늘 우리는 생각하기를 그는 징벌을 받아 하나님께 맞으며 고난을 당한다 하였노라 그가 찔림은 우리의 허물 때문이요 그가 상함은 우리의 죄악 때문이라 그가 징계를 받으므로 우리는 평화를 누리고 그가 채찍에 맞으므로 우리는 나음을 받았도다 우리는 다 양 같아서 그릇 행하여 각기 제 길로 갔거늘 여호와께서는 우리 모두의 죄악을 그에게 담당시키셨도다 그가 곤욕을 당하여 괴로울 때에도 그의 입을 열지 아니하였음이여 마치 도수장으로 끌려 가는 어린 양과 털 깎는 자 앞에서 잠잠한 양 같이 그의 입을 열지 아니하였도다……

찬송

1장

HC 37문
WSC 27문

하나님도 고난을 받으실까요? 예수님은 하나님이 아니시던가요? 예수님도 고난을 받으셨나요? 사도신경은 예수님이 고난을 받으셨다고 합니다. 무슨 고난입니까? 네, 예수님의 십자가 고난입니다. 그러나 예수님의 고난은 십자가뿐만 아니라, 사람의 몸에 잉태될 때부터 시작되었습니다. 성자 하나님께서 스스로 피조물인 사람의 몸에 계신 것 자체가 고난이었습니다. 예수님은 세상에 태어나셔서 사람이 되시고, 사람이 죄 때문에 병들고 고통 가운데 죽는 것을 옆에서 보시고 힘들어 하시며 무척 슬퍼하셨습니다. 인간의 죄와 비참을 바라보는 것조차 예수님에게는 고통이었습니다. 나사로가 죽은 것을 보시고 죄 때문에 죽는 사람의 슬픔과 비참이 얼마나 큰지 큰 소리로 엉엉 우셨습니다. 자기 죄를 알지 못하고 날뛰는 예루살렘의 사람들이 어떻게 망할지 아시고 눈물을 흘리며 우셨습니다. 예수님은 세상에 태어나셔서 사시는 모든 시간 동안 고난의 연속이었습니다. 여우도 굴이 있고 공중의 새도 집이 있지만(마 8:20) 예수님은 머리 둘 곳도 없을 정도였습니다. 예수님의 생애를 보면 웃을 시간이 없었을 것 같습니다. 예수님을 그린 그림은 웃는 모습을 찾아보기 어렵습니다.

뭐니 뭐니 해도 예수님이 최고로 힘드셨던 때는 바로 십자가에서 죽는 순간이었습니다. 성자 하나님인 예수님은 성부 하나님에게 버림을 당하는 순간이 가장 힘드셨습니다. "나의 하나님, 나의 하나님 어찌하여 나를 버리셨나이까!"(마 27:46)라고 큰 소리로 외치셨습니다. 십자가에 달리시기 전날 밤에 "할 수만 있다면 이 잔을 내게서 옮기옵소서."(마 26:39, 42, 44)라고 세 번이나 간절하게 기도하셨습니다. 죄에 대한 하나님의 진노가 무시무시하고 무척이나 두려웠던 것입니다.

이렇게 예수님이 고난당하신 것은 우리의 죄에 대한 하나님의 진노를 자신의 몸과 영혼에 짊어지기 위해서였습니다. 이렇게 해서 예수님은 화목(화평)제물로 죽으심으로 우리의 몸과 영혼을 영원한 저주에서 구원해 주셨습니다. 예수님이 고난당하심으로써 우리가 하나님의 은혜와 의와 영원한 생명을 얻게 되었습니다. 감사합니다, 예수님!

나눔 토론

1. 예수님의 고통은 무엇입니까?
2. 그 예수님의 고통이 나와 무슨 상관이 있는지 생각해 보세요.

"본디오 빌라도에게"

사도신경에는 두 사람의 이름이 나옵니다. 하나는 '마리아', 또 다른 하나는 '빌라도'입니다. '마리아'는 우리를 구원하신 예수님의 어머니이고, '빌라도'는 우리를 구원하신 예수님을 죽음으로 이끈 심판자입니다. 왜 사도신경은 예수님을 죽이도록 부르짖은 유대인이나 혹은 죽이려고 했던 대제사장의 이름을 쓰지 않고 하필 본디오 빌라도에게 고난을 받았다고 했을까요?

첫 번째 이유는 예수님의 고난이 세계 역사 가운데 정말로 일어났던 사건임을 보여 주기 위해서입니다. 예수님이 고난받아 십자가에 죽으신 사건은 지어낸 이야기가 아니라, 본디오 빌라도가 로마 황제의 유대 총독으로 있을 때 일어난 실제 역사입니다.

두 번째 이유는 빌라도가 당시 훌륭한 사법 체계를 갖춘 로마 제국의 재판관으로서 예수님의 죄를 전혀 발견할 수 없었다는 것을 보여 주고 있기 때문입니다. 빌라도는 세 번이나 예수님이 죄가 없다고 증언했습니다(마 27:13-15; 요 18:38, 19:4, 6). 정말 예수님은 죄가 없는 분입니다.

그런데 예수님은 본디오 빌라도의 재판에서 죄가 없는데도 불구하고 십자가형을 받아 죽으셨습니다. 의인이 죽도록 판결하는 재판은 잘못되었습니다. 그런데도 하나님께서는 예수님이 그렇게 본디오 빌라도의 잘못된 재판을 통해 죽도록 내버려두셨습니다. 왜 그러셨을까요? 그 이유는 참 사람이시며, 참 하나님인 예수님이 죄인들을 대신해 죽으셔야 했기 때문입니다. 그것이 아버지 하나님의 오묘하신 뜻이고 섭리입니다. 예수님은 그렇게 될 줄 알면서도 순종하셨습니다. 그것이 예수님이 마시기 힘들어하셨던 '고난의 잔'이었습니다. 바로 우리 자신이 마지막 재판장에서 죗값으로 죽어야 하는데 예수님이 우리 대신 죽으셨다는 것을 당시 재판장인 본디오 빌라도를 통해 분명하게 보여 주었습니다. 좀 우스운 말이지만 본디오 빌라도도 하나님이 세운 일꾼(?)이었습니다. 잘못된 재판을 했던 책임은 본디오 빌라도 자신이 져야 하지만, 그것조차도 하나님의 계획 속에 있었습니다. 하나님의 섭리는 참으로 놀랍습니다. 우리가 도저히 이해할 수 없습니다. 하나님의 섭리를 찬양합니다.

성경

고후 5:21

하나님이 죄를 알지도 못하신 이를 우리를 대신하여 죄로 삼으신 것은 우리로 하여금 그 안에서 하나님의 의가 되게 하려 하심이라

찬송

457장

HC 38문
WSC 27문

나눔 질문

1. 사도신경에서 하필 "본디오 빌라도"를 말한 이유가 무엇일까요?
2. 왜 잘못된 재판에서 죄 없는 예수님이 죽으셔야 했나요?

겸손(3) : 사람이 아닌 하나님 앞에서

성경

롬 12:3

내게 주신 은혜로 말미암아 너희 각 사람에게 말하노니 마땅히 생각할 그 이상의 생각을 품지 말고 오직 하나님께서 각 사람에게 나누어 주신 믿음의 분량대로 지혜롭게 생각하라

찬송

149장 1~2절

우리는 왜 겸손하기 어려울까요? 왜 우리는 항상 다른 사람보다 더 많이 가지려 하고 더 높은 자리에 앉고 싶어 할까요? 모두가 일등을 향해 달려갑니다. 왜 우리는 경쟁에서 지는 것보다 이기는 것을 더 좋아할까요?

우리가 이렇게 된 이유는 탐욕 때문입니다. 아담과 하와는 에덴동산에서 하나님과 같이 되고 싶은 탐심 때문에 죄를 지었습니다. 탐욕은 죄입니다. 성경은 탐심을 우상숭배(골 3:5)라고까지 표현했습니다. 탐심은 자기를 사랑하는 것에서 온 것입니다. 하나님을 사랑하지 않고 자기를 사랑하는 것은 매우 위험합니다. 바울은 말세가 되면 사람들이 '자기를 사랑'(딤후 3:1-2)할 것이라고 경고했습니다. 사람은 하나님께서 주신 것보다 더 많이, 더 좋은 것을 가지고 싶어 합니다. 자본주의 사회는 욕심과 경쟁을 긍정적이라고 가르칩니다. 우리 사회는 현재 바로 이 자본주의의 정신을 바탕으로 유지되고 있습니다.

그러나 하나님께서는 우리 마음을 욕망이 아니라 하나님으로 가득 채우는 것이 행복이라고 말씀하십니다. "주께서 내 마음에 두신 기쁨은 그들의 곡식과 새 포도주가 풍성할 때보다 더하니이다"(시 4:7). 하나님은 자족하는 마음을 가지라고 말씀하십니다. 신앙생활에서도 마찬가지입니다. "마땅히 생각할 그 이상의 생각을 품지 말고 오직 하나님께서 각 사람에게 나누어 주신 믿음의 분량대로 지혜롭게 생각하라"(롬 12:3). 하나님께서 주신 은혜만큼 생각하고 살아가면 됩니다. 그런데 많은 사람들은 다른 사람의 눈을 의식합니다. 하나님 앞에서(coram Deo) 살아가지 않고 사람 앞에서(coram homine) 살아가기 때문에 겸손하기 힘듭니다. 어떤 성도는 겸손까지도 가장합니다. 신앙 좋은 사람처럼 보이기 위해 겸손을 가장해 교만한 생각과 말과 행동을 합니다. 그런 위선(겉과 속이 다른 행동)으로 사람을 속일 수는 있겠지만, 보이지 않는 곳에 계신 하나님을 속일 수는 없습니다.

겸손한 사람은 다른 사람을 의식하거나 경쟁관계로 보지 않습니다. 겸손한 사람은 하나님 앞에서 생각하고 말하고 행동합니다. 경쟁하며 다투지 않고, 허세를 부리지 않습니다. 다른 사람을 자기보다 더 낮게 여깁니다. 생각해 봅시다. 나는 정말 겸손한 사람입니까? 아니면 무늬만 겸손한 체합니까?

나눔 질문

1. 사람들은 왜 겸손하기 힘들까요? 왜 다른 사람보다 더 잘 하려 할까요?
2. 하나님 앞에서 생활하는 것과 사람 앞에서 행동하는 것은 어떤 차이가 있을까요?

"십자가에 못 박혀"라는 말을 생각하면 끔찍한 장면이 머리에 떠오릅니다. 예수님의 생애를 다룬 영화를 보면 손과 발에 못을 박는 장면을 생생하게 묘사합니다. 못을 박는 장면이 너무나 고통스럽고 역겨워 눈 뜨고 볼 수 없을 정도입니다. 사람의 손과 발에 못을 박는 것은 분명히 잔인하고 무시무시한 것임이 틀림없습니다.

그런데 그보다 더 무서운 것이 있습니다. 그것은 '십자가에 못 박혀 죽으셨다'는 것입니다. 십자가 나무에 달려 죽으셨다는 의미는 하나님께 저주를 받았다는 뜻입니다. "그리스도께서 우리를 위하여 저주를 받은 바 되사 율법의 저주에서 우리를 속량하셨으니, 기록된 바 나무에 달린 자마다 저주 아래에 있는 자라 하였음이라"(갈 3:13). 일반적으로 이스라엘의 사형 집행 방법은 돌로 쳐 죽이는 것이었습니다. 그런데 나무에 달리는 것은 더 큰 죄를 지었을 때 죽이는 방법이었습니다(민 25:4). 성 밖에서 나무 위에 높이 매어 달아 죽였습니다. 나무 위에 매달아 죽이는 첫째 의미는 사람에게 버림받아 이 땅에 더 이상 살 수 없다는 것입니다. 높이 공중에 달아 놓는 두 번째 의미는 하나님도 심판하셔서 그를 버렸다는 것입니다.

예수님이 십자가에 못 박혔다는 것은 바로 그 비참한 저주를 받았다는 뜻입니다. 예수님이 십자가에 매달리셨을 때 태양도 3시간 동안이나 그 빛을 잃었습니다. 사람에게도, 하나님께도 버림당하는 처참한 고통을 겪은 것입니다. 지옥에서나 있을 고통이었습니다.

예수님은 병으로 죽지 않았습니다. 죄인도 아닌데 십자가에 죽으셨습니다. 이것은 큰 의미가 있습니다. 예수님이 십자가 못 박히신 것은 바로 우리의 죄를 십자가에 못 박은 것입니다. 우리에게 임한 저주를 대신 받으신 것입니다. 그렇기 때문에 십자가에 못 박혔다는 고백은 우리를 살리는 복음입니다. 슬픔이 아니라, 기쁨입니다. 예수님이 십자가에 못 박히신 것을 슬퍼만 할 것이 아니라, 우리 죄가 얼마나 비참한지를 인정하고 그 죄의 저주를 예수님이 대신 지셨다는 것을 감사해야 합니다.

성경

신 21:23

그 시체를 나무 위에 밤새도록 두지 말고 그 날에 장사하여 네 하나님 여호와께서 네게 기업으로 주시는 땅을 더럽히지 말라 나무에 달린 자는 하나님께 저주를 받았음이니라

갈 3:13

그리스도께서 우리를 위하여 저주를 받은 바 되사 율법의 저주에서 우리를 속량하셨으니 기록된 바 나무에 달린 자마다 저주 아래에 있는 자라 하였음이라

찬송

146장

HC 39문
WSC 27문

나눔활동

1. '십자가'라는 단어와 '못 박혀'라는 단어 가운데 어느 것이 더 무섭게 느껴지나요? 왜 그렇습니까?
2. 예수님이 십자가에 못 박히신 것은 우리에게 어떤 의미가 있나요?

"죽으시고"

성경

히 2:14-15

자녀들은 혈과 육에 속하였으
매 그도 또한 같은 모양으로
혈과 육을 함께 지니심은 죽음
을 통하여 죽음의 세력을 잡은
자 곧 마귀를 멸하시며 또 죽
기를 무서워하므로 한평생 매
여 종노릇하는 모든 자들을 놓
아 주려 하심이니

찬송

144장

HC 40문
WSC 20, 84문

사람은 누구나 죽습니다. 우리 가족도 언젠가는 죽을 것입니다. 생각하고 싶지 않지만 그것은 진실입니다. 사람은 죽는 것을 좋아하지 않습니다. 도대체 왜 죽어야 합니까? 하나님의 공의와 진리 때문입니다. 하나님의 진리와 공의는 무엇입니까? 그것은 창세기 2장 16-17절에 잘 나타나 있습니다. "여호와 하나님이 그 사람에게 명하여 이르시되 동산 각종 나무의 열매는 네가 임의로 먹되, 선악을 알게 하는 나무의 열매는 먹지 말라. 네가 먹는 날에는 반드시 죽으리라 하시니라." 선악을 알게 하는 나무의 열매를 먹으면 '반드시 죽는 것'이 하나님의 공의이고 진리입니다. 그래서 모든 사람은 이 언약을 어김으로 죽습니다. 우리도 이 죄 때문에 모두 죽습니다.

그런데 하나님께서 우리를 구해 주시려고 계획하셨습니다. 그것이 창세기 3장 15절에 선포되었습니다. "……여자의 후손은 뱀의 머리를 상하게 할 것이요." 여자의 후손은 바로 마리아의 몸에서 태어난 하나님의 독생자 예수 그리스도를 가리킵니다. 예수님은 십자가에 죽으심으로 죽음에 대한 사탄의 세력을 꺾으셨습니다. 성경 히브리서는 그것을 분명하게 말합니다. "……죽음을 통하여 죽음의 세력을 잡은 자, 곧 마귀를 멸하시며, 또 죽기를 무서워하므로 한평생 매여 종노릇하는 모든 자들을 놓아 주려 하심이니"(히 2:14-15).

우리가 죽는 것은 우리의 죄 때문인데 왜 죄 없으신 예수님이 죽으셔야만 했습니까? 그 이유는 너무나 분명합니다. 예수님이 죽으신 것은 우리의 죗값을 지불하기 위해서입니다. 하나님의 공의와 진리(아담 언약)에 의하면 죄를 지은 사람이 죽어야 합니다. 그런데 예수님(둘째 아담, 곧 새언약)이 우리 대신 죽으심으로 우리를 죄에서 해방시켜 주셨습니다. 예수님의 죽음 이외에는 다른 어떤 것도 우리의 죄를 해결할 수 없습니다.

예수님을 믿는 우리도 언젠가 죽긴 하겠지만, 영원히 죽지는 않습니다. 왜냐하면 예수님이 우리를 위해 대신 죽으셨기 때문입니다. 예수님이 죽으심으로 우리는 살아났습니다. 얼마나 고맙고 감사한지요!

나눔질문

1. 사람은 왜 죽습니까?
2. 예수님의 죽음이 헛되지 않은 이유는 무엇일까요?

"장사된 지"

'장사(葬事)'가 무슨 뜻입니까? 시장에서 물건을 사고파는 '장사'가 아닙니다. 장사는 '죽은 사람을 땅에 묻는 일'입니다. 예수님이 십자가에 죽으셨다는 것만 말하면 될 텐데 장사되셨다는 것을 왜 굳이 말할까요? 그 이유는 예수님이 정말로 죽으셨다는 것을 증명하기 위해서입니다. 어떤 사람들은 예수님이 부활하셨다는 것을 믿지 않습니다. 그래서 예수님은 죽으신 것이 아니라, 잠시 기절했다가 깨어난 것이라고 생각합니다. 그럴듯하게 들리지 않나요?

만약 예수님이 죽지 않으셨다면 어떻게 될까요? 예수님이 죽지 않고 부활하지 않으셨다면, 우리의 죄 용서도 없고 우리가 다시 살지도 못할 것입니다. '예수님이 장사되셨다'는 사실은 우리에게 매우 중요합니다. 로마 군인들은 유월절이 되기 전에 십자가에 달리신 예수님을 땅에 묻으려고 죽음을 확인했습니다. 빨리 죽게 하려고 예수님의 다리를 꺾으려고 했지만 이미 죽었기 때문에 하지 않았습니다. 대신 창으로 옆구리를 찔러 보았습니다. 완전히 죽었다는 것을 확인한 빌라도는 아리마대 요셉에게 예수님을 장사하도록 허락했습니다. 제사장들이 무덤을 인봉하고 군인이 지키도록 제안해 빌라도가 군인들을 보내 지키게 하고 큰 돌로 무덤을 막았습니다. 공적으로 예수님이 정말로 죽으셨다는 것을 분명하게 보여 줍니다.

첫째 아담이 죄를 지어 죽게 되었을 때 하나님께서 이렇게 말씀하셨습니다. "너는 흙이니 흙으로 돌아갈 것이니라"(창 3:19). 흙으로 돌아가기 위해 죄로 죽은 사람들이 들어가는 무덤에 예수님이 친히 들어가셨습니다. 죄로 죽은 사람들을 구원하기 위해 죽으시고 장사되어 무덤에 누우셨습니다. "요나가 밤낮 사흘 동안 큰 물고기 뱃속에 있었던 것같이 인자도 밤낮 사흘 동안 땅 속에 있으리라."(마 12:40)는 아버지 하나님의 계획에 예수님은 순종하셨습니다. 예수님의 죽어 장사되는 순종으로 우리의 무덤은 우리가 부활할 때까지 쉬는 곳이 됩니다. 만약 예수님이 무덤에 들어가지 않으셨다면 우리는 그 무덤에서 벗어나지 못할 것입니다.

더구나, 예수님은 이 무덤에 갇혀 있지 않으시고 다시 부활하셨습니다. 그래서 그 무덤에는 썩은 시체 냄새가 아니라, 그리스도로부터 생명의 향기가 뿜어져 나옵니다. 할렐루야!

나눔 질문

1. 예수님이 정말 죽으셔야 했던 이유가 무엇입니까?
2. 예수님의 장사는 우리에게 어떤 유익이 있나요?

성경

요 19:40-42

이에 예수의 시체를 가져다가 유대인의 장례 법대로 그 향품과 함께 세마포로 쌌더라 예수께서 십자가에 못 박히신 곳에 동산이 있고 동산 안에 아직 사람을 장사한 일이 없는 새 무덤이 있는지라 이 날은 유대인의 준비일이요 또 무덤이 가까운 고로 예수를 거기 두니라

찬송

160장

HC 41문
WSC 27문

신자는 왜 죽나요?

성경

요 5:24

내가 진실로 진실로 너희에게 이르노니 내 말을 듣고 또 나 보내신 이를 믿는 자는 영생을 얻었고 심판에 이르지 아니하나니 사망에서 생명으로 옮겼느니라

찬송

607장

HC 42문
WSC 37문

어느 할아버지가 돌아가셨습니다. 초등학교 5학년 손자는 할아버지를 참 좋아했습니다. 아이는 할아버지가 돌아가신 것이 매우 슬펐습니다. 얼마나 울었는지 눈이 퉁퉁 부었습니다. 할아버지의 주검을 넣은 관이 땅에 묻힐 때는 큰 소리로 엉엉 울었습니다. "할아버지, 가지 마세요!" 장례식을 마치고 돌아오는 차 안에서 아이는 아버지에게 물었습니다. "아버지! 예수님이 할아버지의 죄를 위해 대신 죽으셨잖아요." "응!" "그런데 왜 할아버지가 죽어야 하죠? 예수님을 믿으면 죄가 용서되잖아요. 할아버지는 죄가 없고, 죄 때문에 죽을 필요도 없잖아요? 그런데 왜 죽어야 해요?"

이 아이의 질문은 매우 중요합니다. 우리 죄가 용서되었으면 죽을 필요가 없지 않나요? 그런데도 왜 죽을까요? 답은 다음과 같습니다. 보통 사람은 자신의 죄 때문에 죽습니다. 하지만 신자가 죽는 이유는 자기 죄 때문이 아닙니다. 신자가 죽는 것은 죄를 더 이상 짓지 않고 영원히 살기 위해 천국으로 들어가는 것입니다. 그러니까 아이 할아버지의 죽음은 불쌍한 마지막이 아니고, 천국에서 살기 위해 들어가는 문(門)과 같습니다. 비록 할아버지를 오랫동안 볼 수 없어 잠시 슬프기는 하겠지만, 절망할 필요가 없습니다. 왜냐하면 할아버지는 더 이상 이 세상에서 겪던 고통이 없고 죄의 유혹도 없는 천국에 들어가셨기 때문입니다. 그래서 신자는 죽음을 두려워하지 않습니다. 장례식에서는 찬송도 부릅니다. 이별의 슬픔이 있지만, 절망스럽게 통곡하지 않습니다. 나중에 천국에서 다시 만나게 될 것이기 때문입니다.

그러나 불신자들은 그렇지 않습니다. 그들은 죽음을 두려워합니다. 세상에서 모은 재산을 가지고 갈 수 없어 안타까워합니다. 죽고 난 후에 어디로 가게 될지 몰라 무서워합니다. 가족과 헤어지는 것을 힘들어합니다. 사람이 죽으면 아무런 희망이 없습니다. 그 어느 누구도 위로할 수 없습니다. 하지만 신자는 그렇지 않습니다. 성도에게 죽음은 천국으로 들어가는 문이기 때문입니다. 이것을 알면 신자에게 죽음은 오히려 위로가 됩니다. 죄를 그치고 전능하신 하나님을 만나게 되기 때문입니다. 우리는 죽음 앞에서도 위로를 얻을 수 있습니다. 왜냐하면 다시 천국에서 완전한 몸으로 서로 만날 희망이 있기 때문입니다.

나눔질문

1. 신자도 죽고 불신자도 죽습니다. 차이가 무엇일까요?
2. 왜 불신자들은 죽음을 무서워하나요?

예수님은 왜 십자가에 달려 죽으셨을까요? 어떤 사람들은 예수님이 이스라엘 민족을 로마로부터 독립시키기 위해 애쓰다가 아쉽게도 실패해 십자가에 달려 죽었다고 생각합니다. 우리의 죄를 위해 십자가에 달려 죽었다고 인정하지 않습니다. 당신은 어떻게 생각하시나요?

예수님이 십자가에 달려 죽으신 것은 우리에게 임한 저주를 없애기 위한 것입니다. 그리스도께서 감당하신 십자가의 희생과 죽음으로 우리가 받는 유익은 너무나 많습니다. 예수님이 십자가에서 죽으실 때 우리의 옛 본성은 그와 함께 십자가에 못 박혔고, 죽고 장사되었습니다. 예수님을 믿는 사람들에게는 죄가 그들 안에 더 이상 왕처럼 지배하지 못합니다. "우리가 알거니와 우리의 옛 사람이 예수와 함께 십자가에 못 박힌 것은 죄의 몸이 죽어 다시는 우리가 죄에게 종노릇하지 아니하려 함이니"(롬 6:6). 예수님을 믿고 세례를 받은 사람들은 예수님이 죽으실 때 함께 똑같이 옛 사람이 죽었습니다. 우리가 세례에서 물로 몸을 깨끗이 씻어 없애는 것처럼 우리 죄를 없애기 위해 그리스도께서는 우리의 죄를 가지고 무덤에 들어가셨고, 그 죄를 거기 영원히 묻으셨습니다. 또 그리스도께서 십자가에 못 박히신 것같이 우리의 몸이 그분과 함께 영원히 십자가에 못 박혔습니다. 그래서 옛 사람이 이제 더 이상 우리를 이기지 못합니다.

그러나 옛 사람이 죽었다고 해서 모든 것이 끝난 것은 아닙니다. 육체의 욕심은 아직도 남아 있습니다. 전쟁에 이겼지만 패잔병이 남아 우리를 괴롭히는 것처럼, 그 정도로 우리를 힘들게 하는 육신의 욕심이 남아 있습니다. 그렇지만 이 패잔병과의 싸움에서 우린 승리할 것입니다. 왜냐하면 우리의 대장이 천지를 다스리시는 성자 하나님이기 때문입니다.

이제 성도는 죄를 짓지 않으려 합니다. 성도는 죄를 짓기보다는 하나님의 영광을 위하여 살아갑니다. 하나님께 감사합니다. 우리 몸을 하나님이 기뻐하시는 거룩한 산 제물로 드리려 합니다(롬 12:1). 십자가에 못 박히시고 장사되신 예수 그리스도를 인정하고 그분과 만나 이야기하며 교제를 나눌 때에 그렇게 살 수 있는 능력이 솟아 납니다. 이것이 우리의 유익입니다. 얼마나 감사한지요!

성경

롬 6:3-6

무릇 그리스도 예수와 합하여 세례를 받은 우리는 그의 죽으심과 합하여 세례를 받은 줄을 알지 못하느냐 그러므로 우리가 그의 죽으심과 합하여 세례를 받음으로 그와 함께 장사되었나니 이는 아버지의 영광으로 말미암아 그리스도를 죽은 자 가운데서 살리심과 같이 우리로 또한 새 생명 가운데서 행하게 하려 함이라 만일 우리가 그의 죽으심과 같은 모양으로 연합한 자가 되었으면 또한 그의 부활과 같은 모양으로 연합한 자도 되리라 우리가 알거니와 우리의 옛 사람이 예수와 함께 십자가에 못 박힌 것은 죄의 몸이 죽어 다시는 우리가 죄에게 종노릇하지 아니하려 함이니

찬송

149장

HC 43문
WSC 35문

나눔터

1. 예수님은 왜 십자가에 죽으셨을까요? 다른 사람은 어떻게 생각합니까?
2. 그런데 아직도 우리 속에 죄가 있는 것은 왜일까요?

"음부에 내려가시고"

성경

시 18:4-5

사망의 줄이 나를 얽고 불의의 창수가 나를 두렵게 하였으며 스올의 줄이 나를 두르고 사망의 올무가 내게 이르렀도다

찬송

144장

HC 44문
WSC 27문

한국교회에서 사용하는 사도신경에는 "음부에 내려가시고"라는 내용이 없습니다. 한국교회가 처음 시작될 때 사용한 찬송가에 있는 사도신경에는 "음부에 내려가시고"가 있기도 했는데, 언제부턴가 없어졌습니다. 특별한 이유가 있었던 것은 아니지만 한국교회는 그 내용을 빼고 사용했습니다. 그렇지만 세계 대부분의 교회에서 고백하는 사도신경에는 이 내용이 다 들어가 있습니다. 초대교회 문서에 보면 이 문구가 없는 사도신경도 발견됩니다. 그러나 5세기 말과 6세기 초 사이에 공식적으로 채택된 사도신경에는 "음부에 내려가시고"가 있습니다. 그러므로 우리가 이 문구를 사용하지 않더라도 그 의미를 살펴보는 것이 좋겠습니다.

"음부에 내려가시고"에서 '음부'가 무슨 뜻입니까? 음부는 '무덤'이나 '지옥'을 말합니다. 예수님이 무덤 혹은 지옥에 내려가셨다는 것입니다. 그런데 사도신경에 예수님이 십자가에 달려 죽으시고 장사되었다고 이미 고백했기 때문에 '무덤에 내려갔다'라는 의미로 "음부에 내려가셨다"라는 말을 반복할 필요는 없습니다. '음부에 내려가시고'는 '장사되다'를 좀 더 보충 설명하기 위해 사용된 것으로 보면 됩니다. 로마 천주교회에서는 어릴 때 죽은 영혼과 구약의 성도가 지옥 주변에 머물고 있는데 예수님이 '음부에 내려가셨다'가 그들에게 갔다 왔다고 설명하지만 사실이 아닙니다.

"음부에 내려가시고"는 두 가지 의미가 있습니다. 첫째, 예수님이 장사되셨는데, 그것은 마치 죽음의 세계, 곧 지옥에 내려간 것과 같다는 의미입니다. 예수님은 죽음의 힘에 삼 일 동안이나 눌려 있었습니다. 예수님이 낮아질 대로 낮아지셨다는 뜻입니다. 둘째, 예수님이 고난의 가장 밑바닥까지 내려가셨다는 것을 의미합니다. 지옥의 고통을 경험하셨다는 것입니다. 십자가에서 예수님의 몸만 고통당하신 것이 아니라, 그 영혼도 지옥의 고통을 겪으셨습니다. 예수님은 하나님의 저주와 진노를 완전히 짊어지셨고 하나님께 버림받으셨습니다. "음부에 내려가시고"는 이 점을 더 분명하게 설명하기 위해 사용된 표현입니다. 불쌍한 예수님! 그러나 예수님의 완전한 죽음으로 우리가 완전하게 살게 되었으니, 얼마나 감사한지요!

나눔질문

1. 한국교회가 고백하는 사도신경에는 왜 "음부에 내려가시고"가 없을까요?
2. "음부에 내려가시고"에는 어떤 뜻이 있나요?

겸손(4) : 당신은 겸손한 사람입니까?

성경

잠 16:18-19

교만은 패망의 선봉이요 거만한 마음은 넘어짐의 앞잡이니라 겸손한 자와 함께 하여 마음을 낮추는 것이 교만한 자와 함께 하여 탈취물을 나누는 것보다 나으니라

찬송

452장

사람들은 대체로 높은 자리에 앉으려고 열심히 노력합니다. 공부도 열심히 합니다. 일도 열심히 합니다. 많은 스펙을 쌓습니다. 매사에 적극적이고 긍정적으로 생각합니다. 힘을 다해 노력합니다. 꿈은 반드시 이루어진다고 믿습니다. 그러면 대체로 세상에서 성공합니다. 재물도 많이 모으고 명예도 얻습니다. 그들은 높은 데 앉은 사람만이 겸손할 수 있다고 생각합니다. 아무것도 없고 낮은 자리에 있는 사람의 겸손을 비굴함이라고 평가절하합니다.

그러나 예수님은 우리에게 낮은 자리에 앉으라고 하십니다. 섬김을 받으려 하지 말고, 섬기라고 하십니다. 교만하지 말고 겸손하라고 요구하십니다. "교만은 패망의 선봉이요, 거만한 마음은 넘어짐의 앞잡이니라. 겸손한 자와 함께 하여 마음을 낮추는 것이 교만한 자와 함께 하여 탈취물을 나누는 것보다 나으니라"(잠 16:18-19). 그리스도인으로 살면 재물을 많이 가지지 못할 수도 있습니다. 그렇지만 하나님 앞에서 살기 때문에 겸손하게 마음을 낮추는 것이 결코 비굴하지 않습니다. 하나님께서 아시니까요. "하나님이 교만한 자를 물리치시고 겸손한 자에게 은혜를 주신다."(약 4:6)라는 약속을 믿고 살아갑니다.

겸손한 사람은 우리에게 있는 모든 것이 하나님에게서 왔으며, 다른 사람들이 도와 준 결과물이라는 사실을 인정합니다. 겸손한 사람은 다른 사람의 비평을 기꺼이 받아들이고 비난하는 사람을 미워하지 않습니다. 겸손한 사람은 천한 일을 자원합니다. 겸손한 사람은 다른 사람의 의견을 물어봅니다. 겸손한 자는 감사를 표현합니다. 겸손한 자는 자기가 말하기보다 다른 사람의 이야기를 듣습니다. 겸손한 자는 기도합니다. 겸손한 자는 권위자의 결정을 지지합니다. 겸손한 자는 자신이 잘못할 경우 즉시 용서를 구합니다. 겸손한 자는 다른 사람이 용서를 구할 때 즉시 용서합니다. 겸손한 자는 다른 사람을 칭찬하고 존경합니다. 겸손한 자는 하나님을 높이고 자신을 높이지 않습니다.

우리는 겸손한 사람입니까? 아니면 교만한 사람입니까? 겸손은 자기를 낮추는 것만으로는 부족합니다. 하나님을 높여야 합니다. 더 나아가 하나님의 다스리심에 기쁜 마음으로 순종해야 합니다. 겸손한 자는 성령님으로 충만하고 말씀의 지배를 받는 사람입니다. 겸손한 자는 자신의 약함과 죄에 대해 아파합니다. 좋은 그리스도인이 곧 겸손한 자입니다.

나눔 질문

1. 하나님은 어떤 사람을 사랑하십니까?
2. 겸손한 사람은 어떤 사람입니까?

예수님이 정말 부활하셨나요?

성경

눅 24:1-12

안식 후 첫날 새벽에 이 여자들이 그 준비한 향품을 가지고 무덤에 가서 돌이 무덤에서 굴려 옮겨진 것을 보고 들어가니 주 예수의 시체가 보이지 아니하더라 이로 인하여 근심할 때에 문득 찬란한 옷을 입은 두 사람이 곁에 섰는지라 여자들이 두려워 얼굴을 땅에 대니 두 사람이 이르되 어찌하여 살아 있는 자를 죽은 자 가운데서 찾느냐 여기 계시지 않고 살아나셨느니라 갈릴리에 계실 때에 너희에게 어떻게 말씀하셨는지를 기억하라 이르시기를 인자가 죄인의 손에 넘겨져 십자가에 못 박히고 제삼일에 다시 살아나야 하리라 하셨느니라 한대 그들이 예수의 말씀을 기억하고 무덤에서 돌아가 이 모든 것을 열한 사도와 다른 모든 이에게 알리니 (이 여자들은 막달라 마리아와 요안나와 야고보의 모친 마리아라 또 그들과 함께 한 다른 여자들도 이것을 사도들에게 알리니라) 사도들은 그들의 말이 허탄한 듯이 들려 믿지 아니하나 베드로는 일어나 무덤에 달려가서 구부려 들여다 보니 세마포만 보이는지라 그 된 일을 놀랍게 여기며 집으로 돌아가니라

찬송

164장

HC 45문
WSC 28, 32문

사람이 죽었다가 다시 살 수 있을까요? 불가능합니다. 사람은 한 번 죽으면 다시 살아날 수 없습니다. 예수님은 십자가에서 가혹한 형벌을 받고 허리에 창이 찔려 피와 물이 빠져 완전히 죽으셨습니다. 여러 사람이 예수님이 죽은 것을 확인하고 무덤에 장사했습니다. 그런데 신기한 일이 일어났습니다. 예수님은 삼 일째 되던 날에 다시 살아나셨습니다. 무덤은 비어 있었습니다. 예수님은 부활하셨습니다.

예수님은 살아 계실 때 십자가에 죽고 삼 일 만에 다시 살아날 것이라고 미리 말씀하셨습니다(눅 9:22). 사람들은 예수님의 부활을 믿지 않습니다. 예수님은 십자가 위에서 너무나 고통이 심해 잠시 기절했고 완전히 죽지 않았다가 다시 살아났다고 생각합니다. 또 유대인들은 예수님의 제자들이 시체를 훔쳐 다른 데 옮겨 놓고 예수님이 다시 살아났다고 거짓말로 소문을 냈다고 생각합니다. 또 어떤 사람들은 예수님이 부활하면 좋겠다는 생각을 오래하다 보니, 집단적으로 예수님이 부활했다는 환상을 보게 되었다고 주장합니다. 이런저런 이유를 말하면서 예수님의 부활을 믿지 않습니다. 사람들은 예수님이 부활했다는 것을 과학적으로 증명하려고 하기도 하지만, 그럴 필요는 없습니다. 성경은 예수님의 부활을 증명하려고 애쓰지 않습니다. 성경은 예수님이 부활했다는 것을 믿으라고 합니다.

첫째 아담은 언약의 대표자로 모든 사람의 조상이지만, 좋은 것을 우리에게 주지 않았습니다. 첫째 아담은 죄를 지음으로 우리에게 죽음을 물려주었습니다. 그러나 둘째 아담이신 예수님은 참 사람으로 오셔서 죽으심으로써 죽음을 이기고 다시 살아나셨습니다. 그 어느 누구도 죽음의 문제를 해결하지 못했는데, 예수님은 하셨습니다. 그러므로 부활은 중요합니다. 우리는 매주 안식일이 아닌 예수님이 부활하신 날을 '주의 날', '주일(主日)'이라고 부르면서 온 성도와 함께 모여 예배를 드립니다. 그만큼 부활이 중요하기 때문입니다. 주일에 부활을 생각하면서 보낸다면 기쁨이 두 배가 될 것입니다.

나눔질문

1. 예수님이 부활하신 것은 확실할까요? 어떻게 알 수 있습니까?
2. 첫째 아담이 하지 못한 일을 둘째 아담은 하셨습니다. 그것이 무엇입니까?

부활의 유익(1) : 의롭게 됨

예수님이 부활하신 것은 사실입니다. 그런데 예수님의 부활이 우리와 무슨 상관이 있을까요? 부활이 우리에게 무슨 유익이 있을까요? 그 유익에 대해 알아봅시다. 예수님은 무덤에서 부활하심으로 죽음을 이기셨습니다. 모든 사람은 죽음에 집니다. 죽음을 이길 수 있는 사람은 세상에 아무도 없습니다. 사람은 한 번 죽기 마련이고 혹시 다시 살아난다고 해도 영원히 살 수 있는 사람은 아무도 없습니다. 모든 사람은 죽습니다. 그런데 예수님은 죽음을 이기셨습니다.

사람이 죽는 이유는 무엇이죠? 예, 그렇습니다. 죄 때문입니다. 예수님은 죽음의 이유인 죄의 문제를 해결해 주셨습니다. 예수님은 십자가 위에서 화목제물로 사람들의 죄를 위해 죽으심으로 죗값을 치러주셨습니다. 하나님께서는 예수님의 흠 없는 제사, 곧 완전한 제사를 받으셨고, 그 제사가 의롭다고 말씀하셨습니다. 예수님은 십자가에서뿐만 아니라 이 땅에서의 모든 삶이 고통이었고, 우리의 죄 때문에 생겨난 온갖 고난을 친히 어깨에 지셨습니다. 하나님께서는 이 제사를 받으시고 예수님을 다시 살려 주셨습니다. 예수님은 죽음에서 부활하심으로써 의롭다는 것을 증명했습니다. 바울은 디모데전서 3장 16절에서 이렇게 표현했습니다. "크도다! 경건의 비밀이여, 그렇지 않다 하는 이 없도다. 그는 육신으로 나타난 바 되시고 영으로 의롭다 하심을 받으시고……." '육신으로 나타나신 것'은 예수님이 태어나신 것을 말합니다. '영으로 의롭다 하심을 얻은 것'은 예수님의 부활을 의미합니다. 이렇게 예수님의 부활은 하나님께서 십자가의 죽으심을 의롭다고 인정해 주신 것을 의미합니다.

그런데 예수님만 의롭다고 인정하실 뿐만 아니라, 예수님을 믿는 우리도 의롭게 해 주십니다. 왜냐하면 첫째 아담과는 달리 둘째 아담이신 예수님은 '살려 주는 영'(고전 15:45)이시기 때문입니다. 하나님께서는 예수님을 믿는 자들의 죄도 용서해 주시고 그들을 의롭다고 해 주십니다. 예수님의 의(義)를 믿는 우리도 그분의 의(義)에 참여할 수 있게 되었습니다. 예수님의 부활로 우리가 의롭게 되는 유익을 얻게 됩니다. 우리를 다시 살려 주셨고 또 영원히 살게 하시는 하나님께 감사드립시다.

성경

딤전 3:16

크도다 경건의 비밀이여, 그렇지 않다 하는 이 없도다 그는 육신으로 나타난 바 되시고 영으로 의롭다 하심을 받으시고 천사들에게 보이시고 만국에서 전파되시고 세상에서 믿은 바 되시고 영광 가운데서 올려지셨느니라

찬송

164장

HC 45문
WSC 28, 32문

나눔질문

1. 사람은 왜 죽습니까?
2. 예수님의 부활은 우리에게 어떤 의미가 있나요?

부활의 유익(2) : 승리한 삶을 당당하게

성경

롬 6:4

그러므로 우리가 그의 죽으심과 합하여 세례를 받음으로 그와 함께 장사되었나니 이는 아버지의 영광으로 말미암아 그리스도를 죽은 자 가운데서 살리심과 같이 우리로 또한 새 생명 가운데서 행하게 하려 함이라

찬송

162장

HC 45문

WSC 28, 32문

제2차 세계대전이 끝난 지 30년 후에 필리핀 깊은 밀림 속에서 숨어 지내던 일본 군인 오노다 히로오가 발견되었습니다. 그는 아직 전쟁이 끝나지 않았다고 생각했고 밀림 속에서 숨어 지냈습니다.

그리스도인도 영적으로 오노다 같은 처지에 있는 경우가 있습니다. 사탄의 정죄를 이기고 예수님이 부활해 새 인생을 살 수 있게 되었는데, 여전히 옛날처럼 행동하는 성도가 있습니다. 예수님은 죽음에서 다시 살아나셔서 승리하셨습니다. 앞으로 예수님 안에 있는 자들은 영원히 죽지 않게 되었습니다. 죽음이 그리스도인을 괴롭히지 못할 것입니다. 예수님은 죽음을 이기셨고 왕이 되셨습니다. 예수님이 온 우주와 세상을 다스리십니다.

그러면 예수님의 부활은 지금 현재 우리에게는 소용 없는 것인가요? 그렇지 않습니다. 예수님의 부활은 지금 우리가 옛날 사탄 밑에서 종처럼 살던 것에서 탈출해 새로운 삶을 살도록 해 줍니다. 바울은 로마서 6장 4절에서 이렇게 말했습니다. "그러므로 우리가 그의 죽으심과 합하여 세례를 받음으로 그와 함께 장사되었나니 이는 아버지의 영광으로 말미암아 그리스도를 죽은 자 가운데서 살리심과 같이 우리로 또한 새 생명 가운데 행하게 하려 함이라." 성도는 그리스도께서 십자가에 죽으실 때 같이 죽고, 그리스도께서 부활하실 때 같이 살아났습니다. 성부 하나님께서 성자 하나님을 죽음에서 살려 주신 것처럼 우리도 새로운 삶을 살도록 해 주십니다. 전에는 죄의 노예였지만, 지금은 그리스도가 우리의 주인이십니다. 그리스도께서 우리에게 말씀하시는 대로만 살아가야 갑니다. 옛 주인인 사탄이 두려워 벌벌 떨며 끌려 다닐 필요가 없습니다. 우리는 매일 매 순간 결단해야 합니다. 옛 주인을 따를 것인가, 아니면 새 주인에게 순종할 것인가? 당연히 우리 성도는 예수님이 죗값을 지불하시고 죽음에서 부활하여 승리하신 삶으로 당당하게 나아갈 것입니다.

나눔토론

1. 우리는 죽음을 이긴 승리자로 살고 있나요, 아니면 패배자로 살고 있나요?

2. 우리는 어떤 신분으로 살고 있나요?

부활의 유익(3) : 우리 부활의 보증

한 아이의 할아버지가 죽어 무덤에 장사되었습니다. 아이는 차갑고 어두운 땅 속에 할아버지가 갇혀 있어야 한다고 생각하니 기분이 너무 이상하고 매우 슬펐습니다. 그러나 아버지는 부활의 소망에 대해 말씀해 주셨습니다. "아들아! 너무 슬퍼하지 않으면 좋겠다! 할아버지는 나중에 다시 영광스런 몸으로 부활하실 거야. 왜냐하면 예수님이 그렇게 영광스럽게 부활하셨으니까." 할아버지는 어떤 몸으로 부활할까요? 아무도 정확하게는 모릅니다. 성경은 예수님이 어떻게 부활하셨는지 상세하게 설명하지 않습니다. 그러나 추측할 수는 있습니다. 예수님은 문을 닫고 있었는데도 그냥 벽을 통과해 들어오셨습니다. 바닷가에서 제자들과 음식을 드시기도 했습니다. 먹기도 하는 영! 신기할 뿐입니다. 우리가 부활하게 되면 이렇게 신기한 모습이 될 것입니다. 그것이 바로 영광스러운 부활입니다.

예수님이 부활하신 것은 우리 모두가 그렇게 영광스럽게 부활한다는 확실한 보증이 됩니다. '보증'이라는 말은 물건을 살 때 '할부금' 제도와 비슷합니다. 비싼 LED 디지털 텔레비전을 살 때 돈을 다 내지 않고 일부 보증금만 내고도 살 수 있습니다. 나중에 천천히 매월 갚으면 됩니다. 그러나 일부 돈만 내고도 텔레비전은 내 것이 됩니다. 우리가 나중에 죽으면 영광스럽게 부활한다는 것을 어떻게 알 수 있습니까? 죽어 보지 않았기 때문에 알 수 있는 방법이 없습니다. 그렇지만 확신할 수 있는 방법이 있습니다. 보증이 있기 때문입니다. 예수님의 부활이 우리 부활의 보증입니다. 예수님이 부활하신 것을 보면 우리도 영광스럽게 부활할 것이라는 것을 확신할 수 있습니다.

바울은 예수님의 부활을 '첫 열매'라고 표현했습니다. 가을에 열매를 수확할 때 처음 따는 과일을 '첫 열매'라고 합니다. 첫 열매를 따면 나머지 다른 열매들도 곧 다 추수하게 될 것이라고 기대할 수 있습니다. 처음으로 열매를 추수하는 사람은 아직다 거두지 않은 열매에 대해 걱정하거나 의심하지 않습니다. 이처럼 우리도 예수님의 부활이 첫 열매가 되기 때문에 우리의 부활도 확실하다는 것을 알 수 있습니다. 우리의 영광스런 부활이 기대되지 않나요?

성경

고전 15:20-26

그러나 이제 그리스도께서 죽은 자 가운데서 다시 살아나사 잠자는 자들의 첫 열매가 되셨도다 사망이 한 사람으로 말미암았으니 죽은 자의 부활도 한 사람으로 말미암는도다 아담 안에서 모든 사람이 죽은 것같이 그리스도 안에서 모든 사람이 삶을 얻으리라 그러나 각각 자기 차례대로 되리니 먼저는 첫 열매인 그리스도요 다음에는 그가 강림하실 때에 그리스도에게 속한 자요 그 후에는 마지막이니 그가 모든 통치와 모든 권세와 능력을 멸하시고 나라를 아버지 하나님께 바칠 때라 그가 모든 원수를 그 발 아래에 둘 때까지 반드시 왕 노릇 하시리니 맨 나중에 멸망 받을 원수는 사망이니라

찬송

160장

HC 45문

WSC 28, 32문

나눔질문

1. 우리가 부활하면 어떤 몸이 될까요?
2. 우리가 죽어 부활해 보지 않았는데 어떻게 부활을 확신할 수 있습니까?

"하늘에 오르시어"

성경

눅 24:50-53

예수께서 그들을 데리고 베다
니 앞까지 나가사 손을 들어
그들에게 축복하시더니 축복
하실 때에 그들을 떠나 [하늘
로 올려지시니] 그들이 [그에
게 경배하고] 큰 기쁨으로 예
루살렘에 돌아가 늘 성전에서
하나님을 찬송하니라

행 1:1-11

……그들이 모였을 때에 예수
께 여쭈어 이르되 주께서 이스
라엘 나라를 회복하심이 이때
니이까 하니 이르시되 때와 시
기는 아버지께서 자기의 권한
에 두셨으니 너희가 알 바 아
니요 오직 성령이 너희에게 임
하시면 너희가 권능을 받고 예
루살렘과 온 유대와 사마리아
와 땅끝까지 이르러 내 증인이
되리라 하시니라 이 말씀을 마
치시고 그들이 보는데 올려져
가시니 구름이 그를 가리어 보
이지 않게 하더라 올라가실 때
에 제자들이 자세히 하늘을 쳐
다보고 있는데 흰 옷 입은 두
사람이 그들 곁에 서서 이르되
갈릴리 사람들아 어찌하여 서
서 하늘을 쳐다보느냐 너희 가
운데서 하늘로 올려지신 이 예
수는 하늘로 가심을 본 그대로
오시리라 하였느니라

찬송

80장

HC 46문
WSC 28문

한국 개신교회에서는 부활절을 지킵니다. 그렇지만 예수님의 승천일은 기념하여 지키지 않습니다. 그래서 뭔가 좀 허전합니다. 부활절을 성탄절보다 중요하게 생각하지 않는 것도 문제이지만, 승천일을 가볍게 생각하는 것도 아쉽습니다. 왜냐하면 예수님의 승천을 통해 우리가 배울 것이 많이 있기 때문입니다.

우리는 사도신경을 외울 때 예수님이 "다시 살아나셨으며, 하늘에 오르시어"라고 큰 소리로 말합니다. 예수님은 부활하신 뒤 땅에 계시지 않고 하늘로 올라가셨습니다. 예수님은 부활하시고 이 땅에 40일 동안 머무셨지만, 하늘로 올라가셔야 했습니다. 제자들은 예수님이 부활 후 계속 이스라엘에 계시면서 로마로부터 이스라엘 나라를 독립시키실 것이라고 오해했습니다(행 1:6). 그렇지만 하나님의 계획은 제자들의 생각과 달랐습니다. 예수님은 이 땅에 사람의 몸을 입고 오실 때에도 목적이 있었고, 다시 하늘로 가실 때에도 목적이 있었습니다. 그것은 사람의 죄를 용서하시고 죽음에서 구원하여 주는 것입니다. 그것을 완성하기 위해서 예수님은 하늘로 가셔야 했습니다. 하늘나라에서 우리를 구원하는 일을 계속 하시기 위해 승천하셨습니다.

예수님이 승천하시는 것을 본 제자들은 불안하지 않았습니다. 오히려 그들의 마음속에 기쁨이 가득하였습니다. 예루살렘 성으로 돌아온 그들은 예수님이 약속하신 성령 하나님을 찬송하며 기다렸습니다. 이 땅에 낮아지신 예수님은 성부 하나님께 순종하심으로 의롭다 인정을 받으시고 다시 하늘로 올라가시고 높아지셨습니다. 예수님이 승천하실 때 모습을 상상해 보십시오. 예수님은 제자들에게 말씀하시고 복을 주시는 가운데 하늘로 그대로 올라가셨습니다. 그리고 구름이 와서 가려 볼 수 없었습니다. 천사들이 나타나 제자들에게 약속했습니다. "……이 예수는 하늘로 가심을 본 그대로 오시리라……"(행 1:11).

예수님은 지금 어디에 계시나요? 우리 마음속에? 아니면 어디에나 계시나요? 예수님은 지금 하늘에 하나님 우편에 앉아 계십니다. 예수님은 하늘로 가셔서 아직 오시지 않았지만 언젠가는 반드시 다시 오실 것입니다. 예수님은 하늘로 올라가셨고 그곳에서 우리의 구원을 위해 기도하시다가 다시 세상으로 오실 것입니다. 이 예수님이 기다려지지 않나요?

나눔질문

1. 예수님이 승천하는 장면을 상상해 보고 말해 보세요.
2. 예수님은 왜 승천하셔야 했습니까?

임마누엘의 약속

약속은 꼭 지켜야 합니다. 약속을 지키지 않는 사람은 싫습니다. 엄마 아빠도 때로는 약속을 지키지 않습니다. 아이와 놀아주기로 약속했는데 바쁘다고 약속을 어기기도 합니다. 예수님도 세상에 계실 때 많은 약속을 하셨습니다. 예수님도 약속을 어기실까요? 아뇨, 예수님은 약속을 꼭 지키십니다. 특별히 예수님이 중요한 약속을 하셨습니다. "……내가 세상 끝날까지 너희와 항상 함께 있으리라"(마 28:20). 예수님은 이 약속을 지키셨을까요? 예수님은 제자들과 항상 함께 하시겠다고 약속하신 후 하늘나라로 떠나셨잖아요. 이것은 약속 위반이 아닐까요? 그렇지 않습니다. 예수님은 약속을 지키셨습니다. 예수님이 어떻게 이 약속을 지키셨는지 예수님에 대해 공부하면 더 잘 이해할 수 있습니다. 예수님은 성부 하나님의 독생자이신데, '참 하나님'이면서 '참 사람'이십니다. 이 사실은 사람이 만들어 낸 것이 아니라 성경에 나오는 진리입니다. 우리가 이해하기 어려워도 성경이 말하면 진리입니다. 예수님은 하나님과 인간을 연결하는 중보자로서 죄로 막힌 담을 헐고 화해시키셨습니다. 예수님은 인간의 죄를 해결해야 했습니다. 인간의 죄를 대신 지고 해결하려면 하나님이 아닌 참 인간이어야 합니다. 대속자 인간은 죄가 없어야 합니다. 세상에는 죄가 없는 인간이 없습니다. 그런데 하나님께서 죄 없는 예수 그리스도를 세상에 보내셔서 인간이 되게 하셨습니다. 예수 그리스도는 완전한 인간이지만 죄는 없으신 분입니다. 참 인간으로 예수님은 십자가 위에서 대속의 죽음을 죽으셨습니다. 동시에 예수님은 중보하시는 일을 모든 시대의 사람들에게 나누어 주기 위해 참 하나님이어야 합니다. 예수님의 두 본성인 신성과 인성은 혼동되지 않고, 변하지 않고, 분리되지 않고, 나눠지지도 않습니다(칼케돈 신조, 451년). 하지만 예수님의 두 본성이 어떻게 조화롭게 있는지 우리는 다 이해할 수 없습니다.

그러면 세상 끝날까지 항상 함께 있으리라는 임마누엘의 약속은 어떻게 이루어집니까? 첫째, 예수님은 그분의 '신성'으로 우리와 함께 하십니다. 예수님은 부활하셔서 지금 하늘에 계십니다. 그렇지만 예수님은 신성으로 지금 이 땅에 우리와 함께 계십니다. 둘째, 예수님은 그분의 '성령'으로 우리와 함께 하십니다. 성령님은 그리스도의 영이십니다. 성령님은 예수 그리스도의 구원을 우리에게 적용해 주시는 분입니다. 성령님은 진리이신 예수님의 말씀으로 우리를 가르치시고 격려하시고 위로하십니다. 예배와 삶 속에서 성령님이 우리를 구체적으로 인도하시며 함께 하십니다. 이렇게 예수님은 성령님을 보내셔서 우리와 함께 하십니다. 그러니 예수님이 약속하신 '임마누엘'은 오늘도 일어나고 있습니다. 예수님은 약속을 지키시는 분입니다.

나눔질문

1. 예수님은 항상 함께 있을 것이라는 약속을 지키셨습니까?
2. 어떻게 예수님은 우리와 함께 하십니까?

성경

요 14:16-18

내가 아버지께 구하겠으니 그가 또 다른 보혜사를 너희에게 주사 영원토록 너희와 함께 있게 하리니 그는 진리의 영이라 세상은 능히 그를 받지 못하나니 이는 그를 보지도 못하고 알지도 못함이라 그러나 너희는 그를 아나니 그는 너희와 함께 거하심이요 또 너희 속에 계시겠음이라 내가 너희를 고아와 같이 버려두지 아니하고 너희에게로 오리라

찬송

559장

HC 47-48문
WSC 21문

경청(1): 먼저 들어요!

성경

대하 33:10

여호와께서 므낫세와 그의 백성에게 이르셨으나 그들이 듣지 아니하므로

찬송

520장 1절

'경청'은 말을 주의 깊게 들어서 상대방의 소중함을 보여 주는 것입니다. 다른 사람의 말을 잘 경청하는 사람은 사람들의 눈에 띄지 않습니다. 조용하고 겸손합니다. 하지만 다른 사람을 편안하게 해 줍니다. 잘 들어 주는 것은 섬기는 일입니다. 어떤 사람이 보험 상품 판매 1위를 했다고 합니다. 비결이 무엇이냐고 물었을 때 그의 대답은 의외였습니다. "끝까지 들어 주었습니다!"

그런데 우리 주변에 경청을 잘 하는 사람을 찾아보기 힘듭니다. 사람들은 듣기보다는 말하기를 훨씬 좋아합니다. 요즘 아이들은 다른 사람의 말을 경청하지 않는 주의력 결핍 장애가 많다고 합니다. 교회에 오는 아이들도 잘 듣지 않고 경청하지 않습니다.

성경은 경청이 매우 중요하다고 말합니다. "믿음은 들음에서 나며 들음은 그리스도의 말씀으로 말미암았느니라."(롬 10:17)라고 했습니다. 복음인 하나님의 말씀을 들어야 우리에게 믿음이 생깁니다. 듣지 않고는 믿음을 가질 수 없습니다. 아이들이 교회에서조차 경청하지 않는 모습은 정말로 큰 문제입니다.

이스라엘 왕 므낫세와 그의 백성은 하나님의 말씀을 잘 듣지 않았습니다(대하 33:10). 그래서 하나님은 그들에게 벌을 내리셨습니다. 바벨론 군대가 북 왕국 이스라엘에 쳐들어와 왕과 백성을 포로로 잡아갔습니다. 사울 왕도 하나님의 말씀을 듣지 않고 순종하지 않았습니다. 사무엘이 이렇게 말했습니다. "여호와께서 번제와 다른 제사를 그의 목소리를 청종하는 것을 좋아하심같이 좋아하시겠나이까? 순종이 제사보다 낫고 듣는 것이 숫양의 기름보다 나으니"(삼상 15:22). 하나님의 말씀에 경청하는 것이 얼마나 중요한지요.

하나님은 우리에게 말씀하시는 분입니다. 성경에는 '이르시되'라는 말이 무려 777번이나 나옵니다. 요한은 성자 하나님을 '말씀'으로 표현했습니다. "태초에 말씀이 계시니라. 이 말씀이 하나님과 함께 계셨으니 이 말씀은 곧 하나님이시니라"(요 1:1). 하나님께서 말씀하시기 때문에 우리는 경청해야 합니다. 이 말씀을 잘 듣는 것이 바로 경청입니다. 경청이 얼마나 중요한지요. 말씀을 잘 경청하는 사람은 하나님을 존경하고 소중히 여기는 사람입니다.

나눔질문

1. 경청이란 무엇입니까? 실제 생활에서 느낀 점을 이야기해 보세요.

2. 경청이 왜 중요합니까?

예수님이 승천하실 때 구름이 와서 가렸다고 했습니다. 이 구름은 보통 구름과는 다릅니다. 구약시대에 모세가 이스라엘 백성과 사막에 있을 때 성막을 만들었습니다. 그때 하나님이 성막에 임하셨다는 것을 구름으로 보여 주셨습니다. 구름이 가득한 가운데 하나님의 영광이 나타났습니다. 성경에는 구름이 하나님이 계시는 곳으로 표현되고 있습니다.

예수님은 화목제물로 십자가에 죽으심으로 친히 어린 양처럼 자신을 주셨습니다. 그리고 동시에 예수님은 대제사장으로 하나님 아버지가 계시는 성전(소)에 들어가 어린양의 피를 뿌리며 죄를 용서하시는 일을 하십니다. 예수님은 왕 같은 제사장(히 4:14-16)으로 하늘 성소에(구름 속으로) 들어가셔서 지금도 성도와 교회의 유익을 위해 직분을 수행하고 계십니다.

그렇기 때문에 예수님의 승천은 직분을 수행하기 위해 너무나 중요한 과정입니다. 그러면 하늘 성소에서 예수님은 무슨 일을 하십니까? 예수님은 하늘에서 성부 하나님 앞에서 우리를 위한 대언자이십니다. '대언자'라는 말은 요즘 말로 하면 '변호사'입니다. 법정에서 검사는 죄인의 죄를 하나하나 지적하며 증명하지만, 변호사는 피고인이 잘못이 없음을 피고 입장에서 대신 말해 주는 사람입니다.

예수님도 하늘에서 지금 그 변호사와 같은 '대언자' 역할을 하고 계십니다. 어떤 사람이 죄를 회개하고 예수님을 믿으면 하늘에서 예수님이 이렇게 성부 하나님께 대신 변호해 주십니다. '하나님 아버지! 제가 바로 OOO를 위해 피 흘려 죽지 않았습니까! 그 사람의 죄를 용서해 주십시오!' 또 예수 믿는 사람 중에서도 여전히 죄의 구렁텅이에 빠지기도 합니다. 그럴 때마다 우리는 예수님께 회개하고 용서해 주시도록 기도해야 합니다. 그러면 예수님이 하나님 아버지께 대신 기도해 주십니다. "그러므로 자기를 힘입어 하나님께 나아가는 자들을 온전히 구원하실 수 있으니, 이는 그가 항상 살아 계셔서 그들을 위하여 간구하심이라"(히 7:25). 예수님이 지금도 우리의 구원을 위해 기도하신다는 사실은 우리에게 얼마나 큰 위로가 되는지요!

성경

히 7:25

그러므로 자기를 힘입어 하나님께 나아가는 자들을 온전히 구원하실 수 있으니 이는 그가 항상 살아 계셔서 그들을 위하여 간구하심이라

요일 2:1

나의 자녀들아 내가 이것을 너희에게 씀은 너희로 죄를 범하지 않게 하려 함이라 만일 누가 죄를 범하여도 아버지 앞에서 우리에게 대언자가 있으니 곧 의로우신 예수 그리스도시라

찬송

161장

HC 49문
WSC 32문

나눔질문

1. 구름은 무슨 뜻입니까?
2. 예수님은 승천하셔서 무슨 일을 하십니까?

승천의 유익(2): 땅에 있는 하늘나라 시민

성경

엡 2:5-7

허물로 죽은 우리를 그리스도와 함께 살리셨고(너희는 은혜로 구원을 받은 것이라) 또 함께 일으키사 그리스도 예수 안에서 함께 하늘에 앉히시니 이는 그리스도 예수 안에서 우리에게 자비하심으로써 그 은혜의 지극히 풍성함을 오는 여러 세대에 나타내려 하심이라

찬송

99장

HC 49문
WSC 32문

우리는 대한민국 국민으로서 시민권이 있습니다. 미국 사람은 한국에서 허가 없이 마음대로 살 수 없습니다. 한국인 또한 미국에 허가 없이 들어갈 수 없습니다. 우리는 예수님을 믿고 난 후 영적으로 하나님 나라의 시민이 되었습니다. 비록 아직 세상에 살고 있지만, 우리의 신분은 하나님 나라의 시민입니다. 하나님 나라를 통치하시는 왕은 누구입니까? 하나님 나라의 왕은 예수님입니다. "하늘과 땅의 모든 권세를 내게 주셨다."(마 28:18)라고 하셨으니 예수님이 왕으로 통치하십니다. 우리의 왕이신 예수님이 이 땅에 계시면 좋겠는데, 그분은 지금 하늘에 계십니다. 예수님은 승천하셔서 하늘에 계시며 왕으로 우리를 다스리시고, 우리는 하늘나라의 시민이지만 땅에 있습니다. 비록 우리의 몸이 이 땅 위에 있지만, 사실은 영적으로 예수님과 함께 하늘에 있는 성도입니다. 바울은 에베소 교회의 성도에게 이렇게 말했습니다. "허물로 죽은 우리를 그리스도와 함께 살리셨고(너희는 은혜로 구원을 받은 것이라), 또 함께 일으키사 그리스도 예수 안에서 함께 하늘에 앉히시니"(엡 2:5-6). 성도는 예수님의 부활과 함께 살고 승천하신 예수님과 함께 하늘에 앉아 있다고 말합니다. 물론 이 말은 영적인 표현입니다. 우리는 아직도 땅 위에 살고 있지만 영적으로 사실 예수님과 한 몸으로 하늘에 있는 것과 같다는 말입니다.

우리의 시민권은 땅에 있지 않고 하늘에 있습니다. "그러나 우리의 시민권은 하늘에 있는지라. 거기로부터 구원하는 자 곧 주 예수 그리스도를 기다리노니"(빌 3:20). 참 기분 좋습니다. 예수님을 믿는 사람은 아직 어렵고 힘들고 고통스런 이 세상에서 살고 있습니다. 신자가 어려움을 겪고 오히려 불신자들이 훨씬 더 잘 살고 잘 되는 것을 보면서 힘들기도 합니다. 그러나 우리의 신분은 이 세상에 속한 것이 아니라, 하늘에 있습니다. 예수님이 승천하심으로 우리도 그 덕을 이 세상에서 누릴 수 있습니다. 동시에 예수님이 승천하셔서 하늘에 앉아 계신 것이 나중에 하나님 나라에서 살게 될 것이라는 사실의 보증이 되기도 합니다.

나눔질문

1. 우리의 시민권은 어디에 있나요?
2. 땅에 있는 하늘나라 시민이란 말은 무슨 말인가요?

제자들은 예수님이 이 땅에 있는 것이 좋다고 생각했지만 예수님은 하늘나라로 가셔야 했습니다. 그래야 성령 하나님께서 이 세상에 오실 수 있기 때문입니다. 예수님은 제자들에게 십자가에 죽으시기 전에 분명하게 말씀하셨습니다. "내가 아버지께로부터 너희에게 보낼 보혜사 곧 아버지께로부터 나오시는 진리의 성령이 오실 때에 그가 나를 증언하실 것이요"(요 15:26). 예수님이 세상을 떠나 하늘로 가셔야 보혜사 성령님을 보내 주실 수 있었습니다. '보혜사'라는 말의 뜻은 '위로자'입니다. "내가 떠나가는 것이 너희에게 유익이라. 내가 떠나가지 아니하면 보혜사가 너희에게로 오시지 아니할 것이요, 가면 내가 그를 너희에게로 보내리니"(요 16:7).

예수님은 하늘에 계시지만 성령 하나님을 보내셔서 우리와 함께 하십니다. 예수님은 성령 하나님을 보내셔서 '임마누엘'의 약속을 지키셨습니다. 그러면 성령 하나님께서 오셔서 우리에게 하시는 일이 무엇입니까? 성령 하나님은 절대로 혼자 일하지 않으십니다. 성령 하나님은 성부 하나님과 성자 하나님과 의논해 일하시기 때문에 예수님의 말씀과 성경의 말씀과 달리 일하지 않으십니다. 성령님은 우리가 땅의 것을 구하지 않고 하늘에 계신 예수님의 뜻대로 살도록 하십니다. 이 세상에서 보이지 않는 예수님을 바라보며 사는 것은 결코 쉬운 일이 아닙니다. 곁에서 사탄이 끊임없이 우리를 유혹합니다. 예수님을 믿는 사람은 하늘나라의 시민이 되었는데, 사탄이 자꾸만 자신의 종으로 만들려고 유혹합니다. 죄를 지으라고 부추깁니다. 죄를 조금만 지어도 '넌 하나님의 자녀가 될 자격이 없어!'라고 의심하게 만듭니다. 이럴 때 성령님이 우리에게 힘을 주십니다. 땅에는 실망스러운 것들도 있습니다. 아프기도 하고, 대학에 떨어지기도 하고, 직장에서 정리해고를 당하기도 하고, 사업이 실패하기도 합니다. 그렇지만 이 세상에서 보는 것들이 전부가 아니기 때문에 하늘로 가신 예수님을 바라보며 살도록 성령님이 우리를 도와주십니다. 예수님의 말씀이 생각나도록 하십니다. 그 말씀을 의지하고 순종하며 살도록 하십니다. 예수님이 하늘로 가셔서 성령님을 우리에게 보내 주신 것이 얼마나 감사한지요!

성경

요 16:5-8

지금 내가 나를 보내신 이에게로 가는데 너희 중에서 나더러 어디로 가는지 묻는 자가 없고 도리어 내가 이 말을 하므로 너희 마음에 근심이 가득하였도다 그러나 내가 너희에게 실상을 말하노니 내가 떠나가는 것이 너희에게 유익이라 내가 떠나가지 아니하면 보혜사가 너희에게로 오시지 아니할 것이요 가면 내가 그를 너희에게로 보내리니 그가 와서 죄에 대하여, 의에 대하여, 심판에 대하여 세상을 책망하시리라

찬송

186장

HC 49문
WSC 32문

나눔질문

1. 예수님이 보내신 성령님을 뭐라고 부르나요? 무슨 뜻인가요?
2. 성령님은 우리를 위해 무슨 일을 하시나요?

"전능하신 아버지 하나님 우편에 앉아 계시다가"

성경

엡 1:20-22

그의 능력이 그리스도 안에서 역사하사 죽은 자들 가운데서 다시 살리시고 하늘에서 자기의 오른편에 앉히사 모든 통치와 권세와 능력과 주권과 이 세상뿐 아니라 오는 세상에 일컫는 모든 이름 위에 뛰어나게 하시고 또 만물을 그의 발 아래에 복종하게 하시고 그를 만물 위에 교회의 머리로 삼으셨느니라

찬송

27장

HC 50문
WSC 28문

한 아이가 물었습니다. "예수님은 어디에 있어요?" 엄마가 대답했습니다. "어디에나 계시지! 네 마음속에도 계셔!" 엄마가 제대로 대답한 것일까요? 정확하게 이야기한 것은 아닙니다. 다른 방식(신성)으로 예수님이 우리와 함께 하시는 것은 분명하지만, 예수님은 지금 땅에 계시지 않습니다. 예수님은 부활하셔서 승천하셨고 하늘에 계십니다. 사도신경은 "하나님 우편에 앉아 계시다가"라고 고백합니다. 더 정확하게 말하면 "아버지 하나님 우편에 앉아 계시다가"입니다. '지금 예수님은 어디에 계시냐'라는 질문에는 '승천하셔서 하늘에 계셔'라고 대답해야 정확합니다.

예수님의 탄생, 고난, 십자가, 장사, 승천은 '과거'의 사건입니다. 그리고 예수님이 다시 세상에 오시는 것은 '미래'에 일어날 일입니다. '현재' 예수님은 하나님 우편에 앉아 계십니다. 이것은 매우 중요합니다. 예수님은 적어도 2천 년 동안 하늘에 계셨고, 앞으로 얼마나 더 하늘에 계실지 우리는 모릅니다. 만약 이 내용을 가볍게 지나치면 그리스도인의 삶은 없어집니다. 교회의 역사도 의미가 없을 것입니다. 그래서 이 고백은 매우 중요합니다.

예수님이 '하나님 우편에 앉아 계시다'는 것은 무슨 뜻일까요? 예수님이 아무것도 하지 않고 앉아만 계시다는 말일까요? 이것은 하나님을 사람으로 예를 들어 표현한 것입니다. 만약 하나님이 사람이라면 이럴 것이라는 뜻입니다. '오른편에 앉았다'는 것은 '능력', '위엄', '존귀'를 가졌다는 것을 의미합니다. 스데반 집사가 돌에 맞아 죽을 때도 예수님이 하나님 우편에 계신 것(행 7:56)을 보았다고 했습니다. 예수님이 하나님 우편에 앉아 계시다는 말은 성부 하나님과 아주 친한 관계이고 성부 하나님께서 성자 하나님께 존귀와 영광과 권능의 자리에 앉도록 하셨다는 의미입니다. 요한은 예수님을 역사의 '두루마리를 열 수 있는 자', 곧 '역사의 왕'으로 묘사했습니다(계 5:4-7). 예수님은 지금 하늘에서 '온 우주의 왕'으로 다스리고 계십니다(엡 1:22). 오늘도 우리 일, 회사 일, 국가 일이 왕이신 예수님의 손 아래 있음을 인정합시다. 그분께 영광을 돌려드립시다! 할렐루야!

나눔과 토론

1. 예수님은 지금 어디에 계시나요?
2. 우편에 앉아 계시다는 표현은 무슨 뜻인가요?

교회의 머리, 예수님

예수님은 지금 하늘에 계십니다. 그러나 예수님은 우리와 아무 상관이 없는 것이 아닙니다. 예수님은 교회의 머리이십니다. 성자 하나님은 세상에 오셔서 십자가에 죽으시고 부활하여 승천하신 후에 쉬지 않고 일하고 계십니다. 머리는 몸의 가장 중요한 부분입니다. 머리가 생각하고 지시하는 것을 몸이 합니다. 이처럼 예수님은 교회의 머리로서 몸인 교회를 꼼꼼하게 돌보시고 보호하시며 다스리십니다.

예수님은 세상 모든 만물을 통치하시고 다스리십니다. 하늘과 땅의 모든 것을 다스리는 권력을 가지고 계십니다. 성부 하나님은 성자 하나님께 그 모든 권리를 넘기셨습니다. 예수님은 십자가에 죽으시고 부활하신 후 제자들에게 이렇게 선포하셨습니다. "하늘과 땅의 모든 권세를 내게 주셨으니"(마 28:18). 특별히 예수님은 교회의 머리가 되셨습니다. 모든 만물의 머리로서 우주의 왕이신 분이 교회의 머리이십니다. 전능하신 하나님으로서 교회를 다스리십니다. "또 만물을 그의 발 아래에 복종하게 하시고 그를 만물 위에 교회의 머리로 삼으셨느니라. 교회는 그의 몸이니 만물 안에서 만물을 충만하게 하시는 이의 충만함이니라"(엡 1:22-23). 예수님의 몸인 교회는 예수님과 직접적으로 아주 가깝게 연결되어 있습니다. 머리 되신 예수님이 몸인 교회에 명령하신 것은 무엇입니까? "그러므로 너희는 가서 모든 민족을 제자로 삼아 아버지와 아들과 성령의 이름으로 세례를 베풀고 내가 너희에게 분부한 모든 것을 가르쳐 지키게 하라. 볼지어다. 내가 세상 끝날까지 너희와 항상 함께 있으리라 하시니라"(마 28:19-20).

이처럼 하늘에 계신 예수님이 '교회의 머리로 계시다'는 사실은 핍박과 고통 속에 있는 교회의 성도에게는 큰 위로가 됩니다. 교회의 머리이신 예수님이 교회를 보호하시고 다스리시므로 어려움을 참을 수 있습니다. 동시에 우리가 예수님의 몸이라는 사실을 믿을 때 책임감도 느끼게 됩니다. 몸은 머리가 지시하는 대로 해야 합니다. 교회는 교회다워야 합니다. 머리 되신 예수님이 원하시는 명령을 잘 지켜 순종할 때 교회다워집니다. 나와 우리 교회는 어떻습니까?

성경

엡 1:22-23

또 만물을 그의 발 아래에 복종하게 하시고 그를 만물 위에 교회의 머리로 삼으셨느니라 교회는 그의 몸이니 만물 안에서 만물을 충만하게 하시는 이의 충만함이니라

찬송

208장

HC 51문
WSC 32문

나눔 질문

1. 예수님과 교회의 관계는 어떻게 되나요?
2. 교회의 머리로서 예수님은 어떤 일을 하시나요?

교회의 머리 됨의 유익(1):
성령님과 은사를 주심

성경

엡 4:8-12

그러므로 이르기를 그가 위로 올라가실 때에 사로잡혔던 자들을 사로잡으시고 사람들에게 선물을 주셨다 하였도다 올라가셨다 하였은즉 땅 아래 낮은 곳으로 내리셨던 것이 아니면 무엇이냐 내리셨던 그가 곧 모든 하늘 위에 오르신 자니 이는 만물을 충만하게 하려 하심이라 그가 어떤 사람은 사도로, 어떤 사람은 선지자로, 어떤 사람은 복음 전하는 자로, 어떤 사람은 목사와 교사로 삼으셨으니 이는 성도를 온전하게 하여 봉사의 일을 하게 하며 그리스도의 몸을 세우려 하심이라

찬송

208장

HC 51문
WSC 32문

예수님은 하늘에 계시지만 땅에 있는 교회의 머리로서 역할을 하십니다. 머리는 몸에게 지시하고 몸을 다스리는 역할을 합니다. 예수님이 교회의 머리로서 하시는 일은 무엇일까요? 아들 예수님과 아버지 하나님은 함께 성령님을 우리에게 주셨습니다. 베드로는 성령님이 제자들에게 오신 날 설교에서 "하나님이 오른손으로 예수를 높이시매 그가 약속하신 성령을 아버지께 받아서 너희가 보고 듣는 이것을 부어 주셨느니라."(행 2:33)라고 인정했습니다. 성령님이 오시자 신기한 일이 일어났습니다. 오순절이라 세계 각국에서 온 사람들이 모여 있었습니다. 제자들이 복음을 전하는데 다른 나라 말을 하기 시작했습니다. 바벨탑에서 언어를 혼란스럽게 하신 하나님이 잠시 동안 언어의 장벽을 헐어버리셨습니다. 제자들이 각각 다른 방언을 말한 사건은 성령님이 오셨다는 증거였습니다. 성령님이 오시자 담대하게 복음을 전하게 되었습니다.

이렇게 성부 하나님과 성자 하나님이 보내신 성령님은 선물 그 자체입니다. 마태는 "……구하는 자에게 **좋은 것**으로 주시지 않겠느냐?"(마 7:11)라고 했고, 누가는 "……구하는 자에게 **성령**을 주시지 않겠느냐?"(눅 11:13)라고 했습니다. 이 두 성경을 보면 '성령님'이 곧 '좋은 것'입니다. 정말 성령님은 우리에게 '좋은 것', 곧 최고의 '선물'과 같습니다.

그러면 예수님이 보내신 성령님은 우리에게 어떻게 선물이 됩니까? 성령님은 우리에게 하늘에 속한 모든 좋은 것들을 주십니다. 성령님은 우리를 부르시고, 중생시키시고, 효과적으로 믿고 회개하게 하십니다. 우리를 거룩하게 하시고 영화롭게 하십니다. "성령으로 아니하고는 누구든지 예수를 주시라 할 수 없느니라"(고전 12:3). 성령님은 복음을 들을 때 믿음을 주시는 좋은 분입니다. 예수님은 이렇게 교회의 머리로서 성령님을 통하여 교회의 각 지체(몸)에게 하늘의 '은사(charismata)'를 주십니다. 이 '은사'는 예수님의 '은혜(charis)'에서 흘러나오는 '선물(charisma)'입니다.

더 나아가 예수님은 성령님을 통하여 교회에 '직분자'라는 선물을 주십니다. 목사, 장로, 집사가 바로 예수님이 교회에 주신 귀한 선물입니다. 이 직분자들의 섬김을 통하여 교회에는 예수 그리스도의 다스림이 풍성해집니다. 이런 좋은 것들을 주신 예수님, 정말 감사합니다!

1. 예수님은 교회에 어떤 선물을 주셨나요?
2. 성령님은 구체적으로 어떤 좋은 것들을 주시나요?

경청(2) : 지혜롭게 되는 방법

25 **3월** MARCH

사람은 말을 유창하게 잘하는 사람을 좋아합니다. 기왕이면 말을 잘하면 좋겠지요! 말 잘하는 방법을 배우기 위해 웅변학원에 가기도 합니다. 고대에는 말하는 훈련인 수사학(rhetoric)을 매우 중요하게 생각했습니다.

하지만 성경은 말하는 것보다 듣는 것이 훨씬 중요하다고 가르칩니다. "내 사랑하는 형제들아! 너희가 알지니 사람마다 듣기는 속히 하고 말하기는 더디 하며"(약 1:19). 이야기할 때 조용히 들어 주는 사람, 고개를 끄덕이며 경청하는 사람이 예수님에게 칭찬을 받습니다. 행동 없이 말이 앞서는 사람은 하나님 나라에 적합하지 않습니다. 성경은 말하기보다는 잘 들으라고 합니다. 사도 바울도 말을 잘 못했다고 하네요!

그러면 경청을 잘하면 어떤 유익이 있을까요? 경청을 잘해 큰 복을 받은 사람이 있습니다. 바로 솔로몬입니다. 솔로몬은 경청을 잘해 지혜로운 재판을 했습니다. 다음 이야기를 들어 보세요. 솔로몬이 왕이 된 지 얼마 되지 않아 일천 번제를 하나님께 드렸습니다. 하나님께서 꿈에 나타나 이렇게 말씀하셨습니다. "내가 네게 무엇을 줄꼬? 너는 구하라." 우리 같으면 무엇을 달라고 했겠습니까? 솔로몬은 하나님께 이렇게 요구했습니다. "누가 주의 이 많은 백성을 재판할 수 있사오리이까? 듣는 마음을 종에게 주사 주의 백성을 재판하여 선악을 분별하게 하옵소서"(왕상 3:9). 솔로몬은 오래 사는 것도, 부자가 되는 것도, 부강한 나라도 구하지 않았습니다. 대신 경청하는 마음을 달라고 기도했습니다. 그 목적은 하나님께서 세우신 직분(일)을 수행하기 위한 것이었습니다. 곧 백성을 재판하기 위한 것이었습니다. 하나님 나라를 위한 선한 기도였습니다. 잘 보십시오. 솔로몬이 '듣는 마음'을 달라고 하자 하나님께서는 '분별하는 지혜'(11절)를 주셨습니다. 경청하면 선과 악을 분별할 수 있는 지혜가 생긴다는 말입니다.

솔로몬은 실제로 두 여자가 한 아기를 가지고 싸움을 벌였을 때 차분히 경청하며 지혜로운 판결을 내렸습니다(왕상 3:16-28). 지혜로운 사람은 말을 잘하는 사람이 아니라 잘 경청하는 사람이라는 것을 배울 수 있습니다. 오늘부터 경청하며 살아야겠다는 결심이 서지 않나요?

성경

왕상 3:4-15

이에 왕이 제사하러 기브온으로 가니 거기는 산당이 큼이라 솔로몬이 그 제단에 일천 번제를 드렸더니 기브온에서 밤에 여호와께서 솔로몬의 꿈에 나타나시니라 하나님이 이르시되 내가 네게 무엇을 줄꼬 너는 구하라 솔로몬이 이르되 주의 종 내 아버지 다윗이 성실과 공의와 정직한 마음으로 주와 함께 주 앞에서 행하므로 주께서 그에게 큰 은혜를 베푸셨고 주께서 또 그를 위하여 이 큰 은혜를 항상 주사 오늘과 같이 그의 자리에 앉을 아들을 그에게 주셨나이다 나의 하나님 여호와여 주께서 종으로 종의 아버지 다윗을 대신하여 왕이 되게 하셨사오나 종은 작은 아이라 출입할 줄을 알지 못하고 주께서 택하신 백성 가운데 있나이다 그들은 큰 백성이라 수효가 많아서 셀 수도 없고 기록할 수도 없사오니 누가 주의 이 많은 백성을 재판할 수 있사오리이까 듣는 마음을 종에게 주사 주의 백성을 재판하여 선악을 분별하게 하옵소서 솔로몬이 이것을 구하매 그 말씀이 주의 마음에 든지라 이에 하나님이 그에게 이르시되 네가 이것을 구하도다 자기를 위하여 장수하기를 구하지 아니하며 부도 구하지 아니하며 자기 원수의 생명을 멸하기도 구하지 아니하고 오직 송사를 듣고 분별하는 지혜를 구하였으니 내가 네 말대로 하여 네게 지혜롭고 총명한 마음을 주노니 네 앞에도 너와 같은 자가 없었거니와 네 뒤에도 너와 같은 자가 일어남이 없으리라……

찬송

200장

1. 잘 듣는 것, 경청하는 것은 쉽지 않습니다. 왜 그렇다고 생각하나요?
2. 성경은 지혜로운 사람이 되기 위해 어떻게 하라고 말하나요?

교회의 머리 됨의 유익(2) : 우리를 보호하시는 왕

성경

마 28:18

예수께서 나아와 말씀하여 이르시되 하늘과 땅의 모든 권세를 내게 주셨으니

찬송

24장

HC 51문

WSC 32문

과거 일본이 한국을 강제로 점령했을 때(1905~1945) 예수님을 믿는 사람을 많이 괴롭혔습니다. 일본 정부는 일본을 위해 싸우다 죽은 전쟁영웅의 위패(죽은 사람의 이름을 적어 그의 혼을 상징하는 나무 조각)가 있는 신사(神社)에 가서 참배(參拜)할 것을 한국 사람에게 강요했습니다. 소수의 그리스도인만 신사참배를 우상숭배라고 반대했습니다. 안타깝게도 많은 그리스도인은 신사참배가 국가에 대한 예절이기 때문에 절해도 된다고 생각했습니다. 신사참배를 반대한 사람들은 일본 경찰에 붙잡혀 고문을 당해 고생하기도 하고, 감옥에서 죽기도 했습니다. 심지어 해방 후(1945)에는 신사참배 회개운동을 한다고 해서 그리스도인 가운데 시기와 미움과 모함을 당하기도 했습니다. 하나님을 잘 섬기고자 하면 반드시 핍박과 고통이 있다고 했습니다. 그럴 때 우리는 힘들어 포기하고 싶습니다. 그럴 때 믿음을 지키고 견뎌낼 수 있는 힘은 어디에서 올까요?

예. 그렇습니다. 예수님이 하늘 우편에 계시면서 우리의 왕으로 대신 싸워 주시고 돌보고 보호해 주십니다. 예수님은 하늘과 땅의 모든 권세(마 28:18)를 가지신 분입니다. 요한계시록 5장에 나오는 환상을 보면 열린 하늘 보좌에 어린양이 서 있습니다. 그 어린양은 하늘과 땅의 모든 권세를 가졌습니다. 어린양으로 묘사된 예수님은 죄를 용서하는 대제사장과 같은 분일 뿐만 아니라, 하늘 우편에서 온 우주를 다스리는 왕과 같은 분입니다(히 1:3; 시 2:8, 110:1). 요한계시록 12장을 보면 예수님을 "장차 철장으로 만국을 다스릴 남자아이"(5절)로 표현합니다. 큰 용 사탄이 남자아이를 삼키려고 하지만 실패합니다. 남자아이가 하늘로 올라가자, 사탄은 대신 남자아이를 낳은 여자를 핍박합니다. 이 여자는 교회를 의미합니다. 이때 왕이신 예수님이 교회를 위해 싸웁니다. 하늘에 계신 왕, 예수님이 사탄의 권세를 비웃으십니다(시 2:4).

왕이신 예수님은 교회를 모든 원수에게서 보호하십니다. 예수님은 세계 곳곳에서 일어나는 일을 하나도 빠짐없이 보고 계십니다. 때로는 우리가 이해하기 힘들 때도 있지만, 모든 것을 좋게 만드시는 왕이십니다. 우리의 죄를 용서하실 뿐만 아니라 지금도 보호하시는 왕이신 예수님이 계시다니 얼마나 감사한지요! 오늘도 왕이신 예수님을 생각합시다.

나눔질문

1. 왜 신사참배를 하지 말아야 하나요?

2. 예수님을 믿는 것 때문에 어려움을 겪게 될 때 우리는 누구를 생각해야 할까요?

지금 예수님은 어디에 계시나요? 그렇습니다. 예수님은 지금 하늘에 계십니다. 그곳에서 온 우주를 다스리시며, 특별히 교회의 머리로서 몸 된 교회를 돌보시고 계십니다. 앞으로도 쭉 하늘에 앉아만 계실까요? 그렇지 않습니다. 예수님은 세상에 다시 오실 것입니다. 산 자와 죽은 자를 심판하기 위해 오십니다.

우리는 지금까지 예수님의 탄생, 고난, 십자가에 죽으심, 부활, 승천, 하늘에 앉아 계시는 것에 대해 배웠습니다. 그런데 예수님의 일은 끝난 것이 아닙니다. 예수님의 마지막 일이 하나 남아 있습니다. 바로 예수님의 재림(再臨)입니다. 예수님이 승천하실 때 흰 옷 입은 천사들이 제자들에게 말했습니다. "……너희 가운데서 하늘로 올려지신 이 예수는 하늘로 가심을 본 그대로 오시리라……"(행 1:11). 승천하실 때는 하늘 아버지께서 올려 주셔야 했지만, 다시 오실 때는 스스로 오십니다. 성부 하나님께서 성자 하나님께 모든 권세를 주셨기 때문입니다. 대제사장으로 구원자가 되셨던 예수님은 이제 왕과 심판자로 세상에 다시 오실 것입니다. 그래야 예수님의 모든 일이 완성됩니다. 예수님을 믿는다는 것은 십자가에 달리신 예수님을 믿는 것과 동시에 하늘로 가신 예수님이 다시 오실 것임을 믿는 것입니다. 만약 그리스도인이 예수님의 재림을 생각하지 않고 기대하지도 않는다면 신앙에 문제가 있는 것입니다.

예수님은 살아 계실 때 제자들에게 심판하는 재림에 대해 분명하게 말씀하셨습니다. 마태복음 25장에 보면 세 가지 비유가 나옵니다. 이 세 가지 비유에 나오는 '심판자'는 다시 오실 예수님을 의미합니다. 신랑을 기다리는 열 명의 처녀 비유(마 25:1-13)에서는 언제 올지 모르는 신랑을 맞이하기 위해 깨어 준비하라고 말합니다. 달란트 비유(마 25:14-30)에서는 사람마다 맡은 일을 충실하게 잘 해야 한다는 것을 가르칩니다. 양과 염소 비유(마 25:31-46)에서는 반드시 심판이 있고 참 신자와 가짜 신자를 가리게 될 것이라고 합니다. 예수님은 반드시 다시 오실 것입니다. 그래야 우리의 구원이 완성됩니다. 우리는 정말 예수님의 재림을 기대하고 있나요?

성경

벧후 3:1-5

사랑하는 자들아 내가 이제 이 둘째 편지를 너희에게 쓰노니 이 두 편지로 너희의 진실한 마음을 일깨워 생각나게 하여 곧 거룩한 선지자들이 예언한 말씀과 주 되신 구주께서 너희의 사도들로 말미암아 명하신 것을 기억하게 하려 하노라 먼저 이것을 알지니 말세에 조롱하는 자들이 와서 자기의 정욕을 따라 행하며 조롱하여 이르되 주께서 강림하신다는 약속이 어디 있느냐 조상들이 잔후로부터 만물이 처음 창조될 때와 같이 그냥 있다 하니 이는 하늘이 옛적부터 있는 것과 땅이 물에서 나와 물로 성립된 것도 하나님의 말씀으로 된 것을 그들이 일부러 잊으려 함이로다

찬송

180장

HC 52문
WSC 28문

나눔과 묵상

1. 왕이신 예수님은 마지막에 재림하실 때 어떤 신분으로 오시나요?
2. 예수님을 믿지 않는 사람들은 예수님의 재림에 대해 어떻게 생각할까요?

예수님은 정말 다시 오시나요?

성경

벧후 3:6-13

이로 말미암아 그때에 세상은 물이 넘침으로 멸망하였으되 이제 하늘과 땅은 그 동일한 말씀으로 불사르기 위하여 보호하신 바 되어 경건하지 아니한 사람들의 심판과 멸망의 날까지 보존하여 두신 것이니라 사랑하는 자들아 주께는 하루가 천 년 같고 천 년이 하루 같다는 이 한 가지를 잊지 말라 주의 약속은 어떤 이들이 더디다고 생각하는 것같이 더딘 것이 아니라 오직 주께서는 너희를 대하여 오래 참으사 아무도 멸망하지 아니하고 다 회개하기에 이르기를 원하시느니라 그러나 주의 날이 도둑 같이 오리니 그 날에는 하늘이 큰 소리로 떠나가고 물질이 뜨거운 불에 풀어지고 땅과 그 중에 있는 모든 일이 드러나리로다 이 모든 것이 이렇게 풀어지리니 너희가 어떠한 사람이 되어야 마땅하냐 거룩한 행실과 경건함으로 하나님의 날이 임하기를 바라보고 간절히 사모하라 그 날에 하늘이 불에 타서 풀어지고 물질이 뜨거운 불에 녹아지려니와 우리는 그의 약속대로 의가 있는 곳인 새 하늘과 새 땅을 바라보도다

찬송

175장

HC 52문
WSC 28문

예수님이 승천하신 지 2천 년이 넘었습니다. 빨리 오겠다고 하셨지만, 예수님은 아직도 오시지 않았습니다. 앞으로도 오실 것 같지 않아 보입니다. 대체 언제 오실까요?

예수님이 오실 때에 어떤 일들이 있을지 알려 주신 표시들이 있습니다. 이것을 알 수 있는 첫 번째 표시는 전쟁과 지진과 기근과 환난입니다. 그런데 그런 일들은 옛날에도 있었고 지금도 계속 있습니다. 두 번째 표시는 "이 천국 복음이 모든 민족에게 증언되기 위하여 온 세상에 전파되리니"(마 24:14)라는 것입니다. 사람들은 '아! 복음이 전 세계로 전파되지 않았기 때문에 아직은 끝이 아니구나.'라고 생각하기도 합니다. 열심히 전도하고 선교하고 성경을 번역하면 예수님이 빨리 오실 것이라고 생각합니다.

하지만 이런 생각은 예수님이 승천하시고 나서 얼마 지나지 않았을 때에도 있었습니다. 베드로가 쓴 편지를 보면, 예수님은 다시 오시지 않을 것이며, 이 세상을 심판하지도 않을 것이라고 말하는 이단들이 있었습니다. 이 생각은 사탄의 생각입니다. 에덴동산에서 사탄이 하와와 아담을 속였던 방법과 꼭 같습니다. 예수님은 반드시 다시 오신다고 하셨는데, 예수님이 절대로 다시 오시지 않을 것이라고 합니다. 우리는 무엇을 믿어야 할까요? 사탄의 말을 따라야 할까요? 아니면 이해가 안 되는 성경 말씀을 믿어야 할까요? 성경 말씀을 믿어야 합니다. 예수님은 절대로 거짓말하시는 분이 아니기 때문입니다. 그분은 우리를 위해 십자가에 죽으실 만큼 우리를 사랑하시는 분입니다. 지금도 우리의 구원자로서 우리를 위해 기도하시는 분입니다.

성경은 여러 곳에서 예수님이 도둑같이 다시 오실 것이라고 합니다. 생각지 않은 때에 오신다는 말입니다. 두 사람이 맷돌을 갈고 있는데 예수님이 오실 수도 있습니다. 우리가 예수님이 오실 것을 준비할 시간이 없다는 말입니다. 그래서 성경은 우리에게 '인내'하라고 자주 이야기합니다. 믿음이 좋은 사람은 인내하는 사람입니다. 예수님은 꼭 오십니다. 오늘 밤에 오실 수도 있습니다.

나눔질문

1. 예수님은 언제 다시 오실까요?
2. 예수님의 재림이 늦으면 우리는 어떻게 해야 할까요?

심판자로 다시 오실 예수님

예수님은 왜 다시 세상에 오실까요? 우리의 죄를 다 구원하셨는데 또 해야 할 일이 있으신가요? 예, 그렇습니다. 예수님은 우리를 구원하실 뿐만 아니라 세상을 다스리시는 온 우주의 왕이십니다. 회개하면 죄를 용서하시는 '구원자'이시고 동시에 죄인과 의인을 구분하는 '심판자'이십니다. 예수님은 회개하지 않고 불순종하는 사람을 심판하시고 지옥에 보내실 것입니다. 예수님이 다시 오시는 이유는 믿는 자를 구원하고, 믿지 않는 자를 멸하시기 위해서입니다.

예수님은 하나님이 보내신 심판자로서 땅으로 내려오실 것입니다. 그러면 살아 있는 자들뿐만 아니라 죽었던 사람들까지 모두 온 우주의 왕이시고 심판자이신 예수님 앞에 서게 될 것입니다. 어마어마한 광경이 될 것입니다. 스스로 자기 몸을 죽인 사람들도 하나님의 심판을 피할 수 없습니다. 예수님을 판 유다도 심판을 받을 것입니다. 유대인을 600만 명이나 죽인 히틀러도 심판대 앞에 설 것입니다.

마태복음 25장에서 나타납니다. 예수님은 마지막 날에 대해 세 가지 비유를 제자들에게 가르쳐 주셨습니다. 특별히 양과 염소 비유에는 예수님의 재림과 심판이 분명하게 나타납니다. 예수님이 천사들과 함께 재림하시면 재판관으로 영광의 보좌에 앉습니다. 죽었던 사람과 살아 있던 모든 사람이 모입니다. 엄청나게 많은 사람이 모이는 것이 어떻게 가능할지 우리는 상상할 수 없지만, 하나님은 그렇게 하실 수 있습니다. 재판관이신 예수님은 그 사람들을 모두 양과 염소로 나누어 심판하실 것입니다. 양은 의인으로 영원한 생명을 얻지만, 염소인 악인은 영원한 벌을 받습니다. 이 무시무시한 심판은 꼭 있습니다. 예수님은 심판자로 세상에 다시 오실 것입니다.

성경

마 25:31-46

인자가 자기 영광으로 모든 천사와 함께 올 때에 자기 영광의 보좌에 앉으리니 모든 민족을 그 앞에 모으고 각각 구분하기를 목자가 양과 염소를 구분하는 것같이 하여 양은 그 오른편에 염소는 왼편에 두리라 그때에 임금이 그 오른편에 있는 자들에게 이르시되 내 아버지께 복 받을 자들이여 나아와 창세로부터 너희를 위하여 예비된 나라를 상속받으라 내가 주릴 때에 너희가 먹을 것을 주었고 목마를 때에 마시게 하였고 나그네 되었을 때에 영접하였고 헐벗었을 때에 옷을 입혔고 병들었을 때에 돌보았고 옥에 갇혔을 때에 와서 보았느니라 이에 의인들이 대답하여 이르되 주여 우리가 어느 때에 주께서 주리신 것을 보고 음식을 대접하였으며 목마르신 것을 보고 마시게 하였나이까 어느 때에 나그네 되신 것을 보고 영접하였으며 헐벗으신 것을 보고 옷 입혔나이까 어느 때에 병드신 것이나 옥에 갇히신 것을 보고 가서 뵈었나이까 하리니 임금이 대답하여 이르시되 내가 진실로 너희에게 이르노니 너희가 여기 내 형제 중에 지극히 작은 자 하나에게 한 것이 곧 내게 한 것이니라 하시고……

찬송

174장

HC 52문
WSC 28문

나눔질문

1. 예수님이 세상에 오시는 이유 두 가지가 무엇입니까?
2. 예수님이 심판하실 때 우리는 양과 염소 가운데 어디에 속할까요?

예수님은 언제 다시 오시나요?

성경

마 24:32-51

무화과나무의 비유를 배우라 그 가지가 연하여지고 잎사귀를 내면 여름이 가까운 줄을 아나니 이와 같이 너희도 이 모든 일을 보거든 인자가 가까이 곧 문 앞에 이른 줄 알라 내가 진실로 너희에게 말하노니 이 세대가 지나가기 전에 이 일이 다 일어나리라 천지는 없어질지언정 내 말은 없어지지 아니하리라 그러나 그 날과 그때는 아무도 모르나니 하늘의 천사들도, 아들도 모르고 오직 아버지만 아시느니라 노아의 때와 같이 인자의 임함도 그러하리라 홍수 전에 노아가 방주에 들어가던 날까지 사람들이 먹고 마시고 장가 들고 시집 가고 있으면서 홍수가 나서 그들을 다 멸하기까지 깨닫지 못하였으니 인자의 임함도 이와 같으리라 그때에 두 사람이 밭에 있으매 한 사람은 데려가고 한 사람은 버려둠을 당할 것이요 두 여자가 맷돌질을 하고 있으매 한 사람은 데려가고 한 사람은 버려둠을 당할 것이니라 그러므로 깨어 있으라 어느 날에 너희 주가 임할는지 너희가 알지 못함이니라……

찬송

176장

HC 52문
WSC 28문

예수님은 하늘로 가셨지만 다시 오신다고 하셨습니다. 그러면 예수님은 언제 오실까요? 예수님이 언제 오시는지 알면 참 좋겠습니다. 미리 준비할 수 있으니까요. 내일 오신다는 것을 알면 오늘은 절대로 나쁜 짓하지 않고 착한 일만 할 겁니다. 만약 예수님이 100년 후에 오신다는 것을 알면 긴장할 필요 없이 내 마음대로 신나는 일만 하고 살 겁니다.

그런데 성경은 예수님이 언제 오실지 가르쳐 주지 않습니다. 지난 2천 년 동안 예수님이 오시는 날짜를 많은 사람이 예언했지만 모두 실패했습니다. 약 20년 전에 한국에서 있었던 일입니다. '다미(다가올 미래를 대비하라)선교회'에 속한 사람들은 예수님이 1992년 10월 28일에 재림하신다고 믿었습니다. 160여 교회가 그들의 주장을 따라 집과 재산을 다 팔아 교회에 헌금했습니다. 예수님이 오시면 필요 없기 때문이었죠. 수십만 명의 사람들이 예수님이 그날 오신다고 생각하고 산 위에서 흰옷을 입고 기다렸습니다. 예수님은 오시지 않았습니다.

성경은 예수님이 언제 오실지 모른다고 분명하게 말합니다. "그러나 그날과 그때는 아무도 모르나니 하늘의 천사들도, 아들도 모르고 오직 아버지만 아시느니라"(마 24:36). 예수님 자신도 언제 올지 모르신다고 했는데 사람들은 예수님의 재림 날짜를 안다고 큰소리쳤습니다. 앞으로도 예수님이 오시는 날짜를 이야기하는 사람이 있을 것입니다. 그러나 믿을 필요가 없습니다.

예수님의 재림 때는 마치 노아 홍수가 날 때와 같을 것이라고 했습니다. 노아가 방주를 만들며 홍수가 날 것이라고 말했지만, 그 말을 믿는 사람은 아무도 없었습니다. 평상시처럼 시집가고 장가가고 먹고 마시며 살았습니다. 예수님이 언제 오실지는 아무도 모릅니다. 그러나 한 가지는 확실히 압니다. 예수님은 꼭 다시 오신다는 것입니다. 그것을 알려고 노력할 필요도 없습니다. 우리가 할 일은 하나님의 말씀대로 살아가는 것입니다. 어리석은 사람은 예수님이 늦게 오실 것이라고 생각하고 나쁜 짓을 합니다. 예수님이 오시면 그런 사람들은 큰 벌을 받을 것입니다. 우린 지혜로운 사람이 되어야겠지요!

나눔터

1. 예수님이 곧 오실 것을 말한 사람들이 있나요? 뭐가 잘못인가요?
2. 예수님이 늦게 오실 것이라고 말한 사람들의 잘못은 무엇인가요?

아멘! 주 예수여, 오시옵소서

예수님이 다시 오시기를 그리 바라지 않는 사람들이 있습니다. 경제적으로 살기가 좋아졌기 때문일까요? 예수님을 믿는 것 때문에 손해를 보거나 어려움을 당하지 않기 때문일까요? 한국전쟁이 일어난 지도 벌써 두 세대를 지나고 있습니다. 대체로 평화를 누리고 있습니다. 좋은 집에 살고 예쁜 옷을 입으며 맛난 음식을 먹을 수 있는 행복한 시대에 살고 있습니다. 지금이 행복하다고 생각해 예수님이 빨리 오시는 것이 싫을 수도 있습니다. 예수님이 빨리 오셔야 합니까? 아니면 좀 늦게 오셔도 됩니까?

우리의 상황과 상관없이 예수님은 꼭 다시 오시고, 우리가 생각하지 않은 때에 오십니다. 하나님은 약속하시면 반드시 지키십니다. 그렇지만 그리스도인들에게는 도둑처럼 오지 않을 것입니다. 왜냐하면 참 그리스도인은 예수님이 오실 것을 기대하고 바라며 살아가기 때문입니다.

예수님을 믿는 것이 편하고 쉽습니까? 결코 그렇지 않습니다. 세상 방식이 아니라 하나님의 뜻대로 사는 그리스도인들은 손해를 보기도 하고 핍박을 받습니다. 사탄이 교회와 성도를 우는 사자처럼 공격합니다. 성도를 감옥에 넣기도 하고 매로 때리기도 합니다. 심지어 그리스도인을 죽이기도 합니다. 지금도 예수님 믿는 것 때문에 고생하는 그리스도인이 많습니다. 이렇게 그리스도 때문에 어렵고 힘든 삶 가운데 있는 그리스도인들에게 예수님의 재림은 큰 위로입니다. 예수님이 다시 오시면, 힘든 일들은 다 사라지고 원수들을 벌주실 것이기 때문입니다.

예수님은 우리의 '구원자'이십니다. 이제 구원자 예수님이 온 우주의 왕 곧 '심판자'가 되어 영광스럽게 다시 오실 것입니다. 우리는 심판자 예수님을 두려워할 필요가 없습니다. 우리는 '구원자' 예수님의 피로 죄를 용서받았기 때문입니다. 예수님이 오시면 세상의 고통을 끝내고 영원한 안식을 얻게 될 것입니다. 우리 눈의 눈물을 씻어 주실 것입니다. 우리는 구원자 예수님 덕분에 마지막 심판을 통과해 하늘의 기쁨과 영광 가운데 살게 될 것입니다. 이것이 모든 그리스도인의 소원입니다. 그래서 요한은 요한계시록 마지막에서 이렇게 말했습니다. "아멘! 주 예수여! 오시옵소서"(계 22:20). 우리도 요한처럼 예수님이 다시 오시기를 간절히 바라고 있나요?

성경

계 22:20

이것들을 증언하신 이가 이르시되 내가 진실로 속히 오리라 하시거늘 아멘 주 예수여 오시옵소서

찬송

179장

HC 52문
WSC 28문

나눔질문

1. 우리는 예수님이 다시 오시는 것을 기다리고 있습니까?
2. 심판자로 오시는 예수님을 간절히 기다립니까?

경청(3) : 어떻게 해요?

성경

잠 4:1-5

아들아 아비의 훈계를 들으며 명철을 얻기에 주의하라 내가 선한 도리를 너희에게 전하노니 내 법을 떠나지 말라 나도 내 아버지에게 아들이었으며 내 어머니 보기에 유약한 외아들이었노라 아버지가 내게 가르쳐 이르기를 내 말을 네 마음에 두라 내 명령을 지키라 그리하면 살리라 지혜를 얻으며 명철을 얻으라 내 입의 말을 잊지 말며 어기지 말라

찬송

205장 1, 3절

현대인은 사람과의 대화보다 텔레비전이나 컴퓨터, 휴대폰과 더 많은 시간을 갖습니다. 그러다 보니 사람과 대화하는 것을 힘들어 하고 어려워합니다. 대화를 하더라도 경청할 줄 모릅니다. 이런 현상은 하나님과의 대화에서도 나타납니다. 하나님과의 대화에서 자기 이야기만 쏟아 놓기 일쑤입니다. 하나님의 말씀을 경청하지 않습니다. 우리는 하나님께 경청하는 것을 배우고 훈련해야 합니다.

하나님께서는 직접 나타나 말씀하지 않으십니다. 그런데 어떻게 하나님께 경청할 수 있나요? 하나님은 성경을 통해 말씀하십니다. 성경이 하나님의 말씀입니다. 성경은 사람이 썼지만 성령님의 감동으로 쓴 것이기에 하나님의 말씀(눅 1:70)입니다. 따라서 성경 말씀을 경청하는 것이 곧 하나님을 경청하는 것입니다. 사람은 밥만 먹고 살 수 없습니다. 하나님의 입으로부터 나오는 말씀을 먹어야 합니다(마 4:4). 하나님의 말씀을 경청하려면 먼저 성경을 열심히 읽어야 합니다. 그리고 설교를 경청해야 합니다.

다음으로 하나님께서 세우신 권위자들의 말을 경청해야 합니다. 그리고 부모님의 말씀에 경청해야 합니다. 솔로몬은 이렇게 가르쳤습니다. "아들들아 아비의 훈계를 들으며"(잠 4:1). 부모님께 좋은 선물을 드려도 되지만, 가장 좋은 효도는 부모님의 말씀을 경청하는 것입니다. 부모는 자녀들에게 부모의 말에 경청하도록 가르치고 훈련해야 합니다.

경청을 잘 하기 위해 하면 좋은 것이 있습니다. 첫째, 바른 자세로 들어야 합니다. 자세가 바르지 못하면 마음도 비뚤어지고 잘 들을 수가 없습니다. 둘째, 눈은 말하는 사람을 쳐다보는 것이 좋습니다. 눈을 통해 서로의 마음을 읽을 수 있기 때문입니다. 셋째, 말을 이해하지 못했을 때에는 질문합니다. 잘 듣지 못했는데도 지나가는 것은 말하는 사람을 존중하는 것이 아닙니다. 넷째, 듣는 내용을 종이에 메모하는 것도 좋습니다. 다섯째, 좋지 않은 말을 피할 수 있는 분별력을 가져야 합니다. 나쁜 것은 버리고 좋은 것을 분별해 들을 수 있는 지혜와 용기가 필요합니다. 요즘 듣지 않아야 마땅할 소리가 너무나 많습니다. 주의를 기울여야 합니다.

나눔터

1. 어떻게 하나님께 경청할 수 있나요?
2. 경청하는 방법에 대해 내가 잘 못하는 것이 무엇인지 찾아 보세요. 어떻게 하면 잘 할 수 있을까요?

"나는 성령을 믿으며"

사도신경은 성령 하나님에 대해 매우 짧게 이야기한다고 비판하는 사람들이 있습니다. 삼위 하나님 가운데 가장 짧게 이야기하는 것처럼 보입니다. "성령을 믿으며"로 끝납니다. 사람들은 사도신경이 성자 예수님께 너무 많이 치우쳐 있다고 생각합니다. 사실은 그렇지 않습니다. 사도신경에는 성령 하나님의 일이 풍부하게 나옵니다. "성령을 믿으며" 뒤에 나오는 내용이 모두 성령 하나님의 일에 대한 것입니다. "거룩한 공교회와 성도의 교제와 죄를 용서받는 것과 몸의 부활과 영생"이 성령 하나님께서 하시는 일입니다. 사도신경에는 성령 하나님의 일에 대해 아주 많이 나옵니다.

예수님은 태어나시고, 고난을 받으시고, 십자가에 못 박히시고, 장사되시고, 죽은 자 가운데서 일어나시고, 하늘에 오르셨습니다. 예수님은 지금 하늘에서 '첫 보혜사(保惠師)'로 일하고 계십니다. 보혜사라는 말은 '보호자', '중재자', '변호사'라는 뜻입니다. 예수님은 과거에도 그러셨지만, 지금도 우리의 보호자, 중재자, 변호사입니다. 그런데 예수님은 땅에서 일을 끝내시고 하늘에 계시기 때문에 또 다른 두 번째 '보혜사'를 보내셨습니다(요 14:16). 그분이 바로 성령 하나님입니다. 예수님은 성령 하나님을 통해 하늘에서 일하십니다. 예수님이 승천하신 후 지금까지 성령님을 통해 교회를 세우십니다. 성령 하나님께서 택하신 사람을 부르십니다. 우리가 예수님을 믿는 것은 순전히 성령 하나님 때문입니다. "……성령으로 아니하고는 누구든지 예수를 주시라 할 수 없느니라"(고전 12:3). 성령님은 지금도 택하신 사람들을 부르십니다. 그들을 교회로 모으십니다. 몸인 교회와 머리이신 예수님과 연결시켜 주십니다. 성령님은 우리와 예수님을 연결하는 줄과 같은 일을 하십니다. 성령님은 우리가 포도나무이신 예수님의 줄기에 붙어 있도록 하십니다. 그래서 그 줄기에서 전달되는 영양분을 맘껏 먹고 성장해 열매를 맺을 수 있도록 하십니다. 어려운 일을 당할 때 성령님은 우리를 위로해 주십니다. 그리고 영원히 우리와 함께 해 주십니다. 성령님은 우리의 하나님, 보혜사, 보호자, 변호사, 중재자이십니다. 와! 정말 고마운 성령님입니다.

성경

고후 1:21–22

우리를 너희와 함께 그리스도 안에서 굳건하게 하시고 우리에게 기름을 부으신 이는 하나님이시니 그가 또한 우리에게 인치시고 보증으로 우리 마음에 성령을 주셨느니라

찬송

7장

HC 53문
WSC 6, 29–30문

나눔질문

1. '보혜사'란 무슨 뜻인가요?
2. 다른 보혜사는 누구이며 어떻게 일하시나요?

성령님을 느끼거나 만지거나 볼 수 있나요?

성경

요 3:1-8

그런데 바리새인 중에 니고데모라 하는 사람이 있으니 유대인의 지도자라 그가 밤에 예수께 와서 이르되 랍비여 우리가 당신은 하나님께로부터 오신 선생인 줄 아나이다 하나님이 함께 하시지 아니하시면 당신이 행하시는 이 표적을 아무도 할 수 없음이니이다 예수께서 대답하여 이르시되 진실로 진실로 네게 이르노니 사람이 거듭나지 아니하면 하나님의 나라를 볼 수 없느니라 니고데모가 이르되 사람이 늙으면 어떻게 날 수 있사옵나이까 두 번째 모태에 들어갔다가 날 수 있사옵나이까 예수께서 대답하시되 진실로 진실로 네게 이르노니 사람이 물과 성령으로 나지 아니하면 하나님의 나라에 들어갈 수 없느니라 육으로 난 것은 육이요 영으로 난 것은 영이니 내가 네게 거듭나야 하겠다 하는 말을 놀랍게 여기지 말라 바람이 임의로 불매 네가 그 소리는 들어도 어디서 와서 어디로 가는지 알지 못하나니 성령으로 난 사람도 다 그러하니라

찬송

5장

HC 53문
WSC 6, 29-30문

우리는 성령 하나님을 느끼거나 만지거나 볼 수 있습니까? 성령님을 느낄 수 있다고 생각하는 사람이 많습니다. 어떤 목사는 "성령 받으라!" 혹은 "불 받으라!"라며 마치 성령님을 소유하고 있다가 나눠 주는 것처럼 말합니다. "쉭!" 하고 소리를 내며 손바닥을 앞으로 펴서 내밀면 마치 장풍을 받은 것처럼 서 있던 사람들이 뒤로 넘어지기도 합니다. 신기하다고 생각하며 성령님을 느끼고 볼 수 있다고 생각합니다. 어떤 사람은 지금까지 들어보지 못한 말로 기도하기도 합니다. 그것을 '방언'이라고 합니다. 또 병자를 고치는 일을 하는 사람도 있습니다. 그런 것이 '성령님'이라고 믿습니다. 성령님은 삼위 하나님 가운데 한 분이 아니라, 하나의 '힘', '능력(power)' 같습니다. 사람이 원하면 언제든지 그 '힘'을 줄 수도 있고 받을 수도 있다고 믿습니다. 하나님을 사람 마음대로 사용할 수 있는 것 같습니다. 이렇게 성령 하나님을 느낄 수 있다고 믿습니다.

그런데 성경은 이에 대해 뭐라고 말할까요? 요한복음 3장에는 예수님이 니고데모와 이야기한 내용이 나옵니다. 예수님은 니고데모에게 천국에 들어가려면 사람이 '다시 태어나야(중생)' 한다고 말씀하셨습니다. 니고데모는 사람이 어떻게 엄마 뱃속에 다시 들어가 태어날 수 있느냐고 물었습니다. 그때 예수님은 성령 하나님이 그 일을 하신다고 하셨습니다. 예수님이 가르쳐 주신 성령 하나님은 마치 바람이 불어오지만 어디서 와서 어디로 가는지 눈에 보이지 않는 것처럼 일하십니다.

사도행전을 보면 예수님의 부활 후 첫 오순절, 성령님이 공개적으로 오셨을 때 제자들이 방언으로 복음을 말하는 신기한 일이 있었습니다. 이방인에게 복음을 전할 때 성령님이 오셨음을 보여 주는 사건들도 더 있었습니다. 성령님이 눈에 보이고 성령님을 느낄 수 있었습니다. 그렇지만 성령 하나님의 일은 보이지 않는 것이 더 많습니다. 성령님은 택하신 자기 백성을 부르시고 교회를 세우십니다. 성도가 서로 형제 자매로 교제하도록 하십니다. 우리의 죄를 깨닫게 하시고 예수 그리스도를 믿어 회개하고 구원을 받게 하십니다. 또 몸이 다시 부활하도록 하십니다. 영원히 살도록 하십니다. 이 모든 일은 우리가 직접 감각으로 경험하지 못하는 사이에 일어나는 것들입니다. 성령 하나님의 일입니다. 우리의 구원을 위한 정말 중요한 일입니다.

나눔 질문

1. 성령님을 느끼고 만지고 볼 수 있나요?
2. 성령님은 어떻게 일하시나요?

우리는 사도신경으로 "성령을 믿으며"라고 고백합니다. '성령 하나님을 믿는다'는 말은 구체적으로 무슨 뜻일까요? '성령 하나님을 믿는다'는 말은 '성경을 믿는다'는 것과 같습니다. 왜냐하면 성경은 성령 하나님의 말씀이기 때문입니다. 베드로는 이렇게 말했습니다. "예언은 언제든지 사람의 뜻으로 낸 것이 아니요, 오직 성령의 감동하심을 받은 사람들이 하나님께 받아 말한 것임이라"(벧후 1:21). 성경은 사람의 생각을 쓴 것이 아닙니다. 성경은 성령님이 쓰신 것입니다. 바울은 이렇게 말했습니다. "모든 성경은 하나님의 감동으로 된 것으로 교훈과 책망과 바르게 함과 의로 교육하기에 유익하니, 이는 하나님의 사람으로 온전하게 하며 모든 선한 일을 행할 능력을 갖추게 하려 함이라"(딤후 3:16-17). 우리가 성경 말씀을 들으면 성령 하나님의 음성을 듣는 것입니다. 말씀을 통해 성령님의 음성에 귀를 기울이면 성자 하나님과 성부 하나님의 말씀을 듣는 것과 같습니다. 성령 하나님은 성자, 성부 하나님과 동일하신 분입니다.

우리와 교회에 말씀하시는 분은 다름 아닌 성령 하나님입니다. "귀 있는 자는 성령이 교회들에게 하시는 말씀을 들을지어다"(계 2:7, 11, 17, 29, 3:6, 13, 22). 하나님께서는 성령 하나님을 통해 교회에 말씀하십니다. 하나님께서 직접 꿈이나 환상으로 우리에게 '짜잔!' 하고 나타나 새로운 말씀을 하실까요? 아닙니다. 성령 하나님은 어제나 오늘이나 변하지 않으십니다. 예전에 성경에 쓰신 말씀 그대로 지금도 말씀 전하는 자들을 통해 말씀하십니다. 목사가 주일예배에서 말씀의 선포(설교)를 통해 하나님의 말씀, 곧 성령님의 말씀을 전합니다. 하나님께서는 이렇게 말씀을 전하는 사람의 섬김(봉사)을 통해 일하십니다. 그러니 주일 설교를 잘 들어야겠죠!

어떤 사람은 성령님의 음성을 들으려고 이른바 신령한 사람을 찾거나, 기도원 깊숙이 들어갑니다. 모세는 신명기에서 하나님의 음성을 듣기 위해 멀리 하늘로 올라갈 필요가 없다고 했습니다. 바다 깊숙이 내려갈 필요도 없다고 했습니다. 성령님의 말씀은 우리 마음속 가까이 있어(신 30:14) 쉽게 알 수 있고 순종할 수 있다고 했습니다. 우리는 성경을 읽고 묵상하며 성령 하나님의 음성을 듣고 있나요?

성경

벧후 1:21

예언은 언제든지 사람의 뜻으로 낸 것이 아니요 오직 성령의 감동하심을 받은 사람들이 하나님께 받아 말한 것임이라

찬송

200장

HC 53문
WSC 6, 29-30문

나눔질문

1. 성령님은 우리에게 말하고 싶은 것이 있을 때 어떻게 말씀하시나요?
2. 성령님의 말씀을 듣는 가장 보편적인 방법이 무엇일까요?

선물이신 성령님

성경

행 8:14-24

예루살렘에 있는 사도들이 사마리아도 하나님의 말씀을 받았다 함을 듣고 베드로와 요한을 보내매 그들이 내려가서 그들을 위하여 성령 받기를 기도하니 이는 아직 한 사람에게도 성령 내리신 일이 없고 오직 주 예수의 이름으로 세례만 받을 뿐이더라 이에 두 사도가 그들에게 안수하매 성령을 받는지라 시몬이 사도들의 안수로 성령 받는 것을 보고 돈을 드려 이르되 이 권능을 내게도 주어 누구든지 내가 안수하는 사람은 성령을 받게 하여 주소서 하니 베드로가 이르되 네가 하나님의 선물을 돈 주고 살 줄로 생각하였으니 네 은과 네가 함께 망할지어다 하나님 앞에서 네 마음이 바르지 못하니 이 도에는 네가 관계도 없고 분깃 될 것도 없느니라 그러므로 너의 이 악함을 회개하고 주께 기도하라 혹 마음에 품은 것을 사하여 주시리라 내가 보니 너는 악독이 가득하며 불의에 매인 바 되었도다 시몬이 대답하여 이르되 나를 위하여 주께 기도하여 말한 것이 하나도 내게 임하지 않게 하소서 하니라

찬송

182장

HC 53문
WSC 32문

부흥회에 가면 이렇게 소리치는 강사가 있습니다. "성령 받으라!" 또는 기도하거나 찬양할 때 "성령 주세요!"라고 합니다. 이것이 옳을까요?

우리나라에는 '내림굿'이라는 것이 있습니다. 무당이 귀신을 불러 또 다른 무당을 만드는 것입니다. 이런 내림굿처럼 성령님도 우리가 원할 때 언제든지 불러 내릴 수 있는 분일까요? 산속이나 기도원에서 40일 금식 기도를 해 성령을 받으려고 하거나 많은 돈을 헌금하고 신령하다는 사람에게 성령을 받으려고 하는 경우도 있습니다. 일단 이렇게 성령(?)을 받으면 귀신을 쫓아내거나 질병을 치료하거나 신기한 기적을 행하기도 합니다. 그래서 우리도 그렇게 해야 하나 생각하기도 합니다. 그것이 옳은 행동일까요?

성경에 그런 행동을 한 사람이 있었습니다. 사도행전 8장에 돈으로 성령이 내려오도록 하는 능력을 사려고 한 사람이 있습니다. 그의 이름은 시몬입니다. 시몬은 사마리아에 사는 마술사로 집사 빌립의 전도로 예수님을 믿었던 사람입니다. 그런데 그는 성령님을 마음대로 조정할 수 있다고 잘못 생각해 돈을 주고서라도 그분을 사고 싶어 했습니다. 잘못되고 어리석은 생각이었습니다. 베드로는 시몬을 꾸짖고 저주했습니다. "네가 하나님의 선물을 돈 주고 살 줄로 생각하였으니 네 은과 네가 함께 망할지어다"(행 8:20).

성령님은 우리 마음대로 원할 때마다 하늘에서 내려오시는 분이 아닙니다. 성령님은 성부와 성자 하나님께서 우리에게 보내셔서 우리 가운데 계시는 하나님입니다. 성부와 성자 하나님께서 성령님을 주시면 우리는 성령님을 선물로 받습니다. 선물은 기대하지 않았는데 받는 것입니다. 선물은 내가 달라고 해서 얻는 것이 아닙니다. 그런 점에서 성령님은 은혜로운 선물입니다. 하나님께서 성령님을 보내지 않으시면 우리가 아무리 기도하고 몸부림쳐도 하나님을 믿을 수 없고, 깨달을 수 없습니다. 왜냐하면 우리는 본질상 진노의 자녀로 우리 속에는 생명이 없기 때문입니다. 성령님이 우리 가운데 생기를 불어 넣어 주셔야 다시 살아날 수 있습니다. 성령 하나님에 대해 정확하게 알아야 합니다. 하나님을 잘 알지 못하면 죄를 지을 수 있습니다. 시몬처럼 말입니다. 성령님을 하나님으로 분명하게 알고 예배해야 합니다. 우리 가운데 지금 함께 하시는 하나님이 바로 성령님입니다.

1. 성령님을 돈으로 살 수 있다고 생각한 사람은 누구입니까?
2. 성령님은 누가 주시는 선물입니까? 선물의 의미를 잘 생각해 봅시다.

성령 하나님에 대해서는 '사도신경'보다 후에 만들어진 '니케아신경(325년)'이 좀 더 상세하게 고백합니다. "……주님이시고, 생명을 주시고, 아버지와 아들로부터 나셨고, 아버지와 아들과 함께 경배와 영광을 받으시며 선지자가 예언했던 성령님을 믿습니다……." 로마 천주교회와 개신교회는 성령님을 이렇게 고백하지만, 동방정교회는 "……와 아들로부터(filioque)"라는 말을 뺐습니다. '동방정교회'는 1054년 '서방교회'인 지금의 로마 천주교회와 나누어졌습니다. 나누어진 이유는 "……와 아들로부터"라는 말을 넣느냐 빼느냐의 문제 때문이었습니다. 동방정교회에서는 성령님이 아버지로부터 나셨다고 믿습니다. 그런데 반대로 서방교회는 성령님이 아버지와 아들로부터 나셨다고 믿습니다. 이것은 큰 문제가 아닌 것처럼 보입니다. 그러나 실제로 신앙생활에 큰 차이가 있습니다.

동방정교회에서는 성령님이 아들로부터 나오지 않고 아버지로부터만 나오신다고 믿습니다. 사람이 하나님께 갈 수 있는 길이 두 가지라는 것입니다. 하나는 예수님을 통해, 또 다른 하나는 성령님을 통해 직접 아버지 하나님께 가는 것입니다. 성자 예수님이 성령 하나님을 보내지 않았다고 믿습니다. 그래서 성령님은 예수님과 상관없이 일하실 수 있습니다. 예수님을 통하지 않고도 하나님 아버지께 갈 수 있다고 가르칩니다. 예수님의 말씀 밖에서 성령님을 만날 수 있는 가능성이 있습니다.

그런데 성경은 그렇게 가르치지 않습니다. 성경은 예수님이 성령님을 보내신다고 말합니다. "내가 아버지께로부터 너희에게 보낼 보혜사 곧 아버지께로부터 나오시는 진리의 성령이 오실 때에 그가 나를 증언하실 것이요"(요 15:26). "……누구든지 그리스도의 영이 없으면 그리스도의 사람이 아니라"(롬 8:9). "너희가 아들이므로 하나님이 그 아들의 영을 우리 마음 가운데 보내사 아빠 아버지라 부르게 하셨느니라"(갈 4:6). 성령님은 아들이신 성자 예수님이 보내신 영이십니다. 예수님의 말씀을 통해 성령님이 일하시고 우리가 하나님을 만날 수 있습니다. 삼위 하나님께서 함께 일하시기 때문에 우리도 함께 계시는 하나님을 믿어야 합니다. 성령님은 성부와 성자 하나님으로부터 우리에게 오셨습니다. 그래서 감사합니다. 함께 일하시는 삼위일체 하나님!

성경

요 15:26

내가 아버지께로부터 너희에게 보낼 보혜사 곧 아버지께로부터 나오시는 진리의 성령이 오실 때에 그가 나를 증언하실 것이요

찬송

1장

HC 53문
WSC 30문

1. 동방정교회와 서방교회(로마 천주교회+개신교)의 차이가 무엇입니까?
2. 성령 하나님과 성자 하나님은 어떤 관계입니까?

우리 안에 계신 성령님

성경

고전 12:3

그러므로 내가 너희에게 알리
노니 하나님의 영으로 말하는
자는 누구든지 예수를 저주할
자라 하지 아니하고 또 성령으
로 아니하고는 누구든지 예수
를 주시라 할 수 없느니라

찬송

186장

HC 53문
WSC 31문

우리는 성령님을 느낄 수 없습니다. 만질 수도 없습니다. 예수님은 한때 세상에 오
셔서 사람의 모양으로 나타나셨습니다. 예수님이 세상에 사는 동안에는 사람이 하
나님을 직접 볼 수 있었고, 느낄 수 있었으며, 만질 수도 있었습니다. 그런데 성령님
은 우리가 볼 수 없습니다.

교회에 다니는 사람들에게 "성령님이 여러분과 함께 계십니까?"라고 물으면 쉽게
대답하지 못합니다. 성령님이 계시는 것 같기도 하고 아닌 것 같기도 합니다. 우리
의 기분이나 상황에 따라 다르게 느낍니다.

성령님이 하시는 일을 우리가 느낄 수 없는 경우가 많습니다. 다시 태어나는 것
(중생)도 성령님이 하시는 일인데 느낄 수 없고 알 수 없습니다. 어른이 되어 교회에
다닌 사람들은 언제 중생했는지 대략 알지만, 어릴 때부터 예수님을 믿어온 사람들
은 어느 순간 중생했는지 모릅니다. 성령님이 하시는 일은 우리가 볼 수도 없고 느
낄 수도 없습니다.

보혜사이신 예수님은 또 다른 보혜사이신 성령님을 보내서서 영원히 우리와 함께
있게 하겠다고 하셨습니다. 그런데 성령님이 우리 가운데 계시다는 것을 어떻게 알
수 있습니까? 바울은 이렇게 말했습니다. "……성령으로 아니하고는 누구든지 예수
를 주시라 할 수 없느니라"(고전 12:3). 성령님은 우리 가운데 계시면서 우리를 중생
시키시고, 우리가 예수님을 주인으로 받아들이게 하십니다. 예수님을 우리를 구원
하신 분으로 믿고 주님이라고 고백할 수 있다면 우리 가운데 성령님이 계시다고 말
할 수 있습니다. 왜냐하면 성령님이 아니고는 우리가 예수님을 주님이라고 부르며
고백할 수 없기 때문입니다. 예수님을 믿는 사람은 누구든지 스스로 믿은 것이 아니
라, 성령님이 그 사람에게 들어가서 도와주신 것입니다.

성령님이 우리 가운데 계신 것을 어떻게 알 수 있습니까? 성령님이 우리 안에 계
신 것은 우리가 예수님을 믿는 것을 보고 확신할 수 있습니다. 성령님은 지금 어디
에 계십니까? 예, 그렇습니다. 우리 안에 계십니다. 그러니 '성령이여! 오소서!'라고
기도하지 않아도 됩니다. 성령님은 저 멀리 어딘가에 쉬고 계시다가 우리가 원할 때
들어오시는 분이 아니라, 우리 안에 살고 계십니다.

나눔질문

1. 성령님은 어디에 계십니까?
2. 성령님이 우리 가운데 계시다는 것을 어떻게 알 수 있습니까?

순종(1): 경청을 넘어

우리는 어떻게 하나님을 믿게 되었나요? 하나님의 말씀을 듣고 깨달아 믿음을 갖게 되었습니다. "믿음은 들음에서 나며 들음은 그리스도의 말씀으로 말미암았느니라."(롬 10:17)라는 말씀은 진리입니다. 말씀을 잘 경청하는 것이 믿음을 갖게 되는 가장 좋은 방법입니다.

그런데 말씀을 듣고도 순종하지 않으면 어떻게 될까요? 듣고 행하지 않으면 아무 소용이 없습니다. 바울은 이스라엘 백성에게 이렇게 지적했습니다. "그러나 내가 말하노니 그들이 듣지 아니하였느냐? 그렇지 아니하니 그 소리가 온 땅에 퍼졌고 그 말씀이 땅끝까지 이르렀도다 하였느니라. 그러나 내가 말하노니 이스라엘이 알지 못하였느냐? 먼저 모세가 이르되……이사야는 매우 담대하여……말하였고, 이스라엘에 대하여 이르되 <u>순종하지 아니하고</u> 거슬러 말하는 백성에게 내가 종일 내 손을 벌렸노라 하였느니라"(롬 10:18-21). 말씀을 듣고 알지만 삶에서 행하지 않고 순종하지 않으면, 하나님을 사랑하는 것이 아닙니다.

야고보도 이렇게 말했습니다. "너희는 말씀을 행하는 자가 되고 듣기만 하여 자신을 속이는 자가 되지 말라"(약 1:22). 듣기만 하고 순종하지 않는 것은 마치 거울을 볼 때는 자신의 모습을 알지만 돌아서면 그 형상을 기억하지 못하고 잊어버리는 것처럼(약 1:23-24) 의미가 없습니다.

성경에 대해 많이 알고 성품이 무엇인지 잘 알아도 행하지 않고 순종하지 않으면 아무 소용이 없습니다. 그래서 순종이 중요합니다.

성경의 역사를 읽어보면 사람들이 하나님께 불순종한 역사로 가득 차 있습니다. 아담과 하와는 에덴동산에서 하나님의 말씀을 듣고도 순종하지 않아 죄를 지었습니다. 노아홍수 시대에 살았던 사람들도 하나님의 말씀에 불순종해 홍수 심판을 받아 멸망했습니다. 또 사사기를 읽어 보세요. 가나안 땅에 들어갔던 이스라엘 백성은 그 좋은 환경 속에서도 하나님의 말씀에 순종하지 않고 다른 세상 신들의 가르침을 따랐습니다. 순종하지 않는 것은 죄입니다. 우리는 하나님께 잘 순종하나요?

성경

롬 10:18-21

그러나 내가 말하노니 그들이 듣지 아니하였느냐 그렇지 아니하니 그 소리가 온 땅에 퍼졌고 그 말씀이 땅끝까지 이르렀도다 하였느니라 그러나 내가 말하노니 이스라엘이 알지 못하였느냐 먼저 모세가 이르되 내가 백성 아닌 자로써 너희를 시기하게 하며 미련한 백성으로써 너희를 노엽게 하리라 하였고 이사야는 매우 담대하여 내가 나를 찾지 아니한 자들에게 찾은 바 되고 내게 묻지 아니한 자들에게 나타났노라 말하였고 이스라엘에 대하여 이르되 순종하지 아니하고 거슬러 말하는 백성에게 내가 종일 내 손을 벌렸노라 하였느니라

찬송

449장 1절

나눔 질문

1. 말씀을 듣고 믿은 다음에 무엇을 해야 하나요?
2. 말씀을 듣는 것과 순종하는 것 둘 중에 어느 것이 더 중요할까요?

"교회를 믿으며"

성경

마 16:13-20

예수께서 빌립보 가이사랴 지방에 이르러 제자들에게 물어 이르시되 사람들이 인자를 누구라 하느냐 이르되 더러는 세례 요한, 더러는 엘리야, 어떤 이는 예레미야나 선지자 중의 하나라 하나이다 이르시되 너희는 나를 누구라 하느냐 시몬 베드로가 대답하여 이르되 주는 그리스도시요 살아 계신 하나님의 아들이시니이다 예수께서 대답하여 이르시되 바요나 시몬아 네가 복이 있도다 이를 네게 알게 한 이는 혈육이 아니요 하늘에 계신 내 아버지시니라 또 내가 네게 이르노니 너는 베드로라 내가 이 반석 위에 내 교회를 세우리니 음부의 권세가 이기지 못하리라 내가 천국 열쇠를 네게 주리니 네가 땅에서 무엇이든지 매면 하늘에서도 매일 것이요 네가 땅에서 무엇이든지 풀면 하늘에서도 풀리리라 하시고 이에 제자들에게 경고하사 자기가 그리스도인 것을 아무에게도 이르지 말라 하시니라

찬송

210장

HC 54문

우리는 주일이 되면 교회에 갑니다. 우리 교회 이름은 OOO 교회입니다. 친구가 있어 교회 가는 것이 재미있습니다. 교회에서 먹는 점심은 참 맛있습니다. 설교 시간이 좀 길 때도 있지만 조용히 하나님의 말씀을 듣는 시간은 참 행복합니다. 그렇지만 어떤 때는 교회 가는 것이 싫습니다. 날 괴롭히는 친구를 보고 싶지 않습니다. '어떻게 저런 못된 친구가 교회에 있는 거야?' 하고 실망할 때도 있습니다. 하나님께서는 왜 이런 사람들과 함께 교회를 만드셨을까요? 이해가 되지 않습니다.

사도신경은 "교회를 믿습니다."라고 고백합니다. 좀 이상하지 않나요? '하나님, 혹은 예수님, 혹은 성령님을 믿습니다'라고 하는 말은 맞지만, '교회를 믿는다'고 말하면 좀 어색합니다. 왜 우리는 교회를 믿는다고 말합니까?

예수님은 십자가에 죽으시고 하늘로 승천하신 성부 하나님께 성령님을 받아 이 땅에 보내셨습니다. 성령님이 세상에서 하신 일이 무엇일까요? 예, 그렇습니다. 성령님이 하신 일은 바로 교회를 세우는 것이었습니다. 오순절에 오신 성령님은 사도들의 복음 전파를 통해 신약 교회를 세우셨습니다.

"어! 이상해요. 성령님이 교회를 세우셨다고요? 이해가 안 돼요! 우리 교회는 처음에 목사님과 장로님과 집사님 몇 분이 세웠지, 성령님이 세우셨다고 할 수 있나요?" 사실은 그렇지 않습니다. 우리 스스로 교회를 설립하거나 결정하는 것 같지만, 사실은 아닙니다. 교회는 사람이 세우지 않고 성령님이 세웁니다. 성령님은 우리가 알아채지 못하는 방법으로 우리를 먼저 부르십니다. 여기저기에서 이런저런 방법으로 예수님을 믿고 신앙을 고백하도록 하십니다. 그리고 친히 이 사람 저 사람을 교회로 불러 모으십니다. 이 일은 성령님이 하시는 것이지, 우리가 하는 것이 아닙니다. 이 부분은 우리가 이해하기 힘든 것이 사실입니다. 성령님이 하시는 일이기 때문입니다. 그래서 우리는 교회를 '안다'고 하지 않고 '믿는다'고 말합니다. 교회는 예수 그리스도의 몸입니다. 그렇기 때문에 교회를 믿는다는 말은 예수님을 믿는다는 말과 같습니다. 그래서 우리는 교회를 믿습니다.

나눔질문

1. 교회는 누가 세웁니까?

2. 누가 이 사람 저 사람을 교회로 불러 모으십니까?

어떤 아버지가 가정예배를 드리다가 아들에게 물었습니다. "교회의 주인은 누구지?" 일곱 살 아들이 당연한 표정을 지으면서 대답했습니다. "목사님이지! 목사님이 늘 교회에 계시잖아! 그러니까 목사님이 교회의 주인이야!" 아이가 그렇게 대답한 것은 결코 무리가 아닙니다. 목사님이 예배에서 늘 설교하고, 심방하기 때문에 교회에서 가장 중요한 사람으로 보입니다.

교회의 주인을 또 다르게 생각하기도 합니다. 그들은 교회의 주인이 교인이라고 생각합니다. 목사님도 교인이 투표해서 모십니다. 장로님과 집사님도 교인이 투표해서 뽑습니다. 이렇게 교인이 교회의 중요한 일들을 결정합니다. 중요한 결정을 교인이 투표로 결정합니다. 정말 교인이 교회의 주인일까요?

교회의 주인은 사람이 아닙니다. 교회의 주인이 목사님이나 교인이라면, 우리는 교회를 믿는다고 말할 수 없습니다. 교회의 주인은 바로 예수님입니다. 예수님이 교회의 주인입니다. 예수님은 지금도 성령님을 통해 교회를 세우고 계십니다. 그래서 우리가 교회를 믿는다고 말합니다. 우리가 교회를 믿는다는 말은 교회의 주인이신 예수님을 믿고 교회를 만드시고 계신 성령님을 믿는다는 말과 같습니다. 예수님은 이렇게 말씀하셨습니다. "내가 이 반석 위에 내 교회를 세우리니 음부의 권세가 이기지 못하리라"(마 16:18). 지금 우리가 다니는 교회는 예수님의 교회입니다. 교회는 절대로 목사나 교인의 것이 아닙니다. 장로님도 교회의 주인 행세를 해서는 안 됩니다. 교인이 교회의 주인 노릇을 해서는 아닙니다. 교회를 세우신 분은 예수님입니다. 교회를 다스리시는 분도 예수님입니다. 교회에서 가장 존경을 받는 분도 예수님입니다. 교회의 중심에는 항상 예수님이 계셔야 합니다. 우리 교회의 주인은 예수님 맞습니까?

성경

마 16:18

또 내가 네게 이르노니 너는 베드로라 내가 이 반석 위에 내 교회를 세우리니 음부의 권세가 이기지 못하리라

찬송

209장

HC 54문

나눔터

1. 우리 교회는 누가 주인인 것 같습니까?

2. 우리가 "교회를 믿습니다."라고 말하는 이유는 무엇입니까?

예수님은 교회를 위해 무엇을 하시나요?

성경

요 10:14-15

나는 선한 목자라 나는 내 양을 알고 양도 나를 아는 것이 아버지께서 나를 아시고 내가 아버지를 아는 것 같으니 나는 양을 위하여 목숨을 버리노라

10:28-29

내가 그들에게 영생을 주노니 영원히 멸망하지 아니할 것이요 또 그들을 내 손에서 빼앗을 자가 없느니라 그들을 주신 내 아버지는 만물보다 크시매 아무도 아버지 손에서 빼앗을 수 없느니라

찬송

208장

HC 54문

교회를 집이라고 생각해 봅시다. 예수님은 집을 짓기로 계획하셨습니다. 설계도를 만들고 재료를 준비하셔서 집을 세우셨습니다. 여기서 집을 만드는 재료는 우리입니다. 성령님을 통해 성도를 불러 모으셔서 집을 세우십니다. 그 집이 바로 우리가 속한 교회입니다. 그런데 예수님은 교회를 세우시고 '이제 다 되었으니 좀 쉬자.' 하시며 팔짱 끼고 그냥 앉아 계실까요? 아닙니다. 예수님은 지금 교회를 '보호'하시고 '보존'하십니다.

예수님은 집이 부서지면 고치시고, 강한 비바람에 넘어지지 않도록 버팀목을 세우시고, 썩지 않도록 특별한 페인트를 바르시며 잘 보호하고 보존하십니다. 집에 강도나 도둑이 들지 않도록 잘 지키십니다. 지붕에 물이 새지 않도록, 벽지에 곰팡이가 슬지 않도록 하십니다. 이처럼 예수님은 성도를 구원하시고 교회로 모으실 뿐만 아니라, 그들의 삶을 꼼꼼하게 보호하시고 보존하시는 일을 지금도 하십니다. 예수님은 "내가 세상 끝날까지 너희와 항상 함께 있으리라."(마 28:20)라고 약속했습니다. "내가 결코 너희를 버리지 아니하고 너희를 떠나지 아니하리라."(히 13:5)라고 하셨습니다. 예수님은 교회를 혼자 내버려두지 않으십니다.

또 예수님은 선한 목자처럼 양을 위해 목숨을 버릴 정도로 사랑하셨습니다. "나는 선한 목자라. 나는 내 양을 알고 양도 나를 아는 것이 아버지께서 나를 아시고 내가 아버지를 아는 것 같으니 나는 양을 위하여 목숨을 버리노라"(요 10:14-15). 그리고 예수님은 양을 강도나 늑대와 이리에게서 보호하십니다. "내가 그들에게 영생을 주노니 영원히 멸망하지 아니할 것이요, 또 그들을 내 손에서 빼앗을 자가 없느니라. 그들을 주신 내 아버지는 만물보다 크시매 아무도 아버지 손에서 빼앗을 수 없느니라"(요 10:28-29). 예수님은 절대로 교회를 혼자 내버려두지 않으십니다. 암탉이 새끼를 품는 것처럼 안고 보호하시고 지키시는 분입니다. 얼마나 감사한지요. 얼마나 든든한지요!

나눔질문

1. 예수님은 먼저 우리를 어디로 불러 모으셨나요?
2. 예수님은 교회, 곧 성도를 어떻게 돌보시나요?

예수님은 어떻게 교회를 돌보시나요?

교회가 핍박을 받아 없어질 것 같습니다. 그러나 교회는 절대 망하지 않습니다. 예수님은 엄마 닭이 자기 새끼를 날개 아래 모아 보호하는 것처럼 교회를 모으시고, 보호하시고 보존하십니다. 역사 속에서 교회가 힘들고 어려워 없어질 것 같았던 때도 있었지만 교회는 무너지지 않고 꿋꿋이 살아남았습니다. 예수님이 돌보아 주시기 때문입니다.

예수님은 그 일을 어떻게 하실까요? 이것은 매우 중요한 질문입니다. 하나님 우편에 앉아 계신 예수님이 땅에 있는 교회를 어떻게 돌보시는지 아십니까? 로마 천주교회는 그리스도께서 교황을 최고 통치자로 세우셔서 교회를 보호하고 다스린다고 믿습니다.

교황이 결정해 발표하는 모든 것은 성경과 같은 효력을 가진다고 믿습니다. 그런데 교황은 교회를 위해 좋은 결정도 하지만, 교회에 도움이 되지 않고 오히려 손해가 되는 결정도 합니다. 예를 들면, 로마 천주교회 교황 비오 12세는 1950년 11월 1일, 마리아가 죄 없이 태어났고, 죄를 짓지 않았으며, 죽었다가 다시 부활해 승천했다고 발표했습니다. 이것은 성경에 없는 거짓입니다. 그런데도 교황이 공적으로 발표했기 때문에 교리가 되어 믿어야 합니다.

그러나 성경은 교황이 아니라 예수님이 교회를 보호하시고 보존하신다고 가르칩니다. 예수님은 보혜사 성령님을 보내셨습니다. 이 성령 하나님은 예수님이 세우신 교회를 보호하시고 보존하시는 일을 하십니다. 그리고 성령 하나님은 스스로 모든 일을 하실 수 있지만, 그리스도의 영으로 말씀과 함께 일하기를 좋아하십니다(요 15:26). 이렇게 교회는 교황이 통치하는 것이 아니라, 성령님이 말씀으로 직접 다스리고 보호하십니다. 그런데 성령님은 말씀을 전달하는 직분자를 사용합니다. 말씀의 봉사자가 바로 목사입니다. 성령 하나님은 교회에서 목사의 설교를 통해 일하십니다. 설교는 교회예배 때 전달됩니다. 성령 하나님께서는 일반적으로 직분자인 목사를 통해 말씀하길 좋아하십니다(마 10:19-20). 물론 사람이 약하기 때문에 하나님의 일을 제대로 못할 것이라는 염려가 있습니다. 그러나 성령 하나님께서는 목사의 설교를 통해 당신의 택한 자들을 교회로 모으시고 보호하시고 보존하시는 일을 하십니다. 교회 목사님 설교는 그만큼 중요합니다!

성경

사 59:21

여호와께서 이르시되 내가 그들과 세운 나의 언약이 이러하니 곧 네 위에 있는 나의 영과 네 입에 둔 나의 말이 이제부터 영원하도록 네 입에서와 네 후손의 입에서와 네 후손의 후손의 입에서 떠나지 아니하리라 하시니라 여호와의 말씀이니라

찬송

210장

HC 54문

나눔 질문

1. 한 사람을 통해 교회를 보호한다고 믿는 교회는 어떤 교회인가요? 예를 들어보세요.
2. 하나님께서는 어떻게 교회를 돌보시나요?

교회 밖에서도 구원을 얻을 수 있나요?

성경

요 10:27-29

내 양은 내 음성을 들으며 나는 그들을 알며 그들은 나를 따르느니라 내가 그들에게 영생을 주노니 영원히 멸망하지 아니할 것이요 또 그들을 내 손에서 빼앗을 자가 없느니라 그들을 주신 내 아버지는 만물보다 크시매 아무도 아버지 손에서 빼앗을 수 없느니라

찬송

209장

HC 54문

어떤 사람들은 이렇게 말합니다. "개인적으로 예수 믿으면 되지 꼭 교회에 가야 구원받는 것은 아니다." 또 다른 사람은 "구원을 얻기 위해 그리스도께 속하면 되지, 교회에 속할 필요는 없다."라고 소리칩니다. 한국에도 이런 생각을 가진 무교회주의(無敎會主義)자들이 있습니다. 주일이면 교회에 나가 예배하지 않고 집에서 그냥 성경 읽고 끝냅니다. 그래도 될까요? 예수님만 믿으면 구원받으니, 꼭 교회에 가지 않아도 될까요? 교회에 가지 않으면 헌금을 내지 않아도 되고 싫은 사람들 보지 않아도 되니 마음이 편할 수도 있습니다.

교회에서 상처를 받는 사람도 많습니다. 그런 사람은 교회에 가고 싶지 않을 것입니다. 요즈음에는 교회가 교회답지 않은 경우가 있습니다. 교회의 목사님이 돈 때문에 죄에 빠지기도 하고, 여자 문제로 죄를 짓기도 합니다. 장로들도 사회에서 부도덕한 죄를 범하는 경우가 있고 일반 성도도 크게 다르지 않습니다. 이것을 보고 교회에 희망이 없다고 생각해 교회를 떠나는 사람들이 있습니다. 참으로 안타깝습니다.

그럼에도 불구하고 교회는 구원을 위해 필요할까요? 교회는 우리가 만든 것이 아닙니다. 교회는 사람이 아니라 예수님이 세우셨습니다. 예수님은 교회를 먼저 세우시고 성도를 그곳으로 부르시고 모으십니다. 예수님이 우리를 교회로 오라고 하신 것입니다. 그러니 참 믿음을 가진 성도는 교회로 와야 합니다. 왜냐하면 교회는 예수님의 몸이기 때문입니다. 성도는 예수님의 몸의 지체입니다. 땅에 있는 교회가 아직 완전하지 않은 것은 사실이지만, 교회의 모습이 실망스럽다고 교회에 가지 않는 것은 옳지 않습니다.

하나님께서 아버지라면, 교회는 어머니와 같습니다. 예수님은 어머니와 같은 교회를 통해 성도를 구원하고, 보호하시고, 돌보십니다. 예수님은 교회에 직분자를 세우십니다. 그 직분자를 통해 말씀하시고, 다스리시고, 인도하시고, 보호하십니다. 성도는 교회의 품속에서 보호받고 양육받습니다. 예수님은 교회 안에서 구원을 베푸십니다. 하나님께 복을 받는 방법을 교회에 주셨습니다. 그 방법이 교회에서 이루어지는 말씀과 성례입니다. 우리는 교회 밖에서 구원을 바랄 수 없습니다. 교회 안에서만 구원을 기대할 수 있습니다. 우리가 다니는 교회가 얼마나 보배로운지요. 감사합니다!

1. 사람들은 왜 교회를 떠날까요?
2. 교회 밖에서 구원을 바랄 수 있을까요?

교회는 하나

14 **4월** APRIL

세상에는 여러 교회가 있습니다. 로마 천주교회, 순복음교회, 침례교회, 감리교회, 장로교회, 성결교회가 있습니다. 장로교회 안에도 여러 종류의 교회가 있습니다. 통합, 합동, 고신, 대신 등등 100개가 훨씬 넘는 교단이 있습니다. 왜 이렇게 많은 교회가 있을까요? 시골에서 서울로 이사를 가면 우리는 어떤 교회에 가야 할까요? 가만히 들여다보면 교회마다 특징이 있고 다른 것이 많습니다. 예배 순서도 다르고, 부르는 찬송도 다르고, 가르치는 내용도 다릅니다. 찬송을 부를 때 박수를 치는 교회가 있는가 하면 박수 치는 것을 꺼리는 교회도 있습니다. 세례를 줄 때 목사가 머리에 물을 뿌리는 교회가 있는가 하면, 또 어떤 교회에서는 세례자가 물속에 쑥 들어갔다 나옵니다. 이렇게 교회가 다르고 다양한데 어떻게 교회가 하나 될 수 있을까요?

예수 그리스도의 교회는 하나입니다. 현 교회의 상황을 보면 여러 종류의 교회가 있습니다. 교회가 하나입니까? 아니면 여럿입니까? 참 곤란한 질문 같습니다. 그러면 교회가 하나라는 말은 무슨 뜻이며 교회가 여럿인 현실은 어떻게 이해해야 할까요? 생각해 봅시다. 교회가 하나인 이유는 하나님이 한 분이기 때문입니다. 교회에는 하나의 머리만 계십니다. 그분은 예수 그리스도이십니다. 예수님은 한 몸만 가지고 계십니다. 그 몸이 바로 교회입니다. 예수님이 세우신 교회가 여러 개일 수는 없습니다. 예수님이 세우신 교회는 하나입니다. 예수 그리스도를 통해 그리고 그분 안에서 교회의 하나 됨이 가능합니다(요 17:22-23; 고전 12:4-6; 엡 2:15-16, 4:3-6).

사람이 다르고, 지역의 특성이 다르고, 나라의 문화와 습관이 달라 여러 교회가 있는 것 같지만, 교회의 머리 되신 예수님이 한 분이기 때문에 교회는 하나입니다. 예수님이 머리가 되고 몸인 교회가 하나의 참된 교회입니다. 물론 참된 교회가 꼭 잘못이 없는 완전한 교회는 아닙니다. 그렇지만 머리 되신 예수님의 말씀에 순종하려는 교회는 한 교회로 하나입니다.

성경

요 17:22-23

내게 주신 영광을 내가 그들에게 주었사오니 이는 우리가 하나가 된 것같이 그들도 하나가 되게 하려 함이니이다 곧 내가 그들 안에 있고 아버지께서 내 안에 계시어 그들로 온전함을 이루어 하나가 되게 하려 함은 아버지께서 나를 보내신 것과 또 나를 사랑하심같이 그들도 사랑하신 것을 세상으로 알게 하려 함이로소이다

요 11:52

또 그 민족만 위할 뿐 아니라 흩어진 하나님의 자녀를 모아 하나가 되게 하기 위하여 죽으실 것을 미리 말함이러라

엡 4:3-6

평안의 매는 줄로 성령이 하나 되게 하신 것을 힘써 지키라 몸이 하나요 성령도 한 분이시니 이와 같이 너희가 부르심의 한 소망 안에서 부르심을 받았느니라 주도 한 분이요 믿음도 하나요 세례도 하나요 하나님도 한 분이시니 곧 만유의 아버지시라 만유 위에 계시고 만유를 통일하시고 만유 가운데 계시도다

찬송

210장

HC 54문

나눔교류

1. 주변을 보면 교회가 하나로 보입니까, 아니면 여러 개로 보입니까?
2. 예수님은 교회를 몇 개 세우셨습니까?

순종(2): 모델이 있나요?

성경

히 5:7-9

그는 육체에 계실 때에 자기를 죽음에서 능히 구원하실 이에게 심한 통곡과 눈물로 간구와 소원을 올렸고 그의 경건하심으로 말미암아 들으심을 얻었느니라 그가 아들이시면서도 받으신 고난으로 순종함을 배워서 온전하게 되셨은즉 자기에게 순종하는 모든 자에게 영원한 구원의 근원이 되시고

찬송

135장 1절

우리의 시조 아담은 하나님께 불순종했습니다. 그리고 아담 이후 모든 사람은 하나님께 순종하지 않고 불순종합니다. 그러나 예수님은 달랐습니다. "그는 육체에 계실 때에 자기를 죽음에서 능히 구원하실 이에게 심한 통곡과 눈물로 간구와 소원을 올렸고 그의 경건하심으로 말미암아 들으심을 얻었느니라. 그가 아들이시면서도 받으신 고난으로 순종함을 배워서 온전하게 되셨은즉 자기에게 순종하는 모든 자에게 영원한 구원의 근원이 되시고"(히 5:7-9).

예수님의 겟세마네 기도를 들어 보십시오. "아버지여 만일 아버지의 뜻이거든 이 잔을 내게서 옮기시옵소서. 그러나 내 원대로 마시옵고 아버지의 원대로 되기를 원하나이다"(눅 22:42). 이처럼 예수님은 완전한 인간으로서 욕구와 자신의 뜻이 있었지만, 하늘에 계신 아버지의 뜻에 순종하셨습니다. 완전한 순종의 모범입니다.

그리스도께서는 사람이 되셨을 뿐만 아니라 자기를 낮추시고 겸손함으로 하나님께 완전히 순종하셨습니다. 십자가 위에서 당하신 고통도 거절하지 않으셨습니다. "그는 근본 하나님의 본체시나 하나님과 동등 됨을 취할 것으로 여기지 아니하시고"(빌 2:6). "하나님의 본체시나"라는 말에는 특별한 의미가 있습니다. 첫째 아담과 둘째 아담이신 그리스도를 대비했기 때문입니다. 첫째 아담은 인간이면서 '하나님과 같이 되려'(창 3:5) 했습니다. 그러나 그리스도는 본래 하나님인데도 그 특권을 자발적으로 '버리고' 사람이 되어 십자가에 죽음으로써 하나님께 복종하셨습니다. 첫째 아담은 피조물로서 하나님께 복종하기를 거부했지만, 둘째 아담이신 그리스도는 하나님이지만 그 특권을 포기하셨고 죽음에서 부활해 하늘에 오르셨습니다.

예수 그리스도의 사역의 핵심은 한 마디로 순종입니다. 그리고 순종하신 예수 그리스도께서는 듣고 순종하는 자들을 구원하십니다.

예수님은 하나님께 순종하셨을 뿐만 아니라 육신의 아버지와 어머니에게도 순종하셨습니다. "……나사렛에 이르러 순종하여 받드시더라……"(눅 2:51). 하나님께 순종한다는 것은 세상의 권위자에게도 순종한다는 것을 보여 줍니다. 우리는 어떻습니까? 부모님께 순종하나요? 하나님께 순종하나요?

나눔 질문

1. 첫째 아담이 실패했던 순종을 누가 완성하셨나요? 아는 대로 말해 보세요.

2. 하나님께 순종하기만 하면 되나요? 사람에게는 불순종해도 괜찮나요?

예수님은 교회를 세우시고 성도를 불러 모으셨으며, 하나가 되길 원하셨습니다. 성도는 예수님의 몸인 교회에 들어(불려)와 말씀을 통해 영양을 공급받고 성장하고 자라갑니다. 진리의 말씀은 여러 가지일 수 없습니다. 진리는 하나입니다. 교회는 바로 그 진리 안에서 하나를 이룹니다. 그래서 교회는 비록 지역이 다르고 문화가 다르지만, 신앙과 삶이 하나가 되기 위해 노력합니다. 초대교회는 유대교 출신 기독교인과 이방종교 출신 기독교인의 문화적 차이를 해결하기 위해 모임을 가졌습니다. 사도들은 예루살렘 공의회를 통해 성령님의 도우심으로 삶의 구체적인 부분에서 하나가 되었습니다(행 15장). 고린도교회는 은사의 다양성을 인정하면서도 질서 가운데 하나 됨을 유지할 수 있었습니다. 각 지역 개체교회는 같은 사도적 신앙고백을 하는 교회들과 모여 하나의 몸을 이루기 위해 노력해야 합니다. 교회는 시찰, 노회, 총회, 국제모임으로 모여 신앙과 삶의 하나 됨을 추구합니다. 이것은 조직의 힘을 통한 세상적인 힘을 누리기 위함이 아닙니다. 단지 예수님의 명령인 하나 됨을 이루기 위한 것입니다.

어떤 사람들은 로마 천주교회와도 합쳐야 한다고 생각합니다. 그러나 로마 천주교회는 예수님이 아니라 예수님의 대리인 교황을 교회의 머리로 내세우고 있기 때문에 하나 됨이 어렵습니다. 또 어떤 사람들은 교회의 연정(Federation of the church)을 제안하기도 합니다. 모든 교회는 각각의 신앙고백과 진리를 주장하지만 연합에는 아무런 문제가 없다는 것입니다. 이런 생각이 세계교회협의회(WCC: World Council of Churches)의 생각입니다. 그렇지만 이 생각은 성경적이지 않습니다. 교회의 하나 됨은 기구적이고 제도적인 단일화로 이루어지는 것이 아닙니다. 교회의 하나 됨은 각 교회가 교회의 머리 되신 예수님의 말씀을 지키고 순종할 때 시작됩니다. 그 모양이 지역과 문화의 차이로 인해 다양할 수 있지만, 교회의 하나 됨은 꼭 이루어질 것입니다. 이 교회의 하나 됨은 예수 그리스도의 재림으로 완전하게 성취될 것입니다.

성경

행 15:1-41

어떤 사람들이 유대로부터 내려와서 형제들을 가르치되 너희가 모세의 법대로 할례를 받지 아니하면 능히 구원을 받지 못하리라 하니 바울 및 바나바와 그들 사이에 적지 아니한 다툼과 변론이 일어난지라 형제들이 이 문제에 대하여 바울과 바나바와 및 그 중의 몇 사람을 예루살렘에 있는 사도와 장로들에게 보내기로 작정하니라 그들이 교회의 전송을 받고 베니게와 사마리아로 다니며 이방인들이 주께 돌아온 일을 말하여 형제들을 다 크게 기쁘게 하더라 예루살렘에 이르러 교회와 사도와 장로들에게 영접을 받고 하나님이 자기들과 함께 계셔 행하신 모든 일을 말하매 바리새파 중에 어떤 믿는 사람들이 일어나 말하되 이방인에게 할례를 행하고 모세의 율법을 지키라 명하는 것이 마땅하다 하니라 사도와 장로들이 이 일을 의논하러 모여 많은 변론이 있은 후에……온 무리가 가만히 있어 바나바와 바울이 하나님께서 자기들로 말미암아 이방인 중에서 행하신 표적과 기사에 관하여 말하는 것을 듣더니 말을 마치매 야고보가 대답하여 이르되 형제들아 내 말을 들으라……온 교회가 그 중에서 사람들을 택하여 바울과 바나바와 함께 안디옥으로 보내기를 결정하니……

찬송

198장 3-4절

HC 54문

나눔질문

1. 초대교회는 교회의 하나 됨을 이루기 위해 어떻게 노력했나요?
2. 교회의 하나 됨은 어떻게 시작됩니까?

교회는 무조건 하나가 되어야 하나요?

4월 17 APRIL

성경

고전 11:19(17-34)

너희 중에 파당이 있어야 너희 중에 옳다 인정함을 받은 자들이 나타나게 되리라

찬송

201장

HC 54문

고린도교회에는 여러 분파가 있었습니다. 어떤 사람은 예수파, 어떤 사람은 바울파, 어떤 사람은 베드로파, 어떤 사람은 아볼로파였습니다. 이 파당은 교회에 도움이 되기는커녕 해가 될 뿐이었습니다. 예수님은 교회가 하나 되기 원하셨습니다. 우리는 예수님의 말씀처럼 진리 안에서 하나가 되어야 합니다.

그런데 한 가지 궁금한 것이 있습니다. 교회는 무조건 하나가 되기만 하면 좋은 것입니까? 신앙고백이 달라도 세상에서 '교회'는 하나가 되어야만 하나요? 교회가 하나가 될 수는 없습니다. 예수님의 교회는 한 몸이지만, 그 몸에는 거짓된 가라지가 섞여 있습니다. 가라지가 분명하게 드러날 경우 교회는 거짓 가라지와 하나 될 수 없습니다. 세상의 교회에는 수많은 종류가 있습니다. 그들이 고백하는 신앙도 다릅니다. 그런 관점에서 그리스도의 교회에는 분쟁도 있고, 그래서 '편(偏)'과 '당(黨)'과 '파(派)'로 나뉘기도 합니다.

안타깝게도 우리가 다니는 교회에 분쟁과 편당이 있을 수 있습니다. 진리에 반대하는 무리에 대항하여 분쟁이 생길 수밖에 없습니다. 바람직하지 않지만 교회가 두 그룹으로 나뉘기도 합니다. 하나님의 진리에 바로 선 그룹과 그렇지 않고 불의한 그룹으로 나뉠 수 있습니다. 바울이 고린도교회에 보낸 편지에 그것을 인정하고 있습니다. "너희 중에 파당이 있어야 너희 중에 옳다 인정함을 받은 자들이 나타나게 되리라"(고전 11:19).

역사적으로 교회는 지금까지 수많은 분파로 나뉘어졌습니다. 예수님은 어떻게 생각하실까요? 예수님은 요한복음 17장 22절에서 이렇게 말씀하셨습니다. "……이는 우리가 하나가 된 것같이 그들도 하나가 되게 하려 함이니이다." 교회는 하나가 되어야 하지만 조건이 있습니다. 반드시 진리 안에서 하나가 되어야 합니다. 진리를 희생하고 하나 되는 것은 많은 문제를 일으킵니다. 진리를 지키기 위해서 선한 싸움을 싸우다가 교회가 분리되는 것은 정당할 수 있습니다. 16세기 그리스도인들은 로마 천주교회로부터 출교되고 박해받아 어쩔 수 없이 새로운 교회를 세울 수밖에 없었습니다. 예수님은 진리 안에서 하나 됨을 원하십니다. 이제 정리해 봅시다. 중요한 것은 하나 됨보다 진리입니다. 진리 안에서 하나가 되어야 합니다.

1. 교회의 하나 됨이 중요하지만 그보다 더 중요한 것은 무엇일까요?
2. 로마 천주교회에서 개신교회가 분리한 것은 잘못이 아닐까요?

126 교리와 함께하는 365 가정예배 10주년 기념판

우리 교회, 거룩하나요?

우리는 "거룩한 공교회를 믿습니다."라고 고백합니다. 멋진 말입니다. 우리가 다니는 교회가 거룩하다니 기분이 좋지 않나요! 그런데 생각해 봅시다. 정말 우리 교회가 거룩합니까? 우리 교회는 깨끗합니까? 우리 교회에는 죄가 없습니까? 우리 교회의 모습을 조금만 살펴보아도 거룩하지 않다는 것을 당장 알 수 있습니다. 우리 교회에는 시기, 질투, 거짓, 교만, 미움, 아픔, 상처가 많습니다. 서로 싸우는 일이 종종 있습니다. 우리 자신을 살펴보아도 그렇습니다. 우리의 마음과 행동을 보면 온갖 더러운 것들로 가득 차 있습니다. 그런데도 거룩한 교회라고 말할 수 있을까요?

그렇지만 교회는 거룩합니다. 사도신경도 '거룩한' 교회를 고백합니다. 교회가 거룩한 이유가 무엇일까요?

교회가 거룩한 이유는 우리 때문이 아닙니다. 교회를 세우신 예수님 때문입니다. 하나님께서 창조하시고 만드시고 세우신 것은 모두 거룩합니다. 그래서 교회는 거룩합니다. 하나님께서는 교회를 세우시고 사탄의 권력에서 구원한 성도를 불러 모으셨습니다. 사탄으로부터 불러모인 백성의 모임이 교회입니다. 그러므로 교회는 거룩합니다. 교회가 거룩한 것은 교회가 하나님의 집이며, 예수님의 소유이고, 성령님이 거하시는 전(殿)이기 때문입니다.

그렇다고 교회에 거룩하지 않은 죄인들이 들어올 수 없을까요? 죄인이 들어와 거룩하게 되는 곳이 바로 교회입니다. 우리도 죄인이었지만 예수님을 믿고 거룩하게 되었습니다. 교회는 그리스도께서 거룩하게 하신 죄인들이 거하는 곳입니다. 그러면 어떻게 죄인이 거룩하게 되고, 거룩한 삶을 살게 될까요? 교회는 성령님의 도우심으로 말씀과 성례를 통해 거룩하게 됩니다. 말씀과 복음(福音)은 교회의 보물입니다. 말씀을 전하는 설교자의 목소리는 생명 샘물과도 같습니다. 설교를 통해 교회의 거룩한 물이 솟아오르기 때문입니다. 교회에서 죄인의 죄가 용서받고 의롭게 되고 거룩하게 됩니다. 이제 우리 교회가 거룩하다고 말할 수 있습니까?

성경

고전 3:16

너희는 너희가 하나님의 성전인 것과 하나님의 성령이 너희 안에 계시는 것을 알지 못하느냐

6:19

너희 몸은 너희가 하나님께로부터 받은 바 너희 가운데 계신 성령의 전인 줄을 알지 못하느냐 너희는 너희 자신의 것이 아니라

찬송

208장

HC 54문

1. 우리 교회가 거룩한 이유가 무엇인가요?
2. 어떻게 죄인들이 거룩하게 됩니까?

교회, 거룩하리!

성경

마 18:19-20

진실로 다시 너희에게 이르노니 너희 중의 두 사람이 땅에서 합심하여 무엇이든지 구하면 하늘에 계신 내 아버지께서 그들을 위하여 이루게 하시리라 두세 사람이 내 이름으로 모인 곳에는 나도 그들 중에 있느니라

찬송

8장

HC 54문

하나님께서는 이스라엘 백성을 이집트에서 해방시키시고 "나는 너의 하나님이 되고 너는 내 백성이 되리라."라고 선언하셨습니다. 하나님께서는 이스라엘 백성을 거룩하게 하셨습니다. '거룩'이라는 말은 '자르다'라는 동사에서 왔습니다. '거룩'이라는 말은 '잘라서 구별하다'라는 뜻입니다. 그러므로 하나님께서 택하신 백성을 죄인들의 신분에서 구별시켜 거룩하게 하셨습니다. 하나님께서 이스라엘을 당신의 백성으로 만드셨다는 말은 그들을 거룩하게 했다는 뜻이기도 합니다. 하나님께서는 다른 곳에서 "내가 거룩하니 너희도 거룩하라."라고 말씀하셨습니다.

교회가 거룩하다고 말합니다. 교회는 예수님의 몸입니다. 예수님이 거룩하시니 교회도 거룩하다는 말입니다. 동시에 교회가 거룩한 것은 그 속에 있는 구원받은 사람이 거룩하다는 것이기도 합니다. 교회는 세상 안에(in) 있지만, 세상에 속하지 않은(not of) 모임입니다. 오늘날에는 교회가 세상의 생각과 습관과 유행을 따라하는 경향이 있습니다. 세상 것을 받아들이는 교회는 더 이상 교회가 아닙니다. 이 땅에 있는 교회가 아직 연약해 죄의 영향 아래 있는 것은 사실입니다. 그렇지만 약함을 극복하기 위해 노력해야 합니다.

교회는 주님의 보호와 돌보심이 있지만 스스로 책임 있게 살아가야 합니다. 교회에 속한 사람의 죄 때문에 교회가 어지럽게 되거나 심한 상처를 입을 수 있습니다. 그래서 항상 하나님 말씀의 인도와 통치를 받아 성령님의 인도에 따라야 합니다. 만약 교회에 죄가 들어오면 반드시 꾸짖고 혼내서 거룩함을 지켜야 합니다. 교회는 이것을 할 수 있다고 예수님이 직접 말씀하셨습니다. "너희 중의 두 사람이 땅에서 합심하여 무엇이든지 구하면 하늘에 계신 내 아버지께서 그들을 위하여 이루게 하시리라 두세 사람이 내 이름으로 모인 곳에는 나도 그들 중에 있느니라"(마 18:19-20). 사람을 통한 권징을 허락하셨습니다. 이것은 교회의 거룩성을 지키기 위해서 필요합니다. 이렇게 교회의 거룩성은 하나님이 주시는 선물이지만, 동시에 교회의 거룩성은 의무입니다. 교회는 거룩함을 유지해야 합니다. 이를 유지하기 위해 권징이 필요합니다. 한국 개신교회에는 권징이 사라진 지 오랩니다. 교회의 거룩성을 위해 죄를 꾸짖고 훈계해야 합니다. 교회가 거룩한 것은 그리스도의 말씀 때문입니다. 교회는 말씀으로 거룩합니다. 말씀에 순종하는 교회는 거룩합니다. 우리 교회는 거룩성을 얼마나 잘 지키고 있을까요? 우리 교회 거룩하리!

나눔터

1. '거룩하다'라는 말의 의미는 무엇입니까?
2. 교회의 거룩성을 지키기 위한 방법이 무엇입니까?

'가톨릭교회'라고 하면 무엇이 생각납니까? 예, 그렇습니다. '로마 천주교회'가 생각 나지요. 보통 로마 천주교회를 '가톨릭교회'라고 부릅니다. 천주교회의 공식 이름인 "Roman Catholic Church"의 중간 단어, "가톨릭(Catholic)"을 애칭으로 짧게 사용하는 것입니다. 우리 개신교회도 사도신경에 "catholic church"라고 분명하게 고백하고 있습니다. 한국어로 번역된 사도신경에 "공교회"라고 표현되어 있어서 그 의미를 잘 몰랐을 뿐입니다. 우리 개신교회도 '가톨릭교회'입니다. 우리 교회는 "공교회(公敎會)"입니다. '공교회', 곧 '가톨릭교회'란 예수 그리스도 안에서 '어느 한쪽으로 치우치지 않고 공통된 것을 소유한 교회'라는 뜻입니다. 그러므로 우리 교회는 '우주적인 보편적 교회'입니다.

성경에 '가톨릭교회'란 말이 나올까요? 성경에는 이 단어가 나오지 않습니다. 그렇지만 성경에 나타난 교회의 모습을 가장 잘 나타낸 표현이라고 해서 믿음의 선배들이 만든 말입니다. 그러면 보편적 교회라는 뜻은 무엇입니까? '모든 것을 포함하는', '전체적인', '충만한'이라는 뜻입니다. 교회는 어느 장소나 사람에게 얽매이지 않습니다. 하지만 로마 천주교회는 로마라는 장소와 교황이라는 사람에 교회를 묶어둠으로 '가톨릭'이 아닙니다. 교회가 보편적이라고 말하는 이유는 예수 그리스도 때문입니다. 예수 그리스도가 장소나 시대를 초월하는 공통된 교회이시기 때문입니다. 보편적 신앙 정통인 예수 그리스도에 대한 교리를 고백하는 교회는 보편교회입니다. 그러므로 보편교회는 언어와 인종과 성별과 문화의 다양함을 초월합니다. 왜 교회가 '가톨릭'입니까? 교회의 머리이신 예수님이 세상의 모든 충만함으로 가득하기 때문입니다. 교회의 머리이신 그리스도는 말씀을 선포하심으로 일하십니다. 이 말씀이 모든 시대, 모든 민족, 모든 지역에 보편적입니다. 이 보편적 말씀이 보존되고 선포되는 교회는 보편교회입니다.

자, 그러면 우리 교회는 '가톨릭'입니까? 예, 그렇습니다. 우리가 출석하는 OOO 교회는 예수님 때문에 과거 초대교회와 종교개혁교회와 동일한 '가톨릭'교회입니다. 굉장하죠!

성경

엡 1:10

하늘에 있는 것이나 땅에 있는 것이 다 그리스도 안에서 통일되게 하려 하심이라

찬송

600장

HC 54문

나눔물음

1. 왜 '천주교'를 '천주교회'라 부를까요?
2. 우리가 출석하는 교회는 왜 '가톨릭'교회일까요?

우리가 사도적 교회!

성경

엡 2:20

너희는 사도들과 선지자들의 터 위에 세우심을 입은 자라 그리스도 예수께서 친히 모퉁잇돌이 되셨느니라

찬송

223장 3절

HC 54문

성경은 예수님의 열두 제자와 바울을 '사도'라고 부릅니다. '사도'란 '보냄을 받은 자'라는 뜻입니다. 예수님은 제자들과 바울에게 말씀을 맡겨 전하도록 하셨습니다. "내가 너희에게 분부한 모든 것을 가르쳐 지키게 하라"(마 28:20). 그리고 교회는 사도들의 터 위에 세워졌습니다. 로마 천주교회는 교황제도를 '사도들의 계승'으로 해석해 그 정통성을 주장합니다. 요즘 '신사도운동'을 주장하는 교회들도 있습니다. 그들은 예수님 당시 제자들에게 주셨던 그 신기한 능력을 지금도 하나님께서 새로운 사도들에게 주신다고 믿습니다.

그러나 교회는 사도적입니다. '우리 교회가 사도적이다'라는 말은 사도들이 전해 준 교훈에 지금 '우리 교회의 가르침이 일치한다'는 말입니다. 예수님이 임명한 사도 직분은 반복되지 않습니다. 사도들은 또 다른 제자들을 임명하지 않았습니다. 대신 교회를 세우고 직분자들을 세워 사도와 선지자들의 말씀을 전할 임무를 맡겼습니다. 로마 천주교회는 1870년 '교황의 교리무오선언'이 있고 난 후 사도들의 교리조차도 교황이 결정할 수 있게 되었습니다. 교황이 있는 곳에 참 교회가 있고, 틀리지 않으며(무오), 진정한 교리가 가능하다고 했습니다. 이러한 '사도적 계승'은 성경에서 그 근거를 찾을 수 없습니다.

교회의 사도성은 직위나 사람을 계승하는 것이 아닙니다. 교회의 사도성은 사도들이 전해 준 교훈(교리)을 계승하기 때문에 의미가 있습니다. '교회가 사도적이다'라는 것은 사도들이 전해 준 교리를 가감 없이 그대로 계승했다는 뜻입니다. 교회는 진리의 기둥과 터입니다. 교회의 사도성으로 인해 교회의 거룩성이 현실화될 수 있습니다. 교회가 성경에 있는 사도들의 교훈을 떠난다면 하나님께 속하지 않습니다. 교회는 사도들의 교훈을 보존하는 보수주의자여야 합니다. 교회는 말씀을 보존하고 지켜야 합니다. 우리 교회는 사도들이 전해 준 복음을 보존하고 선포하고 있습니까? 아니면 그것과 다른 내용을 선포하고 있습니까? 성경에 계시된 내용과 같으면 사도적 교회임이 틀림없습니다. 그렇지 않고 사도들이 전해 준 복음과 다르다면 이단입니다.

1. '사도'란 무슨 뜻입니까?
2. 로마 천주교회식 사도적 계승과 진정한 사도적 계승의 차이가 무엇입니까?

순종(3) : 누구에게?

아담과 하와는 하나님께 불순종하고 뱀, 곧 사탄에게 순종했습니다. 제대로 된 권위자에게 순종하는 것이 중요합니다. 참 권위에는 순종하고 거짓 권위에는 불순종해야 하는데, 거꾸로 되는 경우가 많습니다.

우리가 하나님께 순종한다는 것은 무슨 뜻입니까? 하나님의 말씀에 "예."하고 따른다는 말입니다. 그런데 하나님에게는 순종한다고 말하면서 사람에게는 순종하지 않는 사람이 있습니다. 보이지 않는 하나님께 순종하면서 보이는 사람에게 순종하지 않는다는 것은 있을 수 없습니다.

하나님께서는 우리에게 권위자를 주셨습니다. 우리 주변을 잘 살펴보면 반드시 우리를 책임지고 인도하는 권위자들이 있습니다. 그들에게 순종하고 복종해야 합니다. "너희를 인도하는 자들에게 순종하고 복종하라. 그들은 너희 영혼을 위하여 경성하기를 자신들이 청산할 자인 것같이 하느니라"(히 13:17). 그러면 그런 권위자들이 누구입니까?

첫째, 부모입니다. "자녀들아 모든 일에 부모에게 순종하라. 이는 주 안에서 기쁘게 하는 것이니라"(골 3:20; 엡 6:1). 자녀는 부모에게 순종해야 합니다. 부모님의 말에 즉각 "예, 그렇게 하겠습니다."라고 순종하도록 훈련해야 합니다. 부모에게 불순종하는 아이는 하나님께도 순종하지 않습니다.

둘째, 남편입니다. "아내들이여! 자기 남편에게 복종하기를 주께 하듯 하라"(엡 5:22). 남편은 목숨을 다해 아내를 사랑하고 아내는 남편에게 복종해야 합니다. 요즘 아내가 남편에게 복종하지 않고 남편은 아내를 목숨 다해 사랑하지 않는 경향이 많습니다. 하나님이 기뻐하지 않으십니다.

셋째, 직장 상사입니다. "종들아 두려워하고 떨며 성실한 마음으로 육체의 상전에게 순종하기를 그리스도께 하듯 하라"(엡 6:5).

마지막으로 국가의 위정자입니다. "너는 그들로 하여금 통치자들과 권세 잡은 자들에게 복종하며 순종하며"(딛 3:1). 권위자에게 순종하는 것은 당연합니다. 땅의 권위자에게 순종하는 자는 하늘에 계신 하나님께도 순종합니다. 사람에게 순종하지 않는 사람은 하나님께도 순종하지 않습니다.

성경

히 13:17

너희를 인도하는 자들에게 순종하고 복종하라 그들은 너희 영혼을 위하여 경성하기를 자신들이 청산할 자인 것같이 하느니라 그들로 하여금 즐거움으로 이것을 하게 하고 근심으로 하게 하지 말라 그렇지 않으면 너희에게 유익이 없느니라

찬송

449장 2절

나눔질문

1. 누구에게 순종하고 누구에게 불순종해야 할까요?
2. 이 땅 위에서 순종하고 복종해야 할 대상이 누구입니까? 나는 잘 하고 있나요?

"성도의 교제"를 믿습니다.

성경

요일 1:3

우리가 보고 들은 바를 너희에게도 전함은 너희로 우리와 사귐이 있게 하려 함이니 우리의 사귐은 아버지와 그의 아들 예수 그리스도와 더불어 누림이라

찬송

222장

HC 55문
WSC 30문

교회 주일학교 아이들에게 무엇 때문에 교회에 가느냐고 물으면 뭐라고 대답할까요? 한번 생각하고 대답해 보세요. 예배드리기 위해? 아니면 노래가 재미있어서? 목사님의 설교가 신나서? 대부분의 아이들은 친구 때문에 교회에 간다고 대답합니다. 교회에서 친구와 만나 이야기하고 노는 것이 신납니다. 교회에서 친구가 서로 사귀는 것이 성도의 교제가 아닐까요! 어른들도 예외가 아닙니다. 교회에서 교제합니다. 주일뿐만 아니라 주중에도 집에서 모여 재미있는 시간을 보냅니다. 구역 모임, 사랑방 모임, 다락방 등 수많은 소그룹이 있습니다. 물론 이런 것들을 '성도의 교제'라 할 수 있습니다. 만약 교회에서 이런 사귐과 교제가 없다면 어떨까요? 많은 사람이 실망하고 교회를 떠날 것입니다. 그만큼 교회에서 성도의 사귐과 교제는 중요합니다. 이러한 교제를 수평적 교제라고 불러 봅시다.

그런데 사도신경에서 고백하는 "성도의 교제"가 이런 수평적 교제를 의미할까요? 아닙니다. 사도신경에서 고백하는 성도의 교제는 수직적 교제를 말합니다. 예수님은 우리를 죄에서 구원하시고 거룩하게 하셔서 교회로 불러 모으십니다. 그리고 우리를 '성도'라 불러 주셨습니다. "성도(聖徒)"란 '거룩한 제자' 혹은 '거룩한 신자'라는 뜻입니다. 예수님은 하나님의 택한 백성을 부르시고 교회를 통해 보호하시고 보존하십니다. 그러므로 성도의 교제는 일차적으로 수직적 교제, 곧 예수님과 성도 사이의 사귐과 친밀함을 말합니다. '성도와 성도' 사이의 사귐도 중요하지만, 우선순위로 보면 '성도와 예수님'의 사귐이 더 먼저이고 더 중요합니다.

생각해 봅시다. 성도가 서로 사귈 수 있는 것은 우선 각 성도와 예수님 간의 사귐이 기초가 되어야 합니다. 예수님은 교회의 머리 역할을 하십니다. 성도는 그 머리의 명령에 따라 움직이는 몸의 각 부분입니다. 눈, 귀, 입, 팔, 다리는 머리의 명령에 따라 움직입니다. 그래서 각 몸의 부분은 머리와 좋은 관계를 맺고 있어야 합니다. 눈과 귀와 입과 팔이 잘 지내는 것이 먼저가 아닙니다. 성도는 교회의 머리 되신 예수님과 좋은 교제, 곧 사귐이 먼저 있어야 합니다. 우리는 예수님과 좋은 사귐을 갖고 있나요?

나눔질문

1. 많은 사람들은 교회에서 무엇이 중요하다고 생각하나요?
2. 성도의 교제에서 가장 중요한 우선순위는 무엇입니까?

사람들이 교회에 바라는 것 중 가장 중요한 것이 있다면 '성도의 교제'입니다. 교회가 세상에서 얻은 아픈 상처를 어루만져 주고 삶의 고달픔을 달래 주는 휴식처라고 생각합니다. 교회가 카페를 만들어 운영하기도 합니다. 이렇게 사람들이 교회에서 함께 지내거나, 시간을 보내는 것만으로도 위로받고 치유를 받는다고 합니다. 여름 어린이 캠프나 가족 수양회에서 힘을 얻기도 합니다. 실제로 교회를 선택할 때 교제를 중요하게 생각합니다. 이런 성도의 교제가 없으면 아마 교회를 떠날 사람도 많을 것입니다.

그러나 분명하게 알아야 할 것이 있습니다. 사도신경에서 고백하는 교회에서의 성도의 교제는 수직적 '하나님과의 교제'입니다. 성경은 "우리의 사귐은 아버지와 그의 아들 예수 그리스도와 더불어 누림이라."라고 했습니다(요일 1:3). 사도 요한도 성도와의 사귐이 먼저가 아니라, 하나님과의 사귐이 먼저라고 선언하고 있습니다. 따라서 하나님과의 사귐이 없는 성도의 사귐은 헛됩니다.

그러면 우리는 교회에서 어떻게 하나님과 사귈 수 있을까요? 매 주일 교회에서 예배를 통해 하나님과 교제할 수 있습니다. 예배 가운데 설교와 기도와 찬송, 그리고 성례(세례와 성찬)를 통해 하나님과 교제를 나눕니다. 하나님께서는 복의 선포와 설교를 통해 우리에게 다가오십니다. 그리고 우리는 찬송과 기도와 봉헌을 통해 하나님께 응답합니다. 우리와 하나님의 교제는 단순히 예배로 끝나지 않습니다. 삶으로 자연스레 연결됩니다. 예배 가운데 들은 말씀을 마음에 새기고 그 말씀에 기쁨으로 순종합니다. 이렇게 우리는 하나님과 깊은 영적인 교제를 나눕니다.

만약 하나님과 사귄다고 말하면서 실제로 말씀에 순종하지 않으면 그 사귐은 거짓일 것입니다. 부부가 늘 싸운다면 하나님과의 사귐이 의심스럽습니다. 부모에게 불순종하는 자녀가 어떻게 하나님과 좋은 관계를 맺을 수 있을까요? 하나님과의 교제가 소홀한 인간적 교제는 언제나 실패합니다. 사람끼리의 수평적 사귐보다 훨씬 중요한 것은 하나님과의 수직적 사귐입니다. 말씀을 잘 듣고 순종하는 것이 가장 중요합니다. 우린 지금 하나님과 사귀고 있나요? 나는 어떤 노력을 하고 있나요?

성경

요일 1:1-4

태초부터 있는 생명의 말씀에 관하여는 우리가 들은 바요 눈으로 본 바요 자세히 보고 우리의 손으로 만진 바라 이 생명이 나타내신 바 된지라 이 영원한 생명을 우리가 보았고 증언하여 너희에게 전하노니 이는 아버지와 함께 계시다가 우리에게 나타내신 바 된 이시니라 우리가 보고 들은 바를 너희에게도 전함은 너희로 우리와 사귐이 있게 하려 함이니 우리의 사귐은 아버지와 그의 아들 예수 그리스도와 더불어 누림이라 우리가 이것을 씀은 우리의 기쁨이 충만하게 하려 함이라

요일 1:6-7

만일 우리가 하나님과 사귐이 있다 하고 어둠에 행하면 거짓말을 하고 진리를 행하지 아니함이거니와 그가 빛 가운데 계신 것같이 우리도 빛 가운데 행하면 우리가 서로 사귐이 있고 그 아들 예수의 피가 우리를 모든 죄에서 깨끗하게 하실 것이요

찬송

219장

HC 55문
WSC 30문

나눔 토론

1. 요즘 사람들이 교회에 대해 바라는 것은 무엇입니까?
2. 진정한 성도의 교제는 무엇입니까?

참 성도는 자연스레 서로 사귀어요!

성경

고전 12:12-26

몸은 하나인데 많은 지체가 있고 몸의 지체가 많으나 한 몸임과 같이 그리스도 그러하니라 우리가 유대인이나 헬라인이나 종이나 자유인이나 다 한 성령으로 세례를 받아 한 몸이 되었고 또 다 한 성령을 마시게 하셨느니라 몸은 한 지체뿐만 아니요 여럿이니 만일 발이 이르되 나는 손이 아니니 몸에 붙지 아니하였다 할지라도 이로써 몸에 붙지 아니한 것이 아니요 또 귀가 이르되 나는 눈이 아니니 몸에 붙지 아니하였다 할지라도 이로써 몸에 붙지 아니한 것이 아니니 만일 온 몸이 눈이면 듣는 곳은 어디며 온 몸이 듣는 곳이면 냄새 맡는 곳은 어디냐 그러나 이제 하나님이 그 원하시는 대로 지체를 각각 몸에 두셨으니 만일 다 한 지체뿐이면 몸은 어디냐 이제 지체는 많으나 몸은 하나라 눈이 손더러 내가 너를 쓸 데가 없다 하거나 또한 머리가 발더러 내가 너를 쓸 데가 없다 하지 못하리라……

찬송

29장

HC 55문
WSC 30문

세례를 받은 사람을 예수 그리스도로 옷 입었다고 합니다. 그런 자를 성도라 부르며, 성도는 모두 하나님과 사귐이 있는 자입니다. 만약 하나님과의 사귐이 없으면 교회에서 아무리 좋은 사귐이 있고 교제가 있어도 진정한 사귐은 아닙니다. 하나님의 말씀으로 부름 받은 사람은 하나님과 깊은 사귐이 있고 머리인 예수님께 붙어 있습니다. 성도는 각각 공간적으로 달리 있지만, 예수 그리스도의 몸인 교회에 붙어 있는 지체입니다. 손, 발, 입, 코, 귀 등 여러 지체가 있지만 한 몸입니다. 각 지체가 몸의 다른 부분인 것처럼 하나님께서 각자에게 다른 선물, 곧 은사를 주셨습니다. 한 사람에게는 눈, 또 다른 사람에게는 손을 선물로 주셨습니다. 내가 노력해서 얻은 것이 아닙니다. 하나님께서 주신 선물입니다. 성령님이 주시기 때문에 성령님의 은혜로운 선물, 곧 '은사'(고전 12:9)라고 합니다.

그러면 하나님께서는 왜 각각 다른 은사를 주셨을까요? 하나님께서 은사를 주신 이유는 분명합니다. 그 은사로 예수님의 몸인 교회를 섬기기 위한 것입니다. 내가 눈이라고 다른 지체 앞에서 뻐길 이유도 없습니다. 눈이 손에게 "너는 쓸 데 없다."라고 말할 수 없습니다. 내가 잘났다고 교만한 것은 하나님과의 사귐이 바른지 의심스럽게 합니다. 또는 발이 스스로 '나는 쓸모가 없어.'라며 열등감을 가질 필요도 없습니다. '난 가치 없으니 몸에 붙은 지체가 아니야.'라고 생각할 필요도 없습니다.

교회에서 말씀을 공급받고 한 하나님과 사귐을 가지면 몸이 싸우지 않고 서로 돌보게 됩니다. 한 지체가 고통을 받으면 모든 지체가 함께 고통을 받습니다. 왜냐하면 한 몸이기 때문입니다. 한 지체가 즐거우면 다른 지체도 즐거워합니다. 이것이 그리스도의 몸인 교회의 신비입니다. 참 그리스도인은 그리스도에게 붙어 있습니다. 그러면 자연스럽게 성도 상호 간에 교제가 이루어집니다. 억지로 만들지 않아도 교제가 일어납니다. 하나님과의 수직적 교제 없이 사람과의 수평적 교제만 좋아하면 신앙생활을 오해할 수 있습니다. 우선순위를 잘 살펴야 합니다. 우리는 이 깊은 성도의 교제를 누리고 있나요?

나눔 문제

1. 교만과 열등감의 공통점은 무엇입니까?
2. 우리 교회가 성도의 교제를 누리고 있지 못한 이유와 그 해결책을 찾아 봅시다.

성경이 우리에게 가르치는 '성도의 교제(사귐)'는 단순히 우리가 즐겁게 노는 것 이상입니다. 하나님의 은혜로 함께 교회로 모인 사람들의 영적인 교제, 그것은 각자가 서로 기쁨으로 자원해 나누는 것입니다. 서로 사랑하며 복종합니다. 사도 바울이 갈라디아서에 쓴 것처럼 서로를 돕고 서로의 짐을 나누어 지기도 합니다. 교회는 하나님과의 수직적 관계 속에서 서로의 수평적 관계를 돈독히 하기를 서약하는 공동체입니다. 수직적 교제는 자연스레 수평적 교제로 이어집니다. 둘은 뗄 수 없는 하나입니다.

성경이 가르치는 교제는 서로 아픈 곳을 싸매고, 약한 부분을 격려하며, 상처를 아파합니다. 웃는 자들과 웃고, 슬퍼하는 자들과 함께 슬퍼합니다. 그런데 다른 종류의 교제가 있습니다. 그것은 의와 진리를 추구하도록 서로를 붙들어 매는 강인한 사랑입니다. 종종 그리스도인들의 섬김과 봉사와 자선 행위가 그에 따른 규율과 책임을 균형 있게 이루지 못하고 치우치는 경향이 있습니다. 교회 성도 가운데 죄를 범한 형제를 사랑이라는 명목으로 덮어 주는 것은 잘하는 것이 아닙니다. 그 죄를 사랑과 온유로 바로잡아야 합니다. 그것이 진정한 성도의 교제입니다. 이런 것은 쉽지 않고 서로 관계가 나빠질 수도 있습니다. 우리가 이런 교제를 어려워 하는 것은 그리스도인의 책임을 가르치지 않았기 때문일 수도 있습니다. 혹은 현대의 지나친 개인주의 문화 속에서 사람들이 서로 부정적인 이야기를 하거나 듣고 싶어 하지 않는 경향 때문입니다. 아니면 죄를 지적하면 신도들이 기분 나빠하며 교회를 떠날 것 같기 때문에 쉽게 하지 못할 수도 있습니다.

교회는 죄를 지적하고 바로잡아야 합니다. 이것도 성도의 교제입니다. 한국교회는 징계를 잘 시행하지 않습니다. 성도의 교제를 너무 강조하면서 마땅히 징계해야 할 영적인 권징이 사라져 버렸습니다. 교회는 한 지체가 죄를 범하면 온유함으로 그것을 바로잡고 나도 그 죄에 빠지지 않도록 해야 할 책임이 있습니다. "형제들아 사람이 만일 무슨 범죄한 일이 드러나거든 신령한 너희는 온유한 심령으로 그러한 자를 바로잡고 너 자신을 살펴보아 너도 시험을 받을까 두려워하라"(갈 6:1). 예수 그리스도의 몸이 잘못된 교제로 인해 더럽혀지지 않도록 해야 할 것입니다.

성경
갈 6:1

형제들아 사람이 만일 무슨 범죄한 일이 드러나거든 신령한 너희는 온유한 심령으로 그러한 자를 바로잡고 너 자신을 살펴보아 너도 시험을 받을까 두려워하라

찬송
222장

HC 55문
WSC 30문

나눔질문

1. 성도의 교제와 불신자들 사이의 교제의 차이가 무엇일까요?
2. 사랑의 교제와 더불어 잃지 않아야 할 것이 무엇일까요?

4월
APRIL

성도의 교제: 사랑으로 완성!

고전 12:27-13:7

너희는 그리스도의 몸이요 지체의 각 부분이라 하나님이 교회 중에 몇을 세우셨으니 첫째는 사도요 둘째는 선지자요 셋째는 교사요 그 다음은 능력을 행하는 자요 그 다음은 병 고치는 은사와 서로 돕는 것과 다스리는 것과 각종 방언을 말하는 것이라 다 사도이겠느냐 다 선지자이겠느냐 다 교사이겠느냐 다 능력을 행하는 자이겠느냐 다 병 고치는 은사를 가진 자이겠느냐 다 방언을 말하는 자이겠느냐 다 통역하는 자이겠느냐 너희는 더욱 큰 은사를 사모하라 내가 또한 가장 좋은 길을 너희에게 보이리라 내가 사람의 방언과 천사의 말을 할지라도 사랑이 없으면 소리 나는 구리와 울리는 꽹과리가 되고 내가 예언하는 능력이 있어 모든 비밀과 모든 지식을 알고 또 산을 옮길 만한 모든 믿음이 있을지라도 사랑이 없으면 내가 아무 것도 아니요 내가 내게 있는 모든 것으로 구제하고 또 내 몸을 불사르게 내줄지라도 사랑이 없으면 내게 아무 유익이 없느니라 사랑은 오래 참고 사랑은 온유하며 시기하지 아니하며 사랑은 자랑하지 아니하며 교만하지 아니하며 무례히 행하지 아니하며 자기의 유익을 구하지 아니하며 성내지 아니하며 악한 것을 생각하지 아니하며 불의를 기뻐하지 아니하며 진리와 함께 기뻐하고 모든 것을 참으며 모든 것을 믿으며 모든 것을 바라며 모든 것을 견디느니라

찬송

220장

HC 55문
WSC 30문

교회 안에서 그리스도인의 사귐은 세상 사람들의 교제와 뭐가 다를까요? 성도의 교제는 깊은 차원이 있습니다. 왜냐하면 성도는 서로 한 몸의 지체이기 때문입니다. 성도는 그리스도의 몸인 교회에 붙어 있는 지체들입니다. 설명하기 어려운 신비입니다. 그리스도인은 인종과 성별, 나이와 신분이 다르지만 모두 한 성령으로 세례를 받았고 한 성령님을 마셨기 때문에 한 몸과 같습니다(고전 12:13). 그러므로 한 지체가 고통을 받으면 모든 지체가 함께 고통을 받고, 한 지체가 영광을 얻으면 모든 지체가 함께 즐거워합니다. 이것이 신비로운 성도의 교제입니다. 그처럼 교회도 질서 있는 한 몸으로 유기적으로 살아 있는 생명체입니다. 어떤 사람은 목사로, 어떤 사람은 장로로, 어떤 사람은 집사로 교회를 섬깁니다. 그 외에도 교회에는 다양한 섬김이 있습니다. 이 모든 섬김은 서로 비교하고 질투하고 자랑하기 위한 것이 아닙니다. 그리스도와 그의 몸인 교회를 위한 것입니다.

그러면 그리스도인은 어떻게 서로 교제하며 섬겨야 할까요? 바울은 고린도교회가 서로 분파로 나눠져 어려워지자 '사랑'으로 교제하라고 충고했습니다. 그 내용이 고린도전서 13장입니다. "내가 사람의 방언과 천사의 말을 할지라도 사랑이 없으면 소리 나는 구리와 울리는 꽹과리가 되고……사랑은 오래 참고 사랑은 온유하며……그런즉 믿음, 소망, 사랑, 이 세 가지는 항상 있을 것인데 그 중의 제일은 사랑이라." 바울은 고린도교회가 사모해야 할 큰 은사가 예언이라고 했습니다. 그리고 그 은사를 사용하는 방법을 가르쳐 주었습니다. "내가 또한 가장 좋은 길을 너희에게 보이리라"(고전 12:31). 그것이 13장에 소개되고 있는 '사랑'입니다. 성도의 교제는 피상적인 사귐에 머물지 않습니다. 성도의 교제는 사랑으로 완성됩니다. 사랑이 없는 믿음(갈 5:6), 사랑이 없는 예언, 사랑이 없는 섬김은 교회에 아무런 유익이 없습니다(엡 4:16). 예수님도 제자들에게 "서로 사랑해야 사람들이 예수님의 제자인 줄 알게 될 것이다."라고 했습니다(요 13:35 참고). 바울도 성도는 기회 있는 대로 모든 이에게 착한 일을 해야 하지만, 더욱 믿음의 가정들에게 하라고 권고했습니다(갈 6:10). 사랑의 방법으로만이 성도가 가진 특별한(unique) 은사를 사용해 교회를 잘 섬길 수 있습니다. 사랑이 없으면 아무것도 할 수 없습니다.

나눔질문

1. 신자와 불신자의 교제의 공통점과 차이점은 무엇일까요?
2. 성도의 교제는 어떻게 이루어질 수 있을까요? 가장 좋은 방법은 무엇일까요?

136   교리와 함께하는 365 가정예배 10주년 기념판

우리는 사도신경에서 "성령을 믿으며, 거룩한 공교회와 성도의 교제와 죄를 용서받는 것"을 고백합니다. 종종 길거리에서 사영리나 전도폭발을 통해 복음을 듣고 예수 그리스도 안에서 죄 용서를 받은 사람이 교회에 나옵니다. 그 경우 먼저 죄 용서를 받고 나중에 교회에 옵니다. 그런데 사도신경은 '교회'를 먼저 이야기하고 '죄 용서'를 고백합니다. 교회가 죄 용서보다 먼저입니다. 왜 그럴까요? 그것은 교회를 떠나서는 죄를 용서받을 수 있는 말씀을 들을 수 없기 때문입니다. 거리에서 복음을 전하는 사람도 교회에서 복음을 듣고 전한 것입니다. 교회는 복음을 보존하고 전하는 곳입니다. 그래서 교회가 중요합니다.

성령 하나님은 죄인을 그리스도 안에서 불러 성도라 칭하시고 교회로 모으십니다. 성령님은 그 교회를 거룩하게 하십니다. 또 하나님과 성도가 사귐이 있게 하시고 성도와 성도 사이에 교제가 있게 하십니다. 더 나아가 성령 하나님은 우리의 죄를 용서해 주십니다. 무슨 말인가요? 우리가 예수님을 믿을 때 죄를 용서받았는데, 또 죄를 용서받아야 합니까? 그럼요, 성도도 여전히 죄를 짓기 때문에 죄 용서가 필요합니다. 그러므로 죄를 용서받는 것은 지금도 여전히 중요합니다. 우리는 예수님이 가르쳐 주신 주기도문에서도 "우리가 우리에게 죄 지은 자를 사하여 준 것같이 우리 죄를 사하여 주시옵고."라고 기도합니다.

'죄 용서'는 사도신경에서 '몸의 부활과 영생' 앞에 언급됩니다. 곧 죽기 전에 '죄 용서'의 삶이 우리에게 있습니다. 어떤 사람은 '죄 용서'가 교회에 나올 때 한 번으로 끝난다고 생각합니다. 그러나 그렇지 않습니다. 우리는 지금도 죄를 지으며 살고 있습니다. 그 죄에 대해 회개하고 용서받았다는 사실 때문에 기뻐하고 감사하고 하나님을 찬송하게 됩니다. 동시에 하나님을 경외하게 됩니다. 우리는 "일용할 양식을 주시옵고."라고 기도하지만 동시에 매일 "죄를 용서해 주실 것"을 기도해야 합니다. 그때마다 우리의 죄가 깨끗이 용서받았다는 것을 확인하고 감사합니다. 오늘도 우리의 잘못을 생각해 보고 회개합시다. 하나님께서는 아무리 큰 죄라도 예수 그리스도 안에서 용서해 주십니다. 우리 때문이 아니라, 예수 그리스도 때문에…… 얼마나 감사한지요!

성경

시 103:3-12

그가 네 모든 죄악을 사하시며 네 모든 병을 고치시며 네 생명을 파멸에서 속량하시고 인자와 긍휼로 관을 씌우시며 좋은 것으로 네 소원을 만족하게 하사 네 청춘을 독수리 같이 새롭게 하시는도다 여호와께서 공의로운 일을 행하시며 억압 당하는 모든 자를 위하여 심판하시는도다 그의 행위를 모세에게, 그의 행사를 이스라엘 자손에게 알리셨도다 여호와는 긍휼이 많으시고 은혜로우시며 노하기를 더디 하시고 인자하심이 풍부하시도다 자주 경책하지 아니하시며 노를 영원히 품지 아니하시리로다 우리의 죄를 따라 우리를 처벌하지는 아니하시며 우리의 죄악을 따라 우리에게 그대로 갚지는 아니하셨으니 이는 하늘이 땅에서 높음 같이 그를 경외하는 자에게 그의 인자하심이 크심이로다 동이 서에서 먼 것같이 우리의 죄과를 우리에게서 멀리 옮기셨으며

찬송

257장

HC 56문
WSC 36문

나눔질문

1. 죄 용서의 말씀은 어디에서 들을 수 있습니까?
2. 한 번 용서를 받으면 다시는 용서를 구할 필요가 없습니까?

조심성(1) : 하나님의 경고

성경

신 6:10-15

네 하나님 여호와께서 네 조상 아브라함과 이삭과 야곱을 향하여 네게 주리라 맹세하신 땅으로 너를 들어가게 하시고 네가 건축하지 아니한 크고 아름다운 성읍을 얻게 하시며 네가 채우지 아니한 아름다운 물건이 가득한 집을 얻게 하시며 네가 파지 아니한 우물을 차지하게 하시며 네가 심지 아니한 포도원과 감람나무를 차지하게 하사 네게 배불리 먹게 하실 때에 너는 조심하여 너를 애굽 땅 종 되었던 집에서 인도하여 내신 여호와를 잊지 말고 네 하나님 여호와를 경외하며 그를 섬기며 그의 이름으로 맹세할 것이니라 너희는 다른 신들 곧 네 사면에 있는 백성의 신들을 따르지 말라 너희 중에 계신 너희의 하나님 여호와는 질투하시는 하나님이신즉 너희의 하나님 여호와께서 네게 진노하사 너를 지면에서 멸절시키실까 두려워하노라

찬송

342장

말세에 고통하는 때가 되면 나타나는 성품의 파괴 가운데 하나가 "조급하며"(딤후 3:4)입니다. '조급하다'는 말은 '조심성 없이 가볍다'는 뜻입니다. 자만심이 강한 사람은 매사에 조심하지 않고 경솔하게 말하고 행동합니다.

때로 조심하는 사람은 소심하다거나 믿음이 없다고 오해받기도 합니다. 그러나 조심성은 믿음과 밀접한 연관성이 있습니다. 예수님은 "말세에 믿음을 보겠느냐."라고 염려하셨습니다. 곧 조심하지 않고 경솔하며 조급하게 사는 사람이 많아질 것이라는 예언입니다.

모세는 이스라엘 백성이 힘든 광야생활을 마치고 가나안 땅에 들어가게 되면 누리게 될 부요한 삶에 대해 말하면서 '조심하라'고 경고했습니다. 가나안 땅에 들어가 자기들이 건축하지 않은 크고 아름다운 성에 살게 되고, 자기들이 채우지 않은 아름다운 물건이 가득한 집을 얻고, 자기들이 파지 않은 우물의 물을 마시고, 자기들이 심지 않은 포도원과 감람나무에서 나는 열매를 먹고 배부르게 될 때에 조심하라고 했습니다(신 6:10-15). 이집트에서 해방시켜 가나안으로 인도해 주신 하나님을 잊지 말고 경외하며, 그분을 섬기고, 그분의 이름으로 살아야 했습니다.

우리나라가 지금처럼 잘 살았던 때가 없었습니다. 이제 선진국 대열에 들어왔다고 합니다. 소비 수준은 이미 선진국에 들어왔습니다. 전에 상상도 못했던 깨끗한 아파트와 편안한 차, 재미있는 여행을 즐길 수 있는 시대를 누리고 있습니다. 하나님께서는 바로 이때 '조심하라'고 경고하십니다. 다른 신들을 따르지 말라고 하십니다. 현대에는 무슨 신이 있을까요? 우리 가운데 우상은 얼마든지 있습니다. IT의 기술이 신의 역할을 하고 있습니다. 기술 발달과 더불어 우리에게 안락한 삶을 주는 온갖 문명의 이기들이 우상과 같은 존재가 되었습니다. 텔레비전, 컴퓨터, 게임, 스마트폰 같은 것들이 하나님보다 훨씬 재미있고 흥미로운 것들을 제공하고 있습니다. 이럴 때 조심해야 합니다. 조심하지 않으면 세상이 주는 행복에 빠져 하나님을 잊게 될 것입니다. 하나님보다 다른 것들을 더 사랑한다면 그것들이 우상입니다. 당신은 어떠세요?

나눔질문

1. 조심의 반대는 무엇입니까? 나는 언제 조급합니까?

2. 하나님은 언제 조심하라고 하십니까?

예수님을 믿는 사람은 더 이상 죄를 짓지 않을까요? 예수님이 죄를 용서해 주셔서 우리는 의인이 되었습니다. 그렇기 때문에 우리는 더 이상 죄인이 아닙니까? 예수님을 믿는 사람들도 죄를 짓습니다. 아빠 엄마도 그렇고, 어린아이들도 죄를 짓습니다. 우리가 애써 잘 해 보려고 노력하지만 성공할 때보다 실패할 때가 더 많습니다. 하나님께서 더 잘 아십니다. 오랫동안 예수님을 믿은 사람도 죄를 짓는 것 때문에 예수님의 죄 용서에 대해 확신하지 못하고, 죄 때문에 괴로워합니다.

그러면 하나님은 우리의 죄를 어떻게 하십니까? 예수 그리스도께서 우리가 매일 짓는 바로 그 죄를 위해 대신해 죽으셔서 해결해 주셨습니다. 하나님은 예수님의 죽음을 보고 우리의 모든 죄와 일평생 싸워야 할 우리의 죄악 된 본성을 더 이상 기억하지 않으십니다. 우리의 죄를 다 아시지만, 하나하나 따지지 않으시고 예수님의 의를 우리에게 선물로 주십니다. 그래서 예수님 덕분에(우리 덕분이 아니라) '죄인'이 아니라 '의인'이 되게 하셨고, 지금도 그렇게 하십니다. 이것이 우리가 누리는 은혜로운 복입니다. 날마다 샘솟는 죄 용서의 기쁨을 누릴 수 있습니다.

그러면 앞으로 지을 죄는 어떻게 될까요? 과거, 현재, 미래의 죄가 예수 그리스도 안에 있는 자를 결코 정죄하지 못합니다(롬 8:1). 왜냐하면 그리스도 안에 있는 자들은 율법의 정죄 아래 있지 않고 은혜 아래 있기 때문입니다(롬 6:14). 예수 그리스도의 죽음의 효력은 우리의 현재, 과거 그리고 미래의 모든 죄를 용서할 수 있기에 충분합니다. 예수님의 십자가 죽음은 구약의 성도에게도 영향을 미치고 미래의 택한 사람들에게도 효력이 있습니다. 우리가 지금 죄를 짓지 않기 때문에 의인이 아니라, 예수님 덕분에 하나님께서 믿는 우리를 의인이라고 대우해 주시기에 의인입니다. 이 약속은 신자가 지을 미래의 죄에도 동일하게 적용됩니다. 그리스도인도 죽기 전까지는 죄에 넘어집니다. 그러나 예수 그리스도의 십자가의 효력은 그 죄까지도 용서하기에 충분합니다.

그렇다면 그리스도인은 앞으로 지을 죄를 회개할 필요가 없다는 뜻일까요? 그렇지 않습니다. 참 그리스도인은 죄를 미워하고 지은 죄를 회개하며 겸손히 하나님의 은혜만을 의지하고 바랍니다.

성경

롬 3:23-24

모든 사람이 죄를 범하였으매 하나님의 영광에 이르지 못하더니 그리스도 예수 안에 있는 속량으로 말미암아 하나님의 은혜로 값없이 의롭다 하심을 얻은 자 되었느니라

찬송

262장

HC 56문
WSC 36문

나눔과 토론

1. 예수님을 믿는 사람은 죄를 짓지 않나요?
2. 지금도 예수님을 믿는 사람이 죄 용서의 확신이 필요한가요? 왜 그럴나요?

싸구려 죄 용서의 문제!

성경

시 130:1-8

여호와여 내가 깊은 곳에서 주께 부르짖었나이다 주여 내 소리를 들으시며 나의 부르짖는 소리에 귀를 기울이소서 여호와여 주께서 죄악을 지켜보실진대 주여 누가 서리이까 그러나 사유하심이 주께 있음은 주를 경외하게 하심이니이다 나 곧 내 영혼은 여호와를 기다리며 나는 주의 말씀을 바라는도다 파수꾼이 아침을 기다림보다 내 영혼이 주를 더 기다리나니 참으로 파수꾼이 아침을 기다림보다 더하도다 이스라엘아 여호와를 바랄지어다 여호와께서는 인자하심과 풍성한 속량이 있음이라 그가 이스라엘을 그의 모든 죄악에서 속량하시리로다

찬송

303장

HC 56문
WSC 36문

하나님께서 왜 우리의 죄를 용서해 주신 걸까요? 시편 130편 4절은 이렇게 말합니다. "여호와여 주께서 죄악을 지켜보실진대 주여 누가 서리이까? 그러나 사유하심이 주께 있음은 주를 경외하게 하심이니이다." '사유(赦宥)'라는 말은 '용서'라는 말과 같습니다. 하나님께서 우리 죄를 용서해 주시는 목적은 하나님을 경외하도록 하기 위함입니다. 죄 용서를 받은 사람은 하나님을 사랑할 뿐만 아니라 두려워해야 합니다. 그래서 더 이상 죄를 짓지 않으려고 노력합니다. 하나님이 무서워서가 아니라 사랑하기 때문입니다. 옛 죄의 습관을 버리고 거룩한 생활을 합니다. 그런데 교회에 다니는 어떤 사람은 여전히 죄를 짓습니다. 하나님을 두려워하지도 않는 것 같습니다. 하나님께서 자기의 모든 죄를 용서해 주셨다고 생각하기 때문입니다. 싸구려 죄 용서입니다.

우리는 복음을 전할 때 용서의 하나님에 대해서는 많이 말하고 죄에 대해서는 적게 말하는 경향이 있습니다. 죄에 대해 구체적으로 밝히려고 하면 상대방이 싫어하기 때문에 죄에 대해 말하기를 꺼려합니다. 하나님은 죄와 죄인을 미워하신다는 말을 하지 않습니다. 죄와 심판에 대해서는 예의를 지켜 아주 가볍게 이야기합니다. 교회에서조차 이런 경향이 있습니다. 설교 시간에 죄의 종류와 그 심각성과 심판에 대해 잘 말하지 않습니다. 사랑과 용서에 대해서는 강조합니다. 죄에 대해 가르치지 않으면 잘못된 복음입니다. 우리는 우리의 죄가 얼마나 심각하고 더럽고 나쁜지 알아야 합니다. 죄를 지적하지 않는 복음은 우리를 살리는 것이 아니라, 죽이는 것입니다. 죄의 심각성을 모르면 하나님의 은혜의 크기도 알지 못합니다. 자신의 죄에도 관대합니다.

진정으로 죄 용서를 받은 사람은 하나님을 경외합니다. "이 큰 죄를 용서해 주시다니, 정말 감사합니다. 앞으로는 죄를 짓지 않겠습니다." 이런 자세를 가지게 됩니다. 실수로 죄를 짓게 되면 아파하고 고민하며 하나님의 죄 용서를 바라며 겸손히 엎드립니다. 이것이 진정한 죄 용서를 받은 그리스도인의 자세입니다. 우리는 죄를 정말 심각하게 생각하나요?

나눔터로

1. 내가 가장 잘 범하는 죄는 무엇인지 생각해 보고 말해 봅시다.
2. 하나님께서 죄를 용서해 주시는 이유가 무엇입니까?

가장 큰 복, 죄 용서

02 **5월** MAY

다윗 왕은 지금도 유대인들이 가장 존경하는 왕입니다. 이스라엘 국기에는 바로 다윗의 별이 그려져 있습니다. 다윗은 사울 왕의 괴롭힘으로 많은 고생을 했음에도 하나님만 믿고 의지해 이스라엘의 훌륭한 왕으로 존경받습니다. 그러나 다윗의 위대함은 하나님의 은혜 때문입니다. 다윗의 죄에도 불구하고 하나님께서 은혜를 베푸셔서 다윗 왕의 집이 영원히 견고하게 될 것이라고 약속하셨습니다(삼하 7:16). 다윗이 어느 날 왕궁 옥상에서 산책을 하다가 옷을 벗고 목욕하는 한 아름다운 여자, 밧세바를 보고 반했습니다. 다윗은 그 여자를 불러 잠을 잤습니다. 다른 남자의 아내인데 말입니다. 십계명 가운데 제7계명 "간음하지 말라"를 어긴 것입니다. 그리고 이 여자의 몸에 아기가 생겼습니다. 다윗은 당황했습니다. 그 죄를 감추고 싶어 전쟁터에 나가 용감하게 싸우고 있는 남편 우리아를 계획적으로 몰래 죽였습니다. 그 후 다윗은 우리아의 아내 밧세바를 왕궁으로 데리고 와 행복하게 살았습니다. 적어도 아이가 태어난 후까지 한 일 년 정도는 행복한 것처럼 보였습니다. 하나님께서 나단 선지자를 통해 그 죄를 지적하기 전까지는 그랬습니다.

이런 죄를 지은 다윗의 마음은 정말 행복했을까요? 인간은 죄를 지으면 행복할 수 없습니다. 다윗은 죄의 고통을 이렇게 고백했습니다. "내가 입을 열지 아니할 때에 종일 신음하므로 내 뼈가 쇠하였도다. 주의 손이 주야로 나를 누르시오니 내 진액이 빠져서 여름 가뭄에 마름같이 되었나이다"(시 32:3-4). 다윗은 죄 때문에 너무 너무 힘들었습니다.

사람들은 죄를 지적하는 설교를 싫어합니다. 죄를 말하지 않고 힐링(healing)만 말합니다. 위로받고 싶어만 합니다. 죄에 대해 부담스러운 이야기는 듣고 싶어 하지 않습니다. 세상사도 팍팍하고 힘든데 교회에서까지 죄를 지적하면 싫어합니다. 정말 그럴까요? 죄 가운데 사는 것이 행복일까요? 그렇지 않습니다. 죄를 고백하고 죄 용서를 받는 것이 참 행복입니다. 다윗이 이렇게 말했습니다. "……주께 내 죄를 아뢰고 내 죄악을 숨기지 아니하였더니, 곧 주께서 내 죄악을 사하셨나이다"(시 32:5). 죄를 짓는 자는 행복하지 않습니다. 그 반대입니다. 죄를 인정하고 회개해 하나님께 죄 용서를 받은 사람이 행복합니다. 우리는 행복한 자 맞습니까?

성경

시 32:1-5

허물의 사함을 받고 자신의 죄가 가려진 자는 복이 있도다 마음에 간사함이 없고 여호와께 정죄를 당하지 아니하는 자는 복이 있도다 내가 입을 열지 아니할 때에 종일 신음하므로 내 뼈가 쇠하였도다 주의 손이 주야로 나를 누르시오니 내 진액이 빠져서 여름 가뭄에 마름 같이 되었나이다(셀라) 내가 이르기를 내 허물을 여호와께 자복하리라 하고 주께 내 죄를 아뢰고 내 죄악을 숨기지 아니하였더니 곧 주께서 내 죄악을 사하셨나이다(셀라)

찬송

263장

HC 56문
WSC 36문

나눔터로

1. 죄를 지은 다윗이 밧세바와 사는 것이 행복했을까요? 왜 그럴까요?
2. 행복한 사람은 어떤 사람일까요?

성령 하나님의 결코 작지 않은 일

성경

행 2:14-21

베드로가 열한 사도와 함께 서서 소리를 높여 이르되 유대인들과 예루살렘에 사는 모든 사람들아 이 일을 너희로 알게 할 것이니 내 말에 귀를 기울이라 때가 제 삼 시니 너희 생각과 같이 이 사람들이 취한 것이 아니라 이는 곧 선지자 요엘을 통하여 말씀하신 것이니 일렀으되 하나님이 말씀하시기를 말세에 내가 내 영을 모든 육체에 부어 주리니 너희의 자녀들은 예언할 것이요 너희의 젊은이들은 환상을 보고 너희의 늙은이들은 꿈을 꾸리라 그 때에 내가 내 영을 내 남종과 여종들에게 부어 주리니 그들이 예언할 것이요 또 내가 위로 하늘에서는 기사를 아래로 땅에서는 징조를 베풀리니 곧 피와 불과 연기로다 주의 크고 영화로운 날이 이르기 전에 해가 변하여 어두워지고 달이 변하여 피가 되리라 누구든지 주의 이름을 부르는 자는 구원을 받으리라 하였느니라

찬송

3장

HC 53문
WSC 43문

우리는 성부, 성자, 성령 하나님, 곧 삼위일체 하나님을 믿습니다. 사도신경은 성부 하나님과 성자 하나님을 고백하고 성령 하나님에 대해서는 마지막으로 짧게 "나는 성령을 믿으며"라고 고백합니다. 성령 하나님에 대한 사도신경 고백이 너무 짧게 느껴집니다. 그러나 그렇지 않습니다. '성령을 믿으며' 뒤에 나오는 "거룩한 공교회와 성도의 교제와 죄를 용서받는 것과, 몸의 부활과 영생을 믿습니다"가 모두 성령 하나님의 일입니다. 성령님은 거룩한 공교회(catholic church)를 세우시고 선물을 주셨습니다. 바로 '죄 용서'와 '몸의 부활', '영원한 생명'입니다.

집에서 성경을 읽어서도 죄를 용서받을 수 있지만 기본적으로 교회에서 선포된 설교(가르침)를(을) 통해 받습니다. 그리고 성도는 교회 직분자의 지도를 받으며 한 몸으로 지어져 갑니다. 교회에서는 '죄 용서'가 선포될 뿐만 아니라, 주일예배와 성찬의 잔치를 통해 큰 기쁨을 누립니다. 이 예배와 성찬은 죄 용서를 기념하며 기뻐하는 축제입니다. 이것은 혼자가 아니라 성도와 함께 즐깁니다.

또 성령님은 우리에게 부활의 소망을 주십니다. 그리스도 안에서 '죄 용서'가 있지만 현재의 삶은 끊임없이 싸우는 전쟁터와 같습니다. 만약 우리 몸이 다시 부활할 것이라는 소망이 없다면 우리의 싸움은 큰 의미가 없을 것입니다. 성령님은 예수님의 부활을 시작으로 마지막 예수님이 다시 오실 때 우리를 완전한 몸으로 부활시킬 것입니다. 우리가 부활하게 될 것이라는 소망은 우리에게 큰 위로가 됩니다.

마지막으로 우리가 영원한 생명(영생)을 얻게 될 것을 성령님이 보증해 주십니다. 우리가 아직 영원히 살지 못하지만, 분명한 약속이 있습니다. "……그를 믿는 자마다 멸망하지 않고 영생을 얻게 하려 하심이라"(요 3:16). 이 약속은 이미 이 세상에서 우리 가운데 성취되기 시작했습니다. 왜냐하면 우리가 이 세상에서 죽는 것은 더 이상 죗값을 치르는 것이 아니라, 죄를 그치고 천국으로 들어가는 과정이기 때문입니다. 성령님은 이렇게 우리 마음속에 기쁨을 주십니다. 성령님! 정말 감사합니다.

나눔 묵상

1. 성령 하나님에 대한 사도신경 고백이 너무 짧나요?
2. 성령님은 교회를 위해 무슨 선물을 주시나요?

이 세상	죽음 하늘	부활
영혼 =====	=====〉 영혼 =====〉	===〉 영혼
[불완전한 사람]		[완전한 사람]
몸 =====	=====〉 몸 =====〉	===〉 몸
	무덤	

사람은 누구나 죽습니다. 할아버지와 할머니도, 아버지와 어머니도 예외가 아닙니다. 우리도 나중에 죽을 것입니다. 하나님께 불순종한 댓가로 모든 사람은 죽음을 피할 수 없게 되었습니다. 죽는 이야기를 하니까 기분이 좋지 않습니다. 그렇지만 죽음은 우리 주변에 늘 일어나고 있습니다. 가끔씩 공동묘지에 가보면 무섭습니다. 장례식장에 가보아도 슬픔과 눈물과 통곡이 있습니다.

그런데 사람이 죽으면 어떤 일이 벌어질까요? 죽었다가 살아나 죽음 이후의 세계에 다녀왔다고 간증도 하고 책을 쓴 사람들도 있습니다. 신기하긴 하지만 그것이 사실인지 믿을 수는 없습니다. 우리는 성경이 가르쳐 주는 것만 믿으면 됩니다. 성경이 가르쳐 주지 않는 부분에 대해 억지로 자기 마음대로 알려고 하다가 멸망할 수도 있습니다(벧후 3:16).

성경은 여러 곳에서 사람이 죽으면 몸은 땅에 묻히고 영혼은 하늘로 간다고 합니다. 예수님은 십자가 위에서 한 강도에게 "오늘 네가 나와 함께 낙원에 있으리라."(눅 23:43)라고 말씀하셨습니다. '부자와 나사로' 이야기(눅 16:19-31)에서도 거지 나사로가 아브라함의 품에 쉬고 있고 부자는 지옥에 떨어져 고통을 당하고 있습니다. 예수님은 성도의 '죽음'을 '잔다'라고 표현하셨습니다. 잠을 자는 사람은 깨어날 것을 기대합니다. 이와 같이 성도의 죽음도 다시 살아날 것을 기대합니다.

나중에 예수님이 다시 오시면 우리의 영혼과 몸이 다시 살아날 것입니다. 그때의 몸은 예수님처럼 완전한 몸이 될 것입니다. 굉장하지 않나요! 성도의 특권이 바로 이것입니다.

나눔과 토론

1. 여러분 주변에 죽은 사람이 있나요? 이야기해 보세요.
2. 성도는 죽으면 어떻게 되나요?

성경

눅 16:19-31

한 부자가 있어 자색 옷과 고운 베옷을 입고 날마다 호화롭게 즐기더라 그런데 나사로라 이름하는 한 거지가 헌데 투성이로 그의 대문 앞에 버려진 채 그 부자의 상에서 떨어지는 것으로 배불리려 하매 심지어 개들이 와서 그 헌데를 핥더라 이에 그 거지가 죽어 천사들에게 받들려 아브라함의 품에 들어가고 부자도 죽어 장사되매 그가 음부에서 고통중에 눈을 들어 멀리 아브라함과 그의 품에 있는 나사로를 보고 불러 이르되 아버지 아브라함이여 나를 긍휼히 여기사 나사로를 보내어 그 손가락 끝에 물을 찍어 내 혀를 서늘하게 하소서 내가 이 불꽃 가운데서 괴로워하나이다……아브라함이 이르되 그들에게 모세와 선지자들이 있으니 그들에게 들을지니라 이르되 그렇지 아니하니이다 아버지 아브라함이여 만일 죽은 자에게서 그들에게 가는 자가 있으면 회개하리이다 이르되 모세와 선지자들에게 듣지 아니하면 비록 죽은 자 가운데서 살아나는 자가 있을지라도 권함을 받지 아니하리라 하였다 하시니라

찬송

161장

HC 57문
WSC 37-38문

"몸의 부활"은 우리에게 어떤 유익이 있습니까?

성경

욥 19:25-27

내가 알기에는 나의 대속자가 살아 계시니 마침내 그가 땅 위에 서실 것이라 내 가죽이 벗김을 당한 뒤에도 내가 육체 밖에서 하나님을 보리라 내가 그를 보리니 내 눈으로 그를 보기를 낯선 사람처럼 하지 않을 것이라 내 마음이 초조하구나

요일 3:2

사랑하는 자들아 우리가 지금은 하나님의 자녀라 장래에 어떻게 될지는 아직 나타나지 아니하였으나 그가 나타나시면 우리가 그와 같을 줄을 아는 것은 그의 참모습 그대로 볼 것이기 때문이니

찬송

162장

HC 57문
WSC 37-38문

죽는 것은 두렵습니다. 아무도 죽고 싶어 하지 않습니다. 만약 당신이 한 달 후에 죽는다고 생각해 보십시오. 끔찍합니다. 해야 할 일도 많고 즐기고 싶은 것도 많은데 죽으면 비참할 것 같습니다.

하지만 성도에게는 죽음이 비참하지 않습니다. 성경은 이렇게 말합니다. "지금 이후로 주 안에서 죽는 자들은 복이 있도다"(계 14:13). 성도의 죽음은 왜 좋은 것일까요? 잘 이해가 되지 않습니다. 죽음은 힘들고 고통스러운 것인데 말입니다. 성도에게는 죽음도 복입니다. 왜냐하면 성도는 이미 이 세상에서 죽음에서 부활했기 때문입니다. 예수님을 믿기 전에는 죄로 인해 죽었지만, 회개하고 구원받은 후에는 다시 살았습니다. 예수님이 우리를 죽음에서 살리시고 살아난 자들의 모임인 '교회'로 우리를 모으셨습니다. 그러나 불신자들은 죄 때문에 죽었고, 죽은 상태 그대로 지옥으로 갑니다. 그렇기 때문에 그들은 죽음이 두렵고 무섭습니다.

성도가 죽는 것은 죗값 때문이 아닙니다. 성도의 죽음은 잠시 쉬기 위해 낙원에 들어가는 문에 불과합니다. 예수님은 죽은 자를 '잔다'고 표현하셨습니다. 그러면 우리의 생명이 끝나는 즉시 우리에게는 어떤 일이 일어날까요? 우리의 영혼은 교회의 머리 되신 그리스도께 올려집니다. 또 우리의 몸은 나중에 그리스도의 능력으로 부활해 영혼과 다시 합체될 것입니다. 땅에 남아 있던 우리의 썩은 몸은 다시 뼈와 살이 붙어 부활하고 하늘에 있던 영혼과 함께 한 몸이 될 것입니다. 그 몸의 상태는 그리스도께서 부활하여 영광스러운 몸이 된 것처럼 될 것입니다. 그렇게 부활한 우리 몸은 더 이상 병들지 않고 아프지 않을 것입니다. 눈이 잘 보이지 않아 안경을 쓸 필요도 없을 것입니다. 위에 암 덩어리가 있어 수술하고 화학치료를 받아야 할 필요도 없습니다. 백혈병에 걸려 머리가 모두 빠지는 일도 없을 것입니다. 그때에는 우리의 몸이 완전해질 것입니다. 이것이 우리의 소망이고 위로입니다. 아직 우리가 그것을 피부로 느끼기는 힘듭니다. 그러나 하나님께서 우리에게 확신을 주시기 위해 예수님을 죽음에서 부활시키셨습니다. 예수님이 첫 열매로 죽음에서 사셨습니다. 우리도 예수님처럼 그렇게 다시 살아날 것입니다. 예수님이 교회를 통해 우리와 함께 하시고 성령님이 우리 마음에 함께 계시기 때문에 얼마나 큰 힘이 되는지요! 하나님, 감사합니다!

나눔질문

1. 성도에게는 죽음이 왜 복입니까?
2. 우리가 부활하면 어떤 상태가 될까요?

성.품.예.배(18)

조심성(2) : 조급함, 앞뒤를 가리지 않는 것

성경

고전 10:12

그런즉 선 줄로 생각하는 자는
넘어질까 조심하라

찬송

342장 1절

조심성이 없는 사람은 '경솔'하고 '조급'합니다. 다른 사람을 재촉하고 급히 행동합니다. 앞뒤를 헤아리지 않고 생각 없이 행동합니다. 우리 주변에 그런 사람이 있나요? 아니면 우리 속에도 그런 모습이 있나요? 만약 그렇다면 '조심하라'는 경고를 마음에 잘 새겨 실천해야 합니다.

아담과 하와는 아름다운 것이 가득한 낙원에서 조심하지 못해 사탄의 속임수에 넘어가고 말았습니다. 실수하지 않도록 신중히 생각하고 살펴 말하고 행동했어야 했습니다. 조심하는 것이 하나님을 존중하는 것이었습니다. 그런데 아담과 하와는 그렇게 하지 않았습니다. 이집트에서 구원받고 젖과 꿀이 흐르는 가나안 땅에 살게 되었던 이스라엘 백성도 조심해야 했습니다(신 6:12). 우리도 조심하며 살아야 합니다. 자만해서는 안 됩니다. 바울은 "선 줄로 생각하는 자는 넘어질까 조심하라."(고전 10:12)라고 경고했습니다. 행동하기 전에 생각해야 합니다. 어떤 말을 할지 조심성 있게 선택해야 합니다. 권위자가 있을 경우에는 무슨 일이든지 권위자의 허락을 받고 해야 합니다. 미리 정해진 규칙을 잘 따라야 합니다. 우리 주변에 위험한 것들이 있는지 잘 살펴야 합니다.

영적으로뿐만 아니라 우리가 세상을 살아가는 실제 생활에서도 조심해야 할 것이 많습니다. 아무런 생각 없이 막무가내로 말하거나 행동하는 것은 지혜롭지 않습니다. 어떤 사람은 말을 함부로 합니다. '짜증나!' '됐거든!' '왕짜!' '죽을래?' 이런 말은 상대방을 불쾌하게 합니다. 상대를 무시하고 깔아뭉개는 무서운 무기와 같습니다.

우리는 이 세상 안에(in) 살고 있지만, 이 세상에 속하지는 않아야(not of) 합니다. 우리는 하나님 나라에 살고 있습니다. 그 말은 하나님 나라의 법을 따르고 하나님의 말씀과 뜻에 순종해야 한다는 말입니다. 그러므로 조심해야 합니다. 말세가 되면 성품의 파괴가 올 것이라고 예언했습니다. 바울은 디모데에게 보낸 두 번째 편지에서 "조급하며"(딤후 3:4)라고 해서 조심성 없이 조급한 사람들이 나타나게 될 것이라고 했습니다. 사탄이 우리를 아직도 공격하고 있습니다. 성령님의 지배를 받으십시오. 그러면 조심할 수 있습니다.

나눔 질문

1. 조심성의 반대는 무엇입니까? 나는 어떤가요?
2. 구체적으로 조심해야 할 것들이 무엇인가요?

'영생'은 나중에만 경험하게 되나요?

성경

요 17:3

영생은 곧 유일하신 참 하나님과 그가 보내신 자 예수 그리스도를 아는 것이니이다

찬송

207장

HC 58문
WSC 38문

얼마나 오래 살고 싶으세요? 80세 혹은 100세? 사람 가운데 가장 오래 살았던 사람은 므두셀라입니다. 그는 969세를 살았습니다. 굉장하죠! 아담과 하와가 죄를 짓지 않았다면 그보다 훨씬 오래, 아니 죽지 않고 영원히 살 수 있었을 것입니다. 죄 때문에 사람은 누구나 죽습니다. 그런데 하나님께서 우리에게 영생을 주셨습니다. 우리 죄를 위해 아들 예수 그리스도께서 대신 죽으셔서 영원히 살 수 있게 되었습니다. 굉장하지 않나요! 자신의 죄를 인정하고 회개하고 이 예수님을 믿는 사람은 누구든지 영생(永生)을 얻었고 또 얻습니다.

우리는 사도신경에서 "영생을 믿습니다"라고 고백합니다. 성도가 영생을 믿으면 어떤 유익이 있나요? '영생'이 정말 성도에게 중요한 것일까요? 우리가 굳이 영생을 믿어야 할까요?

성도가 '영생'을 믿는 것은 참으로 중요합니다. 왜냐하면 우리가 이미 이 세상에서 영생의 즐거움을 마음으로 누리기 시작했기 때문입니다. 성도는 죄에서 해방되었기 때문에 더 이상 죄 때문에 죽지 않습니다. 성도가 죽는 것은 죗값을 치르는 것이 아닙니다. 성도의 죽음은 영생으로 들어가는 문일 뿐입니다. 그래서 성도는 지금 이 순간 이미 영생의 기쁨과 즐거움을 누리고 있습니다. 이 세상이 마냥 괴롭고 힘든 시간만은 아닙니다.

우리는 약해서 죄에 빠지고 매일 넘어지기도 합니다. 하지만 성령님이 다시 새롭게 해 주십니다. 우리는 죄에 대항해 싸웁니다. 혹시 사탄과의 싸움에서 져 죄에 빠지면 회개합니다. 하나님께서 우리의 죄를 용서해 주십니다. 이것이 바로 영원한 생명이 보장된 하나님 나라의 모습입니다. 아직 우리에게 영생이 완전하지는 않지만, 우리에게 영생의 '약속'이 있습니다. 약속의 성취가 이미 우리 가운데 시작되었습니다. 죄는 하나님과 사람의 관계를 무너뜨렸지만 예수님의 십자가는 무너진 관계를 회복시켰습니다. 그리고 성령님이 우리 가운데 영원히 계십니다. 예수님이 그렇게 약속하셨기 때문입니다. "내가 세상 끝날까지 너희와 항상 함께 있으리라"(마 28:20). 그렇군요. 이미 우리 삶 속에 영생이 시작되었군요.

나눔질문

1. 사람들은 왜 죽고 영원히 살지 못하나요? 영원히 살 수 있는 길이 없나요?

2. 영생은 언제 시작되나요?

'영생'이 우리에게 어떤 위로를 주나요?

우리는 이 세상에서 이미 영생의 기쁨을 맛볼 수 있습니다. 하나님께 예배하고, 찬송하며, 말씀을 듣고, 대화(기도)합니다. 우리는 그럴 때마다 기쁩니다. 하나님 말씀대로 순종하며 사는 것도 행복입니다. 하나님께서 우리와 함께 하시며 좋은 것을 넘치게 주십니다.

하지만 이 세상에서 누리는 기쁨은 한계가 있습니다. 그리스도의 몸이며 성도의 모임인 교회도 이 세상에서는 완전하지 않습니다. 시기와 질투, 교만과 열등감으로 힘들어하기도 합니다. 우리가 살고 있는 이 세상은 아직도 신음하고 있습니다. 자연은 난개발로 아파하고 생태계의 파괴로 어떤 생물은 멸종 위기에 처해 있습니다. 광우병과 구제역, 유전자 변형 식물이 사람들의 건강을 위협하고 있습니다. 사탄이 아직도 교회를 공격하고 있고 성도가 고통과 핍박을 받습니다. 많은 그리스도인이 세계 곳곳에서 예수님 때문에 죽습니다.

이런 삶에서 가장 큰 위로가 무엇일까요? 그것은 우리의 생명이 끝나면 눈으로 본 적이 없고, 귀로도 들어 본 적이 없고, 사람의 마음으로도 생각해 보지 못한 완전한 영광을 얻게 될 것이라는 사실입니다. 그 영광은 하나님과 함께 사는 것입니다. 그곳에서 하나님을 영원히 찬양할 것입니다. 어떤 사람들은 '영원히 찬양하는 것이 뭐 행복한 삶인가?'라고 생각하기도 합니다. 찬송을 싫어하거나 노래를 잘 못하는 사람에게 고문처럼 느껴질 수도 있습니다. 그러나 찬양한다는 것은 억지로 한다는 뜻이 아닙니다. 아름다운 관광지를 방문하거나, 웅장한 폭포 앞에 서거나, 광대한 바다가 보이는 절벽 위에 서 있을 때 자연스럽게 튀어 나오는 "와! 굉장하다!"라는 감탄과 감사의 의미입니다. 하나님의 영광을 노래하는 것은 싫은데도 어쩔 수 없이 하는 것이 아닙니다. 비참과 죄 가운데 허덕이던 죄인이 구원받아 외치는 감사입니다. 하나님과 함께 살면서 부르게 될 찬송은 죄를 용서받아 다시 살아난 기쁨과 감사와 행복이 가득할 것입니다.

이 세상의 삶이 팍팍하고 어렵고 힘들지만, 예수 그리스도를 믿음으로 인내할 수 있는 것은 우리에게 완전한 영생의 약속이 있기 때문입니다. 그래서 우리는 "영생을 믿습니다."라고 사도신경에서 고백합니다. 이 고백이 이제 위로가 되나요!

성경

고후 5:1-7

만일 땅에 있는 우리의 장막 집이 무너지면 하나님께서 지으신 집 곧 손으로 지은 것이 아니요 하늘에 있는 영원한 집이 우리에게 있는 줄 아느니라 참으로 우리가 여기 있어 탄식하며 하늘로부터 오는 우리 처소로 덧입기를 간절히 사모하노라 이렇게 입음은 우리가 벗은 자들로 발견되지 않으려 함이라 참으로 이 장막에 있는 우리가 짐진 것같이 탄식하는 것은 벗고자 함이 아니요 오히려 덧입고자 함이니 죽을 것이 생명에 삼킨 바 되게 하려 함이라 곧 이것을 우리에게 이루게 하시고 보증으로 성령을 우리에게 주신 이는 하나님이시니라 그러므로 우리가 항상 담대하여 몸으로 있을 때에는 주와 따로 있는 줄을 아노니 이는 우리가 믿음으로 행하고 보는 것으로 행하지 아니함이로라

찬송

209장

HC 58문
WSC 38문

---

1. 성도에게는 영생이 이 세상에서 이미 시작되었습니다. 그렇다면 힘든 점은 무엇입니까?
2. '영생'이 정말 당신에게 위로가 되나요? 왜 그런가요?

사도신경은 지금 우리에게 어떤 유익?

성경

요 3:36

아들을 믿는 자에게는 영생이 있고 아들에게 순종하지 아니하는 자는 영생을 보지 못하고 도리어 하나님의 진노가 그 위에 머물러 있느니라

롬 1:17

복음에는 하나님의 의가 나타나서 믿음으로 믿음에 이르게 하나니 기록된 바 오직 의인은 믿음으로 말미암아 살리라 함과 같으니라

찬송

305장

HC 59문
WSC 32문

우리는 꽤 오랫동안 사도신경을 공부했습니다. 재미있었나요? 아니면, 좀 어려웠나요? 사도신경은 1,900년 동안 교회가 보존하고 사용한 훌륭하고 귀중한 신앙고백입니다. 사도신경에 들어 있는 내용을 마음으로 믿고 고백하면 우리에게 어떤 유익이 있을까요? 이 사도신경을 진심으로 믿는 사람은 그리스도 안에서, 하나님 앞에서 의롭게 되고, 또 영생의 상속자가 됩니다.

첫째, 우리가 그리스도 안에서 의롭게 됩니다. 우리가 의롭게 되는 것은 우리가 선(착)하기 때문이 아닙니다. 그리스도께서 아버지 하나님의 공의를 만족시키기 위해 순종하심으로 십자가에 죽으셔서 믿는 우리에게 선물로 의(義: 하나님의 의)를 주신 것입니다.

둘째, 그리스도로 인해 우리가 하나님 앞에서 심판을 받게 될 때에 죄인이 아니라 의인으로 인정받게 될 것입니다.

셋째, 영원한 생명을 상속(물려)받게 됩니다. 예수님은 영생을 이렇게 말씀하셨습니다. "영생은 곧 유일하신 참 하나님과 그가 보내신 자 예수 그리스도를 아는 것이니이다"(요 17:3). 만약 우리가 하나님과 예수님을 '안다'면 영생을 이미 얻었습니다. "아는 것이 힘이다."라는 말이 있는데 그런 말하고는 다른 말입니다. 여기서 '안다'는 뜻은 지식을 말하는 것이 아닙니다. '사람이 하나님과 거룩한 사귐을 갖는다'는 뜻입니다. 하나님과 사귀는 사람은 살아 있고, 하나님과 사귀지 않는 사람은 살아 있는 것 같지만 죽은 것입니다. 살아 있는 사람과 죽은 사람의 차이는 생명이 있느냐 없느냐입니다. 성경을 읽거나 설교를 들어도 하나님의 말씀에 아무런 반응을 보이지 않거나 불순종하는 사람은 하나님을 모르는 사람이고 죽은 사람입니다. 그 사람은 영생을 가지지 못했습니다. 그러나 말씀에 순종하는 사람은 하나님과 예수님을 아는 사람이고 영생을 얻은 사람입니다. 우리는 의롭고 영생을 얻은 사람이 맞습니까?

1. 사도신경을 믿으면 어떤 유익이 있나요?
2. 우리도 영생을 누리고 있다는 것을 어떻게 알 수 있나요?

어떻게 의인이 될 수 있나요?

우리는 지금도 여전히 죄를 짓는데 어떻게 하나님 앞에서 의롭게 될까요? 열심히 착한 일을 많이 해야 하지 않을까요? 헌금을 많이 해야 하지 않을까요? 공부를 잘해야 하지 않을까요? 아닙니다. 하나님께서는 그렇게 가르치지 않으셨습니다. 성경은 우리가 의롭게 되는 방법을 이렇게 가르쳐 주셨습니다.

오직 예수 그리스도에 대
한 참된 믿음으로만 됩니
다. 비록 우리가 하나님의
모든 계명을 크게 어겼고
단 하나도 지키지 않았으며,
여전히 온갖 악을 찾는다고 우리의 양심이 고소하지만,
하나님께서는 우리의 공로가 전혀 없이 순전히 은혜로
그리스도의 온전히 만족케 하심과 의로움과 거룩함을
선물로 주십니다. 하나님께서는
마치 우리에게 죄가 전혀 없고
또한 우리가 죄를 짓지 않은 것
처럼, 그리스도께서 우리를 위해
이루신 모든 순종을 우리가 직접
이룬 것처럼 여겨 주십니다. 오직
믿는 마음으로만 우리는 이 선물을
받습니다.

(HC 60문)

성경

롬 3:21-26

이제는 율법 외에 하나님의 한 의가 나타났으니 율법과 선지자들에게 증거를 받은 것이라 곧 예수 그리스도를 믿음으로 말미암아 모든 믿는 자에게 미치는 하나님의 의니 차별이 없느니라 모든 사람이 죄를 범하였으매 하나님의 영광에 이르지 못하더니 그리스도 예수 안에 있는 속량으로 말미암아 하나님의 은혜로 값없이 의롭다 하심을 얻은 자 되었느니라 이 예수를 하나님이 그의 피로써 믿음으로 말미암는 화목제물로 세우셨으니 이는 하나님께서 길이 참으시는 중에 전에 지은 죄를 간과하심으로 자기의 의로우심을 나타내려 하심이니 곧 이 때에 자기의 의로우심을 나타내사 자기도 의로우시며 또한 예수 믿는 자를 의롭다 하려 하심이라

찬송

544장

HC 60문
WSC 30, 33, 36문

나눔 질문

1. 어떻게 의롭게 될 수 있나요?
2. '오직 믿음으로만 받는 의'를 뭐라고 표현했나요?

양심이 죄에 대해 뭐라고 합니까?

성경

롬 2:12-16

무릇 율법 없이 범죄한 자는
또한 율법 없이 망하고 무릇
율법이 있고 범죄한 자는 율법
으로 말미암아 심판을 받으리
라 하나님 앞에서는 율법을 듣
는 자가 의인이 아니요 오직
율법을 행하는 자라야 의롭다
하심을 얻으리니 (율법 없는
이방인이 본성으로 율법의 일
을 행할 때에는 이 사람은 율
법이 없어도 자기가 자기에게
율법이 되나니 이런 이들은 그
양심이 증거가 되어 그 생각들
이 서로 혹은 고발하며 혹은
변명하여 그 마음에 새긴 율법
의 행위를 나타내느니라) 곧
나의 복음에 이른 바와 같이
하나님이 예수 그리스도로 말
미암아 사람들의 은밀한 것을
심판하시는 그날이라

찬송

544장

HC 60문
WSC 30, 33, 36문

"사람이 양심이 있지!"라는 말을 하곤 합니다. 그렇습니다. 사람에게는 양심이 있습니다. 양심은 하나님께서 모든 사람에게 기본적으로 주신 본성입니다. 하나님과 성경을 모르는 사람도 무엇이 선이고 무엇인 악인지 어느 정도 알 수 있습니다. 그 이유는 하나님께서 양심을 주셨기 때문입니다. 하나님께서는 이 양심으로 사람들의 죄를 어느 정도 억제하고 있습니다. 불신자들에게도 양심이 있고 신자들에게도 양심이 있습니다. 이 양심은 우리가 세 가지를 잘못하고 있다고 지적합니다. '첫째, 우리는 하나님의 모든 계명을 크게 어겼다. 둘째, 하나님의 계명을 단 하나도 지키지 않았다. 셋째, 우리는 여전히 모든 악으로 향하는 성향을 가지고 있다.'

그런데 정말 우리가 하나님의 모든 계명을 어겼을까요? 우리가 아무리 죄인이지만 모든 계명을 안 지켰을까요? 세상에는 우리보다 나쁜 사람이 얼마나 많을 텐데요? 우리가 가장 나쁜 사람들이란 말인가요? 받기 싫은 전화가 걸려왔을 때 "저, 운전 중인데요. 전화받을 수 없습니다."라고 살짝 거짓말하긴 합니다. 그렇다고 사람을 죽인다든지, 간음을 했다든지 하는 치명적인 죄를 범하지는 않았습니다. 죽을 죄인이라는 말이 억울하게 느껴지기도 합니다.

우리가 우리의 죄를 합리화하려는 마음이 있지만, 자신의 양심의 소리를 들어보면 자신이 죄인이라는 것을 속일 수 없습니다. 또한 하나님께서 사람에게 심어 주신 양심의 소리를 하나라도 어기면 죄인입니다. 하나님의 기준은 우리의 기준과 다릅니다. 우리가 마땅히 지켜야 할 하나님의 법을 어긴 것이 많습니다. 우리가 다 기억하지 못할 뿐입니다. 우리 양심은 '괜찮아! 다른 사람도 그렇게 하는데 뭘!'라고 하지만, 하나님의 기준에는 턱없이 모자랍니다. 그리고 우리는 지금도 여전히 온갖 악을 생각하고 찾고 있습니다. 우리 양심이 그것을 고발합니다. 우리 가운데 있는 죄의 성향이 자꾸만 악한 일을 생각하고 찾아가도록 만듭니다. 재판에서 검사가 죄를 찾아 조목조목 드러내는 것처럼 우리 양심의 법이 우리 죄를 고발합니다. 이 점에 대해 변명할 자신이 있습니까? 양심은 우리를 너무나도 잘 알고 있습니다. 입이 백 개 있어도 한 마디의 변명도 하지 못할 것입니다. 만약 우리 밖에서 오는 도움의 손길이 없다면 우리 양심의 법에 따라 멸망하고 말 것입니다. 우리 밖에서 우리를 도울 분이 없나요?

---

1. 우리가 모든 계명을 어겼다고 인정하나요?
2. 우리 속에 양심이 어떤 죄를 지적하는지 그런 것이 있다면 이야기해 보세요.

양심의 고소에서 구원해 주실 예수 그리스도

양심은 훌륭한 검사와 같습니다. 사람의 죄를 정확하게 찾아냅니다. 그런데 사람들은 사실 양심의 고소를 듣고 싶어 하지 않아 이 양심의 소리를 싫어하고 거부합니다. 바울은 이것을 "양심이 화인 맞았다."(딤전 4:2)라고 표현합니다. '화인(火印)'이란 불도장인데, 짐승의 가슴에 찍어 소유를 표시하는 것입니다. 화인 맞은 자리는 감각이 없는 것처럼 양심의 소리를 듣지 않으려 합니다. 하지만 그렇다고 그 죄가 없어지나요? 그렇지 않습니다. 마지막 심판 때에 재판장이신 하나님께서 그 죄를 보시고 우리를 지옥으로 보내실 것이 뻔합니다. 양심의 고소를 피하고 잊어버린다고 해결되지 않습니다. 이 양심의 고소로 모든 인간은 죄 때문에 지옥에 가게 될 것입니다.

그런데 실망하지 마십시오! 이 비참한 처지에서 살아날 수 있는 길을 하나님께서 마련해 주셨습니다. 하나님께서 예수 그리스도의 '공로(功勞)'와 '의'와 '거룩함'을 우리에게 선물로 주셨습니다. 그 선물이 양심의 고발을 심판대에서 해결할 수 있을까요? 그럼요! 어떻게요?

하나님은 법을 만드신 분인 동시에 판사이십니다. 사람의 양심이 검사이고 사탄이 온갖 죄를 다 모아 양심의 고소를 도와줍니다. 우리는 죄인으로 피고입니다. 이 재판에서 모든 사람은 꼼짝 없이 사형을 선고받을 것입니다. 왜냐하면 모든 사람이 죄를 지었기 때문입니다. 그런데 우리에게는 믿음직한 변호사가 계십니다. 그분이 바로 예수님입니다. 변호사는 피고의 문제를 해결해 줍니다. 예수님은 우리의 변호사로서 양심의 세 가지 고발을 완벽하게 해결해 주셨습니다.

우리가 죄를 지어 죽어야 하는데, 예수님이 우리 대신 십자가에서 죽으셨습니다. 재판정에서 변호사이신 예수님이 우리를 위해 이렇게 변호하십니다. "제가 저 사람을 위해 대신 십자가에서 죽었습니다. 저 사람은 더 이상 죗값을 치를 필요가 없습니다. 제가 다 지불했습니다. 이제 저 사람은 의롭고 거룩합니다." 판사이신 하나님께서는 우리를 의롭다고 판결하십니다. 우리의 공로가 전혀 없이 순전히 은혜로 그리스도의 온전히 만족케 하심과 의와 거룩함을 선물로 주십니다. 하나님께서는 마치 우리에게 죄가 전혀 없고 또 우리가 죄를 짓지 않은 것처럼, 그리스도께서 우리를 위해 이루신 모든 순종을 우리가 직접 이룬 것처럼 생각해 주십니다. 할렐루야! 정말 고맙지 않나요?

성경

롬 3:19-24

우리가 알거니와 무릇 율법이 말하는 바는 율법 아래에 있는 자들에게 말하는 것이니 이는 모든 입을 막고 온 세상으로 하나님의 심판 아래에 있게 하려 함이라 그러므로 율법의 행위로 그의 앞에 의롭다 하심을 얻을 육체가 없나니 율법으로는 죄를 깨달음이니라 이제는 율법 외에 하나님의 한 의가 나타났으니 율법과 선지자들에게 증거를 받은 것이라 곧 예수 그리스도를 믿음으로 말미암아 모든 믿는 자에게 미치는 하나님의 의니 차별이 없느니라 모든 사람이 죄를 범하였으매 하나님의 영광에 이르지 못하더니 그리스도 예수 안에 있는 속량으로 말미암아 하나님의 은혜로 값없이 의롭다 하심을 얻은 자 되었느니라

찬송

548장

HC 60문
WSC 30, 33, 36문

나눔 교제

1. 양심의 고소를 피할 수 있는 사람이 있을까요?
2. 하나님께서는 어떻게 우리를 살려 주셨습니까?

조심성(3): 하나님의 뜻이면(Deo volente)

5월 13 MAY

성경

행 21:7-14

두로를 떠나 항해를 다 마치고 돌레마이에 이르러 형제들에게 안부를 묻고 그들과 함께 하루를 있다가 이튿날 떠나 가이사랴에 이르러 일곱 집사 중 하나인 전도자 빌립의 집에 들어가서 머무르니 그에게 딸 넷이 있으니 처녀로 예언하는 자라 여러 날 머물러 있더니 아가보라 하는 한 선지자가 유대로부터 내려와 우리에게 와서 바울의 띠를 가져다가 자기 수족을 잡아매고 말하기를 성령이 말씀하시되 예루살렘에서 유대인들이 이같이 이 띠 임자를 결박하여 이방인의 손에 넘겨 주리라 하거늘 우리가 그 말을 듣고 그 곳 사람들과 더불어 바울에게 예루살렘으로 올라가지 말라 권하니 바울이 대답하되 여러분이 어찌하여 울어 내 마음을 상하게 하느냐 나는 주 예수의 이름을 위하여 결박 당할 뿐 아니라 예루살렘에서 죽을 것도 각오하였노라 하니 그가 권함을 받지 아니하므로 우리가 주의 뜻대로 이루어지이다 하고 그쳤노라

찬송

549장

조엘 오스틴은 『긍정의 힘』이라는 책을 써 큰 인기를 얻었습니다. 적극적인 믿음을 가지고 살면 성공한다니 많은 사람이 그의 생각을 좋아합니다. 믿음을 가지고 말로 선포하면 그대로 된다고 가르칩니다. 일을 계획했으면 그렇게 될 것이라는 확신을 가지고 추진해야지 '주의 뜻이면'이라고 조건을 달면 절대로 이루어지지 않는다고 말합니다.

우리는 주기도문으로 기도할 때 "뜻이 하늘에서 이루어진 것처럼 땅에서도 이루어지이다."라고 합니다. 바울 주변에 있던 사람들은 바울이 예루살렘에 올라가면 분명히 붙잡힐 것이고 이방인들의 손에 넘겨질 것이라고 예언했습니다. 그래도 바울은 올라가려 했습니다. 바울의 각오는 대단했습니다. 예루살렘에서 죽을 각오가 되어 있었습니다. 그때 바울 곁에 있던 사람들이 이렇게 말했습니다. "그가 권함을 받지 아니하므로 우리가 주의 뜻대로 이루어지이다 하고 그쳤노라"(행 21:14). 바로 이것입니다. 이것이 경솔하지 않고 조심하는 태도입니다. 바울 주변 사람들이 신중하게 하나님께서 하실 일을 기다린 것입니다.

20세기 초, 영국의 빅토리아 여왕이 죽고 에드워드 7세의 즉위식이 준비되고 있었습니다. 1902년 4월 웨스트민스터 사원에서 에드워드의 대관식에 참석해 달라는 초청장이 세계 각지의 왕과 대통령들에게 보내졌습니다. 그런데 이 초청장에는 빠진 표시가 하나 있었습니다. 그것은 'D.V.'였습니다. 라틴어로 'Deo volente'라는 말인데 '하나님의 뜻이면' 혹은 '하나님이 원하시면'이라는 뜻의 조건 부사절입니다. 당시까지 영국은 모든 문서에 이러한 문장 표시를 썼습니다. 에드워드 대관식은 어떻게 되었을까요? 에드워드는 맹장염에 걸려 정해진 날짜에 대관식을 할 수 없었습니다. 대관식은 몇 개월 후로 연기되었습니다.

인간은 불완전한 존재입니다. 하나님께서 도와주시지 않으면 그 어떤 일도 불가능합니다. 사람이 아무리 애를 써도 안 됩니다. 하나님을 믿는 사람들은 언제나 '데오 볼랜티'(D.V.), 곧 '하나님의 뜻이면'이라는 말을 붙여 조심해야 합니다. 그것이 믿음 있는 말이고 행동입니다. 서양 사람 가운데 신앙이 좋은 사람들은 언제나 무슨 일을 하든 'D.V.'라는 말을 붙입니다. 바로 이런 자가 조심성 있는 자입니다.

나눔토론

1. '하나님의 뜻이면'이라는 말은 적극적 사고방식의 사람들에게는 어떻게 비쳐지나요?
2. 그러나 성경은 우리에게 어떻게 살라고 명령하고 있나요?

우리의 공로가 아닌, 그리스도의 공로

하나님께서 죄로 죽은 사람에게 영원한 생명을 선물로 주려 하십니다. 참 좋으신 하나님입니다. 그런데 그 귀한 선물을 어떤 자에게 주실까요? 착한 일을 많이 한 사람일까요? 아니면 열심히 노력하는 사람일까요? 신앙이 좋아야 하나님의 선물을 받을 수 있다고 생각하는 사람들은 "믿습니다! 믿습니다! 믿습니다!"라고 크게 외치며 기도하기도 합니다. 그런 사람들은 '믿음' 자체가 무슨 마법 같은 효력이 있는 것처럼 생각합니다. 믿음이 좋고 신심이 깊어야 하나님께 복을 받는다고 여깁니다. 40일 금식기도를 하기도 합니다. 박수를 치면서 큰 소리로 몇 시간 동안 찬송을 반복해서 부르기도 합니다. 교회에 헌금을 많이 하기도 합니다. 좋은 목적으로 하면 유익이 되겠지만, 이런 '믿음의 행위'가 마치 구원의 근거인 것처럼 생각하는 것은 큰 잘못입니다. 믿음은 우리가 쌓아야 할 공로(功勞)가 아닙니다.

우리가 의롭게 되는 것은 우리의 공로가 아니라 그리스도의 공로 때문입니다. 오직 그리스도의 만족케 하심과 의로움과 거룩함만이 하나님 앞에서 나의 의가 될 뿐입니다.

그러면 믿음은 무엇입니까? 믿음은 인간에게서 시작되는 어떤 공로가 아니라 하나님에게서 오는 지식과 신뢰입니다. 믿음은 관계 속에서 일어나는 신비한 것입니다. 바울은 이렇게 말했습니다. "너희는 그 은혜에 의하여 믿음으로 말미암아 구원을 받았으니 이것은 너희에게서 난 것이 아니요, 하나님의 선물이라"(엡 2:8). 사람이 구원받는 동력은 '그 은혜', 곧 그리스도의 만족케 하심과 의로우심과 거룩함입니다. 사람은 믿음으로 구원 받지만, 그 믿음은 공로가 아닙니다. 왜냐하면 그것은 하나님께서 주시는 선물이기 때문입니다.

믿음은 하나님께서 그분의 말씀에서 우리에게 계시하신 모든 것이 진리라고 여기는 확실한 지식이며, 동시에 성령께서 복음으로써 우리 마음속에 일으키신 굳은 신뢰입니다. 그래서 믿음은 하나님과 그 말씀에 대한 확실한 지식과 굳은 신뢰입니다. 우리는 하나님의 구원(선물)을 '오직 믿음으로(Sola Fide)' 받습니다. 우리가 의롭게 되는 '근거'는 예수 그리스도이고 의롭게 되는 '방법'은 믿음입니다. 성령님이 우리 마음속에 굳은 신뢰를 일으키십니다. 이 믿음이 우리와 하나님을 연결하는 유일한 방법입니다. 우리에게 믿음이 있나요?

성경

고전 1:30

너희는 하나님으로부터 나서 그리스도 예수 안에 있고 예수는 하나님으로부터 나와서 우리에게 지혜와 의로움과 거룩함과 구원함이 되셨으니

엡 2:8

너희는 그 은혜에 의하여 믿음으로 말미암아 구원을 받았으니 이것은 너희에게서 난 것이 아니요 하나님의 선물이라

찬송

542장

HC 61문
WSC 33문

나눔질문

1. 믿음도 공로가 아닐까요? 왜 그런가요?
2. 사람이 의롭게 되는 '근거'와 '방법'은 무엇인가요?

보지 않고 믿는 믿음의 위대함

성경

요 20:24-29

열두 제자 중의 하나로서 디두모라 불리는 도마는 예수께서 오셨을 때에 함께 있지 아니한지라 다른 제자들이 그에게 이르되 우리가 주를 보았노라 하니 도마가 이르되 내가 그의 손의 못 자국을 보며 내 손가락을 그 못 자국에 넣으며 내 손을 그 옆구리에 넣어 보지 않고는 믿지 아니하겠노라 하니라 여드레를 지나서 제자들이 다시 집 안에 있을 때에 도마도 함께 있고 문들이 닫혔는데 예수께서 오사 가운데 서서 이르시되 너희에게 평강이 있을지어다 하시고 도마에게 이르시되 네 손가락을 이리 내밀어 내 손을 보고 네 손을 내밀어 내 옆구리에 넣어 보라 그리하여 믿음 없는 자가 되지 말고 믿는 자가 되라 도마가 대답하여 이르되 나의 주님이시요 나의 하나님이시니이다 예수께서 이르시되 너는 나를 본 고로 믿느냐 보지 못하고 믿는 자들은 복되도다 하시니라

찬송

545장

HC 61문
WSC 33문

많은 불신자가 이렇게 말합니다. "하나님을 직접 보여 주면 믿겠어요. 보이지도 않는 하나님을 어떻게 믿나요?" 보이는 것을 믿기도 쉽지 않은데 보이지 않는 것을 어떻게 믿느냐고 합니다. 더구나 요즘 사람들은 과학적으로 이해가 되지 않으면 믿지 않습니다. 실험을 통해 검증된 것들만 믿으려 합니다.

그렇지만 믿음이란 보이지 않는 것을 신뢰하는 것이지요. 아브라함은 "네 자손이 하늘의 별과 같이 바다의 모래같이 많아질 것이다."라고 하나님께서 약속하시니 그대로 믿었습니다. 곰곰이 따져 보면 이해하기 힘듭니다. 아브라함은 나이가 많았고, 아내도 아이를 낳기에는 너무 늙었기 때문입니다. 그런데도 아브라함은 믿었습니다.

예수님이 부활하신 후 제자들에게 나타나셔서 자신을 직접 보여 주셨습니다. 그런데 제자 도마만 그 자리에 없었습니다. 도마는 다른 제자들에게 말했습니다. "내가 그의 손의 못 자국을 보며 내 손가락을 그 못 자국에 넣으며 내 손을 그 옆구리에 넣어 보지 않고는 믿지 아니하겠노라"(요 20:25). 도마는 자신이 직접 보고 느끼고 경험해야 믿을 수 있다고 했습니다. 도마는 예수님의 부활을 의심했습니다. 우리라도 그랬을 것입니다. 도마의 마음을 이해할 수 있습니다. 어떻게 사람이 죽었다가 다시 살아날 수 있단 말입니까? 8일이 지난 후 다시 예수님이 제자들에게 나타나셨습니다. 예수님은 도마에게 다가가셔서 말씀하셨습니다. "네 손가락을 이리 내밀어 내 손을 보고 네 손을 내밀어 내 옆구리에 넣어 보라. 그리하여 믿음 없는 자가 되지 말고 믿는 자가 되라"(27절). 도마가 손을 넣어 보았을까요? 아닙니다. 예수님의 말씀을 듣는 것만으로도 충분했습니다. 도마는 말했습니다. "나의 주님이시요, 나의 하나님이시니이다"(28절). 이때 예수님은 우리에게 꼭 필요한 말씀을 해 주셨습니다. "너는 나를 본 고로 믿느냐? 보지 못하고 믿는 자들은 복되도다"(29절). 보지 못하고 믿는 자들은 바로 우리입니다. 우리는 예수님을 보지 않았지만 사도들이 전해 준 말씀을 통해 예수님을 믿습니다. 굉장하지 않습니까? 누가 더 대단합니까? 도마인가요? 우리인가요?

나눔질문

1. 사람들은 자신이 직접 경험해 보아야 믿으려 합니다. 왜 그럴까요?
2. 예수님은 누가 복되다고 말합니까?

선행은 왜 하나님 앞에서 의가 되지 않나요?

사람들은 선한 행동을 할 수 있다고 생각합니다. 가난한 자를 위해 기부도 하고 봉사활동도 합니다. 어떤 사람은 법 없이도 살 사람이라는 칭찬을 들을 정도로 착합니다. 이런 사람들은 뭔가 하늘에서 특별한 상이 있지 않을까요? 그런데 그 평가의 기준은 무엇입니까? 하나님입니까? 아니면 사람입니까? 우리 생각에 착하고 선한 일을 많이 하는 사람이 있습니다. 그러나 하나님도 그렇게 생각하실까요? 선함의 판단 기준은 하나님입니다. 하나님께서는 뭐라고 하실까요?

하나님은 전혀 그렇게 생각하지 않으십니다. 하나님 앞에서 우리의 의는 더러운 옷과 같습니다. "무릇 우리는 다 부정한 자 같아서 우리의 의는 다 더러운 옷 같으며 우리는 다 잎사귀같이 시들므로 우리의 죄악이 바람같이 우리를 몰아가나이다"(사 64:6). 이사야 선지자는 우리가 행한 착한 일들이 '부정'하고 '더러운 옷'과 같다고 했습니다. 구약시대에는 옷이나 몸에 피가 묻으면 성전에 들어갈 수 없습니다. 그런 것을 부정(不淨)하다고 합니다. '깨끗하지 않다' 혹은 '더럽다'는 뜻입니다. 흰 옷에 빨간 피가 한 방울이라도 묻으면 그 옷은 부정합니다. 이사야 선지자는 '우리의 의'가 곧 '우리의 죄'라고 아주 노골적으로 표현하고 있습니다. 우리는 의라고 생각하지만 하나님께서는 죄일 뿐이라고 말씀하십니다. 인정하기 어렵지만 그것은 사실입니다. 왜냐하면 하나님의 심판대 앞에 설 수 있는 의는 절대적으로 완전해야 하기 때문입니다. 모든 면에서 하나님의 율법과 일치해야 하기 때문입니다. 우리가 이 세상에서 행한 최고의 행위라도 모두 불완전하고 죄로 오염되어 있습니다.

사람의 잣대로 보면 꽤 착해 보이고 의로워 보이지만, 하나님의 잣대로 보면 더러운 죄일 뿐입니다. 이것을 바로 깨닫고 알게 된 사람만이 하나님께서 주시는 은혜를 받을 수 있습니다. 자신의 의가 더러운 옷이라고 생각하기 때문에 온전하신 예수 그리스도의 보배로운 피만 의지하게 됩니다. 자, 이제 대답해 보세요! "당신은 의롭고 착합니까?"

성경

사 64:6

무릇 우리는 다 부정한 자 같아서 우리의 의는 다 더러운 옷 같으며 우리는 다 잎사귀 같이 시들므로 우리의 죄악이 바람같이 우리를 몰아가 나이다

롬 3:10

기록된 바 의인은 없나니 하나도 없으며

찬송

273장

HC 62문
WSC 82문

나눔교제

1. 우리 주변에 착하고 의로운 사람을 찾아보세요!
2. 의인과 죄인을 구별하는 잣대의 차이에 대해 말해 보세요.

구원 얻기 위해 선행이 필요한가요?

성경

갈 1:6-9

그리스도의 은혜로 너희를 부르신 이를 이같이 속히 떠나 다른 복음을 따르는 것을 내가 이상하게 여기노라 다른 복음은 없나니 다만 어떤 사람들이 너희를 교란하여 그리스도의 복음을 변하게 하려 함이라 그러나 우리나 혹은 하늘로부터 온 천사라도 우리가 너희에게 전한 복음 외에 다른 복음을 전하면 저주를 받을지어다 우리가 전에 말하였거니와 내가 지금 다시 말하노니 만일 누구든지 너희가 받은 것 외에 다른 복음을 전하면 저주를 받을지어다

빌 1:6

너희 안에서 착한 일을 시작하신 이가 그리스도 예수의 날까지 이루실 줄을 우리는 확신하노라

엡 2:10

우리는 그가 만드신 바라 그리스도 예수 안에서 선한 일을 위하여 지으심을 받은 자니 이 일은 하나님이 전에 예비하사 우리로 그 가운데서 행하게 하려 하심이니라

찬송

91장

HC 62문
WSC 82문

중세교회는 죄를 용서받으려면 반드시 그 벌로 선행을 해야 한다고 가르쳤습니다. 예수 그리스도 안에서 죄를 용서받지만 그것은 원죄를 위한 것이고 스스로 짓는 죄는 그 값을 치러야 한다고 합니다. 헌금을 하거나, 고행을 하거나, 금식을 하거나 성지를 방문해야 했습니다. 그래야만 연옥에서 천국으로 빨리 갈 수 있다고 믿습니다. 그런 선행이 힘들기 때문에 쉬운 제도도 만들었습니다. 그 제도가 '면죄부(免罪符)'입니다. 사실은 벌을 면제받는 것이기에 '면벌부'라고 하는 것이 더 정확합니다. 돈을 주고 교회에서 '면죄부'를 사면 선행을 대신하고 죄까지 용서받는다고 믿었습니다. '면벌부'의 값에 따라 연옥에 60년 혹은 6만 년의 벌을 면제받게 됩니다. 그런데 이것은 그리스도의 십자가로는 우리가 의롭게 되는 데 충분하지 않다는 말입니다.

초대교회 당시에도 이런 생각을 가진 유대주의 그리스도인들이 있었습니다. 갈라디아 교회에 그런 자가 많았습니다. 그들은 예수 그리스도를 믿고 의롭게 된 사람들도 할례를 행하면 좋겠다고 생각했습니다. 성부 성자 성령의 이름으로 물세례를 받았지만, 할례도 받으면 완벽하겠다는 주장이었습니다. 예수님도 믿고 율법도 행해야 구원을 얻는다는 주장이었습니다. 바울 사도는 이것을 '다른 복음'이라고 분명하게 경고했습니다. 바울은 온 힘을 다해 그들과 싸우고 그 거짓 교리의 위험에 대해 경고했습니다. "다른 복음은 없나니 다만 어떤 사람들이 너희를 교란하여 그리스도의 복음을 변하게 하려 함이라. 그러나 우리나 혹은 하늘로부터 온 천사라도 우리가 너희에게 전한 복음 외에 다른 복음을 전하면 저주를 받을지어다"(갈 1:7-8).

우리가 비록 선행을 한다 해도 그 행위들은 우리의 구원의 근거가 되지 않습니다. 우리는 육신에 의해 오염되지 않고 징벌을 받지 않을 만한 단 한 가지 일도 할 수 없습니다. 만약 우리가 우리의 선행을 믿는다면 한순간도 마음의 평안을 찾지 못하고 늘 불안할 것입니다. 하나님께 받음직한 충분한 선행인지 확신할 수 없기 때문입니다. 지금도 로마 천주교인들은 불안해 합니다. 자기의 선행이 완전한 구원을 받기에 충분한지 모르기 때문입니다. 하나님께서 우리를 위해 선행을 행하셨습니다. "너희 안에서 착한 일을 시작하신 이가 그리스도 예수의 날까지 이루실 줄을 우리는 확신하노라"(빌 1:6). 하나님은 미쁘(믿음직하)십니다. 예수 그리스도 안에서 선한 일을 해 주셨습니다. 그러므로 예수 그리스도 안에서 우리가 선한 일을 할 수 있게 되었습니다(엡 2:10). 할렐루야!

나눔과 적용

1. 중세의 로마 천주교회는 선행에 대해 어떻게 믿었나요?
2. 바울은 유대주의 그리스도인들이 전한 복음에 대해 뭐라고 했나요?

아이들이 부모님 말씀을 잘 듣거나 착한 일을 하는 이유가 무엇일까요? 대체로 칭찬이나 상을 받기 위함입니다. 어른들은 진급을 하기 위해 직장에서 성실하게 일합니다. 좋은 직장을 얻기 위해 부지런히 공부합니다. 칭찬과 상은 고래도 춤추게 한다지요! 사람을 움직일 수 있는 가장 효과적인 방법이 있다면 바로 상 제도입니다. 상은 일을 잘 하도록 하는 좋은 도구가 될 수 있습니다. 적어도 사람들의 세계에서는 그렇습니다.

그러나 하나님도 그렇게 생각하실까요? 성경도 상에 대해 말합니다(마 5:12; 히 11:6). "보라, 내가 속히 오리니 내가 줄 상이 내게 있어 각 사람에게 그가 행한 대로 갚아 주리라"(계 22:12). 그런데 성경에서 말하는 상은 우리가 그 일을 잘 했기 때문에 주는 것이 아닙니다. 하나님께서 약속하시는 상은 우리가 잘 해서 주시는 것(공로)이 아니라, 은혜로 주시는 선물입니다. 우리는 보통 상이란 행한 일에 대한 당연한 보상으로 생각하지만, 하나님께서 주시는 상은 그런 것이 아닙니다. 사람이 행한 최고의 선행이라도 하나님 앞에서는 죄로 얼룩지기 때문에 우리에게 약속된 상은 '보상(報償)'이 아닙니다. 보상이란 어떤 일에 대한 대가입니다. 우리가 하나님께 받을 상은 우리가 행한 일에 대한 대가가 아니라 은혜의 선물일 뿐입니다. 마태복음 20장에 보면 농장에서 일한 모든 사람이 은혜로 일자리를 얻었고, 은혜로 한 데나리온을 받습니다. 그들이 받은 한 데나리온은 일에 대한 보상이 아닙니다.

그러면 우리의 선행은 아무런 가치가 없습니까? 예, 그렇습니다. 우리의 선행은 자랑할 것이 하나도 없습니다. 하나님께서 우리에게 상을 주시는 것은 우리의 선행 때문이 아닙니다. 우리 안에 행하신 <u>하나님의 선행</u> 때문입니다. 하나님께서 우리 안에서 우리를 통하여 하신 일, 이것이 우리의 선행입니다. 우리는 예수 그리스도라는 포도나무에 붙어 있으면 포도를 맺게 됩니다. 그리스도 안에서 우리의 순종이 선행이 됩니다. 이 열매를 선행이라고 한다면 이것조차도 하나님께 영광을 돌려야 할 것입니다. 우리가 먼저 그분께 은혜로 모든 것을 받지만, 우리 아버지 하나님은 받은 그것을 다시 그분께 가져오는 것을 기뻐하십니다. 요한계시록에 보면 이십 사 장로들이 자신들이 상으로 받은 (면류)관을 하나님께 돌려 드립니다(계 4:10). 이 모습이 바로 천국의 모습입니다. 하나님께서 우리 가운데 행하신 하나님의 선행!

성경

마 20:1-16

천국은 마치 품꾼을 얻어 포도원에 들여보내려고 이른 아침에 나간 집 주인과 같으니 그가 하루 한 데나리온씩 품꾼들과 약속하여 포도원에 들여보내고 또 제삼시에 나가 보니 장터에 놀고 서 있는 사람들이 또 있는지라 그들에게 이르되 너희도 포도원에 들어가라 내가 너희에게 상당하게 주리라 하니 그들이 가고 제육시와 제구시에 또 나가 그와 같이 하고 제십일시에도 나가 보니 서 있는 사람들이 또 있는지라 이르되 너희는 어찌하여 종일토록 놀고 여기 서 있느냐 이르되 우리를 품꾼으로 쓰는 이가 없음이니이다 이르되 너희도 포도원에 들어가라 하니라 저물매 포도원 주인이 청지기에게 이르되 품꾼들을 불러 나중 온 자로부터 시작하여 먼저 온 자까지 삯을 주라 하니 제십일시에 온 자들이 와서 한 데나리온씩 받거늘……내 것을 가지고 내 뜻대로 할 것이 아니냐 내가 선하므로 네가 악하게 보느냐 이와 같이 나중 된 자로서 먼저 되고 먼저 된 자로서 나중 되리라

찬송

95장

HC 63문
WSC 82문

나눔터

> 1. 사람들에게 상이라는 달콤한 방법이 선행을 행하는 데 도움이 될까요?
> 2. 상은 왜 은혜의 선물입니까?

성도가 받는 상은 무엇입니까?

성경

마 18:21-35

……그러므로 천국은 그 종들과 결산하려 하던 어떤 임금과 같으니 결산할 때에 만 달란트 빚진 자 하나를 데려오매 갚을 것이 없는지라 주인이 명하여 그 몸과 아내와 자식들과 모든 소유를 다 팔아 갚게 하라 하니 그 종이 엎드려 절하며 이르되 내게 참으소서 다 갚으리이다 하거늘 그 종의 주인이 불쌍히 여겨 놓아 보내며 그 빚을 탕감하여 주었더니 그 종이 나가서 자기에게 백 데나리온 빚진 동료 한 사람을 만나 붙들어 목을 잡고 이르되 빚을 갚으라 하매 그 동료가 엎드려 간구하여 이르되 나에게 참아 주소서 갚으리이다 하되 허락하지 아니하고 이에 가서 그가 빚을 갚도록 옥에 가두거늘 그 동료들이 그것을 보고 몹시 딱하게 여겨 주인에게 가서 그 일을 다 알리니 이에 주인이 그를 불러다가 말하되 악한 종아 네가 빌기에 내가 네 빚을 전부 탕감하여 주었거늘 내가 너를 불쌍히 여김과 같이 너도 네 동료를 불쌍히 여김이 마땅하지 아니하냐 하고 주인이 노하여 그 빚을 다 갚도록 그를 옥졸들에게 넘기니라 너희가 각각 마음으로부터 형제를 용서하지 아니하면 나의 하늘 아버지께서도 너희에게 이와 같이 하시리라

찬송

325장

HC 63문

WSC 82문

성도는 하나님께 무슨 상을 받을까요? 예수님은 팔복을 마무리하시면서 이렇게 말씀하셨습니다. "기뻐하고 즐거워하라. 하늘에서 너희의 상이 큼이라. 너희 전에 있던 선지자들도 이같이 박해하였느니라"(마 5:12). 그런데 하늘에서 우리를 위해 준비된 상이 무엇일까요? 세상에서 '상'이란 일에 대한 당연한 '보상' 혹은 '품삯', '급여' 같은 것입니다. 피나는 노력을 해 일등을 한 사람에게는 더 큰 상을 주기도 합니다. 세상에서는 자신의 능력과 노력의 결과로 상을 받습니다.

성경에도 그런 원리가 통할까요? 그렇지 않습니다. 하나님께서는 사람을 그렇게 대우하지 않으십니다. 사람은 피조물로서 창조주인 하나님을 배반하고 죄를 지어 관계가 끊어져 죽었습니다. 하나님과의 관계가 끊어진 사람은 살아 있는 것 같지만 사실은 죽은 것입니다. 하나님께서 잠시 세상에 살도록 허락해 주셨을 뿐입니다. 죄인은 당연히 죽고 그 후 지옥에 갈 것인데, 하나님의 외아들이신 예수 그리스도를 세상에 보내셔서 우리를 위해 십자가에 죽으심으로 우리의 모든 죗값을 지불하셨습니다. 그래서 우리는 다시 하나님과의 관계가 회복되어 새로운 피조물이 되었습니다. 다시 태어났고 새 생명을 얻어 거듭난 자가 되었습니다. 우리는 믿음으로 그 모든 복을 공짜로 받습니다. 우리가 무언가 열심히 노력해서가 아닙니다.

일만 달란트 빚진 자가 있습니다. 일만 달란트는 매우 큰돈입니다. 한 달란트(talent)가 6,000데나리온이고, 한 데나리온(denarion)이 노동자 하루 품삯입니다. 요즘 노동자 하루 품삯을 10만 원으로 계산하면, 일만 달란트는 무려 6조 원이나 되는 액수입니다. 그런데 그 자가 임금에게 그 많은 돈을 갚을 테니 참아 달라고 부탁합니다. 임금은 그를 불쌍히 여겨 빚을 탕감해 줍니다. 엄청난 은혜를 베풉니다. 그는 이제 어떻게 살아야 할까요? 임금처럼 자신도 불쌍한 사람에게 은혜를 베풀며 살아야 할 것입니다. 그런데 그는 그렇게 하지 않습니다. 오히려 100데나리온(1천만 원) 빚진 친구를 감옥에 넣습니다. 어처구니가 없습니다. 자기는 어마어마한 빚을 탕감받았는데, 친구의 빚 천만 원은 탕감해 주지 않습니다. 만약 그가 친구를 감옥에 넣지 않고 빚을 탕감해 주었다면 임금이 무슨 상을 내릴까요? 그 엄청난 빚을 탕감해 준 것이 상이고, 작은 빚을 진 친구의 돈을 탕감해 주는 것이 그의 영광입니다(잠 19:11). 그 사람은 당연히 해야 할 것을 했을 뿐입니다. 믿는 성도에게 상이 약속된 것은 믿음의 경주를 해 마지막 주님 오시는 날까지 구원을 온전히 이루는 그날 주어질 완전한 구원의 선물입니다.

나눔과 적용

1. 세상이 주는 상의 원리는 무엇입니까?
2. 하나님께서 우리에게 주셨고 또 앞으로 주실 가장 큰 상은 무엇인가요?

성.품.예.배(20)

조심성(4) : 안전 불감증

20 **5월** MAY

무슨 일이든지 급하게 서두르다 보면 실패합니다. 교회에서 직분을 너무 일찍 받았을 경우 반드시 문제가 생길 사람이 있습니다. 조심해야 합니다. 바울은 디모데에게 "아무에게나 경솔히 안수하지 말고"(딤전 5:22)라고 경고했습니다. 사람의 마음속 깊숙이까지 들어가 볼 수 없기 때문에 단기간의 관찰로 직분자를 세우는 것은 좋지 않다고 권고한 것입니다.

우리 주변만 살펴보아도 안전 불감증이 심각합니다. 자연에도 위험한 것이 많습니다. 아찔한 절벽, 깊은 시냇물, 홍수, 산사태, 벼락, 해일 같은 것에도 위험 요소들이 있습니다. 그러니 조심해야 합니다. 자연이 좋다고 안전에 무관심한 사람을 봅니다. 무모한 사람입니다. 자연보다 사람이 만든 문명의 이기들이 더 위험합니다. 자동차는 늘 사고의 위험에 노출되어 있습니다. 방어운전을 해야 하고 신호와 속도를 잘 지켜야 합니다. 컴퓨터도 잘못 사용하면 삶을 황폐화시킬 수 있습니다. 게임은 중독의 위험이 큽니다. 텔레비전도 마찬가지입니다. 스마트폰 중독도 심각합니다. 지하철에서 책을 읽는 사람은 찾아보기 힘들고 모두 스마트폰을 쳐다보고 있습니다.

식탁에 있는 뜨거운 음식은 어린아이에게 매우 위험합니다. 부모가 아이에게 위험하다는 것을 가르치지 않고 훈련시키지 않으면 화상을 입는 경우가 종종 있습니다. 자동차를 운전할 때 신호를 어기고 운전하거나 과속운전을 하는 그리스도인도 많습니다. 자신과 가족과 탑승자에게 돌이킬 수 없는 장애를 안길 수도 있습니다. 복도나 계단에서 뛰는 일이 없도록 훈련시켜야 합니다. 여자들은 여름에 옷을 입을 때 조심해야 합니다. 노출이 심한 옷은 남성들의 안목의 정욕을 자극하기 쉬우니 주의해야 합니다. 이렇듯 과도한 노출은 위험합니다. 또한 너무 늦게 다니지 않도록 조심해야 합니다. 남자들은 인터넷 중독을 조심해야 합니다.

그리스도인은 신중하고, 주도면밀하며, 때를 기다리고, 다른 사람의 의견을 들으며, 말하기 전에 미리 생각하고, 조급하지 않으며, 경솔히 행동하지 말아야 합니다.

성경

딤전 5:22

아무에게나 경솔히 안수하지 말고 다른 사람의 죄에 간섭하지 말며 네 자신을 지켜 정결하게 하라

찬송

342장 2절

나눔질문

1. 교회에서 경솔히 직분자를 세우는 것은 뭐가 문제입니까?
2. 우리가 생활에서 안전 불감증이 심각한 경우는 언제인가요? 구체적인 예를 들어 보세요!

바울이 받은 상은 무엇일까요?

성경

고전 9:16-27

내가 복음을 전할지라도 자랑할 것이 없음은 내가 부득불 할 일임이라 만일 복음을 전하지 아니하면 내게 화가 있을 것이로다 내가 내 자의로 이것을 행하면 상을 얻으려니와 내가 자의로 아니한다 할지라도 나는 사명을 받았노라 그런즉 내 상이 무엇이냐 내가 복음을 전할 때에 값없이 전하고 복음으로 말미암아 내게 있는 권리를 다 쓰지 아니하는 이것이로다……내가 여러 사람에게 여러 모습이 된 것은 아무쪼록 몇 사람이라도 구원하고자 함이니 내가 복음을 위하여 모든 것을 행함은 복음에 참여하고자 함이라 운동장에서 달음질하는 자들이 다 달릴지라도 오직 상을 받는 사람은 한 사람인 줄 너희가 알지 못하느냐 너희도 상을 받도록 이와 같이 달음질하라 이기기를 다투는 자마다 모든 일에 절제하나니 그들은 썩을 승리자의 관을 얻고자 하되 우리는 썩지 아니할 것을 얻고자 하노라 그러므로 나는 달음질하기를 향방 없는 것같이 아니하고 싸우기를 허공을 치는 것같이 아니하며 내가 내 몸을 쳐 복종하게 함은 내가 남에게 전파한 후에 자신이 도리어 버림을 당할까 두려워함이로다

찬송

595장

HC 63문
WSC 29-30문

하나님께서 성도에게 상을 주신다고 약속하십니다. 그 상이 무엇일까요? 궁금하죠? 하나님께 순종하면 좋은 집에 살고, 부자가 되고, 공부를 잘해 좋은 대학에 들어가게 되나요? 아이들은 상을 받는다고 하면 상장도 좋지만 부상으로 오는 상품을 더 좋아합니다. 그것이 하나님께서 우리에게 주시는 상이 아닐까요?

바울은 상에 대해 우리와 달리 생각했습니다. 고린도교회에 보낸 편지에서 바울은 하나님께서 주신 상이 무엇인지 말합니다. "그런즉 내 상이 무엇이냐? 내가 복음을 전할 때에 값없이 전하고 복음으로 말미암아 내게 있는 권리를 다 쓰지 아니하는 이것이로다"(고전 9:18). 바울이 하나님께 받은 상은 우리가 기대하는 그런 세상적인 상이 아닙니다. 그 상은 첫째, 자신의 사명인 복음을 값없이 전하는 것입니다. 바울은 예수님 믿는 사람들을 감옥에 가두고 죽이는 아주 나쁜 일을 했습니다. 그런데 하나님께서 바울을 구원해 주셨습니다. 그리고 복음을 전하는 사도로 불러 주셨습니다. 바울에게는 다른 사람에게 복음을 전하는 것 자체가 상이었습니다. 바울이 생각한 두 번째 상은 복음을 전할 때 자신의 권리를 다 쓰지 않는 것입니다. 바울 자신은 자유인이었지만 모든 사람을 종처럼 섬겼습니다. 바울은 복음을 전하면서 스스로 일해서 돈을 벌어 살았습니다. 낮은 자리와 배고픔과 매 맞는 모든 일을 잘 감당했습니다. 그것들이 바울에게는 상이었습니다. 그런 힘든 일이 있으면 '하나님께서 날 미워하셔서 고생시키시는구나.'라고 생각하지 않고 '내가 하나님의 일을 하는 영광을 누리는구나.'라고 생각했습니다. 바울은 "사명을 받았다."(고전 9:17)라고 했습니다. 다른 말로 표현하면 '경영하는 책임을 맡았다(oikonomia)'라는 뜻입니다. 바울에게 상은 자신의 사역을 열심히 경영하는 것(management)입니다. 청지기로서 자신의 사역을 잘 감당하는 것이 곧 하나님이 주시는 (보)상이었습니다.

그러면 우리는 어떤 상을 받았을까요? 하나님께 받은 사명(mission)을 기쁨으로 순종하는 것입니다. 사명을 행하는 것 자체가 상입니다. 왜냐하면 사명에는 약속이 있기 때문입니다. 그 약속을 믿고 순종하는 자에게는 영생이 보장됩니다. 하나님과 함께 하는 기쁨과 평화가 가득한 삶, 그것이 우리의 최고의 상입니다.

나눔터

1. 우리가 생각하는 상과 바울이 생각하는 상의 차이가 무엇일까요?
2. 우리는 어떤 사명을 받았나요? 그것을 잘 경영하고 있나요?

칭의에 선행이 효과가 없다면
사람들이 선을 행할까요?

교회에서 '우리가 의롭게 되는데 선행은 아무런 의미가 없다'고 가르친다면 누가 선행을 할까요? 선행을 해 봐야 아무런 상이 없고 구원에 도움이 되지 않는다면 '그냥 내 마음대로 살자'고 생각하지 않을까요? 오히려 사람들이 더 많은 죄를 짓지 않을까요?

그런 걱정은 하지 않아도 됩니다. 왜냐하면 참된 믿음으로 그리스도께 접붙여진 사람들은 감사의 열매를 맺게 되기 때문입니다. "나는 포도나무요 너희는 가지라. 그가 내 안에 내가 그 안에 거하면, 사람이 열매를 많이 맺나니, 나를 떠나서는 너희가 아무것도 할 수 없음이라"(요 15:5). 포도나무에 접붙여진 것은 가지인 우리가 직접 한 것이 아닙니다. 농부이신 하나님께서 하신 일입니다. 예수님에게 붙어 있는 성도는 자연스럽게 선행을 할 수밖에 없습니다. 선행을 하지 않으면 가지에서 떨어지기 때문에 불안해서 선행을 하는 것도 아닙니다. 또 포도나무에 계속 붙어 있기 위해 선행을 많이 해 좋은 열매를 맺으려 노력하는 것도 아닙니다. 포도나무에 붙어 있으면 좋은 열매를 맺습니다. 이것이 천국복음의 핵심입니다. 좋은 열매가 맺히는 것은 가지인 우리가 잘해서가 아닙니다. '포도나무인 예수님이 가지인 우리에게 영양분을 공급해 주서서 열매를 맺었습니다. 감사합니다'고 말해야 합니다. "우리는 무익한 종이라. 우리가 하여야 할 일을 한 것뿐이라"(눅 17:10). 이것이 성도의 바른 자세입니다.

그러나 이런 저런 핑계를 대면서 나쁜 열매를 맺는 사람이 있습니다. 좋은 나무에 붙어 있다고 여기지만, 못된 나무에 붙어 있습니다. 좋은 나무가 나쁜 열매를 맺을 수 없고, 나쁜 나무가 좋은 열매를 맺을 수 없습니다. 우리는 선행을 왜 합니까? 상을 받기 위해서입니까? 아니면 벌 받는 것이 두렵기 때문입니까? 다 아닙니다. 우리가 하나님의 아들과 딸로 입양되었기 때문에 당연히 자녀답게 행동(선행)하는 것입니다. 하나님의 자녀에게는 두려움이 없습니다. 비록 아직 미숙한 입양아이긴 하지만 점점 성숙해 갈 것입니다. 하나님께서 오래 참으시며 우리를 성숙한 자녀로 만들어 가실 것입니다.

22 **5월**
MAY

성경

눅 6:43–45

못된 열매 맺는 좋은 나무가 없고 또 좋은 열매 맺는 못된 나무가 없느니라 나무는 각각 그 열매로 아나니 가시나무에서 무화과를, 또는 찔레에서 포도를 따지 못하느니라 선한 사람은 마음에 쌓은 선에서 선을 내고 악한 자는 그 쌓은 악에서 악을 내나니 이는 마음에 가득한 것을 입으로 말함이니라

찬송

96장

HC 64문
WSC 82문

나눔터

1. 상벌이 우리의 선행에 영향을 미치는 것이 사실이지만, 성경은 어떻게 말합니까?
2. 우리가 선행을 하는 이유는 무엇인가요? 그 선행의 영광은 누가 받아야 합니까?

믿음은 어디에서 오나요?

성경

고전 12:3

그러므로 내가 너희에게 알리노니 하나님의 영으로 말하는 자는 누구든지 예수를 저주할 자라 하지 아니하고 또 성령으로 아니하고는 누구든지 예수를 주시라 할 수 없느니라

찬송

190장

HC 65문
WSC 30, 80, 89–91문

사람은 자신의 선행으로 하나님께 가까이 갈 수 없고 상도 받을 수 없습니다. 오직 믿음으로만(Sola Fide) 하늘의 복을 받을 수 있습니다. 그것을 '이신칭의(以信稱義)'라 합니다. 우리는 믿음으로 구원을 받습니다. 그런데 이 믿음은 어디에서 생기는 걸까요? 믿음은 스스로 의지적으로 만드는 것이 아닐까요? 믿음은 사람 마음속에서 생기는 것이죠! 믿음은 사람이 적극적으로 노력해야 가질 수 있는 것이 아닐까요? 무엇이든지 긍정적으로 믿으면 무슨 일이든지 잘 되는 것 아닌가요? "주 예수를 믿으라. 그리하면 너와 네 집이 구원을 받으리라."(행 16:31)라고 하는 것을 보면 믿음은 사람 가운데에서 생기는 것 같습니다. 성경에는 여러 곳에서 믿음을 가지라고 가르칩니다. 맞습니다. 성경은 믿음을 요구합니다. 그래서 믿음은 사람이 스스로 만들어 내는 것 같습니다.

그런데 성경을 자세히 살펴보면 믿음은 사람 안에서 생기는 것이 아니라 하늘로부터 오는 것입니다. 성령 하나님께서 믿음을 주시지 않으면 사람 마음에 믿음이 생기지 않습니다. 성경을 볼까요? "성령으로 아니하고는 누구든지 예수를 주시라 할 수 없느니라"(고전 12:3). 또 봅시다. "우리가 세상의 영을 받지 아니하고 오직 하나님으로부터 온 영을 받았으니 이는 우리로 하여금 하나님께서 우리에게 은혜로 주신 것들을 알게 하려 하심이라"(고전 2:12). 사람은 영적으로 죽었기 때문에 스스로 하나님을 믿을 수 있는 능력조차 없습니다. 죽은 사람은 스스로 살아날 수 있는 능력이 없습니다. 하나님께서 하늘에서 생명을 주셔야만 살아날 수 있습니다. 그래서 성령님이 사람 마음에 빛을 비추어 예수 그리스도를 알 수 있고 마음으로 신뢰하고 믿도록 하십니다. 이렇게 사람 속에 믿음이 생깁니다. 신기하죠! 사람이 스스로 예수님을 믿는 것 같지만 사실은 성령님이 믿음을 마음속에 불어 넣어 주신 것입니다. 그것이 어떻게 가능하냐고요? 언제 어디에서 그렇게 하셨는지 잘 모르지만 성령님이 하신 것은 분명합니다.

니고데모라는 유대인 관리가 예수님과 대화하는 중에 어떻게 사람이 다시 태어날 수 있는지 물었습니다. 그때 예수님이 말씀하셨습니다. "바람이 임의로 불매 네가 그 소리는 들어도 어디서 와서 어디로 가는지 알지 못하나니 성령으로 난 사람도 다 그러하니라"(요 3:8). 정말 굉장합니다. 성령님은 우리가 만질 수도 없고 느낄 수도 없지만 분명하게 계시며, 우리를 영적으로 낳아 믿음을 갖도록 하십니다. 성령 하나님, 정말 고맙습니다!

나눔질문

1. 성경은 "믿으라."라고 명령하는데, 믿음은 어디에서 옵니까?
2. 성령 하나님은 어떻게 우리를 살리십니까?

성령님은 눈에 보이지 않지만 살아 계십니다. 성령님은 사람의 마음에 믿음을 불어 넣으셔서 예수님을 믿을 수 있도록 하십니다. 성령님, 참 고맙습니다. 나 스스로 예수님을 믿는 줄 알았는데, 사실은 성령님이 도와주셨습니다. 그런데 성령님은 어떻게 이런 일을 하시나요? 깊은 산에서 기도할 때 성령님이 일하시나요? 아니면 금식하며 애쓰는 사람에게 일하시나요? 손뼉을 크게 치며 큰 소리로 찬송하는 사람에게 오시나요? 궁금하지 않나요? 사실 정답은 '모른다'입니다. 성령님은 하나님이기 때문에 자유롭게 일하십니다. 어떻게 일하시는지 우리는 잘 모릅니다. 하나님께서 하시는 일은 비밀입니다. 성경은 그것을 '신비하다'고 합니다.

그렇다고 사람이 전혀 성령님의 일을 알 수 없는 것은 아닙니다. 사람이 알고 있는 성령님의 일도 있습니다. 성령님은 거룩한 복음을 선포하심으로 우리 마음에 믿음을 일으키십니다. 같은 설교를 듣고도 믿는 사람이 있고 믿지 않는 사람이 있습니다.

바울이 로마의 식민지였던 유럽 첫 도시 빌립보에 배를 타고 건너갔습니다. 안식일에 기도할 곳을 찾던 바울이 강가에 앉아 있던 여자들에게 복음을 전했습니다. 그런데 그중에 루디아라 하는 한 여자가 말씀을 듣고 있습니다. 누가는 사도행전에서 이렇게 썼습니다. "두아디라 시에 있는 자색 옷감 장사로서 하나님을 섬기는 루디아라 하는 한 여자가 말을 듣고 있을 때 주께서 그 마음을 열어 바울의 말을 따르게 하신지라"(행 16:14). 말씀을 듣고 있을 때 성령님이 그 마음에 믿는 마음을 주셨습니다. 그 결과 그 여자와 그 집에 있는 모든 사람이 예수님을 믿고 세례를 받았습니다.

설교를 듣고 성경을 읽고 하나님을 믿는 사람이 있는가 하면, 강하게 거부하는 사람도 있습니다. 그래서 시인은 이렇게 기도했습니다. "내 눈을 열어서 주의 율법에서 놀라운 것을 보게 하소서"(시 119:18). 본래 성경은 성령의 감동을 받은 사람들이 쓴 책이기 때문에 읽는 사람도 성령님의 도움이 있어야 믿고 이해할 수 있습니다. 성령님이 마음의 눈을 열어 주셔야 합니다. 그렇군요! 앞으로 우리가 성경을 읽거나 설교를 듣기 전에 반드시 기도해야겠습니다! 마음의 눈을 열어 주시도록……

성경

행 16:11-15

우리가 드로아에서 배로 떠나 사모드라게로 직행하여 이튿날 네압볼리로 가고 거기서 빌립보에 이르니 이는 마게도냐 지방의 첫 성이요 또 로마의 식민지라 이 성에서 수일을 유하다가 안식일에 우리가 기도할 곳이 있을까 하여 문 밖 강가에 나가 거기 앉아서 모인 여자들에게 말하는데 두아디라 시에 있는 자색 옷감 장사로서 하나님을 섬기는 루디아라 하는 한 여자가 말을 듣고 있을 때 주께서 그 마음을 열어 바울의 말을 따르게 하신지라 그와 그 집이 다 세례를 받고 우리에게 청하여 이르되 만일 나를 주 믿는 자로 알거든 내 집에 들어와 유하라 하고 강권하여 머물게 하니라

찬송

198장

HC 65문
WSC 30, 80, 89-91문

나눔질문

1. 성령님은 어떻게 일하시나요?
2. 성경을 읽거나 설교를 들을 때 어떤 마음을 가져야 할까요?

성령님은 목사를 통해 말씀하십니다

성경

롬 10:17

그러므로 믿음은 들음에서 나며 들음은 그리스도의 말씀으로 말미암았느니라

엡 4:11

그가 어떤 사람은 사도로, 어떤 사람은 선지자로, 어떤 사람은 복음 전하는 자로, 어떤 사람은 목사와 교사로 삼으셨으니

찬송

205장

HC 65문
WSC 30, 80, 89~91문

우리는 매 주일 교회에 갑니다. 왜 교회에 가나요? 어떤 아이는 친구 만나러 간다고 합니다. 또 어떤 아이는 달란트 시장이 재미있어 달란트 모으는 재미로 교회에 간다고 합니다. 어떤 어른들은 사회적으로 훌륭한 사람들을 만날 수 있어 교회에 가기도 합니다. 우리는 왜 교회에 가야 하나요? 예! 그렇습니다. 우리는 하나님께 예배하러 교회에 갑니다. 예배 가운데 가장 중요한 시간은 무엇일까요? 그렇습니다. 설교 시간입니다. 설교란 하나님의 말씀을 전하는 것입니다. 설교는 중요합니다. 왜냐하면 성령님이 이 설교를 통해 일하시기 때문입니다. 설교를 들을 때에 하나님의 말씀을 듣습니다. "믿음은 들음에서 나며 들음은 그리스도의 말씀으로 말미암았느니라"(롬 10:17). 혼자 성경을 읽어도 되지만 왜 꼭 설교를 들어야 합니까? 왜 목사님의 설교를 꼭 들어야 합니까? 성령님이 선포된 말씀으로 듣는 사람의 마음에 믿음을 주시기 때문입니다.

하나님께서는 교회에 말씀을 주시면서 '직분자'를 세우셨습니다. 구약성경에도 '직분자'가 말씀을 가르쳤습니다. 하나님께서 시내 산에서 말씀하려 했을 때 이스라엘 백성은 무서워했습니다. 백성들은 모세에게 "당신이 우리에게 말씀하소서. 우리가 들으리이다. 하나님이 우리에게 말씀하시지 말게 하소서."(출 20:19)라고 부탁했습니다. 그 후 말씀을 가르치는 직분자는 레위인과 선지자였습니다. 물론 타락한 제사장과 거짓말하는 선지자도 있었지만, 하나님께서는 그래도 꾸준히 직분자들을 통해 말씀하셨습니다.

지금도 하나님께서 교회에 말씀 전하는 자인 '목사(牧師)'를 세우십니다(엡 4:11). '목사'는 '목자(牧者)'와 '교사(敎師)'를 줄인 말입니다. 그래서 말씀을 전하는 자인 목사는 교회에서 매우 중요합니다. 사람이 중요해서가 아니라, 하나님의 말씀을 맡아 전하는 직분자이기 때문에 중요합니다. 하나님께서 목사를 통해 하나님의 뜻을 전하기로 하셨기 때문에 설교를 하나님의 말씀으로 듣고 믿고 순종해야 합니다. 목사가 말씀을 준비하고 전하는 데 어려움이 없도록 모든 면에서 돕고 기도해야 합니다. 그러니 목사님을 위해 열심히 기도해야 합니다. 하나님의 말씀을 잘 전하도록 말입니다.

나눔질문

1. 하나님께서 우리에게 말씀을 주시기 위해 누구를 세우십니까?
2. '목사(牧師)'의 뜻과 그 의미를 말해 보세요!

성경은 사람에게 믿음을 주시는 분이 누구라고 가르치나요? 성령님이 사람의 마음에 조용히 믿음을 주십니다. 사람은 성령님을 느끼고 만질 수 없습니다. 그렇지만 성령님이 그 일을 하십니다. 특별히 성령님은 교회에 믿음을 풍성하게 주시기 위해 두 가지 방법을 사용하십니다. 바로 '말씀'과 '성례'입니다. 성령님은 교회에서 말씀의 선포를 통해 우리에게 믿음을 불러일으키십니다. 이것에 대해서는 우리가 이미 배웠습니다. 또 다른 방법은 '성례'입니다. 성례는 사람의 구원을 굳게 합니다.

16세기 종교개혁 이후 개신교회에서는 이 두 가지 은혜의 방법을 매우 중요하게 생각했습니다. 예배당에 들어가면 무엇이 가장 중심에 있습니까? 대부분의 개신교회에는 '강단(講壇)'이 가장 중앙 맨 앞에 놓여 있습니다. 설교가 가장 중요하다는 뜻입니다. 그 강단에서 선포되는 설교(하나님의 말씀)를 듣고 마음 문이 열려 하나님의 법을 깨닫고 지킴으로 복을 받습니다.

그 외에 또 한 가지 중요한 것이 성례입니다. 성례는 '성찬'과 '세례'(어른과 유아)입니다. 그래서 교회에는 설교단 외에 성찬대과 세례를 위한 기구가 준비되어 있습니다. 교회마다 조금씩 차이가 있지만 어떤 교회는 단 위에 '설교단'과 '성례단'이 좌우 동등한 위치에 있습니다. 또 어떤 교회는 설교단이 높은 위쪽에 있고 성례단은 낮은 아래쪽에 있습니다. 세례를 위한 세례단이 비치되어 있는 교회도 있지만 그렇지 않고 이동할 수 있는 기구를 쓰는 교회도 있습니다.

이렇게 설교단과 성례단이 중요한 성령님의 도구라는 것을 알면 우리의 자세도 달라질 것입니다. 우리 교회는 어떤지 생각해 봅시다. 성령님이 교회에서 은혜를 주시는 도구를 잘 사용할 수 있으면 좋겠습니다. 설교가 '선언서'에 쓴 내용이라면 성례는 그 아래 '하나님'이라는 이름 옆에 붙이는 반짝반짝 빛나는 '인증표'와 같습니다. 하나님의 말씀을 선포하는 선언서에 성례라는 인증표를 달 때 성령님은 성도의 마음에 믿음을 굳게 하십니다. 그래서 설교와 성례가 교회에서 중요합니다. 이제야 조금 이해가 되십니까? 성례를 무시할 수 없겠죠?

성경

눅 22:19-20
또 떡을 가져 감사 기도 하시고 떼어 그들에게 주시며 이르시되 이것은 너희를 위하여 주는 내 몸이라 너희가 이를 행하여 나를 기념하라 하시고 저녁 먹은 후에 잔도 그와 같이 하여 이르시되 이 잔은 내 피로 세우는 새언약이니 곧 너희를 위하여 붓는 것이라

마 28:19
그러므로 너희는 가서 모든 민족을 제자로 삼아 아버지와 아들과 성령의 이름으로 세례를 베풀고

찬송

227장

HC 67문
WSC 89-90, 92문

나눔질문

1. 성령님은 우리에게 믿음을 주시려고 어떤 방법을 사용하시나요?
2. 우리 교회 설교단과 성례단의 위치를 그려 보고 의미를 생각해 봅시다.

온유(1) : 복 있는 자!

성경

마 5:5

온유한 자는 복이 있나니 그들이 땅을 기업으로 받을 것임이요

찬송

427장 2절

성경은 "온유한 자는 복이 있나니 그들이 땅을 기업으로 받을 것임이요."(마 5:5)라고 선포합니다. 하나님께서는 땅의 모든 온유한 자를 구원(시 76:9)하십니다. 온유한 태도나 성품은 기독교에서 매우 중요합니다.

그러면 온유란 무엇입니까? 온유는 하나님께서 우리를 통해 평화와 능력을 나타내시도록 우리의 권리를 하나님께 드리는 것입니다. 그리스도인의 온유를 나약함이라고 놀리는 사람들도 있지만, 자신의 권리를 하나님과 사람에게 돌리는 사람은 결코 약하지 않고 오히려 강한 사람입니다.

온유의 반대 개념은 성냄과 화냄입니다. 분을 품거나 화를 내는 것은 하나님의 주권을 인정하지 않는 것과 관계있습니다. 하나님께서 주권적으로 일하고 계시다는 사실을 무시하면, 결론을 내려놓고 심판자적인 입장에 서서 화를 내게 됩니다. 성내는 사람이 강한 사람인가요? 그렇게 보이지만 사실은 반대입니다. 화를 내는 사람은 오히려 약한 자입니다. 거꾸로 온유한 자는 약해 보이지만 강한 자입니다. 온유한 자는 자신을 의지하지 않고 하나님의 주권을 인정합니다. 아무리 똑똑한 인간도 하나님보다 지혜로울 수 없습니다. 하나님의 섭리와 지혜에 우리의 삶을 드리는 자가 진정 강한 자이고 겸손한 자입니다. 이들을 우리는 온유한 자라고 부릅니다.

온유한 자는 복이 있는데, 그들은 하나님 나라의 땅을 유산으로 받게 될 것입니다. 모세는 하나님께 땅 위에서 가장 온유한 사람(민 12:3)이라는 평가를 받았습니다. 모세가 구스 여자를 첩으로 들이는 실수를 했을 때 그의 형과 누나인 아론과 미리암이 모세를 비방하며 그 권위에 도전했습니다. 그때 하나님께서 모세를 두둔하시고, 모세를 비난한 미리암에게 벌을 내리셨습니다. 온유는 인간적으로 흠이 있느냐 없느냐의 문제가 아닙니다. 온유는 하나님과의 관계에서 평가받는 것입니다. 하나님의 권위를 인정하는 것입니다. 하나님과 관계없이 '내가 무슨 일을 하겠다'고 하는 것은 온유가 아닙니다. 온유의 반대는 분노이고, 분노의 근원은 교만입니다. 우리는 온유한 자입니까?

나눔터

1. 온유한 자는 나약한 사람입니까?
2. 온유한 사람이란 어떤 사람입니까? 하나님이 말하는 온유는 우리가 생각하는 것과 어떻게 다릅니까?

우리는 교회예배에서 성례식을 자주 보지 못합니다. '성찬식'이 있는 주일예배는 평소와 좀 다릅니다. 예배 중간에 빵을 한 조각씩 나눠 주고 포도주를 작은 잔에 마십니다. 조용한 음악이 흐르며, 얼굴 표정이 굳어 있는 사람도 있고, 고개를 숙이고 눈을 지그시 감고 기도하는 사람도 있고, 눈물을 흘리는 사람도 있습니다.

한국교회는 성찬식을 할 때 '세례식'도 함께 합니다. 예수님을 처음 믿는 사람이 '세례'를 받습니다. 어릴 때부터 교회에 출석하다가 성장해 스스로 자신의 마음과 입으로 신앙을 고백하고 교회의 책임 있는 교인이 되는 의식인 '입교식'을 하기도 합니다. 그렇지만 '입교식'은 성례가 아닙니다.

그러면 성례는 무엇입니까? 음~ 막상 물으니, 잘 대답하기 힘들군요. 성례가 무엇인지 알아봅시다. 말씀과 성례는 모두 성령님이 우리에게 선물을 주시기 위해 사용하시는 방법입니다. 말씀은 눈에 보이지 않지만, 성례는 눈에 보인다는 차이가 있습니다. 성례는 거룩한 '표와 인'입니다.

'표(標: sign)'는 도로 표지판을 생각하면 쉽게 이해할 수 있습니다. 사람은 표지판을 보면 어디로 가는지를 분명하게 알 수 있습니다. 고속도로 교차로에 가까이 가면 길을 안내하는 표지판이 나타납니다. 표지판을 잘 보지 않으면 엉뚱한 길로 갈 수 있습니다. 표지판은 목적지를 바르게 갈 수 있도록 인도하는 역할을 합니다. 잘못된 길로 가면 큰일입니다. 표지판을 정확하게 잘 보아야 합니다. 성례는 우리가 어디에서 왔으며 지금 어디에 있고 앞으로 어디로 가게 될 것인지를 분명하게 보여 주는 표와 같습니다. 그러므로 이 표는 매우 중요합니다.

'인(印: seal)'은 도장입니다. 도장은 문서가 진실하다는 뜻으로 찍습니다. 만약 도장이 없다면 그 문서가 진짜인지 가짜인지 알 수 없습니다. 도장이 있으면 '아, 이것은 믿어도 되겠다'고 확신할 수 있습니다. 성례는 하나님의 언약이 진실하고 확실하다는 것을 분명하게 증명하는 도장과 같은 역할을 합니다.

이와 같이 하나님께서 우리에게 약속하신 복음을 더 잘 이해하고 믿도록 하기 위해 성례를 주셨습니다. 그리고 이 성례를 통해 '복음의 약속'을 더 분명하게 확증하기 원하셨습니다. '복음의 약속'은 무엇입니까? 그것은 그리스도께서 십자가 위에서 이루신 단번의 제사 때문에 하나님께서 우리에게 죄 용서와 영생을 은혜로 주신다는 것입니다. 이제 하나님의 약속인 설교도 중요하지만 성례도 중요하다는 것을 알게 되었습니다. 꼼꼼하시고 자상하신 하나님, 감사합니다!

성경
롬 4:11
그가 할례의 표를 받은 것은 무할례시에 믿음으로 된 의를 인친 것이니 이는 무할례자로서 믿는 모든 자의 조상이 되어 그들도 의로 여기심을 얻게 하려 하심이라

찬송
227장

HC 66문
WSC 92문

나눔과 적용

1. 성례식을 경험해 본 느낌을 서로 이야기해 보세요.
2. 성례는 '표'와 '인'의 의미를 가집니다. 각각 무슨 뜻인지 설명해 보세요.

성례는 왜 주셨을까요?

성경

마 14:22-33

예수께서 즉시 제자들을 재촉하사 자기가 무리를 보내는 동안에 배를 타고 앞서 건너편으로 가게 하시고 무리를 보내신 후에 기도하러 따로 산에 올라가시니라 저물매 거기 혼자 계시더니 배가 이미 육지에서 수리나 떠나서 바람이 거스르므로 물결로 말미암아 고난을 당하더라 밤 사경에 예수께서 바다 위로 걸어서 제자들에게 오시니 제자들이 그가 바다 위로 걸어오심을 보고 놀라 유령이라 하며 무서워하여 소리 지르거늘 예수께서 즉시 이르시되 안심하라 나니 두려워하지 말라 베드로가 대답하여 이르되 주여 만일 주님이시거든 나를 명하사 물 위로 오라 하소서 하니 오라 하시니 베드로가 배에서 내려 물 위로 걸어서 예수께로 가되 바람을 보고 무서워 빠져 가는지라 소리 질러 이르되 주여 나를 구원하소서 하니 예수께서 즉시 손을 내밀어 그를 붙잡으시며 이르시되 믿음이 작은 자여 왜 의심하였느냐 하시고 배에 함께 오르매 바람이 그치는지라 배에 있는 사람들이 예수께 절하며 이르되 진실로 하나님의 아들이로소이다 하더라

찬송

135장

HC 66문
WSC 92문

성례는 사람이 만든 것일까요? 아닙니다. 성례는 하나님께서 생각하시고 만드셨습니다. 그러면 왜 하나님께서 성례를 만드셨을까요? 말씀이 충분하지 않아 눈에 보이는 성례를 주신 것일까요? 예배 시간에 설교를 통해 복음의 약속을 듣고 믿는 것으로 충분할 텐데 눈에 보이는 말씀을 왜 주셨을까요? 말씀으로는 뭔가 부족한 것일까요?

그렇지 않습니다. 하나님께서 우리에게 성례를 주신 것은 말씀이 부족해서가 아닙니다. 인간인 우리가 부족해서입니다. 사람에게 문제가 있기 때문에 성례를 주셨습니다. 사람은 미련하고 무지합니다. 말씀의 뜻을 듣고도 깨닫지 못하거나 이해하더라도 금방 잊어버립니다. 또 믿음이 약해 하나님의 약속을 온전히 의지하지 못합니다. 예수님의 제자 베드로가 약한 믿음을 보인 이야기가 있습니다. 예수님이 폭풍 치는 바다 위로 걸어오시는 것을 보고 제자들은 유령인 줄 알고 놀랐습니다. 그러나 예수님이라는 것을 알고 안심했습니다. 그때 베드로가 "오라!"라고 하시는 예수님의 말씀을 믿고 물위를 걸었습니다. 와! 굉장합니다. 사람이 물위를 걷다니! 믿을 수 없습니다. 그런데 잠시 후 바람에 움직이는 파도를 본 베드로는 무서워졌습니다. 순식간에 베드로의 믿음은 콩알처럼 작아지고 말았습니다. 겨우 예수님의 도움으로 살아나긴 했습니다. 이처럼 사람의 믿음은 힘들고 고통스럽고 무서운 일이 닥치면 금방 약해집니다.

또 똑똑한 사람들도 하나님의 말씀을 잘 모를 수 있습니다. '어떻게 우리의 죄가 예수님의 죽음으로 없어질 수 있을까?' '죄를 용서받으려면 내가 벌을 받아야지 예수님이 받는다는 것은 이해할 수 없어!' 그들은 자신만만하지만 하나님을 이해할 수 없습니다. 믿기보다는 의심합니다. 헬라인처럼 철학적 지식이 많은 사람은 십자가를 미련하다고 합니다. 유대인은 십자가가 불결하고 깨끗하지 않다고 생각했습니다.

그래서 하나님께서는 사람의 무지와 약함 때문에 말씀에 성례를 더 하신 것입니다. 우리는 입으로 떡을 먹고 포도주를 마시며 예수님의 십자가의 죽음을 더 분명하게 느낄 수 있습니다. 물로 세례를 받으면서 예수님이 물로 몸을 씻으신 것처럼 우리의 죄를 깨끗하게 하셨구나, 하고 느낄 수 있습니다. 참 친절하신 하나님입니다.

나눔 질문

1. 말씀만으로 충분하지 않나요? 그런데 왜 성례를 주셨나요?
2. 정말 우리는 믿음이 없고 연약합니까? 생각해 보세요.

성례는 제사인가요?

로마 천주교회에서는 성찬을 제사라고 합니다. 그래서 성찬대를 '제대'라고 부릅니다. 그런데 성경도 성찬을 제사라고 할까요? 그렇지 않습니다. '제사'가 인간이 하나님께 드리는 것이라면, '성례'는 하나님께서 인간에게 주시는 것입니다. 구약성경에 보면 많은 제사가 있었습니다. 번제, 소제, 속죄제, 속건제, 화목제 같은 것들입니다. 이런 것들은 모두 인간이 하나님께 드리는 것입니다. 그렇지만 이 제사는 완전하지 않아 인간의 모든 죄를 용서할 수 없었습니다. 이 제사들은 예수님의 그림자였을 뿐입니다. 실체가 오면 사라질 것들이었습니다. 그리고 마침내 실체이신 예수님이 오셨습니다. 그래서 그 모든 구약의 제사는 사라졌습니다. 왜냐하면 예수님이 십자가 위에서 죽으심으로 완전한 제사를 단번에 하나님께 드리셨기 때문입니다. 이제 더 이상 하나님께 제사를 드릴 필요가 없습니다. 하나님께 가까이 가기 위한 희생제사는 더 이상 드리지 않아도 됩니다. 이제 우리가 드려야 할 제사가 있다면 '감사의 제사'입니다.

그런데 '성례(세례와 성찬)'는 하나님께서 우리에게 주시는 선물입니다. 우리가 성례를 만들지 않았습니다. 하나님께서 만드셨고, 우리에게 주시는 선물이 성례입니다. 우리가 성례를 준비하고 시행하기 때문에 우리가 뭔가를 하나님께 드리는 것으로 오해하기 쉽습니다. 그렇지만 성례는 우리가 뭔가를 드리는 것이 아니라, 하나님께서 우리에게 복을 주시는 시간입니다. 성찬식 때 빵과 포도주를 먹고 마시는 것은 내가 믿는 믿음을 표시하고 도장 찍는 것이 아닙니다. 하나님께서 우리에게 주시고, 우리는 하나님께 받는 시간입니다. 빵은 우리 위해 찢기신 예수님의 몸을 표시하고 포도주는 우리 위해 흘리신 예수님의 피를 가르쳐 줍니다. 성찬식에서 빵과 포도주를 먹고 마시면서 하나님께서 우리에게 십자가의 복음을 이해시키시고, 확실하다고 선포하십니다. 그래서 성찬식을 위해 내가 특별히 준비할 것이 없습니다. 성찬식을 앞두고 특별히 금식을 하거나 기도 시간을 더 늘리든가 할 필요가 없습니다. 성찬식 중에 예수님의 십자가를 생각하며 더 슬퍼하거나 눈물 흘릴 필요도 없습니다. 성찬식은 우리가 드리는 시간이 아니라 받는 시간이기 때문입니다. 우리는 성찬식을 통해 하나님의 복음 약속을 단지 믿음으로 받기만 하면 되는 은혜로운 시간입니다. 이제 좀 이해가 되나요? 그렇지요. 성찬식은 제사가 아닙니다.

성경

요 6:47-58

진실로 진실로 너희에게 이르노니 믿는 자는 영생을 가졌나니 내가 곧 생명의 떡이니라 너희 조상들은 광야에서 만나를 먹었어도 죽었거니와 이는 하늘에서 내려오는 떡이니 사람으로 하여금 먹고 죽지 아니하게 하는 것이니라 나는 하늘에서 내려온 살아 있는 떡이니 사람이 이 떡을 먹으면 영생하리라 내가 줄 떡은 곧 세상의 생명을 위한 내 살이니라 하시니라 그러므로 유대인들이 서로 다투어 이르되 이 사람이 어찌 능히 자기 살을 우리에게 주어 먹게 하겠느냐 예수께서 이르시되 내가 진실로 진실로 너희에게 이르노니 인자의 살을 먹지 아니하고 인자의 피를 마시지 아니하면 너희 속에 생명이 없느니라 내 살을 먹고 내 피를 마시는 자는 영생을 가졌고 마지막 날에 내가 그를 다시 살리리니 내 살은 참된 양식이요 내 피는 참된 음료로다 내 살을 먹고 내 피를 마시는 자는 내 안에 거하고 나도 그의 안에 거하나니 살아 계신 아버지께서 나를 보내시매 내가 아버지로 말미암아 사는 것같이 나를 먹는 그 사람도 나로 말미암아 살리라 이것은 하늘에서 내려온 떡이니 조상들이 먹고도 죽은 그것과 같지 아니하여 이 떡을 먹는 자는 영원히 살리라

찬송

233장

HC 66문
WSC 92문

나눔질문

1. 성찬과 제사의 차이가 무엇입니까?
2. 성찬의 의미를 생각할 때 성찬식 분위기는 어떠해야 할까요?

말씀과 성례

성경

마 26:26-29

그들이 먹을 때에 예수께서 떡을 가지사 축복하시고 떼어 제자들에게 주시며 이르시되 받아서 먹으라 이것은 내 몸이니라 하시고 또 잔을 가지사 감사 기도하시고 그들에게 주시며 이르시되 너희가 다 이것을 마시라 이것은 죄 사함을 얻게 하려고 많은 사람을 위하여 흘리는 바 나의 피 곧 언약의 피니라 그러나 너희에게 이르노니 내가 포도나무에서 난 것을 이제부터 내 아버지의 나라에서 새것으로 너희와 함께 마시는 날까지 마시지 아니하리라 하시니라

찬송

228장

HC 67문
WSC 89-90문

개신교회예배당 안에 들어가면 '설교단'이 가운데에 있습니다. 그리고 잘 살펴보면 '성찬대'가 있습니다. 찾기가 쉽지 않습니다. 보통 교회에는 '설교단'보다 한 단계 아래에 '작은 설교단'이 또 하나 있습니다. 보통 '새벽기도회'나 '수요기도회'에 사용합니다. 보조 설교단처럼 쓰입니다. 사실은 그것이 바로 '성찬대'입니다. 성찬식을 자주 하지 않기 때문에 다르게 사용될 뿐입니다. 평소에는 예배의 사회를 보는 사람이 성찬대에서 인도하고 설교자는 윗 강단에서 설교합니다. 어떤 교회는 꽃을 올려놓는 장소로 사용하기도 합니다.

로마 천주교회는 오히려 '설교단'보다 '성찬대'를 더 중요하게 여깁니다. '성찬'이 '설교'보다 훨씬 중요하다는 뜻입니다. 정말로 로마 천주교회에서는 설교를 5분만 하고 끝냅니다. 성찬은 매주일 하면서도 가장 길게 진행합니다.

이런 교회당의 모습은 '말씀'과 '성례'의 관계를 설명해 줍니다. 성령님은 우리에게 복음을 알려 주시고 가르치시기 위해 목사님을 통해 말씀을 전하도록 하셨습니다. 동시에 목사님이 성례를 통해 그 복음을 확증하도록 하셨습니다. 이렇게 말씀과 성례는 오직 예수 그리스도의 십자가의 제사를 바라보게 합니다. 우리의 구원을 위한 유일한 근거가 바로 예수 그리스도의 십자가밖에 없다는 것을 '말씀과 성례'를 통해 성령님이 가르쳐 주시고 확인시켜 주십니다.

말씀과 성례 둘 다 하나님께서 만드셨고 교회의 직분자들을 시켜 봉사하도록 하셨습니다. 말씀과 성례 둘 다 우리 속에 믿음을 일으키고 강하게 합니다. 둘 다 그리스도를 전하고 확증합니다. 그런데 이 둘은 서로 다른 점도 있습니다. 말씀은 믿는 사람뿐만 아니라 불신자들에게도 선포하지만, 성례는 믿는 사람에게만 행합니다. 성례는 이미 생긴 믿음을 더 강하게 하고 확실하게 하는 역할을 합니다. 대신 성례는 말씀이 없이는 아무런 효력이 없습니다. 성례는 말씀과 상관없이 떨어져서는 의미가 없고, 또 모든 사람에게 구원을 위한 필수가 아닙니다. '표'의 내용에 해당하는 말씀이 없으면 '도장'에 해당하는 성례도 의미가 없습니다. 마치 백지에 도장만 찍는 셈이기 때문입니다. 유명한 신학자 어거스틴(Augustine)은 이런 말씀을 했습니다. "성례를 받지 않았다고 크게 문제가 되지는 않습니다. 단지 성례를 잘못 행하는 것이 문제입니다."

나눔 질문

1. 구원은 예수 그리스도의 십자가로 가능합니다. 이것은 무엇이 가르칩니까?
2. 말씀과 성례의 차이는 무엇입니까?

성례와 말씀

성찬식이 있는 날에는 솔직히 좀 지겹습니다. 왜냐하면 평소보다 예배가 훨씬 길어지기 때문입니다. 교회마다 차이가 있긴 하지만 설교하고 성찬식과 세례식을 하면 20-30분 정도 더 걸립니다. 어떤 교회는 1시간이나 더 걸리기도 합니다.

어거스틴은 성례를 "눈에 보이는 말씀"이라고 말했습니다. 이 말씀을 이유로 성례가 있는 날에는 목사님이 설교를 하지 않아도 되지 않느냐, 하고 생각하기도 합니다. 성례가 눈에 보이는 말씀과 같다는 이유에서입니다. 빵과 포도주 그리고 세례식에 물을 뿌리는 것 자체가 뜻을 전달한다고 생각합니다.

성례가 '눈에 보이는 말씀'이라는 말은 옳습니다. 말씀과 성례는 동일한 내용을 가르치고 전달하고 확증하기 위한 것입니다. 그렇지만 성례는 말씀 없이는 아무런 의미가 없습니다. 선포된 새언약의 말씀을 표하고 인 치며 확증하는 것입니다. 말씀은 성례 없이도 효력을 일으킵니다. 성례는 말씀 없이는 효력이 없습니다. 사람은 성례가 없어도 구원을 받을 수 있습니다. 그러나 말씀 없이는 구원받을 수 없습니다.

로마 천주교회에서는 말씀과 상관없이도 성례를 시행합니다. 말씀이 없어도 성례 자체가 효력이 있다고 믿습니다. 믿음이 없는 사람이라도 성찬의 빵을 먹고, 세례를 받으면 효과가 있다고 믿습니다. 복음을 믿고 의지하는 것이 없어도 성례 자체가 효과가 있다고 믿습니다. 이것은 성경의 내용과 다른 것입니다. 말씀을 통해 성례의 의미를 바르게 이해하지 않으면 아무런 효과가 없습니다. 아무리 성례를 열심히 참석해도 그 의미를 알지 못하면 복을 받을 수 없습니다. 그래서 성례가 있기 전에 말씀으로 성례의 의미를 설명해야 하고 들어야 합니다. 비록 예배 시간이 길어지지만 성례에 담긴 의미를 충분히 설명해야만 그 성례가 효력이 있습니다. 이제 예배 시간이 길어져도 참을 수 있겠죠?

성경

고전 11:23-29

내가 너희에게 전한 것은 주께 받은 것이니 곧 주 예수께서 잡히시던 밤에 떡을 가지사 축사하시고 떼어 이르시되 이것은 너희를 위하는 내 몸이니 이것을 행하여 나를 기념하라 하시고 식후에 또한 그와 같이 잔을 가지시고 이르시되 이 잔은 내 피로 세운 새언약이니 이것을 행하여 마실 때마다 나를 기념하라 하셨으니 너희가 이 떡을 먹으며 이 잔을 마실 때마다 주의 죽으심을 그가 오실 때까지 전하는 것이니라 그러므로 누구든지 주의 떡이나 잔을 합당하지 않게 먹고 마시는 자는 주의 몸과 피에 대하여 죄를 짓는 것이니라 사람이 자기를 살피고 그 후에야 이 떡을 먹고 이 잔을 마실지니 주의 몸을 분별하지 못하고 먹고 마시는 자는 자기의 죄를 먹고 마시는 것이니라

찬송

232장

HC 67문
WSC 89-90문

나눔질문

1. 성례가 있는 주일예배가 길어지는 것에 대해 어떻게 느꼈는지 이야기해 보세요.
2. 성례가 있는 날에도 설교가 있어야 하는 이유가 무엇인가요?

성례는 세례와 성만찬밖에 없습니까?

성경

요 6:47-58

진실로 진실로 너희에게 이르노니 믿는 자는 영생을 가졌나니 내가 곧 생명의 떡이니라 너희 조상들은 광야에서 만나를 먹었어도 죽었거니와 이는 하늘에서 내려오는 떡이니 사람으로 하여금 먹고 죽지 아니하게 하는 것이니라 나는 하늘에서 내려온 살아 있는 떡이니 사람이 이 떡을 먹으면 영생하리라 내가 줄 떡은 곧 세상의 생명을 위한 내 살이니라 하시니라 그러므로 유대인들이 서로 다투어 이르되 이 사람이 어찌 능히 자기 살을 우리에게 주어 먹게 하겠느냐 예수께서 이르시되 내가 진실로 진실로 너희에게 이르노니 인자의 살을 먹지 아니하고 인자의 피를 마시지 아니하면 너희 속에 생명이 없느니라 내 살을 먹고 내 피를 마시는 자는 영생을 가졌고 마지막 날에 내가 그를 다시 살리리니 내 살은 참된 양식이요 내 피는 참된 음료로다 내 살을 먹고 내 피를 마시는 자는 내 안에 거하고 나도 그의 안에 거하나니 살아 계신 아버지께서 나를 보내시매 내가 아버지로 말미암아 사는 것같이 나를 먹는 그 사람도 나로 말미암아 살리라 이것은 하늘에서 내려온 떡이니 조상들이 먹고도 죽은 그것과 같지 아니하여 이 떡을 먹는 자는 영원히 살리라

찬송

227장

HC 68문
WSC 93문

우리 교회에는 많은 예배와 행사들이 있습니다. 교회에서 하는 모임은 다 중요하고 거룩한 모임일까요? 그것들이 다 성례일까요? 로마 천주교회에는 성례가 무려 일곱 개나 있습니다. 그러나 개신교회는 세례와 성찬식만 성례로 인정합니다. 왜냐하면 성례는 우리가 만드는 것이 아니라, 하나님께서 만드신 것이기 때문입니다. 로마 천주교회는 두 개 외에 견진성사(성령의 기름 부음, 개신교회의 입교에 해당됨), 고해성사(죄를 사제에게 고백함), 혼인성사(결혼), 종유성사(죽음을 앞둔 환자에게 기름을 붓는 것), 신품성사(성직자 임직)도 성례에 포함시킵니다. 이 모든 것이 교회 행사로 중요한 것은 분명하지만 그렇다고 하나님께서 이것들을 성례로 만드신 것은 아닙니다. 사람이 중요하게 생각하는 것과 하나님의 생각은 다릅니다. 하나님께서 보실 때 가장 중요한 것은 죄의 문제입니다. 죄를 해결해 주시기 위해 예수 그리스도를 세상에 보내셨고 십자가에 죽게 하셨습니다. 이 복된 소식을 믿는 사람들은 죄를 용서받고 새언약으로 성부 성자 성령 하나님과 하나 됨을 '세례'를 통해 확신하게 합니다. 하나님의 자녀가 된 성도는 그리스도의 죄 사함과 피 흘림을 기억하고 기념하기 위해 '성만찬'에 참여합니다. 그래서 개신교회는 세례와 성만찬을 중요한 성례로 인정합니다.

구약성경에서 하나님께서 만드신 성례로 '할례'와 '유월절'이 있습니다. 할례는 남자아이가 태어난 지 8일이 될 때 생식기 피부의 끝을 자르는 성례입니다. 할례는 언약의 내용을 받아들이고 확실하게 도장 찍는 예식입니다. 유월절은 이집트의 종살이에서 벗어나 자유자가 되었다는 것을 기념하는 성례입니다. 양을 죽여 피를 뿌리고 온 가족이 함께 모여 고기를 먹습니다. 구약의 '할례와 유월절'은 신약의 '세례와 성만찬'을 잘 설명합니다. 그러나 차이도 있습니다. 구약의 성례는 모두 피를 흘려야 합니다. 이것들은 모두 예수님의 피를 상징합니다. 그러나 신약의 성례는 피가 필요 없습니다. 왜냐하면 예수님이 십자가 위에서 한 번 피를 흘려 구원을 다 이루셨기 때문입니다. 우리는 삼위 하나님의 이름으로 세례를 받고, 성만찬에 참여해 예수님의 몸과 피의 의미를 기억하며 기념합니다. 그러므로 하나님께서 우리에게 주신 성례는 세례와 성만찬밖에 없습니다.

1. 하나님께서 만드신 성례는 무엇이 있나요?
2. 구약의 성례와 신약의 성례는 어떤 차이가 있나요?

온유(2) : 완전한 온유의 모델, 예수님

모세는 세상에서 가장 온유한 자라는 평가를 받았습니다. 그렇지만 모세도 약한 사람이었습니다. 모세는 물 때문에 원망하는 백성을 향해 화를 냈습니다(민 20:10). 하나님께서는 원망하는 백성에게 물을 주실 계획이었습니다. 그러나 모세는 하나님의 뜻과 반대로 화를 냈고 '바위를 향해 외치라'는 명령을 거부하고 지팡이로 바위를 힘껏 내리쳤습니다. 니느웨를 향해 회개할 것을 외쳤던 요나가, 하나님께서 니느웨를 구원하실 것이라는 계획을 보고 화를 내며 기분 나빠한 것처럼 행동한 것입니다. 온유했던 그가 분노함으로 하나님의 말씀에 불순종했습니다. 그는 그것 때문에 가나안 땅에 들어가지 못했습니다. 그 어떤 인간도 완전한 온유를 갖지 못했습니다. 사람은 모두 죄인으로 태어납니다.

그러나 완전한 온유를 가지신 한 사람이 세상에 나타나셨습니다. 바로 예수 그리스도이십니다. "나는 마음이 온유하고 겸손하니 나의 멍에를 메고 내게 배우라. 그리하면 너희 마음이 쉼을 얻으리니"(마 11:29). 예수 그리스도께서는 참으로 온유한 삶을 사셨습니다. 그분의 전 삶이 온유 그 자체였습니다. 하늘에 계신 아버지의 뜻을 이루기 위해 완전히 순종하심으로 온유한 삶을 사셨습니다. 십자가에 죽으심으로 하늘 아버지의 뜻에 순종하실 때 그리고 "아버지여 저희를 사하여 주옵소서. 자기들이 하는 것을 알지 못함이니이다."(눅 23:34)라고 기도하실 때 그 온유함은 절정에 이릅니다.

서울 도심의 숭례문에 불을 지른 할아버지가 있었습니다. 그는 세상에 대한 분노와 좌절과 적개심으로 불을 질렀다고 합니다. 그의 행동에는 온유가 없습니다. 성경에서 가르치는 온유한 사람은 먼저 자신 안에 거하는 온갖 죄악에 대항해 싸우며 더 나아가 세상에 일어나는 불의에 대해 안타까워합니다. 때로는 불의에 대항하다가 고난과 핍박을 받을 수도 있지만 악을 악으로 갚지 않고 인내와 사랑으로 살아가는 사람이 온유한 사람입니다.

예수님은 '전쟁의 왕'이 아닙니다. 예수님은 '온유의 왕'이십니다. 그분이 우리 삶의 모델입니다. 예수님을 본받는 삶을 살아갑시다!

성경

마 11:29

나는 마음이 온유하고 겸손하니 나의 멍에를 메고 내게 배우라 그리하면 너희 마음이 쉼을 얻으리니

찬송

82장 4절

나눔질문

1. 세상에 온유한 사람이 있을까요? 주변에 아는 사람 가운데 온유하다고 생각하는 분이 있나요?
2. 예수님의 온유는 어떤 것입니까?

'세례'는 무엇이고 '침례'는 무엇입니까?

성경

고전 10:1-2

형제들아 나는 너희가 알지 못하기를 원하지 아니하노니 우리 조상들이 다 구름 아래에 있고 바다 가운데로 지나며 모세에게 속하여 다 구름과 바다에서 세례를 받고

롬 6:3-4

무릇 그리스도 예수와 합하여 세례를 받은 우리는 그의 죽으심과 합하여 세례를 받은 줄을 알지 못하느냐 그러므로 우리가 그의 죽으심과 합하여 세례를 받음으로 그와 함께 장사되었나니 이는 아버지의 영광으로 말미암아 그리스도를 죽은 자 가운데서 살리심과 같이 우리로 또한 새 생명 가운데서 행하게 하려 함이라

찬송

226장

HC 69문
WSC 94문

어릴 때 유아세례를 받은 어떤 사람이 지금 교회에 나가지 않는다면 구원을 받을 수 있을까요? 과거 서양에서는 아이가 태어나면 무조건 교회가 유아세례를 주었습니다. 출생신고처럼 생각했던 것이죠. 사람들은 세례와 구원을 연결시킵니다. 그러나 세례는 구원 그 자체가 아닙니다.

사도 바울은 세례를 홍해에 비유했습니다. 홍해 하면 생각나는 것이 있나요? 그렇지요. 모세가 이스라엘 백성을 데리고 나오는데 파라오가 전차부대를 이끌고 추격해 와 홍해에서 죽을 위험에 처했을 때 하나님이 길을 만들어 주셔서 기적적으로 무사히 살았습니다. 그러나 이집트 군인은 모두 홍해에 빠져 죽었습니다. 이스라엘이 홍해에 빠져 죽지 않고 구원받은 것처럼 우리도 예수 그리스도에 의해 죄와 비참에서 구원받았습니다. 이와 같이 홍해의 물이 구원을 가리키는 것처럼, 세례의 물이 구원을 뜻합니다.

가만히 생각해 봅시다. 이스라엘은 홍해에서 구원받기 이전에 이미 유월절 어린 양의 피를 문 주변에 발라 처음 태어난 장남과 동물이 죽지 않고 구원받았습니다. 우리가 구원받은 것도 세례를 베풀기 전에 이미 피 흘림이 먼저 있었습니다. 예수 그리스도께서 십자가 위에서 피를 흘리는 한 번의 제사가 믿는 자를 구원하신 것입니다. 그 후에 세례식이 있습니다. 그러면 세례는 어떤 뜻입니까? 세례 이전 이미 구원이 있었습니다. 물이 우리의 몸을 깨끗하게 씻는 것처럼 세례는 예수 그리스도의 피와 성령님이 신자의 온갖 더러운 것을 깨끗하게 씻는다는 것을 나타냅니다. 세례식에서 목사님은 "나는 성부와 성자와 성령님의 이름으로 OOO에게 세례를 주노라."라고 말하면서 물을 머리에 뿌립니다(세례, 洗禮). 어떤 교회에서는 세례자를 물속에 푹 잠기게 합니다(침례, 浸禮). 어떤 방법이든지 상관없습니다. 중요한 것은 세례라는 의식에 담긴 '내용', 곧 '약속'입니다. 세례의 핵심 약속은 예수님이 우리의 죄를 위해 십자가에서 피를 흘리셨고 그 피로 우리의 죄가 깨끗하게 씻겼다는 것입니다. 세례는 그 약속을 가르치는 것입니다. 그러므로 세례는 마법적인 의식이 아닙니다. 세례에 담긴 복음 약속을 마음으로 받아들여 배우고 확신하는 자에게만 유익이 있습니다.

나눔질문

1. 세례에는 마법적인 힘이 있을까요?
2. 세례는 홍해와 어떤 관계가 있는지 설명해 보세요.

세례, 믿음의 표와 인?

예수님은 그리스도의 십자가에 담긴 복음의 약속(새언약)을 믿는 사람에게는 누구에게나 세례를 주라고 말씀하셨습니다. 그리고 세례를 받은 사람은 성만찬에 참여할 수 있습니다. 마치 이스라엘 백성이 홍해의 물을 통과해(세례) 구원을 확실하게 경험한 언약 백성으로서 하늘의 양식(성만찬의 빵과 포도주)을 먹고 마실 수 있었던 것처럼 말입니다.

어떤 사람은 세례를 단순하게 '우리 믿음'의 표와 인이라고 생각합니다. 예수님을 믿고 신앙을 고백하는 사람에게 세례를 줍니다. 그러니까 믿음을 표시하고 도장 찍는 것 같습니다. 그러나 세례는 믿음의 표와 인이 아니라, 새언약의 표와 인입니다. 세례를 믿음의 표와 인으로 여기면 구원이 우리에게 달려 있는 것 같습니다. 그러면 우리 믿음이 약해지거나 없어지면 구원을 받지 못할 것입니다. 우리의 구원은 불확실합니다.

그러나 세례는 '우리의 믿음'이 아니라, '하나님의 언약'에 대한 표(sign)와 인(seal)입니다. 예수님은 물로 씻는 외적 의식을 만드시고 죄인에게 "와서 죄 씻음을 받으라."라고 하십니다. 마치 탕자가 죄에 빠져 생활하다가 회개하고 아버지 집에 돌아와 다시 아들이 되고 잔치에 참여하는 것처럼, 세례를 받고 성찬에 참석하도록 부르십니다. 하나님께서 예수님의 십자가의 피와 성령님의 중생케 하심으로 우리의 죄를 씻어 주신다고 약속하시고, 물이 몸의 더러운 것을 씻어 없애는 것처럼 우리의 죄를 확실하게 없애 주시겠다고 굳게 약속(새언약)하십니다. 이렇게 세례는 새언약을 표하고 인 치는 것입니다. 세례는 하나님의 약속을 '표'를 통해 눈으로 볼 수 있게 가르치고 '인', 곧 도장을 찍어 확실함을 보증하는 것과 같습니다. 도장이 없으면 효력이 없는 문서인 것처럼 세례를 통해 우리에게 하나님의 약속을 확증하십니다. 이렇게 세례식에서 세례를 받는 자나 세례식에 참여하는 자는 믿음이라는 손을 내밀어 하나님께서 세례를 통해 표시되고 도장 찍어진 약속을 기쁨으로 받습니다. 성령님은 이 은혜의 방편인 세례를 통해 믿음을 불러일으키실 뿐만 아니라 더 굳게 하십니다.

이 세례는 예수님이 다시 오실 때까지 계속되어야 합니다. 할례는 유대인과 남자에게만 했지만, 세례는 복음의 약속을 믿는 남자와 여자, 인종과 연령을 넘어 가능합니다. 또 한 번 세례를 받으면 교회를 떠났다가 다시 돌아오더라도 반복해서 받을 필요가 없습니다. 왜냐하면 세례에 담긴 그 복음 약속의 표와 인은 동일하기 때문입니다.

성경

마 28:19

그러므로 너희는 가서 모든 민족을 제자로 삼아 아버지와 아들과 성령의 이름으로 세례를 베풀고

찬송

224장

HC 70문
WSC 94문

나눔과 묵상

1. 세례는 믿음의 표와 인입니까, 아니면 무엇입니까?
2. 세례를 통해 믿음이 더 강해지는 것을 느끼고 있나요?

세례를 받으면 구원을 받습니까?

성경

마 3:11

나는 너희로 회개하게 하기 위하여 물로 세례를 베풀거니와 내 뒤에 오시는 이는 나보다 능력이 많으시니 나는 그의 신을 들기도 감당하지 못하겠노라 그는 성령과 불로 너희에게 세례를 베푸실 것이요

찬송

226장

HC 72문
WSC 91문

세례 받은 사람은 누구나 구원을 받게 되나요? 학교 담임 선생님은 어릴 때 유아세례를 받았다고 하는데 교회에는 나가지 않습니다. 그 경우에도 천국에 갈 수 있나요? 성경에는 세례를 받으면 구원받는다는 인상을 주는 구절이 많습니다. "……예수 그리스도의 이름으로 세례를 받고 죄 사함을 받으라……"(행 2:38). "……세례를 받는 사람은 구원을 얻을 것이요……"(막 16:16). "……주의 이름을 불러 세례를 받고 너의 죄를 씻으라……"(행 22:16). "중생의 씻음과 성령의 새롭게 하심으로 하셨나니"(딛 3:5). 로마 천주교회는 세례를 받으면 죄를 용서받는다고 믿습니다. 그들은 아이가 태어나면 바로 세례를 줍니다. 만약 아이가 죽을 것 같으면 사제가 없어도 산파가 그 자리에서 세례를 주어도 된다고 가르칩니다. 세례 자체가 죄 용서의 능력이 있다고 믿습니다. 만약 아이가 세례를 받지 못하고 죽으면 지옥에 간다고 생각합니다. 성부 성자 성령님의 이름으로 뿌리는 물은 죄를 씻는 중요한 성수(聖水)라고 생각해 특별한 물을 사용합니다. 이렇게 세례 자체가 사람을 구원한다고 믿습니다. 세례 자체가 마법적인 힘이 있다고 믿는 것이죠. "성부 성자 성령의 이름으로……." 마치 마법사가 '호커스 포커스' 혹은 '아브라카다브라'와 같이 외는 주문이라고 생각합니다.

참으로 안타깝습니다. 세례의 물이 우리 죄를 씻는 것이 아닙니다. 우리의 죄는 오직 예수 그리스도의 피와 성령님만이 씻을 수 있습니다. 세례가 신비한 효능이 있어 우리의 죄를 씻는 것이 아닙니다. 우리의 죄는 그리스도의 십자가의 피 흘리는 제사, 곧 은혜로 씻겨지는 것이지, 세례라는 의식과 물이 신비한 능력이 있어 죄를 씻는 것이 아닙니다.

세례는 하나님의 약속을 표시하고 도장을 찍어 성령님의 능력으로 우리에게 영적인 유익을 주는 것입니다. 곧 세례를 통해 성령 하나님께서 우리를 새롭게 창조하시고 예수 그리스도의 몸인 교회의 지체로 거룩한 생활을 하도록 하십니다. 세례는 한순간뿐만 아니라 전 생애를 통해 효력이 있습니다. 성령님이 세례를 통해 우리를 점점 더 죄에 대해서는 죽고 거룩하고 흠이 없는 삶을 살도록 하십니다. 세례를 미신처럼 믿는 것은 그리스도의 죽음을 모독하는 것입니다. 세례는 그리스도의 피 흘린 죽음이 우리를 깨끗하게 하셨다는 것을 나타내는 표와 인일 뿐입니다. 세례보다 중요한 것은 예수님입니다. 이제 알겠죠?

나눔질문

1. 세례를 받기만 하면 죄가 용서되나요?
2. 우리는 어떻게 죄를 용서받을 수 있나요?

세례가 죄 씻음 자체는 아닌데 왜 하나요?

성경

막 16:16

믿고 세례를 받는 사람은 구원을 얻을 것이요 믿지 않는 사람은 정죄를 받으리라

찬송

224장

HC 73문
WSC 94문

이제 우리는 세례에 대해 정확하게 압니다. 세례가 죄를 씻는 것은 아니라는 것을 말입니다. 그런데도 예수님은 세례를 베풀라고 하셨습니다. "그러므로 너희는 가서 모든 민족을 제자로 삼아 아버지와 아들과 성령의 이름으로 세례를 베풀고 내가 너희에게 분부한 모든 것을 가르쳐 지키게 하라……"(마 28:19-20). 예수님의 마지막 명령입니다. 한글 성경에서 "세례를 베풀라."는 것이 명령어로 번역이 되었지만, 사실은 수단의 분사구문으로 해석해야 합니다. 여기서 명령어는 하나밖에 없습니다. "제자를 삼아라."가 유일한 명령어입니다. 제자를 만들기 위해 가야 하고 세례를 베풀어야 하고 가르쳐 지키게 해야 한다는 뜻입니다. 가는 방법, 세례를 베푸는 방법, 가르쳐 지키게 하는 방법을 사용하여 제자를 만들라는 명령입니다. 세례는 어디까지나 수단으로 주신 하나님의 방법입니다. 제자를 만들기 위해서는 세례를 주어야 합니다. 그런데 예수님은 왜 세례를 주라고 하셨을까요?

세례를 주어야 하는 이유가 두 가지 있습니다. 첫째, 하나님께서는 몸의 더러운 것이 물로 씻겨지듯이 우리의 죄가 그리스도의 피와 성령으로 없어진다는 것을 우리에게 세례를 통해 가르치고 싶어 하십니다. 둘째, 우리의 죄가 영적으로 씻겨지는 것이 우리의 몸이 물로 씻겨지는 것처럼 매우 실제적임을, 이러한 신적 약속과 표인 세례로써 우리에게 확신시켜 주고 싶으신 것입니다.

세례에서 우리는 예수 그리스도의 약속, 곧 죄 용서의 복음이 우리의 죄를 확실하게 씻길 수 있음을 믿습니다.

또 세례를 단순한 '상징'으로 생각하는 것도 문제입니다. 성경은 세례에서 '중생의 씻음'과 '죄를 씻음'이 매우 실제적으로 일어난다는 것을 분명하게 가르치고 있습니다. 왜냐하면 성령님이 세례에 함께 하시기 때문입니다. 성령님의 도우심으로 세례에서 우리의 죄가 씻겼다는 것을 확실하게 일어났다고 배우고 믿게 됩니다. 그래서 교회에서는 세례를 꼭 해야 합니다.

나눔질문

1. 세례가 구원과 다른데 왜 세례를 계속 베풀어야 합니까?
2. 세례를 베푸는 중요한 두 가지 이유가 무엇입니까?

어린아이들도 세례를 받아야 합니까?

성경

사 44:1-5

나의 종 야곱, 내가 택한 이스라엘아 이제 들으라 너를 만들고 너를 모태에서부터 지어 낸 너를 도와 줄 여호와가 이같이 말하노라 나의 종 야곱, 내가 택한 여수룬아 두려워하지 말라 나는 목마른 자에게 물을 주며 마른 땅에 시내가 흐르게 하며 나의 영을 네 자손에게, 나의 복을 네 후손에게 부어 주리니 그들이 풀 가운데에서 솟아나기를 시냇가의 버들 같이 할 것이라 한 사람은 이르기를 나는 여호와께 속하였다 할 것이며 또 한 사람은 야곱의 이름으로 자기를 부를 것이며 또 다른 사람은 자기가 여호와께 속하였음을 그의 손으로 기록하고 이스라엘의 이름으로 존귀히 여김을 받으리라

찬송

565장

HC 74문
WSC 95문

어떤 사람은 유아세례는 성경에 없기 때문에 하면 안 된다고 강하게 말합니다. 세례는 스스로 믿음을 고백하고 받아야지 아무것도 알지 못하는 아이에게 주는 것은 미신이라고 주장합니다. 또 유아세례를 인정하는 교회에 다니는 사람도 자식에게 유아세례를 주지 않습니다. 신앙을 스스로 고백한 후에 세례를 주는 것이 옳다고 생각하기 때문입니다. 이런 생각은 세례를 믿음의 표와 인으로 생각할 때 상당한 설득력을 얻습니다. 더구나 성경에 유아세례라는 단어가 나오는 것도 아니고 말입니다.

그러나 이런 생각은 세례에 대해 잘못 배웠기 때문에 생기는 것입니다. 우리가 이미 살펴본 것처럼 세례는 사람의 믿음을 표시하고 도장 찍는 것이 아닙니다. 세례는 하나님의 복음 약속을 표시하고 인 치는 것입니다. 하나님의 언약을 나타내는 표와 인입니다. 하나님께서는 세례 예식에서 주님의 복음을 분명하게 표시하시고 가르치시고 확실하게 증명해 주십니다. 하나님께서는 믿는 자의 자녀에게도 그 언약을 표시하고 인을 쳐 주시기를 기뻐하십니다. 그래서 우리는 어린아이에게도 세례를 베풉니다.

어린아이들도 어른들과 마찬가지로 하나님의 언약과 교회에 속합니다. 어린아이들도 그리스도의 피에 의한 죄 용서와 믿음을 일으키는 성령님이 약속되어 있습니다. 그래서 어린아이들도 언약의 표인 세례를 통하여 그리스도의 교회에 속하고 불신자의 자녀와 구별되어야 합니다. 이런 일이 구약에서는 할례를 통해 이루어졌지만, 신약에서는 세례가 그 역할을 합니다.

구원은 우리의 의지적인 믿음의 손을 통해 받을 수 있지만, 그 구원의 근거는 하나님입니다. 하나님께서 이사야 선지자를 통해 이렇게 말씀하셨습니다. "나는 목마른 자에게 물을 주며 마른 땅에 시내가 흐르게 하며 나의 영을 네 자손에게, 나의 복을 네 후손에게 부어 주리니"(사 44:3). 아이들은 어려서 아무것도 할 수 없는 존재이고 아직 믿음의 손을 내밀지도 않지만 하나님께서는 그들에게도 복을 약속하십니다. 바로 그 언약의 복음을 표시하고 인 치는 것이 유아세례입니다. 아! 그렇군요. 그러면 유아세례는 구원이 우리의 노력으로 되는 것이 아니라, 하나님이 주시는 선물이라는 것을 잘 배우게 해 줍니다! 그러면 아이가 태어나면 빨리 그 복을 온 교회와 함께 표시하고 인 쳐야겠군요!

1. 복음이 무엇인지 모르는 어린아이가 세례를 받는 것이 무슨 의미가 있을까요?
2. 세례는 무엇을 표시하고 도장 찍는 것입니까?

유아세례와 언약

16세기 종교개혁 시대에 재세례파 교회가 있었습니다. 이 교회는 유아세례를 미신이라고 거절했습니다. 만약 어릴 때 유아세례를 받았다면 그것을 인정하지 않고 어른이 되어 다시 세례를 받게 했습니다. 그래서 그들을 '재세례파(Anabaptist)'라고 불렀습니다. '다시' 재(再)에 '세례'를 붙인 이름이죠. 유아세례는 성경에 나오지 않기 때문에 틀렸다고 비난한 사람들입니다. 기독교가 로마의 국교가 되면서 유아세례를 도입해 잘못된 기독교를 만들었다고 해석했습니다. 정말 그럴까요? 만약 그것이 참이라면, 우리는 왜 유아세례를 고집하나요? 그냥 어른이 되어 신앙을 고백하고 세례를 받으면 더 좋지 않나요?

예, 좋은 질문입니다. 왜 유아세례가 미신이 아니고 우리의 신앙에 중요한 것인지 성경에서 찾아봅시다. 하나님께서는 아브라함과 언약을 맺었습니다. "내가 내 언약을 나와 너 및 네 대대 후손 사이에 세워서 영원한 언약을 삼고 너와 네 후손의 하나님이 되리라. 내가 너와 네 후손에게 네가 거류하는 이 땅 곧 가나안 온 땅을 주어 영원한 기업이 되게 하고 나는 그들의 하나님이 되리라. 하나님이 또 아브라함에게 이르시되 그런즉 너는 내 언약을 지키고 네 후손도 대대로 지키라. 너희 중 남자는 다 할례를 받으라. 이것이 나와 너희와 너희 후손 사이에 지킬 내 언약이니라. 너희는 포피를 베어라. 이것이 나와 너희 사이의 언약의 표징이니라"(창 17:7-11). 이 말씀에서 주의해서 보아야 할 것이 있습니다. 아브라함과 맺은 언약은 아브라함뿐만 아니라 그의 자손과도 맺은 것입니다. 아직 눈에 보이지 않는 아브라함의 자손들에게도 언약을 주셨습니다. 이렇게 언약을 주셨다는 표와 인으로 '할례'를 주셨습니다. 할례는 '언약의 표와 인'입니다. 많은 사람이 할례를 아브라함의 '믿음의 표와 인'이라고 생각합니다. 만약 할례가 아브라함의 믿음을 표시하고 인 친 것이라면 불안합니다. 왜냐하면 아브라함은 나약하고 연약해 믿음이 약할 수 있기 때문입니다. 그러나 '하나님의 언약'을 표하고 인 치는 것이 할례입니다. 세례도 마찬가지입니다. 성도의 자녀는 사탄에게 속하지 않고 부모에게 주어진 새언약의 자손으로 교회에 속합니다. 비록 아직 성찬에 참석하지 못하고 투표도 하지 못하지만, 교회의 거룩한 회원입니다. 아브라함의 자손이 하나님의 언약 백성 된 표로 '할례'를 받은 것처럼, 신약 시대의 성도의 자녀들도 언약 백성 된 표로 '유아세례'를 받는 것은 옳습니다. 하나님께서 성도의 자녀에게도 '언약'을 약속하셨기 때문입니다. 와, 그렇군요! 유아세례가 그런 하나님의 언약을 표시하고 도장 찍는 것이니 꼭 해야겠네요!

1. 재세례파의 문제는 무엇이죠?
2. 할례와 세례의 공통점은 무엇입니까?

성경

창 17:7-11

내가 내 언약을 나와 너 및 네 대대 후손 사이에 세워서 영원한 언약을 삼고 너와 네 후손의 하나님이 되리라 내가 너와 네 후손에게 네가 거류하는 이 땅 곧 가나안 온 땅을 주어 영원한 기업이 되게 하고 나는 그들의 하나님이 되리라 하나님이 또 아브라함에게 이르시되 그런즉 너는 내 언약을 지키고 네 후손도 대대로 지키라 너희 중 남자는 다 할례를 받으라 이것이 나와 너희와 너희 후손 사이에 지킬 내 언약이니라 너희는 포피를 베어라 이것이 나와 너희 사이의 언약의 표징이니라

찬송

14장

HC 74문
WSC 95문

온유(3): 노를 품는 자와 사귀지 말라

성경

잠 22:24-25

노를 품는 자와 사귀지 말며 울분한 자와 동행하지 말지니 그의 행위를 본받아 네 영혼을 올무에 빠뜨릴까 두려움이니라

찬송

331장 2절

온유한 사람은 결코 약하지 않습니다. 온유는 하나님의 권위 아래서 발휘되는 강력한 힘입니다. 분노는 전염병처럼 다른 사람에게 쉽게 전염됩니다. 한 사람이 화를 내면 다른 사람에게도 화가 납니다. 그에 비해 온유는 쉽게 얻을 수 없습니다. 참 온유는 중생한 사람만이 가질 수 있습니다. 하나님의 살아 계심을 인정하고 자신의 권리를 하나님께 드리는 것은 아무나 할 수 있는 것이 아니기 때문입니다.

반대로 온유하지 못한 사람은 중생하지 못한 사람이라고 할 수 있습니다. 중생하지 않은 사람은 하나님께 자신의 권리를 드리지 않습니다. 그래서 성경은 노를 품는 자와 사귀지 말라고 명령합니다. "노를 품는 자와 사귀지 말며 울분한 자와 동행하지 말지니, 그의 행위를 본받아 네 영혼을 올무에 빠뜨릴까 두려움이니라"(잠 22:23-24). 악인의 특징은 온유하지 않다는 것입니다. "……성내는 자는 범죄 함이 많으니라"(잠 29:22). 분노는 죄입니다. 그래서 "해가 지도록 분을 품지 말고 마귀에게 틈을 주지 말라."(엡 4:26-27)라고 권면합니다.

중생한 신자라도 온유는 훈련하고 연습해야 합니다. 신앙적으로 어린아이의 단계에 있는 성도는 쉽게 분을 내기도 하지만 성인이 되면 분 내는 빈도가 줄어듭니다. 성숙한 그리스도인의 특징입니다. "각처에서 남자들이 분노와 다툼이 없이……기도하기를 원하노라"(딤전 2:8). 성경은 감독의 직분자, 곧 장로의 자격으로 여러 가지를 열거했는데 그중에 "급히 분내지 아니하며"(딛 1:7)가 포함되어 있습니다. 교회에서 섬기는 직분자는 온유해야 합니다. 부드러운 마음과 너그러운 마음이 필요합니다. 물론 불의와 진리에 대해서는 단호한 태도를 취하며 의로운 분노를 표출하기도 해야 합니다. 그러나 이런 분노는 자기가 기준이 되지 않고 하나님의 말씀을 표준으로 삼아야 합니다. 자신의 잘못에 대해서는 관대하면서 남의 실수에 대해서 쉽게 분 내는 직분자는 하나님과 사람 앞에서 좋은 일꾼이 아닙니다.

온유한 사람은 정말 하나님 나라의 땅을 차지하게 됩니다. 그런 자는 존경받고 인정받습니다. 좋은 일꾼으로 쓰임 받습니다.

나눔터

1. 어떤 자가 온유할 수 있나요?
2. 직분자가 갖추어야 할 중요한 성품이 무엇입니까?

우리는 종종 '언약의 자녀'라는 말을 합니다. 교회 설교에서도 자주 듣습니다. 특별히 이른바 어린이 주일에 자녀교육의 중요성을 이야기할 때 자주 '언약의 자녀'라는 말을 사용합니다. 유아세례를 주는 것도 하나님의 언약 때문입니다. 그렇다면 이 언약이 구체적으로 무엇이며 어린아이와 부모에게 어떤 혜택이 있습니까?

유아세례를 받으면 아이는 구원을 받을까요? 유아세례를 받지 않으면 구원받지 못할까요? 어떤 사람은 유아세례를 받으면 구원을 받는다고 생각합니다. 유아세례를 크게 오해한 경우입니다. 유아세례는 아이의 구원을 보증하지 않습니다. 하나님의 언약을 표시하고 도장 찍는 것입니다. 유아세례 자체가 아이에게 구원을 주지는 않습니다.

언약은 하나님께서 우리에게 예수님을 주시고 십자가의 피로 우리의 죄를 용서해 주시고 우리를 하나님의 자녀로 입양해 주신다는 약속입니다. 구약의 언약과 비교해 새언약이라고 부릅니다. 이 하나님의 구원 약속이 부모뿐만 아니라 아이에게도 유효하다는 것을 나타내기 위해 표와 인을 붙이는 것입니다. 그것이 바로 유아세례입니다. 하나님은 부모뿐만 아니라, 자녀에게도 동일한 언약을 주셨기 때문에 그것을 유아세례라는 의식을 통해 표하고 인 치는 것입니다. 실망이세요? 그런 것이라면 굳이 할 필요가 있느냐고 생각하세요? 언약은 결코 작은 것이 아닙니다. 큰 복입니다. 하나님의 구원의 기쁜 소식이 언약입니다. 언약의 백성에게 속한 자녀는 아직 어리지만 복을 약속받았습니다. 그런데도 별것이 아닐까요? 믿는 자의 자녀는 부모와 동일하게 언약의 자녀입니다. 언약의 자녀는 하나님을 아버지라고 부를 수 있습니다. "하늘에 계신 우리 아버지! 이름이……." 그것이 언약입니다. '내가 너의 하나님이 되고, 너는 내 백성이 되리라'는 것이 언약이니까요! 또 유아세례를 아이에게 베푸는 부모는 아이가 아주 어릴 때 죽더라도 구원받았음을 의심할 필요가 없습니다. 왜냐하면 사람의 구원은 우리의 공로 때문이 아니라, 하나님의 영원한 언약으로 이루어지기 때문입니다. 또 유아세례에서 자녀도 죄인이고 그리스도의 죄 용서와 성령님의 도우심이 필요하다는 것을 고백합니다. 아이가 아무리 예뻐도 죄인이라는 것을 유아세례를 주면서 인정합니다. 이것을 인정하는 것은 매우 중요합니다. 이것들이 유아세례에서 얻는 유익입니다.

성경

롬 9:8-18

곧 육신의 자녀가 하나님의 자녀가 아니요 오직 약속의 자녀가 씨로 여기심을 받느니라 약속의 말씀은 이것이니 명년 이때에 내가 이르리니 사라에게 아들이 있으리라 하심이라 그뿐 아니라 또한 리브가가 우리 조상 이삭 한 사람으로 말미암아 임신하였는데 그 자식들이 아직 나지도 아니하고 무슨 선이나 악을 행하지 아니한 때에 택하심을 따라 되는 하나님의 뜻이 행위로 말미암지 않고 오직 부르시는 이로 말미암아 서게 하려 하사 리브가에게 이르시되 큰 자가 어린 자를 섬기리라 하셨나니 기록된 바 내가 야곱은 사랑하고 에서는 미워하였다 하심과 같으니라 그런즉 우리가 무슨 말을 하리요 하나님께 불의가 있느냐 그럴 수 없느니라 모세에게 이르시되 내가 긍휼히 여길 자를 긍휼히 여기고 불쌍히 여길 자를 불쌍히 여기리라 하셨으니 그런즉 원하는 자로 말미암음도 아니요 달음박질하는 자로 말미암음도 아니요 오직 긍휼히 여기시는 하나님으로 말미암음이니라 성경이 바로에게 이르시되 내가 이 일을 위하여 너를 세웠으니 곧 너로 말미암아 내 능력을 보이고 내 이름이 온 땅에 전파되게 하려 함이라 하셨으니 그런즉 하나님께서 하고자 하시는 자를 긍휼히 여기시고 하고자 하시는 자를 완악하게 하시느니라

찬송

370장 4절

HC 74문
WSC 95문

나눔과로

1. 유아세례 자체가 아이에게 구원을 줍니까?
2. 그러면 유아세례에서 얻는 유익이 무엇입니까?

성만찬에서 무엇을 배웁니까?

성경

마 26:26-28

그들이 먹을 때에 예수께서 떡을 가지사 축복하시고 떼어 제자들에게 주시며 이르시되 받아서 먹으라 이것은 내 몸이니라 하시고 또 잔을 가지사 감사 기도 하시고 그들에게 주시며 이르시되 너희가 다 이것을 마시라 이것은 죄 사함을 얻게 하려고 많은 사람을 위하여 흘리는 바 나의 피 곧 언약의 피니라

찬송

227장

HC 75문
WSC 96문

우리는 가끔씩 성만찬에 참여합니다. 그런데 그 의미를 잘 모르는 사람들이 있습니다. 설명을 들어도 무슨 말인지 이해하기 쉽지 않습니다. 그런데 그 뜻을 분명하게 알지 못하고 성찬식에 참석해 먹고 마시는 것은 잘못입니다. 우리가 이미 배웠듯이 성만찬도 성례로서 '하나님의 언약'을 표시하고 도장 찍는 것입니다. 성만찬에 무슨 마법적인 힘이 있어 우리의 몸을 변화시키는 것은 아닙니다. 우리는 성만찬을 통해 예수 그리스도께서 십자가 위에서 단 한 번의 죽으심으로 우리의 죄를 위한 영원한 제사를 드리시고, 우리에게 엄청난 보물들을 쏟아 부어 주셨으며, 우리가 그것을 지금 이 땅에서 이미 누리고 있음을 깨닫고 분명하게 확인합니다.

성만찬은 우리가 고안해 만든 제도가 아닙니다. 예수 그리스도께서 친히 만드셨습니다. 그리스도께서 죽으시기 전에 제자들과 유월절 식사를 하시면서 성만찬을 제정하셨습니다. 그리스도께서는 우리와 모든 성도에게 예수님을 기억하고 기념하기 위해 뗀 빵을 먹고 잔에 부은 포도주를 마시라고 명령하셨습니다. 성만찬은 명령입니다. 우리 마음대로 하지 않아도 되는 것이 아닙니다. 그리스도께서 명령하실 때에는 반드시 이유가 있습니다. 그 명령은 우리에게 유익이 있습니다. 그 유익이 무엇입니까?

첫째, 나를 위해 뗀 주님의 빵과 나에게 주어진 잔을 내 눈으로 보는 것처럼 그렇게 확실히 주님의 몸이 나를 위해 찢기시고 그분의 피가 나를 위해 십자가에 부어졌다는 것을 이 성만찬이 약속합니다.

둘째, 우리가 그리스도의 몸과 피에 대한 표로서 주님의 빵과 잔을 목사의 손에서 받아 내 입으로 맛보는 것처럼 그렇게 확실히, 주님께서 친히 십자가에 달리신 몸과 흘리신 피로 영원한 생명에 이르도록 내 영혼을 먹이시고 새롭게 하심을 이 성만찬이 분명하게 약속합니다.

그렇군요! 성만찬은 명령이고, 그 명령에 순종하면 엄청난 약속을 선물로 받는군요!

나눔하기

1. 성만찬을 누가 만드셨나요?
2. 성만찬을 통해 우리는 어떤 약속을 받나요?

우리의 성찬? 주의 성만찬

고린도교회에는 성만찬에서 떡과 포도주를 먹을 때에 다른 사람들이 다 참석하지 않았는데도 먼저 먹는 일이 있었습니다. "그런즉 너희가 함께 모여서 주의 만찬을 먹을 수 없으니, 이는 먹을 때에 각각 자기의 만찬을 먼저 갖다 먹으므로 어떤 사람은 시장하고 어떤 사람은 취함이라"(고전 11:20-21). 교회가 무질서해졌습니다. 아무나 먼저 와서 성만찬 음식을 먹고 말았습니다. 결국 나중에 온 사람들은 먹을 것이 없어 난감한 상황이 일어난 것입니다. 어떻게 이런 일이 일어났을까요? 그것은 고린도교회의 영적인 상황과 무관하지 않습니다. "먼저 너희가 교회에 모일 때에 너희 중에 분쟁이 있다……"(고전 11:18). 고린도교회에 분쟁이 있었습니다. 교회가 바울파, 아볼로파, 게바파, 그리고 그리스도파로 나뉘어져 한마음과 한뜻을 가지지 못했습니다. 서로 자신들이 옳다고 생각하며 상대방을 비난하고 교회가 나뉘어지니 성만찬에서 그 모습이 그대로 드러나고 만 것입니다. 일찍 온 사람들이 뒤에 오는 다른 파 사람들을 무시하고 미리 다 먹어 버렸습니다. 어떤 사람은 취하고 어떤 사람은 배고픈 상황이 벌어진 것입니다. 어처구니가 없습니다.

고린도교회 성도들이 왜 그렇게 행동했을까요? 그것은 성만찬이 사람의 만찬이라고 생각했기 때문입니다. 예수님이 만들어 주신 성례라고 생각하지 않은 것입니다. 성만찬을 자신들의 힘을 과시하는 도구로 사용하였고, 자기들의 만찬이라고 본 것입니다. 그러나 그런 생각은 틀렸습니다. 성만찬은 주님의 기준에 합당한 사람들이 참여할 수 있는 성례입니다. 성만찬은 사람의 기준에 맞추는 '사람의 만찬'이 아니라, 주님의 기준에 맞추는 "주의 만찬"(고전 11:20)입니다. 성만찬의 주인공은 우리 주 예수 그리스도이시고, 그분이 초대하시는 사람들이 참여하는 성례입니다. 주님께서 우리와 새우신 새언약을 기념하는 것입니다. 주님이 자신의 몸과 피를 통해 우리에게 복을 주셨음을 선포하는 시간이 성만찬입니다. 성만찬은 우리의 신념과 주장과 의를 드러내는 것이 아닙니다. 주님께 무엇을 드리는 시간이 아니라, 주님께 받는 시간이 성만찬입니다. "받아 먹으라!" "받아 마셔라!" 예수님이 우리에게 주시는 순간이 바로 성만찬입니다.

성도 각자는 죄인으로 부족한 것이 많습니다. 서로 이견이 있을 수도 있습니다. 그렇다고 성만찬을 방해해서는 안 됩니다. 예수 그리스도 안에서 한 형제자매이기 때문입니다.

성경

고전 11:20-34

그런즉 너희가 함께 모여서 주의 만찬을 먹을 수 없으니 이는 먹을 때에 각각 자기의 만찬을 먼저 갖다 먹으므로 어떤 사람은 시장하고 어떤 사람은 취함이라 너희가 먹고 마실 집이 없느냐 너희가 하나님의 교회를 업신여기고 빈궁한 자들을 부끄럽게 하느냐 내가 너희에게 무슨 말을 하랴 너희를 칭찬하랴 이것으로 칭찬하지 않노라 내가 너희에게 전한 것은 주께 받은 것이니 곧 주 예수께서 잡히시던 밤에 떡을 가지사 축사하시고 떼어 이르시되 이것은 너희를 위하는 내 몸이니 이것을 행하여 나를 기념하라 하시고 식후에 또한 그와 같이 잔을 가지시고 이르시되 이 잔은 내 피로 세운 새언약이니 이것을 행하여 마실 때마다 나를 기념하라 하셨으니 너희가 이 떡을 먹으며 이 잔을 마실 때마다 주의 죽으심을 그가 오실 때까지 전하는 것이니라 그러므로 누구든지 주의 떡이나 잔을 합당하지 않게 먹고 마시는 자는 주의 몸과 피에 대하여 죄를 짓는 것이니라 사람이 자기를 살피고 그 후에야 이 떡을 먹고 이 잔을 마실지니 주의 몸을 분별하지 못하고 먹고 마시는 자는 자기의 죄를 먹고 마시는 것이니라……

찬송

230장

HC 75문
WSC 96문

나눔과토론

1. 고린도교회의 문제는 무엇이었습니까?
2. 성만찬은 누구의 것입니까? 누가 성만찬에 참여할 수 있나요?

예수님의 몸과 피를 먹고 마신다?

성경

고전 10:16-17

우리가 축복하는 바 축복의 잔은 그리스도의 피에 참여함이 아니며 우리가 떼는 떡은 그리스도의 몸에 참여함이 아니냐 떡이 하나요 많은 우리가 한 몸이니 이는 우리가 다 한 떡에 참여함이라

찬송

231장

HC 76문
WSC 96문

성만찬에서 아버지와 어머니가 빵과 포도주를 마시는 것을 본 적이 있나요? 요즈음은 어린이 예배와 어른 예배가 달라 성만찬을 볼 수 있는 기회가 많이 없습니다. 안타깝습니다. 이 성만찬에 담긴 뜻이 자녀들에게 좋은 신앙교육이 되는데 말입니다.

성만찬에서 그리스도의 몸을 먹고 피를 마신다는 것은 무슨 뜻일까요? 로마시대의 기독교는 성만찬과 유아세례 때문에 어린아이를 잡아먹는 이상한 종교라고 오해를 받기도 했습니다. 유아세례와 성만찬을 잘못 이해해 오해한 것입니다. '살과 피를 먹으라'고 하니 진짜 아이의 살과 피를 먹는다고 생각한 것입니다.

목사가 성만찬에서 나눠주는 빵과 포도주를 먹는 것은 그리스도의 모든 고난과 죽음을 마음으로 믿어 받아들인다는 뜻입니다. 이렇게 십자가에 달리신 예수님을 믿고 영접하는 사람은 죄 용서와 영생을 얻습니다. "하나님이 세상을 이처럼 사랑하사 독생자를 주셨으니 이는 그를 믿는 자마다 멸망하지 않고 영생을 얻게 하려 하심이라"(요 3:16).

그리고 성만찬에 참여해 빵을 먹고 포도주를 마시는 것에는 또 다른 의미가 있습니다. 그것은 그리스도와 우리 안에 거하시는 성령님으로 말미암아 우리가 그리스도의 거룩한 몸에 더욱 연합된다는 뜻입니다. 비록 그리스도는 지금 이 시간 하늘에 계시고 우리는 땅에 있지만 우리는 '그의 살 중의 살이요 그의 뼈 중의 뼈'입니다. 이 표현은 아담이 그의 아내에게 했던 표현입니다. "이는 내 뼈 중의 뼈요 살 중의 살이라"(창 2:23). 부부는 결혼을 통해 둘이 하나가 됩니다. 이처럼 하늘에 계신 그리스도가 신랑이 되고 땅에 있는 교회는 그의 신부가 되어 신비로운 연합이 이루어집니다. 성만찬은 바로 이런 신비로운 연합을 표시하고 도장 찍는 귀중한 성례입니다.

마지막으로 성만찬에서 빵과 포도주를 각각 받지만 교회의 성도가 함께 한자리에서 한 시간에 먹고 마십니다. 성만찬은 그리스도의 십자가 때문에 서로 다른 신분, 인종, 남녀노소를 극복하고 하나님의 한 형제자매가 됨을 선포하고 확신하는 시간입니다. 그리스도와의 연합은 성도 간의 연합을 자연스럽게 만들어 냅니다. 그렇습니다. 성만찬의 의미가 이런 깊은 의미가 있습니다. 풍성한 성만찬을 만드신 예수님에게 감사합시다!

나눔터

1. 로마시대의 그리스도인은 어떤 오해를 받았습니까?
2. 그러면 성만찬에서 빵과 포도주를 마신다는 것은 무슨 뜻입니까?

성만찬에 나타난 과거와 미래

성만찬에 참석하면 두 가지 의미를 배웁니다. 하나는 '과거를 기억'하는 것이고 다른 하나는 '미래를 기대'하는 것입니다. '기념(記念)'이라는 단어의 뜻은 '과거의 어떤 뜻 깊은 일이나 훌륭한 인물 등을 오래도록 잊지 않고 마음에 간직한다'입니다. 과거의 어떤 사건이나 사람을 오래 소중히 기억한다는 뜻입니다. 하나님도 과거에 맺은 언약을 절대로 잊지 않고 기억하십니다(창 9:16; 출 2:24). 우리나라는 일본으로부터 해방된 8월 15일, 광복절을 매년 기쁜 마음으로 잊지 않고 기억(기념)합니다. 또 6.25 한국전쟁을 잊지 않으려 합니다.

이스라엘 백성은 매년 이집트 노예 생활에서 해방된 날, 유월절을 기념했습니다. 하나님께서 이스라엘 백성에게 하나님의 구원을 기억하도록 매년 유월절을 기념하라고 명령했습니다(출 12:14). 우리는 하나님께서 예수 그리스도의 십자가 위에서 우리의 죄를 용서해 주신 것을 기억하기 위해 성만찬을 합니다. 예수님이 그렇게 하라고 명령하셨습니다. "이 잔은 내 피로 세운 새언약이니 이것을 행하여 마실 때마다 나를 기념하라"(고전 11:25). 예수님이 우리 대신 피를 흘리시고 죽으셨으니 우리는 더 이상 죄 때문에 죽을 필요가 없습니다. 우리가 몸이 약해 죽는 것은 죄에 대한 벌이 아니라, 천국에 들어가는 한 단계일 뿐입니다. 그러니 성만찬은 슬퍼할 시간이 아니라 죄 용서를 찬양하며 감사하고 기뻐할 시간입니다.

성만찬의 또 다른 의미는 미래에 대한 기대입니다. "이 떡을 먹으며 이 잔을 마실 때마다 주의 죽으심을 그가 오실 때까지 전하는 것이니라"(고전 11:26). 우리를 위해 십자가에 죽으시고 부활하신 예수님은 승천하셔서 지금 하늘 우편에 계십니다. 예수님은 하늘에 그냥 계시지 않고 우리와 택한 사람들의 구원을 위해 지금도 일하시며 기도하십니다. 그 예수님은 다시 세상에 오실 것입니다. 성만찬을 통해 다시 오실 예수님을 기대합니다. 예수님은 언젠가 반드시 다시 오실 것입니다. 꼭 오실 것입니다. 이것이 우리에게 큰 위로가 됩니다. '예수님 어서 오십시오!'라고 성만찬에서 바라고 기대합니다.

성만찬은 오신 예수님을 기억하고, 오실 예수님을 기대하는 행복한 시간입니다.

성경

고전 11:23-26

내가 너희에게 전한 것은 주께 받은 것이니 곧 주 예수께서 잡히시던 밤에 떡을 가지사 축사하시고 떼어 이르시되 이 것은 너희를 위하는 내 몸이니 이것을 행하여 나를 기념하라 하시고 식후에 또한 그와 같이 잔을 가지시고 이르시되 이 잔은 내 피로 세운 새언약이니 이것을 행하여 마실 때마다 나를 기념하라 하셨으니 너희가 이 떡을 먹으며 이 잔을 마실 때마다 주의 죽으심을 그가 오실 때까지 전하는 것이니라

찬송

176장

HC 77문
WSC 96문

나눔질문

1. 성찬식에서 우리는 과거의 무엇을 기억합니까?
2. 성찬식에서 우리는 예수님이 다시 오실 것을 (   )합니다.

과연 빵과 포도주가 예수님의 몸과 피로 변할까요?

성경

요 6:51

나는 하늘에서 내려온 살아 있는 떡이니 사람이 이 떡을 먹으면 영생하리라 내가 줄 떡은 곧 세상의 생명을 위한 내 살이니라 하시니라

요 6:53-55

예수께서 이르시되 내가 진실로 진실로 너희에게 이르노니 인자의 살을 먹지 아니하고 인자의 피를 마시지 아니하면 너희 속에 생명이 없느니라 내 살을 먹고 내 피를 마시는 자는 영생을 가졌고 마지막 날에 내가 그를 다시 살리리니 내 살은 참된 양식이요 내 피는 참된 음료로다

찬송

90장

HC 78문
WSC 96문

로마 천주교회에서는 성찬식에서 빵과 포도주가 실제로 예수님의 몸과 피가 된다고 믿습니다. "축사하시고 떼어 이르시되 이것은 너희를 위하는 내 몸이니 이것을 행하여 나를 기념하라"(고전 11:24). '이것은 내 몸이니'라는 말을 글자 그대로 믿습니다. 빵과 포도주가 실제로 살과 피로 변한다고 봅니다. 오래전(11세기)부터 그런 생각을 했고 지금도 그렇게 믿습니다. 신부는 떡을 성도에게 주지만, 포도주는 주지 않고 혼자만 마십니다. 예수님의 피로 변한 포도주가 쏟아지면 큰일나기 때문입니다. 가끔씩 아주 특별한 날에는 빵을 포도주에 찍어 주기도 합니다. 대신 성도들은 빵만 먹는데 예수님의 실제 몸을 먹는다고 믿습니다. 그들은 성찬식의 빵과 포도주를 죄의 질병을 고쳐 주는 '신비한 약'처럼 생각합니다. 이 약이 사람의 죄를 없애 준다고 믿습니다. 사제(신부)가 나누어 주는 빵과 포도주에 마술적인 힘이 있어 사람들의 악한 죄를 용서해 준다고 합니다. 로마 천주교인들은 바로 이 빵을 먹기 위해 교회에 옵니다. 이런 생각을 화체설(化體說)이라고 합니다. 빵과 포도주가 예수님의 몸(體)으로 변화(化)한다는 생각(說)을 말합니다. 그래서 로마 천주교회인들은 빵을 받을 때 앞에 나와 무릎을 꿇습니다. 왜냐하면 정말로 예수님을 직접 손으로 만지고, 눈으로 보고, 맛보는 순간이라고 믿기 때문입니다. 빵과 포도주가 실제로 예수님의 몸으로 변한다고 믿기 때문에 '미신'이고, 그 앞에서 무릎을 꿇고 예를 차리기 때문에 '우상숭배'입니다. 이스라엘 백성이 광야에서 하나님을 보고 만지려고 금송아지를 만들었습니다. 하나님께서는 그것을 매우 싫어 하셨습니다.

'이 떡은 내 몸이요, 이 잔은 내 피'라는 표현은 그림 언어입니다. 예수님은 자주 이런 말씀을 하셨습니다. "나는 포도나무요 너희는 가지라."(요 15:5)라는 말은 은유(隱喩)입니다. 예수님이 실제로 포도나무라는 말이 아닙니다. '이것은 내 몸이니'라는 말은 예수님의 몸을 가리킨다는 뜻이지, 정말 예수님의 몸이라는 말은 아닙니다.

로마 천주교회는 떡과 포도주가 신비한 약처럼 죄를 용서하는 효능이 있다고 가르칩니다. 그래서 성찬에 참여하는 사람들의 믿음은 그렇게 중요하지 않습니다. 약을 먹는 사람이 '정말 잘 나을까' 하고 의심해도 효능이 있어 낫는 것처럼, 성찬식에서 빵과 포도주를 마시면 믿음이 없어도 신기하게 죄를 용서받는다고 믿습니다. 믿음과 상관없이 빵과 포도주 그 자체가 효과가 있다고 믿습니다. 참으로 어리석고 안타까운 일이 아닐 수 없습니다.

나눔질문

1. 화체설이 무엇입니까?
2. 화체설은 무슨 문제가 있습니까? 왜 잘못되었습니까?

온유(4) : 불의에 대한 침묵은 온유가 아닙니다

온유를 오해하는 경우가 있습니다. 바로 온유를 죄에 대해서도 분노하지 않고 침묵하거나 봐 주는 것으로 이해하는 것입니다. 그것은 온유가 아닙니다. 온유한 사람은 불의와 죄에 대해 단호한 입장을 취해야 합니다. 바울은 갈라디아교회에 쓴 편지에서 이렇게 권고했습니다. "형제들아! 사람이 만일 무슨 범죄한 일이 드러나거든 신령한 너희는 온유한 심령으로 그러한 자를 바로잡고 너 자신을 살펴보아 너도 시험을 받을까 두려워하라"(갈 6:1). 교회의 형제자매가 죄 가운데 있을 때 어떻게 해야 할까요? 온유한 마음으로 품어 주어야 하지 않을까요? 우리 모두 죄인인데 다른 사람의 죄를 들추어내는 것이 옳을까요? 스스로 되돌릴 때까지 덮어 두는 것이 온유한 태도가 아닐까요? 아닙니다. 하나님께서는 사랑이시지만 동시에 공의로우신 분입니다. 죄와 타협하지 않으십니다. 죄를 교정하기 위해 죄를 지적해야 하고 더 나아가 하나님께서 세우신 권위자에 의해 징계받도록 해야 합니다. "주의 종은……모든 사람에 대하여 온유하며……거역하는 자를 온유함으로 훈계할지니 혹 하나님이 그들에게 회개함을 주사 진리를 알게 하실까 하며, 그들로 깨어 마귀의 올무에서 벗어나 하나님께 사로잡힌 바 되어 그 뜻을 따르게 하실까 함이라"(딤후 2:24-26). 잘못한 자를 심판하거나 비난하는 마음이 아니라, 온유한 마음으로 징계하라는 말입니다.

군사독재 시절에 불의한 정권에 대해 침묵하는 그리스도인들이 있었습니다. 온유는 불의에 대해 침묵하거나 가만히 참고 있는 것이 아닙니다. 과거에 교회의 젊은 이들은 불의를 보면서 어떻게 해야 할지 몰랐습니다. 국가의 잘못된 결정과 집행에 대해 그리스도인 젊은이들이 할 수 있는 것은 별로 없었습니다. 온유함을 교육받은 그들은 폭력을 사용할 수도 없었습니다. 일부는 거리로 뛰쳐나가 시위를 했지만 충돌만 생길 뿐 효과는 별로 없었습니다. 그들 가운데 일부는 극단적인 방법을 선택했습니다. 그것은 자신을 가해하는 '분신(자신을 불에 태우는 자살 행위)'의 방법이었습니다. 당시 분신한 사람의 95%가 그리스도인이었다고 합니다. 교회가 온유와 불의에 대한 태도를 잘못 가르친 결과인지도 모릅니다. 하나님께서도 불의에 대해서 분노하셨습니다(시 7:11). 그리스도인도 죄와 불의에는 분노할 수 있어야 합니다. 가만히 있는 것은 죄를 인정하고 죄와 타협하는 것입니다.

성경

갈 6:1

형제들아 사람이 만일 무슨 범죄한 일이 드러나거든 신령한 너희는 온유한 심령으로 그러한 자를 바로잡고 너 자신을 살펴보아 너도 시험을 받을까 두려워하라

찬송

460장

나눔질문

1. 온유는 불의에 대해 침묵하고 아무런 행동도 하지 않는 것입니까? 아니라면 무엇입니까?
2. 온유를 잘못 이해하면 어떤 일이 생깁니까?

빵과 포도주는 단지 상징일 뿐입니까?

성경

요 6:53-55

예수께서 이르시되 내가 진실로 진실로 너희에게 이르노니 인자의 살을 먹지 아니하고 인자의 피를 마시지 아니하면 너희 속에 생명이 없느니라 내 살을 먹고 내 피를 마시는 자는 영생을 가졌고 마지막 날에 내가 그를 다시 살리리니 내 살은 참된 양식이요 내 피는 참된 음료로다

찬송

232장

HC 79문
WSC 96문

빵과 포도주는 그리스도의 실제 몸과 피로 변하지 않습니다. 세례의 물이 그리스도의 피로 변하는 것도 아니고, 죄 씻음 자체도 아니며, 단지 하나님께서 주신 은혜언약의 표와 확증인 것처럼, 주님의 성찬의 빵도 그리스도의 실제 몸으로 변하는 것은 아닙니다. 성만찬의 빵을 그리스도의 몸이라고 하는 것은 특별한 의미가 있습니다.

로마 천주교회의 화체설을 반대해 어떤 사람들은 빵과 포도주가 '상징'에 불과하다고 생각합니다. "내 몸이니 이것을 행하여 나를 기념하라……잔을 가지시고……나를 기념하라"(고전 11:24-25). 화체설은 미신이고 단지 예수님의 죽으심을 기억하고 기념만 하면 된다고 생각했습니다. 아주 냉정하게 말하면 성만찬에서 예수님의 죽음만 잊지 않으면 된다는 것입니다. 이것을 '기념설(記念說)'이라 부릅니다. 그러나 과연 성만찬이 그 정도 의미밖에 없을까요?

예수님은 분명히 빵이 당신의 살이고, 포도주가 당신의 피라고 말씀하셨습니다. 그렇게 말씀하신 중요한 이유가 있습니다. 빵과 포도주는 우리 몸에 들어가면 영양분이 되어 몸을 살립니다. 그와 같이 예수님은 성만찬을 통해 십자가에 달리신 자신의 몸과 흘리신 피가 우리 영혼을 영생으로 이끄는 참된 양식과 음료수라는 사실을 가르치십니다.

또 그리스도께서는 눈으로 볼 수 있는(빵과 포도주) 이러한 표와 보증으로써 우리에게 두 가지를 확신시키기 원하십니다. 첫째, 우리가 그리스도를 기념하면서 이 거룩한 표들(빵과 포도주)을 우리 입으로 받아먹는 것처럼, 실제로 성령님의 도우심으로 우리가 그분의 참된 몸과 피에 참여합니다. 둘째, 그리스도의 모든 고난과 순종이 확실하게 우리의 것이 되어, 마치 우리 자신이 직접 모든 고난을 당하고 우리의 죗값을 하나님께 치른 것과 같습니다.

우리가 성만찬에서 빵과 포도주를 마시지만 사실은 그리스도를 먹고 마시는 것과 같습니다. 성령님이 그렇게 도와주시기 때문입니다. 사실 빵과 포도주 그 자체는 신령한 음식이 아닙니다. 오직 그리스도만이 신령한 음식입니다. 우리는 성만찬에서 그리스도를 먹고 마시면서 하나가 됩니다. 이것이 성만찬이 주는 큰 선물이며 복입니다.

나눔 질문

1. '기념설'은 무엇을 반대해서 나온 생각입니까?
2. 성만찬에서 빵과 포도주는 우리에게 어떤 유익이 있습니까?

로마 천주교회에서는 성찬을 '미사(missa)'라고 부릅니다. 본래 예배가 1부 말씀의 예배와 2부 성찬의 예배로 나눠져 있었습니다. 1부에는 구도자도 참석할 수 있지만, 2부 성찬에는 세례를 받은 성도만 참여할 수 있었습니다. 그래서 1부가 끝나는 순간 했던 말이 '미사'였습니다. 정확히 말하면 '이테 미사 에스트(ite, missa est)'인데 '가시오! 떠나시오'라는 말입니다. 여기에 '미사'라는 단어가 등장하는데, 두 번째 성찬이 들어 있는 예배를 '미사'라고 부르게 되었다고 합니다. 로마 천주교회의 예배는 '말씀'보다는 '성찬'이 핵심이기 때문에 2부 예배가 시작되는 시점에 사용된 용어인 '미사'를 예배라고 쓰고 있습니다. 사실 예배라는 용어로 '미사'는 좋지 않습니다. 그렇지만 지금도 로마 천주교회에서는 예배를 '미사'라고 부릅니다.

천주교회는 매일 미사를 드리는데, 사제인 신부가 빵과 포도주를 높이 들고 축복기도를 하면 실제로 예수님의 살과 피로 변한다고 생각합니다. 예수님의 찢겨진 살과 흘리신 피로 변한 빵과 포도주를 앞뒤로 흔들어 하나님께 드리는 표시를 합니다. 이렇게 해 예수님의 몸과 피를 날마다 하나님께 제사로 드리면 그 빵을 먹은 성도의 죄가 깨끗하게 된다고 가르칩니다. 이것은 구약 시대에 제사장들이 매일 지냈던 제사와 같은 것입니다. 예수님의 단 한 번의 죽음(제사)으로는 우리의 죄를 깨끗하게 할 수 없기 때문에 반복되는 희생제사가 필요하다고 생각하는 것입니다. 로마 천주교회는 이 교리를 트리엔트 종교회의(1545–1563)에서 결정했고, 지금도 그렇게 믿고 있습니다. 이것을 믿지 않는 사람에게는 '저주가 있을 것'이라고 선포했습니다.

그러나 이것은 매우 위험한 우상숭배입니다. 왜냐하면 피조물인 빵과 포도주에 절을 하기 때문입니다. 우상숭배란 사람의 생각으로 만들어 하나님을 섬기는 것입니다. 히브리서 10장 10절은 "예수 그리스도의 몸을 단번에 드리심으로 말미암아 우리가 거룩함을 입었노라."라고 했습니다. 예수님의 십자가 죽음은 한 번으로 우리의 죄를 용서할 수 있습니다. 매일 예수님의 죽음을 반복할 필요가 없습니다. 예수님은 십자가 위에서 "다 이루었다."라고 말씀하셨습니다. 예수님의 십자가 죽음은 단 한 번으로 충분합니다. 죄를 용서받기 위한 그 어떤 중보자도 필요하지 않습니다. 우리의 유일한 중보자는 예수 그리스도 한 분뿐입니다.

성경

히 10:10

이 뜻을 따라 예수 그리스도의 몸을 단번에 드리심으로 말미암아 우리가 거룩함을 얻었노라

찬송

233장

HC 80문
WSC 96문

나눔질문

1. '미사'가 무엇입니까? 로마 천주교회는 미사에 대해 어떻게 가르칩니까?

2. 우리의 죄가 용서되기 위해 반복해서 예수님의 몸과 피를 제사로 드려야 합니까?

성만찬이 예수님의 장례식일까요?

성경

요 6:47-58

진실로 진실로 너희에게 이르노니 믿는 자는 영생을 가졌나니 내가 곧 생명의 떡이니라 너희 조상들은 광야에서 만나를 먹었어도 죽었거니와 이는 하늘에서 내려오는 떡이니 사람으로 하여금 먹고 죽지 아니하게 하는 것이니라 나는 하늘에서 내려온 살아 있는 떡이니 사람이 이 떡을 먹으면 영생하리라 내가 줄 떡은 곧 세상의 생명을 위한 내 살이니라 하시니라 그러므로 유대인들이 서로 다투어 이르되 이 사람이 어찌 능히 자기 살을 우리에게 주어 먹게 하겠느냐 예수께서 이르시되 내가 진실로 진실로 너희에게 이르노니 인자의 살을 먹지 아니하고 인자의 피를 마시지 아니하면 너희 속에 생명이 없느니라 내 살을 먹고 내 피를 마시는 자는 영생을 가졌고 마지막 날에 내가 그를 다시 살리리니 내 살은 참된 양식이요 내 피는 참된 음료로다 내 살을 먹고 내 피를 마시는 자는 내 안에 거하고 나도 그의 안에 거하나니 살아 계신 아버지께서 나를 보내시매 내가 아버지로 말미암아 사는 것 같이 나를 먹는 그 사람도 나로 말미암아 살리라 이것은 하늘에서 내려온 떡이니 조상들이 먹고도 죽은 그것과 같지 아니하여 이 떡을 먹는 자는 영원히 살리라

찬송

233장

HC 80문
WSC 96문

성만찬에 참석해 보면 마치 장례식 같습니다. 사람들은 예수님의 십자가 죽음이 얼마나 고통스러웠는지를 슬퍼합니다. 예수님의 옆구리가 창으로 찔리고 피가 쏟아진 그 처참함을 아파합니다. 예수님이 십자가를 지고 골고다 언덕을 오르고 계셨을 때 예루살렘의 여자들이 그 모습을 보고 울었던 것과 같습니다. 성만찬의 분위기는 어떠해야 하는 것일까요? 예수님은 "나를 위하여 울지 말고 너희와 너희 자녀를 위하여 울라."(눅 23:28)라고 말씀해 주셨습니다. 옳습니다. 성만찬을 받으며 우리 자신의 죄와 비참을 보는 것은 바른 자세입니다. 그러나 예수님의 고난과 장례식으로 생각하며 울고만 있는 것은 바른 자세가 아닙니다. 성만찬은 그리스도께서 우리를 위해 죽으시고, 죽음을 이기시고 부활하시고 승천하셔서 하늘로부터 우리에게 필요한 구원을 성령 하나님을 통해 이루시고 계심을 보여 줍니다. 이런 성만찬의 의미를 잘 이해하지 못하면 영적으로 별로 유익이 없을 것입니다.

그러면 성만찬은 어떤 의미가 있을까요? 첫째, 성만찬은 예수 그리스도께서 친히 십자가 위에서 단번에 이루신 제사에 의해 우리의 모든 죄가 완전히 용서되었음을 확실하게 보여 줍니다. 눈으로 분명하게 보고 맛볼 수 있는 빵과 포도주를 통해 예수님의 살과 피가 우리 영혼을 살리고 먹여 주신다는 것을 경험할 수 있습니다. 성만찬에서는 우리가 드리는 것이 아니라, 하늘로부터 받습니다. 둘째, 성만찬에서 성령님의 도우심으로 우리가 그리스도께 연합되고, 그리스도의 참된 몸은 지금 하늘에 계시며 하나님 우편에서 우리의 경배를 받으신다는 것을 확실히 증명합니다. 예수님은 멀리 하늘에 계시지만 성만찬을 통해 영적으로 우리와 연합되어 있음을 분명하게 눈으로 보고 입으로 맛보듯 확실하게 하십니다. 마치 성만찬을 땅에서 하지만 성도가 천국에 계신 예수님께로 올라가 은혜를 받는 것과 같습니다.

구약 시대 이스라엘 백성은 유월절에 온 가족이 함께 그들을 위해 피 흘린 양고기를 먹으며 과거 조상들을 구원했던 언약과 그 성취를 기억하고, 동시에 미래 그들의 구원을 소망했습니다. 이처럼 신약 시대에 하나님 나라의 백성은 주님이 피로 세우신 새언약을 성만찬의 빵과 포도주를 통해 나눕니다. 예수님이 제자들과 먹고 마시며 교제했던 것처럼 우리도 동일하게 빵을 먹고 포도주를 마시며 예수님과 거룩한 사귐을 갖습니다. 이것이 성만찬이 주는 분위기입니다. 어떻습니까? 기쁨의 함박웃음이 생깁니까?

나눔질문

1. 성만찬에 대해 어떤 오해가 있습니까?
2. 성만찬은 어떤 의미가 있습니까?

죄인은 성만찬에 참여할 수 있나요?

죄인은 성만찬에 참여할 수 있을까요, 없을까요? 만약 아니라면 도대체 누가 예수님의 성만찬에 참여할 수 있나요? 이 질문의 답을 찾기 위해 예수님의 말씀을 들어봅시다.

한번은 예수님이 마태의 집에서 식사를 하셨습니다. 마태는 세리(세무원: 세금을 거두는 공무원)였는데, 사람들에게 미움을 받았습니다. 거둬야 할 금액보다 더 많은 세금을 거두었기 때문입니다. 사람들은 세리를 아주 나쁜 죄인이라고 생각했습니다. 바리새인들은 예수님이 세리의 집에서 식사하시는 것을 보고 예수님을 비난했습니다. "어찌하여 너희 선생은 세리와 죄인들과 함께 잡수시느냐?"(마 9:11) 그때 예수님이 이렇게 대답하셨습니다. "건강한 자에게는 의사가 쓸 데 없고 병든 자에게라야 쓸 데 있느니라. 너희는 가서 내가 긍휼을 원하고 제사를 원하지 아니하노라 하신 뜻이 무엇인지 배우라. 나는 의인을 부르러 온 것이 아니요 죄인을 부르러 왔노라"(마 9:12-13). 예수님은 의인이 아니라 죄인을 구하러 오셨습니다.

바리새인과 세리(죄인)의 차이가 무엇일까요? 바리새인은 사람들에게 존경받고 스스로 죄인이라고 생각하지 않았습니다. 자주 금식하고, 십일조를 내고, 율법도 지켰습니다. 그래서 하나님께서 충분히 자신들을 기뻐하시고 받아 주실 것이라고 생각했습니다. 자신들은 영적으로 병들지 않았기 때문에 영적인 의사가 필요 없다고 생각했습니다. 그러나 세리(죄인)는 다른 사람도 그를 죄인이라고 생각하고 자신도 죄인이라고 인정했습니다. 자신은 영적으로 병든 자이기 때문에 의사가 필요하다고 생각했습니다. 이 점이 차이입니다.

예수님의 식탁에 초청 받을 사람은 스스로 의인이라고 생각하는 사람이 아니라, 스스로 죄인이라고 생각하는 사람입니다. 자신은 병들었고, 그 병을 고칠 수 있는 분은 오직 예수님밖에 없다고 인정하는 사람만이 성만찬에 참여할 수 있습니다. 직업이 세리든, 성직자든, 정치인이든, 교사든 상관없습니다. 자신이 죄 때문에 심각한 질병에 걸렸다는 것을 알고 슬퍼하는 사람은 의사이신 예수님이 베푸시는 성만찬에 참여할 수 있습니다. 그러니 성만찬에는 죄인이 참여할 수 있는 것입니다. 모든 죄인이 아니라, 스스로 자신의 죄를 인정하고 의사 되신 예수 그리스도의 치료를 바라는 자만이 참여할 수 있습니다. 삼위일체 하나님의 이름으로 세례를 받은 자들이 바로 그런 자들입니다. 우리는 스스로 죄 때문에 병자임을 인정하고 아파하며 슬퍼합니까?

성경

마 9:9-13

예수께서 그곳을 떠나 지나가시다가 마태라 하는 사람이 세관에 앉아 있는 것을 보시고 이르시되 나를 따르라 하시니 일어나 따르니라 예수께서 마태의 집에서 앉아 음식을 잡수실 때에 많은 세리와 죄인들이 와서 예수와 그의 제자들과 함께 앉았더니 바리새인들이 보고 그의 제자들에게 이르되 어찌하여 너희 선생은 세리와 죄인들과 함께 잡수시느냐 예수께서 들으시고 이르시되 건강한 자에게는 의사가 쓸 데 없고 병든 자에게라야 쓸 데 있느니라 너희는 가서 내가 긍휼을 원하고 제사를 원하지 아니하노라 하신 뜻이 무엇인지 배우라 나는 의인을 부르러 온 것이 아니요 죄인을 부르러 왔노라 하시니라

찬송

295장

HC 81문
WSC 97문

나눔 질문

1. 예수님은 식탁에 누구를 초청하셨습니까? 의인입니까, 아니면 죄인입니까? 왜 그렇습니까?
2. 바리새인과 세리의 차이가 무엇입니까?

누가 성만찬에 참여할 수 있나요?

성경

마 9:9-13

예수께서 그곳을 떠나 지나가시다가 마태라 하는 사람이 세관에 앉아 있는 것을 보시고 이르시되 나를 따르라 하시니 일어나 따르니라 예수께서 마태의 집에서 앉아 음식을 잡수실 때에 많은 세리와 죄인들이 와서 예수와 그의 제자들과 함께 앉았더니 바리새인들이 보고 그의 제자들에게 이르되 어찌하여 너희 선생은 세리와 죄인들과 함께 잡수시느냐 예수께서 들으시고 이르시되 건강한 자에게는 의사가 쓸 데 없고 병든 자에게라야 쓸 데 있느니라 너희는 가서 내가 긍휼을 원하고 제사를 원하지 아니하노라 하신 뜻이 무엇인지 배우라 나는 의인을 부르러 온 것이 아니요 죄인을 부르러 왔노라 하시니라

찬송

295장

HC 81문
WSC 97문

병자는 병 때문에 힘들고 고통스럽습니다. 심각한 질병에 걸린 사람은 시름시름 앓다가 결국 죽습니다. 그래서 병원에 갑니다. 병원에서 정밀 진찰을 받고 치료를 받아 낫기 원합니다. 영적인 질병에 걸린 사람이 가야 할 병원이 어디일까요? 영혼의 병을 고칠 수 있는 병원은 한 곳밖에 없습니다. 그곳은 바로 '갈보리 병원'입니다. 예수님은 갈보리 산 십자가 위에서 우리를 향한 하나님의 진노를 스스로 지시고 죽으셨습니다. 예수님이 갈보리에 병원을 차리셨습니다. 이 병원에 오면 의사이신 예수님이 죽음에 이르는 병을 치료해 주십니다. 교회는 마치 갈보리 병원과 같습니다. 교회에서 선포되는 말씀을 통해 영혼의 의사이신 예수님이 죄로 죽을병에 걸린 병자를 치료해 주십니다. 교회의 성만찬은 갈보리 병원에서 치료를 받은 병자가 의사이신 예수님에게 제공받는 일종의 후속치료와 같습니다. 성만찬에서 빵과 포도주를 먹고 마시면서 위대한 의사이신 예수님이 우리의 병을 치료하셨다는 것을 확신하게 됩니다.

이 성만찬에 참여하는 사람은 첫째, 우리가 건강한 사람이 아니라 병자라는 것을 알아야 합니다. 자신 속에 있는 죄를 불쾌하게 생각하는 사람이 성만찬에 참여할 수 있습니다. 둘째, 예수님이 우리를 치료할 수 있는 유일한 의사라는 사실을 믿는 자가 성만찬에 참여할 수 있습니다. 성만찬에 참여할 수 있는 조건은 사람이 만들 수 없습니다. 예수님이 요구하는 것 이상도 이하도 아닙니다. 먼저 우리가 교회에 잘 출석하고 있다든가, 가정을 훌륭하게 잘 꾸리고 있다든가, 이웃을 잘 도와주었다든가, 매일 성경을 읽었다든가, 새벽기도를 열심히 참석했다든가 하는 것이 성만찬에 참여할 수 있는 권리를 주는 것은 아닙니다. 또 과거 거짓말을 자주 했다든가, 예배에 자주 결석했다든가, 컴퓨터에서 부적절한 내용을 보았다든가, 부부싸움을 했다든가 하는 것이 성만찬에 참여할 수 없는 조건도 아닙니다.

성만찬에 참여할 수 있는 가장 중요한 조건은 자기 스스로 죄인이라는 사실을 인정하고 예수님이 죄를 용서하시는 유일한 분이라는 것을 믿는 것입니다. 자기 스스로 의인이라고 착각하는 사람이나, 자기 죄를 즐기는 사람은 성만찬에 나올 수 없습니다. 혹시 당신은 바리새인처럼 스스로 병자가 아니라고 생각하지는 않습니까? 다른 사람보다 더 낫다고 생각하십니까? 예수님은 스스로 병자라는 것을 알고 당신의 피 안에서 치료받기를 원하는 사람들을 두 팔을 벌리고 성만찬 식탁에 초대하십니다.

나눔 토론

1. 죄 때문에 죽음에 이르는 병을 가진 병자가 갈 수 있는 병원은 어디입니까?
2. 성만찬에 참여할 수 있는 자의 조건 두 가지가 무엇입니까?

우리는 성찬에 참여할 수 있는지 없는지 스스로 물어 보아야 합니다. '과연 나는 진심으로 죄를 인정하고 예수 그리스도의 십자가의 죽음이 필요하다고 인정하는가?' '예수님이 내 죄를 용서할 수 있다고 믿는가?' 이것을 확실하게 믿는다면 성만찬에 참여할 수 있습니다.

그러면 성만찬에 참여할 수 없는 사람은 누구일까요? 예수 그리스도에 대한 확실한 믿음이 없는 사람입니다. 겉과 속이 달라 '외식(外飾)'하는 사람이 대표적인 예입니다. '외식'이란 속과 겉이 다르게 행동하는 것을 말합니다. 예를 들면, 가난한 사람을 도우면서 사람들에게 칭찬을 받으려고 큰소리로 자랑하는 것입니다. 어떤 사람은 기도할 때 사람에게 보이려고 교회나 혹은 사람들이 많이 보는 곳에서 기도합니다. 또 금식할 때에 사람들에게 보이려고 힘든 기색을 보입니다. 그런 사람들은 성만찬에 참여할 수 없습니다. 왜냐하면 예수님을 믿지 않고 자신의 의를 믿기 때문입니다. 또 스스로 죄가 없다고 생각하고 회개하지 않는 사람도 성만찬에 참여하지 못합니다. 이런 사람들은 예수님이 베푸는 잔치인 성만찬에 참여할 수 없습니다.

외식하는 사람의 대표적인 부류는 바리새인과 서기관입니다. 예수님이 가장 싫어했던 사람들입니다. 이들을 향해 예수님은 "독사의 자식들아!"라고 야단을 치셨습니다. '독사'란 사탄을 상징합니다. 그러니까 '사탄의 자식들'이란 말입니다. 사실 바리새인과 서기관들은 이스라엘의 유명한 종교 지도자들이었습니다. 그런데 왜 예수님이 이들을 야단치셨을까요? 첫째, 그들은 돈을 사랑하고 하나님을 사랑하지 않았습니다. 둘째, 그들은 명예를 사랑했습니다. 사람들의 칭찬에 목말랐습니다. 하나님께 돌아가야 할 영광을 가로챘습니다. 셋째, 그들은 스스로 의롭다고 생각했습니다. 다른 사람을 무시했습니다. 바리새인은 이렇게 기도했습니다. "하나님이여! 나는 다른 사람들 곧 토색, 불의, 간음을 하는 자들과 같지 아니하고 이 세리와도 같지 아니함을 감사하나이다. 나는 이레에 두 번씩 금식하고 또 소득의 십일조를 드리나이다"(눅 18:11-12). 그들은 예수님의 십자가 죽음을 무시하고 자신의 의를 의지하는 자들을 대표합니다. 자신의 죄를 보지 못하고 인정하지 않는 자는 예수 그리스도의 십자가 죽음이 필요하지 않고 그것을 믿지 않는 자들입니다. 그러므로 그런 자들은 성만찬에 참여할 수 없습니다.

성경

마 23:1-7

이에 예수께서 무리와 제자들에게 말씀하여 이르시되 서기관들과 바리새인들이 모세의 자리에 앉았으니 그러므로 무엇이든지 그들이 말하는 바는 행하고 지키되 그들이 하는 행위는 본받지 말라 그들은 말만 하고 행하지 아니하며 또 무거운 짐을 묶어 사람의 어깨에 지우되 자기는 이것을 한 손가락으로도 움직이려 하지 아니하며 그들의 모든 행위를 사람에게 보이고자 하나니 곧 그 경문 띠를 넓게 하며 옷술을 길게 하고 잔치의 윗자리와 회당의 높은 자리와 시장에서 문안 받는 것과 사람에게 랍비라 칭함을 받는 것을 좋아하느니라

23:25-28

화 있을진저 외식하는 서기관들과 바리새인들이여 잔과 대접의 겉은 깨끗이 하되 그 안에는 탐욕과 방탕으로 가득하게 하는도다 눈 먼 바리새인이여 너는 먼저 안을 깨끗이 하라 그리하면 겉도 깨끗하리라 화 있을진저 외식하는 서기관들과 바리새인들이여 회칠한 무덤 같으니 겉으로는 아름답게 보이나 그 안에는 죽은 사람의 뼈와 모든 더러운 것이 가득하도다 이와 같이 너희도 겉으로는 사람에게 옳게 보이되 안으로는 외식과 불법이 가득하도다

찬송

295장

HC 81문
WSC 97문

나눔질문

1. 어떤 사람이 성만찬에 참여하지 못합니까?
2. 바리새인의 모습이 우리 가운데 있는지 생각해봅시다.

용서

성경

엡 4:32

서로 친절하게 하며 불쌍히 여기며 서로 용서하기를 하나님이 그리스도 안에서 너희를 용서하심과 같이 하라

찬송

635장

다른 사람을 용서하는 것은 참 어렵습니다. 용서란 나에게 잘못한 사람에 대해 나쁜 마음을 갖지 않고 하나님의 용서하심을 기억하며 사랑하려고 노력하는 것입니다. 그리스도인이 해야 할 가장 고귀한 것이 있다면 용서일 것입니다. 왜냐하면 그리스도인은 용서받은 죄인이기 때문입니다. 바울은 이렇게 말했습니다. "서로 친절하게 하며 불쌍히 여기며 서로 용서하기를 하나님이 그리스도 안에서 너희를 용서하심과 같이 하라"(엡 4:32).

아담과 하와가 하나님의 말씀에 불순종함으로 하나님과의 관계가 끊어졌습니다. 죄가 사람과 하나님 사이를 갈라놓았습니다. "너희 죄악이 너희와 너희 하나님 사이를 갈라 놓았고……"(사 59:2). 하나님을 배신하는 죄는 용서받을 수 없습니다. 그런데 하나님은 택하신 당신의 자녀를 사랑하셨습니다. 하나님께서는 사랑하는 독생자 예수님을 사람의 모양으로 세상에 보내셨습니다. 누구든지 자신의 죄를 회개하고 예수 그리스도를 믿음으로 받아들이는 자는 죄를 용서받습니다(행 2:37-38). 우리가 죄를 스스로 고백하면 하나님은 미쁘시고 의로워 우리 죄를 용서하시며, 모든 불의에서 깨끗하게 하십니다(요일 1:9). '용서하다'라는 단어는 '죄를 치워버리다'라는 뜻입니다. 하나님께서 우리 죄를 용서하신다는 말은 "동이 서에서 먼 것같이 우리의 죄과를 우리에게서 멀리 옮기"(시 103:12)신다는 것입니다.

이렇게 하나님께서 먼저 우리의 죄를 용서해 주셨습니다. 그러므로 우리는 다른 사람을 용서할 수 있습니다. 베드로가 예수님께 물었습니다. "주여! 형제가 내게 죄를 범하면 몇 번이나 용서하여 주리이까? 일곱 번까지 하오리이까?"(마 18:21) 예수님은 이렇게 대답하셨습니다. "일곱 번뿐 아니라, 일곱 번을 일흔 번까지라도 할지니라"(마 18:22). 베드로는 완전수인 '7', 그러니까 일곱 번이면 충분할 것이라고 생각했지만, 예수님은 '7×70', 곧 490번이라도 용서하라고 하셨습니다. 이 말의 뜻은 무한히 용서하라는 말입니다. 성경은 용서하는 것이 영광스러운 일(잠 19:11)이라고 했습니다. 만약 그리스도인이 다른 사람의 잘못을 용서해 줄 수 있다면 그 자체가 영광입니다. 우리 서로 용서합시다!

나눔과 교리

1. 그리스도인은 왜 용서해야 합니까?
2. 우리는 얼마나 용서해야 하나요?

성만찬에는 예수님이 초청하신 신자만 참여할 수 있습니다. 스스로 죄인임을 고백하며 믿음으로 회개하고 예수님의 보혈로 죄 용서받기를 원하는 사람, 곧 그리스도인만이 참여할 수 있습니다. 외식하는 사람들과 회개하지 않는 사람들은 참여할 수 없습니다. 그런데 하나님을 잘못 믿고 생활에서 불신앙으로 경건하지 않은 행동을 하는 자가 성만찬에 참여하려 하면 어떻게 해야 할까요? 스스로 참여하지 않아야 하는데 그것을 깨닫지 못하는 경우에는 어떻게 해야 하나요? 그냥 그대로 둬도 괜찮을까요? 참 곤란합니다.

교회는 그런 사람을 성만찬에 참여시켜서는 안 됩니다. 교회는 그런 사람이 거룩한 성만찬에 동참하지 못하도록 막아야 합니다. 믿음이 없는데도 성만찬에 참여해 빵과 포도주를 먹고 마시면 자기 죄를 먹고 마셔 심판을 받게 될 것입니다. 그러면 성만찬을 지키는 일을 누가 해야 합니까? 성만찬을 하기 전에 교회 당회가 그것을 잘 살펴 감독해야 합니다. 만약 죄를 짓고도 회개하지 않고 지속적으로 죄를 반복하는 사람이 있다면 교회는 그런 자들이 생활을 돌이킬 때까지 성만찬에 참여하지 못하게 해야 합니다. 만약 그렇게 하지 않으면 하나님과의 언약이 더럽혀져 하나님의 진노가 모든 교인에게 내릴 수 있습니다. 그 책임은 교회의 치리회에 있습니다. 목사와 장로로 구성된 치리회는 교인을 감독하고 지도합니다. 치리회는 노골적으로 믿음을 거부하고 지속적으로 죄 가운데 있는 자를 공개적으로 성만찬에 참여하지 못하도록 해야 합니다. 그것을 '권징(勸懲)'이라고 합니다. 수찬정지! 성만찬에 참여하는 것을 '정지'시키는 것이죠! 일종의 영적인 벌입니다. 이렇게 영적으로 벌을 주는 것은 그를 구원하기 위함입니다. 사랑의 벌이지요!

그렇군요. 성만찬은 예수님이 베푸신 거룩한 식탁이기 때문에 아무나 참여할 수 없습니다. 죄를 짓고 있으면서도 죄를 깨닫지 못하고 회개하지 않으며 예수님을 의지하지 않는 사람은 예수님의 성만찬에 참여할 자격이 없습니다. 우리는 두 종류의 사람들이고, 성만찬에 참여하지 못하도록 막아야 합니다. 첫째는 복음에 대해 무지한 자들이고, 둘째는 지속적으로 죄 가운데 있는 자들입니다. 이런 사람들이 성만찬에 참여하면 '주의 몸을 분별하지 못하고 먹고 마시는 것이기에 자기의 죄를 먹고 마시는 것'(고전 11:29 참고)과 같습니다. 한마디로 죄를 짓는 것과 같습니다.

성경

살후 3:14-15

누가 이 편지에 한 우리 말을 순종하지 아니하거든 그 사람을 지목하여 사귀지 말고 그로 하여금 부끄럽게 하라 그러나 원수와 같이 생각하지 말고 형제같이 권면하라

찬송

542장

HC 82문
WSC 97문

나눔질문

1. 성만찬에 참여하지 말아야 할 사람이 있으면 어떻게 해야 할까요?

2. 믿음이 없는 자와 지속적으로 죄에 거하는 사람이 성만찬에 참여하는 것이 왜 문제가 되나요?

교회에 주어진 천국 열쇠

성경

마 16:18-19

또 내가 네게 이르노니 너는 베드로라 내가 이 반석 위에 내 교회를 세우리니 음부의 권세가 이기지 못하리라 내가 천국 열쇠를 네게 주리니 네가 땅에서 무엇이든지 매면 하늘에서도 매일 것이요 네가 땅에서 무엇이든지 풀면 하늘에서도 풀리리라 하시고

찬송

492장

HC 83문
WSC 97문

우리 교회는 누가 세웠나요? 장로님? 집사님 몇 분? 아니면 목사님? 예, 그렇게 생각할 수 있지만, 사실 교회는 예수님이 세우셨습니다. 예수님이 제자들에게 이렇게 말씀하셨습니다. "내가 이 반석 위에 내 교회를 세우리니"(마 16:18). 교회의 설립자는 예수님입니다. 그러니 교회의 주인도 예수님입니다. 교회는 목사님이나 성도가 세운 것이 아니며 더구나 그들의 소유도 아닙니다. 교회는 예수님의 소유입니다. 예수님은 지금도 우리 교회를 다스리십니다.

그런데 예수님은 하늘에 계시지 않습니까? 그런데 예수님이 하늘에서 어떻게 땅에 있는 교회를 다스릴까요? 예수님은 아주 특별한 방법으로 땅의 교회를 다스리십니다. 그것이 무엇일까요? 예수님은 직분자를 세우셔서 교회를 다스리게 하십니다. 그것을 어떻게 알 수 있습니까?

자, 처음에 예수님이 교회를 세우신다고 하셨을 때 어떻게 하셨는지 보십시오. 예수님은 제자들에게 교회를 맡기시고 천국의 열쇠를 주셔서 다스리도록 하셨습니다. 옛날에는 시어머니가 나이 많아 힘이 없게 되면 집안의 모든 일을 며느리에게 맡겼습니다. 그때 시어머니가 며느리에게 주는 것이 열쇠 꾸러미입니다. 열쇠는 그 집안을 다스리는 힘을 의미합니다. 이처럼 제자들은 예수님에게 '천국 열쇠'를 받았습니다. 천국에 들어가는 문을 열 수도 있고 닫을 수도 있는 굉장한 열쇠입니다. 제자들은 '천국 열쇠'로 교회를 세워야 했습니다.

로마 천주교회에서는 예수님이 이 열쇠를 베드로에게만 주었다고 믿습니다. 그래서 베드로의 후계자인 교황이 천국의 열쇠를 가지고 교회를 절대적 권세로 다스립니다. 그러나 그것은 잘못입니다. 첫째, 예수님은 베드로에게 열쇠를 주신다고 했지만, 사실은 제자들 전체에게 주신 것입니다. 마태복음 16장 15절에 예수님이 제자들 전체에게 "너희는 나를 누구라 하느냐?"라고 질문했을 때 베드로가 대표로 "주는 그리스도시요 살아 계신 하나님의 아들이시니이다."라고 대답했고, 이 열쇠도 베드로가 제자들의 대표로 받은 것입니다. 둘째, 예수님은 똑같은 내용을 마태복음 18장 18절에서 베드로뿐 아니라, 제자들 모두에게 말씀하셨습니다. "무엇이든지 너희가 땅에서 매면 하늘에서도 매일 것이요, 무엇이든지 땅에서 풀면 하늘에서도 풀리리라." 셋째, 천국의 열쇠에서 '열쇠'가 원어에는 단수가 아니라 '열쇠들', 즉 복수입니다. 베드로 혼자에게 준 것이 아니라, 모든 제자에게 열쇠를 준 것입니다. 예수님은 교회를 세우도록 제자들에게 이 천국의 열쇠들을 주셨습니다.

나눔질문

1. 예수님은 교회를 어떻게 다스리시나요?
2. 천국의 열쇠가 베드로 혼자에게만 준 것이 아닌 이유를 설명해 보세요.

천국 열쇠가 무엇인가요?

'천국 열쇠'가 무엇일까요? 천국 문을 여는 열쇠! 그것이 뭘까요? 바닷가에 아름다운 리조트가 있다고 생각해 보세요. 리조트 주인이 당신에게 그 리조트에 들어갈 수 있는 집 열쇠를 주었습니다. 리조트는 당신 것이니 마음대로 들어가고 나가며 사용할 수 있습니다. 마찬가지로 제자들이 '천국 열쇠'를 받았으니 천국에 들어갈 수 있도록 하거나 못 들어가게 하거나 할 수 있습니다. 대단하죠! 제자들이 이 신비로운 열쇠를 예수님으로부터 받았습니다. 이 열쇠의 효과를 예수님이 말씀해 주셨습니다. "네가 땅에서 무엇이든지 매면 하늘에서도 매일 것이요, 네가 땅에서 무엇이든지 풀면 하늘에서도 풀리리라"(마 16:19).

유럽을 여행하다 보면 아름답고 웅장한 교회 안에 들어가 봅니다. 스테인드글라스의 오색찬란한 아름다운 그림이 보는 사람을 압도합니다. 그 그림 가운데 가장 돋보이는 것이 있는데, 베드로가 열쇠를 들고 있는 모습입니다. 로마 바티칸 시에 가면 성 베드로 성당이 있습니다. 광장에 우뚝 서 있는 동상 하나가 바로 '베드로상'입니다. 그의 손에는 큰 열쇠가 하나 들려 있습니다. 베드로 성당 자체도 공중에서 내려다보면 열쇠 모양으로 만들어졌습니다. 로마 천주교회는 베드로가 받은 열쇠를 매우 중요하게 생각한다는 뜻입니다. 천국의 열쇠는 로마 천주교회의 교황이 받았다고 지금도 믿습니다. 그러나 개신교회는 그렇게 믿지 않습니다. 그러면 이 열쇠는 실제로 교회에서 어떻게 사용될까요?

이 열쇠는 '설교'와 '권징'입니다. 예수님이 교회를 세우시고 하나님께서 택한 사람들을 불러 모으십니다. 그리고 그들을 그냥 내버려두지 않습니다. 예수님은 당신의 백성을 복음의 말씀으로 먹이시고, 양육하시고, 가르치시고, 훈계하시고, 잘못하면 나무라기도 하십니다. 그것이 바로 지금도 교회에서 선포되는 '설교'와 시행되는 '권징'입니다. 천국의 열쇠인 '설교'는 지금도 우리에게 익숙하고 매 주일 듣고 있지만, '권징'은 보기 힘듭니다. 사람들은 누구나 야단맞는 것을 싫어합니다. 잘못했을 때 야단맞는 것은 아이들만 싫어하는 것이 아닙니다. 어른들도 힘들어합니다. 교회에서 '훈계'나 '권징'을 시행하면 교인들이 싫어합니다. '에이, 이 교회 아니면 교회가 없나? 나 교회 안 나올 거야!' 이렇게 생각하는 사람이 많습니다. 참 안타까운 일입니다. 교회의 영적인 권위는 바로 '천국의 열쇠'에 있습니다. 교회에서 천국의 열쇠로 사용되는 것은 '설교'와 '권징'입니다. 설교를 잘 듣고 야단을 잘 맞는 것이 참으로 중요합니다. 이번 주일 설교를 잘 들어야겠지요. 잘못하면 벌도 달게 받고요!

나눔질문

1. 천국의 열쇠는 어떤 효과가 있나요?
2. 천국의 열쇠 두 가지가 무엇입니까? 둘 중에 요즘 잘 시행되지 않는 것이 있는데 무엇입니까? 그 이유가 무엇인가요?

성경

마 16:13-21

예수께서 빌립보 가이사랴 지방에 이르러 제자들에게 물어 이르시되 사람들이 인자를 누구라 하느냐 이르되 더러는 세례 요한, 더러는 엘리야, 어떤 이는 예레미야나 선지자 중의 하나라 하나이다 이르시되 너희는 나를 누구라 하느냐 시몬 베드로가 대답하여 이르되 주는 그리스도시요 살아 계신 하나님의 아들이시니이다 예수께서 대답하여 이르시되 바요나 시몬아 네가 복이 있도다 이를 네게 알게 한 이는 혈육이 아니요 하늘에 계신 내 아버지시니라 또 내가 네게 이르노니 너는 베드로라 내가 이 반석 위에 내 교회를 세우리니 음부의 권세가 이기지 못하리라 내가 천국 열쇠를 네게 주리니 네가 땅에서 무엇이든지 매면 하늘에서도 매일 것이요 네가 땅에서 무엇이든지 풀면 하늘에서도 풀리리라 이에 제자들에게 경고하사 자기가 그리스도인 것을 아무에게도 이르지 말라 하시니라 이 때로부터 예수 그리스도께서 자기가 예루살렘에 올라가 장로들과 대제사장들과 서기관들에게 많은 고난을 받고 죽임을 당하고 제삼일에 살아나야 할 것을 제자들에게 비로소 나타내시니

찬송

492장

HC 83문
WSC 97문

천국 열쇠인 '설교와 권징'은 하나

성경

딤후 3:16

모든 성경은 하나님의 감동으로 된 것으로 교훈과 책망과 바르게 함과 의로 교육하기에 유익하니

찬송

492장

HC 83문
WSC 97문

예수님은 제자들에게 '천국 열쇠'를 여러 개 주셨습니다. '열쇠(key)' 하나가 아니라, '열쇠들(keys)'을 주셨으니까요(마 16:19). 열쇠들, 곧 여러 개의 열쇠가 있다는 것은 '음부의 권세'와 관련이 있습니다. 예수님이 "내가 이 반석 위에 내 교회를 세우리니 음부의 권세가 이기지 못하리라"(18절)고 하셨습니다. 여기 "음부의 권세"에서 '권세'는 '문들(복수 형태)'이라는 뜻입니다. '음부'는 지옥을 말합니다. 곧 사탄의 졸병들이 들어가고 나가는 지옥의 문이 하나가 아니라, 많다는 말입니다. 교회를 공격하는 사탄의 졸병이 많을 것이라는 뜻입니다. 그러나 두려워할 필요가 없습니다. 왜냐하면 천국 열쇠가 많기 때문입니다. 천국 문을 열고 닫을 수 있는 천국 열쇠를 교회에 많이 주셨습니다. 제자들이 그 열쇠들을 사용할 것입니다. 지금도 교회는 그 열쇠들을 사용하고 또 사용해야 합니다. 지옥의 문들로부터 사탄이 교회를 공격할 것이지만 교회는 천국 열쇠가 많기 때문에 승리할 것입니다.

천국 열쇠는 '설교와 권징'입니다. 곧 '가르침'과 '책망'입니다. 가르침과 책망은 다른 것이 아니라 하나입니다. 사람들은 보통 권징을 싫어하지만, 책망이 없는 가르침은 있을 수 없습니다. 제자를 뜻하는 영어는 '디사이플(disciple)'입니다. 이 단어는 라틴어 '디스커러(discere)', 곧 '배우다'에서 왔습니다. 제자는 배우는 사람입니다. 그런데 배우는 제자는 반드시 잘못하면 야단을 맞거나 책망을 받습니다. 그래야 참 제자가 됩니다. 영어 '디시플린(discipline)'은 '디사이플'과 어원이 같은데, '훈계하다', '권징하다'라는 뜻입니다. 훈계를 잘 받는 것은 제자로서 잘 배우는 것과 밀접하게 연결됩니다. 훈계를 잘 받아야 잘 배우고 훌륭한 제자가 될 수 있습니다. 그렇기 때문에 설교와 권징은 하나입니다.

하나님의 말씀은 "교훈과 책망과 바르게 함과 의로 교육하기에" 매우 유익합니다. 목사님이 설교에서 성경 말씀으로 우리의 잘못을 지적하는 것은 우리를 기분 나쁘게 하려는 것이 아니라, 우리를 고치고 훈련시키려는 것임을 알아야 합니다. 의사 되신 예수님이 우리의 병을 치료해 주시려는 것입니다. 더 나아가 징계는 하나님의 자녀라는 증거이기도 합니다(히 12:6-9). 성경은 "지혜자들의 말씀들은 찌르는 채찍들 같고 회중의 스승들의 말씀들은 잘 박힌 못 같으니 다 한 목자가 주신 바이니라."(전 12:11)라고 했습니다.

나눔과 질문

1. 왜 천국의 '열쇠들'이라고 했을까요?
2. 천국의 열쇠들은 무엇입니까? 천국의 열쇠들인 '설교'와 '권징'은 어떤 관계가 있습니까?

어떻게 천국 문이 열리고 닫힙니까?

우리가 복음을 설교하면 믿는 자에게 천국이 열리고 믿지 않는 자에게는 닫힙니다. 그런데 어떻게 설교를 통해 천국이 열리고 닫힌다는 말입니까? '천국을 연다'는 뜻은 '복음을 믿으면 죄를 용서받습니다. 라고 초청하는 것'입니다. '당신의 죄를 회개하십시오. 예수 그리스도께서 당신의 죄를 위해 대신 죽으셔서 죗값을 지불하셨습니다. 믿으십시오!'라고 선포하는 것이 천국 문을 연다는 뜻입니다. 사람이 자신의 죄 때문에 죽어 지옥에 갈 형편이지만 예수님의 죽으심으로 복음의 약속을 믿음으로 받아들일 때 죄를 용서해 주신다고 개인적으로나 공적으로 선포될 때 천국이 열립니다. 그러므로 주일에 목사의 설교 가운데 복음이 선포되면 천국 문이 활짝 열리는 것입니다.

반대로 '예수님의 십자가 복음을 믿지 않고 받아들이지 않으면 지옥에 갈 것입니다'라고 선포할 때 천국 문이 닫힙니다. 설교 시간에 복음이 선포되는데도 불구하고 죄인이 죄를 인정하거나 회개하지 않고 믿지 않으면 하나님의 영원한 진노가 그들 가운데 머물게 됩니다. 이렇게 믿지 않는 자와 외식하는 자에게 하나님의 심판이 선포되고 공적으로 증거될 때 천국이 닫힙니다.

자, 이제 정리해 봅시다. '천국 문이 열린다'는 것은 '천국 복음을 믿으면 복을 받는다는 것이 선포되는 것'이고, '천국 문이 닫힌다'는 것은 '천국 복음을 믿지 않으면 심판을 받는다는 것이 선포되는 것'입니다.

그러면 매 주일 설교 시간에 천국 문이 열리기도 하고 닫히기도 한다는 말입니까? 그렇습니다. 우리는 예배 가운데 예수님의 복음 설교를 듣고 믿을 때 열린 천국 문으로 들어가 하나님과 거룩한 교제를 나눕니다. 우리가 예수님을 믿는 사람으로 천국 백성이긴 하지만 이 세상에 사는 동안 아직 완전한 천국의 삶을 살지 못하고 있습니다. 그래서 매주 예배 시간에 선포되는 말씀을 통해 천국 문 안으로 들어갑니다. 천국 문이 열렸는데도 들어가지 않으려는 사람이 있습니다. 죄를 회개하지 않고 믿지 않으면 천국 문에 들어갈 수 없습니다. 그런 사람에게는 믿지 않는 자에게 임하게 될 심판을 선포함으로 천국이 닫힙니다. 하나님의 진노의 심판이 그를 기다립니다. 그래서 복음의 설교를 듣고 믿음으로 받아들이는 것은 매우 중요합니다. 믿는 자가 열린 천국 문으로 들어갈 수 있습니다.

성경

롬 10:17

그러므로 믿음은 들음에서 나며 들음은 그리스도의 말씀으로 말미암았느니라

찬송

204장

HC 84문
WSC 89–90문

나눔질문

1. 설교를 통해 천국 문이 열린다는 말은 무엇입니까?
2. 설교를 통해 천국 문이 닫힌다는 말은 무엇입니까?

천국 문을 열고 닫은 사도들의 설교

성경

요 20:21-23

예수께서 또 이르시되 너희에게 평강이 있을지어다 아버지께서 나를 보내신 것같이 나도 너희를 보내노라 이 말씀을 하시고 그들을 향하사 숨을 내쉬며 이르시되 성령을 받으라 너희가 누구의 죄든지 사하면 사하여질 것이요 누구의 죄든지 그대로 두면 그대로 있으리라 하시니라

찬송

204장

HC 84문
WSC 89-90문

목사님의 설교는 중요합니다. 설교는 하나님 말씀의 섬김이기 때문에 천국 문을 열고 닫는 대단한 힘이 있습니다. 그래서 설교의 내용은 매우 소중합니다. 설교에는 반드시 복음이 들어 있어야 합니다. 우리가 하나님에 관하여 믿을 것이 포함되어야 합니다. 복음은 예수님의 고난과 십자가의 죽으심과 부활과 승천에 대한 것입니다. 예수님은 부활하신 후 제자들에게 나타나 이렇게 말씀하셨습니다. "예수께서 또 이르시되 너희에게 평강이 있을지어다. 아버지께서 나를 보내신 것같이 나도 너희를 보내노라. 이 말씀을 하시고 그들을 향하사 숨을 내쉬며 이르시되 성령을 받으라. 너희가 누구의 죄든지 사하면 사하여질 것이요, 누구의 죄든지 그대로 두면 그대로 있으리라"(요 20:21-23). 예수님은 사도들을 보내셨습니다. 동시에 성령님을 그들에게 주셔서 복음의 증언자와 선포자가 되게 하셨습니다. 이렇게 예수님과 성령님이 사도들에게 복음을 전파하도록 하셨기 때문에 그들이 전하는 복음을 믿으면 죄를 용서받고, 그렇지 않으면 심판을 받을 것입니다.

예수님이 승천하신 후, 첫 오순절 명절에 성령님이 사도들에게 충만하게 오셨습니다. 성령님이 사도들에게 충만하니 어떤 일이 일어났나요? 천국 문을 열고 닫는 천국 열쇠인 설교와 복음 선포를 시작했습니다. 복음을 전한 것입니다. 천국 열쇠(설교)로 천국 문을 열었습니다. 그랬더니 세상에 놀라운 일이 일어났습니다! 예수님을 십자가에 못 박은 사람들이 예수님을 하나님으로 믿고 회개하여 구원을 받아 천국으로 들어갔습니다. 오순절 명절 하루에 3천 명이 천국 문으로 들어갔습니다. 나중에는 5천 명이 세례를 받기도 했습니다. 사도들은 예수 그리스도의 고난과 십자가의 죽음과 부활과 승천에 관해 설교했습니다. 죄를 지적하고 회개할 것을 요구했습니다. 그들은 열린 천국 문으로 들어갔습니다. 그러나 믿지 않는 사람들도 있었습니다. 사도들의 복음을 믿지 않는 사람들은 천국 문으로 들어가지 못했습니다.

복음이 바르게 선포되는 곳에는 반드시 천국 문이 열리기도 하고 닫히기도 합니다. 교회는 복음 선포를 통해 천국 문을 열기도 하지만 닫기도 해야 합니다. 교회는 좋은 말만 하는 곳이 아닙니다. 설교는 반드시 믿는 자를 위해 천국 문을 열어야 하지만, 동시에 믿지 않는 자에게 문을 닫기도 해야 합니다.

나눔질문

1. 사도들은 어떻게 천국 문을 열고 닫았습니까?
2. 어떤 내용을 설교해야 바른 설교일까요?

절제(1) : 무절제한 삶 극복하기

성경

딤후 3:3

무정하며 원통함을 풀지 아니하며 모함하며 절제하지 못하며 사나우며 선한 것을 좋아하지 아니하며

찬송

212장 1, 3절

그리스도인에게 요구되는 성품 가운데 '절제'가 있습니다. 절제는 결코 쉽지 않지만 그리스도인은 절제하며 살아야 합니다. 그런데 절제란 내가 하고 싶은 것을 무조건 억누르거나 하지 않는 것이 아닙니다. 하나님께서 누리며 즐기도록 허락하신 것까지 억압할 필요는 없습니다. 절제는 할 것과 하지 말아야 할 것을 스스로 통제(self-control)한다는 의미가 있습니다. 절제는 '정도에 넘지 않도록 알맞게 제한하여 조절하는 것'입니다. '정도', 곧 '기준'은 성경이고, '알맞은 정도'는 우리 스스로 성경에 기초해 신앙양심으로 결정해야 합니다. 이 부분이 쉽지 않습니다. 절제의 정도와 시기와 양이 사람마다 상황마다 다르기 때문입니다. 신앙의 정도와 문화에 따라 다르기도 합니다. 그렇다고 잘 모르겠다고 하면 안 됩니다. 성경이라는 분명한 기준이 있기 때문입니다.

성경은 이렇게 요구합니다. "이기기를 다투는 자마다 모든 일에 절제하나니"(고전 9:25). 그리스도인은 믿음의 경주를 해 이기기를 원합니다. 이 경주는 다른 사람과의 생존경쟁이 아닙니다. 다른 사람과의 비교경쟁이 아니라, 나 자신과의 경주입니다. 그러므로 "내 몸을 쳐 복종"(고전 9:27)해야 합니다. 성령의 아홉 가지 열매 가운데 절제가 있습니다(갈 5:23). 베드로가 전한 신의 성품 가운데도 절제가 있습니다(벧후 1:5-10). 또 장로(감독)로서 필요한 성품으로 절제가 있습니다(딤전 3:2-7). 늙은 남자에게도 절제를 요구합니다(딛 2:2). 말세에 고통하는 때가 되면 절제하지 못하는 현상이 두드러지게 나타나게 될 것이라고 했습니다(딤후 3:3). 이 시대가 바로 그런 시대인 것 같습니다. 음식을 절제하지 못하고 너무 많이 먹어 생기는 비만의 문제는 심각합니다. 말을 함부로 내뱉는 언어폭력은 사회 문제가 되고 있습니다. 과잉행동장애의 문제도 결국 절제의 결핍으로 생긴 결과가 아닐까요? 게임과 컴퓨터, 텔레비전, 스마트폰을 너무 무절제하게 사용해 중독에 빠지는 경우가 늘어나고 있습니다. 쇼핑, 문화생활, 성적 욕구의 표출이 도를 넘어서고 있습니다.

그리스도인은 하나님의 말씀에 따라 어떻게 절제해야 할지 지혜를 모아야 합니다. 바울은 자신을 쳐서 복종시키는 절제의 삶을 살면서 하나님의 자녀의 모습을 보였습니다. 당신은 절제를 잘 하고 있나요?

나눔 질문

1. 절제가 왜 필요합니까?
2. 내가 절제하지 못하는 것이 무엇인지 말해 봅시다. 어떻게 하면 절제할 수 있을지 구체적인 대안을 찾아 보고 실천해 보세요.

권징(1) : 사랑의 권면

성경

마 18:15-18

네 형제가 죄를 범하거든 가서 너와 그 사람과만 상대하여 권고하라 만일 들으면 네가 네 형제를 얻은 것이요 만일 듣지 않거든 한두 사람을 데리고 가서 두세 증인의 입으로 말마다 확증하게 하라 만일 그들의 말도 듣지 않거든 교회에 말하고 교회의 말도 듣지 않거든 이방인과 세리와 같이 여기라 진실로 너희에게 이르노니 무엇이든지 너희가 땅에서 매면 하늘에서도 매일 것이요 무엇이든지 땅에서 풀면 하늘에서도 풀리리라

찬송

342장

HC 85문

천국 문을 열고 닫는 한 가지 방법은 말씀 선포이고, 또 다른 방법은 교회의 권징입니다. 어떻게 이것이 가능하나요? 교회의 권징이 천국 열쇠라는 말은 좀 어렵습니다. 권징은 성도가 죄에 빠져 회개하지 않을 때 벌을 주어 돌아오도록 돕는 것입니다. 그런데 벌을 주기 전에 사랑의 권면이 있어야 합니다.

자, 한번 생각해 봅시다. 교회 성도는 참 좋은 분들입니다. 성경 말씀대로 살려고 애쓰고 노력합니다. 그렇지만 교회 안에는 그렇지 않은 사람들도 있습니다. 교회 성도 가운데 잘못된 교리를 믿고 퍼트리거나 생활이 거룩하지 않은 사람들이 있습니다. 그런 사람이 교회에 있을 때 우리는 어떻게 해야 할까요? 그냥 피하면 될까요? 가까이하지 않고 멀리하면 될까요?

예수님은 그런 경우 어떻게 해야 할지 친절하게 가르쳐 주셨습니다. 만약 교회의 형제자매 가운데 한 사람이 교리나 생활에서 죄를 범하면 어떻게 해야 할까요? 그럴 경우 이 사람 저 사람에게 공개하며 다니면 안 됩니다. 그런 사실을 알았다면 먼저 그에게 개인적으로 찾아가 권면해야 합니다. 그 형제가 회개하고 돌이키도록 사랑으로 말해 주어야 합니다.

사실 어떤 사람이 죄를 지었을 때, 그것을 알게 된 다른 성도가 그 사람에게 찾아가 권면하는 것은 쉽지 않습니다. 죄를 지적해 주는 것이 그 사람의 명예를 더럽히는 것이 아니라, 오히려 존중하는 것인데도 말입니다. 죄를 용서해 주시는 예수님의 사랑을 알고 있는 사람은 사랑하는 마음으로 잘못한 사람에게 찾아가 이야기해 줄 수 있습니다. 그런 죄를 위해 예수님이 죽으셨기 때문입니다. 죄을 말해 주는 것은 그를 부끄럽게 만들어 골탕 먹이려는 것이 아닙니다. 오히려 죄에 빠져 죽어가는 그를 살리는 것입니다. 성도는 서로 사랑으로 도와야 합니다. "서로 돌아보아 사랑과 선행을 격려"(히 10:24)해야 합니다. 그렇지만 동시에 다른 성도가 잘못하면 "온유한 심령으로 그러한 자를 바로잡고 너 자신을 살펴보아 너도 시험을 받을까 두려워하라."(갈 6:1)라는 바울의 권고를 새겨들어야 합니다. 이렇게 성도가 서로 권면할 수 있다면 성숙한 그리스도인입니다. 이렇게 사랑의 권면을 해 회개하고 돌아서면 그를 살리는 것입니다. 이렇게 성숙한 그리스도인이 교회에 많으면 좋겠습니다.

나눔질문

1. 교회에서 잘못하는 사람이 있을 때 우리는 보통 어떻게 하나요?
2. 예수님은 그런 사람에게 어떻게 해야 한다고 가르쳐 주십니까?

교회 성도 가운데 잘못된 교리를 믿고 전하거나 삶에서 죄를 짓는 사람이 있을 때 어떻게 해야 할까요? 먼저 개인적으로 찾아가 사랑하는 마음으로 권면해야 합니다. 그런데 자신의 오류나 악행을 인정하지 않고 회개하지 않는다면 어떻게 해야 할까요? '내가 사랑으로 말해 준 것을 인정하지 않다니, 정말 나쁜 사람이군!'이라고 생각하고 다른 사람에게 그 사실을 알리거나, 바로 교회에 이야기해서 벌을 받게 해야 할까요? 예수님은 그런 경우에 더 인내하며 기다리라고 하십니다. 한두 사람을 더 데리고 가 두세 사람이 함께 권면하라고 하셨습니다. 언제든지 한 사람의 판단은 실수가 있을 수 있기 때문에 한두 사람을 데리고 가라고 말씀하신 것입니다. 이런 노력이 인내의 권면입니다. 아무것도 하지 않는 것이 아니라, 인내의 권면을 하라는 뜻입니다. 하나님은 우리를 인내하십니다. 그리고 회개할 수 있는 기회를 더 주기 원하십니다.

이런 정도의 인내의 권면은 수준 높은 단계입니다. 성도가 이 정도의 수준에 도달해야만 다음 단계인 권징이 힘이 있습니다. 그리고 효과가 있습니다. 성도의 영적 수준이 낮으면 권징이 제대로 효과를 거두기 어렵습니다. 어린 성도는 자기의 눈 속에 있는 큰 들보를 보지 못합니다. 다른 사람의 눈 속에 있는 작은 티만 보여도 당장 달려가서 잘못을 지적합니다. 그렇게 인내하지 못하는 성도는 다른 성도를 살리지 못하고 오히려 문제만 더 크게 만들 수 있습니다.

사도 바울은 우리에게 이렇게 충고했습니다. "그리스도의 말씀이 너희 속에 풍성히 거하여 모든 지혜로 피차 가르치며 권면하고"(골 3:16). 서로 가르치고 권면할 수 있는 수준이 되려면 그리스도의 말씀이 우리 속에 풍성해야 합니다. 서로 가르치고 권면할 수 있는 내용이 성경 안에 다 들어 있기 때문입니다. 성경을 오해하는 성도들은 '기독교는 사랑의 종교이기 때문에 절대로 잘못을 지적해서는 안 된다'고 생각합니다. 교회에 분란을 일으킬 만한 일을 하는 것은 나쁘다고 가르칩니다. 단지 인간적 좋은 친구로 지내길 원합니다. 교회에서 서로 사랑하는 것은 좋지만 성도가 '피차 가르치며 권면'하는 것도 소홀히 해서는 안 됩니다. 잘못된 교리와 못된 말과 행동을 알게 되었을 때에는 인내로 권면하며 사랑으로 말해야 합니다. 그것이 진정한 사랑입니다. 무엇보다도 인내의 권면이 필요합니다.

성경

골 3:16

그리스도의 말씀이 너희 속에 풍성히 거하여 모든 지혜로 피차 가르치며 권면하고 시와 찬송과 신령한 노래를 부르며 감사하는 마음으로 하나님을 찬양하고

마 18:16

만일 듣지 않거든 한두 사람을 데리고 가서 두세 증인의 입으로 말마다 확증하게 하라

찬송

342장

HC 85문

나눔질문

1. 한 번 권고해서 안 들으면 한두 사람을 데리고 가서 다시 말해야 하는 이유가 무엇입니까?
2. 수준 높은 그리스도인의 모습은 어떻습니까?

성경

고전 5:3-5

내가 실로 몸으로는 떠나 있으나 영으로는 함께 있어서 거기 있는 것같이 이런 일 행한 자를 이미 판단하였노라 주 예수의 이름으로 너희가 내 영과 함께 모여서 우리 주 예수의 능력으로 이런 자를 사탄에게 내주었으니 이는 육신은 멸하고 영은 주 예수의 날에 구원을 받게 하려 함이라

5:11-13

이제 내가 너희에게 쓴 것은 만일 어떤 형제라 일컫는 자가 음행하거나 탐욕을 부리거나 우상숭배를 하거나 모욕하거나 술 취하거나 속여 빼앗거든 사귀지도 말고 그런 자와는 함께 먹지도 말라 함이라 밖에 있는 사람들을 판단하는 것이야 내게 무슨 상관이 있으리요마는 교회 안에 있는 사람들이야 너희가 판단하지 아니하랴 밖에 있는 사람들은 하나님이 심판하시려니와 이 악한 사람은 너희 중에서 내쫓으라

찬송

342장

HC 85문

성도가 서로 사랑으로 가르치고 권고하는 것은 수준 높은 성도의 모습입니다. 그런 사랑의 권고를 통해 많은 사람이 회개하고 돌아서고 서로 세웁니다. 그런데 한두 사람을 데리고 가 권고해도 듣지 않고 회개하지 않는 사람이 있습니다. 분명히 잘못했는데도 불구하고 자신의 잘못이나 나쁜 행동에 대해 돌이키지 않고 권고를 거절한다면 그 사실을 교회에 말해야 합니다(마 18:17). 교회라고 하면 어디를 말하는 것일까요? 여기서 교회는 '치리회(治理會)'입니다. 치리회를 장로교회에서는 '당회(堂會)'라고 부르기도 합니다. '당회'는 목사와 장로로 구성된, 교회를 다스리는 기구입니다. 당회는 교회의 교리와 성도의 삶을 책임지고 돌보도록 세워진 직분자로 구성됩니다.

치리회는 성도를 살피고 권면합니다. 죄 가운데 있는 성도가 치리회의 권고를 듣고 회개하면 감사하지만, 그렇지 않은 경우도 있습니다. 만약 치리회의 권고를 듣고 돌이키지 않으면 교회는 '징계' 혹은 '권징'을 해야 합니다. 쉽게 말하면 벌을 줍니다. 이 벌은 세상에서 도둑질이나 강도 짓을 했을 때 벌금을 내거나 감옥에 보내는 것과 다릅니다. 이 벌은 영적인 것입니다. 어떤 벌입니까? 죄를 짓고 회개하지 않으면 성례에 참여하지 못하게 합니다. '수찬정지(受餐停止)'입니다. 그래도 죄에서 돌아서지 않고 회개하지 않으면 성도들과 사귀지 못하도록 합니다. 교회 공동체에서 쫓아냅니다. '출교(黜敎)'라고 합니다. 가장 무서운 벌입니다. 벌금을 내지 않고 매도 맞지 않고 감옥에도 가지 않지만 무서운 벌입니다. 왜냐하면 교회에서 벌을 내리면 하나님도 친히 그들을 그리스도의 나라에서 제외시킬 것이기 때문입니다. 이렇게 '권징'을 통해 하늘 문을 닫기도 하고 열기도 합니다. 예수님은 제자들에게 천국의 열쇠를 주셨습니다. 제자들은 말씀 선포와 권징을 통해 천국 문을 열기도 하고 닫기도 합니다. 권징은 이런 의미에서 매우 심각한 벌입니다.

그렇지만 이 권징은 죄인을 살리기 위해 주는 것입니다. 그가 회개하고 죄에서 돌이키면 권징을 풀고 천국 문을 엽니다. 그를 교회의 회원으로 받아들입니다. 이렇게 권징은 천국 문을 닫기도 하지만 열기도 하는 은혜로운 방법입니다.

나눔질문

1. 한두 사람의 증인의 말도 듣지 않으면 교회에 말하라는 것은 어떻게 하라는 말입니까?
2. 교회의 말도 듣지 않으면 어떻게 할 수 있습니까?

우리는 왜 선행을 해야 하나요?

인간은 하나님 앞에서 선한 행동을 할 수 있을까요? 인간이 하나님 앞에서 예쁜 짓을 해서 자기의 죄를 해결할 수 있을까요? 사람들 중에는 꽤 착한 마음을 가지고 있는 사람이 많지 않나요? 재해를 만나면 구제헌금도 내고 가난한 이웃을 위해 성금도 내는 사람은 선행을 한 것이 아닌가요?

성경이 가르치는 선행은 우리가 생각하는 것과 다릅니다. 성경은 인간이 영적으로 죽었기 때문에 스스로 착한 일을 통해 하나님의 마음을 만족시킬 수 없다고 말합니다. 인간은 태어날 때부터 하나님의 진노를 받아야 할 존재로, 스스로 착한 일을 해 죄의 형벌에서 벗어날 수는 없습니다.

오직 한 가지 방법으로만 죄의 벌에서 벗어날 수 있습니다. 인간의 선행이 아니라, 예수님의 선행으로 가능합니다. 예수님이 우리의 죗값을 지시고 죽으셨습니다. 이것이 하나님 앞에서 선행입니다. 이 선행 때문에 우리는 죽지 않아도 됩니다.

어떤 사람은 예수님의 선행 때문에 우리는 더 이상 선행을 할 필요가 없다고 말합니다. 이제 구원받았으니 선행은 불필요하다고 생각합니다. 그리스도인들이 그렇게 해도 될까요? 예수님 믿는 사람답지 않게 선행을 하지 않습니다. 오히려 신자가 사회에서 불신자보다 더 나쁜 일을 많이 합니다. 그래도 구원은 받았기 때문에 괜찮다고 생각합니다.

사도 바울은 에베소교회의 성도에게 이런 문제 때문에 편지를 보냈습니다. 본래 그들은 죄로 인해 하나님을 몰라 영적으로 죽은 사람들이었습니다. 사탄의 자녀들이었습니다. 그런데 그들은 하나님의 사랑으로 다시 살아났습니다(엡 2:4-6). '그들의 선행' 때문이 아니라, '예수님의 선행' 때문에 구원받았습니다. 그들은 자랑할 수 없습니다. 자신들의 선행 때문이 아니기 때문입니다.

그런데 그들은 이제 다시 선행을 해야 합니다. 그 이유를 사도 바울이 말합니다. "우리는 그가 만드신 바라. 그리스도 예수 안에서 선한 일을 위하여 지으심을 받은 자니, 이 일은 하나님이 전에 예비하사, 우리로 그 가운데서 행하게 하려 하심이니라"(엡 2:10). 그리스도인이 착한 행동을 하는 것은 당연한 것입니다. 하나님께서 우리를 구원하신 목적은 선행을 하도록 하기 위함입니다. 선행은 구원의 조건이 아니라, 구원의 결과입니다!

성경

엡 2:1-10

그는 허물과 죄로 죽었던 너희를 살리셨도다 그때에 너희는 그 가운데서 행하여 이 세상 풍조를 따르고 공중의 권세 잡은 자를 따랐으니 곧 지금 불순종의 아들들 가운데서 역사하는 영이라 전에는 우리도 다 그 가운데서 우리 육체의 욕심을 따라 지내며 육체와 마음의 원하는 것을 하여 다른 이들과 같이 본질상 진노의 자녀이었더니 긍휼이 풍성하신 하나님이 우리를 사랑하신 그 큰 사랑을 인하여 허물로 죽은 우리를 그리스도와 함께 살리셨고 (너희는 은혜로 구원을 받은 것이라) 또 함께 일으키사 그리스도 예수 안에서 함께 하늘에 앉히시니 이는 그리스도 예수 안에서 우리에게 자비하심으로써 그 은혜의 지극히 풍성함을 오는 여러 세대에 나타내려 하심이라 너희는 그 은혜에 의하여 믿음으로 말미암아 구원을 받았으니 이것은 너희에게서 난 것이 아니요 하나님의 선물이라 행위에서 난 것이 아니니 이는 누구든지 자랑하지 못하게 함이라 우리는 그가 만드신 바라 그리스도 예수 안에서 선한 일을 위하여 지으심을 받은 자니 이 일은 하나님이 전에 예비하사 우리로 그 가운데서 행하게 하려 하심이니라

찬송

420장

HC 86문
WSC 35문

나눔과 묵상

1. 한 번 구원받은 사람은 선행을 하지 않아도 될까요?
2. 하나님은 우리를 왜 구원하셨을까요?

선행은 하나님께 영광

성경

벧전 2:9-12

그러나 너희는 택하신 족속이요 왕 같은 제사장들이요 거룩한 나라요 그의 소유가 된 백성이니 이는 너희를 어두운 데서 불러 내어 그의 기이한 빛에 들어가게 하신 이의 아름다운 덕을 선포하게 하려 하심이라 너희가 전에는 백성이 아니더니 이제는 하나님의 백성이요 전에는 긍휼을 얻지 못하였더니 이제는 긍휼을 얻은 자니라 사랑하는 자들아 거류민과 나그네 같은 너희를 권하노니 영혼을 거슬러 싸우는 육체의 정욕을 제어하라 너희가 이방인 중에서 행실을 선하게 가져 너희를 악행한다고 비방하는 자들로 하여금 너희 선한 일을 보고 오시는 날에 하나님께 영광을 돌리게 하려 함이라

찬송

420장

HC 86문
WSC 35문

우리는 구원받기 위해 선행을 할 필요가 없습니다. 우리의 선행으로는 하나님의 죄에 대한 진노를 없앨 수 없습니다. 오직 예수 그리스도의 선행만이 우리의 죄를 없앨 수 있습니다. 그럼에도 불구하고 우리는 여전히 선행을 해야 할까요? 그렇습니다. 그리스도인은 선한 삶을 살아야 합니다. 왜냐고요? 그것은 우리의 선행이 하나님께 영광이 되기 때문입니다. 그리스도인은 '하나님께 선택된 하나님 나라의 시민'입니다. 사탄에게 붙잡혀 죄의 종으로 있다가 '거룩한 나라'의 백성이 되었습니다. 우리 그리스도인은 '왕 같은 제사장'입니다. 더 이상 죄의 노예가 아니라 죄를 다스릴 수 있는 왕과 같은 존재입니다. 또 자신과 다른 사람의 죄를 알고 하나님과 화목시키는 예수 그리스도의 십자가의 복음을 전해 구원할 수 있습니다. 그런 의미에서 제사장입니다. 그리스도인은 '하나님의 소유된 시민'입니다(벧전 2:9). 대단하죠!

하나님께서 왜 우리에게 이렇게 굉장한 신분을 주셨을까요? '하나님의 아름다운 덕'을 세상에 나타내려고요! 그리스도인은 구원받은 하나님의 자녀답게 육체의 욕심을 버려야 합니다. 불신자들 앞에서 착한 행동을 해야 합니다. 만약 예수님 믿는 사람이 선행을 하지 않고, 오히려 악한 일만 하면 어떻게 될까요? 하나님의 얼굴에 먹칠을 하게 될 것입니다. 여호와의 이름이 모욕을 당하게 될 것입니다. '예수 믿는 사람이 왜 저래?' '밥 맛이야!' '예수 믿고 싶지 않아!'

우리 그리스도인은 하나님께서 만드신 '새 사람'입니다. 하나님을 닮은 자녀입니다. 자녀는 아버지를 닮습니다. 만약 자녀가 잘못하면 아버지의 명예가 손상됩니다. 창피합니다. 아들이 잘못을 저지르면 이런 말을 듣습니다. '너, 네 아버지가 누구냐?' 아들의 행동을 보면 아버지가 어떤지 알 수 있기 때문입니다. 그리스도인의 아버지는 하나님입니다. 예수님이 십자가에서 피 흘려 죽으시고 우리를 구원하셨습니다. 뿐만 아니라 성령 하나님이 우리를 새롭게 하였고 하나님의 형상을 닮게 하십니다. 하나님의 형상을 닮은 그리스도인은 하나님의 모양을 자연스럽게 세상에 드러냅니다. 우리가 하는 말, 행동, 얼굴 표정, 생각, 일 등 모든 것이 아름다워야 합니다. 하나님께서 명령하신 말씀을 잘 지켜 하나님의 이름이 영광을 받으셔야 합니다. 우리가 선행을 할수록 하나님께 영광이 됩니다.

1. 왜 그리스도인은 선행을 해야 하나요?
2. 하나님의 형상을 닮은 사람은 어떻게 행동할까요?

착한 행동을 많이 하는 사람은 천국에 들어가기 쉽다고 가르치는 교회가 있습니다. 로마 천주교회가 그렇습니다. 천국에 들어가기 전에 머무는 곳이 연옥인데, 그곳은 세상에서 지은 벌을 받는 곳입니다. 연옥에서 천국으로 빨리 옮겨가기 위해서는 스스로 착한 행동을 많이 하거나 다른 사람이 대신 선행을 해야 합니다. 과연 그럴까요? 성경도 그렇게 가르치나요? 선행을 강조하는 것은 나쁠 것이 없습니다. 그렇지만 그로 인해 성경의 복음이 왜곡됩니다. 우리의 선행이 천국에 가는 데 도움이 된다는 생각은 예수 그리스도의 선행인 십자가의 죽음을 헛되게 하는 것입니다. 예수님의 선행이 우리의 죄를 해결하고 구원하기에 부족하다고 생각하는 것입니다.

선행은 우리의 구원을 위한 것이 아닙니다. 선행은 구원의 조건이 아니라, 구원의 자연스러운 열매입니다. 예수님은 이 관계를 나무와 열매라는 그림 언어(은유법)를 사용해 설명하셨습니다. 성자 하나님은 '포도나무'이고, 성부 하나님은 '농부'입니다. 우리는 '가지'입니다. 포도열매가 맺히려면 가지가 포도나무에 붙어 있기만 하면 됩니다. 만약 가지가 포도나무에 붙어 있지 않으면 열매를 맺지 못합니다. 그러니까 열매가 먼저가 아니라, 가지가 포도나무에 붙어 있는 것이 먼저입니다. 가지가 포도나무에 붙고 싶다고 붙을 수 있는 것도 아닙니다. 농부이신 하나님이 생명이 없는 가지를 포도나무인 예수님께 접붙여 주셔야 됩니다. 선행으로 구원을 얻으려는 사람은 나무도 없이 가지가 혼자 열매를 맺으려고 하는 것과 같습니다. 열매를 맺는 가지를 포도나무에 붙여 줄 것이라고 믿는 것이죠. 그러나 구원은 그렇게 일어나지 않습니다. 하나님께서 먼저 가지를 포도나무에 붙여 주십니다. 그러면 열매는 포도나무로부터 영양분을 공급받아 시간이 지나면 자연스럽게 열립니다.

어떤 경우는 불신자도 선한 열매를 맺는 것처럼 보입니다. 그렇지만 예수님 없는 선행은 아무런 가치가 없습니다. 겉으로 보기에 대단해 보일 수 있지만, 다른 사람을 의식한 하나님 없는 선행은 참 열매가 아닙니다. 썩을 열매(고전 9:25)입니다. 예수님께 붙어 있을 때에만 참 열매를 맺습니다. 예수님이 주시는 말씀을 받아먹어야 착한 일을 할 수 있고 열매를 맺습니다. 그러니 성경을 읽고 기도하며 살아가는 사람은 좋은 열매를 많이 맺을 것입니다.

성경

요 15:1-8

나는 참포도나무요 내 아버지는 농부라 무릇 내게 붙어 있어 열매를 맺지 아니하는 가지는 아버지께서 그것을 제거해 버리시고 무릇 열매를 맺는 가지는 더 열매를 맺게 하려 하여 그것을 깨끗하게 하시느니라 너희는 내가 일러준 말로 이미 깨끗하여졌으니 내 안에 거하라 나도 너희 안에 거하리라 가지가 포도나무에 붙어 있지 아니하면 스스로 열매를 맺을 수 없음 같이 너희도 내 안에 있지 아니하면 그러하리라 나는 포도나무요 너희는 가지라 그가 내 안에, 내가 그 안에 거하면 사람이 열매를 많이 맺나니 나를 떠나서는 너희가 아무 것도 할 수 없음이라 사람이 내 안에 거하지 아니하면 가지처럼 밖에 버려져 마르나니 사람들이 그것을 모아다가 불에 던져 사르느니라 너희가 내 안에 거하고 내 말이 너희 안에 거하면 무엇이든지 원하는 대로 구하라 그리하면 이루리라 너희가 열매를 많이 맺으면 내 아버지께서 영광을 받으실 것이요 너희는 내 제자가 되리라

찬송

420장

HC 86문
WSC 35문

---

1. 선행을 통해 우리가 천국에 빨리 갈 수 있을까요?
2. '구원'과 '선행'의 관계를 잘 설명할 수 있는 그림(은유)이 무엇일까요?

7월 08 JULY 절제(2): 절제의 성품을 훈련하기

성경
잠 16:32
노하기를 더디 하는 자는 용사보다 낫고 자기의 마음을 다스리는 자는 성을 빼앗는 자보다 나으니라

찬송
367장

자신을 잘 다스리고 절제할 줄 아는 보통 평사원과 만족할 줄 모르고 욕심이 많은 큰 회사의 사장을 비교해 볼 때 누가 더 위대해 보이나요? 사람들은 누구를 더 부러워할까요? 당연히 큰 회사의 사장일 것입니다. 큰 회사의 사장은 돈도 많이 벌고 명예도 얻었으니 누구나 부러워할 사람입니다. 그러나 겨우 자신의 마음이나 다스릴 줄 아는 것을 누가 알아 줄까요?

하나님은 절제하는 자의 위대함을 인정해 주십니다. 잠언은 이렇게 말합니다. "자기의 마음을 다스리는 자는 성을 빼앗는 자보다 나으니라"(잠 16:32). 이 말을 다른 말로 더 구체적으로 표현했습니다. "자기의 마음을 제어하지 아니하는 자는 성읍이 무너지고 성벽이 없는 것과 같으니라"(잠 25:28). 절제는 셀프컨트롤(self-control)입니다. 이 시대의 말로 더 쉽게 풀어보면 자기 마음을 제어하고 조정하고 통제할 수 있는 사람은 큰 회사를 얻는 것보다 훨씬 귀하다는 말입니다. 스스로 자기를 통제하지 못하는 사람은 회사를 잃는 것과 같습니다.

자신을 제어하고 절제하는 삶은 결코 쉽지 않습니다. 인간적인 힘으로 절제를 시도해 보지만 실패할 때가 더 많습니다. 절제는 인간의 힘만으로는 불가능합니다. 성령 하나님께서 도와주셔야만 성공합니다. 성령님께 기도해야 합니다. 성령님이 힘을 주시면 성령의 아홉 가지 열매 가운데 '절제'의 열매를 얻을 수 있습니다. 영적 지도자가 갖추어야 할 중요한 특징 가운데 하나가 '절제'입니다(딤전 3:2, 딛 1:8). 절제는 또한 경건한 삶을 가능케 합니다. 참된 절제를 추구하면 하나님을 의지하면서 세속에 물들지 않고 어려운 사람들을 도와주는 경건한 삶을 살 수 있습니다.

절제의 삶은 다음과 같은 훈련을 합니다.

첫째, 계획을 세우고 규칙적인 생활을 해 충동적으로 행동하지 않습니다.

둘째, 지나친 욕심을 부리지 않고 적절하게 조정합니다.

셋째, 화를 쉽게 내지 않고 참을 줄 압니다.

넷째, 화가 나면 내 안에 무엇인가 잘못된 것을 찾아 봅니다.

다섯째, 옳지 않은 것은 멀리합니다.

우리 함께 절제의 성품을 훈련해 볼까요!

나눔 질문

1. 절제가 얼마나 중요한지 말해 보세요.
2. 절제하기 위해 어떤 노력을 해야 할까요?

아기가 엄마 뱃속에서 나오면 온 가족이 기뻐합니다. 온 교회가 축하해 줍니다. 눈도 잘 뜨지 못하고 보지도 못하고 말도 못합니다. 아기는 배가 고프거나 불편함을 느끼면 우는 것으로 의사를 표현합니다. 가끔씩 웃기도 합니다. 얼마나 귀여운지요. 갓 태어난 아이가 걷지 못하고 말하지 못하고 능력이 없어도 그 누구도 잘못한다고 말하지 않습니다. 그러나 점점 나이가 들면서 아이는 기다가, 걷다가 뛰며, 말을 하기 시작합니다. 글을 쓰고 책을 읽으며 학교에 가는 나이가 됩니다. 유치원, 초등학교, 중고등학교, 대학교에 들어갑니다. 사람은 미숙한 상태에서 자라 성장합니다.

하나님께서 우리를 새롭게 태어나게 하셨을 때도 그런 계획을 가지고 계셨습니다. 정말 성도는 거듭난 후 자라갑니다. 한 사람이 복음을 듣고 하나님의 구원 계획을 알고, 예수님의 십자가를 이해하고, 성령님의 음성을 듣고 순종합니다. 교회는 그에게 일정 시간이 지나고 교육을 해 세례를 줍니다. 그 사람은 과정을 통해 새로운 생명으로 태어납니다. 사탄의 지배 아래 있는 종의 신분에서 하나님 나라의 시민이 됩니다. 이 그리스도인은 이제 어린아이 같지만 점점 자라갈 것이라고 기대할 수 있습니다. 걸음마를 시작한 것입니다. 그런데 만약 이 신자가 영적으로 새롭게 태어났지만 더 이상 성장하지 않으면 어떻게 될까요? 심각한 문제가 있는 것입니다. 뭔가 문제가 있습니다. 자라지 않는 사람은 참 그리스도인일까요? 중생(거듭남) 곧 다시 태어났다고 하는 사람들이 늘 그 자리에만 머물러 있거나 퇴보하여 옛 삶으로 돌아가고 성장하지 않는 것은 뭔가 크게 잘못된 것입니다. 참 그리스도인은 중생한 후 성장합니다. 하나님의 말씀을 듣고 배워 순종함으로 하나님의 형상을 닮아갑니다.

예수님이 마태복음 28장 19-20절 지상명령(至上命令)에서도 그렇게 말씀하셨습니다. 이 명령은 전도와 선교 명령이 아니라 그보다 훨씬 더 넓은 모든 그리스도인의 삶에 관한 명령, 곧 제자도에 관한 것입니다. 이 문장에는 명령어가 하나밖에 없습니다. 그것은 "제자를 만들어라!"입니다. 제자를 만들기 위해 '가서', '세례'를 주어야 합니다. 복음을 전해 세례를 줘 생명을 살려야 합니다. 여기에서 끝나지 않습니다. '가르쳐 지키게' 해야 합니다. 바로 이 단계가 성장하는 부분입니다. 정상적으로 태어난 생명은 하늘로부터 온 말씀의 음식을 먹고 자라야 합니다. 선행은 성장의 과정입니다.

성경

마 28:19-20

그러므로 너희는 가서 모든 민족을 제자로 삼아 아버지와 아들과 성령의 이름으로 세례를 베풀고 내가 너희에게 분부한 모든 것을 가르쳐 지키게 하라 볼지어다 내가 세상 끝날까지 너희와 항상 함께 있으리라 하시니라

찬송

420장

HC 86문
WSC 35문

나눔 질문

1. 몸이 태어나 성장하는 것과 영이 태어나 성장하는 것이 어떻게 같습니까?
2. 선행의 부분은 마 28:19-20에서 어느 단계에 해당됩니까? 나는 자라고 있습니까?

선행은 감사의 표!

성경

엡 5:18–20

술 취하지 말라 이는 방탕한 것이니 오직 성령으로 충만함을 받으라 시와 찬송과 신령한 노래들로 서로 화답하며 너희의 마음으로 주께 노래하며 찬송하며 범사에 우리 주 예수 그리스도의 이름으로 항상 아버지 하나님께 감사하며

찬송

420장

HC 86문

WSC 35문

생일 때 선물을 받으면 기쁘고 고맙습니다. 그래서 "선물을 주셔서 감사합니다!"라고 인사합니다. 꼭 필요하고 좋아하는 선물을 받았을 때는 더 고맙습니다. "정말 정말 고맙습니다!"라고 인사합니다. 좋은 것을 받으면 자연스레 감사합니다. 그 고마운 가치를 알기 때문입니다.

사람에게 가장 큰 문제가 무엇일까요? 예, 죄의 문제가 가장 심각합니다. 인간은 죄 때문에 병들고, 아프고, 결국 죽습니다. 인간은 죄로 하나님과 멀어졌고 영원히 지옥에 있게 될 것입니다. 그런데 그 죄를 해결해 주신 분이 나타났습니다. 예수님이 인간의 죄와 죽음의 문제를 해결해 주셨습니다. 누구든지 예수님을 마음으로 영접하고 믿으면 죄를 용서받고 하나님 나라의 백성이 되고 하나님 아버지의 자녀가 됩니다. 세상에 이런 복이 또 있을까요? 아무런 선행을 행하지도 않았는데 그렇게 큰 은혜를 주시니, 우리는 당연히 하나님께 감사합니다. "하나님, 고맙습니다!" 그 감사의 표시가 예배, 찬양, 기도, 헌금으로 나타납니다.

먼저 마음에 감사가 생깁니다. 마음의 감사는 말로 표현됩니다. 더 나아가 말만하지 않고 행동으로 표현됩니다. 이 말과 행동은 마음에서 표현되는 감사의 결과이며 열매입니다. 그리스도인의 선행은 구원을 얻기 위한 조건이 아니라, 은혜에 감사하는 표시입니다. 선행은 감사의 표입니다. 하나님의 성령이 충만한 성도는 선행을 짐으로 생각하지 않습니다. 기꺼운 마음으로 합니다. 기쁠 때나 슬플 때나 하나님의 뜻에 복종하면서 감사할 줄 압니다.

대체로 사람은 다른 사람과 비교해 더 많이 가지면 좋아합니다. 그 반대로 다른 사람과 비교해 적게 가지면 불평하거나 원망합니다. 감사할 줄 모릅니다. 이런 식의 감사는 잘못된 것입니다. 하나님은 "범사에 감사하라."라고 가르칩니다. '범사'란 모든 일입니다. 모든 일에는 좋은 일도 있고 나쁜 일도 있습니다. '범사에' 감사할 수 있는 것은 하나님을 의지하고 믿기 때문입니다. 그분은 나를 위해 좋은 일을 행하셨고 지금도, 아니 앞으로도 돌봐 주신다는 믿음이 있어야 합니다. 그러면 하나님께 "감사합니다!"라는 표시로 선행을 합니다. 우리에게 이런 순수한 감사의 선행이 있나요?

나눔리드

1. 우리는 주로 어떨 때 감사하나요?
2. 성경에서 말하는 참 감사는 어떤 것인가요?

감사는 믿음의 표!

교회에 다니는 사람 가운데 믿음이 있는지 없는지 알 수 있는 기준이 있을까요? 사실 믿음의 정도를 잘 알기 어렵습니다. 그런데 전혀 알 수 없는 것도 아닙니다. 그 기준은 감사입니다. 그리스도인이 '감사의 삶을 사는냐, 아니냐'로 분별할 수 있습니다.

예수님이 예루살렘으로 가시기 위해 사마리아와 갈릴리 바다 사이로 지나가고 계셨습니다. 어느 마을에 들어가셨을 때 열 명의 나병환자가 예수님을 보고 멀리 서서 소리 높여 "예수 선생님이여! 우리를 불쌍히 여기소서!"라고 외쳤습니다. 나병환자는 사람 가까이 갈 수 없어 멀리 서서 소리만 친 것입니다. 예수님은 친절하게 그들에게 도움을 주셨습니다. "가서 제사장들에게 너희 몸을 보이라!" 그렇게 하면 낫게 될 것이라는 뜻입니다. 열 명의 나병환자가 말씀을 믿었을까요? 제사장에게 가기만 하면 나을 것이라고 믿었을까요? 구약성경에 의하면 나병환자가 아직 낫지도 않았는데 제사장에게 가면 안 됩니다. 나병이 나았을 경우에만 제사장에게 갈 수 있었습니다. 제사장이 나병이 나았는지 확인해 보고 나았으면 집과 마을로 돌아가 가족과 함께 살 수 있었습니다. 낫지도 않았는데 제사장에게 가라는 예수님의 명령은 좀 황당했을 것입니다. 그런데도 불구하고 예수님의 명령을 듣고 제사장이 있는 곳으로 떠난 것은 예수님의 말씀을 믿었다는 뜻입니다. 정말 그들은 나았습니다. 기적이 일어난 것입니다.

열 명 가운데 아홉 명은 모두 자기 집으로 갔습니다. 그런데 한 명이 집으로 가지 않고 예수님께 돌아왔습니다. 예수님의 발 앞에서 엎드려 "감사합니다."라고 인사했습니다. 그 사람은 사마리아 출신이었습니다. 사마리아인은 유대인에게 천대 받는 민족이었습니다. 이스라엘 사람들이 이야기도 걸지 않으며 무시하던 백성이었는데 그는 예수님의 은혜에 감사했습니다.

예수님은 그 사마리아 사람을 향해 이렇게 말씀하셨습니다. "일어나 가라 네 믿음이 너를 구원하였느니라"(눅 17:19). 아홉 명의 유대인과 한 명의 사마리아인의 차이가 무엇입니까? 그렇습니다. '감사'입니다. 예수님은 "네가 감사했으니 구원을 받았느니라." 하지 않으시고, "네 믿음이 구원했다."라고 하셨습니다. 아홉 명은 병이 나았지만, 구원을 받지 못했습니다. 그러나 사마리아인은 병이 낫고 동시에 구원을 받았습니다. 하나님의 은혜를 아는 사람은 믿고 감사합니다. 진정으로 믿음을 가진 사람은 감사할 줄 압니다. 감사하는 사람은 믿음이 있다고 확신할 수 있습니다. 감사는 믿음의 표와 같습니다. 우리는 감사하고 있나요?

성경

눅 17:11-19

예수께서 예루살렘으로 가실 때에 사마리아와 갈릴리 사이로 지나가시다가 한 마을에 들어가시니 나병환자 열 명이 예수를 만나 멀리 서서 소리를 높여 이르되 예수 선생님이여 우리를 불쌍히 여기소서 하거늘 보시고 이르시되 가서 제사장들에게 너희 몸을 보이라 하셨더니 그들이 가다가 깨끗함을 받은지라 그 중의 한 사람이 자기가 나은 것을 보고 큰 소리로 하나님께 영광을 돌리며 돌아와 예수의 발 아래에 엎드리어 감사하니 그는 사마리아 사람이라 예수께서 대답하여 이르시되 열 사람이 다 깨끗함을 받지 아니하였느냐 그 아홉은 어디 있느냐 이 이방인 외에는 하나님께 영광을 돌리러 돌아온 자가 없느냐 하시고 그에게 이르시되 일어나 가라 네 믿음이 너를 구원하였느니라 하시더라

찬송

420장

HC 86문
WSC 35문

나눔질문

1. 우리에게 믿음이 있는지 어떻게 알 수 있을까요?

2. 감사와 믿음은 어떤 관계일까요?

선행은 믿음에 확신을 주어요

성경

벧후 1:1-10

예수 그리스도의 종이며 사도
인 시몬 베드로는 우리 하나님
과 구주 예수 그리스도의 의를
힘입어 동일하게 보배로운 믿
음을 우리와 함께 받은 자들에
게 편지하노니 하나님과 우리
주 예수를 앎으로 은혜와 평강
이 너희에게 더욱 많을지어다
그의 신기한 능력으로 생명과
경건에 속한 모든 것을 우리에
게 주셨으니 이는 자기의 영광
과 덕으로써 우리를 부르신 이
를 앎으로 말미암음이라 이로
써 그 보배롭고 지극히 큰 약
속을 우리에게 주사 이 약속으
로 말미암아 너희가 정욕 때문
에 세상에서 썩어질 것을 피하
여 신성한 성품에 참여하는 자
가 되게 하려 하셨느니라 그
러므로 너희가 더욱 힘써 너
희 믿음에 덕을, 덕에 지식을,
지식에 절제를, 절제에 인내
를, 인내에 경건을, 경건에 형
제 우애를, 형제 우애에 사랑
을 더하라 이런 것이 너희에게
있어 흡족한즉 너희로 우리 주
예수 그리스도를 알기에 게으
르지 않고 열매 없는 자가 되
지 않게 하려니와 이런 것이
없는 자는 맹인이라 멀리 보지
못하고 그의 옛 죄가 깨끗하게
된 것을 잊었느니라 그러므로
형제들아 더욱 힘써 너희 부르
심과 택하심을 굳게 하라 너희
가 이것을 행한즉 언제든지 실
족하지 아니하리라

찬송

420장

HC 86문
WSC 35문

선행을 하면 우리에게 어떤 유익이 있나요? 세상 종교는 선행을 해야 구원을 얻는다고 가르치고 믿습니다. 그러나 바른 성경의 가르침은 우리의 선행이 아니라, 하나님의 선행으로 구원에 이를 수 있다고 가르칩니다. 우리는 예수님이 십자가에서 흘리신 보배로운 피 때문에 구원받았습니다. 그런데도 우리는 계속 선행을 해야 합니까? 선행은 어떤 의미가 있나요? 이 물음에 대해 베드로가 답을 줍니다.

우리가 예수 그리스도의 힘으로 보배로운 믿음을 받았고 하늘의 신령한 모든 복을 받아 '신성한 성품'에 참여할 수 있게 되었습니다. 예수님을 믿는 사람들은 이제 제대로 된 신의 성품을 가지게 된 것입니다. 믿음, 덕, 지식, 절제, 인내, 경건, 형제 우애, 사랑의 선행을 할 수 있게 되었습니다. 그리스도인은 이제야 신성한 성품의 열매를 풍성하게 맺을 수 있게 되었습니다.

이런 성품이 없거나 모자라는 자는 구원을 받지 못할까요? 그렇지 않습니다. 단지 그런 그리스도인은 맹인과 같습니다. 맹인은 볼 수 없습니다. 멀리 있는 것을 보지 못합니다. 눈이 나쁜 사람은 멀리 있는 글자를 읽지 못합니다. 그와 같이 신의 성품을 행하지 않는 성도는 예수님이 우리의 죄를 깨끗하게 씻으셔서 죄가 용서되었다는 것을 확신하지 못합니다. 주일에 교회에 열심히 나오긴 하지만 월요일부터 토요일까지 직장에서, 학교에서, 가정에서 하나님의 성품을 보여 주지 못하는 사람은 구원의 확신이 없습니다. 그러나 신의 성품인, 선행을 하는 그리스도인은 구원의 확신을 갖게 됩니다.

베드로는 이렇게 말합니다. "그러므로 형제들아 더욱 힘써 너희 부르심과 택하심을 굳게 하라. 너희가 이것을 행한즉 언제든지 실족하지 아니하리라. 이같이 하면 우리 주 곧 구주 예수 그리스도의 영원한 나라에 들어감을 넉넉히 너희에게 주시리라"(벧후 1:10-11). 하나님께서는 우리를 사랑으로 부르셨습니다. 인류와 우주가 시작되기 전에 우리를 택하셨습니다. 우리의 선행과는 상관없이 일어난 일입니다. 우리가 할 일은 하나님의 '부르심과 택하심'을 확실하게 하는 것입니다. 우리가 행하는 하나님의 성품, 곧 선행은 우리의 믿음을 굳세게 만드는 것입니다. 선행이 없으면 쉽게 넘어지지만, 있으면 든든히 섭니다. 그래서 우리가 '더욱 힘써' 선행을 하는 것입니다. 선행은 우리 믿음에 확신을 주고 우리에게 위로를 줍니다. 그러므로 성령 하나님의 도우심이 간절합니다. 그분의 도우심이 있어야 가능하기 때문이죠!

1. 하나님의 성품은 어떤 것들이 있나요? 그런 것들이 우리 삶에 얼마나 있나요?
2. 하나님의 성품, 곧 선행은 우리에게 어떤 유익이 있나요?

전도를 해 본 적이 있나요? 전도는 무엇인가요? 전도(傳道)는 '도(道)를 전달하는 것' 입니다. '진리에 이르는 길, 곧 구원의 방법을 가르쳐 주는 것'이 전도입니다. "친구야! 교회 가자!"라고 하는 것은 전도라기보다는 '인도'입니다. 전도는 교회에서 목사님이 말씀을 선포할 때 잘 나타납니다. 그래서 목사를 '전도자'라고 부르기도 합니다. 가족에게 간단한 복음의 내용을 가지고 전도를 하기도 합니다. 길가에서 전도지를 나눠주면서 전도를 하기도 합니다. 이런 방법을 통해 사람이 하나님을 믿기도 했습니다.

그런데 최근에는 이런 방법이 별로 성공을 거두지 못하고 있습니다. 왜냐하면 그리스도인들의 삶이 형편없기 때문입니다. 그리스도인들이 전하는 내용은 나쁘지 않은데, 그들이 행하는 행동은 나쁘다고 말합니다. 매우 안타깝습니다. 그리스도인들의 행동이 모범적이지 않다는 뜻입니다.

성경은 성도에게 이렇게 충고합니다. "너희가 열심으로 선을 행하면 누가 너희를 해하리요!"(벧전 3:13) 우리에게 열심히 선행을 하라고 명령합니다. "너희 마음에 그리스도를 주로 삼아 거룩하게 하고 너희 속에 있는 소망에 관한 이유를 묻는 자에게는 대답할 것을 항상 준비하되 온유와 두려움으로 하고, 선한 양심을 가지라. 이는 그리스도 안에 있는 너희의 선행을 욕하는 자들로 그 비방하는 일에 부끄러움을 당하게 하려 함이라"(벧전 3:15-16). 그리스도인이 스스로 불신자와 달리 구별된 삶을 살면 '도대체 당신은 어떤 소망을 가지고 있기에 그렇게 삽니까? 이야기해 주세요!'라고 말하게 될 것입니다. 그리스도인은 자신이 가지고 있는 소망의 복음에 대해 이야기해 줄 수 있습니다. 이것이 진정한 의미의 전도입니다. 말만 하고 행동이나 삶이 형편없으면 불신자들은 그리스도인들에게 실망하고 하나님을 욕하게 될 것입니다.

선행을 행하면 불신자들에게 복음을 전할 수 있는 기회가 생길 것입니다. 물론 자연스럽게 우러나오는 선행이 아니라 보여 주기 위한 선행을 하라는 것은 아닙니다. 그런 선행은 아름답지 못하고 하늘로부터 온 것이 아닙니다. 바리새인들이 그렇게 했지만, 예수님이 매우 싫어하셨습니다. 하나님을 알고 그분을 닮기 위해 그분의 말씀에 순종하여 진심으로 선행을 해야 합니다. 오늘 어떤 선행을 실천해 볼까요?

성경

벧전 3:13-17

또 너희가 열심으로 선을 행하면 누가 너희를 해하리요 그러나 의를 위하여 고난을 받으면 복 있는 자니 그들이 두려워하는 것을 두려워하지 말며 근심하지 말고 너희 마음에 그리스도를 주로 삼아 거룩하게 하고 너희 속에 있는 소망에 관한 이유를 묻는 자에게는 대답할 것을 항상 준비하되 온유와 두려움으로 하고 선한 양심을 가지라 이는 그리스도 안에 있는 너희의 선행을 욕하는 자들로 그 비방하는 일에 부끄러움을 당하게 하려 함이라 선을 행함으로 고난 받는 것이 하나님의 뜻일진대 악을 행함으로 고난 받는 것보다 나으니라

찬송

420장

HC 86문
WSC 35문

1. 전도가 무엇인지 이야기해 보세요.
2. 선행이 전도입니까? 길에서 혹은 아파트 문을 두드리며 하는 전도가 아닌, 다른 방법의 전도는 없을까요?

완전하지 않지만 완전을 향해 걸어가요

성경

고전 6:19-20

너희 몸은 너희가 하나님께로부터 받은 바 너희 가운데 계신 성령의 전인 줄을 알지 못하느냐 너희는 너희 자신의 것이 아니라 값으로 산 것이 되었으니 그런즉 너희 몸으로 하나님께 영광을 돌리라

찬송

420장

HC 86문
WSC 35문

그리스도인은 믿고 구원을 얻어 하나님의 백성이 됩니다. 이어 그리스도인은 믿음의 열매를 맺어 착한 행동을 합니다. 성령 하나님께서 우리를 새롭게 하셔서 죄로 죽었던 옛 모습대로 살지 않고 성령님이 인도하시는 대로 순종하며 선행을 행하도록 하십니다. 하나님께서 거듭나게 하셔서 믿음을 주셨습니다. 영적으로 새롭게 태어나게 하셨을 뿐만 아니라 말씀을 먹고 점점 자라가도록 하십니다. 이 선행은 자동으로 프로그램처럼 작동되는 것이 아닙니다. 하나님의 형상으로 회복된 그리스도인은 책임 있는 존재입니다. 하나님은 그리스도인 스스로 당신의 말씀에 순종하길 원하십니다. 하나님은 그것을 기뻐하십니다.

그러면 이런 질문이 생깁니다. 혹시 그리스도인의 열매가 온전하지 못하면 어떻게 합니까? 그리스도인은 흠이 없을까요? 그렇지 않습니다. 하나님께서 완전하신 것처럼 완전을 향해 걸어가야 하는 것은 맞지만 완벽하진 않습니다. 결점이 있습니다. 걸음마를 막 뗀 어린아이는 처음부터 완전하게 걷지는 못합니다. 그러나 회개하고 자신의 부족함을 알고 하나님의 사랑에 감사하고 한 걸음씩 전진하는 사람은 구원에 이를 수 있습니다. 그 사람은 구원이 자신에게 달려 있지 않고 하나님의 선물이라는 것을 압니다. 완전하지 않지만 걸음마를 시작한 어린아이는 점점 나아집니다. 이렇듯 불완전한 그리스도인이지만 하나님의 백성입니다.

고린도교회 성도는 여러 가지로 불완전한 그리스도인이었습니다. 교회가 여러 파로 나뉘어졌습니다. 결혼 생활도 엉망이었습니다. 우상제물을 먹는 문제로 어려움이 있었습니다. 은사와 여자와 남자의 우열문제로 한바탕 홍역도 치렀습니다. 이렇게 많은 문제를 안고 있는 교회이지만 '성령의 전'이라고 표현했습니다. 우리는 성령님의 소유입니다. 예수님의 피로 우리의 죗값을 지불해 사셨기 때문에 우리는 예수 그리스도의 재산이고 하나님께 영광을 돌려야 합니다. 여러 가지 부족한 것이 많지만 우리는 성도로 말씀에 순종하며 우리가 가진 것으로 하나님께 영광을 돌려야 합니다. 그리스도인은 현재 비록 완전하지는 않지만, 완전을 향해서 기도하며 성장해가야 합니다.

나눔질문

1. 그리스도인이 완전해질 수 있을까요?
2. 완전하지 않아도 구원받을 수 있나요?

질서(1) : 질서의 하나님

진화론을 믿는 과학자들은 처음 우주가 무질서했다고 가르칩니다. 혼돈과 무질서에서 질서로 점점 진화하며 좋은 방향으로 발전한다고 믿습니다. 그런데 성경은 반대로 가르칩니다. 하나님께서는 처음에 온 우주 만물을 질서 있게 창조하셨습니다. 우주의 모든 별들은 정해진 궤도를 일정한 속도로 돌고 있습니다. 거기에는 충돌이 없으며 모든 우주는 질서 안에서 운행되고 있습니다. 첫째 날, 빛과 어둠을 만드셨습니다. 둘째 날, 궁창을 만드셨습니다. 셋째 날, 바다와 육지와 식물을 만드셨습니다. 넷째 날, 해와 달을 만드셨습니다. 다섯째 날, 바다의 동물과 공중의 새를 만드셨습니다. 여섯째 날, 육지의 동물과 사람을 창조하셨습니다. 아무렇게나 만드신 것이 아니라, 질서 있게 만드셨습니다. 성경은 "하나님은 무질서의 하나님이 아니시요."(고전 14:33)라고 분명히 말합니다. 하나님은 질서를 좋아하십니다.

그렇다고 하나님께서는 질서에 매이는 분이 아닙니다. 때로 자연 질서를 깨뜨리기도 하십니다. 노아 홍수 때 그랬습니다. 이집트를 탈출한 이스라엘 백성을 구하시려고 바다에 길을 만들어 건너가게 하셨습니다. 여호수아가 아모리 족속과 전쟁할 때 태양은 기브온 위에 멈추고 달은 아얄론 골짜기에 섰던 적도 있습니다(수 10:12). 히스기야 시대에 아하스의 해시계가 십도 뒤로 물러가는 일도 있었습니다(왕하 20:11). 그러나 하나님은 질서의 하나님이고 질서를 좋아하시며 질서를 통해 일하십니다. 그러므로 우리도 하나님처럼 질서를 지키는 것이 유익합니다.

하나님께서 질서의 하나님이니 우리도 '질서', 곧 '정리'와 '정돈'을 잘하는 습관을 갖는 것이 좋습니다. 정리는 어수선하거나 쓸데없는 것을 없애거나 하여 가지런하게 바로잡는 것입니다. 정돈은 있는 것을 가지런히 바로잡는 것입니다. 우리는 집에서 정리와 정돈을 잘해야 합니다. 왜냐하면 우리는 하나님의 자녀이기 때문입니다. 하나님께서 질서를 좋아하시니 우리도 질서, 곧 정리와 정돈을 잘하는 것이 당연합니다. 줄을 설 때 차례를 지키거나, 사용한 물건은 원래 자리에 잘 돌려놓는 것도 중요합니다. 밥을 먹고 난 후에 뒷정리를 잘하거나 떨어진 휴지를 잘 줍는 것도 그리스도인의 바른 행동입니다.

성경

고전 14:33
하나님은 무질서의 하나님이 아니시요 오직 화평의 하나님이시니라 모든 성도가 교회에서 함과 같이

14:40
모든 것을 품위 있게 하고 질서 있게 하라

찬송

104장 2절

나눔질문

1. 질서의 관점에서 진화론과 창조론의 차이를 찾아 보세요.
2. 하나님은 질서의 하나님입니다. 그러면 하나님을 닮은 우리는 어떻게 행동해야 할까요?

구원을 주신 하나님께 어떻게 감사하죠?

성경

시 116:12

내게 주신 모든 은혜를 내가 여호와께 무엇으로 보답할까

116:17

내가 주께 감사제를 드리고 여호와의 이름을 부르리이다

찬송

300장

HC 86문
WSC 31문

사람은 행복해 보이지만 사실은 죽음을 향해 달려가고 있습니다. 잠시 기쁜 순간도 있고, 돈을 많이 벌어 좋은 집에 살거나, 훌륭한 사람이 되어 사람들에게 부러움을 받기도 하지만 결국 죽습니다. 인간은 어디에서 와서 어디로 가는지도 모르고 살다가 죽습니다. 자신이 죽는다는 것을 생각할수록 공허함을 느낍니다. 그러다가 어떤 사람은 삶이 허무하다고 생각해 스스로 죽음을 택하기도 합니다.

그러나 죽지 않는 방법이 있습니다. 성경은 그 길이 예수님이라고 선포합니다. 예수님은 인간이 죄에서 해방되어 죽지 않고 영원히 살 수 있는 유일한 방법입니다. 예수님은 죽음을 이기고 생명을 나눠 주십니다. 하늘에 계신 하나님께서 당신의 백성을 창세전에 택하시고 때가 되어 부르시고 의롭다 하시고 영화롭게 하시기 위해 예수 그리스도를 통해 놀라운 생명의 길을 만드셨습니다. 이 복음을 듣고 스스로 자신의 죄가 얼마나 심각한지 알고 구원자 되신 예수님의 십자가 죽음을 믿고 의지하면 영원한 생명을 얻을 수 있습니다. 우리의 모든 죄와 비참으로부터 구원받기 위해 예수님이 필요합니다. 예수님을 '나의 주인'으로 부르고 영접하는 자는 죄와 비참에서 해방될 수 있습니다. 예수님이 십자가 위에서 우리의 죄를 대신해서 죽으셨기 때문입니다. 우리가 죽어야 하는데, 예수님이 대신 죽으셨습니다.

우리가 우리 죄를 용서받기 위해 할 수 있는 것은 아무것도 없습니다. 우리의 죄와 비참함이 얼마나 심각하며 큰지 우리 스스로 그 문제를 해결할 수 없습니다. 그런데 예수님이 십자가 위에서 우리를 위해 대신 죽으셨습니다. 이 대속의 죽음으로 우리가 죄와 비참에서 벗어날 수 있게 되었습니다. 이 예수님을 믿는 자들은 영원히 죽지 않고 살게 됩니다. 얼마나 감사한지요! 이렇게 아무것도 한 것이 없는데 공짜로 받는 것을 '은혜'라고 부릅니다. 우리는 하나님께 엄청난 은혜를 받았습니다. 그래서 시인은 이렇게 노래했습니다. "내게 주신 모든 은혜를 내가 여호와께 무엇으로 보답할까?"(시 116:12) 이 은혜를 무엇으로 보답할 수 있을까요? 시인은 다시 대답합니다. "내가 주께 감사제를 드리고 여호와의 이름을 부르리이다"(시 116:17). 그러한 구원을 주신 하나님께 우리가 어떻게 감사를 드려야 할 것인가를 알아야 합니다. 이렇게 우리의 죄가 얼마나 비참한지, 그 죄와 비참에서 어떻게 구원받을 수 있는지, 그리고 우리가 그 구원을 주신 하나님께 어떻게 감사를 드려야 할지를 아는 자가 행복한 사람입니다.

1. 우리가 어떻게 구원을 받게 되었나요?
2. 은혜를 받으면, 받은 자는 어떻게 해야 하나요?

감사와 회개를 하지 않는 사람도 구원받을 수 있나요?

17 **7월** JULY

교회 다니는 사람 중에서 감사하지 않고 죄 가운데 있으면서 회개하지 않는 사람도 천국에 갈 수 있을까요? 그런 사람은 결코 구원을 받을 수 없습니다. 성경은 우리에게 분명하게 말합니다. "불의한 자가 하나님의 나라를 유업으로 받지 못할 줄을 알지 못하느냐? 미혹을 받지 말라. 음행하는 자나, 우상숭배하는 자나, 간음하는 자나, 탐색하는 자나, 남색하는 자나, 도적이나 탐욕을 부리는 자나, 술 취하는 자나, 모욕하는 자나, 속여 빼앗는 자들은 하나님의 나라를 유업으로 받지 못하리라"(고전 6:9-10). 이와 같은 내용의 말씀이 갈라디아서 5장 19-20절, 에베소서 5장 5-6절에도 나옵니다. 너무나도 분명하다는 뜻입니다.

겉으로는 경건해 보이는 사람도 사람들이 보이지 않는 곳에서는 나쁜 생각과 행동을 할 수 있습니다. 종교 활동을 하면서 잘못된 죄에 대해 형식적으로만 잘못을 인정하고 실제로는 전혀 회개하지 않는 사람도 있습니다. 자신의 죄에 대해 참 회개를 하지 않으니 하나님의 은혜에 대해서도 감사할 수 없습니다. 그런 사람들은 당연히 하나님의 백성이 아니며 구원받을 수 없습니다. 성경은 이런 사람들에 대해 아주 명료하게 선언하고 있습니다. 예수님은 이렇게 말씀하셨습니다. "그들의 열매로 그들을 알지니 가시나무에서 포도를, 또는 엉겅퀴에서 무화과를 따겠느냐……좋은 나무가 나쁜 열매를 맺을 수 없고 못된 나무가 아름다운 열매를 맺을 수 없느니라"(마 7:16-18).

그러나 참 믿음으로 구원받은 사람은 반드시 선행으로 열매를 맺습니다. 참 믿음으로 의롭게 된 사람은 거룩한 삶을 살게 되어 있습니다. 그런데 거룩한 삶이 없는 사람이 있습니다. 그런 사람은 참 믿음을 가졌는지 의심할 수밖에 없습니다. 열매로 그 나무를 알 수밖에 없기 때문입니다.

하나님께 감사하는 마음이 없고 자신의 죄에 대해서는 관대하고 하나님께 원망하는 마음이 있으면 믿음이 없는 사람입니다. 예수님은 나병이 낫고도 돌아와 감사하지 않은 사람들에게는 구원을 주지 않으셨습니다. 참 믿음이 있는 사람은 감사하고 회개합니다. 동시에 감사하고 회개하는 사람은 믿음이 있는 사람이라고 볼 수 있습니다. 참 믿음이 있는 사람은 당장은 아니더라도 언젠가 감사하고 회개합니다. 그 시점을 우리가 모를 뿐이지만, 우리가 세상에서 알 수 있는 것은 분명합니다. 감사와 회개가 없는 사람은 구원받지 못합니다.

성경

고전 6:9-10

불의한 자가 하나님의 나라를 유업으로 받지 못할 줄을 알지 못하느냐 미혹을 받지 말라 음행하는 자나 우상숭배하는 자나 간음하는 자나 탐색하는 자나 남색하는 자나 도적이나 탐욕을 부리는 자나 술 취하는 자나 모욕하는 자나 속여 빼앗는 자들은 하나님의 나라를 유업으로 받지 못하리라

갈 5:19-20

육체의 일은 분명하니 곧 음행과 더러운 것과 호색과 우상숭배와 주술과 원수 맺는 것과 분쟁과 시기와 분 냄과 당 짓는 것과 분열함과 이단과

엡 5:5-6

너희도 정녕 이것을 알거니와 음행하는 자나 더러운 자나 탐하는 자 곧 우상숭배자는 다 그리스도와 하나님의 나라에서 기업을 얻지 못하니 누구든지 헛된 말로 너희를 속이지 못하게 하라 이로 말미암아 하나님의 진노가 불순종의 아들들에게 임하나니

찬송

287장

HC 87문
WSC 84문

나눔질문

1. 감사하지 않고, 회개하지 않고, 하나님을 가까이하지 않는 사람은 구원을 받을 수 있습니까?
2. 구원받는 믿음이 있는 사람은 어떤 모습을 하고 있을까요?

회개란 무엇입니까?

성경

눅 13:1-5

그때 마침 두어 사람이 와서 빌라도가 어떤 갈릴리 사람들의 피를 그들의 제물에 섞은 일로 예수께 아뢰니 대답하여 이르시되 너희는 이 갈릴리 사람들이 이같이 해 받으므로 다른 모든 갈릴리 사람보다 죄가 더 있는 줄 아느냐 너희에게 이르노니 아니라 너희도 만일 회개하지 아니하면 다 이와 같이 망하리라 또 실로암에서 망대가 무너져 치어 죽은 열여덟 사람이 예루살렘에 거한 다른 모든 사람보다 죄가 더 있는 줄 아느냐 너희에게 이르노니 아니라 너희도 만일 회개하지 아니하면 다 이와 같이 망하리라

골 3:5-10

그러므로 땅에 있는 지체를 죽이라 곧 음란과 부정과 사욕과 악한 정욕과 탐심이니 탐심은 우상숭배니라 이것들로 말미암아 하나님의 진노가 임하느니라 너희도 전에 그 가운데 살 때에는 그 가운데서 행하였으나 이제는 너희가 이 모든 것을 벗어 버리라 곧 분함과 노여움과 악의와 비방과 너희 입의 부끄러운 말이라 너희가 서로 거짓말을 하지 말라 옛 사람과 그 행위를 벗어 버리고 새 사람을 입었으니 이는 자기를 창조하신 이의 형상을 따라 지식에까지 새롭게 하심을 입은 자니라

찬송

255장

HC 88문
WSC 31, 35문

하나님께서는 죄를 미워하십니다. 의로우신 분입니다. 하나님께서는 동시에 사랑과 은혜가 넘치십니다. 사람이 자신의 잘못을 회개하고 나쁜 길에서 돌아서서 하나님을 향해 걸어가면 죄를 용서하시고 천국에 들여보내십니다. 그러나 회개하지 않는 사람은 반드시 지옥에 보내십니다. 어느 날 실로암에 있는 망대가 무너져 18명이 치어 죽는 끔찍한 일이 있었습니다. 예수님은 그 사고에서 죽은 사람들이 다른 사람보다 죄가 더 많아 죽은 것이 아니라고 하셨습니다. "……너희도 만일 회개하지 아니하면 다 이와 같이 망하리라"(눅 13:5).

교회에서는 설교 시간에 회개하라고 자주 이야기합니다. 그런데 도대체 '회개'가 무엇일까요? 교회에서 하나님께 눈물콧물 흘리면서 잘못했다고 가슴을 치며 기도하고 회개하는 사람이 있습니다. 또 어떤 사람은 다른 사람을 주먹으로 치고 "미안해!"라고 말합니다. 이런 것도 '회개'입니까? 예, 그런 것도 회개입니다.

그렇지만 회개는 좀 더 넓은 의미가 있습니다. '회개'는 '방향을 바꾼다'는 뜻이 있습니다. 죄인은 사탄의 종으로 사탄이 인도하는 길로 걸어갑니다. 하나님께 '회개'한 사람은 사탄이 인도하던 죽음의 길에서 방향을 180도 돌려 하나님을 향해 걸어갑니다. 사탄의 뜻을 따라 살다가 하나님의 뜻에 순종하는 것을 회개라고 합니다. 사람들은 컴퓨터에서 음란한 영화를 보거나, 다른 사람에게 나쁜 욕을 하거나, 탐욕으로 다른 사람의 재물을 빼앗기도 합니다. 나쁜 말과 욕설과 거짓말을 밥 먹듯이 합니다. 하나님은 이런 사람들을 매우 싫어하십니다. 이런 죄에 대해 크게 노하십니다. 그런데 하나님 앞에서 회개한 사람은 이런 구체적인 죄에서 돌이켜 나쁜 일을 그만두고 선한 일을 합니다.

여러분! 우리는 예수님을 믿고 난 후 회개한 사람의 모습을 가지고 있습니까? 가만히 살펴보면 우리는 여전히 진정한 회개를 하지 않고 있는 것처럼 죄 가운데 있기도 합니다. 우리는 아직도 회개하지 않은 것일까요? 성경에서 가르쳐 주는 진정한 회개는 '우리의 옛 본성이 죽고 새 본성으로 살아가는 것'입니다. 우리의 옛 본성이 어떻게 죽고 다시 살아납니까? 그것은 예수 그리스도 안에서 가능합니다. 예수님이 십자가에 죽으실 때 우리의 옛 본성이 죽고, 다시 부활하실 때 새 본성으로 살아났습니다. 이렇게 새 본성으로 살아가는 것이 '진정한 회개'입니다.

나눔질문

1. 회개하지 않는 사람은 어떻게 될까요?
2. 진정한 회개는 무엇입니까?

진정한 회개는 어떻게 가능합니까?

여름이 되면 방학 때 멀리 산이나 바닷가로 수련회를 떠납니다. 그럴 때 꼭 빠지지 않는 행사 가운데 하나가 촛불의식입니다. 자그마한 빈 종이를 한 장씩 주어 자신의 죄를 적도록 합니다. 아무도 보지 못하도록 꼬깃꼬깃 접은 종이를 촛불이나 모닥불에 태웁니다. 그러면 자신의 죄가 불에 타 없어진 것처럼 사라지고 용서받았다는 느낌이 듭니다. 우리가 죄를 회개하고 용서받는다는 것을 물리적으로 보고 느끼도록 하기 위한 것일 것입니다. 그러나 죄는 그렇게 회개하고 용서받는 것이 아닙니다.

어떤 사람은 자신이 회개했다는 것을 고행을 통해 보여 주고 싶어 합니다. 며칠 동안 물도 먹지 않고 밥도 먹지 않습니다. 심지어 40일 동안 금식을 하기도 합니다. 의지적으로 아주 어려운 고행을 통해 회개했음을 나타내려 합니다. 이렇게 감정적이고 의지적인 회개도 중요하지만, 진정한 회개는 그 이상입니다. 회개는 '옛 사람이 죽고 새 사람으로 사는 것'입니다.

이런 근본적인 회개는 우리 스스로 할 수 없고 하나님께서 도와주셔야 합니다. 하나님께서 성령님을 통해 우리 마음을 돌려 주셔야 회개할 수 있습니다. 예수님의 죽으심과 부활을 믿는 믿음이 없이는 회개할 수 없습니다. 믿음과 회개는 동전의 양면과 같습니다. 예수님이 하신 일이 무엇인지 알고 믿지 않으면 회개할 수 없습니다. 회개는 예수님을 떠나서는 불가능합니다. 예수님이 죽으실 때 우리의 옛 사람이 죽고, 예수님이 부활하실 때 우리의 새 사람이 살아납니다. 이것을 회개라고 합니다. 회개는 신비입니다. 예수님과 우리가 하나 될 때 진정한 회개가 일어납니다. 진정한 회개는 '옛 사람이 죽고 새 사람으로 사는 것'입니다. 예수님을 믿어 회개할 수 있습니다. 그러므로 믿는 자는 회개한 자이고, 회개한 자는 믿음이 있는 자입니다.

우리가 예수님과 믿음으로 하나가 되었다면 우리는 "죄에 대하여는 죽은 자요, 그리스도 예수 안에서 하나님께 대하여는 살아 있는 자로"(롬 6:11) 생각해야 합니다. 이것이 진정한 회개입니다. 진정한 회개는 우리 쪽에서의 무슨 변화가 아니라, 예수 그리스도께서 이루신 공덕을 통해 얻는 믿음의 결과입니다. 이렇게 진정으로 회개한 사람은 예전과 완전히 다른 변화된 삶을 살아가게 되어 있습니다. 우리 자신의 노력 때문이 아니라, 예수님 덕택에 말입니다.

성경

롬 6:1-14

그런즉 우리가 무슨 말을 하리요 은혜를 더하게 하려고 죄에 거하겠느냐 그럴 수 없느니라 죄에 대하여 죽은 우리가 어찌 그 가운데 더 살리요 무릇 그리스도 예수와 합하여 세례를 받은 우리는 그의 죽으심과 합하여 세례를 받은 줄을 알지 못하느냐 그러므로 우리가 그의 죽으심과 합하여 세례를 받음으로 그와 함께 장사되었나니 이는 아버지의 영광으로 말미암아 그리스도를 죽은 자 가운데서 살리심과 같이 우리로 또한 새 생명 가운데서 행하게 하려 함이라 만일 우리가 그의 죽으심과 같은 모양으로 연합한 자가 되었으면 또한 그의 부활과 같은 모양으로 연합한 자도 되리라 우리가 알거니와 우리의 옛 사람이 예수와 함께 십자가에 못 박힌 것은 죄의 몸이 죽어 다시는 우리가 죄에게 종 노릇 하지 아니하려 함이니 이는 죽은 자가 죄에서 벗어나 의롭다 하심을 얻었음이라 만일 우리가 그리스도와 함께 죽었으면 또한 그와 함께 살 줄을 믿노니 이는 그리스도께서 죽은 자 가운데서 살아나셨으매 다시 죽지 아니하시고 사망이 다시 그를 주장하지 못할 줄을 앎이로라 그가 죽으심은 죄에 대하여 단번에 죽으심이요 그가 살아 계심은 하나님께 대하여 살아 계심이니 이와 같이 너희도 너희 자신을 죄에 대하여는 죽은 자요 그리스도 예수 안에서 하나님께 대하여는 살아 있는 자로 여길지어다…….

찬송

255장

HC 88문
WSC 31, 35문

1. 우리가 생각하는 회개는 감정적이거나 의지적입니다. 무슨 문제가 있나요?
2. 진정한 회개는 어떻게 가능합니까?

'옛 사람이 죽는다'는 말은 무슨 뜻입니까?

성경

시 51:3-4

무릇 나는 내 죄과를 아오니 내 죄가 항상 내 앞에 있나이다 내가 주께만 범죄하여 주의 목전에 악을 행하였사오니 주께서 말씀하실 때에 의로우시다 하고 주께서 심판하실 때에 순전하시다 하리이다

51:17

하나님께서 구하시는 제사는 상한 심령이라 하나님이여 상하고 통회하는 마음을 주께서 멸시하지 아니하시리이다

찬송

82장

HC 89문
WSC 87문

진정한 회개는 '옛 사람이 죽는 것'입니다. 옛 사람이 죽는다는 것은 하나님을 진노케 한 우리의 죄를 마음으로 슬퍼하고 더욱 미워하고 피하는 것입니다. 사람의 옛 모습은 무엇일까요? 예, 우리는 그 모습을 잘 알고 있습니다. 아담과 하와가 에덴동산에서 하나님의 말씀을 어기고 불순종해 죄를 지었습니다. 하나님에게서 멀리 떠나고 사탄과 친구가 되었습니다. 사탄이 시키는 일을 기뻐하고 하나님을 섬기지 않고 하나님께 영광도 돌리지 않습니다. 그것이 우리의 옛 모습입니다. 죄 때문에 하나님과 멀리 떨어져 살았던 것이 옛 사람의 모습입니다. 그런데 회개한 사람은 옛 사람이 죽습니다. 우리 스스로 옛 모습인 죄를 죽인 것일까요? 아닙니다. 그렇지 않습니다. 우리 스스로는 죄를 죽일 수 없습니다. 옛 사람을 죽일 수 없습니다. 예수님이 우리의 옛 사람을 죽이셨습니다. 예수님이 십자가 위에서 우리의 옛 죄를 위해 죽으심으로 옛 사람이 죽었습니다. 우리가 그 사실을 믿음으로 회개할 때 옛 사람이 죽습니다. 값없이 주시는 은혜입니다. 우리 스스로 도저히 없앨 수 없었던 그 옛 사람을 십자가에 못 박으셨습니다.

그래서 진정으로 회개한 사람은 자신의 죄를 미워합니다. 뿐만 아니라 모든 죄에 대해서도 마음으로 슬퍼합니다. 더 나아가 단순히 슬퍼하는 데 머물지 않고 죄를 더욱 미워합니다. 보통 사람은 다른 사람이 보는 앞에서는 죄를 짓지 않습니다. 그러나 보이지 않는, 마음으로 짓는 죄는 표시가 나지 않습니다. 다른 사람을 마음으로 미워하면서도 겉으로는 웃을 수 있습니다. 그런 사람은 진정으로 회개한 사람이 아닙니다. 옛 사람이 죽지 않았습니다. 회개한 사람은 눈에 보이지 않는 죄까지도 슬퍼하고 미워합니다.

진정으로 회개한 사람은 사람들이 보지 않는 곳에서도 죄를 짓지 않으려 합니다. 죄를 지을 수 있는 유혹이 있으면 그곳을 피합니다. 죄에 대해 진심으로 슬퍼하고 죄를 피하는 방법을 찾습니다. 진정한 회개는 마음뿐만 아니라 행동의 변화도 포함합니다. 우리는 마음과 행동으로 죄를 어떻게 대하나요?

나눔질문

1. 옛 사람의 모습을 그려 보세요.
2. 진정으로 회개한 사람은 어떤 마음을 가지며 어떻게 행동하나요?

'새 사람으로 산다'는 말은 무슨 뜻입니까?

진정한 회개는 '옛 사람이 죽는 것'이며, 동시에 '새 사람으로 다시 사는 것'입니다. 옛 것이 죽고 새 것으로 살아납니다. 새 것이 있기 때문에 옛 것은 없어져도 괜찮습니다. 죽는 것과 사는 것은 동시에 일어납니다. '새 사람으로 사는 것'은 무슨 뜻입니까? 새 사람으로 다시 사는 것은 그리스도로 말미암아 하나님 안에서 마음으로 즐거워하고, 하나님의 뜻에 따라 모든 선을 행하며 사는 것을 사랑하고 기뻐하는 것입니다. 새 사람으로 다시 사는 것이 어떤 것인지 알기 위해서는 그 반대를 생각해 보면 더 분명해집니다. '옛 사람으로 돌아가는 것'은 사탄으로 말미암아 자기 안에서 마음으로 즐거워하고, 사탄의 뜻에 따라 내가 원하는 것을 사랑하고 기뻐하는 것입니다.

그러나 예수님이 십자가에 죽으셨습니다. 무덤에 묻히시고 지옥에 내려가셨습니다. 그리고 다시 부활하셨습니다. 죄 때문에 모든 인간이 죽지만, 예수님은 죽음을 이기시고 첫 열매로 살아나셨습니다. 이와 같이 우리도 죄에 대해 죽고 의에 대해 살아납니다. 예수님과 함께 부활합니다. 예수님을 믿는 우리는 중생, 곧 다시 태어납니다. 하나님께서 우리를 다시 낳으신 것입니다. 우리가 어머니 뱃속에 다시 들어가 태어난 것은 아니지만, 영적으로 새로 태어난 새 사람입니다. 이제 우리는 회개해 새 사람으로 다시 살아났습니다. 우리는 하나님 안에 사는 것을 행복해 합니다. 성령 하나님이 이런 마음을 우리에게 주셨기 때문에 누리는 기쁨입니다. 불신자들은 이런 행복을 모를 뿐 아니라 좋아하지도 않고 거절합니다. 그러나 회개한 사람은 하나님의 뜻을 따라 모든 선을 행하며 사는 것을 사랑하고 기뻐합니다.

회개한 사람은 자기 마음대로 살지 않습니다. 자기의 뜻을 위해 살지 않고 하나님의 뜻을 위해 살려 합니다. 성경 말씀을 읽으며 하나님의 뜻이 무엇인지 배웁니다. 모든 말씀에 순종하기 위해 애씁니다. 그리스도의 장성한 분량에 이르려고 노력합니다. 세상 친구들은 그런 우리를 보고 바보라고 놀리기도 합니다. 그렇지만 진정으로 회개한 사람은 하나님의 뜻에 따라 모든 선을 행하며 사는 것을 좋아합니다. 그것이 복이라는 것을 압니다. 이것이 예수님을 믿는 사람의 행복이고 기쁨입니다.

성경

롬 6:10-11

그가 죽으심은 죄에 대하여 단번에 죽으심이요 그가 살아 계심은 하나님께 대하여 살아 계심이니 이와 같이 너희도 너희 자신을 죄에 대하여는 죽은 자요 그리스도 예수 안에서 하나님께 대하여는 살아 있는 자로 여길지어다

찬송

463장

HC 90문

WSC 87문

나눔과 토론

1. 옛 사람과 새 사람의 특징을 비교해 보세요.
2. 새 사람으로 다시 태어난 사람은 어떻게 살려고 합니까?

질서(2) : 무질서한 세상 안에 있는 교회

성경

고전 14:40

모든 것을 품위 있게 하고 질
서 있게 하라

찬송

210장 1절

영어로 우주는 코스모스(cosmos)입니다. 코스모스는 '질서'라는 뜻입니다. 하나님께서는 세상을 질서 있게 창조하셨는데 우주를 바라보면 질서를 발견할 수 있습니다. 그런데 어느 날 무질서(혼란과 어지러움)가 세상에 들어와 지금까지 이어지고 있습니다. 우리는 그런 무질서(카오스, chaos) 가운데 살고 있습니다. 우리 몸도 하나님의 창조 질서를 무시하고 스트레스를 많이 받거나 혹사당하면 균형이 무너져 병에 걸립니다. 심하면 죽기도 합니다. 언제부터 이렇게 되었을까요? 예, 그렇습니다. 죄가 세상에 들어오고부터입니다. 아담과 하와가 하나님의 질서를 무너뜨리고 선악을 알게 하는 나무 열매를 따 먹었기 때문에 땅은 가시와 엉겅퀴를 내고 세상은 무질서해지고 말았습니다. 아담과 하와가 세상을 개척하고 잘 다스려야 했지만, 자연과 환경은 파괴되어 무질서하게 변해가고 있습니다. 이것은 하나님께서 원하시는 것이 아닙니다.

그래서 하나님께서는 예수 그리스도를 보내셔서 하나님과 사람 사이의 질서가 무너진 것을 다시 세우셨습니다. 사람과 사람 사이에도 질투, 시기, 교만, 사기, 폭력, 간음, 속임, 살인 같은 것들로 가득했습니다. 무질서 그 자체였습니다. 그러나 하나님께서는 당신의 백성을 불러 중생(거듭남)시키셨습니다. 예수 그리스도의 십자가가 필요할 만큼 자신의 죄와 비참을 알고 그것을 믿는 자를 구원하십니다. 하나님께서는 그들을 교회로 불러 모으셨습니다. 그러므로 교회는 무질서가 아니라, 질서 있는 사람들의 모임이라고 할 수 있습니다. 사도 바울은 교회를 그리스도의 몸과 같다고 했습니다. 그리스도께서 친히 머리가 되시고 성도들은 각 지체가 되어 유기적으로 연결되어 있습니다.

하나님과 사람의 관계에 이제 질서가 찾아왔습니다. 하나님께서는 믿는 자를 사랑하시고, 신자는 하나님께 영광을 돌려드리고 하나님을 기뻐합니다. 더 나아가 성도들 사이에도 사랑과 용서와 평화가 있습니다. 성도들은 한 가족으로서 서로 권면하며 교회의 징계를 받습니다. 이 모든 것은 질서 가운데 이루어집니다. 바로 여기에서 천국의 삶을 경험할 수 있습니다. 하나님께서 함께하시는 곳에는 질서가 있습니다. 교회는 질서가 있는 장소입니다. 하나님이 계신 곳이기 때문입니다.

나눔질문

1. 코스모스(cosmos)와 카오스(chaos)의 뜻을 찾아 보고 그 의미를 말해 보세요.

2. 언제 코스모스가 있었고, 언제부터 카오스가 생겼으며, 어떻게 다시 코스모스가 왔습니까?

회개는 한 번이 아니라 평생 하는 것입니다

회개는 한 번 하고 나면 끝이라고 생각하는 사람이 많습니다. 회개는 한 번으로 끝나지 않고 평생 하는 것입니다. 한 아이가 장난으로 친구를 때렸는데 그만 한쪽 눈이 보이지 않게 되었습니다. "미안해! 정말 미안해! 내가 잘못했어! 용서해 줘!"라고 말했습니다. 한평생 그 아이는 한쪽 눈으로만 살아야 합니다. 눈을 다치게 한 아이는 평생 다친 아이에게 회개하는 마음으로 살아야 합니다. '내가 잘못했다고 한 번 말했으니 이제 더 이상 그런 마음을 가질 필요가 없어!'라고 한다면 진정으로 회개한 것이 아닙니다.

인간은 하나님께 가까이 다가갈수록 죄를 더 깊이 알고 더 많이 회개하게 됩니다. 회개는 하나님의 은혜를 기억하고, 그분이 하신 일을 찬송하며, 기뻐하고, 그분의 뜻대로 행하려고 노력하는 것입니다. 그리스도인은 하나님을 향하여 죽을 때까지 걸어갑니다. 우리가 사는 날만큼 회개한다고 생각하면 됩니다. 회개는 옛 사람이 죽고 새 사람이 다시 사는 것입니다. 이 회개는 한순간에 일어나지만, 우리가 살아가면서 계속 일어나야 합니다.

바울 사도도 자신의 옛 사람이 "날마다 죽는다."(고전 15:31)라고 말했습니다. 이 말은 바울에게도 욕심과 자랑과 세상적인 명예욕이 여전히 살아 있다는 뜻입니다. 바울은 매일 그런 욕망과 싸우며 예수 그리스도의 은혜를 의지하고 성령님의 도우심으로 회개의 삶을 살아갔습니다. 새로운 사람으로 살아간다는 뜻입니다. 다른 표현으로 하면 '자기 십자가를 지는 것'입니다. 이렇게 자기 자신의 욕심과 욕망을 죽일 수 있는 것은 결코 쉬운 일이 아닙니다. 새 사람으로 다시 산다는 부활 소망이 없다면 자신을 죽이는 것은 불가능합니다. 예수 그리스도 안에서 다시 산다는 믿음을 가진 자는 회개하며 자신의 옛 것을 버리고 새 삶을 사는 것을 두려워하지 않습니다.

종교개혁을 시작한 마르틴 루터는 비텐베르크 성에 있는 교회 문에 95개조 반박문 대자보를 붙였습니다(1517년). 그 첫 번째 내용이 회개에 대한 것입니다. "1. ……예수 그리스도께서 '회개하라, 천국이 가까웠느니라.'라고 전파하셨을 때, 그분은 신자의 전 생애가 회개하는 것이 되어야 한다고 가르치신 것이었다." 회개는 한 번으로 끝나는 것이 아닙니다. 계속 이어지는 은혜입니다. 회개는 매일 있어야 합니다.

성경

고전 15:31

형제들아 내가 그리스도 예수 우리 주 안에서 가진 바 너희에 대한 나의 자랑을 두고 단언하노니 나는 날마다 죽노라

찬송

463장

HC 90문
WSC 87문

나눔질문

1. 회개는 한 번 하고 끝나는 것인가요?
2. 우리도 매일 바울처럼 날마다 죽는다고 말할 수 있나요?

선행이란 무엇입니까?

성경

마 16:21-23

이때로부터 예수 그리스도께서 자기가 예루살렘에 올라가 장로들과 대제사장들과 서기관들에게 많은 고난을 받고 죽임을 당하고 제삼일에 살아나야 할 것을 제자들에게 비로소 나타내시니 베드로가 예수를 붙들고 항변하여 이르되 주여 그리 마옵소서 이 일이 결코 주께 미치지 아니하리이다 예수께서 돌이키시며 베드로에게 이르시되 사탄아 내 뒤로 물러 가라 너는 나를 넘어지게 하는 자로다 네가 하나님의 일을 생각하지 아니하고 도리어 사람의 일을 생각하는도다 하시고

찬송

635장

HC 91문
WSC 39-40문

연말이 되면 가난한 사람들을 위해 매년 연탄을 선물하는 착한 사람들이 있습니다. 주말이면 고아원에 들러 부모가 없는 아이들에게 엄마 아빠와 형제자매가 되어 주는 가정이 있습니다. 노숙자들에게 쉴 곳을 마련해 주고 점심 식사를 만들어 주는 단체도 있습니다. 이런 일을 우리는 '선행(善行)'이라고 합니다.

성경은 선행을 무엇이라고 가르칠까요? 선행은 참된 믿음으로 하나님의 율법을 따라 그분의 영광을 위하여 행하는 것입니다. 우리 자신의 생각이나 사람의 뜻을 따라 한 것은 선행이 아닙니다. 선행을 하는 동기가 다른 사람에게 보이기 위한 것이라면 그것도 선행이 아닙니다. 바리새인은 구제할 때 일부러 사람들에게 알렸습니다. 다른 사람들이 바리새인의 선행을 보고 칭찬하도록 하기 위해서였습니다. 선행을 한 이유가 칭찬받으려는 것이었죠. 예수님은 그런 선행을 잘못이라고 말씀하셨습니다. 성경은 그런 것을 선행이라 하지 않습니다. 하나님의 영광을 위한 것이 아니라, 자기의 영광을 위한 선행은 악행(惡行)입니다. 예수님은 바리새인의 선행을 악행이라고 평가하셨습니다. 그들은 하나님을 위한다고 하면서 가장 나쁜 악행을 했습니다. 바리새인과 서기관이 하나님을 생각하지 않고 자기들의 돈과 명예를 생각한 결과 예수님을 십자가에 못 박아 죽이는 어처구니없는 잘못을 저지르고 말았습니다.

성경이 말하는 선행은 참 믿음으로 하나님의 말씀을 따라 하나님의 영광을 위하여 하는 것입니다. 이렇게 선과 악의 평가 기준은 하나님과 사람이 다릅니다. 성경은 하나님께서 원하시는 것이 선이고, 하나님이 싫어하시는 것이 악이라고 가르칩니다.

베드로도 그런 실수를 했습니다. 예수님이 제자들에게 당신이 십자가에서 죽고 삼 일 만에 다시 살아나야 할 것이라고 말씀하시자, 베드로는 "예수님! 절대로 그런 일이 일어나지 않아야 합니다."라고 말렸습니다. 그때 예수님이 말씀하셨습니다. "사탄아 내 뒤로 물러 가라! 너는 나를 넘어지게 하는 자로다. 네가 하나님의 일을 생각하지 아니하고 도리어 사람의 일을 생각하는도다"(마 16:23). 사람의 생각으로는 베드로의 태도가 이해되고 훌륭해 보입니다. 그러나 예수님의 생각은 달랐습니다. 베드로의 태도와 행동은 악한 것이었습니다. 따라서 선행을 하려면 성경을 읽어야 합니다. 하나님의 뜻을 잘 알아야 선행을 할 수 있기 때문이죠!

1. 사람이 생각하는 선행과 성경이 말하는 선행의 차이가 무엇입니까?
2. 우리가 바른 선행을 많이 하려면 어떻게 하는 것이 좋을까요?

십계명이 무엇입니까?

"(서론) 하나님이 이 모든 말씀으로 말씀하여 이르시되, 나는 너를 애굽 땅, 종 되었던 집에서 인도하여 낸 네 하나님 여호와니라.

(제일은) 너는 나 외에는 다른 신들을 네게 두지 말라.
(제이는) 너를 위하여 새긴 우상을 만들지 말고, 또 위로 하늘에 있는 것이나, 아래로 땅에 있는 것이나, 땅 아래 물속에 있는 것의 어떤 형상도 만들지 말며, 그것들에게 절하지 말며, 그것들을 섬기지 말라. 나 네 하나님 여호와는 질투하는 하나님인즉, 나를 미워하는 자의 죄를 갚되, 아버지로부터 아들에게로 삼사 대까지 이르게 하거니와, 나를 사랑하고 내 계명을 지키는 자에게는 천 대까지 은혜를 베푸느니라.
(제삼은) 너는 네 하나님 여호와의 이름을 망령되게 부르지 말라. 여호와는 그의 이름을 망령되게 부르는 자를 죄 없다 하지 아니하리라.
(제사는) 안식일을 기억하여 거룩하게 지키라. 엿새 동안은 힘써 네 모든 일을 행할 것이나, 일곱째 날은 네 하나님 여호와의 안식일인즉, 너나 네 아들이나 네 딸이나 네 남종이나 네 여종이나 네 가축이나 네 문 안에 머무는 객이라도 아무 일도 하지 말라. **이는 엿새 동안에 나 여호와가 하늘과 땅과 바다와 그 가운데 모든 것을 만들고, 일곱째 날에 쉬었음이라.** 그러므로 나 여호와가 안식일을 복되게 하여 그날을 거룩하게 하였느니라.

(제오는) 네 부모를 공경하라. 그리하면 네 하나님 여호와가 네게 준 땅에서 네 생명이 길리라.
(제육은) 살인하지 말라.
(제칠은) 간음하지 말라.
(제팔은) 도둑질하지 말라.
(제구는) 네 이웃에 대하여 거짓 증거하지 말라.
(제십은) 네 이웃의 집을 탐내지 말라. 네 이웃의 아내나 그의 남종이나 그의 여종이나 그의 소나 그의 나귀나 무릇 네 이웃의 소유를 탐내지 말라"(출 20:2-17).

나눔 질문

1. 십계명이 출애굽기에도 나오지만 신명기에도 나옵니다. 내용이 같은지 다른지 읽어 보세요.
2. 두 군데의 십계명은 약간 차이가 있습니다. 무엇인지 찾아 보세요.

성경
신 5:6-21

나는 너를 애굽 땅, 종 되었던 집에서 인도하여 낸 네 하나님 여호와라 나 외에는 다른 신들을 네게 두지 말지니라 너는 자기를 위하여 새긴 우상을 만들지 말고 위로 하늘에 있는 것이나 아래로 땅에 있는 것이나 땅밑 물 속에 있는 것의 어떤 형상도 만들지 말며 그것들에게 절하지 말며 그것들을 섬기지 말라 나 네 하나님 여호와는 질투하는 하나님인즉 나를 미워하는 자의 죄를 갚되 아버지로부터 아들에게로 삼사 대까지 이르게 하거니와 나를 사랑하고 내 계명을 지키는 자에게는 천 대까지 은혜를 베푸느니라 너는 네 하나님 여호와의 이름을 망령되이 일컫지 말라 나 여호와는 내 이름을 망령되이 일컫는 자를 죄 없는 줄로 인정하지 아니하리라 네 하나님 여호와가 네게 명령한 대로 안식일을 지켜 거룩하게 하라 엿새 동안은 힘써 네 모든 일을 행할 것이나 일곱째 날은 네 하나님 여호와의 안식일인즉 너나 네 아들이나 네 딸이나 네 남종이나 네 여종이나 네 소나 네 나귀나 네 모든 가축이나 네 문 안에 유하는 객이라도 아무 일도 하지 못하게 하고 네 남종이나 네 여종에게 너같이 안식하게 할지니라 너는 기억하라……네 이웃의 아내를 탐내지 말지니라 네 이웃의 집이나 그의 밭이나 그의 남종이나 그의 여종이나 그의 소나 그의 나귀나 네 이웃의 모든 소유를 탐내지 말지니라

찬송
370장

HC 92문
WSC 1문

십계명과 율법

7월 JULY 26

성경

마 22:37-40

예수께서 이르시되 네 마음을 다하고 목숨을 다하고 뜻을 다하여 주 너의 하나님을 사랑하라 하셨으니 이것이 크고 첫째 되는 계명이요 둘째도 그와 같으니 네 이웃을 네 자신같이 사랑하라 하셨으니 이 두 계명이 온 율법과 선지자의 강령이니라

찬송

370장

HC 92문
WSC 41문

요즈음 교회에서는 예배 시간에 십계명을 낭독하는 경우를 보기 힘듭니다. 전통적으로 교회는 율법을 가볍게 여기지 않았습니다. 십계명을 예배 시간에 낭독했습니다. 한국교회에서도 옛날에는 십계명을 낭독했습니다. 그런데 언제부턴가 십계명을 읽지 않습니다. 왜 그럴까요? 십계명의 내용이 길어서? 예배 시간을 1시간 안에 마쳐야 한다는 부담감 때문일까요? 교인들이 지키기 힘들어하기 때문일까요? 아니면 다른 이유 때문일까요?

어떤 사람들은 신약 시대에 살고 있는 우리는 십계명과 상관없다고 생각합니다. 신약 시대에 사는 우리는 율법의 시대인 구약 시대에 살지 않는다는 것이죠. 율법에서 자유한 하나님의 자녀는 율법 아래 있지 않다고 주장합니다. 사랑하기만 하면 율법은 더 이상 필요 없다고 여깁니다. '이것 하라' 혹은 '저것 하라'라고 명령하는 것은 구약 시대에나 있었던 것이고, 지금은 사랑의 시대이니 명령하지 말라고 말합니다. "예수께서 이르시되 네 마음을 다하고 목숨을 다하고 뜻을 다하여 주 너의 하나님을 사랑하라 하셨으니, 이것이 크고 첫째 되는 계명이요, 둘째도 그와 같으니 네 이웃을 네 자신같이 사랑하라 하셨으니, 이 두 계명이 온 율법과 선지자의 강령이니라"(마 22:37-40). 예수님이 율법보다 사랑을 더 소중하게 여기시는 것 같은 말씀입니다.

그렇지만 조금만 생각해 보면 그런 생각이 틀렸다는 것을 금방 알 수 있습니다. 구약의 예법은 실체이신 예수 그리스도의 그림자와 같습니다. 그림자는 실체이신 예수님이 오시면 사라집니다. 예를 들면, 구약의 많은 제사제도는 지금 할 필요가 없습니다. 양을 잡아 피 흘리는 속죄제사를 드리지 않습니다. 예수님이 십자가 위에서 어린 속죄양으로 한 번에 피 흘려 죽으셨기 때문입니다. 유월절 어린 양도 죽이지 않습니다. 예수님이 친히 유월절 어린양으로 죽으셨기 때문입니다. 그렇지만, 구약에 말씀하신 율법의 본질은 여전히 중요합니다. 구약 교회와 신약 교회는 하나의 교회입니다. 구약 시대에 십계명을 주신 것은 하나님을 사랑하고 이웃을 사랑하도록 주신 것입니다. 그 사랑의 법을 예수님이 오셔서 없애지 않고 오히려 완전하게 하셨습니다. 그래서 지금도 십계명을 예배 시간에 읽는 것은 중요합니다. 이제 성도는 예수 그리스도 안에서 성령님의 도우심으로 십계명을 기쁨으로 행할 수 있습니다.

1. 십계명이 중요하다면 어떻게 해야 할까요?
2. 신약 시대에는 구약의 율법이 더 이상 필요 없을까요?

율법과 자유

'십계명' 혹은 '율법' 하면 생각나는 것이 무엇입니까? '하라!' 혹은 '하지 말라!'라는 명령입니다. 사람들은 명령을 싫어합니다. 특히 요즈음 사람들은 권위를 싫어합니다. 그러다 보니 부모가 명령하는 것조차 싫어합니다. 권위자인 선생님, 부모님, 회사의 상관이 명령하는 것을 좋아하지 않습니다. '명령'이 아니라 '설득'을 원합니다.

그런데도 이 '십계명'이 여전히 우리에게 중요할까요? 예, 십계명은 꼭 필요합니다. 왜냐하면 십계명은 이렇게 시작하기 때문입니다. "나는 너를 애굽 땅, 종 되었던 집에서 인도하여 낸 네 하나님 여호와라"(신 5:6; 출 20:2 참고). 십계명을 받은 유대인은 이집트에서 노예였습니다. 비참한 생활을 했습니다. 무시당하고 매를 맞는 고통을 당했습니다. 그런데 여호와 하나님께서 파라오의 무시무시한 손에서 이스라엘 백성을 해방시켰습니다. 이집트를 탈출한 지 3개월 후 시내 산에 모였습니다. 그때 하나님은 이스라엘 백성과 언약을 맺었습니다. "세계가 다 내게 속하였나니, 너희가 내 말을 잘 듣고 내 언약을 지키면 너희는 모든 민족 중에서 내 소유가 되겠고, 너희가 내게 대하여 제사장 나라가 되며 거룩한 백성이 되리라. 너는 이 말을 이스라엘 자손에게 전할지니라"(출 19:5-6). 이스라엘 백성은 한순간 불쌍한 노예 신세에서 해방된 자유로운 하나님의 백성이 되었습니다. 지구상에 수많은 민족 가운데 특별히 구별된 거룩한 하나님의 백성이 되었습니다. 엄청난 복을 받은 것입니다.

이집트에서 여자는 자녀를 낳으면 두려웠습니다. 왜냐하면 남자아이가 태어나면 죽여야 했기 때문입니다. 그러나 이제 이집트에서 해방되어 자유인이 되고 전능하신 하나님의 백성이 되었습니다. 이스라엘은 더 이상 두려워할 필요가 없습니다. 하나님께서 그들에게 자녀를 주시면 기쁨과 감사로 출산하고 언약의 자녀로 양육할 수 있습니다. 또 남자는 이집트에서 아침마다 잠에서 깨어났을 때 두려웠습니다. 그러나 이제 이집트인 감독 아래서 학대를 받으며 고통스러운 노동을 할 필요가 없습니다. 자유시민이 된 이스라엘 백성에게 주어진 하나님 나라의 특권을 누리도록 하신 것이 십계명입니다. 그러므로 십계명은 자유인을 위해 자유를 누리도록 주신 명령입니다.

그리스도인도 하나님 나라의 시민으로 죄에서 자유합니다. 이렇게 자유로운 시민이 된 백성에게 어떻게 살아갈 것인가를 말씀하신 것이 십계명입니다. 십계명은 억압하는 멍에가 아닌, 자유의 법입니다.

성경

출 19:5-6

세계가 다 내게 속하였나니 너희가 내 말을 잘 듣고 내 언약을 지키면 너희는 모든 민족 중에서 내 소유가 되겠고 너희가 내게 대하여 제사장 나라가 되며 거룩한 백성이 되리라 너는 이 말을 이스라엘 자손에게 전할지니라

찬송

268장

HC 92문
WSC 41문

나눔과 �“

1. 명령을 싫어하는 이 시대에 십계명이 여전히 중요하나요?
2. 이스라엘 백성에게 하나님이 어떤 분이었는지를 알면 십계명의 의미를 좀 더 잘 이해할 수 있습니다. 하나님께서 이스라엘 백성에게 어떤 일을 하셨나요?

율법과 언약

성경

신 4:13-15

여호와께서 그의 언약을 너희에게 반포하시고 너희에게 지키라 명령하셨으니 곧 십계명이며 두 돌판에 친히 쓰신 것이라 그 때에 여호와께서 내게 명령하사 너희에게 규례와 법도를 교훈하게 하셨나니 이는 너희가 거기로 건너가 받을 땅에서 행하게 하려 하심이니라 여호와께서 호렙 산 불길 중에서 너희에게 말씀하시던 날에 너희가 어떤 형상도 보지 못하였은즉 너희는 깊이 삼가라

5:2-3

우리 하나님 여호와께서 호렙 산에서 우리와 언약을 세우셨나니 이 언약은 여호와께서 우리 조상들과 세우신 것이 아니요 오늘 여기 살아 있는 우리 곧 우리와 세우신 것이라

찬송

248장

HC 92문
WSC 41문

율법이나 십계명을 부담스럽게 생각하는 사람이 많습니다. '이것을 하라', '저것을 하지 말라'라는 명령이 싫기 때문입니다. 예수님 믿고 교회 다니는 것이 자유로워야 하는데 이렇게 하지 말라는 것이 많아서야 어떻게 하나님을 믿겠는가, 하고 생각합니다. 한 나라의 악한 독재자가 국민에게 무서운 법을 만들어 복종하라고 명령하는 것과 같다고 생각합니다. 독재자가 무서워 할 수 없이 그 법을 지키지만 마음이 편할 리가 없습니다. 그런 트라우마(trauma)가 있는 사람들은 율법과 십계명을 싫어하기도 합니다. 안타깝습니다. 그러나 그리스도인에게 십계명은 강요가 아니라, 구원받은 백성이 자유롭게 감사를 표하는 방법입니다.

그렇기 때문에 십계명을 하나님의 은혜로운 언약의 관점에서 보면 이해가 더 쉽습니다. 하나님께서는 이스라엘 백성이 착한 일을 많이 하니까 이집트에서 해방시켜 주신 것이 아닙니다. 오히려 그 반대입니다. 이스라엘 백성이 강하지 않고 약하기 때문에 선택하셨습니다. 또 이스라엘 백성이 교만하고 목에 힘이 들어갔지만 하나님의 은혜로 구해 주셨습니다. 하나님은 그들을 구원해 주신 후 시내 산에서 그들과 언약을 맺으셨습니다. 그 언약은 이런 것입니다. '내가 너희를 구원했다. 내가 너희에게 앞으로 내 나라에서 행복하게 살 수 있는 시민권을 줄 것이다. 대신 너희가 내 나라의 법을 따라 살아야 한다. 그러면 너희가 행복하게 영원히 살 수 있을 것이다. 만약 내 법에 순종하지 않으면 내 나라에서 쫓겨나게 될 것이다.' 이것이 바로 언약입니다. 하나님이 그들을 사랑하셔서 좋은 선물을 주신 것입니다. 이스라엘 백성은 언약 관계에 들어가고 그 명령에 순종하겠다고 약속했습니다. 이렇게 해서 하나님께서 언약, 곧 십계명을 하나님 나라의 법으로 이스라엘 백성에게 주신 것입니다. 이처럼 하나님의 사랑이 듬뿍 담긴 명령이 언약입니다. 그러므로 십계명은 사랑의 법입니다.

구원을 경험한 이스라엘 백성에게는 십계명이 짐이 아닙니다. 십계명은 이스라엘 백성이 행복하게 살 수 있는 길(방법)입니다.

예수님이 십자가에 죽으심으로 우리를 죄에서 구원해 주셨습니다. 그렇게 우리와 새언약을 맺으시고 하나님 나라의 백성이 되게 해 주셨습니다. 이제 우리도 이스라엘 백성처럼 하나님의 백성이 되었습니다. 그러므로 우리에게도 십계명은 중요합니다. 그 말씀대로 살기만 하면 우리는 행복한 삶을 살게 됩니다.

1. 독재자의 힘이 무서워서 법을 지켜야 하는 경우와 하나님께서 주신 십계명의 차이가 무엇일까요?
2. 우리에게 십계명은 어떤 의미가 있나요?

질서(3): 질서 있는 아름다운 교회

29 **7월** JULY

성경

고전 14:40

모든 것을 품위 있게 하고 질서 있게 하라

찬송

210장 3절

질서 있게 만들어진 세상이 무질서해졌습니다. 그러나 하나님께서 예수 그리스도 안에서 무질서를 다시 질서로 바꾸셨습니다. 하나님과 사람의 상호 관계가 좋아졌습니다. 하지만 아직 완전하지는 않습니다. 때로는 관계가 좋지 않아 보이기도 합니다. 질서는 사라지고 무질서만 가득하기도 합니다. 거룩한 성령의 전이라 불리는 고린도교회도 그랬습니다. 그 교회에는 파벌이 있었습니다. 성적으로 부도덕한 삶도 있었습니다. 우상제물 때문에 약한 성도들이 고통을 받기도 했습니다. 남자와 여자 역할의 혼란으로 인해 교회가 시끄러웠습니다. 하나님께서 주신 선물인 은사를 무질서하게 사용해 교회가 어려움을 겪어야 했습니다.

바울은 고린도교회에 경고했습니다. "모든 것을 품위 있게 하고 질서 있게 하라"(고전 14:40). 교회는 품위가 있어야 합니다. 예의에 맞는 말을 하고 적절한 행동을 하며 질서 있게 일을 처리해야 합니다. 또한 교회에는 질서가 있어야 합니다. 하나님께서는 질서를 깨뜨리는 어떤 행위도 기뻐하지 않으십니다. 교회에는 하나님께 영적인 양식을 받아 전하는 목사가 있습니다. 인간 목사에게 권위가 있는 것이 아니라, 말씀에 권위가 있습니다. 그렇다고 말씀을 전하는 목사와 말씀을 쉬 분리할 수는 없습니다. 말씀을 잘 전하는 목사를 존경해야 합니다. 잘 다스리는 장로를 공경해야 합니다. 성도는 교회 치리회의 권면과 징계를 소중하게 여기고 영적인 지도를 잘 받아야 합니다. 고린도교회는 잘못된 교회의 허물에 대해 분명한 권징을 행했을 것입니다. 만약 이런 질서가 제대로 잡히지 않았다면 고린도교회는 짧은 시간 안에 망하고 말았을 것입니다.

우리 교회에도 질서가 있어야 합니다. 교회에 직분과 일을 맡은 분들에게는 책임과 권한을 주고, 성도는 그들을 믿고 신뢰해야 합니다. 혹시 실수가 있더라도 참고 기다리는 인내와 지혜가 필요합니다. 성도 상호간에 서로 권면하는 것도 잊지 않아야 합니다. 만약 아는 한 성도가 죄를 지은 것을 알게 되었다면 어떻게 해야 할까요? 다른 사람에게 고자질하거나 뒤에서 욕을 하면 안 됩니다. 온유한 마음으로 그 사람을 찾아가 나도 그런 죄에 빠질 수 있다는 겸손한 마음으로 예의를 갖추고 그 죄에 대해 지적해야 합니다. 그래도 듣지 않으면 두세 명이 함께 찾아가 보고, 그래도 효력이 없으면 교회 치리회에 부탁해서 질서를 잡도록 맡겨야 합니다. 이런 질서가 교회에 있을 때 교회가 바르게 서게 될 것입니다.

나눔질문

1. "모든 것을 품위 있게 하고 질서 있게 하라."라고 했습니다. 어떻게 해야 하나요? 구체적으로 예를 들어 보세요.
2. 우리 교회에는 질서가 잘 서고 있습니까?

성경

시 19:7-11

여호와의 율법은 완전하여 영혼을 소성시키며 여호와의 증거는 확실하여 우둔한 자를 지혜롭게 하며 여호와의 교훈은 정직하여 마음을 기쁘게 하고 여호와의 계명은 순결하여 눈을 밝게 하시도다 여호와를 경외하는 도는 정결하여 영원까지 이르고 여호와의 법도 진실하여 다 의로우니 금 곧 많은 순금보다 더 사모할 것이며 꿀과 송이꿀보다 더 달도다 또 주의 종이 이것으로 경고를 받고 이것을 지킴으로 상이 크니이다

찬송

199장

HC 92문
WSC 41문

사람들은 하나님의 (율)법을 지키는 것이 힘들고 어렵다고만 생각합니다. 그러나 하나님의 법이 주는 유익이 무엇인지 안다면 생각이 달라질 것입니다. 현대인은 많은 지식이 사람을 지혜롭게 한다고 믿습니다. 어린아이들에게 머리에 많은 지식을 넣도록 수많은 책을 읽힙니다. 비싼 학원에 보내서 많은 지식을 머리에 집어 넣도록 합니다. 그러면 지혜로운 사람이 될 것이라고 믿기 때문입니다. 그러나 그것은 사람의 생각입니다. 하나님의 생각은 전혀 다릅니다. 세상을 창조하시고 인간을 만드신 창조자가 어떻게 하면 지혜로워지는지 그 길을 가르쳐 주셨습니다. 어떻게 하면 인간이 지혜로워질까요? 하나님의 (율)법을 행하면 지혜로워집니다. 다윗 왕은 시편에서 이렇게 노래했습니다. "여호와의 율법은 완전하여 영혼을 소성시키며, 여호와의 증거는 확실하여 우둔한 자를 지혜롭게 하며, 여호와의 교훈은 정직하여 마음을 기쁘게 하고, 여호와의 계명은 순결하여 눈을 밝게 하시도다"(시 19:7-8). 하나님의 법과 증거와 교훈과 계명은 우리가 세상에서 어떻게 살아갈 것인가를 분명하게 가르쳐 줍니다. 우리가 어떻게 해야 할지 고민하기 전에 이미 하나님께서 좋은 방법을 율법에서 가르쳐 주셨습니다. 그렇기 때문에 그 율법의 말씀을 잘 듣고 공부하고 알아 행하는 것이 지혜입니다.

모세는 이스라엘 백성을 가나안 땅 바로 앞까지 데려다 놓고 하나님의 율법을 다시 한 번 확인시키며 이렇게 말했습니다. "규례와 법도를 너희에게 가르쳤나니……너희는 지켜 행하라. 이것이 여러 민족 앞에서 너희의 지혜요, 너희의 지식이라. 그들이 이 모든 규례를 듣고 이르기를 이 큰 나라 사람은 과연 지혜와 지식이 있는 백성이로다 하리라"(신 4:5-6). 이스라엘 백성이 하나님께 받은 율법 자체가 지혜입니다. 이 지혜를 세상 속에서 선포하고 믿음으로 순종하며 사는 자가 지혜로운 자입니다. 하나님의 율법은 부끄럽고 귀찮고 힘든 것이 아니라 오히려 자랑거리입니다. 율법은 사람을 구속하고 못살게 하는 것이 아니라, 자유하게 하고 행복하게 합니다. 율법을 가까이하고 읽고 묵상하고 배우면 세상 사람들이 부러워할 지혜를 얻게 됩니다. 솔로몬은 바로 이 지혜를 율법을 알고 순종함으로 얻었습니다. 이것이 십계명과 율법이 우리에게 주는 유익입니다.

1. 보통 사람들은 지혜를 얻기 위해 어떤 노력을 합니까?
2. 하나님은 지혜를 얻을 방법이 무엇이라고 말씀합니까? 당신의 생각은 어떻습니까?

율법은 지혜이고, 율법에 순종하는 것이 지혜를 얻는 방법입니다. 이 율법은 사람이 발명한 것이 아닙니다. 사람의 지혜가 아닙니다. 율법은 하나님의 지혜입니다. 이 율법에 순종하며 사는 부모와 성도는 지혜를 얻습니다. 그런데 이 율법은 부모만 알고 실천할 것이 아니라, 후대의 자녀들에게도 가르쳐야 할 유산입니다. 어떤 사람은 아이들에게 벌써부터 율법을 가르치면 바리새인처럼 될 수 있다고 하면서 가르치지 않으려 합니다. 신앙은 강요하는 것이 아니라, 스스로 찾아가는 것이라고 여깁니다. 그런 주장은 그럴듯하지만 매우 위험한 생각입니다.

모세는 하나님께서 시내 산에서 자기에게 들려 준 내용을 백성에게 전달합니다. "……내(하나님)가 그들에게 내 말(율법)을 들려 주어 그들이 세상에서 사는 날 동안 나를 경외함을 배우게 하며, 그 자녀에게 가르치게 하리라"(신 4:10). 하나님께서는 언약의 자녀에게도 율법을 가르치길 원하셨습니다. 하나님의 언약은 한 세대로 끝나지 않습니다. 하나님의 언약은 영원합니다. 하나님의 언약은 다음 세대로 전달되어야 합니다.

이것이 얼마나 중요한지 신명기 5장에서 십계명을 주시고 6장에서 자녀들에게 부지런히 계명을 가르치라고 명령하셨습니다. "네 자녀에게 부지런히 가르치며, 집에 앉았을 때에든지, 길을 갈 때에든지, 누워 있을 때에든지, 일어날 때에든지 이 말씀을 강론할 것이며, 너는 또 그것을 네 손목에 매어 기호를 삼으며, 네 미간에 붙여 표로 삼고, 또 네 집 문설주와 바깥문에 기록할지니라"(신 6:7-9).

우리는 자녀에게 하나님의 말씀과 율법을 부지런히 가르치고 있습니까? 주일학교 한 시간 정도면 충분할까요? 매일 언제 어디서나 하나님의 말씀을 자녀에게 읽어 주고 가르치고 실천하도록 훈련시키는 것은 부모가 해야 할 중요한 일입니다. 그래야 언약의 자녀들이 언약의 복에 참여하게 됩니다. 만약 하나님의 율법을 자녀들에게 바르게 부지런히 가르치지 않으면 무서운 일이 일어날 것입니다. '무서운 일'이란, 자녀들이 부모의 하나님을 알지 못하고 인정하지 않는 것입니다. 자녀들에게 지혜를 주고 복을 받게 하려면 율법을 가르쳐야 합니다. 그것도 '부지런히' 말입니다.

성경

신 6:7-9

네 자녀에게 부지런히 가르치며 집에 앉았을 때에든지 길을 갈 때에든지 누워 있을 때에든지 일어날 때에든지 이 말씀을 강론할 것이며 너는 또 그것을 네 손목에 매어 기호를 삼으며 네 미간에 붙여 표로 삼고 또 네 집 문설주와 바깥문에 기록할지니라

찬송

200장

HC 92문
WSC 41문

나눔 질문

1. 율법은 부담스러우니 아이들에게 강요할 필요가 없다고 생각하는 사람에게 뭐라고 대답하겠습니까?
2. 우리는 자녀들에게 얼마나 열심히 율법(말씀)을 가르치고 있습니까?

율법은 감사의 방법과 표현

성경

시 116:12

내게 주신 모든 은혜를 내가
여호와께 무엇으로 보답할까

찬송

40장

HC 92문
WSC 41문

만약 하나님께서 이렇게 말씀하셨다면 어떨까요? '얘들아! 십계명을 성실하게 행하면 내가 너를 구원해 줄게!' 하나님께서 이스라엘 백성에게 이집트의 비참한 노예 생활에서 구원해 주시는 조건으로 십계명을 요구하셨다면 어땠을까요? 이스라엘 백성은 십계명을 지키기 위해 죽을힘을 다해 노력했을 것입니다. 십계명을 완벽하게 지킬 수 있었을까요? 십계명을 지킨 결과 구원을 받았을까요? 안타깝게도 아닙니다. 그것은 불가능합니다. 십계명을 100% 지킬 수 있는 인간은 없습니다. 모든 인간은 죄를 지어 본질상 진노의 자녀에 불과합니다. 하나님에게서 멀어져 관계가 끊어져 영적으로 죽은 인간이 할 수 있는 것은 아무것도 없습니다. 결국 이스라엘 백성은 구원받지 못했을 것입니다. 우리도 마찬가지입니다. 우리의 공로와 선행으로는 죽음에 이르는 죄에서 구원받을 수 없습니다.

그러나 하나님께서는 이스라엘 백성에게 구원의 조건으로 십계명을 주신 것이 아니라, 감사하라고 주신 것입니다. 하나님은 구원의 조건이 아닌 구원의 결과로 십계명을 주셨습니다. "나는 너를 애굽 땅, 종 되었던 집에서 인도하여 낸 네 하나님 여호와니라"(출 20:2). 이 말씀이 바로 그것을 설명하고 있습니다. '내가 너희를 구원했단다. 너희는 이제 내 백성이 되었지. 내가 너희를 양자로 받아들여 내 자녀가 되도록 했으니, 너는 이집트 왕의 뜻을 따르지 말고 내 뜻에 순종해야 한단다.'라고 말씀하신 것과 같습니다.

이스라엘 백성은 이집트 노예 상태에서 해방되었기 때문에 감사합니다. 지긋지긋한 이집트 파라오의 노예로 살지 않고 하나님의 백성으로 하나님의 명령에 순종하게 되었습니다. 사랑의 하나님의 법을 따르는 것은 너무나 쉽고 가볍습니다. 그래서 우리가 십계명을 따라 행하는 것은 하나님의 구원에 감사하는 표입니다. 구원의 하나님께 감사하는 노래를 지은 시인의 노래를 들어 봅시다. "여호와께 감사하라. 그는 선하시며 그 인자하심이 영원함이로다. 여호와의 속량을 받은 자들은 이같이 말할지어다"(시 107:1-2). 우리가 십계명과 율법을 소중하게 생각하고 지켜야 하는 이유는 무엇일까요? 하나님께서 우리를 죄와 고통과 죽음에서 구원해 주셨기 때문입니다. 십계명을 잘 행하는 것은 구원을 얻기 위해서가 아니라, 예수 그리스도 안에서 얻은 구원으로 인해 드리는 감사의 제사인 것입니다. "내게 주신 모든 은혜를 내가 여호와께 무엇으로 보답할까?"(시 116:12)

나눔질문

1. 십계명과 율법은 구원의 조건이 아닐까요? 아니라면 무엇입니까?
2. 십계명과 율법이 감사의 표현이라면 우리는 어떤 마음을 가져야 할까요?

교리와 함께하는 365 가정예배 10주년 기념판

율법은 사랑의 표현

성경에 보면 율법을 잘 지키려고 노력한 사람들이 있었습니다. 열심히 지키려고 애썼습니다. 사람들이 그들에게 박수를 보냈습니다. 정말 훌륭하다고……. 그들은 바로 바리새인입니다. 그런데 예수님은 바리새인을 미워하셨고 혼내셨습니다. 왜 그랬을까요? 바리새인은 율법을 가르치기도 하고 지키기도 했지만, 그 율법을 주신 하나님의 사랑을 몰랐습니다. 겉으로는 율법을 잘 지키는 것처럼 보이지만, 속마음은 그렇지 않았습니다. 그들은 하나님을 사랑하지 않았습니다(눅 11:42).

십계명은 하나님께서 당신의 자녀에게 주신 선물입니다. 이 십계명이 없이는 하나님을 어떻게 사랑해야 할지 모릅니다. 하나님의 율법에 순종하는 것이 곧 하나님을 사랑하는 표현입니다. 모세는 이렇게 말했습니다. "이스라엘아 들으라. 우리 하나님 여호와는 오직 유일한 여호와이시니, 너는 마음을 다하고 뜻을 다하고 힘을 다하여 네 하나님 여호와를 사랑하라. 오늘 내가 네게 명하는 이 말씀을 너는 마음에 새기고"(신 6:4-6). 구원받은 이스라엘 백성은 당연히 구원자이신 하나님을 사랑합니다. 그런데 어떻게 하나님을 사랑하죠? 하나님은 우리 눈에 보이지 않습니다. 하나님을 사랑하는 방법이 무엇일까요?

하나님은 우리가 어떻게 하나님을 사랑해야 하는지 그 방법을 가르쳐 주셨습니다. 바로 '내가 네게 명하는 이 말씀을 너는 마음에 새기'는 것입니다. '네게 명하는 이 말'(6장)은 당연히 신명기 5장에 나오는 '십계명'을 말합니다. '마음에 새기다'라는 말은 본래 '마음 위에 두다'라는 말입니다. 십계명을 사람의 중심인 마음 가까이에 두라는 것입니다. 하나님을 사랑하는 것은 하나님의 말씀인 율법, 곧 십계명을 우리 삶의 중심에 두며 소중히 여기고, 순종하는 것입니다. 하나님의 율법을 지키는 자가, 곧 하나님을 사랑하는 자입니다. 예수님도 율법을 사랑으로 요약해 주셨습니다. "네 마음을 다하고 목숨을 다하고 뜻을 다하여 주 너의 하나님을 사랑하라 하셨으니, 이것이 크고 첫째 되는 계명이요, 둘째도 그와 같으니 네 이웃을 네 자신같이 사랑하라 하셨으니, 이 두 계명이 온 율법과 선지자의 강령이니라"(마 22:37-40).

성경

신 6:4-6

이스라엘아 들으라 우리 하나님 여호와는 오직 유일한 여호와이시니 너는 마음을 다하고 뜻을 다하고 힘을 다하여 네 하나님 여호와를 사랑하라 오늘 내가 네게 명하는 이 말씀을 너는 마음에 새기고

찬송

40장

HC 92문
WSC 41문

1. 십계명을 무조건 잘 지키기만 하면 충분한가요?
2. 십계명을 어떻게 지켜야 하나요? 하나님을 사랑하는 것과 십계명은 어떤 관계가 있나요?

십계명은 어떻게 나뉩니까?

성경

마 22:37-40

예수께서 이르시되 네 마음을 다하고 목숨을 다하고 뜻을 다하여 주 너의 하나님을 사랑하라 하셨으니 이것이 크고 첫째 되는 계명이요 둘째도 그와 같으니 네 이웃을 네 자신같이 사랑하라 하셨으니 이 두 계명이 온 율법과 선지자의 강령이니라

찬송

466장

HC 93문

십계명은 사랑이라는 한 단어로 줄일 수 있습니다. 하나님을 사랑하는 것과 이웃을 사랑하는 것입니다. "네 마음을 다하고 목숨을 다하고 뜻을 다하여 주 너의 하나님을 사랑하라 하셨으니, 이것이 크고 첫째 되는 계명이요, 둘째도 그와 같으니 네 이웃을 네 자신같이 사랑하라 하셨으니, 이 두 계명이 온 율법과 선지자의 강령이니라"(마 22:37-40). 첫 부분은 '우리가 하나님을 어떻게 사랑해야 하는지'를 가르칩니다. 둘째 부분은 '우리가 이웃을 어떻게 사랑해야 하는지' 가르칩니다.

하나님 사랑	이웃 사랑
1계명　대상 2계명　방법 3계명　태도 4계명　시간	5계명　권위 6계명　생명 7계명　결혼 8계명　재산 9계명　언어 10계명　마음

둘째 부분은 하나님을 믿지 않는 사람들도 할 수 있는 것처럼 보입니다. 예를 들면, "네 부모를 공경하라."는 계명은 유교의 효 정신과 비슷합니다. 불신자들도 5계명을 잘 지키는 것 같습니다. 그 외에도 "살인하지 말라", "간음하지 말라", "도둑질하지 말라" 등은 다른 종교에서도 금지하는 법입니다. 그러나 결정적인 차이가 있습니다. 세상 사람은 첫째 부분을 외면합니다. 그들은 창조주 하나님을 사랑하지 않습니다. 첫째 부분인 하나님을 사랑하는 것이 없으면, 둘째 부분은 안타깝게도 헛수고입니다. 둘째 부분을 아무리 잘 해도 첫째 부분을 놓치면 소용이 없습니다.

첫째 부분, 곧 하나님 사랑을 잘하는 사람은 반드시 둘째 부분인 이웃 사랑도 잘합니다. 이것은 분리될 수 없는 동전의 양면과도 같습니다. 그렇지만 우선순위는 분명합니다. 하나님을 사랑하는 것이 먼저입니다. 하나님을 사랑하면 자연스럽게 이웃을 사랑하게 됩니다. 이웃을 사랑하는 것을 보면 하나님을 사랑하는 것을 확인할 수 있습니다. 이 순서가 바뀌면 곤란합니다. 하나님 사랑이 먼저이고 사람 사랑이 뒤에 있습니다. 그렇지만 이 두 가지는 분리되지 않고 함께 갑니다.

나눔질문

1. 십계명은 어떻게 나눌 수 있습니까?
2. 첫째 부분과 둘째 부분은 어떤 관계에 있습니까?

십계명은 우리에게 부담스러운 법이 아닙니다. 우리를 얽어매는 멍에가 아닙니다. 십계명은 우리가 천국으로 걸어가는 길을 비추는 등불과 같습니다. 하나님께서는 이스라엘 백성을 이집트 파라오 왕으로부터 구원해 주신 것처럼 우리를 예수 그리스도로 말미암아 사탄의 종 된 집에서 구원해 주셨습니다. 하나님은 우리를 구원하시고 '네가 알아서 잘 살아봐!'라고 하지 않으셨습니다. 하나님의 자녀로서 어떻게 살아야 할지 한 걸음씩 등불처럼 비춰 주십니다. 그 등불을 잘 보고 따라가기만 하면 하나님 나라의 백성이라는 자유로운 신분으로 행복한 삶을 살 수 있습니다. 구원받은 백성으로서 우리가 위로는 하나님과, 아래로는 사람들과 어떤 관계를 맺으며 살아야 할지를 가르쳐 주셨습니다.

하나님께서 이스라엘 백성을 구름기둥과 불기둥으로 보호해 주셨습니다. 만나와 메추라기를 주셔서 먹이셨습니다. 바위에서 물이 나오도록 해 갈증 난 목을 축여 주셨습니다. 하나님께서는 우리도 이처럼 눈동자와 같이 보호하고 계십니다. 사탄의 무서운 공격에서 보호해 주십니다. 우리가 스스로 사탄의 공격을 이겨낼 수 있을까요? 불가능합니다. 그러나 하나님께서 그 방법을 가르쳐 주셨습니다. 그 방법대로 순종하기만 하면 됩니다. 물론 쉽지 않습니다. 사탄의 공격이 만만치 않기 때문입니다. 사도 바울도 힘들어 이렇게 고백했습니다. "그러므로 내가 한 법을 깨달았노니, 곧 선을 행하기 원하는 나에게 악이 함께 있는 것이로다. 내 속사람으로는 하나님의 법을 즐거워하되, 내 지체 속에서 한 다른 법이 내 마음의 법과 싸워 내 지체 속에 있는 죄의 법으로 나를 사로잡는 것을 보는도다"(롬 7:21-23). 이스라엘 백성은 과거 이집트의 법을 생각하며 '금송아지'를 만들었고, 고기 먹던 시절을 그리워했습니다.

그러므로 하나님께서 이스라엘 백성에게 등불과 같은 십계명을 주셨습니다. 이 등불은 멀리 볼 수는 없지만 한 걸음씩 내딛을 때마다 확신 있게 앞으로 나아가는 데 큰 도움이 됩니다. 어렵고 힘들지 않습니다. 안전하고 확실한 등불입니다. 우리를 구원해 주신 그 하나님을 신뢰하고 믿는다면 십계명의 말씀에 순종하고 따라갈 수 있습니다. 십계명은 우리를 힘들게 하는 멍에가 아니라, 천국 길을 보여 주는 등불과 같습니다. "주의 말씀은 내 발에 등이요, 내 길에 빛이니이다"(시 119:105).

성경

시 119:105

주의 말씀은 내 발에 등이요 내 길에 빛이니이다

찬송

201장

HC 93문

나눔질문

1. 십계명은 구원받은 우리에게 어떤 것과 같습니까?

2. 사탄의 법과 하나님의 법이 우리 가운데 싸우고 있나요? 구체적인 예를 이야기해 보세요.

질서(4): 믿음의 사람은 질서의 사람

성경

골 2:5

이는 내가 육신으로는 떠나 있으나 심령으로는 너희와 함께 있어 너희가 질서 있게 행함과 그리스도를 믿는 너희 믿음이 굳건한 것을 기쁘게 봄이라

찬송

463장 1-2절

세상과 교회에 아무리 좋은 제도가 있어도 우리 자신이 하나님의 법에 순종하지 않으면 아무런 소용이 없습니다. 죄는 겉으로 드러나기도 하지만, 대체로 마음속 깊숙이 숨어 있는 경우가 많습니다. 이 죄를 숨겨 둔다고 능사는 아닙니다. 당장은 문제가 없어 보이지만 언젠가 문제를 일으킵니다. 수많은 그리스도인이 정신적이고 육체적인 질병으로 고생합니다. 조울증도 많이 발생합니다. 현대인은 많은 군중 속에서 불안해 합니다. 잠시 너무 기쁘다가 곧바로 슬퍼서 얼굴을 찡그리고 신경질을 부리는 사람들이 있습니다. 내면의 질서가 무너졌기 때문입니다. 과도한 스트레스로 인한 아픔도 많습니다.

성도는 자기 자신을 십자가에 못 박아야 합니다. 자신을 부정해야 합니다. 자신이 가진 재물이나 가족을 하나님보다 더 사랑하면 안 됩니다. 세상에 있는 그 무엇이든지 하나님보다 더 중요하게 여기고 더 사랑하면 질서가 무너집니다. 하나님과 인간 사이의 질서가 먼저 바로잡혀야 굳건한 믿음 생활을 할 수 있습니다.

질서와 평안이 가득한 가정을 그려 봅시다. 남편은 예수님이 교회를 사랑하신 것처럼 아내를 사랑합니다(엡 5:22-33). 동시에 아내는 교회가 예수님께 복종하는 것처럼 남편에게 복종합니다. 상대방을 탓하지 않고 자신의 부족을 안타까워하며 더 사랑하고 더 존경하려고 노력합니다. 부모는 자녀를 노엽게 하지 않고 오직 주의 교훈과 훈계로 양육합니다(엡 6:4). 자녀는 주 안에서 부모를 공경하고 순종합니다(엡 6:1). 자녀들 사이에서도 서로 사랑하는 것이 마땅합니다. 이를 위해 때로는 가정에 규칙을 정해 놓고 실천하는 것도 좋은 방법입니다.

개인적으로 질서 있는 생활을 하기 위한 좋은 방법을 정리해서 하나씩 실천하는 것도 좋습니다. 일을 하다가 끝나면 반드시 뒷정리를 합니다. 아이들이 집에서 놀고 난 후에는 반드시 장난감을 치우게 하는 질서 훈련이 꼭 필요합니다. 현관에서 신발을 벗으면 나갈 때 신기 쉽도록 가지런하게 놓는 것도 질서 있는 삶의 좋은 방법입니다. 모든 삶에서 정리 정돈을 잘하는 사람은 영적인 유익을 얻을 것입니다. 골로새교회의 성도는 믿음에서 굳세었습니다. 믿음이 있는 성도는 질서 있게 살아갑니다(골 2:5).

나눔질문

1. 무질서는 어디에서 오는 것입니까? 어떻게 그것을 극복할 수 있을까요?

2. 가정에서 질서 있는 삶을 위해 당신이 할 수 있는 것을 찾아 결심해 보세요.

제1계명(대상)은 무엇을 요구하나요?

첫 번째 명령은 '우리가 누구를 섬길 것인가' 하는 '섬김의 대상'에 대한 것입니다. 이스라엘 백성은 이집트에서 수많은 신을 보았습니다. 그러나 이제 그들은 구원자 여호와 하나님만을 섬겨야 합니다. 이것이 첫 번째 명령입니다. "너는 나 외에는 다른 신들을 네게 두지 말라"(출 20:3). 이 계명을 직역하면 다음과 같습니다. "너는 내 얼굴 앞에서 다른 신들을 가지지 말라." 여기서 '너'는 이스라엘 백성입니다. 이 명령은 세상 모든 사람에게 주신 것이 아니라, 이스라엘 백성에게 주신 것입니다. 이스라엘 백성을 사랑하셔서 그들을 구원해 주시고 하나님 나라의 시민으로 만드시고 주신 명령입니다. 하나님 나라의 국민이 지켜야 할 가장 기본 되는 법입니다. 하나님의 자녀가 되어도 하나님 얼굴 앞에서(외에) 다른 신들을 섬길 수 있는 가능성이 있음을 보여 줍니다. 하나님의 자녀는 하나님만 섬겨야 합니다. 그런데 다른 신들을 하나님 앞에 두기 때문에 하나님이 보이지 않습니다. 한국 사람이 하나님을 모를 때에는 조상 신, 불교에서 말하는 신, 샤머니즘의 신, 자연 신을 섬겼습니다. 세계 여러 나라 사람들도 하나님을 모를 때는 하나님의 자리에 수많은 종류의 신을 놓고 절했습니다.

그러나 하나님의 백성이 된 성도는 이제 하나님만 섬겨야 합니다. 그래서 하나님께서 성도에게 1계명을 주셨습니다. 하나님의 눈이 감시 카메라처럼 우리를 보고 계시는데도 우리가 다른 신들을 가져다 절하고 섬긴다면 어처구니없는 것입니다. 하나님의 자리에 다른 신을 대신 바꿔치기해 놓은 것입니다. 그렇다고 하나님이 사라지는 분은 아닙니다. 하나님은 사라질 수 없습니다. 하나님은 언제 어디에나 계시는 무소부재하신 분입니다.

제1계명을 어기는 또 다른 경우는 하나님 앞에 다른 신들을 놓고 하나님과 다른 신들을 함께 섬기는 것입니다. 이 경우는 종교 혼합주의입니다. 하나님도 섬기고 우상도 섬기는 것입니다. 하나님께서는 이것을 매우 싫어하십니다.

우리는 우리를 구원해 주신 하나님의 은혜가 너무나 크기 때문에 온갖 우상숭배와 마술과 점치는 일과 미신, 성자(聖者)나 다른 피조물에게 기도하는 것을 피하고 멀리해야 합니다. 우리가 하나님께 가져야 할 가장 기본적인 명령입니다. 오직 하나님만 사랑하고 예배하고 섬기는 것입니다. "너는 나 외에는 다른 신들을 네게 두지 말라."

성경

출 20:3

너는 나 외에는 다른 신들을 네게 두지 말라

찬송

314장

HC 94문
WSC 46-48문

나눔질문

1. 제1계명을 직역한 의미를 설명해 보세요.
2. 제1계명은 누구에게 명령한 것입니까? 그 의미는 무엇일까요?

제1계명의 적극적인 의미

성경

신 6:4-6

이스라엘아 들으라 우리 하나
님 여호와는 오직 유일한 여호
와이시니 너는 마음을 다하고
뜻을 다하고 힘을 다하여 네
하나님 여호와를 사랑하라 오
늘 내가 네게 명하는 이 말씀
을 너는 마음에 새기고

찬송

15장

HC 94문
WSC 46문

부모 없는 아홉 살짜리 남자아이가 있었습니다. 고아원에서 자란 이 아이는 고아원에서 일하는 모든 남자를 '아버지'라고 부릅니다. 이 아이는 어차피 아버지가 없기 때문에 아무나 아버지라고 불러도 상관없었습니다. 고아원에 자원 봉사하러 오던 한 사람이 이 아이를 정식으로 입양했습니다. 이 아이는 그 집안의 아들이자 식구가 되었습니다. 아버지가 그 아이를 입양한 후 이렇게 말했습니다. "너는 다른 아저씨에게 아버지라고 부르면 안 된다! 나한테만 아버지라고 불러야 한단다." 아들은 "예, 아버지, 그렇게 하겠습니다!"라고 명랑하게 대답했습니다. 이 명령이 아들에게 힘든 명령입니까? 아니면 당연한 명령입니까? 이 명령은 참 고마운 명령입니다. 자기를 아들로 입양해 주신 분을 아버지라고 부를 수 있는 것은 얼마나 큰 복이며 특권인지요. 당연히 아버지라고 부를 수 있고, 또 불러야 합니다. 이제부터는 다른 아저씨에게 절대로 아버지라고 부르지 말아야 합니다.

제1계명은 이와 같은 의미가 있습니다. 우리를 구원해 주신 하나님만 아버지로 섬기고 사랑하고 예배해야 한다는 요구는 절대로 부담스러운 것이 아닙니다. 이 명령은 우리의 구원자이시고 보호자이신 하나님께서 우리에게 할 수 있는 당연하고 자연스러운 요구입니다.

또 "너는 나 외에는 다른 신을 네게 두지 말라."라는 명령은 단지 다른 신을 섬기지 않기만 하면 되는 것이 아닙니다. 이 계명을 적극적으로 생각해 봅시다. 이 명령을 뒤집어 보면 다음과 같은 의미가 있습니다. '너는 유일하고 참되신 하나님을 바르게 알고, 그분만 신뢰하고, 모든 겸손과 인내로 그분에게만 복종하고, 모든 좋은 것을 오직 그분에게서만 기대하며, 마음을 다하여 그분을 사랑하고, 경외하며, 그분만 섬겨야 한다. 그래서 지극히 작은 일이라도 하나님의 뜻을 거슬러 행하지 않고, 하나님의 자리에서 내어 쫓아야 한다.' 이렇게 생각하면 하나님이 좀 욕심이 많으신 분이라고 생각할지 모르지만, 전혀 그렇지 않습니다. 이 명령은 우리에게 유익하도록 주신 것입니다. 다른 신을 섬기면 헛수고일 뿐이고 복을 받을 수 없습니다. 하나님의 자녀는 하나님만 섬겨야 복을 받습니다. 그런 의미에서 제1계명은 하나님의 자녀 된 자들에게 당연하고 기쁜 의무입니다.

나눔으로

1. 우리는 모두 하나님께 입양된 사람이라는 것을 알고 있나요? 왜 그렇습니까?
2. 우리의 아버지가 하나님이라는 사실이 자랑스럽나요? 아니면 부끄럽나요?

성경

출 34:14

너는 다른 신에게 절하지 말라 여호와는 질투라 이름하는 질투의 하나님임이니라

찬송

219장

HC 94문
WSC 47문

하나님도 우리처럼 질투할까요? 예, 하나님도 질투하십니다. 왜요? 우리를 사랑하시기 때문입니다. 하나님이 우리를 사랑하지 않으신다면 질투도 없을 것입니다. 하나님과 우리의 관계를 결혼이라는 그림 언어로 설명하는 경우가 많습니다. 한 남자와 한 여자가 결혼을 합니다. 평생 남편은 아내를, 아내는 남편을 사랑하기로 약속합니다. 그런데 아내가 다른 남자를 좋아하면 어떻게 될까요? 남편은 '괜찮아, 그 정도 가지고 그래.'라고 생각합니까? 아니면 '어떻게 그런 일이? 절대로 있을 수 없어.'라며 화를 내고 질투할까요? 정상적인 남편이라면 질투합니다. 아내도 남편이 그렇게 한다면 질투할 것입니다.

하나님께서는 우리를 너무나 사랑하셔서 죄의 구렁텅이에서 구원해 주셨습니다. 그리고 "너는 나 외에는 다른 신들을 네게 두지 말라."라고 하셨습니다. 너무나 당연한 명령이 아닐까요? 하나님께서는 우리가 하나님만 사랑하지 않으면 질투하십니다.

하나님께서 제1계명을 주신 또 다른 이유가 있습니다. 그것은 우리에게 복을 주시기 위해서입니다. 우리를 구원하신 하나님은 우리가 다시 죽음으로 떨어지기를 원하지 않으십니다. 우리가 구원을 받았지만, 하나님만 사랑하지 않고 다른 신을 섬기면 다시 죄의 종이 됩니다. 다른 우상을 섬기면 자유로워지는 것이 아니라, 오히려 죄의 종이 됩니다. 그 길에 서 있으면 죽습니다.

하나님의 백성은 하나님의 자녀입니다. 어떤 부모가 자녀에게 "네 마음대로 살아도 돼!"라고 말하겠습니까? 만약 그런 부모가 있다면 과연 자격이 있는 부모일까요? 어린 자녀가 '내 마음대로 사는 것'은 잠시 자유롭고 신나 보이지만, 절대로 행복하지 않습니다. 마치 부모 없이 혼자 사는 아이가 절대로 행복하지 않은 것과 같습니다. 한 아이가 있었습니다. 그 아이는 부모님의 말씀에 꼬박꼬박 순종해야 하는 것이 불만이었습니다. 그래서 부모가 없는, 고아원에 사는 아이에게 이렇게 말했습니다. "너는 네 마음대로 살아서 좋겠다! 너에게 이렇게 해라, 저렇게 해라 간섭하는 부모가 없으니 정말 좋겠다." 고아원에 있는 아이가 대답했습니다. "나는 너처럼 '이것 하지 마! 저것 하지 마.'라고 말해 주는 부모가 있으면 좋겠다. 부모님이 계신 것을 행복이라고 생각해!" 그렇습니다. 내 마음대로 살아도 된다는 것은 절대로 좋은 것이 아닙니다. 그것은 살리는 것이 아니라 죽이는 것입니다. 다른 신을 섬기지 말라는 것은 속박이나 구속이 아니라, 자유이고 구원입니다.

나눔질문

1. 하나님도 질투하실까요? 왜 그렇습니까?
2. 제1계명을 결혼(남편과 아내)과 자녀(부모와 자녀)의 관계로 설명해 보세요.

우상숭배가 무엇입니까?

성경

사 44:12-20

철공은 철로 연장을 만들고 숯불로 일하며 망치를 가지고 그것을 만들며 그의 힘센 팔로 그 일을 하나 배가 고프면 기운이 없고 물을 마시지 아니하면 피로하니라 목공은 줄을 늘여 재고 붓으로 긋고 대패로 밀고 곡선자로 그어 사람의 아름다움을 따라 사람의 모양을 만들어 집에 두게 하며 그는 자기를 위하여 백향목을 베며 디르사 나무와 상수리나무를 취하며 숲의 나무들 가운데에서 자기를 위하여 한 나무를 정하며 나무를 심고 비를 맞고 자라게도 하느니라 이 나무는 사람이 땔감을 삼는 것이거늘 그가 그것을 가지고 자기 몸을 덥게도 하고 불을 피워 떡을 굽기도 하고 신상을 만들어 경배하며 우상을 만들고 그 앞에 엎드리기도 하는구나 그 중의 절반은 불에 사르고 그 절반으로는 고기를 구워 먹고 배불리며 또 몸을 덥게 하여 이르기를 아하 따뜻하다 내가 불을 보았구나 하면서 그 나머지로 신상 곧 자기의 우상을 만들고 그 앞에 엎드려 경배하며 그것에게 기도하여 이르기를 너는 나의 신이니 나를 구원하라 하는도다……

찬송

322장

HC 95문
WSC 47문

우상(偶像)이 무엇입니까? 우상이란 '나무나 금속으로 만들어 사람이 숭배하는 대상'입니다. 다시 말하면 우상은 하나님의 자리에서 섬김을 받는 대상입니다. 사람은 하나님 대신 우상을 숭배합니다. 우리나라 사람도 우상을 숭배할까요? 신의 모양을 만들어 놓고 기도하거나 절하는 것을 본 적이 있나요? 깊은 산속에 있는 절에 가면 우상이 놓여 있습니다. 사람들이 부처 형상을 보고 절을 하거나 기도합니다. 또 명절에 집이나 묘지에서 제사를 지낼 때 여러 음식을 차려 놓고 조상신에게 절을 하기도 합니다. 이런 것들이 우상숭배입니다.

세상에는 수많은 신이 있습니다. 바울도 그렇게 말했습니다. "비록 하늘에나 땅에나 신이라 불리는 자가 있어 많은 신과 많은 주가 있으나"(고전 8:5). 이 신들은 신이 아니라, 사람이 만든 우상입니다. '우(偶)'는 '인형'이라는 뜻이지만, 사실은 '어리석을 우(愚)'라고 해야 할 것 같습니다. "만국의 모든 신들은 우상들이지만 여호와께서는 하늘을 지으셨음이로다. 존귀와 위엄이 그의 앞에 있으며 능력과 아름다움이 그의 성소에 있도다"(시 96:5-6). 하나님만 유일한 신이시고 다른 것들은 가짜 신들입니다. 사람은 죄를 지어 하나님으로부터 멀어졌습니다. 사람 가운데 뭔가 공허한 것이 있으니 상상력으로 자기가 섬길 대상을 신으로 만든 것이 바로 우상입니다.

이 점에 대해 이사야 선지자가 잘 설명해 주고 있습니다. 쇠를 다루는 장인은 쇠를 풍로에 넣어 뜨겁게 달궈 자기가 원하는 신의 모양을 만듭니다. 모양을 잘 만드는 장인이면 예쁜 모양을 만들 것이고, 기술이 좀 모자라면 못생긴 우상을 만들 것입니다. 목수는 숲 속에서 좋은 나무를 골라 자릅니다. 집으로 옮겨와 가지를 치고 나무를 다듬습니다. 나무 일부는 잘라 땔감으로 쓰고 가운데 부분으로 신상을 만듭니다. 이렇게 만든 신상에게 절을 하며 경배하고 기도하고 '당신은 나의 신이니 나를 구원하세요.'라고 하면 우상이 됩니다. 참 어리석습니다.

우상숭배란 말씀으로 자신을 계시하신 유일하고 참되신 하나님 대신, 혹은 하나님과 나란히, 사람이 신뢰할 만한 다른 어떤 것을 고안하거나 소유하는 것입니다. 이런 우상숭배를 하나님은 금지하셨습니다. 이것은 너무나 당연한 것이 아닐까요?

나눔질문

1. '우상'이 무엇입니까?
2. 우상을 숭배하는 것을 보면 어떤 생각이 듭니까?

아합과 이세벨의 우상숭배

구약성경을 읽어 보면 우상숭배한 일이 많이 나옵니다. 그중에서 대표적인 이야기가 아합의 우상숭배입니다. 그는 북 왕국 이스라엘의 왕이었습니다. 아합 왕은 시돈 왕의 공주인 이세벨과 결혼했습니다. 이세벨은 바알과 아세라 신을 철저하게 섬기는 골수 우상숭배자였습니다. 어리석게도 아합 왕은 이세벨이 가지고 온 우상을 함께 섬겼습니다. 뿐만 아니라 모든 백성에게도 소개해 하나님을 섬기며 우상숭배도 하도록 장려했습니다. 이스라엘 백성은 아합과 이세벨이 섬겼던 우상이 거짓 신이라는 것을 몰랐습니다. 왕과 왕비가 바알과 아세라를 신이라고 소개하니 그런가보다 하고 따랐습니다. 어리석은 왕에 어리석은 백성입니다.

그 시대에 하나님께서 보낸 선지자가 있었습니다. 누군지 알겠나요? 예, 맞습니다. 엘리야 선지자입니다. 엘리야 선지자는 하나님의 명령을 받고 우상숭배가 잘못이라는 것을 온 백성에게 가르쳐야 했습니다. 엘리야는 아합 왕에게 이렇게 제안했습니다. "바알과 아세라 선지자와 하나님의 선지자인 나와 대결을 합시다. 그래서 어느 신이 참 신인지 봅시다. 모두 갈멜 산으로 모이도록 해 주세요!" 아합 왕도 자신이 있었습니다. 아합 왕은 전국에 있는 모든 선지자를 다 모았습니다. 엘리야는 송아지 둘을 준비하도록 했습니다. 엘리야 선지자 한 명과 바알 선지자 450명이 대결을 하게 된 것입니다. 어떤 신이 참 신인지 대결을 벌였습니다. 사실 결과는 너무나 뻔했지만, 이스라엘 백성에게 분명하게 보여 주어야 할 필요가 있었습니다. 바알 선지자가 더 많으니 그들이 먼저 시작했습니다. 송아지를 잘라 제사드릴 준비를 다 했습니다. 그들은 기도를 시작했습니다. 과연 바알 신이 불을 내려 그 제물을 불태우는지를 보는 것입니다. 불을 내리는 신이 참 신입니다. 그런데 바알 신에게 아무리 기도를 해도 불이 내리지 않습니다. "바알이여! 바알이여!" 하고 아침부터 낮까지 기도를 하지만 응답이 없습니다. 단 주위에 뛰어 놀지만 응답이 없고, 칼과 창으로 그들의 몸을 상하게 해도 아무런 불이 내리지 않습니다.

이제 엘리야가 나섰습니다. 제단에 송아지를 잘라 놓고 물을 세 번이나 부었습니다. 그리고 기도했습니다. "하나님, 주께서 이스라엘 중에서 하나님이신 것을 보여 주십시오!" 단 한 번 기도했습니다. 하늘에서 불이 내려왔습니다. 번제물과 나무와 돌과 흙을 태우고 도랑의 물을 핥았습니다. 모든 백성이 똑똑히 알게 되었습니다. 하나님만이 유일한 참 신이라는 것을 말입니다. 우상은 사람이 지어 만든 거짓 신입니다. 그러나 여호와 하나님은 참 신이십니다.

성경

왕상 18:20-24

아합이 이에 이스라엘의 모든 자손에게로 사람을 보내 선지자들을 갈멜 산으로 모으니라 엘리야가 모든 백성에게 가까이 나아가 이르되 너희가 어느 때까지 둘 사이에서 머뭇머뭇 하려느냐 여호와가 만일 하나님이면 그를 따르고 바알이 만일 하나님이면 그를 따를지니라 하니 백성이 말 한마디도 대답하지 아니하는지라 엘리야가 백성에게 이르되 여호와의 선지자는 나만 홀로 남았으나 바알의 선지자는 사백오십 명이로다 그런즉 송아지 둘을 우리에게 가져오게 하고 그들은 송아지 한 마리를 택하여 각을 떠서 나무 위에 놓고 불은 붙이지 말며 나도 송아지 한 마리를 잡아 나무 위에 놓고 불은 붙이지 않고 너희는 너희 신의 이름을 부르라 나는 여호와의 이름을 부르리니 이에 불로 응답하는 신 그가 하나님이니라 백성이 다 대답하되 그 말이 옳도다 하니라

찬송

22장

HC 95문
WSC 47문

1. 아합 왕과 이세벨 왕비가 섬겼던 신이 무엇입니까?
2. 엘리야는 어떻게 하나님이 참 신이라는 것을 보여 주었습니까?

하나님 외에 다른 신이 있기나 한가요?

성경

롬 1:25

이는 그들이 하나님의 진리를 거짓 것으로 바꾸어 피조물을 조물주보다 더 경배하고 섬김 이라 주는 곧 영원히 찬송할 이시로다 아멘

찬송

322장

HC 95문
WSC 47문

하나님 외에 다른 신이 정말 있을까요? 정말 세상에는 수많은 신이 있습니다. 이스라엘 백성조차도 바알과 아세라 신을 섬겼습니다. 바알 신은 번개의 신이고 비의 신입니다. 그렇지만 바알 신을 극진히 섬겼던 아합 왕은 3년 동안이나 가뭄이 계속되었습니다. 바알 신은 능력이 없고 거짓입니다. 사람은 바알이라는 신을 만들고 그 후에 그 신이 비와 번개, 바람 같은 것을 다스린다고 믿었습니다. 이집트 사람은 태양신을 섬겼습니다. 우리나라 사람은 달을 신으로 섬기기도 했습니다. 어떤 사람은 호랑이나 뱀 같은 짐승을 신으로 섬기기도 합니다. 또 어떤 사람은 큰 산이나 돌, 나무를 신으로 섬기기도 합니다. 그러나 그런 것들은 신이 아닙니다. 사람이 만든 것입니다.

우상숭배란 무엇입니까? '피조물을 조물주보다 더 경배하고 섬기는 것'입니다. 하나님이 만든 것이나 사람이 생각해 만든 것을 하나님의 자리에 두고 섬기는 것이 바로 우상숭배입니다. 사실 그 신들은 가짜입니다.

그러면 이 가짜 신들은 어떻게 생겨나는 것일까요? 가짜 신들을 만들어 내는 존재가 있습니다. 바로 사탄입니다. 사탄의 별명은 '거짓말쟁이'입니다. 성경은 사탄을 '거짓의 아비'라고 합니다. 예수님은 바리새인들에게 마귀의 자식들이라고 했습니다. "너희는 너희 아비 마귀에게서 났으니, 너희 아비의 욕심대로 너희도 행하고자 하느니라. 그가 처음부터 살인한 자요, 진리가 그 속에 없으므로, 진리에 서지 못하고 거짓을 말할 때마다 제 것으로 말하나니, 이는 그가 거짓말쟁이요, 거짓의 아비가 되었음이라"(요 8:44). 사탄이 사람을 시켜 거짓 신들을 만들어 섬기게 합니다. 사람은 어리석게도 그것들을 신이라고 섬깁니다. 태양을 신이라고 절하도록 사탄이 시킨 것입니다.

사탄은 눈에 보이는 신도 섬기게 하지만 눈에 보이지 않는 신도 섬기게 합니다. 그래서 사람이 우상숭배를 합니다. 옛날 사람은 천둥과 번개와 비를 무서워했지만, 지금은 그런 것들을 무서워하지 않습니다. 대신 현대인이 좋아하며 섬기는 우상이 많습니다. 재물과 명예와 건강 같은 것들입니다. 그것들은 신이 아니지만 사람이 그것을 하나님의 자리에 놓고 좋아하면 우상숭배가 됩니다. 우상숭배가 멀리 있는 것이 아니지요?

1. 우상숭배가 무엇입니까?
2. 요즘 사람들이 섬기는 신은 어떤 것들이 있나요?

지혜: 여호와를 경외하는 것이 지식의 근본

"아는 것이 힘이다!" 영국의 철학자 프랜시스 베이컨(F. Bacon)이 한 말입니다. 정말 그의 말처럼, 많은 지식을 소유한 사람이 세상에서 성공합니다. 영어 책을 많이 읽고, 단어와 문장을 많이 알고, 수학 문제를 척척 잘 푸는 사람이 좋은 대학과 좋은 직장에 들어갈 수 있으니까요! 학생들은 경쟁적으로 지식을 더 많이 가지려고 안간힘을 쓰고 있습니다. 밤낮 가리지 않고 열공(열심히 공부)하고 있는 고등학생들을 보세요! 불철주야 지식을 쌓고 있습니다. 그런데 그렇게 하면 과연 성공할까요?

그것은 성공의 길처럼 보이지만, 사실은 실패입니다. 하나님께서 주시는 지혜가 아니라 세상적인 지식만 축적하는 지혜는 수고의 떡을 헛되게 먹을 뿐입니다(시 127:1-3). 지식을 제대로 활용할 수 있으려면 참 지혜가 필요합니다. 참 지혜는 어디에서 올까요? 참 지혜는 돈을 주고 사거나 학원이나 학교에서 배울 수 있는 것이 아닙니다. 참 지혜는 하나님을 경외하는 데서 시작됩니다. 하나님을 경외하는 사람에게 지혜를 주십니다. 참 지혜를 가진 자가 지식을 쌓아야 제대로 지식을 사용할 수 있습니다. 그래서 솔로몬 왕은 이렇게 말했습니다. "여호와를 경외하는 것이 지식의 근본이거늘, 미련한 자는 지혜와 훈계를 멸시하느니라"(잠 1:7).

현대는 지식이 넘쳐나는 시대입니다. 인터넷 세상에 들어가면 엄청난 양의 지식이 쌓여 있습니다. 우리는 그것을 다 알 수도 없습니다. 나쁘고 불량한 지식도 많습니다. 먹으면 영적 질병에 걸릴 것들도 많습니다. 성경은 "많은 책을 짓는 것은 끝이 없고, 많이 공부하는 것은 몸을 피곤하게 하느니라."(전 12:12)라고 했습니다. 지식을 쌓는 것보다 그 지식을 잘 활용하는 것이 더 중요합니다. 그것을 위한 참 지혜가 필요합니다.

진정한 지식은 하나님을 경외하는 데서 시작됩니다. 왜냐하면 하나님께서 지혜와 지식의 근원이시기 때문입니다. 바울은 예수님을 하나님의 지혜라고 말했습니다(고전 1:24, 30). 요한은 예수님을 말씀이라고 했습니다(요 1:1). 곧 지혜는 말씀입니다. 지혜를 얻는 길은 말씀을 주야로 묵상하는 사람입니다. 그는 시냇가에 심은 나무가 철을 따라 열매를 맺는 것과 같습니다(시 1:1-6). 우리는 지혜를 얻기 위해 오늘 무엇을 해야 할까요?

성경

잠 1:7

여호와를 경외하는 것이 지식의 근본이거늘 미련한 자는 지혜와 훈계를 멸시하느니라

찬송

9장 1절

나눔교제

1. "아는 것이 힘이다."라는 구호에 대해 느낌을 말해 보세요.

2. 지혜는 무엇입니까? 어떻게 지혜를 얻을 수 있나요?

하나님과 귀신을 동시에 섬기는 것도 우상숭배

성경

마 6:24

한 사람이 두 주인을 섬기지 못할 것이니 혹 이를 미워하고 저를 사랑하거나 혹 이를 중히 여기고 저를 경히 여김이라 너희가 하나님과 재물을 겸하여 섬기지 못하느니라

찬송

322장

HC 95문
WSC 47문

제1계명 "너는 나 외에는 다른 신들을 네게 두지 말라."는 하나님 외에 다른 신을 섬기지 말라고 합니다. 그렇지만 하나님을 섬기면서 동시에 다른 신들을 섬기는 것도 하지 말라는 말이기도 합니다. 이세벨 여왕은 바알과 아세라 신만 섬겼지만, 아합 왕은 하나님과 바알과 아세라 신 사이에서 왔다 갔다 했습니다. 어떤 때는 하나님을 두려워하고 또 다른 때는 바알과 아세라를 두려워했습니다. 엘리야가 아합 왕과 백성에게 하나님을 섬기든지 바알을 섬기든지 선택하라고 강요하자, 중간에서 결정을 하지 못했습니다.

어떤 사람은 교회에 다니면서 점쟁이를 찾아가기도 합니다. 그 사람은 주일에 교회에 오지만, 평소에는 귀신의 힘을 빌려 자신의 운명에 대해 알고 싶어 합니다. 하나님은 당신의 백성에게 점쟁이를 찾아가지 말라고 명령했는데도 말입니다. 교회에 다니는 사람 중에도 이사할 때 '손 없는 날'을 찾는 사람이 있습니다. '손 없는 날'이 뭐냐고요? 손 없는 날이란 손님이 없는 날이란 뜻입니다. '손님'이 뭐냐고요? 여기서 손님이란 나쁜 신 혹은 악신을 말합니다. 악한 귀신, 곧 손님이 돌아다니는 날에 이사를 하면 집안에 좋지 않은 일이 생긴다는 미신입니다. 참 어리석은 생각입니다.

우상숭배란 이렇게 하나님의 자리에 사람이 생각하고 만든 것을 갖다 놓고 믿고 의지하는 것입니다. 요즘 현대인은 하나님의 창조도 믿지만, 진화론도 믿습니다. 어떻게 두 가지를 동시에 믿을 수 있을까요? 하나님께서 기초 창조를 한 후 오랜 세월 동안 진화를 거듭했다는 것이지요. 성경에 나오는 "저녁이 되고 아침이 되니 이는 첫째 날이니라."라는 말씀의 저녁과 아침이라고 말하는 하루는 지금 우리가 느끼는 24시간이 아니라, 아주 오랜 기간을 뜻한다고 생각하지요. 이렇게 창조론과 진화론을 동시에 믿습니다. 21세기 현대인은 과학과 기술을 성경보다 더 믿습니다. 하나님보다 더 많이 좋아하고 우선순위에 두는 것이 바로 우상숭배입니다. 예수님이 이 부분에 대해 분명하게 말씀하셨습니다. "한 사람이 두 주인을 섬기지 못할 것이니, 혹 이를 미워하고 저를 사랑하거나 혹 이를 중히 여기고 저를 경히 여김이라. 너희가 하나님과 재물을 겸하여 섬기지 못하느니라"(마 6:24). 우리 생활에서 어떤 것들이 우상숭배가 될 수 있을까요? 생각해 봅시다. 야구를 좋아하는 것이 우상숭배가 될 수도 있습니다. 신앙을 훈련하는 데는 게을리하면서 야구나 축구를 보는 것은 우상숭배가 될 수도 있습니다. 그 밖에도 어떤 것들이 우상숭배가 될 수 있을까요?

나눔질문

1. 하나님과 우상을 함께 섬길 수 있을까요?
2. 우리 생활에서 우상이 될 수 있는 것이 무엇인지 생각해 보고 이야기를 나누어 보세요.

제1계명은 눈에 보이는 우상숭배만 금지하는 것이 아닙니다. 눈에 보이지 않는 우상숭배도 금지합니다. 그래서 성경은 "탐심은 우상숭배니라."(골 3:5)라고 선언하고 있습니다. 탐심으로 보니 첫 계명과 마지막 계명이 연결됩니다. 바로 이 탐심은 십계명의 처음과 마지막이고, 모든 계명과 밀접하게 연결된 죄의 시작점입니다. 모든 죄는 마음에서 시작되는데, 그것이 탐심으로 나타납니다. 탐심이라는 우상숭배가 우리 삶을 얽어맬 수 있다는 뜻입니다.

탐심이 무엇입니까? '탐내는 마음' 혹은 '부당한 욕심'입니다. 탐심도 우상숭배입니다. 우리에게 이 마음이 있는지 잘 살펴보아야 합니다. 사탄은 하와에게 다가와 탐심을 자극했습니다(창 3장). 뱀의 모양을 한 사탄이 하와를 이렇게 속였습니다. "너희가 그것을 먹는 날에는 너희 눈이 밝아져 하나님과 같이 되어 선악을 알 줄 하나님이 아심이니라"(창 3:5). 사탄의 말을 듣고 하와가 그 나무 열매를 보니 달콤하고 잘 생기고, 지혜롭게 할 만큼 탐스러워 보였습니다. 하와의 마음에 탐심이 생겼습니다. 하나님의 말씀대로 선악을 알게 하는 나무 열매를 먹지 말아야 했는데, 탐심을 따라 가다가 그만 우상숭배하는 잘못을 저지르고 말았습니다. 그 때문에 죄를 짓고 에덴동산에서 쫓겨나고 말았습니다.

다윗 왕도 잘못된 욕심을 부리다가 그만 우상숭배의 죄를 범하고 말았습니다(삼하 11:1-27). 어느 날 지붕 위에서 바람을 쐬고 있었습니다. 그런데 저기 밑 다른 집에서 목욕을 하고 있는 한 아름다운 여자를 보았습니다. 다윗은 그 여자가 너무 예뻐보였습니다. 그래서 그 여자를 불러 함께 잠을 잤습니다. 결혼한 다른 남자의 아내를 빼앗은 것입니다. 나쁜 짓입니다. 다윗은 자기의 아내가 있으니 자기 아내와 잠을 자야 합니다. 다윗은 그 여자를 빼앗기 위해 그 여자의 남편을 전쟁터로 보내 죽이기까지 했습니다. 탐심이 결국 사람을 죽이는 죄를 범하게 했습니다. 탐심은 무섭습니다. 결국 다윗은 우상숭배뿐만 아니라, 여러 가지 죄를 이어서 지었습니다.

아합 왕이 나봇의 포도 과수원을 빼앗은 일도 탐심 때문이었습니다(왕상 21:1-29). 아합 왕은 왕궁 가까이 있는 포도 과수원을 갖고 싶었습니다. 주인 나봇의 거절 때문에 고민하며 밥도 먹지 않자 아내 이세벨이 계략을 꾸며 나봇을 죽이고 그 과수원을 빼앗았습니다. 탐심은 우상숭배입니다. 아합 왕은 하나님의 심판을 받았습니다. 눈에 보이는 것에 절하는 것만 우상숭배가 아닙니다. 눈에 보이지 않지만 우리 가운데는 마음으로 섬기는 우상이 많습니다.

나눔질문

1. 탐심이 우상숭배라고 생각하나요? 왜 그럴까요?
2. 아담과 하와, 다윗 왕, 아합 왕의 탐심에 대해 다시 설명해 보세요.

성경

골 3:5

그러므로 땅에 있는 지체를 죽이라 곧 음란과 부정과 사욕과 악한 정욕과 탐심이니 탐심은 우상숭배니라

찬송

130장

HC 95문
WSC 47문

재물을 사랑하는 것도 우상숭배

성경

눅 12:16−21

또 비유로 그들에게 말하여 이르시되 한 부자가 그 밭에 소출이 풍성하매 심중에 생각하여 이르되 내가 곡식 쌓아 둘 곳이 없으니 어찌할까 하고 또 이르되 내가 이렇게 하리라 내 곳간을 헐고 더 크게 짓고 내 모든 곡식과 물건을 거기 쌓아 두리라 또 내가 내 영혼에게 이르되 영혼아 여러 해 쓸 물건을 많이 쌓아 두었으니 평안히 쉬고 먹고 마시고 즐거워하자 하리라 하되 하나님은 이르시되 어리석은 자여 오늘 밤에 네 영혼을 도로 찾으리니 그러면 네 준비한 것이 누구의 것이 되겠느냐 하셨으니 자기를 위하여 재물을 쌓아 두고 하나님께 대하여 부요하지 못한 자가 이와 같으니라

찬송

130장

HC 95문
WSC 47문

재물이 무엇입니까? 재물(財物)은 '돈이나 값나가는 물건'을 말합니다. 돈이나 금이나 집도 재물입니다. 어린이에게는 좋은 장난감이 재물입니다. 어른에게는 자동차와 스마트폰, 컴퓨터가 재물입니다. 재물을 잘 사용하면 좋습니다. 재물은 우리가 살아가는 데 필요합니다.

그렇지만 재물을 사랑하면 우상숭배가 될 수 있습니다. 사도 바울은 그의 제자인 디모데에게 이렇게 충고했습니다. "돈을 사랑함이 일만 악의 뿌리가 되나니, 이것을 탐내는 자들은 미혹을 받아 믿음에서 떠나 많은 근심으로써 자기를 찔렀도다"(딤전 6:10). 많은 그리스도인이 하나님을 사랑한다고 하면서 눈에 보이는 돈을 더 사랑합니다. 한 사람이 두 주인을 섬기지 못합니다. 하나님을 돈보다 더 소중히 여기든지 돈을 하나님보다 더 소중히 여기든지 해야지, 하나님과 돈을 함께 섬길 수는 없습니다(마 6:24). 만약 하나님과 재물을 함께 섬긴다면 그것은 우상숭배입니다.

한 부자가 있었습니다(눅 12:16−21). 밭에서 곡식을 많이 추수했습니다. 곡식을 쌓아 둘 곳이 없어, 더 큰 곳간을 지을 계획을 했습니다. 부자는 참 행복했습니다. '여러 해 쓸 물건을 많이 쌓아 두었으니 평안히 쉬고 먹고 마시고 즐거워하자!'라고 생각했습니다. 이런 부자가 우리나라에도 많습니다. 돈 많은 사람들은 존경받고 대우 받습니다. 좋은 옷, 좋은 차, 좋은 집에서 삽니다. 돈이 많으니 친구도 많고 높은 사람들과 친하게 지냅니다. 돈이 있으면 못하는 것이 없습니다. 돈이 행복을 만들어 내는 것 같습니다.

그런데 하나님께서 오늘 밤 그의 생명을 데려가시면 그 많은 재산이 누구의 것이 될까요? 자기를 위해 재산을 쌓아 두고 하나님에 대해 가난한 자는 어리석은 사람입니다. 세상에 있는 모든 재산은 하나님의 것입니다. 사람은 자기가 가진 재물이 자기 것이라고 착각합니다. 그러나 사실은 하나님의 것입니다. 재물이 있는 사람은 하나님이 가르쳐 주신 것을 위해 그 재물을 잘 사용해야 합니다. 만약 그렇지 않으면 그 재물이 그를 망하게 할 것입니다. 재물도 하나님보다 사랑하면 우상이 될 수 있습니다.

1. 재물도 우상이 될 수 있나요?
2. 우리는 재물을 많이 가져야 할까요, 아니면 하나님에 대해 부자가 되어야 할까요? 왜 그런 생각을 했나요?

제2계명(방법)은 무엇을 요구합니까?

우리 다 같이 십계명 가운데 두 번째 계명을 읽어 볼까요?

> "너를 위하여 새긴 우상을 만들지 말고, 또 위로 하늘에 있는 것이나 아래로 땅에 있는 것이나, 땅 아래 물속에 있는 것의 어떤 형상도 만들지 말며, 그것들에게 절하지 말며, 그것들을 섬기지 말라. 나 네 하나님 여호와는 질투하는 하나님인즉, 나를 미워하는 자의 죄를 갚되, 아버지로부터 아들에게로 삼사 대까지 이르게 하거니와, 나를 사랑하고 내 계명을 지키는 자에게는 천 대까지 은혜를 베푸느니라"(출 20:4-6).

로마 천주교회는 1계명과 2계명을 모아 1계명에 포함시킵니다. 두 계명 모두 우상숭배에 대한 것이라고 판단했기 때문입니다. 성경에 '1계명, 2계명'이라고 적어 놓지 않았기 때문에 생기는 혼란입니다. 그렇지만 유대교와 개신교회는 1계명과 2계명을 별도의 계명으로 다르게 봅니다.

1계명과 2계명의 차이는 너무나도 분명합니다. 1계명이 누구(Who)를 섬길 것인가, 곧 예배의 '대상'에 대한 내용이라면, 2계명은 어떻게(How) 섬길 것인가, 곧 예배의 '방법'에 대한 것입니다. 1계명은 오직 하나님만 섬겨야 한다는 것을 분명하게 명령합니다. 2계명은 우리를 위해 '새긴 우상을 만들지 말고, 그것들에게 절하거나 섬기지 말라'는 방법에 관한 것입니다. 곧 소극적으로는 '형상을 만들지 말라'고 금지합니다. 적극적으로는 '하나님께서 그분의 말씀에서 명령하신 방법대로 예배하라'는 뜻입니다.

많은 사람은 하나님께 예배하기만 하면 다 된 것처럼 생각합니다. 하나님을 어떻게 예배해야 하는지에 대해서는 관심이 없습니다. 자기 편한 대로 하나님을 섬기려 합니다. '편한 대로'라는 말은 '자기 마음대로'라는 뜻이기도 합니다. 그러다가 멸망에 이른 사람이 많이 있습니다. 광야에서 아론이 백성의 요구를 듣고 금송아지를 만들었던 것이 좋은 예입니다. 자기들을 위해 금송아지를 만들었던 것이지요. 2계명은 "너를 위하여 새긴 우상을 만들지 말고……."라고 했습니다.

성경

신 4:15-18

여호와께서 호렙 산 불길 중에서 너희에게 말씀하시던 날에 너희가 어떤 형상도 보지 못하였은즉 너희는 깊이 삼가라 그리하여 스스로 부패하여 자기를 위해 어떤 형상대로든지 우상을 새겨 만들지 말라 남자의 형상이든지, 여자의 형상이든지, 땅 위에 있는 어떤 짐승의 형상이든지, 하늘을 나는 날개 가진 어떤 새의 형상이든지, 땅 위에 기는 어떤 곤충의 형상이든지, 땅 아래 물 속에 있는 어떤 어족의 형상이든지 만들지 말라

사 40:18-19

그런즉 너희가 하나님을 누구와 같다 하겠으며 무슨 형상을 그에게 비기겠느냐 우상은 장인이 부어 만들었고 장색이 금으로 입혔고 또 은 사슬을 만든 것이니라

40:25

거룩하신 이가 이르시되 그런즉 너희가 나를 누구에게 비교하여 나를 그와 동등하게 하겠느냐 하시니라

찬송

157장

HC 96문
WSC 50문

나눔해요

1. 1계명과 2계명의 차이가 무엇인지 말해 보세요.
2. 하나님을 어떻게 예배해야 하는지 고민해 보셨나요? 우리는 예배를 잘 드리고 있나요?

하나님을 금송아지로 만든 죄

성경

출 32:1-35

백성이 모세가 산에서 내려옴이 더딤을 보고 모여 백성이 아론에게 이르러 말하되 일어나라 우리를 위하여 우리를 인도할 신을 만들라 이 모세 곧 우리를 애굽 땅에서 인도하여 낸 사람은 어찌 되었는지 알지 못함이니라 아론이 그들에게 이르되 너희의 아내와 자녀의 귀에서 금 고리를 빼어 내게로 가져오라 모든 백성이 그 귀에서 금 고리를 빼어 아론에게로 가져가매 아론이 그들의 손에서 금 고리를 받아 부어서 조각칼로 새겨 송아지 형상을 만드니 그들이 말하되 이스라엘아 이는 너희를 애굽 땅에서 인도하여 낸 너희의 신이로다 하는지라 아론이 보고 그 앞에 제단을 쌓고 이에 아론이 공포하여 이르되 내일은 여호와의 절일이니라 하니 이튿날에 그들이 일찍이 일어나 번제를 드리며 화목제를 드리고 백성이 앉아서 먹고 마시며 일어나서 뛰놀더라……

찬송

322장

HC 96문
WSC 50문

하나님을 본 사람은 아무도 없습니다. 아담과 하와가 하나님을 보았을 텐데, 죄를 짓고 난 후에는 에덴동산을 떠났기 때문에 아무도 하나님을 보지 못했습니다. 사람들은 하나님을 궁금해 합니다. 보이지 않는 하나님을 보고 싶어 합니다. 특히 불안하고 힘들 때 하나님을 보기 원합니다. 이스라엘 백성이 시내 산 밑에 있었을 때 모세가 산에 올라갔지만, 40일이 다 되어도 내려오지 않자 불안했습니다. 백성이 아론에게 찾아가 이렇게 말했습니다. "우리를 위해 우리를 인도할 신을 만들어 주세요!" 하나님께서 홍해를 마른 땅으로 건너게 해 주시고 매일 하늘에서 만나와 메추라기를 내려 주시는 기적을 경험하고 있는 그들은 하나님께서 살아 계시다는 것을 믿었습니다. 그러나 그들은 불안했습니다. 눈에 보이지 않고 손으로 만질 수 있고 바로 곁에 계신 하나님을 원했습니다. 그래서 형상을 만들고 싶었습니다. 이런 생각은 기특한 것이 아니라, 순전히 자기 스스로를 위한 것이었습니다. 금으로 된 귀고리와 금반지를 자발적으로 모았습니다. 그들의 호기심은 물질적인 헌신을 이끌어 냈습니다. 대단한 열정입니다. 백성을 두려워한 아론은 백성의 열정이 만들어 낸 금으로 송아지를 만들었습니다. 금송아지 앞에 제단을 쌓고 번제와 화목제를 드리며 먹고 마시며 춤추며 뛰어 놀았습니다. 하나님의 모양을 만들고 나니 기분이 좋았습니다. 정말 행복하다고 느꼈습니다.

그런데 하나님도 좋아하셨을까요? 아닙니다. 하나님은 출애굽기 20장에서 이미 십계명을 분명하게 명령하셨습니다. "너를 위하여 새긴 우상을 만들지 말고……." 왜 하나님께서 새긴 형상을 만들지 말라고 하셨는지 그 이유를 분명하게 설명하시지는 않았습니다. 그렇지만 하나님의 명령이기 때문에 지켜야 합니다. 마치 에덴동산에서 '선악을 알게 하는 나무 열매'를 따먹지 말라고 한 이유가 무엇인지 잘 모르는 것처럼 말입니다.

하나님은 금송아지를 만들었던 이스라엘 백성을 혼내셨습니다. 앞으로 절대로 그런 일이 없도록 무서운 벌을 내리셨습니다. 그로부터 500년 정도 후에 솔로몬이 죽고 난 후 이스라엘이 남과 북으로 나뉘었을 때 북 왕국 이스라엘의 여로보암 왕이 두 개의 금송아지를 만들었습니다(왕상 12:25-33). 하나는 북쪽 단에 두고 다른 하나는 남쪽 벧엘에 두고 제단에 제사를 드리게 했습니다. 하나님은 그것도 매우 싫어하셨습니다. 하나님을 섬기되 자기 마음대로 섬기는 것은 잘못된 것입니다.

나눔질문

1. 금송아지 모양을 누구를 위해 만들었습니까? 하나님입니까, 아니면 자신들입니까?
2. 하나님께서는 여로보암 왕이 금송아지 우상을 만들었을 때 가만히 계셨을까요?

우상을 만드는 것이 그렇게 나쁜 죄인가요?

8월
AUGUST

하나님께서는 왜 하나님의 형상을 만들지 못하게 하셨을까요? 그 이유를 잘 알기는 어렵지만, 성경을 어느 정도 읽어보면 그 이유를 알 수 있습니다. 우선 사람들은 하나님을 인정하지 않으려 합니다. 하나님께서 세상을 창조하시고 사람을 만드셨다는 것을 믿지 않습니다. 자신을 낳아 준 부모를 모른다고 하거나, 부모의 말에 순종하지 않는 아들과 같습니다. 하지만 이 세상이 우연히 생긴 것이 아니라는 것을 인정하긴 합니다. 해와 달과 온 우주와 사람의 신체구조가 참 신기하다는 것을 알지만, 하나님께서 그렇게 하셨다는 것을 믿지 않습니다.

사람들은 스스로 꽤 똑똑하다고 생각합니다. 이 세상이 어떻게 생겨났는지, 사람은 어떻게 생겼는지 공부하고 연구해서 이런저런 이론을 펼칩니다. 진화론도 그렇고 빅뱅이론도 그렇습니다. 사람은 원숭이가 진화해서 생긴 생물이라고 믿고, 우주는 폭발로 생긴 것이라고 믿습니다.

그렇지만, 그렇게 똑똑한 사람이지만 불안하기 때문에 뭔가 신적인 존재를 찾아 의지하려고 합니다. 미래에 대해 궁금하면 점쟁이를 찾아가기도 합니다. 어떤 사람은 우상을 만들어 섬기기도 합니다. 새와 짐승과 기어다니는 동물의 모양을 만들어 하나님이라고 예배하기도 합니다. 그것들은 하나님이 창조하신 피조물에 불과한데 말입니다. 창조주를 피조물과 같은 수준에 놓는 불경건한 행동을 하는 것이지요.

일본 사람들은 경제적으로 부자이고 학문적으로도 선진국입니다. 똑똑하고 합리적인 백성이지만 육백만 개의 신을 섬기고 있다고 합니다. 신이 육백만 개의 모양을 가지고 있는 셈입니다. 참 어리석습니다. 사도 바울은 "스스로 지혜 있다 하나 어리석게 되어 썩어지지 아니하는 하나님의 형상을 썩어질 사람과 새와 짐승과 기어다니는 동물 모양의 우상으로 바꾸었느니라."(롬 1:23)라고 했습니다. 하나님의 형상을 만들면 하나님을 우습게 하는 것입니다. 인간은 하나님을 표현할 수 없습니다. 피조물은 창조주 하나님을 다 알 수 없습니다. 세상의 그 어떤 피조물의 모양으로도 하나님을 나타낼 수 없습니다. 만드는 순간, 하나님을 모독하는 것이 됩니다. 하나님은 창조주로서 피조물과 같을 수 없습니다. 피조물은 창조주 하나님을 다 이해할 수 없습니다. 그러나 창조주 하나님은 피조물을 다 아십니다. 그래서 형상을 만들지 말라 했습니다.

성경

롬 1:18-23

하나님의 진노가 불의로 진리를 막는 사람들의 모든 경건하지 않음과 불의에 대하여 하늘로부터 나타나나니 이는 하나님을 알 만한 것이 그들 속에 보임이라 하나님께서 이를 그들에게 보이셨느니라 창세로부터 그의 보이지 아니하는 것 곧 그의 영원하신 능력과 신성이 그가 만드신 만물에 분명히 보여 알려졌나니 그러므로 그들이 핑계하지 못할지니라 하나님을 알되 하나님을 영화롭게도 아니하며 감사하지도 아니하고 오히려 그 생각이 허망하여지며 미련한 마음이 어두워졌나니 스스로 지혜 있다 하나 어리석게 되어 썩어지지 아니하는 하나님의 영광을 썩어질 사람과 새와 짐승과 기어다니는 동물 모양의 우상으로 바꾸었느니라

찬송

322장

HC 96문
WSC 50문

나눔과묵상

1. 우상을 만드는 사람들은 왜 어리석습니까?
2. 창조주와 피조물의 차이가 무엇입니까?

8월 AUGUST 19

책임(1) : 책임을 다하신 예수님

성경

눅 17:7~10

너희 중 누구에게 밭을 갈거나 양을 치거나 하는 종이 있어 밭에서 돌아오면 그더러 곧 와 앉아서 먹으라 말할 자가 있느냐 도리어 그더러 내 먹을 것을 준비하고 띠를 띠고 내가 먹고 마시는 동안에 수종들고 너는 그 후에 먹고 마시라 하지 않겠느냐 명한 대로 하였다고 종에게 감사하겠느냐 이와 같이 너희도 명령 받은 것을 다 행한 후에 이르기를 우리는 무익한 종이라 우리가 하여야 할 일을 한 것뿐이라 할지니라

찬송

88장 2절

요즘 아이들은 책임감이 없다는 말을 자주 듣습니다. 문제 아이는 문제 부모로부터 시작됩니다. 부모가 자녀를 지나치게 보호해 책임감을 훈련하지 못한 탓도 있습니다. 아이들이 자기 행동에 대해 떳떳이 대가를 치를 기회를 주지 않은 것입니다. 부모가 아이를 지나치게 보호해 나약하고 무책임하고 감사할 줄 모르도록 가르친 것입니다. 무책임한 사람의 특징은 에덴동산에서 죄를 짓고 난 후 생겨났습니다.

하나님께서 아담에게 '내가 네게 금한 그 나무 열매를 먹었느냐?'라고 물었을 때 아담은 하와가 줘서 먹었다고 책임을 떠 넘겼습니다(창 3:12). 그것도 '하나님이 주셔서 나와 함께 있게 한 여자'에게 책임을 지웠습니다. 자신이 책임을 지려 하지 않았습니다. 하와도 마찬가지였습니다. "뱀이 나를 꾀므로 내가 먹었나이다"(창 3:13). 책임을 지려 하지 않는 것은 죄인의 대표적인 특징입니다. 아담과 하와는 죄 때문에 두려움과 수치심이 생겨서 책임을 회피하려 했습니다. 책임을 지지 않는 사람은 자꾸만 환경과 주변 사람을 탓합니다. 변명을 하는 것입니다. 이것은 결국 하나님을 원망하는 것입니다. 왜 그렇게 할까요? 죄 때문입니다. 아담과 하와는 자신의 죄에 대해 책임을 지고 하나님께 용서를 구해야 했습니다.

그러나 둘째 아담이신 예수님은 당신에게 맡겨진 책임을 완전히 복종함으로 이루셨습니다. "인자가 온 것은 섬김을 받으려 함이 아니라, 도리어 섬기려 하고 자기 목숨을 많은 사람의 대속물로 주려 함이니라"(막 10:45; 마 20:28 참고). 이 목적을 이루시기 위해 사탄의 시험을 이기시고 겟세마네 동산에서 땀이 피같이 흐르는 기도를 드렸습니다. 하나님께서 택하신 백성을 구원하시려고 보내신 성자 예수 그리스도께서는 책임을 완전히 이루셨습니다. 그 결과 우리의 죗값이 십자가의 대속의 죽음으로 계산되었습니다. 우리는 더 이상 죄의 종이 아니라, 의의 종이 되었습니다.

이제 우리는 무책임한 사람으로 살지 않고 책임 있는 아들로 살게 되었습니다. 우리는 사탄의 종이 아니라, 하나님의 아들이 되었습니다. 아들은 아버지의 명령을 좋아하고 기쁨으로 행동합니다. 책임을 다합니다. 그렇지만 그 일에 대해 자랑하거나 교만하지 않습니다. 스스로 기뻐서 하는 일이기 때문입니다. 그리고 그리스도인은 하나님의 은혜를 입은 종입니다. 종은 그저 당연히 해야 할 일을 한 것뿐이라고 고백합니다.

나눔질문

1. 무책임은 어디에서 시작되었습니까? 책임을 지지 않으려는 모습이 우리 속에도 있나요?
2. 예수님은 첫 아담과 달리 명령에 대해 어떻게 하셨습니까? 우리는 책임에 대해 어떻게 생각해야 할까요?

하나님의 형상, 예수 그리스도

하나님을 모르는 교회 밖 사람들이 우상숭배하는 것을 우리가 어떻게 할 수는 없습니다. 그들이 만들어 놓은 우상을 부수거나 모욕할 수 없습니다. 그런 사람들을 찾아다니면서 잘못되었다고 혼낼 수도 없습니다. 만약 그렇게 한다면 잘못입니다. 그것은 우리가 할 일이 아닙니다. 하나님께서 하실 일입니다.

그런데 교회 성도가 2계명을 지키지 않고 우상을 만들어 섬긴다면 문제가 심각합니다. 하나님의 자녀인 우리는 2계명이 요구하는 것이 무엇인지 분명하게 알고 순종해야 합니다. 왜냐하면 2계명은 믿지 않는 사람에게 주신 말씀이 아니라, 하나님의 백성에게 주신 명령이기 때문입니다.

그러면 하나님께서 2계명에서 요구하시는 것이 무엇입니까? 하나님께서 요구하신 것은 이것입니다. 하나님을 보고 섬기기 위해 어떤 형태로든 표현하지 않는 것입니다. 사람은 하나님의 명령을 지키면 행복합니다. 사람은 하나님의 명령을 지키지 않아 불행하게 됩니다. 그런데 사람은 하나님에 대한 '호기심'이 있습니다. 하나님이 어떻게 생겼는지 보고 싶어 합니다. 호기심이나 보고 싶은 마음 자체는 나쁜 것이 아닙니다. 그렇지만 보고 만지고 옆에 두기 위해 우상을 만들면 죄입니다.

이스라엘 백성은 하나님께서 직접 자신을 보여 주실 때까지 기다려야 했습니다. 하나님께서는 때가 되었을 때(갈 4:4) 성자 하나님을 세상에 보내셨습니다. 성자 하나님은 사람의 눈으로 보고 만질 수 있었습니다. 그분이 바로 예수 그리스도입니다. 예수 그리스도께서는 보이지 않는 하나님의 형상입니다. "그는 보이지 아니하는 하나님의 형상이시요, 모든 피조물보다 먼저 나신 이시니"(골 1:15). 예수님 스스로도 이렇게 말씀하셨습니다. "나를 본 자는 아버지를 보았거늘 어찌하여 아버지를 보이라 하느냐?"(요 14:9) 이렇게 하나님께서 오셨지만, 유대인은 예수님을 영접하지 않고 십자가에 못 박아 죽였습니다. 왜 이런 일이 있었을까요? 본래 사람이 우상을 만드는 이유는 하나님을 잘 섬기기 위해서가 아닙니다. 자기 자신을 위해 이기적인 마음으로 우상을 만듭니다. 참 하나님의 형상이신 예수님이 오셨지만, 사람들은 그를 믿지 않습니다. 지금도 그런 사람들이 우리 주변에 많이 있습니다. 하나님의 명령에 순종하는 것이 복입니다!

성경

골 1:15

그는 보이지 아니하는 하나님의 형상이시요 모든 피조물보다 먼저 나신 이시니

요 14:9

예수께서 이르시되 빌립아 내가 이렇게 오래 너희와 함께 있으되 네가 나를 알지 못하느냐 나를 본 자는 아버지를 보았거늘 어찌하여 아버지를 보이라 하느냐

찬송

322장

HC 96문
WSC 50문

나눔질문

1. 불신자들이 우상을 만들어 섬기는 것에 대해 우리가 어떤 자세를 가져야 하나요?
2. 하나님의 형상이신 예수님이 오셨지만, 유대인들이 그를 믿지 않은 이유가 무엇일까요?

자기 방법으로 섬기는 것도
2계명을 어기는 것

성경

신 4:15-24

여호와께서 호렙 산 불길 중에
서 너희에게 말씀하시던 날에
너희가 어떤 형상도 보지 못하
였은즉 너희는 깊이 삼가라 그
리하여 스스로 부패하여 자기
를 위해 어떤 형상대로든지 우
상을 새겨 만들지 말라 남자의
형상이든지, 여자의 형상이든
지, 땅 위에 있는 어떤 짐승의
형상이든지, 하늘을 나는 날개
가진 어떤 새의 형상이든지,
땅 위에 기는 어떤 곤충의 형
상이든지, 땅 아래 물 속에 있
는 어떤 어족의 형상이든지 만
들지 말라 또 그리하여 네가
하늘을 향하여 눈을 들어 해와
달과 별들, 하늘 위의 모든 천
체 곧 너희의 하나님 여호와께
서 천하 만민을 위하여 배정하
신 것을 보고 미혹하여 그것에
경배하며 섬기지 말라 여호와
께서 너희를 택하시고 너희를
쇠 풀무불 곧 애굽에서 인도하
여 내사 자기 기업의 백성을
삼으신 것이 오늘과 같아도 여
호와께서 너희로 말미암아 내
게 진노하사 내게 요단을 건너
지 못하며 네 하나님 여호와께
서 네게 기업으로 주신 그 아
름다운 땅에 들어가지 못하게
하리라고 맹세하셨은즉 나는
이 땅에서 죽고 요단을 건너
지 못하려니와 너희는 건너가
서 그 아름다운 땅을 얻으리니
너희는 스스로 삼가 너희의 하
나님 여호와께서 너희와 세우
신 언약을 잊지 말고 네 하나
님 여호와께서 금하신 어떤 형
상의 우상도 조각하지 말라 네
하나님 여호와는 소멸하는 불
이시요 질투하시는 하나님이
시니라

찬송

322장

HC 96문
WSC 50문

하나님의 형상은 있을까요, 없을까요? 대답하기 어렵지요? 정답은 '모른다'입니다. 왜냐하면 아무도 하나님의 형상을 본 사람이 없기 때문입니다. 그래서 하나님께서는 형상을 만들지 말라고 명령하셨습니다. 언약궤를 만들기는 했습니다. 그렇지만 언약궤는 하나님의 형상이 아니었습니다. 언약궤를 성막에 두었다가 나중에는 성전에 보관했지만 아무도 볼 수 없었고, 그곳에 절하지 않았으며 섬기지도 않았습니다.

우리는 예배 시간에 형상을 만들어 놓고 절하며 예배하지 않습니다. 그러면 우리는 2계명을 잘 지키고 있는 것일까요? 우리 주변에 하나님의 형상을 만들고 절하고 예배하는 사람은 없는 것 같습니다. 그러면 2계명을 잘 지키고 있다고 말할 수 있을까요?

2계명에서 하나님의 형상을 만들지 말라고 하신 이유가 무엇일까요? 그것은 하나님을 섬길 때 '자기를 위해' '자기 마음대로' 하지 말라는 것입니다. 우리 마음대로 섬기지 않고 하나님께서 명령하신 대로 해야 합니다.

그러면 도대체 어떻게 섬겨야 할까요? 그 내용이 성경 여기저기에 기록되어 있습니다. 예를 들면, 많은 사람이 하나님을 '사랑의 하나님'이라고만 생각하고, '징벌하는 하나님'은 아니라고 믿습니다. 그러나 성경은 사랑의 하나님과 징벌하시는 하나님을 동시에 가르칩니다. 이것을 믿지 않는 사람은 2계명을 어기는 것이죠.

또 다른 사람들은 세상에 많은 고난이 있는 것을 보면서 하나님은 전능하지 않다고 생각합니다. 그러나 성경은 세계에 고난이 있지만 동시에 하나님은 전능하시다고 분명히 말합니다. 이것을 믿지 않으면 둘째 계명을 범한 것입니다.

또 전도를 열심히 하는 어떤 사람은 하나님께서 창세전에 작정하시고 예정하셨다는 것을 믿기 어려워합니다. 미리 정해 놓았다면 전도할 이유가 없다고 생각하기 때문이죠.

문제가 무엇입니까? 하나님께서 할 수 있다 없다를 우리 마음대로 결정하려는 것입니다. 그럴 때 우리가 2계명을 어기게 됩니다. 우리는 어떻게 해야 할까요? 하나님과 하나님의 뜻을 잘 알아야 합니다. 그렇게 하려면 성경 공부를 열심히 해야 합니다. 그래야 제2계명을 지킬 수 있습니다.

나눔질문

1. 요즈음도 둘째 계명을 어기는 사람이 있을까요? 어떤 면에서 그럴까요?
2. 하나님을 잘 섬기기 위해서는 하나님에 대해 잘 알아야 합니다. 성경을 읽고 배운 하나님의 모습에 대해 이야기해 보세요.

형상과 그림이 교육에 좋을까요?

제2계명은 하나님을 섬기기 위해서 우리 자신을 위해 모양을 만들거나 우리 마음이 원하는 대로 예배해서는 안 된다는 것을 가르칩니다. 로마 천주교회는 많은 형상을 만들었습니다. 성당에는 돌로 만든 아름다운 조각이 많습니다. 개신교회예배당과 많이 다릅니다. 예수님, 마리아, 아기 예수, 사도와 성인들의 모양을 돌이나 나무로 만들거나 그림으로 그리거나 새겨 놓았습니다. 16세기 종교개혁이 일어났을 때 네덜란드나 독일에서 일부 개신교회 교인들이 이런 동상들을 망치로 부숴버린 일도 있었습니다. 잘한 것일까요? 글쎄, 칭찬받을 신앙적 행동은 아닌 것 같습니다. 그것은 폭력입니다. 훌륭한 개혁가들은 더 중요한 것이 무엇인가를 가르치며 점진적으로 형상을 없애기 원했더랬습니다.

우리는 유명한 어떤 사람의 동상을 만들 수 있습니다. 신앙인이든 아니든 필요할 경우 형상과 그림을 만들 수 있습니다. 이순신 장군과 세종대왕 동상을 우상이라고 말하지는 않습니다. 그건 문제가 아닙니다. 단지 그 동상에 절하며 숭배하는 것은 죄입니다. 제1계명을 어기는 것이지요. 그런데 제2계명이 금하는 것은 그 동상을 하나님이라고 생각하고 만들거나 조각해 세워 예배하는 것입니다.

로마 천주교회는 동상과 형상과 그림을 만들어 둔 것이 순전히 사람들에게 신앙을 교육하기 위해서라고 변명합니다. 교육하기 위해 동상을 만들면 괜찮을까요? 그럴듯한 말 같습니다. 그러나 속지 말아야 합니다. 그런 생각은 매우 순진하다고 하지 않을 수 없습니다. 왜냐하면 많은 사람이 형상을 하나님이라고 여기고 절하고 숭배하고 경배합니다. 성당에 서 있는 마리아상이나, 예수님 그리고 사도들의 형상에 사람들이 어떻게 하는지 보십시오. 그들은 형상에 절을 하고 예를 갖춥니다.

그러면 우리는 어떻게 해야 하나요? 하나님께서 우리에게 가르쳐 주신 가장 좋은 교육의 방법은 성경을 직접 읽거나 읽어 주거나 설교하는 것입니다. 하나님께서는 우리에게 성경을 주셨습니다. 성경이야말로 교육하기에 최고로 좋은 도구입니다. 성경은 성령 하나님으로부터 감동함을 받은 사람들이 하나님께 받아 쓴 것입니다. 성경을 읽고 설교를 듣는 사람에게 성령 하나님께서 일하시기 때문에 하나님을 알고 믿는 데 조금도 부족함이 없습니다. 형상과 그림이 성경을 대신하는 것은 매우 위험합니다. 성경을 귀하게 여기고 성경으로 만족해야 합니다.

성경

롬 10:14-17

그런즉 그들이 믿지 아니하는 이를 어찌 부르리요 듣지도 못한 이를 어찌 믿으리요 전파하는 자가 없이 어찌 들으리요 보내심을 받지 아니하였으면 어찌 전파하리요 기록된 바 아름답다 좋은 소식을 전하는 자들의 발이여 함과 같으니라 그러나 그들이 다 복음을 순종하지 아니하였도다 이사야가 이르되 주여 우리가 전한 것을 누가 믿었나이까 하였으니 그러므로 믿음은 들음에서 나며 들음은 그리스도의 말씀으로 말미암았느니라

찬송

322장

HC 97-98문
WSC 50-51문

나눔질문

1. 로마 천주교회에서는 왜 형상과 그림을 만든다고 이야기합니까? 정말 그게 좋은 방법일까요? 부작용은 없을까요?
2. 우리가 중요하게 생각해야 할 것은 무엇입니까? 형상입니까, 아니면 말씀입니까?

제2계명의 경고와 약속

성경

출 20:5-6

그것들에게 절하지 말며 그것들을 섬기지 말라 나 네 하나님 여호와는 질투하는 하나님인즉 나를 미워하는 자의 죄를 갚되 아버지로부터 아들에게로 삼사 대까지 이르게 하거니와 나를 사랑하고 내 계명을 지키는 자에게는 천 대까지 은혜를 베푸느니라

찬송

559장

HC 96, 98문
WSC 52문

둘째 계명에는 어떤 형상도 만들지 말고 절하지 말고 섬기지 말라는 '명령'도 있지만, '경고'와 '약속'도 있습니다. 한번 읽어 볼까요? "나 네 하나님 여호와는 질투하는 하나님인즉 나를 미워하는 자의 죄를 갚되 아버지로부터 아들에게로 삼사 대까지 이르게 하거니와"(출 20:5). 먼저 경고입니다. 둘째 계명을 지키지 않는 것은 하나님을 미워하는 것입니다. 첫째 계명을 어기지 않고 하나님만 믿고 섬기겠다고 결정했더라도 '내 마음대로' 하나님을 섬기면 사랑하는 것이 아니라 미워하는 것입니다. 그 벌은 아버지로부터 아이들 세대까지 이어집니다. 그 벌은 자손들이 불신자가 되는 것입니다. 잘못된 방법으로 하나님을 섬기면 자녀들이 하나님을 믿지 않을 것입니다. 물론 그것은 자손들 그들의 죄입니다. 동시에 그것은 아버지가 받는 벌이기도 합니다. 아버지가 둘째 계명을 지키지 않았기 때문에 그의 아들과 손자들은 첫째 계명을 어기게 됩니다. 참으로 안타깝습니다. 그런 일이 우리 가정에는 없어야 합니다.

그러나 둘째 계명을 잘 지키는 사람, 곧 하나님을 성경에 기록된 대로 제대로 알고 섬기는 사람과 잠시 잘못된 생각과 말과 행동을 회개하고 뉘우치고 잘 섬기는 사람에게는 큰 복을 내리십니다. "나를 사랑하고 내 계명을 지키는 자에게는 천 대까지 은혜를 베푸느니라"(출 20:6). 하나님을 사랑(예배)하는 방법은 그분이 가르쳐 주신 그대로 섬기는 것입니다. 우리 마음대로 하나님을 사랑하면 안 됩니다. 이 계명을 잘 지키는 부모는 자녀와 자손들의 믿음을 볼 수 있습니다. 그 영향이 얼마나 큰지 천 대까지 은혜가 이어집니다.

우리는 여기에서 부모의 영향과 교육의 중요성을 발견합니다. 이 둘째 계명을 잘 지키기 위해서는 하나님의 모든 말씀을 바르게 알아야 합니다. 그래야 그분이 무엇을 좋아하시는지 알 수 있습니다. 그분이 좋아하시는 뜻대로 섬겨야 복을 받습니다. 부모가 먼저 성경을 많이 읽어 하나님에 대한 지식을 가지고 있어야 합니다. 당연히 자녀에게도 제대로 가르쳐야 합니다. 이것이 얼마나 중요한지요!

1. 제2계명을 지키지 않는 사람에게 주신 경고가 무엇입니까?
2. 제2계명을 지킨 사람에게 주신 약속이 무엇입니까?

제3계명은 무엇입니까? "너는 네 하나님 여호와의 이름을 망령되게 부르지 말라. 여호와는 그의 이름을 망령되게 부르는 자를 죄 없다 하지 아니하리라"(출 20:7).

하나님께서는 유대인에게 이름을 가르쳐 주신 적이 있습니다(출 3:13-14). 그게 무엇일까요? 모세에게 가르쳐 주셨는데, "나는 스스로 있는 자(I am who I am)"입니다. 혹은 "나는 나다"입니다. 유대인은 '여호와(Jehovah)'라고 불렀습니다. 이 이름의 본래 발음은 아마도 '야웨(Jahweh)'가 아닐까, 학자들은 생각합니다. 한국에서는 '여호와'라는 이름보다는 그냥 '하나님'이라고 부릅니다.

우리가 하나님의 이름을 부를 수 있는 것은 대단한 특권입니다. 우주의 창조주 하나님의 이름을 아무나 부를 수 없습니다. 불신자들은 하나님의 이름을 부르지 않습니다.

우리는 언제 하나님의 이름을 부릅니까? 대체로 기도할 때 많이 부릅니다. 아침에 침대에서 일어나 이렇게 하나님을 부릅니다. "하나님! 오늘 새로운 하루를 시작합니다. 함께 해주세요……." 혹은 찬송을 부를 때 하나님의 이름을 많이 노래합니다. 찬송가 1장을 볼까요? "만복의 근원 하나님 온 백성 찬송 드리고 저 천사여 찬송하세 찬송 성부 성자 성령 아멘." 또 성도들이 서로 이야기할 때 하나님의 이름을 사용합니다. "하나님께서 도와주셨어~"

구약 시대의 유대인은 제3계명을 잘 지키기 위해 특이한 결정을 내렸습니다. 하나님의 이름을 감히 부를 수 없다고 생각했습니다. 바벨론에 포로로 잡혀갔다 돌아온 유대인은(BC 5세기경) 본래 하나님의 이름인 야웨를 부르는 것을 금지했습니다. 성경을 큰소리로 낭독할 때 야웨라는 이름이 나오면 아예 발음을 하지 않거나 야웨라는 이름 대신 '주님(아도나이)'이라고 읽었습니다. 본래 히브리어는 모음은 없고 자음만 있었습니다. 읽는 사람이 모음을 붙여 읽었습니다. 그래도 큰 문제는 없었습니다. 그런데 몇 백년 동안 야웨라는 하나님의 이름을 주님(아도나이)이라고 부르다 보니, 본래 하나님을 어떻게 불렀는지 발음을 잃어버리게 되었습니다. 참 이상한 일이지만 사실입니다. 할 수 없이 성경 학자들이 본래 하나님의 이름을 어떻게 불렀는지 연구했습니다. 그래서 찾아낸 것이 야웨입니다. 그 발음이 정확한지는 아무도 모릅니다. 이렇게 하나님의 이름을 직접 부르지 않은 것이 세 번째 계명을 잘 지키는 것일까요? 아닙니다. 결코 그렇지 않습니다. 오히려 그리스도인은 사랑과 존경의 마음으로 하나님의 이름을 불러야 합니다.

성경

출 3:13-14

모세가 하나님께 아뢰되 내가 이스라엘 자손에게 가서 이르기를 너희의 조상의 하나님이 나를 너희에게 보내셨다 하면 그들이 내게 묻기를 그의 이름이 무엇이냐 하리니 내가 무엇이라고 그들에게 말하리이까 하나님이 모세에게 이르시되 나는 스스로 있는 자이니라 또 이르시되 너는 이스라엘 자손에게 이같이 이르기를 스스로 있는 자가 나를 너희에게 보내셨다 하라

찬송

1장

HC 99문
WSC 54문

나눔 문답

1. 만약 우리가 하나님의 이름을 부를 수 없다면 어떨까요? 생각하고 느낌을 말해 보세요.
2. 본래 하나님의 이름이 무엇입니까? 그런데 뭐라고 불렀나요?

하나님의 이름을 잘못 사용하는 경우

8월 AUGUST 25

성경

레 24:15-16

너는 이스라엘 자손에게 말하여 이르라 누구든지 그의 하나님을 저주하면 죄를 담당할 것이요 여호와의 이름을 모독하면 그를 반드시 죽일지니 온 회중이 돌로 그를 칠 것이니라 거류민이든지 본토인이든지 여호와의 이름을 모독하면 그를 죽일지니라

찬송

37장

HC 99문
WSC 54문

세 번째 계명의 뜻은 무엇입니까? 하나님의 이름을 아예 부르지 않으면 해결될까요? 그렇지 않습니다. 세 번째 계명의 의미는 하늘에 계신 하나님을 사랑과 존경하는 마음으로 불러야 한다는 것입니다. 혹시 우리가 하나님의 이름을 망령되게 부르는 경우는 없나요? '망령되게'는 '함부로', '헛되이' 그리고 '무의미하게'라는 뜻입니다. 그러면 어떤 경우가 하나님의 이름을 망령되게 부르는 것일까요?

영어에는 이런 표현이 있습니다. '오, 마이 갓!(Oh, My God!)' '아이고(어떡하나?)'라는 의미로 쓰입니다. 기독교가 세속화되면서 나타난 현상입니다. 불신자들이 하나님의 이름을 쓰지만 사랑과 존경하는 마음 없이 '함부로' 부르는 것입니다. 이것은 아주 나쁜 죄입니다. 하나님께서 매우 싫어하십니다. 그러면 그리스도인은 어떻게 표현해야 할까요? 그런 상황이 되면 '갓(God)' 대신 '굿니스(Goodness)'를 붙여 사용합니다. 지혜로운 방법입니다. 잘못 사용하는 것을 따라할 필요는 없습니다.

한국 사람들은 이런 무서운 죄를 짓지 않을까요? 이제 한국에도 기독교가 전파된 지 100년이 훌쩍 넘었습니다. 어느 정도 기독교 문화가 정착되었습니다. 하나님의 이름이 사랑과 존경하는 마음 없이 사용되는 경우가 없을까요? 안타깝게도 그런 경우가 종종 있습니다. 이런 경우들입니다. 그리스도인은 괴로울 때 "주여!"라고 탄식합니다. 도와달라는 뜻입니다. 요즘 교회에 다니지 않는 사람들도 농담으로 "주여!"라고 합니다. 속뜻이 다르죠. '에이그', '참나~' 같은 말입니다. 술자리에서 "주님을 만나자(따르자).'라는 말이 '술 마시자'라는 말로 쓰이고 있답니다. 주님의 주(主)가 술 주(酒)와 발음이 같은 데서 유래한 우스개 섞인 표현입니다. 그러나 빈정거림이 묻어 있습니다. 개신교회는 술 마시는 것을 금하기 때문입니다. "할렐루야!"도 함부로 사용하는 경우가 있습니다. 본래 할렐루야는 '하나님을 찬양하라!'라는 뜻입니다. 이 말도 교회 밖에서 심심찮게 사용합니다. 열변을 토하다가 "할렐루야!"라고 하거나, 설득력 있는 주장을 들으면 "아멘!" 하고 반응하기도 합니다. 이때 할렐루야는 '아싸!'라는 의미이고, 아멘은 '네 말이 맞다.'라는 추임새입니다. 하나님을 사랑하고 존경하는 마음 없이 쓰는 하나님이라는 단어가 들어간 말은 세 번째 계명을 심각하게 어기는 것입니다.

나눔질문

1. 하나님을 '망령되게' 부른다는 의미는 무엇입니까?
2. 우리가 세 번째 계명을 범하기 쉬운 상황으로는 어떤 것이 있나요?

256 교리와 함께하는 365 가정예배 **10주년 기념판**

책임(2) : 남 탓하는 그리스도인?

26 **8월**
AUGUST

맥도날드 회사를 고소했던 뚱뚱한 두 소녀가 있었습니다. 이들이 법원에 고소한 내용은 이렇습니다. '맥도날드 음식은 육체적으로나 정신적으로 중독성이 있다. 우리는 날씬할 수 있는 기회를 박탈당했다. 맥도날드 할아버지가 손을 뻗어 우리를 끌어당겨 억지로 먹였다.' 자신들이 뚱뚱하게 된 탓을 맥도날드에 돌린 경우입니다. 보통 사람은 문제가 생기면 그 탓을 자신에게서 찾기보다 다른 요인(사람 혹은 환경)에서 찾으려 합니다. 책임을 회피하려는 것이죠. 미국 법원은 이렇게 판결했습니다. '맥도날드 햄버거가 건강에 좋지 않다는 것을 잠재적으로 알고 있었다. 그럼에도 불구하고 자신의 만족을 위해 맥도날드의 수퍼 사이즈 제품들을 과하게 먹었다면 맥도날드를 탓할 수 없다.'

하나님께서는 아담과 하와에게 능력도 주시고 자유도 주셨습니다. 아담은 온 세상의 동물과 식물에 이름을 붙였습니다. 그들이 받은 달란트(은사)와 재능으로 그 일을 잘할 수 있었습니다. 하나님께서는 인간에게 능력과 자유를 주시면서 책임도 주셨습니다. 능력과 자유를 누리면서 책임을 지지 않겠다는 것은 옳지 않습니다. 아담과 하와는 하나님의 명령에 불순종함으로 책임을 지지 않았습니다. 아담은 자신이 지은 죄를 하와 탓으로 돌렸습니다. 하와도 뱀을 탓하며 자신의 죄에 대해 책임을 지지 않았습니다. 이것이 죄인의 모습입니다.

바울은 이렇게 말했습니다. "피차 사랑의 빚 외에는 아무에게든지 아무 빚도 지지 말라"(롬 13:8). 여기에서 '빚을 지지 않는다'는 말은 책임을 지라는 뜻입니다. 우리는 예수 그리스도께 큰 은혜를 받았습니다. 우리는 죽었었는데 다시 살아났습니다. 생명을 빚졌습니다. 그러므로 하나님께서 우리를 죽음에서 중생시킨 사랑에 대해 책임을 다해야 합니다. 예수님의 사랑을 책임진다는 것은 무슨 대단한 일을 한다는 것이 아닙니다. 먼저 우리는 자신에게 주어진 책임을 다하는 것부터 시작할 수 있습니다. 맡겨진 일에 대한 책임을 다해야 합니다.

남편과 아내는 각각 결혼에 의해 주어지는 책임을 다하고 있습니까? 말씀에 따라 생각해야 합니다(고후 10:5). 말을 할 때 책임 있게 해야 합니다(시 34:13). 행동을 할 때 책임 있게 해야 합니다(고후 5:10). 생각과 말과 행동은 유기적으로 연결된 하나의 인격입니다. 책임을 회피하지 말고 낮은 자리에서 작은 책임부터 지는 연습을 할 때 건강한 그리스도인으로 성장해갈 것입니다. 책임을 피하지 마세요!

성경

롬 13:8

피차 사랑의 빚 외에는 아무에게든지 아무 빚도 지지 말라 남을 사랑하는 자는 율법을 다 이루었느니라

찬송

325장 1, 4절

나눔질문

1. 맥도날드 회사에 고소한 두 소녀의 문제는 무엇입니까? 우리도 자신의 책임을 찾기보다 다른 주변 원인을 찾지 않습니까?
2. 그리스도인은 책임과 어떤 관계에 있습니까? 예수님을 생각하며 말해 보세요!

"주여 주여" 하면서도
제3계명을 어길 수 있어요

성경

마 7:21-23

나더러 주여 주여 하는 자마
다 다 천국에 들어갈 것이 아
니요 다만 하늘에 계신 내 아
버지의 뜻대로 행하는 자라야
들어가리라 그날에 많은 사람
이 나더러 이르되 주여 주여
우리가 주의 이름으로 선지자
노릇 하며 주의 이름으로 귀
신을 쫓아 내며 주의 이름으
로 많은 권능을 행하지 아니
하였나이까 하리니 그때에 내
가 그들에게 밝히 말하되 내
가 너희를 도무지 알지 못하
니 불법을 행하는 자들아 내
게서 떠나가라 하리라

찬송

36장

HC 99문
WSC 54문

우리 그리스도인도 세 번째 계명을 어길 수 있습니다. '나는 하나님의 이름을 망령되게 부른 적이 없습니다.'라고 변명할지도 모르겠습니다. 예, 그럴 수 있습니다. 그러나 우리는 쉽게 세 번째 계명을 범합니다. 예를 들어, 늘 주일이면 드리는 예배를 생각해 봅시다. 만약 우리가 예배를 드릴 때 아무런 생각 없이 기도하고 찬송한다면 세 번째 계명을 어기는 것입니다. 기도하고 찬송할 때 다른 생각을 해서는 안 됩니다. 기도하고 찬송할 때 우리는 위대하신 하나님, 죄 없으신 하나님을 항상 생각해야 합니다. 우리가 대통령을 만난다면 아무런 생각 없이 만나지 않을 것입니다.

하나님의 이름을 망령되이 부르지는 않지만 죄에서 떠나지 않고 자기 마음대로 살아간다면 세 번째 계명을 어기는 것입니다. 예수님께 "주여 주여!"라고 부른다고 천국에 들어갈 수 있는 것도 아닙니다. 그리스도인이 하나님의 이름을 부르며 예배도 드리고 많은 큰일도 할 수 있습니다. "주여 주여 우리가 주의 이름으로 선지자 노릇 하며 주의 이름으로 귀신을 쫓아 내며 주의 이름으로 많은 권능을 행하지 아니하였나이까?" 주의 이름으로 무엇을 하는 것이 잘못된 것은 아닙니다. 주의 이름을 부르지만 자기 마음대로 하는 것이 문제입니다. 혹시 주의 이름을 부르지 않더라도 '하늘에 계신 아버지의 뜻대로 행하는 것'이 더 중요합니다. 하나님의 뜻이 아니라 자기의 뜻대로 행동하면서 하나님의 이름만 부른다고 효과가 있는 것이 아닙니다. 하나님의 이름은 주문이 아닙니다. '주여 삼창(세 번 외치는 것)', "주여, 주여, 주여"를 크게 외치기만 하면 된다고 생각하면 오해입니다. 그것은 마치 불교에서 '나무아미타불'을 반복해서 외우면 두려움이 물러가고 복을 받는다고 생각하는 것과 같습니다. 이것도 세 번째 계명을 어기는 것입니다. 중요한 것은 하나님의 뜻대로 사는 것입니다. 그것이 바로 세 번째 계명을 지키는 것입니다.

그러면 하나님의 뜻은 무엇입니까? 그렇죠. 성경에 기록되어 있습니다. 하나님을 사랑하고 이웃을 사랑하는 것입니다. 하나님께 예배하고 성경 읽고 기도합니다. 부모님 말씀에 순종합니다. 권위자를 공경합니다. 교회 장로님들의 다스림에 순종합니다. 겸손합니다. 그렇군요. 이제 보니 세 번째 계명은 특별한 것이 아니군요. 성경 말씀대로 실천하면 되는 것입니다.

나눔 질문

1. 입으로 세 번째 계명을 어기지 않더라도 마음에 하나님에 대한 사랑과 존경심이 없으면 어떻게 됩니까?
2. 마태는 "주여 주여"라고 이름을 부르는 자라도 무슨 잘못을 할 수 있다고 합니까?

모든 그리스도인은 하나님의 뜻에 순종하고 따라야 합니다. 예를 들면, 일반적인 하나님의 뜻은 분명합니다. "항상 기뻐하라, 쉬지 말고 기도하라, 범사에 감사하라, 이것이 그리스도 예수 안에서 너희를 향하신 하나님의 뜻이니라."(살전 5:16-18)입니다. 또 "하나님의 뜻은 이것이니 너희의 거룩함이라."(살전 4:3)라고 했습니다. 이런 하나님의 뜻에 순종하면 제3계명을 잘 지키는 것입니다. 그렇게 할 때 그리스도의 향기(고후 2:15)가 퍼지고 그리스도의 빛(마 5:14-16)이 비쳐 세상 사람들이 하나님께 영광을 돌리게 될 것입니다. 그런데 하나님의 뜻대로 살지 않으면 사람들이 하나님을 욕하게 될 것입니다. 제3계명을 어기는 것이지요.

그러나 구체적인 일에 들어가서는 하나님의 뜻을 알기가 쉽지 않습니다. 하나님께서 꿈속에 나타나 비밀스런 뜻을 이야기해 주실까요? 기도 중에 살짝 알려 주실까요? 그렇다고 대답하는 사람도 있겠지만, 그렇지 않습니다. 하나님은 그런 선택을 우리에게 맡기셨습니다. 우리는 '이것이 하나님의 뜻입니다.'라고 말하고픈 유혹을 받습니다. 하나님을 뜻을 안다고 말하면 훨씬 믿음 있어 보이고 영적으로 수준 있어 보이는 것 같습니다. 그래서 사람들은 이것이 하나님의 뜻이라고 자주 이야기합니다. 그러나 '하나님의 뜻'이라는 말을 잘못 사용하면 제3계명을 어기는 것입니다.

바울은 제3차 전도여행 중에 에베소에서 마게도냐와 아가야를 거쳐 예루살렘으로 가기로 '작정'했습니다(행 19:21). 그 후 로마까지 갈 계획이었습니다. 바울의 계획(작정)입니다. 하나님의 뜻이라고 말하지 않습니다. 중간에 무슨 일이 일어날지 알 수 없습니다. 바울은 마게도냐와 아가야를 방문한 후 다시 에베소 근처 밀레도 항구에 도착해 장로들을 불러 예루살렘으로 가겠다고 결심합니다(행 20:22-24). 도중에 가이사랴에 들렀는데 한 선지자가 말하기를 바울이 예루살렘에 올라가면 유대인에게 잡혀 이방인에게 넘겨질 것이라고 예언합니다. 사람들은 올라가지 말 것을 권합니다. 바울은 예수님 때문이라면 예루살렘에서 죽어도 좋다고 각오(결심)합니다(행 21:13). 바울은 로마에 가는 것이 자신의 결심이지만, 하나님의 뜻이라고 말하지 않습니다. 예루살렘에서 죽을 수도 있다고 말하고 있으니까요! 그때 성도의 반응을 들어보십시오. 참 귀합니다. "……주의 뜻대로 이루어지이다……"(행 21:14). 바로 이것입니다. 이런 자세가 제3계명을 잘 지키는 것입니다. 자기의 뜻(고집)을 내려놓고 하나님의 뜻이 이루어지기를 바라는 것 말입니다.

성경

행 20:22-24

보라 이제 나는 성령에 매여 예루살렘으로 가는데 거기서 무슨 일을 당하는지 알지 못하노라 오직 성령이 각 성에서 내게 증언하여 결박과 환난이 나를 기다린다 하시나 내가 달려갈 길과 주 예수께 받은 사명 곧 하나님의 은혜의 복음을 증언하는 일을 마치려 함에는 나의 생명조차 조금도 귀한 것으로 여기지 아니하노라

21:8-14

이튿날 떠나 가이사랴에 이르러 일곱 집사 중 하나인 전도자 빌립의 집에 들어가서 머무르니 그에게 딸 넷이 있으니 처녀로 예언하는 자라 여러 날 머물러 있더니 아가보라 하는 한 선지자가 유대로부터 내려와 우리에게 와서 바울의 띠를 가져다가 자기 수족을 잡아매고 말하기를 성령이 말씀하시되 예루살렘에서 유대인들이 이같이 이 띠 임자를 결박하여 이방인의 손에 넘겨 주리라 하거늘 우리가 그 말을 듣고 그 곳 사람들과 더불어 바울에게 예루살렘으로 올라가지 말라 권하니 바울이 대답하되 여러분이 어찌하여 울어 내 마음을 상하게 하느냐 나는 주 예수의 이름을 위하여 결박 당할 뿐 아니라 예루살렘에서 죽을 것도 각오하였노라 하니 그가 권함을 받지 아니하므로 우리가 주의 뜻대로 이루어지이다 하고 그쳤노라

찬송

34장

HC 99문
WSC 54문

1. 어떤 사람이 '하나님의 뜻입니다.'라고 말하면 우리는 어떻게 생각해야 하나요?
2. 나의 소원과 하나님의 뜻은 어떻게 다릅니까?

하나님의 뜻대로 살면 핍박도 있어요

성경

왕상 22:7-40

여호사밧이 이르되 이 외에 우리가 물을 만한 여호와의 선지자가 여기 있지 아니하니이까 이스라엘의 왕이 여호사밧 왕에게 이르되 아직도 이믈라의 아들 미가야 한 사람이 있으니 그로 말미암아 여호와께 물을 수 있으나 그는 내게 대하여 길한 일은 예언하지 아니하고 흉한 일만 예언하기로 내가 그를 미워하나이다……이스라엘의 왕과 유다의 여호사밧 왕이 왕복을 입고 사마리아 성문 어귀 광장에서 각기 왕좌에 앉아 있고 모든 선지자가 그들의 앞에서 예언을 하고 있는데 그나아나의 아들 시드기야는 자기를 위하여 철로 뿔들을 만들어 가지고 말하되 여호와의 말씀이 왕이 이것들로 아람 사람을 찔러 진멸하리라 하셨다 하고 모든 선지자도 그와 같이 예언하여 이르기를 길르앗 라못으로 올라가 승리를 얻으소서 여호와께서 그 성읍을 왕의 손에 넘기시리라 하더라 미가야를 부르러 간 사신이 일러 이르되 선지자들의 말이 하나 같이 왕에게 길하게 하니 청하건대 당신의 말도 그들 중 한 사람의 말처럼 길하게 하소서 미가야가 이르되 여호와께서 살아 계심을 두고 맹세하노니 여호와께서 내게 말씀하시는 것 곧 그것을 내가 말하리라 하고 이에 왕에게 이르니 왕이 그에게 이르되 미가야야 우리가 길르앗 라못으로 싸우러 가랴 또는 말랴 그가 왕께 이르되 올라가서 승리를 얻으소서……

찬송

30장

HC 99문
WSC 54문

아무렇게나 내뱉는 말에 하나님의 이름을 섞어 사용하지 말아야 합니다. 그런 적이 없다고요? 참 잘했습니다. 그러나 그렇다고 세 번째 계명을 잘 지키고 있다고 말할 수는 없습니다. 세 번째 계명을 제대로 지키려면 적극적으로 하나님의 뜻(의도)을 알고 지켜야 합니다.

오늘 읽은 역사 이야기를 살펴볼까요! 아합 왕은 여호사밧 왕의 도움을 받아 길르앗 라못 지역을 빼앗고 싶었습니다. 당대에 살았던 400명의 선지자는 그 전쟁이 하나님의 뜻이기에 반드시 이길 것이라고 예언했습니다. 그러나 선지자 한 명은 반대했습니다. 그의 이름은 '미가야'입니다. 미가야는 그 전쟁이 하나님의 뜻이 아니라고 말했습니다. 그 전쟁에서 이기지 못할 것이라는 뜻입니다. 400명의 선지자는 하나님보다 왕에게 잘 보이려 했지만, 미가야 선지자는 왕보다 하나님을 더 두려워했습니다. 미가야는 하나님을 사랑하고 존경했기 때문에 하나님의 뜻을 그대로 말했습니다. 어떤 핍박과 위협이 있어도 하나님의 뜻을 전하는 것이 세 번째 계명을 잘 지키는 것입니다.

미가야의 예언을 들어 보십시오. "내가 보니 온 이스라엘이 목자 없는 양같이 산에 흩어졌는데, 여호와의 말씀이 이 무리에게 주인이 없으니, 각각 평안히 자기의 집으로 돌아갈 것이니라 하셨나이다"(왕상 22:17). '주인이 없이 집으로 돌아갈 것'이라고 했으니 아합 왕이 전쟁에서 패하고 죽게 될 것이라고 예언한 것입니다. 아합 왕이 이 예언을 싫어한 것은 당연합니다. 아합 왕은 하나님의 뜻에 관심이 없습니다. 미가야를 감옥에 가두고 자기 뜻대로 전쟁을 시작합니다. 결국 아합 왕은 그 전쟁에서 죽습니다.

사람이 듣기 싫어해도 하나님의 뜻을 말해야 합니다. 이것이 제3계명을 지키는 것입니다. 제3계명에는 경고가 붙어 있습니다. "여호와는 그의 이름을 망령되게 부르는 자를 죄 없다 하지 아니하리라"(출 20:7). 우리가 하나님의 이름을 높이려 할 때 다른 사람이 싫어하고 공격할 수 있습니다. 미가야 선지자는 감옥에 갇혀 고생했습니다. 요즈음도 성도가 하나님의 뜻을 선포하고 그 뜻대로 살면 믿음이 없는 자들이 싫어하고 핍박을 할 수 있습니다. 그러나 제3계명을 지키려면 핍박도 감수해야 합니다.

1. 미가야 선지자의 탁월한 점은 무엇인가요?
2. 하나님의 뜻대로 살 때 어떤 어려움이 있나요? 그런데도 지켜야 하는 이유가 무엇인가요?

예수님이 살고 계시던 당시에 바리새인들은 백성에게 잘못된 맹세를 가르쳤습니다. '제단으로 맹세하면 소용이 없고 제단 위에 있는 예물로 맹세하면 효력이 있다.' '성전으로 맹세하면 효력이 없고, 성전의 금으로 맹세하면 효력이 있다'. 어떤 바리새인이 이렇게 맹세를 했습니다. "하나님! 이 예루살렘 성전을 걸고 맹세합니다. 제가 앞으로 40일 동안 금식 기도를 하겠습니다." 많은 사람이 그 이야기를 듣고 감동합니다. 그 바리새인의 신앙적 헌신과 열정에 박수를 보냅니다. 그런데 얼마 지나지 않아 금식을 포기하고 맙니다. 어떤 사람이 묻습니다. "왜 맹세를 지키지 않습니까? 맹세를 하면 반드시 지켜야 하는 것 아닙니까? 안 지키면 하나님께 벌을 받을 거예요." 그때 바리새인이 이렇게 변명합니다. "성전으로 맹세하면 지키려고 노력한다는 뜻이고 성전의 금으로 맹세하면 반드시 지켜야 하죠." 성전보다 성전의 금(金), 곧 돈이 더 중요하다고 생각한 것입니다. 이것도 제3계명을 어기는 것입니다.

또 바리새인은 '하늘', '땅', '예루살렘', '머리'를 걸고 자주 맹세했습니다. 그러나 쉽게 맹세하고는 지키지 않았습니다. 왜 지키지도 못할 맹세를 할까요? 맹세를 하면 반드시 지킬 것이라는 확신이 들기 때문입니다. 또 어차피 지키지 못할 것을 큰 소리 치며 대단한 신앙을 가진 것처럼 보이려는 허황된 마음에서 나오는 것입니다.

예수님은 그런 식으로 맹세하는 것을 금지했습니다. "나는 너희에게 이르노니 도무지 맹세하지 말지니"(마 5:34). 그렇게 맹세하려면 아예 하지 말라는 반어법입니다. 맹세를 할 수 있지만, 했다면 반드시 지켜야 합니다. 맹세를 지키지 않으면 천지만물을 창조하신 하나님의 이름을 욕되게 하는 죄를 짓는 것입니다. 제3계명을 어기는 것입니다.

로마 천주교회도 이런 잘못을 하고 있습니다. 여러 성인(聖人)의 이름으로 맹세합니다. '성인'이란 과거 신앙이 좋았던 사람을 숭배해서 교회가 결정해 발표한 특별한 성도를 말합니다. 지금까지 로마 천주교회는 수많은 성인을 숭배하고 있습니다. 그 성인들의 이름으로 맹세하기도 합니다. 잘못된 것입니다.

지금도 자신의 결백을 보여 주기 위해 자신의 신체 부위를 걸고 맹세하기도 합니다. 예를 들면, "내가 그것을 했으면 손에 장을 지지겠다." 무시무시한 말입니다. 만약 그것이 사실이면 어떻게 하죠? 예수님을 믿는 사람은 그냥 '예', '아니오'라고 해도 충분합니다. 왜냐하면 하나님께서 다 아시니까요.

1. 바리새인들은 왜 맹세를 하려 했을까요? 그것이 왜 문제가 되나요?
2. 우리는 맹세하는 것이 좋을까요? 맹세할 상황에서 어떻게 하는 것이 좋을까요?

성경

마 5:33-37

또 옛 사람에게 말한 바 헛 맹세를 하지 말고 네 맹세한 것을 주께 지키라 하였다는 것을 너희가 들었으나 나는 너희에게 이르노니 도무지 맹세하지 말지니 하늘로도 하지 말라 이는 하나님의 보좌임이요 땅으로도 하지 말라 이는 하나님의 발등상임이요 예루살렘으로도 하지 말라 이는 큰 임금의 성임이요 네 머리로도 하지 말라 이는 네가 한 터럭도 희고 검게 할 수 없음이라 오직 너희 말은 옳다 옳다. 아니라 아니라 하라 이에서 지나는 것은 악으로부터 나느니라

23:16-22

화 있을진저 눈 먼 인도자여 너희가 말하되 누구든지 성전으로 맹세하면 아무 일 없거니와 성전의 금으로 맹세하면 지킬지라 하는도다 어리석은 맹인들이여 어느 것이 크냐 그 금이냐 그 금을 거룩하게 하는 성전이냐 너희가 또 이르되 누구든지 제단으로 맹세하면 아무 일 없거니와 그 위에 있는 예물로 맹세하면 지킬지라 하는도다 맹인들이여 어느 것이 크냐 그 예물이냐 그 예물을 거룩하게 하는 제단이냐 그러므로 제단으로 맹세하는 자는 제단과 그 위에 있는 모든 것으로 맹세함이요 또 성전으로 맹세하는 자는 성전과 그 안에 계신 이로 맹세함이요 또 하늘로 맹세하는 자는 하나님의 보좌와 그 위에 앉으신 이로 맹세함이니라

찬송

349장

HC 100, 102문
WSC 56문

8월 31 AUGUST

맹세할 수 있어요

신 10:20

네 하나님 여호와를 경외하여 그를 섬기며 그에게 의지하고 그의 이름으로 맹세하라

창 31:53

아브라함의 하나님, 나홀의 하나님, 그들의 조상의 하나님은 우리 사이에 판단하옵소서 하매 야곱이 그의 아버지 이삭이 경외하는 이를 가리켜 맹세하고

삼상 24:21-22

그런즉 너는 내 후손을 끊지 아니하며 내 아버지의 집에서 내 이름을 멸하지 아니할 것을 이제 여호와의 이름으로 내게 맹세하라 하니라 다윗이 사울에게 맹세하매 사울은 집으로 돌아가고 다윗과 그의 사람들은 요새로 올라가니라

삼하 3:35

석양에 뭇 백성이 나아와 다윗에게 음식을 권하니 다윗이 맹세하여 이르되 만일 내가 해 지기 전에 떡이나 다른 모든 것을 맛보면 하나님이 내게 벌 위에 벌을 내리심이 마땅하니라 하매

찬송

545장

HC 101문
WSC 56문

세 번째 계명을 지키기 위해 절대로 맹세하지 않는 것이 좋다고 배웠습니다. 그렇다면 절대로 맹세를 할 수 없습니까? 지금도 어떤 교회 사람들은 맹세를 절대로 해서는 안 된다고 가르칩니다. 성경은 "도무지 맹세하지 말라."(마 5:34)라고 합니다. 그러나 이 말씀은 바리새인의 잘못된 맹세를 하지 말라고 한 것이지, 바른 맹세까지 부정한 것은 아닙니다.

성경은 오히려 맹세를 해도 된다고 분명하게 가르치고 있습니다. 신명기 10장 20절을 볼까요? "네 하나님 여호와를 경외하여 그를 섬기며 그에게 의지하고 그의 이름으로 맹세하라." 구약성경에 보면 야곱도 삼촌 라반과 계약할 때 "아버지 이삭이 경외하는 이를 가리켜 맹세"(창 31:53)했습니다. 다윗도 사울에게 보복하지 않겠다고 맹세했습니다(삼상 24:21-22). 또 다윗이 사랑하는 장군 아브넬이 군 내부의 갈등 관계로 요압과 동생 아비새의 공격으로 죽었을 때 슬퍼하며 다음과 같은 맹세를 했습니다. "다윗이 맹세하여 이르되, 만일 내가 해 지기 전에 떡이나 다른 모든 것을 맛보면 하나님이 내게 벌 위에 벌을 내리심이 마땅하니라 하매"(삼하 3:35).

자기의 유익을 위해 아무렇게나 맹세를 사용해서는 안 됩니다. 자기의 의를 드러내기 위해 맹세하는 것도 잘못입니다. 그러나 꼭 필요한 경우에는 맹세를 해도 됩니다. 예를 들면, 교회에서 맹세를 요구하고 또 그렇게 맹세합니다. 결혼할 때 신랑과 신부가 서로 사랑하고 헤어지지 않겠다고 맹세합니다. '맹세(盟誓)'라고 표현하지 않고 '서약(誓約)'이라는 단어를 쓰지만 같은 말입니다. 교회에서 직분자 임직식에서도 목사, 장로, 집사가 서약 혹은 맹세를 합니다. 학습자나 세례를 받는 사람 혹은 입교를 하는 사람도 성경을 하나님의 진리의 말씀으로 믿고 순종하고 교회의 다스림에 복종하겠다고 맹세합니다.

이런 경우의 맹세는 할 수 있습니다. 그리고 그런 맹세는 경건하고 소중합니다. 그리스도인은 전능하지 않습니다. 연약하고 약합니다. 그럴 때 하나님의 전능하심을 의지하고 우리 자신의 약함을 인정하며 그분의 도움을 의지해 맹세할 수 있습니다. 자신의 능력과 힘을 의지해 맹세하는 것이 아니라, 우리의 왕 되신 하나님의 이름으로 맹세하는 것은 복됩니다.

1. 우리는 절대로 맹세할 수 없습니까? 왜 그렇게 생각합니까?
2. 성경은 맹세에 대해 어떻게 가르치나요?

하나님의 이름으로 맹세함의 유익

결혼식에서 예복을 입고 서서 아름다운 신랑과 신부가 서약(맹세)을 합니다. "……하나님과 증인 앞에서 서약합니다." 교회예배 가운데 세례식에서도 "……믿고 따르기로 서약합니다."라고 맹세합니다. 우리 그리스도인은 이런 좋은 맹세를 종종합니다. 이런 맹세는 진심에서 우러나오는 기쁘고 복된 것이니 권장해야 합니다.

우리는 '약속'과 '맹세'의 차이를 정리해야 합니다. '약속(約束)'은 사람과 사람 사이에서 하는 결심입니다. '맹세(盟誓)'는 하나님의 이름으로 사람들 사이에 이루어지는 약속을 뜻합니다. 그래서 맹세는 약속보다 더 무게가 있습니다.

또 '하나님의 이름으로'라는 뜻은 무엇일까요? '하나님의 이름으로' 맹세한다는 것은 맹세할 때 하나님께서 거기에 계시다는 것을 고백하는 것입니다. 하나님께서 맹세하는 그 시간, 그 장소에 함께 계시기 때문에 친히 '증인'이 되시고, 혹시 맹세를 어기게 될 때 심판자로 판단하실 것이라는 선언입니다. 사람은 맹세한 것을 스스로 확신하기 힘들고 지키기도 쉽지 않습니다. 사람은 약하기 때문이죠. 그래서 '하나님의 이름으로' 맹세합니다. 우리가 하나님의 이름으로 맹세할 때 하나님께서 증인이 되신다는 뜻입니다. 이런 맹세는 인간의 약함을 인정하고 겸손히 하나님의 도움을 바란다는 뜻입니다. 시인은 시편 19편 14절에서 이 부분을 고백했습니다. "나의 반석이시요, 나의 구속자이신 여호와여, 내 입의 말과 마음의 묵상이 주님 앞에 열납되기를 원하나이다." 이 '내 입의 말과 마음의 묵상', 곧 맹세가 "주님 앞에 열납되기를 원하나이다."라고 고백합니다. 하나님의 도우심으로 맹세를 지킬 수 있게 되기를 바라는 간절한 시인의 마음이 보입니다.

동시에 하나님의 이름으로 맹세한다는 의미는 하나님을 심판자로 인정한다는 고백입니다. 만약 우리가 믿음이 약해 맹세를 지키지 않는다면 하나님께서 중간에 개입하셔서 벌을 주시고 돌이키게 해 달라는 부탁이기도 합니다. 이런 맹세는 하나님의 살아 계심과 돌보심을 인정하는 것이기 때문에 경건하고 건전합니다. 이런 맹세는 우리의 신앙 성장에도 큰 도움이 됩니다. 다음 시편은 이런 마음을 잘 담고 있습니다. "하나님이여! 나를 살피사 내 마음을 아시며, 나를 시험하사 내 뜻을 아옵소서. 내게 무슨 악한 행위가 있나 보시고 나를 영원한 길로 인도하소서"(시 139:23-24).

성경

시 139:23-24

하나님이여 나를 살피사 내 마음을 아시며 나를 시험하사 내 뜻을 아옵소서 내게 무슨 악한 행위가 있나 보시고 나를 영원한 길로 인도하소서

찬송

545장

HC 101문

나눔질문

1. '하나님의 이름으로 맹세한다'라는 의미가 무엇입니까?

2. 하나님의 이름으로 맹세하는 유익이 무엇일까요?

책임(3) : 무책임을 넘어서

성경

골 3:23-24

무슨 일을 하든지 마음을 다하여 주께 하듯 하고 사람에게 하듯 하지 말라 이는 기업의 상을 주께 받을 줄 아나니 너희는 주 그리스도를 섬기느니라

찬송

326장 1-2절

가끔 사람들이 이런 말을 합니다. "그 사람도 사람이에요!" 무슨 뜻일까요? 그도 약해 실수할 수 있는 인간이라는 말입니다. 그렇죠. 사람은 죄인이고 연약합니다. 그렇지만 거듭난, 중생한 그리스도인은 다릅니다. 하나님께서 죄인의 상태에서 의인의 지위로 올려 주셨습니다. 그러므로 그리스도인은 무책임하지 않고 책임 있는 삶을 살 수 있게 되었습니다. 아직 완전하지 않지만 책임을 연습할 수 있게 되었습니다.

그러면 우리 아이들을 어떻게 책임 있는 존재로 키울 수 있을까요? 먼저 살아 계신 하나님 앞에서 생각하고 말하고 행동하도록 교육해야 합니다. 하나님께서 우리의 생각과 말과 행동을 다 보고 계시다는 것을 계속 반복해서 가르쳐야 합니다. 그것이 사실이니까요. 그러나 세상은 하나님이 눈에 보이지 않는다고 무시하고, 보이는 사람의 눈만 의식하며 삽니다. 책임을 지지 않으려 합니다. 성경은 우리에게 이렇게 가르칩니다. "무슨 일을 하든지 마음을 다하여 주께 하듯 하고 사람에게 하듯 하지 말라"(골 3:23).

만약 부모가 지나치게 아이를 보호만 한다면 나약하고 무책임한 존재로 만들고 말 것입니다. 우리나라는 아이를 적게 낳습니다. 그러다 보니 부모가 아이를 양육하면서 아이의 일을 부모가 대신해 주는 경우가 많습니다. 아이는 스스로 할 것이 별로 없습니다. 부모가 다 해 주니까요. 그것은 책임 있는 아이로 키우는 데 큰 걸림돌입니다.

부모는 어떻게 아이의 책임감을 키워 줄 수 있을까요?

첫째, 아이가 스스로 해야 할 일과 그렇지 않은 일을 분명하게 구분해야 합니다. 절대로 부모가 대신 해 주어서는 안 됩니다.

둘째, 스스로 할 수 있도록 기다려 주는 인내가 필요합니다. 아이를 나약하게 대하지 않습니다. '그 일을 다 끝내지 않으면 같이 못 가!'라는 식으로 협박성 말을 남발하지 마십시오. 위협하면 결과를 빨리 얻을 수 있지만, 책임성이 길러지지 않고 두려움만 얻게 될 것입니다.

셋째, 책임을 다할 때 오는 기쁨을 경험시켜 주세요. 책임을 다해 다른 사람을 섬김으로 얻는 기쁨을 누리는 것은 평생 책임 있는 사람으로 살아가는 데 큰 힘이 됩니다.

나눔질문

1. 책임을 지지 않으려는 태도는 하나님을 의식하지 않는 것에서도 비롯됩니다. 하나님이 보고 계시다는 것을 알면 일을 대충 할까요? 당신의 경우는 어떠하나요?
2. 아이를 책임 있는 아이로 키우는 방법을 말해 보고 시행할 계획을 세워 보세요!

하나님의 이름으로 맹세하는 것은 하나님께서 함께 하신다는 것을 믿고 의지하는 것입니다. 그런 맹세는 믿음의 행위입니다. 하나님의 이름으로 맹세하는 것은 하나님을 직접 부르는 것이기도 합니다. 이런 맹세는 예배와 비슷합니다. 신명기 6장 13절에도 보면 "네 하나님 여호와를 경외하며 그를 섬기며 그 이름으로 맹세할 것이니라."라고 했습니다. 하나님의 이름으로 맹세하는 것은 하나님을 경외(두려워하고 사랑하는 것)하고 섬기는 것과 직접적인 관련이 있습니다. 하나님께 예배하고 경배하고 섬기는 마음이 없는 사람은 하나님의 이름으로 맹세할 수 없습니다. 그런 의미에서 '맹세'는 '예배'입니다. 1646년에 만들어진 유명한 웨스트민스터 신앙고백서 22장에는 이런 표현이 있습니다. "합당한 맹세는 경건한 예배의 한 부분이다."

하나님을 높이는 것이 예배라면 하나님의 이름으로 맹세하는 것은 예배가 분명합니다. 히브리서 6장 16절에 보면 이런 구절이 있습니다. "사람들은 자기보다 더 큰 자를 가리켜 맹세하나니, 맹세는 그들이 다투는 모든 일의 최후 확정이니라." 사람들 사이에 오해가 있고 싸움이 있을 때 잘 해결되지 않는 경우가 있습니다. 서로 옳다고 말하기 때문에 참과 거짓을 구별하기 어렵습니다. 옆에 있는 증인을 찾을 수 있으면 모르지만, 그렇지 않으면 방법이 없습니다. 이때 해결할 수 있는 가장 좋은 방법이 하나님께 호소하는 것입니다. "하나님의 이름으로 맹세하는데 나는 이렇게 생각해!" 그러면 문제가 해결됩니다. 왜냐하면 전능하신 하나님께서 문제를 알고 계시기 때문입니다. 물론 당장 문제가 해결되지 않을 수 있습니다. 그러나 시간이 지나면 그 진위가 밝혀집니다. 혹시 시간이 오래 걸릴 수도 있지만 하나님께서 증인이 되시고 심판자가 되셔서 해결해 주십니다.

사람들은 약하기 때문에 자신에 대해서도 확신할 수 없을 때가 있습니다. 그럴 때는 하나님께 호소하는 방법이 최선입니다. 인간의 나약함을 인정하는 것입니다. 동시에 하나님께서 위대하시고 우리 위에 계시는 분이라는 것을 인정하는 것입니다. 예배 가운데 이런 내용이 다 들어갑니다. 예배가 언약의 갱신이라는 점을 생각하면 더 그렇습니다. 언약에는 맹세가 포함됩니다. 하나님의 맹세는 변함이 없지만, 우리의 맹세는 믿을 수 없습니다. 그러므로 예수 그리스도 안에서 성령님의 도우심으로 예배할 수 있고 맹세할 수 있을 뿐입니다. 아멘!

성경

신 6:13
네 하나님 여호와를 경외하며 그를 섬기며 그의 이름으로 맹세할 것이니라

히 6:16
사람들은 자기보다 더 큰 자를 가리켜 맹세하나니 맹세는 그들이 다투는 모든 일의 최후 확정이니라

찬송

545장

HC 101문

나눔터

1. 맹세와 예배는 어떤 관계가 있나요?
2. 예배하는 마음으로 맹세해 보십시오.

제4계명(시간)은 무엇을 요구하나요?

성경

출 20:8-11

안식일을 기억하여 거룩하게 지키라 엿새 동안은 힘써 네 모든 일을 행할 것이나 일곱째 날은 네 하나님 여호와의 안식 일인즉 너나 네 아들이나 네 딸이나 네 남종이나 네 여종이 나 네 가축이나 네 문 안에 머무는 객이라도 아무 일도 하지 말라 이는 엿새 동안에 나 여호와가 하늘과 땅과 바다와 그 가운데 모든 것을 만들고 일곱째 날에 쉬었음이라 그러므로 나 여호와가 안식일을 복되게 하여 그날을 거룩하게 하였느니라

찬송

43장

HC 103문
WSC 58-59문

네 번째 계명은 무엇입니까? 출애굽기 20장 8-11절에 있습니다. 그 내용을 읽어 볼까요?

> "안식일을 기억하여 거룩하게 지키라. 엿새 동안은 힘써 네 모든 일을 행할 것이나, 일곱째 날은 네 하나님 여호와의 안식일인즉 너나 네 아들이나 네 딸이나 네 남종이나 네 여종이나 네 가축이나 네 문 안에 머무는 객이라도 아무 일도 하지 말라. 이는 엿새 동안에 나 여호와가 하늘과 땅과 바다와 그 가운데 모든 것을 만들고 일곱째 날에 쉬었음이라. 그러므로 나 여호와가 안식일을 복되게 하여 그날을 거룩하게 하였느니라."

하나님께서 이스라엘 백성을 이집트에서 해방시켜 주시고 시내 산에서 율법을 주셨는데 특별히 안식일을 거룩하게 지키라고 하셨습니다. 안식일을 지키지 않고 일하는 사람은 누구든지 반드시 죽이라고 했습니다(출 31:15). 무시무시하죠? 하나님께서는 이스라엘 백성이 안식일을 거룩하게 지키는 것이 매우 중요하다고 하신 것입니다. 하나님께서는 왜 이스라엘 백성이 안식일에 일하지 않고 쉬어야 한다고 말씀하실까요? 하나님께서 세상을 창조하실 때 일곱째 날에 쉬셨기 때문에 그들도 그렇게 해야 한다고 이유를 말씀하셨습니다.

본래 하나님께서는 사람을 하나님의 형상으로 창조하셨습니다. 잘 알고 있죠? "하나님이 자기 형상 곧 하나님의 형상대로 사람을 창조하시되 남자와 여자를 창조하시고"(창 1:27). 사람은 하나님을 닮았기 때문에 하나님께서 하신 것처럼 살 수 있었고 또 그렇게 해야 했습니다. 하나님께서 모든 것을 만드시고 일곱째 날에 쉬셨습니다. 또 그날을 복되게 하시고 거룩하게 하셨습니다. 모든 사람은 하나님처럼 6일 일하고 하루는 쉬어야 합니다. 그런데 사람이 하나님 말씀을 어기고 그 형상을 잃어버렸습니다. 그 후 하나님을 떠난 사람은 안식일을 지키지 않았습니다. 하나님께서 당신의 택한 이스라엘 백성을 복 주시고 당신의 아들로 만드셨습니다. 이제 하나님의 백성이 된 이스라엘은 하나님처럼 하루를 쉬면서 하나님의 자녀임을 즐길 수 있게 되었습니다. 지금 우리도 하나님의 백성으로서 하루를 구별해 주일에 예배하며 일하지 않습니다. 제4계명을 지키는 것은 복이며 기쁨이고 행복입니다.

나눔질문

1. 네 번째 계명을 외워 보세요!
2. 왜 안식일에 일하지 않아야 했습니까? 나와 무슨 상관이 있나요?

십계명은 성경 어디에 나오나요? 그렇습니다. 출애굽기에 나오지요. 몇 장에 나오는지도 아시나요? 맞습니다. 20장에 있습니다. 그런데 혹시 이것도 아시나요? 십계명이 다른 성경에도 기록되어 있다는 것? 신명기 5장에도 십계명이 나옵니다. 출애굽기는 이집트를 탈출한 후 시내 산에서 율법을 기록한 것입니다. 신명기는 40년 광야 생활을 마친 후 가나안 땅에 들어가기 전 요단강 동쪽, 그러니까 모압 땅에서 다시 반복해 모세가 백성에게 들려 준 율법입니다. 신명기(申命記)의 '신(申)'은 '되풀이하다', '반복하다'라는 뜻입니다. '명(命)'은 '명령하다'라는 뜻이죠. 그러니까 신명기는 '다시 반복해서 명령한 율법'이라는 말입니다. 출애굽기의 십계명과 신명기의 십계명은 같은 내용입니다.

그런데 그 가운데 한 가지 조금 다른 부분이 있습니다. 바로 네 번째 계명인 안식일을 지켜야 하는 이유입니다. 왜 안식일을 지켜야 하는지를 출애굽기에서는 하나님께서 창조 후 쉬시고 그날을 복주시며 거룩하게 하셨기 때문(출 20:11)이라고 했습니다. 그런데 신명기는 다른 이유를 말합니다.

> "너는 기억하라. 네가 애굽 땅에서 종이 되었더니 네 하나님 여호와가 강한 손과 편 팔로 거기서 너를 인도하여 내었나니 그러므로 네 하나님 여호와가 네게 명령하여 안식일을 지키라 하느니라"(신 5:15).

안식일을 지키는 이유가 이집트에서 구원받았기 때문이라고 하십니다. 창조 후 안식과 출애굽 후 안식은 다른 것 같지만, 사실은 같습니다. 하나님께서 이스라엘 백성을 이집트의 노예 상태에서 구해 주셔서 하나님 안에서 안식하는 백성으로 만드셨습니다. 이 구원과 안식은 하나님께서 주신 것입니다. 창조의 일도 하나님께서 하신 일이고, 구원도 하나님께서 하신 일입니다. 그렇기 때문에 하나님의 일(창조와 구원)을 기억하며 안식하도록 하루를 구별하라고 하신 것입니다. 출애굽기와 신명기의 안식일의 근거가 다른 것 같지만 같다는 것을 알 수 있습니다. 안식일을 거룩하게 지키는 이유는 하나님께서 택한 백성에게 쉼을 주셨기 때문입니다. 또 다른 하나의 의미는 구원하시는 하나님께서 구원받은 백성에게서 안식일을 통해 영광을 받으시는 것입니다. 그것이 안식일의 의미입니다. 구원받은 백성이 구원자 하나님을 찬송하고 예배하기 위해 안식일을 지켜야 합니다. 오늘 우리도 구원받은 백성으로서 주 안에서 안식을 누리는 것은 당연합니다.

나눔질문

1. 신명기의 뜻은 무엇입니까? 십계명이 두 개인 이유가 무엇인가요?
2. 출애굽기와 신명기의 십계명 가운데 네 번째 계명의 이유가 다른데, 그 의미가 무엇입니까?

성경

신 5:12-15

네 하나님 여호와가 네게 명령한 대로 안식일을 지켜 거룩하게 하라 엿새 동안은 힘써 모든 일을 행할 것이나 일곱째 날은 네 하나님 여호와의 안식일인즉 너나 네 아들이나 네 딸이나 네 남종이나 네 여종이나 네 소나 네 나귀나 네 모든 가축이나 네 문 안에 유하는 객이라도 아무 일도 하지 못하게 하고 네 남종이나 네 여종에게 너 같이 안식하게 할지니라 너는 기억하라 네가 애굽 땅에서 종이 되었더니 네 하나님 여호와가 강한 손과 편 팔로 거기서 너를 인도하여 내었나니 그러므로 네 하나님 여호와가 네게 명령하여 안식일을 지키라 하느니라

찬송

44장

HC 103문

언약의 표, 안식일!

성경

출 31:13-17

너는 이스라엘 자손에게 말하여 이르기를 너희는 나의 안식일을 지키라 이는 나와 너희 사이에 너희 대대의 표징이니 나는 너희를 거룩하게 하는 여호와인 줄 너희가 알게 함이라 너희는 안식일을 지킬지니 이는 너희에게 거룩한 날이 됨이니라 그 날을 더럽히는 자는 모두 죽일지며 그 날에 일하는 자는 모두 그 백성 중에서 그 생명이 끊어지리라 엿새 동안은 일할 것이나 일곱째 날은 큰 안식일이니 여호와께 거룩한 것이라 안식일에 일하는 자는 누구든지 반드시 죽일지니라 이같이 이스라엘 자손이 안식일을 지켜서 그것으로 대대로 영원한 언약을 삼을 것이니 이는 나와 이스라엘 자손 사이에 영원한 표징이며 나 여호와가 엿새 동안에 천지를 창조하고 일곱째 날에 일을 마치고 쉬었음이니라 하라

찬송

46장

HC 103문

이스라엘 백성은 안식일을 꼭 지켜야 했습니다. 안식일을 지키지 않고 일하는 이스라엘 백성은 사형을 당했습니다. 유월절을 지키지 않는 것은 백성에게 쫓겨나기는 해도 사형에 해당하는 죄는 아니었습니다. 그러나 안식일의 법을 어긴 사람은 자기 아버지나 어머니를 때린 자가 사형을 당하는 경우(출 21:15)와 같이 취급했습니다. 왜 이렇게 안식일을 중요하게 지켜야 했을까요? 첫째 이유는 하나님께서 창조 후 쉬시고 그날을 복주시고 거룩하게 하셨기 때문입니다(출 20장). 둘째 이유는 하나님께서 이스라엘 백성을 이집트의 노예 처지에서 해방시켜 자유하게 하시고 당신의 백성으로 만드셨기 때문입니다(신 5장). 또 다른 이유가 출애굽기 31장 13절과 16절에 나옵니다. 그것이 셋째 이유입니다.

"¹³······너희는 나의 안식일을 지키라 이는 나와 너희 사이에 너희 대대의 표징이니 나는 너희를 거룩하게 하는 여호와인 줄 너희가 알게 함이라······ ¹⁶이같이 이스라엘 자손이 안식일을 지켜서 그것으로 대대로 영원한 언약을 삼을 것이니."

이 말씀을 자세히 읽어 보면 안식일은 어떤 표징입니다. 표징(表徵)이란 '겉으로 드러나는 상징이나 특징'을 말합니다. 쉽게 이야기하면 '표시(sign)'입니다. 우리가 책이나 공책을 사면 다른 친구의 것과 구별하기 위해 표시를 해 둡니다. 이름을 써서 표시를 하면 누구의 것인지 분명하게 알 수 있습니다. 이처럼 안식일도 표시입니다. 바로 '언약의 표시'입니다.

언약(言約)이란 '계약' 혹은 '약속'입니다. 하나님께서는 이스라엘 백성과 언약을 맺으셨습니다. "내가 너희를 이집트에서 구해 내 백성으로 만들겠다. 그러면 너희는 나에게 순종하고 내 말을 들어야 한다." 이스라엘 백성은 시내 산에서 "예, 그렇게 하겠습니다." 하고 하나님과 언약했습니다. 이 언약의 표시로 안식일을 지켜야 했습니다. 만약 안식일을 지키지 않으면 언약의 표시를 지워버리는 것과 같습니다. 안식일을 지키지 않으면 하나님과의 언약을 무시하고 지키지 않겠다는 뜻이기 때문에 언약을 파기했으니 죽이라고 명령한 것입니다. 이제 이해가 되나요? 안식일은 언약의 표와 인입니다. 하나님과의 언약은 너무나 좋은 것이기 때문에 안식일을 지키는 것은 행복입니다.

나눔터

1. 안식일을 지켜야 했던 이유 세 가지를 말해 보세요.
2. 언약의 표징이 안식일과 어떤 관계가 있는지 설명해 보세요.

안식일은 하나님께서 이스라엘 백성과 맺은 영원한 언약의 '상징' 혹은 '표징(seal)', 곧 '표시(sign)'였습니다. 이스라엘 백성은 칠 일 가운데 하루는 일을 하지 않고 쉬어야 했습니다. 이스라엘 백성이 이집트에서 살 때는 일주일 내내 아주 힘든 일을 해야 했습니다. 노예는 쉬지도 못하고 일주일 내내 일해야 합니다. 그런데 하나님께서 이스라엘을 구해 주시고 언약을 맺으시고 거룩하게 구별하셔서 자기 백성으로 삼으셨습니다. 언약의 표시 가운데 하나로 안식일을 지키라고 명령하셨습니다.

안식일을 지키는 것이 어렵고 힘든 것일까요? 이것도 하지 말고 저것도 하지 말라고 하니 안식하는 것이 어렵고 힘들다는 생각을 합니다. 그러나 그렇지 않습니다. 아빠 회사의 사장이 "하루이틀 일하고 끝낼 것이 아니고 평생 일할 것이니 좀 쉬어가며 일하세요."라고 하는데 불평할 사람은 없습니다. 왕이신 하나님께서 백성에게 "여러분! 칠 일 가운데 하루는 쉬세요. 그래도 먹고 살 수 있도록 내가 책임져 주겠어요."라고 하신 것입니다. '그렇게 하루를 내 안에서 쉬는 것이 다른 나라에 사는 사람들과 구별된 점이다!'라고 약속하신 것입니다. 그런데 이 복은 믿음이 없으면 누리지 못합니다. 믿음이 있는 사람에게는 이 안식이 복이지요. 하루를 쉬어도 손해를 보지 않고 오히려 더 유익을 얻게 되니까요. 더구나 하나님 나라의 백성이라는 확신을 얻게 되니 일석이조인 셈입니다. 다른 세상 사람들은 쉬지도 않고 열심히 일해야 겨우 먹고 살 수 있지만, 하나님과 언약을 맺은 이스라엘 백성은 하루를 쉬고도 살 수 있습니다. 이렇게 하루를 쉬면서 안식일을 지키면 자신은 '아, 나는 하나님의 구별된 백성이지.'라고 감사하게 되고, 불신자들은 '저 사람들은 뭔가 우리와 달라!'라는 생각을 하게 됩니다.

그러면 정말 일주일에 하루를 일하지 않아도 굶지 않고 살 수 있을까요? 하나님께서는 이스라엘 백성과 언약을 맺으셨습니다. 그 말은 하나님께서 이스라엘 백성의 의식주를 모두 책임지시겠다는 것입니다. 그 증거로 이스라엘 백성이 40년 동안 광야에서 만나를 먹었고, 일곱째 날인 안식일을 위해서는 그 전날 두 배로 거두어도 썩지 않는 신기한 기적을 매주 보여 주셨습니다. 그러니 안식일은 하나님께서 우리를 돌보신다는 것을 상징적으로 보여 줍니다. 얼마나 즐겁고 행복한 날입니까! 에덴 동산에서 처음 세상을 창조하시고 하루를 쉬었던 그 하나님께서 언약의 백성, 이스라엘에게 안식일을 주셔서 누리도록 하셨습니다.

성경

출 16:21-31

무리가 아침마다 각 사람은 먹을 만큼만 거두었고 햇볕이 뜨겁게 쬐면 그것이 스러졌더라 여섯째 날에는 각 사람이 갑절의 식물 곧 하나에 두 오멜씩 거둔지라 회중의 모든 지도자가 와서 모세에게 알리매 모세가 그들에게 이르되 여호와께서 이같이 말씀하셨느니라 내일은 휴일이니 여호와께 거룩한 안식일이라 너희가 구울 것은 굽고 삶을 것은 삶고 그 나머지는 다 너희를 위하여 아침까지 간수하라 그들이 모세의 명령대로 아침까지 간수하였으나 냄새도 나지 아니하고 벌레도 생기지 아니한지라 모세가 이르되 오늘은 그것을 먹으라 오늘은 여호와의 안식일인즉 오늘은 너희가 들에서 그것을 얻지 못하리라 엿새 동안은 너희가 그것을 거두되 일곱째 날은 안식일인즉 그 날에는 없으리라 하였으나 일곱째 날에 백성 중 어떤 사람들이 거두러 나갔다가 얻지 못하니라 여호와께서 모세에게 이르시되 어느 때까지 너희가 내 계명과 내 율법을 지키지 아니하려느냐 볼지어다 여호와가 너희에게 안식일을 줌으로 여섯째 날에는 이틀 양식을 너희에게 주는 것이니 너희는 각기 처소에 있고 일곱째 날에는 아무도 그의 처소에서 나오지 말지니라 그러므로 백성이 일곱째 날에 안식하니라 이스라엘 족속이 그 이름을 만나라 하였으며 깟씨 같이 희고 맛은 꿀 섞은 과자 같았더라

찬송

42장

HC 103문

나눔 질문

1. 안식일은 어렵고 힘든 명령입니까?
2. 언약의 백성은 안식일을 어떻게 지켜야 하나요?

안식일을 지키지 않은 유다 백성

성경

겔 20:20-26

또 나의 안식일을 거룩하게 할 지어다 이것이 나와 너희 사이에 표징이 되어 내가 여호와 너희 하나님인 줄을 너희가 알게 하리라 하였노라……

느 10:31

혹시 이 땅 백성이 안식일에 물품이나 온갖 곡물을 가져다가 팔려고 할지라도 우리가 안식일이나 성일에는 그들에게서 사지 않겠고 일곱째 해마다 땅을 쉬게 하고 모든 빚을 탕감하리라 하였고

13:15-22

그때에 내가 본즉 유다에서 어떤 사람이 안식일에 술틀을 밟고 곡식단을 나귀에 실어 운반하며 포도주와 포도와 무화과와 여러 가지 짐을 지고 안식일에 예루살렘에 들어와서 음식물을 팔기로 그 날에 내가 경계하였으며 또 두로 사람이 예루살렘에 살며 물고기와 각양 물건을 가져다가 안식일에 예루살렘에서도 유다 자손에게 팔기로 내가 유다의 모든 귀인들을 꾸짖어 그들에게 이르기를 너희가 어찌 이 악을 행하여 안식일을 범하느냐 너희 조상들이 이같이 행하지 아니하였느냐……

찬송

43장

HC 103문

안식일은 이스라엘 백성에게 특권입니다. 언약의 하나님을 믿고 말씀에 순종하면 복을 주십니다. 그렇지만 하나님을 알지 못하는 이방 백성은 그렇지 않았습니다. 주일에 일을 하지 않으면 먹고살 수 없을 것이라고 생각하고 열심히 일만 했습니다. 뿐만 아니라, 탐욕 때문에 더 많은 소유를 얻으려고 쉬지 않고 일했습니다.

그러나 언약의 백성으로 하나님을 믿는 성도에게는 이 안식일이 참 좋은 선물입니다. 그럼에도 불구하고 하나님께서 주신 좋은 선물을 오히려 짐이라고 생각하는 사람이 생겨나기 시작했습니다. 언약의 하나님을 알지 못하고 그분이 이스라엘을 위해 행하신 일도 알지 못하는 사람이 생겨났습니다. 선지자 에스겔이 살던 시대의 이스라엘 백성이 그랬습니다.

에스겔이 살던 시대는 남 왕국 유다가 멸망하기 바로 전(BC 594년경)이었습니다. 북 왕국 이스라엘이 하나님을 배반하고 믿지 않아 아시리아에 멸망하고 말았습니다. 그런데 이제 남 왕국 유다마저 하나님을 싫어하고 우상을 섬겼습니다. 언약을 깨뜨린 것입니다. 당연히 안식일도 지키지 않았습니다. 안식일을 더럽혔습니다. 안식일에 가나안 백성처럼 일을 했습니다. 하나님께서 도와주실 것이라고 믿지 않았습니다. 믿음이 없으니 불안하고 열심히 일해야만 살 수 있다고 생각했습니다. 결국 이스라엘 백성은 바벨론의 느부갓네살 왕에게 포로로 잡혀갔습니다. 예루살렘은 처참하게 파괴되고 노인과 여자, 아이들까지 노예로 잡혀갔습니다.

고통의 70년 포로기간이 지났습니다. 하나님께서 그들의 부르짖음을 들으시고 다시 바벨론의 멍에에서 해방시키셨습니다. 느헤미야가 세 번째로 BC 444년경 많은 이스라엘 백성을 데리고 예루살렘으로 돌아와 파괴된 성전을 재건합니다. 이제 고통스런 노예가 아닙니다. 하나님의 언약 백성으로 회복된 것입니다. 이제 언약의 표인 안식일을 지켜야 했습니다. 이집트에서 해방된 후 안식일을 지켜야 했던 것처럼 언약 백성이 누려야 할 당연한 복이었습니다. 그런데 귀환한 예루살렘 백성이 안식일에 상거래 행위를 하였습니다. 지도자 느헤미야는 유다의 높은 사람들을 불러 나무라고 꾸짖었습니다. 안식일에 대해 가르치고 지키도록 했습니다.

안식일을 범한 때는 언제나 하나님의 언약에 충실하지 않은 것과 상관있었습니다. 새언약의 시대에는 주일에 안식합니다. 주일에 안식하는 것은 새언약을 잊지 않는 좋은 방법입니다.

나눔터

1. 에스겔 시대의 유대인들은 안식일을 어떻게 지켰습니까?
2. 느헤미야 시대의 유대인들이 어떤 실수를 했습니까?

감사(1) : 은혜 받은 자의 열매

09 9월 SEPTEMBER

"고맙습니다!"라는 말은 아무리 많이 들어도 싫지 않고 지겹지 않습니다. 그런데 왜 사람들은 감사할 줄 모를까요? 현재 누리고 있는 것을 생각하면 감사할 수 있습니다. 그런데 다른 사람과 비교하거나 과거 다른 어떤 것과 비교하여 더 나은 것을 원하기 때문에 감사하지 못합니다. 욕심은 감사를 질식시킵니다. 이 정도 대우나 칭찬을 받을 자격이 있다고 생각합니다. 그런 사람은 감사하지 않습니다.

죄인의 특징은 감사하지 않는 것입니다. 사람은 죄를 지은 후 하나님의 은혜를 알지 못하고, 안다 하더라도 인정하지 않으려 합니다. 하나님께 감사하지 않습니다. 하나님께서는 인간에게 모든 좋은 것을 주셨지만, 인간은 하나님께 영광을 돌리지도 않고 감사하지도 않습니다. 사도 바울의 말을 들어 보세요. "하나님을 알되 하나님으로 영화롭게도 아니하며, 감사하지도 아니하고, 오히려 그 생각이 허망하여지며 미련한 마음이 어두워졌나니"(롬 1:21). 사람은 마음에 하나님 두기를 싫어합니다. 싫어하는 사람에게 감사하는 마음을 기대하기는 어렵습니다. 바로 이것이 죄인의 모습입니다.

그런데 하나님께서 배은망덕한 죄인을 위해 사랑하는 독생자 예수 그리스도를 주셨습니다. 죄 때문에 병에 걸린 인간을 구원하시기 위해 십자가에 죽으시고 부활하시고 하늘로 승천하셨습니다. "영접하는 자 곧 그 이름을 믿는 자들에게는 하나님의 자녀가 되는 권세를 주셨으니"(요 1:12). 감사할 줄 모르는 죄인이 선물로 하나님의 은혜를 믿음으로 받으면 하나님께 감사하는 마음이 생깁니다. 아무런 자격이 없는 진노의 자녀인데 하늘 백성으로 만드시기 위해 당신의 하나밖에 없는 아들을 대신 죽게 하셨습니다. 이런 선물을 받을 자격이 있는 사람이라면 감사할 이유가 없겠지만, 받을 자격이 전혀 없는데 공짜로 선물을 받은 사람은 자연스럽게 감사한 마음이 생깁니다. 은혜 받은 사람은 감사하라고 말하지 않아도 감사가 그냥 터져 나옵니다.

1563년에 독일에서 만들어진 하이델베르크 요리문답은 세 부분으로 나누어져 있습니다. 첫째 인간의 죄와 비참, 둘째 인간의 구원, 셋째 인간의 감사입니다. 구원은 끝이 아니라 시작이며, 감사는 구원의 결과이며 계속됩니다. 감사는 나의 삶에 하나님 혹은 다른 사람들이 어떻게 혜택을 주었는지를 마음으로 고맙게 생각하며 말과 행동으로 표현하는 것입니다. 우리 모두 감사합시다!

성경

롬 1:21

하나님을 알되 하나님을 영화롭게도 아니하며 감사하지도 아니하고 오히려 그 생각이 허망하여지며 미련한 마음이 어두워졌나니

찬송

66장

나눔질문

1. 사람은 감사하는 것을 좋아합니까, 아니면 싫어합니까? 왜 그렇습니까?
2. 그리스도인은 자연스럽게 하나님과 사람에게 받은 혜택에 대해 감사합니다. 왜 그렇습니까?

바리새인의 안식일 준수, 무엇이 문제인가?

성경

요 5:5-18

거기 서른여덟 해 된 병자가 있더라 예수께서 그 누운 것을 보시고 병이 벌써 오래된 줄 아시고 이르시되 네가 낫고자 하느냐 병자가 대답하되 주여 물이 움직일 때에 나를 못에 넣어 주는 사람이 없어 내가 가는 동안에 다른 사람이 먼저 내려가나이다 예수께서 이르시되 일어나 네 자리를 들고 걸어가라 하시니 그 사람이 곧 나아서 자리를 들고 걸어가니라 이 날은 안식일이니 유대인들이 병 나은 사람에게 이르되 안식일인데 네가 자리를 들고 가는 것이 옳지 아니하니라 대답하되 나를 낫게 한 그가 자리를 들고 걸어가라 하더라 하니 그들이 묻되 너에게 자리를 들고 걸어가라 한 사람이 누구냐 하되 고침을 받은 사람은 그가 누구인지 알지 못하니 이는 거기 사람이 많으므로 예수께서 이미 피하셨음이라 그 후에 예수께서 성전에서 그 사람을 만나 이르시되 보라 네가 나았으니 더 심한 것이 생기지 않게 다시는 죄를 범하지 말라 하시니 그 사람이 유대인들에게 가서 자기를 고친 이는 예수라 하니라 그러므로 안식일에 이러한 일을 행하신다 하여 유대인들이 예수를 박해하게 된지라 예수께서 그들에게 이르시되 내 아버지께서 이제까지 일하시니 나도 일한다 하시매 유대인들이 이로 말미암아 더욱 예수를 죽이고자 하니 이는 안식일을 범할 뿐만 아니라 하나님을 자기의 친 아버지라 하여 자기를 하나님과 동등으로 삼으심이러라

찬송

44장

HC 103문

구약성경을 읽어 보면 불신앙의 시대의 이스라엘 백성은 안식일에 일을 해 하나님의 언약을 깨뜨렸습니다. 하나님은 노하셨습니다. 그런데 예수님 당시 바리새인은 안식일을 열심히 지키려고 했습니다. 안식일에 아무 일도 하지 않는 것이 무엇인지 규율집을 만들었습니다. 바리새인은 일의 종류를 모두 38가지로 나누었습니다. 이 일은 다시 6가지의 더 작은 일로 나누었습니다. 총 228가지로 일의 구체적인 종류를 만들었습니다. 예를 들면, 주일에 추수를 해서는 안 됩니다. 어떤 것이 추수일까요? 포도나무 가지치기, 포도 따기, 올리브 모으기, 나무 뽑기, 무화과 따기는 일입니다. 그런 일을 안식일에 해서는 안 됩니다. 또 짐을 옮기는 것도 일입니다. 구체적으로 주전자에 넣을 정도의 포도주 양, 물통의 손잡이로 만들 수 있는 정도의 길이의 줄, 알파벳의 철자 두 개를 쓸 정도의 잉크를 가지고 다니는 것은 일로 간주하고 금지했습니다. 참 대단하지요!

예수님이 예루살렘 성에 계실 때 안식일에 38년 된 병자를 고치셨습니다. 병자에게 "네 자리를 들고 걸어가라."라고 명령했더니 병자가 나아 앉았던 자리를 들고 걸어갔습니다. 바리새인이 만들어 놓은 규율집에 의하면 안식일에 무슨 물건이든지 들고 걸어가면 일을 한 것이니 안식일을 어긴 것입니다. 바리새인은 예수님이 안식일을 어기게 했다고 비난했습니다. 이때부터 바리새인은 예수님을 박해했습니다. 예수님은 대답하셨습니다. "내 아버지께서 이제까지 일하시니 나도 일한다"(요 5:17). 바리새인은 예수님을 알아보지 못했습니다. 예수님이야말로 우리에게 진정한 안식을 주시는 분이고 질병에서 구원해 주실 뿐만 아니라, 죽음에 이르는 병에서 우리를 구원해 주시러 오신 분이셨습니다. 바리새인은 안식일의 기본 정신인 하나님의 언약, 곧 구원해 당신의 소유로 만드신 것을 기념하는 것을 알지 못했습니다. 단지 겉으로 드러나 조문을 지키는 데만 몰두했습니다. 안식일을 무엇을 해야 하는 날보다는 무엇을 하지 말아야 하는 날로 만들고 말았습니다. 이것이 그들의 잘못입니다. 우리는 주일을 어떻게 보내고 있나요? 주일에 무엇을 해야 할까요?

나눔질문

1. 바리새인은 안식일을 어떻게 이해하고 있었나요?
2. 예수님은 안식일에 병자를 고치심으로 어떤 의미를 가르쳐 주셨습니까?

예수님은 안식일의 주인

안식일은 일주일에 하루 쉬는 것입니다. 이 안식일에 하나님의 백성은 아무 일도 하지 않습니다. 왜냐하면 하나님께서 세상을 창조하시고 그날을 복주시며 거룩하게 하시고 쉬셨기 때문입니다. 하나님의 아들딸은 하나님 아버지의 형상을 닮아야 하기에 창조주 하나님께서 하루를 쉬셨으므로 하루는 쉬어야 합니다. 또 하나님의 구원을 기억하고 하나님의 언약 백성이 된 것을 기뻐하며 진정한 쉼을 기억하고 선포하는 날로 안식일을 지킵니다.

그런데 바리새인은 안식일에 일만 하지 않으면 잘하는 것이라고 착각했습니다. 안식일의 본래 의미를 생각하고 싶지 않았습니다. 안식일의 주인이신 하나님을 경외하거나 믿는 마음이 없었습니다. 그랬기 때문에 안식일의 주인이신 예수님이 오셨는데도 알지 못하고 오히려 그분을 핍박했습니다. 하나님의 아들이신 예수님이야말로 진정한 안식을 주러 오신 분입니다. "수고하고 무거운 짐 진 자들아! 다 내게로 오라. 내가 너희를 쉬게 하리라. 나는 마음이 온유하고 겸손하니, 나의 멍에를 메고 내게 배우라. 그리하면 너희 마음이 쉼을 얻으리니, 이는 내 멍에는 쉽고 내 짐은 가벼움이라 하시니라"(마 11:28-30). 이 말씀대로라면 우리가 수고하고 무거운 짐 진 자입니다. 정말 그렇나요? 마치 이스라엘 백성이 이집트에서 노예로 살 때 힘들게 살았던 것처럼 그렇게 힘들게 살아가고 있나요? 정말 죄의 짐에 눌려 고통 속에 있는 사람이라면 예수님이 주시는 쉼과 안식이 너무나 간절할 것입니다. 그러나 자신이 고통 속에 있다고 여기지 않는 사람에게는 예수님이 주시려는 안식이 아무런 소용이 없습니다.

우리가 죄짐을 벗어 안식하려면 예수님이 십자가에서 우리 죄를 위해 죽으시고 우리의 죗값을 치러 주셨다는 것을 믿고 받아들여야 합니다. "영접하는 자 곧 그 이름을 믿는 자들에게는 하나님의 자녀가 되는 권세를 주셨으니"(요 1:12). 참 안식을 누리는 자는 예수님을 영접하고 믿는 자입니다. 더 나아가 진정한 안식은 예수님 안에서 더 이상 죄의 노예로 살아가지 않고 의를 위해 하나님의 아들딸로서 자유하며 살 때 누릴 수 있습니다. 지금도 유대인은 안식일을 지키려고 주일에만 사용하는 엘리베이터가 있답니다. 누르는 것도 일이어서 모든 층에 섭니다. 이렇게 온갖 노력을 기울이고 있지만, 안식을 주시는 예수님을 믿지 않으니 바리새인처럼 참 안식을 누릴 수 없습니다. 예수님을 믿지 않으니 안식일도 아무런 의미가 없는 것이죠. 우리는 주일에 우리를 구원하신 주님을 믿는 믿음 안에서 안식을 누립니다.

성경

마 11:28-12:13

수고하고 무거운 짐 진 자들아 내게로 오라 내가 너희를 쉬게 하리라 나는 마음이 온유하고 겸손하니 나의 멍에를 메고 내게 배우라 그리하면 너희 마음이 쉼을 얻으리니 이는 내 멍에는 쉽고 내 짐은 가벼움이라 하시니라 그 때에 예수께서 안식일에 밀밭 사이로 가실새 제자들이 시장하여 이삭을 잘라 먹으니 바리새인들이 보고 예수께 말하되 보시오 당신의 제자들이 안식일에 하지 못할 일을 하나이다 예수께서 이르시되 다윗이 자기와 그 함께 한 자들이 시장할 때에 한 일을 읽지 못하였느냐 그가 하나님의 전에 들어가서 제사장 외에는 자기나 그 함께 한 자들이 먹어서는 안 되는 진설병을 먹지 아니하였느냐 또 안식일에 제사장들이 성전 안에서 안식을 범하여도 죄가 없음을 너희가 율법에서 읽지 못하였느냐 내가 너희에게 이르노니 성전보다 더 큰 이가 여기 있느니라 나는 자비를 원하고 제사를 원하지 아니하노라 하신 뜻을 너희가 알았더라면 무죄한 자를 정죄하지 아니하였으리라 인자는 안식일의 주인이니라 하시니라……

찬송

46장

HC 103문

(나눔 질문)

1. 안식일의 주인은 누구입니까?
2. 진정한 안식(쉼)을 얻으려면 어떻게 해야 합니까?

사람을 위한 안식일

성경

막 2:27–28

또 이르시되 안식일이 사람을 위하여 있는 것이요 사람이 안식일을 위하여 있는 것이 아니니 이러므로 인자는 안식일에도 주인이니라

찬송

43장

HC 103문

바리새인은 안식일에 이것도 하지 말고 저것도 하면 안 된다고 가르치고 행했습니다. 성경에도 없는 수많은 상세규정을 만들어 어기면 정죄했습니다. 그러니 이스라엘 백성은 혹시 자기도 모르게 안식일을 어기게 될까 봐 걱정이 이만저만이 아니었습니다. 네 번째 계명은 '아무 일도 하지 말'고 하기 때문입니다.

양이 구덩이에 빠져도 안식일에는 끌어내 살리면 안 된다고 가르쳤습니다. 그것도 일이라 안식일을 어기는 것이라고 생각했습니다. 끌어내지는 못하지만 죽지 않도록 베개를 받쳐 주거나 이불을 씌워 주는 응급조치는 해도 됩니다. 혹시 혼자 빠져 나올 수 있도록 여러 가지 방법을 간구해 도와줄 수는 있다고 했습니다. 왜 죽어 가는 양을 끌어내 살려 주지 않았을까요? 답답한 노릇입니다.

심지어 짐승이 아니라 사람이 아파도 안식일에는 병을 고쳐서는 안 된다고 가르쳤습니다. 안식일의 주인이신 예수님이 병자를 고치자 바리새인은 나쁜 죄를 지었다고 화를 내며 야단을 쳤습니다. 예수님은 안식일에 많은 병자를 고치셨습니다. 질병의 고통과 아픔에서 해방시켜 안식(쉼)을 주었습니다. 예수님이 세상에 오신 목적을 보여 주셨습니다. 예수님은 안식일에 병을 고쳐주심으로 죄의 저주에서 우리를 구원해 안식을 주시는 분이라는 것을 보여 주셨습니다. 병을 고치시는 일은 예수님의 선한 일입니다. 그래서 안식일에 착한 일을 하는 것은 죄가 아니라고 하셨습니다. 사람이 안식일을 지키기 위해 있는 것이 아니고 안식일이 사람을 위해 있는 것이니까요.

바리새인은 사람을 안식일의 노예로 만들고 말았습니다. 본래 하나님께서는 사람을 위해 안식일을 만드셨습니다. 그래서 신자는 안식일에 쉴 수 있습니다. 쉬면서 하나님의 구원과 다스림을 감사하며 쉼을 누립니다.

그런데 바리새인은 안식일의 본래 뜻을 왜곡했습니다. 사람을 안식일의 노예로 만들었습니다. 그것은 안식일의 본래 뜻이 아닙니다. 하나님께서는 안식일에도 일하십니다. 사람을 구원하시기 위해 쉬지 않으십니다. 예수님은 안식일에 사람을 위해 일하십니다. 안식일은 사람을 위해 있습니다.

나눔 교훈

1. 바리새인들은 안식일에 양이 구덩이에 빠지면 어떻게 했나요? 어떻게 생각하세요?
2. 사람이 안식일을 위해 있는 것이 아니고, 안식일이 사람을 위해 있다는 말의 의미에 대해 말해 보세요.

우리는 구약 이스라엘 백성이 지키는 것처럼 안식일을 지키지 않습니다. 지금도 유대인은 안식일을 지키고 있습니다. 안식일은 금요일 해가 질 때 시작되어 토요일 저녁 해가 지면 끝납니다. 유대인의 하루는 저녁부터 시작합니다. 창세기 1장에 "저녁이 되고 아침이 되니 이는 ……날이니라."(창 1:5, 8, 13, 19, 23, 31)라고 한 것에서 계산하는 방식입니다. 신기하죠! 우리는 하루가 아침부터 시작한다고 생각하는데 말입니다. 사실 시간적으로 새로운 하루는 깊은 밤 12시부터 시작됩니다. 어쨌든 유대인은 지금도 안식일을 엄격하게 지키고 있습니다.

개신교 가운데 지금도 안식일을 지켜야 한다고 믿는 사람이 있습니다. 바로 제칠일안식교회입니다. 그들은 유대인처럼 토요일에 일하지 않고 쉽니다. 한국에도 안식교인이 많습니다. 토요일에 쉬는 직장을 구하기 쉽지 않기 때문에 그들이 일할 수 있는 곳은 별로 없습니다. 그래서 자영업을 하는 경우가 많습니다.

우리도 안식일을 지켜야 할까요? 우리는 안식일을 지키지 않습니다. 우리는 금요일 저녁부터 토요일 낮에 쉬지 않고 안식 후 첫 날, 곧 예수님이 부활하신 날 쉽니다. 이 날이 일요일입니다. 우리는 이 날을 안식일이 아니라, '주일(主日)'이라고 부릅니다. 주일은 '주님의 날(Lord's Day)'이라는 뜻입니다. 정확하게 말하면 예수님의 부활을 기념하는 날입니다.

왜 우리 개신교회는 안식일 말고 주일을 지킵니까? 궁금하죠? 그 이유는 안식일의 의미를 예수님이 완성하셨기 때문입니다. 안식일은 죄인이던 사람이 예수님의 십자가의 죽음으로 죗값이 지불되었다는 것을 믿음으로 하나님의 자녀가 되어 참 안식을 누릴 수 있게 되었다는 것을 즐거워하는 날입니다. 예수님은 안식일에 병자를 고치셨습니다. 그분은 불쌍한 병자들을 고치고 쉼과 기쁨을 주셨습니다. 더 나아가 예수님은 사탄의 구속에서 자유케 하시고 구원하셔서 죄를 용서하셨습니다. 예수님은 우리의 고통과 슬픔을 십자가에서 해결해 주셨습니다(사 53:4). 십자가 위에서 우리의 죄를 완전히 속량하시고 부활하심으로 죽음을 이기셨습니다. 그래서 우리는 안식일 대신 죽음을 이기고 승리한 부활의 날(주일)을 지킵니다. 안식의 의미를 부활로 완전하게 이루셨기 때문입니다. 신약성경을 보면 초대교회 성도가 예수님이 부활하신 날, 곧 '주의 날'에 모였다는 것을 알 수 있습니다(행 20:7; 고전 16:2; 계 1:10).

성경

히 4:8–11

만일 여호수아가 그들에게 안식을 주었더라면 그 후에 다른 날을 말씀하지 아니하셨으리라 그런즉 안식할 때가 하나님의 백성에게 남아 있도다 이미 그의 안식에 들어간 자는 하나님이 자기의 일을 쉬심과 같이 그도 자기의 일을 쉬느니라 그러므로 우리가 저 안식에 들어가기를 힘쓸지니 이는 누구든지 저 순종하지 아니하는 본에 빠지지 않게 하려 함이라

찬송

44장

HC 103문
WSC 59문

1. 유대인처럼 안식일을 지키는 개신교인은 누구입니까? 왜 그렇게 할까요?

2. 우리는 왜 안식일 대신 주일을 지키나요?

안식을 주시는 유일한 분, 예수!

성경

마 11:28-30

수고하고 무거운 짐 진 자들아 다 내게로 오라 내가 너희를 쉬게 하리라 나는 마음이 온유하고 겸손하니 나의 멍에를 메고 내게 배우라 그리하면 너희 마음이 쉼을 얻으리니 이는 내 멍에는 쉽고 내 짐은 가벼움이라 하시니라

찬송

46장

HC 103문
WSC 62문

하나님은 아담과 하와를 창조하시고 일곱째 날에 쉬셨습니다. 아담과 하와도 하나님의 형상을 닮았기 때문에 하나님처럼 하루를 쉬었을 것입니다. 그런데 사탄의 꾐에 빠져 선악을 알게 하는 나무 열매를 먹고 난 후, 하나님에게서 멀어졌고, 에덴동산에서 쫓겨났습니다. 그 후 사람은 더 이상 안식일을 지키지 않았습니다. 하나님께서는 나중에 이집트에서 노예생활을 하던 이스라엘 백성을 구원해 주시고 시내 산에서 이스라엘 백성과 언약을 맺으셨습니다. 그리고 안식일을 기억하여 거룩히 지키라고 명령했습니다. 안식일은 '언약의 표징'이었습니다. 하나님께서 이스라엘을 자기 백성으로 만드시고 거룩하게 하셨다는 것을 매 주일 일곱째 날을 안식일로 지킴으로 표시해야 했습니다. 이 안식일은 다른 이방 백성과 구별된, 하나님의 자녀 된 자랑스런 '표'였습니다.

그런데 광야에서 하나님의 언약을 믿지 않았던 많은 무리는 가나안의 안식에 들어가지 못했습니다. 여호수아가 모세의 뒤를 이어 그 다음 세대를 이끌고 젖과 꿀이 흐르는 가나안 땅으로 들어갔습니다. 그러나 그 안식은 영원한 안식이 아니었습니다(히 4:8). 옛 언약으로는 이스라엘 백성을 온전히 안식하게 할 수 없었습니다. 그 언약의 표인 안식일은 완전한 안식을 주시는 분인 예수님의 그림자(히 10:1)입니다. 참 안식을 주시는 분이 오시면 안식일도 필요 없게 됩니다.

"때가 차매"(갈 4:4) 새언약의 중보자이신 예수님이 오셨습니다. 수고하고 무거운 짐을 지고 고생하며 일하는 우리에게 쉼을 주셨습니다. 완전한 안식을 우리에게 주셨습니다. 안식일은 예수님 안에서 완전히 이루어집니다. 안식일이 하나님의 자녀라는 언약의 표징이었는데, 예수님의 부활이 우리를 죄로 죽은 상태에서 다시 살아나게 했고 또 앞으로 완전한 부활을 보증하기 때문에 안식이 안식 후 첫날, 곧 '주일'로 옮겨졌습니다. 구원받은 하나님의 자녀는 더 이상 예수님이 무덤에 누워 계셨던 안식일을 즐거워할 필요가 없게 되었습니다. 예수님을 안식을 주시는 하나님으로 믿는 신자는 주일을 안식일로 지킵니다. 유대인은 예수님을 구원자로 믿지 않습니다. 그래서 옛 그림자 안식일에 여전히 갇혀 있습니다. 안타깝습니다.

나눔질문

1. 안식일의 의미가 변해 온 역사를 말해 보세요.
2. 예수님은 그림자였던 안식일의 완성입니다. 무슨 말인가요?

주일을 어떻게 지킬 것인가?

예수님을 믿는 사람은 이미 안식을 누리고 있습니다. 주의 날에 구약의 안식일에서 주는 의미를 누리고 있습니다. 그림자로서의 안식일을 다시 지키는 것은 아니지만 칠일 가운데 하루를 쉬는 것은 그대로 이어 받습니다. 그리스도 안에서 영과 육이 쉬는 것은 여전히 중요하기 때문입니다. 이 안식은 그리스도 안에 있는 쉼입니다. 그래서 하나님께 예배하는 일을 소홀히 하지 않습니다. 동시에 주일에 선한 일을 하는 것을 소중하게 생각하고 행합니다.

어떤 사람은 주일에 일을 하기도 합니다. 이렇게 항변합니다. "안식일은 신약 시대에 더 이상 지키지 않아도 되는 법이기 때문에 지킬 필요가 없어요!" 맞습니다. 유대인처럼 안식일을 지킬 필요는 없습니다. 그렇지만 칠일 가운데 하루를 쉬는 것은 없어지지 않았습니다. 언제 하루를 쉬느냐가 중요합니다. 신약 시대의 교회는 예수님의 부활을 기념하며 주일에 쉽니다.

예수님이 우리를 구원하셨기에 하나님을 찬양하고 예배하며 선한 일을 하고 영과 육이 쉴 수 있습니다. 그런데 그런 믿음이 없으니 자기 마음대로 주일을 지키지 않으려 합니다. 신앙이 없기 때문입니다. 안식일은 자신을 위한 것이 아니라, 하나님을 위한 것입니다. 사람은 더 많이 일하고 더 많이 공부하고 더 많이 사업을 늘리려 합니다. 주일에도 일해야 한다는 부담이 있습니다. 가만히 살펴보면 그런 생각에는 인간의 탐심이 똬리를 틀고 있습니다.

평상시에 하나님을 잘 섬기는 신자는 주일에도 하나님을 위해 시간을 드릴 수 있는 여유가 있습니다. 바리새인에게는 안식일이 짐이었지만, 신자에게는 거룩한 날이고 복된 날이며 하나님과 형제자매가 함께 기쁨으로 즐기는 날입니다.

영국와 미국의 청교도(Puritans)는 주일을 거룩하게 보내려고 노력했습니다. 그러다 보니 이것도 하지 말고 저것도 하지 말라는 구체적인 지침이 많이 있었습니다. 예를 들면, "다른 날에 할 수 있는 여러 가지 세상일과 오락까지 그치고 그 시간을 공적 또는 사적 예배로 사용할 것이며, 그 외에는 부득이한 일과 자선에 관한 일에 사용할 수 있다"(웨스트민스터 소요리문답 60문답). 그 열심과 열정을 엿볼 수 있습니다.

주일을 보내는 가장 중요한 방법은 하나님 안에서 쉬는 것입니다. 즉 예배를 반드시 드리고, 가족이 함께 영적인 부요함을 나누며, 이웃과도 나누는 것입니다.

성경

시 92:1-15

지존자여 십현금과 비파와 수금으로 여호와께 감사하며 주의 이름을 찬양하고 아침마다 주의 인자하심을 알리며 밤마다 주의 성실하심을 베풂이 좋으니이다 여호와여 주께서 행하신 일로 나를 기쁘게 하셨으니 주의 손이 행하신 일로 말미암아 내가 높이 외치리이다 여호와여 주께서 행하신 일이 어찌 그리 크신지요 주의 생각이 매우 깊으시니이다 어리석은 자도 알지 못하며 무지한 자도 이를 깨닫지 못하나이다 악인들은 풀 같이 자라고 악을 행하는 자들은 다 흥왕할지라도 영원히 멸망하리이다 여호와여 주는 영원토록 지존하시니이다 여호와여 주의 원수들은 패망하리이다 정녕 주의 원수들은 패망하리니 죄악을 행하는 자들은 다 흩어지리이다 그러나 주께서 내 뿔을 들소의 뿔 같이 높이셨으며 내게 신선한 기름을 부으셨나이다 내 원수들이 보응 받는 것을 내 눈으로 보며 일어나 나를 치는 행악자들이 보응 받는 것을 내 귀로 들었도다 의인은 종려나무 같이 번성하며 레바논의 백향목 같이 성장하리로다 이는 여호와의 집에 심겼음이여 우리 하나님의 뜰 안에서 번성하리로다 그는 늙어도 여전히 결실하며 진액이 풍족하고 빛이 청청하니 여호와의 정직하심과 나의 바위 되심과 그에게는 불의가 없음이 선포되리로다

찬송

43장

HC 103문
WSC 60-61문

1. 주일에도 열심히 일을 하려는 사람들은 왜 그럴까요?
2. 주일을 어떻게 보내는 것이 좋을까요?

감사(2) : 감사제사

9월
SEPTEMBER
16

성경

시 56:9-13

내가 아뢰는 날에 내 원수들이 물러가리니 이것으로 하나님이 내 편이심을 내가 아나이다 내가 하나님을 의지하여 그의 말씀을 찬송하며 여호와를 의지하여 그의 말씀을 찬송하리이다 내가 하나님을 의지하였은즉 두려워하지 아니하리니 사람이 내게 어찌하리이까 하나님이여 내가 주께 서원함이 있사온즉 내가 감사제를 주께 드리리니 주께서 내 생명을 사망에서 건지셨음이라 주께서 나로 하나님 앞, 생명의 빛에 다니게 하시려고 실족하지 아니하게 하지 아니하셨나이까

찬송

72장

이스라엘 백성은 어떻게 하나님께 감사했을까요? 그들은 시를 지어 감사를 표현했습니다. 그것을 모아 놓은 것이 성경에 나오는 150개의 시입니다. '시편(詩篇)'이라고 부릅니다. 시를 모아 놓은 책이란 뜻이죠. 그 가운데 대표적인 감사의 시는 7편, 9편, 18편, 30편, 35편, 44편, 50편, 52편, 54편, 56편, 57편입니다. 그리고 구약성경에는 '감사제(感謝祭)를 드린다'는 표현이 12번이나 나옵니다(대하 33:16; 시 56:12, 107:22, 116:17; 렘 33:11 등).

그렇지만 '감사제'라는 단어는 이상하게도 제사제도를 써 놓은 출애굽기와 레위기에는 나오지 않습니다. 본래 제사제도는 모두 다섯 가지입니다. 번제, 소제, 화목제, 속죄제, 속건제입니다. 그렇다면 감사제는 이 중 하나에 포함될 것이라고 볼 수 있습니다. 무엇일까요?

감사제는 '화목제(和睦祭)'와 같은 단어에서 유래했습니다. 화목제는 죄로 인해 멀어진 하나님과 인간의 관계를 화목하게 하는 제사입니다. 전통적으로 화목제는 '평화의 제사(peace offering)'라고 번역됩니다. 화목제의 히브리어는 '셀라밈'인데 이것은 평화를 뜻하는 히브리어 '샬롬'과 같은 말에서 나왔습니다. 샬롬은 '평화', '화평'이라는 뜻입니다. 이렇게 하나님과 멀어졌던 관계를 평화롭게 하는 제사가 바로 화목제입니다. 이 화목제에는 기쁨과 감사가 있습니다. 그래서 화목제를 '감사제'라고 부르기도 합니다. 이런 감사제는 언약을 맺었을 때 주로 나타납니다. 하나님의 은혜에 감사하고 자신의 죄를 인정하며 앞으로 하나님께서 힘 주시기를 바라는 마음이 들어 있습니다. 화목제를 드린 사람들은 성전에서 그 제물을 하나님으로부터 다시 받아 구워 먹습니다. 고기로 맛난 바비큐를 해 먹으며 하나님 앞에서 즐거워하고 기뻐하는 잔치를 합니다(신 12:12, 18; 27:7; 왕상 8:66).

물론 이 화목제에도 피를 흘리는 의식이 필요합니다. 죄인은 항상 죄를 용서받아야 한다는 것을 보여 줍니다. 죄, 용서, 화목, 평화 그리고 감사의 기쁨이 모두 포함된 것이 '감사제'입니다. 우리 그리스도인의 삶은 감사의 연속입니다. 감사가 없는 생활을 생각할 수 없습니다. 우리가 십계명을 지키는 이유도 감사 때문입니다. 하나님의 구원 때문에 감사해서 십계명, 곧 하나님의 말씀에 순종합니다. 그리스도인의 삶은 첫째도 감사, 둘째도 감사, 셋째도 감사입니다.

나눔터

1. 구약 시대의 이스라엘 백성은 하나님께 어떻게 감사를 드렸나요?

2. 화목제, 곧 감사제를 통해 우리가 배울 수 있는 것은 무엇일까요?

영원한 안식의 맛보기, 주일

성경

히 4:11

그러므로 우리가 저 안식에 들
어가기를 힘쓸지니 이는 누구
든지 저 순종하지 아니하는 본
에 빠지지 않게 하려 함이라

찬송

44장

HC 103문

불신자에게는 일주일에 하루를 일하지 않고 쉬는 것이 어떤 의미가 있을까요? 그들도 안식을 누리는 것일까요? 불신자도 일주일에 하루를 일하지 않고 쉴 수 있습니다. 우리나라에도 주일에 일하지 않고 쉬는 사람이 많습니다. 육체의 안식을 누리는 것이 사실입니다. 그렇지만 불신자가 일주일에 하루를 쉰다고 자동적으로 참 안식을 누리고 있다고 할 수는 없습니다. 왜냐하면 진정한 안식은 예수 그리스도 안에서만 가능하기 때문입니다. 안식은 영적인 것입니다. 그리스도인은 주일뿐만 아니라 매일 일을 하면서도 그리스도 안에서 안식을 누릴 수 있습니다. 자신이 하는 일이 그리스도 안에서 복된 것입니다. 말씀을 따라 살아갈 때 죄를 그치고 하나님이 주시는 안식을 누릴 수 있습니다.

물론 그 안식이 아직 완전하지는 않습니다. 이 세상에서는 그리스도인도 여행자 혹은 순례자처럼 삽니다. 여행자는 목적지에 도착할 때 완전한 안식을 누립니다. 그처럼 그리스도인도 완전한 세상이 올 때 참 안식을 누릴 수 있습니다. 주일 하루 안식하면서 힘을 얻고, 미래에 얻게 될 영원한 안식을 믿음으로 소망합니다. 그리스도인이 매 주일 예배하며 하루를 쉬는 것은 비록 완전한 안식이 아니지만, 앞으로 영원히 우리에게 주어질 안식의 맛보기입니다. 영원한 안식을 연습하는 것입니다. 그러므로 우리는 주일에 쉬면서 영원한 안식을 생각해야 합니다.

영원한 안식에 들어가는 자는 반드시 힘써야 할 것이 있습니다. 바로 '믿는 것'과 '순종하는 것'입니다. 많은 이스라엘 백성이 언약의 표징을 받았음에도 불구하고 믿지 않고 불순종해 가나안 땅에 들어가지 못했습니다. 여호수아와 갈렙만이 가나안 땅에 들어가 안식했습니다. 이처럼 우리도 하나님의 말씀을 믿고 순종해야 합니다. 우리 그리스도인이 부지런히 애써야 할 것이 무엇일까요? 먼저 복음을 잘 전할 수 있도록 신앙교육을 해야 하며, 교회예배와 모임에 열심히 출석하며, 특히 주일에 하나님의 말씀을 배우고, 성례에 참석하며, 공적으로 주님을 찾고, 가난한 자를 도와야 합니다. 더 나아가 평생 악한 일을 하지 않고 주님께서 성령님을 통해 우리 가운데 일하시도록 해야 하고, 이 세상에서 영원한 안식을 맛보아야 합니다. 이것이 우리가 적극적으로 영원한 안식을 소망하는 주일의 정신입니다.

나눔 질문

1. 불신자들도 주일의 안식을 제대로 누릴 수 있나요?
2. 영원한 안식에 들어가기 위해 우리는 어떻게 해야 할까요?

제5계명은 무엇을 요구하나요?

성경

출 20:12

네 부모를 공경하라 그리하면
네 하나님 여호와가 네게 준
땅에서 네 생명이 길리라

찬송

579장

HC 104문

WSC 64-66문

제5계명은 무엇입니까? 그렇습니다. "네 부모를 공경하라."입니다. 사람에게는 누구나 부모가 있습니다. 하나님께서는 자녀에게 부모님을 공경하라고 명령합니다. 여기에는 약속이 있습니다. 이 말씀에 순종하면 "네 하나님 여호와가 네게 준 땅에서 네 생명이 길리라."라는 복을 얻게 된다고 약속합니다. 사람은 누구나 건강하게 오래 살고 싶어 합니다. 여러 가지 건강식품을 많이 먹는 것보다 부모님을 공경하는 것이 세상에서 장수하는 비법입니다.

제5계명은 십계명의 두 번째 부분의 첫 시작입니다. 십계명 첫 부분(1-4계명)은 하나님을 사랑하라는 명령입니다. 두 번째 부분(5-10계명)은 사람을 사랑하라는 명령입니다. 마태복음 22장에 보면 한 율법사가 예수님을 시험하기 위해 질문을 합니다. "선생님! 율법 중에서 어느 계명이 크니이까?"(36절) 예수님이 대답하십니다. "네 마음을 다하고 목숨을 다하고 뜻을 다하여 주 너의 하나님을 사랑하라 하셨으니 이것이 크고 첫째 되는 계명이요"(37-38절). 이것은 십계명의 첫 부분을 요약한 것입니다. 예수님은 이어 십계명의 둘째 부분을 요약하셨습니다. "둘째도 그와 같으니 네 이웃을 네 자신같이 사랑하라 하셨으니, 이 두 계명이 온 율법과 선지자의 강령이니라"(39-40절).

둘째 부분, 즉 이웃 사랑은 첫째 부분 없이는 불가능합니다. 하나님을 사랑하지 않는 사람은 이웃을 사랑할 수 없습니다. 하나님을 사랑하는 자는 반드시 이웃을 사랑하고 또 사랑해야 합니다. 첫째 부분과 둘째 부분은 분리될 수 없습니다. 하나님을 존중하는 자는 부모님을 공경하고, 하나님을 사랑하기 때문에 부부가 서로 사랑하고, 하나님께 영광을 돌릴 줄 알기 때문에 세상 재물을 욕심내지 않고 도둑질하기보다는 나누며, 하나님의 나라를 위해 살기 때문에 거짓말하지 않습니다.

십계명의 두 번째 부분은 가정에서의 관계를 가르치고 있습니다. 가정은 세상 모든 관계의 시작이자 기초입니다. 동네 사람들과의 관계, 지역 사회, 직장과 국가 안에서 사람의 관계는 모두 가정에서 파생됩니다. 가정에서 권위자인 부모를 잘 공경하는 것이 사회생활의 기초입니다. 그러니 다섯째 계명이 중요합니다.

나눔으로

1. 십계명을 두 부분으로 나누면 어떻게 됩니까?
2. 두 부분은 서로 어떤 관계가 있습니까? 다섯째 계명의 의미는 무엇인가요?

"네 부모를 공경하라."라는 명령은 일반적으로 모든 사람에게 적용됩니다. 우리나라는 유교 전통이 강한 사회입니다. 그래서 부모 공경을 중요하게 여깁니다. 기독교가 우리나라에 전해졌을 때 기독교는 불효하는 종교라고 오해를 받기도 했습니다. 왜냐하면 기독교인은 부모에 대한 효도의 상징인 제사(祭祀)를 지내지 않았기 때문입니다. 제사란 죽은 부모님이나 조부모 혹은 더 윗대 조상들의 영혼에게 음식을 바쳐 예를 갖추는 것입니다. 그리스도인은 이미 죽은 사람에게 제사를 통해 예를 갖추는 것은 어리석은 행동이며 우상숭배라고 여겼습니다. 죽은 영혼을 위해 제사하는 것보다 살아 계신 부모를 공경하라고 가르칩니다. 유교뿐만 아니라, 부모 공경은 모든 종교와 나라에서 일반적으로 통하는 도덕입니다.

그런데 십계명은 믿지 않는 사람들에게 명령한 것이 아니라, 하나님의 자녀, 곧 그리스도인에게 주신 명령입니다. 제5계명도 바로 언약 백성, 곧 우리에게 주신 것입니다. 그러면 언약 백성은 왜 "네 부모를 공경하라."라는 명령을 꼭 지켜야 하는 것일까요? 그것은 부모를 공경하는 것이 곧 하나님을 사랑하고 그분께 감사하는 방법이기 때문입니다. 우리의 주인이신 하나님을 사랑하는 자는 부모를 공경해야 합니다. 그래서 바울은 에베소교회 성도에게 보낸 편지에 이렇게 썼습니다. "자녀들아, 주 안에서 너희 부모에게 순종하라. 이것이 옳으니라"(엡 6:1). 자세히 보면 '주 안에서'라는 말이 들어 있습니다. 부모님을 공경하는 방법은 부모님에게 순종하는 것인데, 조건이 있습니다. 그것은 주 안에서 순종하는 것입니다. 부모 공경과 순종은 하나님과 관계가 있습니다. 부모 공경이 하나님을 위한 것일 때 제대로 된 것입니다. 그렇지 않으면 모두 헛될 뿐입니다.

아무리 불신자가 부모를 공경하고 순종해도 하나님을 위해 하지 않으면 죄입니다. 사람은 어느 누구도 하나님을 100% 순수하게 사랑할 수 없습니다. 이웃을 100% 순전하게 사랑할 수 없습니다. 보통 사람은 부모를 공경하고 부모에게 순종하지만 하나님을 위한 것이 아닙니다. 혼나기 때문이거나 상(재물)을 얻기 때문에 순종하고 공경하기도 합니다. 그런 공경과 순종은 하나님과 상관 없는 것입니다. 곧 죄입니다. 성도인 우리는 하나님의 백성이기 때문에 당연히 부모님을 공경해야 합니다. 그것이 하나님을 사랑하는 것이고 하나님 나라의 시민다운 것입니다.

성경

엡 6:1

자녀들아 주 안에서 너희 부모에게 순종하라 이것이 옳으니라

찬송

579장

HC 104문
WSC 64-66문

나눔질문

1. 제5계명은 누구를 위한 명령입니까?
2. 불신자와 신자의 부모 공경에 차이가 있습니까?

부모를 공경하지 않으면 어떻게 해야 하나요?

성경

신 5:16

너는 네 하나님 여호와께서 명령한 대로 네 부모를 공경하라 그리하면 네 하나님 여호와가 네게 준 땅에서 네 생명이 길고 복을 누리리라

잠 23:13-14

아이를 훈계하지 아니하려고 하지 말라 채찍으로 그를 때릴지라도 그가 죽지 아니하리라 네가 그를 채찍으로 때리면 그의 영혼을 스올에서 구원하리라

찬송

579장

HC 104문
WSC 64-66문

주일학교에서 암송대회를 했습니다. 십계명을 암송하는 것이었습니다. 암송을 다 끝냈습니다. 한 아이가 십계명을 모두 다 암송했는데도 상을 주지 않자 실망했습니다. 나중에 알고 보니, 그 아이가 제5계명을 이렇게 암송했습니다. "네 부모를 공격하라!" '공경'이라 하지 않고 '공격'이라고 암송한 것입니다. 공경과 공격은 비슷해 보이는 말이지만 뜻은 반대입니다. 공경은 존경하는 마음으로 공손히 섬기는 것입니다. 공격은 욕하거나 반대하거나 때리는 것입니다.

어떤 아이들은 부모를 공경하지 않습니다. 자기 마음에 들지 않으면 부모를 발로 차기도 합니다. 부모를 공경하는 것이 아니라 공격합니다. 자기가 사고 싶은 것을 사주지 않으면 "엄마 나빠! 아빠 싫어!"라고 대놓고 비난합니다. 이런 아이들은 커서도 부모님을 공경하지 않을 것입니다. 하나님께서는 이스라엘 백성 가운데 자녀가 부모에게 나쁜 말을 하며 저주하면 죽이라고 했습니다(레 20:9). 부모를 공격하는 것은 매우 큰 죄입니다.

또 신명기에 보면 부모의 말에 순종하지 않을 뿐 아니라 부모가 내리는 벌을 달게 받지 않고 반항할 경우에도 그냥 두지 말라고 합니다. 더 악한 행동이기 때문입니다. 그럴 경우 부모는 악한 자녀를 그냥 두지 말고 성문에 가 장로들에게 알려 벌을 주도록 했습니다. 심하면 죽이도록 했습니다. 부모를 존경하지 않고 부모에게 불순종하는 자녀는 엄중한 심판을 받았습니다.

오늘날 부모를 공경하지 않고 순종하지 않는 자녀들이 있으면 어떻게 해야 할까요? 그냥 받아 주는 것이 좋을까요? 구약의 법은 더 이상 필요 없으니 사랑으로 덮어 주어야 할까요? 언젠가 크면 철이 들까요? 성경은 분명하게 가르칩니다. 그럴 경우 벌을 주어야 합니다. 하나님도 우리가 잘못하면 벌을 내리십니다. 하나님의 자식이기 때문에 벌을 주십니다. 마찬가지로 내 아이가 불순종하면 징계를 해야 합니다. 매를 아끼지 않아야 합니다. 자녀가 큰 경우에는 교회에서 정식으로 벌을 내릴 수 있습니다. 자녀에게 벌을 주는 것이 당시에는 좋아 보이지 않을 수 있지만, 결국은 부모와 자녀 모두에게 좋습니다. 부모님을 공경하도록 훈련된 자녀는 하나님도 공경합니다.

나눔토론

1. 우리는 부모를 공경하나요, 아니면 공격하나요? 어느 쪽인가요?
2. 부모를 공경하지 않는 자녀는 어떻게 해야 할까요?

왜 부모에게 권위가 필요할까요?

하나님께서는 왜 자녀에게 부모를 공경하고 존경해야 한다고 명령하셨을까요? 이 질문은 '하나님께서 왜 부모에게 권위를 주셨을까요?'라는 질문과 같습니다. 자녀는 부모의 권위를 귀하게 여기고 소중하게 생각해야 합니다. 또 부모는 이 권위를 잘 사용해야 합니다. 이 권위는 자식이 세워 주는 것도 아니고 부모가 덕으로 스스로 얻는 것도 아닙니다. 이 권위는 하나님께서 하늘에서 내려 주신 선물입니다.

사실 부모 됨은 하나님께서 주신 직분입니다. 아버지와 어머니는 하나님께서 임명하신 직분자입니다. 부모에게 특별한 권위를 부여해 일하도록 하셨습니다. 그러면 무슨 일을 위해 하나님께서 부모에게 권위를 주신 것일까요? 돈을 잘 버는 것? 훌륭한 사람이 되는 것? 국가를 위해 위대한 일을 하는 것? 예, 그런 것들도 중요한 일입니다. 그러나 가장 중요한 부모의 일은 '자녀에게 신앙을 전수해 주는 것'입니다. 부모가 전해 준 하나님과 하나님에 관한 신앙을 배워 자녀가 하나님을 알고 그분께 영광을 돌리도록 하기 위하여 하나님께서 부모에게 권위를 주셨습니다.

하나님은 광야에서 언약 백성에게 언약의 말씀을 들려 주시고 힘써 순종하며 지키라고 명령하셨습니다. 부모뿐만 아니라 자녀와 손자들에게도 하나님의 말씀을 알고 지키게 해야 했습니다. "오직 너는 스스로 삼가며 네 마음을 힘써 지키라. 그리하여 네가 눈으로 본 그 일을 잊어버리지 말라. 네가 생존하는 날 동안에 그 일들이 네 마음에서 떠나지 않도록 조심하라. 너는 그 일들을 네 아들들과 네 손자들에게 알게 하라"(신 4:9). 이렇게 부모는 스스로 하나님을 사랑할 뿐 아니라 가장 가까운 이웃인 자녀들을 사랑해야 했습니다. 부모가 자녀를 사랑한다면 가장 귀한 것을 주려 할 것입니다. 세상에서 가장 소중하고 귀한 것이 무엇일까요? 네, 그렇습니다. 언약의 말씀인 성경입니다. 하나님의 말씀인 성경을 부지런히 자녀에게 가르쳐야 하기 때문에 부모에게 권위를 주셨습니다. 하나님께서 부모에게 하나님의 말씀을 가르칠 큰 책임을 주셨기 때문에 자녀가 부모에게 순종해야 합니다. 만약 부모가 신앙교육과 훈련을 위해 권위를 행사하지 않거나 자녀가 부모의 권위를 인정하지 않으면 하나님의 복은 없습니다. 부모는 하나님과 그분의 말씀을 가르치기 위해 권위를 가집니다.

성경

신 4:5-10

내가 나의 하나님 여호와께서 명령하신 대로 규례와 법도를 너희에게 가르쳤나니 이는 너희가 들어가서 기업으로 차지할 땅에서 그대로 행하게 하려 함인즉 너희는 지켜 행하라 이것이 여러 민족 앞에서 너희의 지혜요 너희의 지식이라 그들이 이 모든 규례를 듣고 이르기를 이 큰 나라 사람은 과연 지혜와 지식이 있는 백성이로다 하리라 우리 하나님 여호와께서 우리가 그에게 기도할 때마다 우리에게 가까이 하심과 같이 그 신이 가까이 함을 얻은 큰 나라가 어디 있느냐 오늘 내가 너희에게 선포하는 이 율법과 같이 그 규례와 법도가 공의로운 큰 나라가 어디 있느냐 오직 너는 스스로 삼가며 네 마음을 힘써 지키라 그리하여 네가 눈으로 본 그 일을 잊어버리지 말라 네가 생존하는 날 동안에 그 일들이 네 마음에서 떠나지 않도록 조심하라 너는 그 일들을 네 아들들과 네 손자들에게 알게 하라 네가 호렙 산에서 네 하나님 여호와 앞에 섰던 날에 여호와께서 내게 이르시기를 나에게 백성을 모으라 내가 그들에게 내 말을 들려주어 그들이 세상에 사는 날 동안 나를 경외함을 배우게 하며 그 자녀에게 가르치게 하리라 하시매

찬송

559장

HC 104문
WSC 64-66문

나눔 질문

1. 하나님께서는 왜 부모를 공경하라고 했을까요?
2. 부모의 권위는 어디에서 오는 것입니까?

공경하지만 불순종할 경우가 있나요?

엡 6:1-2

자녀들아 주 안에서 너희 부모에게 순종하라 이것이 옳으니라 네 아버지와 어머니를 공경하라 이것은 약속이 있는 첫 계명이니

찬송

579장

HC 104문

WSC 64-66문

하나님께서는 부모에게 권위를 주셨습니다. 훌륭한 부모이든 좀 연약한 부모이든 모두에게 똑같이 주신 권위입니다. 그래서 제5계명을 주셨습니다. "네 부모를 공경하라!" 이것은 명령입니다. 자녀는 어떤 경우든 부모님을 공경해야 합니다. '공경'이라는 단어는 '존경'과 같은 뜻입니다. 부모님이 하시는 말씀을 깊이 생각하고 존경해야 하는데 가볍게 생각하며 불순종하는 것은 좋은 태도가 아닙니다. 그런 자녀는 부모의 근심이 됩니다. 부모님께 공경을 표시하는 방법은 무엇일까요?

가장 쉽게 할 수 있는 방법은 인사입니다. 요즈음 인사를 잘하는 자녀를 보기 힘듭니다. 특히 부모에게 인사를 하지 않습니다. 그것은 부모가 자녀에게 교육을 시키지 않았기 때문이기도 합니다. 학교 선생님이나 교회 목사님, 다른 집사님에게는 인사를 잘하는데, 정작 부모에게는 인사를 하지 않습니다. 아빠가 회사에서 퇴근해 집에 들어오시면 자녀들은 "아빠, 잘 다녀오셨어요?"라고 인사해야 합니다. 이렇게 인사하는 것은 아빠를 공경하는 좋은 방법입니다. 엄마가 만든 음식을 먹기 전에 "엄마, 잘 먹겠습니다!"라고 인사하는 것이 좋은 태도입니다. 부모를 공경하고 구체적으로 표시하는 것을 자녀들에게 가르쳐야 합니다.

그런데 '공경'과 '순종'이 혼란스러운 경우가 있습니다. 부모님의 말씀에 공경하는 마음과 자세와 태도를 보이는 것은 중요합니다. 그런데 부모님의 말씀에 순종하기 힘든 경우도 있을 수 있습니다. 왜냐하면 공경과 순종은 다르기 때문입니다. 성경은 "자녀들아 주 안에서 너희 부모에게 순종하라. 이것이 옳으니라."라고 했습니다. 부모에게 순종해야 합니다. 그런데 조건이 있습니다. '주 안에서' 순종해야 합니다. 부모님이 하나님의 말씀과 다른 명령을 할 때라도 자녀는 부모를 무시하지 않고 공경해야 합니다. 그러나 순종하지 못할 경우도 있습니다. 이때 지혜로워야 합니다. 화를 내거나 부모를 성나게 하지 말고 '나는 하나님께 순종해야 하기 때문에 부모님의 말씀에 순종할 수 없습니다.'라고 겸손하게 말해야 합니다. 부모님께 반항하기 위해 하나님을 이용하는 것이 아닙니다. 부모님을 공경하면서도 순종하지 않아야 할 경우가 있습니다. 성령님의 도우심과 지혜가 필요합니다.

나눔질문

1. 부모님을 공경할 수 있는 좋은 방법이 무엇입니까? 구체적인 계획을 이야기해 보세요.
2. 부모님을 공경하지만 불순종할 수 있나요? 어떤 경우인가요?

284 교리와 함께하는 365 가정예배 10주년 기념판

감사(3) : 믿음의 열매

10명의 나병환자가 있었습니다. 7월에 한 번 다루었던 이야기인데, 오늘 다시 보고자 합니다. 나병을 한센병이라고 부르기도 합니다. 나병 균이 사람 몸에 들어와서 몸이 썩어 들어가 결국 죽게 되는 병입니다. 접촉을 통해 전염되기 때문에 마을 공동체로부터 멀리 떨어진 외진 곳에서 살아야 합니다. 불쌍한 사람들입니다.

예수님이 어떤 마을에 들어가시다가 이 나병환자들을 만났습니다. 그들은 멀리 서서 목소리를 높여 이렇게 외쳤습니다. "예수 선생님! 우리에게 자비를 베풀어 주십시오." 예수님은 그들을 보시고 "제사장에게 가서 너희 몸을 보여라."라고 말씀하셨습니다. 그들은 예수님의 명령에 믿음으로 순종해 제사장에게 갔습니다. 그런데 신기하게도 가는 도중에 나병이 깨끗이 나았습니다. 정말 놀라운 기적이었습니다. 얼마나 기뻤을까요! 얼마나 고마웠을까요! 그런데 그들 중에 단 한 사람만 예수님께 다시 돌아왔습니다. 그리고 하나님께 영광을 돌리며 예수님의 발 앞에 엎드려 감사를 표했습니다. 예수님은 나머지 9명은 어디에 있느냐고 물었습니다. 나머지는 모두 그냥 집으로 갔습니다. 감사를 표현하기 위하여 돌아온 사람은 유대인이 아니라 이방인 사마리아 사람이었습니다. 9명이 왜 감사하지 않고 집으로 돌아갔는지 성경에 나와 있지 않아서 이유는 알 수 없습니다. 그러나 마음에 감사를 품고 그것을 표현한 사마리아 사람은 예수님께 귀한 선물을 받았습니다. "일어나 가라. 네 믿음이 너를 구원하였느니라"(눅 17:19).

사마리아 사람은 비참한 육체의 질병이었던 나병이 낫는 복을 받았을 뿐만 아니라, 영혼이 구원받는 복을 받았습니다. 감사는 믿음과 반대가 아닙니다. 믿음이 있는 사람은 감사하는 사람입니다. 예수님을 인격적으로 믿고 신뢰하는 사람은 감사합니다. 믿음이 있는지 어떻게 알 수 있을까요? 감사하는지 감사하지 않는지를 보고 알 수 있습니다. 물론 거짓 '감사'가 있어서 늘 정확한 것은 아닙니다. 감사는 믿음의 열매입니다. 믿고 감사하는 삶을 살아야 합니다. 감사는 있으면 좋고 없어도 괜찮은 것이 아닙니다. 참으로 믿는 신자에게는 반드시 감사가 있습니다.

성경

눅 17:11–19

예수께서 예루살렘으로 가실 때에 사마리아와 갈릴리 사이로 지나가시다가 한 마을에 들어가시니 나병환자 열 명이 예수를 만나 멀리 서서 소리를 높여 이르되 예수 선생님이여 우리를 불쌍히 여기소서 하거늘 보시고 이르시되 가서 제사장들에게 너희 몸을 보이라 하셨더니 그들이 가다가 깨끗함을 받은지라 그 중의 한 사람이 자기가 나은 것을 보고 큰 소리로 하나님께 영광을 돌리며 돌아와 예수의 발 아래에 엎드리어 감사하니 그는 사마리아 사람이라 예수께서 대답하여 이르시되 열 사람이 다 깨끗함을 받지 아니하였느냐 그 아홉은 어디 있느냐 이 이방인 외에는 하나님께 영광을 돌리러 돌아온 자가 없느냐 하시고 그에게 이르시되 일어나 가라 네 믿음이 너를 구원하였느니라 하시더라

찬송

313장 3절

1. 10명의 나병환자 가운데 9명은 왜 예수님에게 와서 감사하지 않았을까요?
2. 한 명의 나병환자는 돌아와 감사했습니다. 그는 어떤 마음이었을까요?

부모 공경 불이행의 책임은 부모에게도

성경

신 6:4-9

이스라엘아 들으라 우리 하나
님 여호와는 오직 유일한 여호
와이시니 너는 마음을 다하고
뜻을 다하고 힘을 다하여 네
하나님 여호와를 사랑하라 오
늘 내가 네게 명하는 이 말씀
을 너는 마음에 새기고 네 자
녀에게 부지런히 가르치며 집
에 앉았을 때에든지 길을 갈
때에든지 누워 있을 때에든지
일어날 때에든지 이 말씀을 강
론할 것이며 너는 또 그것을
네 손목에 매어 기호를 삼으며
네 미간에 붙여 표로 삼고 또
네 집 문설주와 바깥문에 기록
할지니라

찬송

579장

HC 104문

WSC 64-66문

제5계명 "네 부모를 공경하라."라는 명령은 자녀를 위한 것입니다. 그렇지만 사실 이 명령은 부모를 향한 것이기도 합니다. 많은 경우 부모가 자녀에게 하나님의 말씀을 전수해 주지 않습니다. 하나님을 잘 알지 못하고 하나님께서 그들을 위해 행하신 일도 알지 못하는 자녀는 보이는 부모를 공경할 줄 모릅니다. 자녀에게 하나님을 사랑하도록 가르치지 않은 결과, 자녀가 부모에게도 공경을 보이지 않습니다. 많은 부모는 자녀가 하나님을 떠나고 부모를 존경하지 않는 책임을 자녀에게로 돌리려 할 것입니다. '저 나쁜 것 같으니라고! 교회에 나오지도 않더니 이제 내 말을 듣지도 않고 자기 마음대로 하는군! 배은망덕한 놈!' 이런 지경에 이르면 이미 늦었습니다. 이런 경우 자녀의 잘못이 분명히 있겠지만, 부모의 책임도 큽니다. 하나님께서는 부모에게 권위를 주시면서 책임도 함께 주셨습니다. 부모는 부지런히 하나님의 말씀을 자녀에게 가르쳐야 했습니다.

신명기 6장 4-9절에 나오는 그 유명한 '쉐마' 구절을 보십시오. "이스라엘아, 들으라. 우리 하나님 여호와는 오직 유일한 여호와이시니, 너는 마음을 다하고 뜻을 다하고, 힘을 다하여 네 하나님 여호와를 사랑하라. 오늘 내게 네가 명하는 이 말씀을 너는 마음에 새기고, 네 자녀에게 부지런히 가르치며 집에 앉았을 때에든지, 길을 갈 때에든지, 누워 있을 때에든지, 일어날 때에든지, 이 말씀을 강론할 것이며, 너는 또 그것을 네 손목에 매어 기호를 삼으며, 네 미간에 붙여 표로 삼고, 또 네 문설주와 바깥문에 기록할지니라."

부모는 자신이 먼저 하나님을 진정으로 사랑하고 말씀을 마음에 새기며 자녀의 마음속에도 가르쳐 새겨야 하는 책임이 있습니다. 자녀에게 말씀을 부지런히 가르쳐야 합니다. 집에 있든 밖에 있든, 가능한 수단과 방법을 다 동원해 가르쳐야 합니다. 과연 오늘 부모는 이렇게 자녀의 신앙교육에 최선을 다하고 있을까요? 매일 가정예배를 통해 부모 본인뿐 아니라 자녀에게 말씀을 마음에 새기도록 가르치고 있나요? 이것이 얼마나 중요한지요. 이런 부모는 반드시 자녀에게 '공경'받게 될 것입니다. 반대로 신앙을 가르치지 않고 신앙 인격으로 살도록 훈련하지 않은 부모는 자녀에게 '공격'을 받게 될 것입니다.

나눔질문

1. 다섯째 계명에 부모를 향한 메시지는 없을까요? 있다면 무엇입니까?

2. 부모의 권위는 무엇을 할 때 바르게 서게 되나요?

하나님께서 부모에게 권위를 주셨습니다. 신앙의 전수를 위해 주신 권위입니다. 혹시 많이 배우지 못하고 여러 면에서 부족하더라도 부모의 권위는 손상되지 않습니다. 단 부모는 자녀에게 하나님의 말씀을 가르치며 자녀를 신앙으로 훈련시켜야 합니다. 그때 주님이 주신 권위가 필요합니다. 자녀는 그런 부모를 공경하고 존경해야 할 의무가 있습니다.

그런데 자녀가 부모에게 순종하지 않고 공경하지 않으면 어떻게 합니까? 이런 경우를 위해 하나님께서 권위로 권징(勸懲)을 할 수 있게 하셨습니다. 권징이란 '권선징악(勸善懲惡)'의 줄임말입니다. 권선징악은 '착한 일을 권장하고 악한 일을 징계'한다는 뜻입니다. 자녀가 잘하는 것에 대해서는 칭찬을 아끼지 않아야 합니다. 어떤 부모는 칭찬에 인색합니다. 아이가 잘하는 것은 당연하다고 생각합니다. 그러나 잘 못하는 것에는 아주 무섭게 야단칩니다. 균형이 중요합니다. 어느 하나만 치우치면 좋은 교육의 결과를 얻기가 어렵습니다.

자녀가 잘못할 경우에는 어떻게 해야 합니까? 부모는 하나님께 받은 권위를 사용해 징계해야 합니다. '징계(懲戒)'는 죄를 뉘우치도록 주의를 주고 나무라는 것입니다. 요즈음 부모는 아이들이 잘못하는데도 불구하고 나무라지 않고 야단치지 않습니다. 프랑스 철학자 루소(Rousseau)의 영향을 받은 현대 교육학의 영향 때문이기도 합니다. 루소는 아이가 본래 태어날 때부터 선한데 악한 환경 때문에 나빠진다고 주장했습니다. 그런 생각에 따르면 교육은 그저 아이 마음대로 하도록 내버려두는 것입니다. 아이를 때리지 말고 설득해야 한다고 주장합니다. 그런데 성경은 분명히 말합니다. "채찍과 꾸지람이 지혜를 주거늘 임의로 행하게 버려 둔 자식은 어미를 욕되게 하느니라……네 자식을 징계하라. 그리하면 그가 너를 평안하게 하겠고 또 네 마음에 기쁨을 주리라"(잠 29:15, 17). 자녀를 징계하는 부모는 자녀의 영혼을 살릴 수 있습니다. 부모는 징계하기 위해 매와 꾸지람을 아끼지 않아야 합니다. 그 결과는 놀랍습니다. 징계는 자녀에게 지혜를 주고, 부모에게는 평안과 기쁨을 안겨 줄 것입니다.

성경

잠 29:15

채찍과 꾸지람이 지혜를 주거늘 임의로 행하게 버려 둔 자식은 어미를 욕되게 하느니라

29:17

네 자식을 징계하라 그리하면 그가 너를 평안하게 하겠고 또 네 마음에 기쁨을 주리라

찬송

579장

HC 104문
WSC 64~66문

나눔질문

1. 부모의 권위가 제대로 서기 위해 어떤 것이 필요합니까?
2. 성경은 징계에 대해 어떻게 가르칩니까? 루소와 어떻게 다릅니까?

부모의 권위 남용은 자녀를 망쳐요

성경

겔 16:20-21

또 네가 나를 위하여 낳은 네 자녀를 그들에게 데리고 가서 드려 제물로 삼아 불살랐느니라 네가 네 음행을 작은 일로 여겨서 나의 자녀들을 죽여 우상에게 넘겨 불 가운데로 지나가게 하였느냐

찬송

559장

HC 104문
WSC 64-66문

자식을 사랑하지 않는 부모가 있을까요? 부모의 자식 사랑은 본능이라고 말합니다. 그런데 타락한 인간은 그 본능조차도 형편없이 부패해졌습니다. 자녀를 사랑하기는커녕 자기만 사랑하는 이기적인 부모도 있습니다. 자녀를 자기의 욕구를 만족시키는 도구 정도로 생각하는 부모가 의외로 많습니다. 에스겔 선지자가 활동하던 남 왕국 유다에는 자녀를 제물로 불살라 제사를 지내는 부모가 있었습니다. 심지어 왕도 그런 나쁜 일을 했습니다. 유다 왕 아하스가 북 왕국 이스라엘과 아람 연합군과 전쟁할 때 '자기 아들을 불 가운데로 지나가게'(왕하 16:3) 했고, 그 후 므낫세 왕도 아시리아가 쳐들어오려고 했을 때 '자기의 아들을 불 가운데로 지나가게'(왕하 21:6) 했습니다. 자녀를 전쟁에 이기기 위한 도구로 생각한 것입니다. 이런 생각은 이방인들이나 하던 것인데 언약 백성의 부모가 세상 풍속을 따라한 것입니다. 고고학적 발굴에 의하면 가나안 땅의 신전 근처에서 새까맣게 탄 아이들의 유골이 발견되었다고 하니 부모의 권력 남용이 얼마나 심각했는지 알 수 있습니다. 정말 부끄러운 일이 아닐 수 없습니다.

하나님께서는 부모에게 자녀를 맡기셨습니다. 자녀는 일시적으로 하나님께 선물로 받은 우리의 소유이긴 합니다. 그러나 자녀는 근본적으로 하나님의 소유입니다. 하나님께서는 이렇게 물으셨습니다. "나의 자녀들을 죽여 우상에게 넘겨 불 가운데로 지나가게 하였느냐?"(겔 16:21) '나의 자녀들'이라고 말씀하십니다. 자녀는 우리의 것이 아니라, 하나님의 소유입니다. 자녀가 하나님의 것이니 하나님의 법대로 소중하게 대해야 합니다. 자녀를 노엽게 해서는 안 됩니다. 자녀에게 끌려가서도 안 되지만, 그렇다고 부모의 욕망대로 강제로 끌고 가서도 안 됩니다. 부모는 자녀를 '주의 교훈과 훈계로 양육'(엡 6:4)해야 합니다. 그러나 자녀를 가르친다는 명분으로 분노를 표출하며 학대해서는 안 됩니다. 조심해야 합니다. 자녀를 불필요하게 화나게 하거나 상처를 입히지 말라는 말입니다.

부모가 자녀에게 상처를 주는 경우가 적지 않습니다. 특별히 부모의 이중적인 태도가 자녀에게 분노를 쌓게 합니다. 가르치는 것과 행동하는 것이 다를 때 자녀들은 실망합니다. 부모 자신은 지키지 않으면서 자식에게는 엄격하게 요구하는 경우도 그렇습니다. 이런 권위의 남용은 자녀를 망치고 말 것입니다.

나눔질문

1. 부모에게 주신 하나님의 권위를 자기의 유익을 위해 사용했던 사람들에 대해 말해 보세요.
2. 자녀를 노엽게 하는 경우를 말해 보세요.

이 세상의 최고 권위자는 누구일까요? 미국 대통령일까요? 아닙니다. 세상에서 가장 높은 분은 하나님입니다. 하나님께서는 이 권위를 누군가에게 맡기셨습니다. 그분은 누구일까요? 그렇습니다. 예수님입니다. 예수님은 부활하시고 승천하시기 전에 이렇게 말씀하셨습니다. "하늘과 땅의 모든 권세를 내게 주셨으니⋯⋯"(마 28:18). 예수 그리스도는 세상의 모든 것을 다스리는 왕이십니다. 국가, 사회, 학교, 직장, 정치, 경제, 문화, 가정을 다스리십니다. 그런데 예수님도 이 모든 권위를 사람에게 위임하셨습니다. 국가에는 통치자를 세우셨습니다(롬 13:1-6). 회사는 사장이 경영합니다(엡 6:5-9). 가정에는 부모에게 권위를 주셨습니다(엡 6:1-4).

제5계명은 "네 부모를 공경하라."이지만 가정만을 향한 명령이 아닙니다. 이 계명은 세상에 존재하는 모든 권위와 관계가 있습니다. 하나님께서 세상에 주신 권위 가운데 가장 기본이 부모입니다. 부모는 가정의 권위자입니다. 가정은 모든 인간관계의 기본입니다. 이 가정에서 권위와 공경의 관계가 이루어지지 않으면 사회 모든 관계에도 문제가 생깁니다. 세상 모든 권위의 관계가 가정에서 파생됩니다. 따라서 십계명 가운데 두 번째 부분의 첫 계명으로 가정에서의 부모와 자녀 관계를 다루고 있는 것은 너무나도 당연합니다. 자녀는 부모의 권위를 인정해야 합니다. 그것이 부모를 공경하는 형태로 나타납니다. 부모를 공경하고 부모의 말씀에 순종하는 자녀는 커서 사회에서 권위자를 만났을 때 공경하고 순종할 줄 압니다. 가정에서 부모의 권위를 인정하지 않는 자녀는 사회에서 권위자를 존경하기 쉽지 않습니다. 거기에서 끝나지 않습니다. 세상에 있는 권위자를 공경하지 않는 사람은 온 우주의 왕이신 예수 그리스도께 순종하는 것도 어려워할 것입니다. 하나님의 권위를 인정하기 쉽지 않고 결국 하나님의 말씀에 순종하기도 힘들어할 것입니다. 보이는 사람의 권위를 인정하지 않으면서 보이지 않는 하나님을 사랑하기는 힘듭니다(요일 4:20). 그러나 세상에 있는 권위에 복종하고 순종하는 자녀는 하나님께도 순종하고 복종할 수 있습니다.

성경

마 28:18

예수께서 나아와 말씀하여 이르시되 하늘과 땅의 모든 권세를 내게 주셨으니

찬송

579장

HC 104문
WSC 64-66문

나눔터

1. 이 세상을 다스리시는 최고 권위자는 누구입니까?
2. 부모의 권위는 누가 위임한 권위입니까? 이것은 어떤 의미가 있는지 이야기해 보세요.

남편에게 복종, 왜요?

성경

엡 5:22-33

아내들이여 자기 남편에게 복종하기를 주께 하듯 하라 이는 남편이 아내의 머리 됨이 그리스도께서 교회의 머리 됨과 같음이니 그가 바로 몸의 구주시니라 그러므로 교회가 그리스도에게 하듯 아내들도 범사에 자기 남편에게 복종할지니라 남편들아 아내 사랑하기를 그리스도께서 교회를 사랑하시고 그 교회를 위하여 자신을 주심 같이 하라 이는 곧 물로 씻어 말씀으로 깨끗하게 하사 거룩하게 하시고 자기 앞에 영광스러운 교회로 세우사 티나 주름 잡힌 것이나 이런 것들이 없이 거룩하고 흠이 없게 하려 하심이라 이와 같이 남편들도 자기 아내 사랑하기를 자기 자신과 같이 할지니 자기 아내를 사랑하는 자는 자기를 사랑하는 것이라 누구든지 언제나 자기 육체를 미워하지 않고 오직 양육하며 보호하기를 그리스도께서 교회에게 함과 같이 하나니 우리는 그 몸의 지체임이라 그러므로 사람이 부모를 떠나 그의 아내와 합하여 그 둘이 한 육체가 될지니 이 비밀이 크도다 나는 그리스도와 교회에 대하여 말하노라 그러나 너희도 각각 자기의 아내 사랑하기를 자신 같이 하고 아내도 자기 남편을 존경하라

찬송

208장

HC 104문
WSC 64-66문

사람들은 '복종'이라는 단어를 좋아하지 않습니다. 그런데도 성경은 복종하라고 명령합니다. "아내들이여, 자기 남편에게 복종하기를 주께 하듯 하라"(엡 5:22). 특히 아내는 남편에게 복종해야 한다고 가르칩니다. 요즈음 남편에게 복종하는 아내를 찾아 보기 힘듭니다. 이 성경 말씀은 구시대적인 것이니 지금은 따르지 않아도 될까요? 남편이 하는 말에 순순히 따르는 경우가 있는 것 같지만, 자기 마음에 드는 경우일 때뿐입니다. 만약 자기 마음에 들지 않으면 복종하지 않습니다. 이런 태도는 진정한 복종이 아닙니다.

성경은 이렇게 말합니다. "아내들도 범사에 자기 남편에게 복종할지니라"(엡 5:24). '범사(凡事)에'라는 말은 '모든 일에'라는 뜻입니다. 남편의 의견이 마음에 들든 마음에 들지 않든 상관없이 복종하라는 분명한 하나님의 명령입니다. 하나님의 명령이니 순종해야 합니다.

아내가 남편에게 복종해야 하는 이유는 남편이 잘나고 훌륭해서가 아닙니다. 아내가 남편에게 복종하는 이유는 하나님 때문입니다. 하나님께서 남편을 아내의 권위자로 세우셨기 때문입니다. 남편은 아내의 머리입니다. '머리'는 권위를 나타냅니다. 권위를 주신 분이 하나님이기 때문에 하나님을 위해 아내는 남편에게 복종합니다. 이것이 아름답습니다.

그러면 이런 의문이 생깁니다. '남편은 참 좋겠다! 가만히 명령만 하고 있으면 되니까! 하나님은 남편만 사랑하나 봐!' 그렇지 않습니다. 하나님께서는 남편에게 엄청난 책임을 주었습니다. 그 책임은 아내를 죽기까지 사랑하는 것입니다. "남편들아 아내 사랑하기를 그리스도께서 교회를 사랑하시고 그 교회를 위하여 자신을 주심같이 하라"(엡 5:25). 예수님은 교회를 위해 십자가에 죽으셨습니다. 남편은 아내를 위해 목숨을 내어 놓을 정도로 사랑해야 합니다. 하나님께서 남편에게 권위를 주시면서 사랑의 책임을 주셨습니다. 남편은 아내를 죽도록 사랑하고, 아내는 남편에게 모든 일에 복종해야 합니다. 이것이 부부 사이의 아름다운 모습입니다.

이 질서가 잘 서면 자녀들도 안정되고 평안히 하나님의 권위를 배워갈 것입니다. 남편은 자녀들의 아버지로서의 역할도 게을리하지 말아야 합니다. 가정의 가장으로서 가정을 하나님의 말씀으로 잘 먹이고 돌보아야 할 책임이 있습니다. 이것 때문에 아내는 남편에게 복종해야 합니다. 우리 가정은 이것이 잘 지켜지고 있나요?

나눔교제

1. '복종'은 성경에나 나오는 단어이지 실생활에서는 사라진 말 같습니다. 우리는 어떤가요?
2. 성경은 우리에게 '복종'과 관련해 무엇을 명령하나요?

국민은 정부에 복종해야

부모를 공경하고 부모님의 말씀에 순종해야 하는 원리는 정부와 국민의 관계에서도 동일하게 적용됩니다. 정부에 대한 국민의 자세는 어떠해야 할까요? 성경은 이렇게 명령합니다. "각 사람은 위에 있는 권세들에게 복종하라. 권세는 하나님으로부터 나지 않음이 없나니 모든 권세는 다 하나님께서 정하신 바라"(롬 13:1). 여기에서 '권세'란 정부를 뜻합니다. 바울은 우리가 정부에 복종해야 한다고 말합니다. 왜 그렇습니까? 하나님께서 정부에 권세를 주시고 위정자(爲政者)들에게 권위를 주셨기 때문입니다. 위정자들은 우리가 예수님을 잘 믿고 살 수 있도록 평화를 만들어 줍니다. 정부에 세금을 내는 이유도 마찬가지입니다. 그들은 하나님을 믿지 않아도 하나님께서 국가를 다스리도록 세워 주신 직분자입니다. 그러므로 우리는 정부에 복종해야 합니다. 그리스도인은 국가의 법을 지키고 신실한 시민이 되어야 합니다. 세금을 낼 때 정부를 속이면 안 됩니다. 정직해야 합니다.

그렇다고 우리가 정부가 하는 일을 무조건 지지하고 비판해서는 안 될까요? 그렇지 않습니다. 우리가 부모님을 공경하지만 하나님의 말씀에 일치하지 않으면 불순종할 수 있는 것처럼 정부에 대해서도 똑같습니다. 정부가 하나님의 뜻에 어긋나는 명령을 하는 경우에는 복종해서는 안 됩니다. 베드로와 요한은 "사람보다 하나님께 순종하는 것이 마땅하니라."(행 5:29)라고 분명하게 선언했습니다.

물론 정부가 잘못할 때 그 잘못을 지적할 수 있습니다. 다양한 방법으로 정부의 불의에 대해 이야기하고 표현할 수 있습니다. 그렇지만 존중하는 태도로 해야 합니다. 혁명적인 태도는 옳지 않습니다. 폭력을 행하거나 법에 어긋나는 태도나 행동은 옳지 않습니다. 정부의 불의를 불의한 방법으로 대적하면 우리도 동일하게 잘못, 곧 죄를 짓는 것입니다.

쉽지 않지요? 순종할 것인지 불순종할 것인지 어떻게 분별해야 할까요? 그리스도인은 이 시대를 잘 분별할 수 있는 지혜가 있어야 합니다. 먼저 성경을 읽고 설교와 교리공부를 통해 하나님의 뜻이 무엇인지 잘 배워야 합니다. 동시에 신문이나 매스컴을 통해 정부가 하는 일에 귀를 기울이고 알아야 합니다. 그래야 지혜로운 판단을 할 수 있습니다.

성경

롬 13:1-7

각 사람은 위에 있는 권세들에게 복종하라 권세는 하나님으로부터 나지 않음이 없나니 모든 권세는 다 하나님께서 정하신 바라 그러므로 권세를 거스르는 자는 하나님의 명을 거스름이니 거스르는 자들은 심판을 자취하리라 다스리는 자들은 선한 일에 대하여 두려움이 되지 않고 악한 일에 대하여 되나니 네가 권세를 두려워하지 아니하려느냐 선을 행하라 그리하면 그에게 칭찬을 받으리라 그는 하나님의 사역자가 되어 네게 선을 베푸는 자니라 그러나 네가 악을 행하거든 두려워하라 그가 공연히 칼을 가지지 아니하였으니 곧 하나님의 사역자가 되어 악을 행하는 자에게 진노하심을 따라 보응하는 자니라 그러므로 복종하지 아니할 수 없으니 진노 때문에 할 것이 아니라 양심을 따라 할 것이라 너희가 조세를 바치는 것도 이로 말미암음이라 그들이 하나님의 일꾼이 되어 바로 이 일에 항상 힘쓰느니라 모든 자에게 줄 것을 주되 조세를 받을 자에게 조세를 바치고 관세를 받을 자에게 관세를 바치고 두려워할 자를 두려워하며 존경할 자를 존경하라

딛 3:1

너는 그들로 하여금 통치자들과 권세 잡은 자들에게 복종하며 순종하며 모든 선한 일 행하기를 준비하게 하며

찬송

586장

HC 104문
WSC 64-66문

1. 정부에 대해 그리스도인은 어떤 자세를 가져야 하나요?
2. 정부가 잘못할 때는 어떻게 해야 할까요?

감사(4): 범사에 감사하라

성경

살전 5:18

범사에 감사하라 이것이 그리
스도 예수 안에서 너희를 향하
신 하나님의 뜻이니라

찬송

429장

성경은 여러 곳에서 감사하라고 명령하고 있습니다. 감사가 그만큼 중요하다는 말
이기도 하지만 동시에 감사하기가 쉽지 않다는 반증이기도 합니다. 그렇기 때문에
이렇게 명령합니다. "범사에 감사하라. 이것이 그리스도 예수 안에서 너희를 향하
신 하나님의 뜻이니라"(살전 5:18). 감사는 명령입니다. 감사는 선택할 수 있는 것이
아니라 의무입니다. 바울은 감사하는 것이 성도를 향하신 하나님의 분명한 뜻이라
고 말합니다. 심지어 '범사'에 감사하라고 합니다. 범사가 무엇입니까? '모든 일'을
말합니다. 기분이 좋을 때나 내 마음에 들 때만 감사하는 것이 아닙니다. 어렵고 힘
들고 고통스러운 일을 당했을 때에도 하나님과 사람 앞에서 감사해야 한다는 말입
니다.

사실, 사업이 잘 되고 성적이 잘 나올 때는 감사하기 쉽습니다. 그러나 힘들고 어
렵고 고통스러운 때는 감사하기가 쉽지 않습니다. 그렇지만 그리스도인은 그럴 경
우에도 감사할 수 있습니다. 성도는 바울의 다음 고백을 믿습니다. "우리가 알거니
와 하나님을 사랑하는 자, 곧 그의 뜻대로 부르심을 입은 자들에게는 모든 것이 합
력하여 선을 이루느니라"(롬 8:28). 바로 여기에서 성도의 감사와 일반 세상 사람들
의 감사는 다릅니다. 성도의 감사는 조건적이지 않습니다. 하나님께서 무조건적으
로 은혜를 주신 것처럼 우리도 하나님께 범사에 감사할 수 있어야 합니다. 생명을
주신 분도 하나님이고 거두시는 분도 하나님이라는 것(욥 1:21)을 믿는 성도는 장례
식 가운데서도 감사할 수 있습니다.

시각 장애인이고 시인이며 찬송가 작가인 화니 크로스비(Fanny Crosby)는 이렇게
고백하며 감사했습니다. "내가 평생 앞을 보지 못하게 된 것은 하나님의 놀라운 복
인 것 같아요. 그래서 하나님의 섭리에 참으로 감사드립니다. 만약 내일 나의 시력
이 완벽하게 회복된다 하더라도 나는 그 일을 받아들이지 않을 겁니다. 나 자신에
대한 아름답고 흥미로운 것들에 마음이 흐트러지면 하나님을 찬양하는 노래를 부르
지 않을지도 모르기 때문입니다."

크로스비는 장애 자체를 감사하지 않았습니다. 그러나 하나님의 섭리를 감사했
습니다. 장애를 사용하셔서 더 좋은 것으로 일하시는 하나님께 감사한 것입니다. 우
리도 이런 감사를 드려야 하지 않을까요?

나눔질문

1. 좋은 일에 감사하는 것은 쉽습니다. 그러나 어려운 일에도 감사할 수 있을까요?
2. 우리는 어떻게 범사에 감사할 수 있을까요? 크로스비에게 배울 수 있는 것은 무엇일까요?

부모와 자녀의 관계에서 권위자는 부모입니다. 국가와 국민의 관계에서 권위자는 국가의 위정자입니다. 그러면 회사의 상사와 부하직원의 관계에서 권위자는 누구입니까? 당연히 상사(上司)입니다. 하나님께서는 상사와의 관계에서 어떻게 해야 할지도 가르쳐 주셨습니다. 에베소서에 보면 이렇게 명령했습니다. "종들아 두려워하고 떨며 성실한 마음으로 육체의 상전에게 순종하기를 그리스도께 하듯 하라. 눈가림만 하여 사람을 기쁘게 하는 자처럼 하지 말고 그리스도의 종들처럼 마음으로 하나님의 뜻을 행하고, 기쁜 마음으로 섬기기를 주께 하듯 하고 사람들에게 하듯 하지 말라. 이는 각 사람이 무슨 선을 행하든지 종이나 자유인이나 주께로부터 그대로 받을 줄을 앎이라"(엡 6:5-8). 이 말씀은 종과 주인의 관계에서 종이 주인에게 어떻게 행동해야 할 것인가를 명령한 것이지만, 오늘날 회사에서 일하는 회사원이 상사나 고용주(雇用主)에게 어떻게 행동해야 할지에 대한 원리를 배울 수 있습니다.

회사 사장의 권위도 동일하게 하나님으로부터 왔습니다. 세상의 모든 권위는 하나님으로부터 나지 않음이 없다고 했습니다(롬 13:1). 회사원은 상사의 명령에 순종해야 합니다. 아무리 악하고 못된 상사일지라도 그를 공경하는 마음과 태도를 가져야 합니다. 이것이 그리스도인으로서 마땅합니다. 보통 상사가 자기 마음에 들지 않으면 존경하지 않습니다. 정말 나쁜 상사가 있습니다. 그럴 때 불의한 상사를 공경한다는 것은 쉽지 않습니다. 그러나 그도 하나님이 세운 권위자이기 때문에 공경해야 합니다. 상사 입장에서는 공경하는 태도가 없는 부하직원을 좋아할 리 없습니다. 혹시 상사가 그리스도인을 싫어하고 괴롭혀도 그의 권위를 무시하거나 미워해서는 안 됩니다. 쉬운 일은 아니지만 이것이 성경이 가르치는 기본자세입니다.

그러나 예외 경우도 있습니다. 그가 성경 말씀과 어긋나는 불의한 것을 명령하면 어떻게 해야 할까요? 그런 경우에는 부모와 국가와의 관계와 같이 적용해야 합니다. 그를 공경하긴 하지만, 하나님의 뜻에 반대되는 것이면 정중하게 거절할 수 있습니다. 그렇게 하는 것이 쉽지는 않습니다. 그럴 때 지혜가 필요합니다. 특별히 하나님의 도우심을 구해야 합니다.

성경

엡 6:5-9

종들아 두려워하고 떨며 성실한 마음으로 육체의 상전에게 순종하기를 그리스도께 하듯 하라 눈가림만 하여 사람을 기쁘게 하는 자처럼 하지 말고 그리스도의 종들처럼 마음으로 하나님의 뜻을 행하고 기쁜 마음으로 섬기기를 주께 하듯 하고 사람들에게 하듯 하지 말라 이는 각 사람이 무슨 선을 행하든지 종이나 자유인이나 주께로부터 그대로 받을 줄을 앎이라 상전들아 너희도 그들에게 이와 같이 하고 위협을 그치라 이는 그들과 너희의 상전이 하늘에 계시고 그에게는 사람을 외모로 취하는 일이 없는 줄 너희가 앎이라

골 3:22

종들아 모든 일에 육신의 상전들에게 순종하되 사람을 기쁘게 하는 자와 같이 눈가림만 하지 말고 오직 주를 두려워하여 성실한 마음으로 하라

찬송

460장

HC 104문
WSC 64-66문

나눔질문

1. 우리는 일터에서 상사에게 어떤 자세로 일해야 할까요?
2. 공경하고 순종해야 하는 이유가 진급을 잘하기 위해서일까요? 아니면 다른 이유가 있나요?

교회의 권위자를 공경하라

성경

딤전 5:17

잘 다스리는 장로들은 배나 존경할 자로 알되 말씀과 가르침에 수고하는 이들에게는 더욱 그리할 것이니라

찬송

463장

HC 104문
WSC 64–66문

교회는 왠지 권위주의적으로 보이는 경향이 있습니다. 권위주의는 잘못된 것입니다. 그러나 권위는 필요합니다. 성경은 교회의 권위자에게 어떻게 대하라고 가르칠까요? 성경은 이렇게 가르칩니다. "잘 다스리는 장로들을 배나 존경할 자로 알되 말씀과 가르침에 수고하는 이들에게는 더욱 그리할 것이니라"(딤전 5:17).

누가 교회를 세웠나요? 장로님? 목사님? 아닙니다. 교회는 예수님이 세우셨습니다. 예수님이 교회의 머리로서 다스리십니다. 지금도 말씀과 성령으로 예수님이 직접 교회를 다스리십니다. 그런데 예수님은 교회에 직분자를 세워서 일하도록 하십니다. 교회의 직분자인 목사와 장로와 집사는 자기 마음대로 일하지 않고 말씀과 성령으로 예수님의 다스림을 받아 섬깁니다. 목사는 말씀으로 섬기는 예수님의 종입니다. 장로는 성도의 영적인 삶을 돌보고 감독하며 섬깁니다. 이 장로님을 다른 성도보다 배나 더 존경하라고 명령합니다. 다스리는 장로는 성도를 영적으로 지도하는 책임을 맡고 있습니다. 그러므로 권위도 있습니다. 성도는 그 권위자에게 공경을 표시해야 합니다. 그들이 대단하고 높은 위치에 있어서가 아니라 그분을 세우신 예수님이 귀하신 분이기 때문입니다. 특별히 젊은이들이 장로들을 존경하고 그분들의 인도에 순복해야 합니다. 성경은 "젊은 자들아! 이와 같이 장로들에게 순종"(벧전 5:5)할 것을 명령했습니다.

더 나아가 바울은 말씀과 가르침에 수고하는 장로를 더 존경하라고 합니다. '말씀과 가르침에 수고하는 장로'는 목사(牧師)를 말합니다. 목사는 '목자'와 '교사'를 합한 단어입니다. 목사는 양을 돌보는 목자(牧者)처럼 성도를 섬깁니다. 양들에게 좋은 꼴을 먹입니다. 말씀을 연구해서 설교를 통해 성도에게 먹기 좋은 영적 양식을 공급해 줍니다. 양은 목자가 요리해 준 양식을 먹으며 영적으로 자랍니다. 또 목사는 교사(敎師)로서 성도에게 하나님의 말씀을 가르칩니다. 거짓 교훈을 분별해 걸러내고 바른 교훈(Doctrine)을 가르쳐 무서운 이리의 공격에서 보호해 줍니다. 그러므로 성도는 목사님을 존경해야 합니다. 자기 마음에 들지 않는다고 목사를 무시하거나 멸시하는 것은 영적으로 절대 도움이 되지 않습니다. 교회를 다스리는 장로와 목사를 존경하고 공경할 때 하나님께서 기뻐하십니다.

나눔 방

1. 왜 장로님을 배나 존경해야 합니까?
2. 왜 목사님을 더 존경해야 합니까?

장수의 비결, 제5계명

제5계명은 복이 약속되어 있습니다. 다른 계명과 비교할 때 약속이 있는 특별한 명령입니다. "네 부모를 공경하라 그리하면 네 하나님 여호와가 네게 준 땅에서 네 생명이 길리라"(출 20:12). 에베소서 6장 3절도 이렇게 약속합니다. "이로써 네가 잘되고 땅에서 장수하리라." 이 약속에 의하면 부모를 공경하는 것이 장수의 비결입니다. 오래 살고 싶으면 부모를 공경하면 됩니다. 이 말을 거꾸로 하면 일찍 죽는 사람은 부모를 공경하지 않았기 때문입니다. 일면 맞는 말이기도 합니다. 레위기 20장 9절에 의하면 부모에게 욕하고 저주하며 불순종하는 아들은 마을 장로들의 재판을 통해 죽이라고 했습니다. 그러니 오래 살지 못하는 것이 맞습니다. 그에 비해 부모를 공경하는 자는 오래 살게 되는 것이 사실입니다.

그런데 현실은 어떻습니까? 부모님을 공경하는 그리스도인이 일찍 죽기도 합니다. 그렇지 않은 불신자들이 오래 살기도 합니다. 제5계명의 약속은 정말로 믿을만한 것일까요?

자, 그러면 생각해 봅시다. 우리가 제5계명을 잘 지켜 이 약속으로 행복을 누릴 만한 사람이 얼마나 될까요? 부모뿐만 아니라 우리를 책임진 권위자들을 얼마나 공경하며 살까요? 아무도 없습니다. 사실 제5계명이 약속한 복을 누릴 자격이 있는 사람은 세상에 아무도 없을 것입니다. 세상에 효자효녀가 많다고 하지만, 하나님의 기준에는 오십보백보일 뿐입니다. 모든 인간은 죄인이기 때문에 자신의 삶에서 완전하지 못합니다.

그런데 완벽하게 제5계명을 지키신 한 분이 계십니다. 바로 우리 주 예수 그리스도이십니다. 예수님은 위에 있는 권위자를 공경하시고 순종하셨습니다. 부모와 대제사장과 총독 빌라도까지 공경하셨습니다. 가장 위대한 순종은 하늘에 계신 아버지께 완전하게 순종하신 것입니다. 사람이 되시고 고통받으시고 저주의 죽음을 죽으시는 명령에 온전히 순종하셨습니다. 이렇게 제5계명을 완전하게 지키신 예수님은 하나님의 약속대로 하늘과 땅의 모든 권세를 받으셨습니다(마 28:18). 우리가 예수님 안에서 이 계명을 지키면, 혹시 이 계명을 어기게 되어 그리스도의 은혜를 구하면, 우리는 하나님께서 다섯째 계명을 통해 약속하신 생명을 영원토록 보장받을 것입니다. 한마디로 장수하는 복을 받게 될 것입니다.

성경

출 20:12

네 부모를 공경하라 그리하면 네 하나님 여호와가 네게 준 땅에서 네 생명이 길리라

찬송

579장

HC 104문
WSC 64-66문

나눔질문

1. 다섯째 계명의 약속이란 무엇입니까?
2. 이 약속의 복을 받을 자격이 있는 사람이 있을까요? 어떻게 우리에게 유익이 있을까요?

제6계명은 무엇을 요구하나요?

성경
출 20:13
살인하지 말라

찬송
311장

HC 105문
WSC 68-69문

제5계명은 가정에서 자녀가 수직적으로 부모와 어떻게 관계를 맺어야 하는지 가르쳐 줍니다. 자녀는 부모님을 공경하고 부모는 자녀를 사랑과 공의로 양육해야 합니다. 그에 비해 제6계명은 수평적으로 형제 관계를 어떻게 맺어야 하는지 잘 보여 줍니다.

제6계명이 무엇이죠? 아주 짧고 간단한데 말해 볼까요? 무시무시한 말이죠? "살인하지 말라!" 텔레비전 뉴스에서 사람을 죽였다는 무서운 소식을 듣습니다. 차를 운전하다가 보행자를 치어 죽인 경우도 있습니다. 또 사람을 죽이려고 치밀하게 계획을 해 잔인하게 죽이는 경우도 있습니다. 아주 나쁜 사람들입니다. 이 계명을 들으면 '아, 사람을 죽이는 그런 나쁜 죄를 범해서는 안 되는구나.'라는 생각이 듭니다.

다른 한편, 제6계명을 들으면 이런 생각이 들기도 합니다. '이 계명은 나와 상관없구나. 나는 지금까지 사람을 죽인 적이 없잖아!' 그러면 사람을 죽인 적이 없으니 우리는 제6계명을 잘 지키고 있는 걸까요? 정말 우리와 별 상관이 없는 계명일까요? 그렇지 않습니다. 제6계명은 살인을 금하셨을 뿐만 아니라, 살인의 뿌리가 되는 것들, 즉 시기, 증오, 분노, 원한을 갖지 말 것을 동시에 요구합니다.

뿐만 아니라, 단순히 살인하지 않는 것에서 나아가 적극적으로 우리의 이웃을 자신과 같이 사랑하라고 명령합니다. 인내하고, 화평하며, 온유하고, 자비로우며, 친절하고, 위험에서 보호하며, 심지어 원수들에게도 선을 행하라는 명령을 받았습니다. 살인하지 말라는 계명은 우리와 상관이 없거나, 사람을 죽이지 않았으니 괜찮은 것이 아닙니다. 오히려 매우 지키기 힘든 계명입니다.

사도 요한은 이렇게 말했습니다. "그 형제를 미워하는 자마다 살인하는 자니, 살인하는 자마다 영생이 그 속에 거하지 아니하는 것을 너희가 아는 바라"(요일 3:15). 다른 사람을 미워해 본 적이 있나요? 혹시 지금도 미워하는 사람이 있나요? 다른 사람을 미워하는 것은 눈에 드러나지 않습니다. 형제를 미워하는 마음만 가지고 있어도 살인한 것과 같다고 합니다. 우리는 이 계명을 지키기 쉽다고 말할 수 있을까요?

나눔질문

1. 제6계명과 제5계명의 차이가 무엇인가요?
2. "살인하지 말라."라는 계명은 어느 정도 수준으로 생각해야 하나요?

혹시 살인하는 것을 보았거나 가까이에서 경험한 적이 있나요? 우리 주변에서 사람을 죽이는 것을 보는 경우는 그렇게 많지 않습니다. 그러나 신문이나 텔레비전을 보면 누가 누구를 죽였다는 소식을 듣습니다. 경기도 화성에서 있었던 연쇄살인사건의 범인은 아직도 잡히지 않고 있습니다. 왜 사람들은 사람을 죽이는 것일까요?

성경에 보면 동생을 돌로 쳐 죽인 형이 있습니다. 그 형은 가인입니다. 가인은 아담과 하와의 첫 아들입니다. 아벨은 양을 치는 목동이었고, 가인은 농사를 짓는 농부였습니다. 어느 날 가인은 자기 땅에서 난 제물로 하나님께 제사를 드렸습니다. 아벨도 자기가 키운 양의 첫 새끼와 그 기름으로 제사를 드렸습니다. 그런데 하나님께서 가인의 제사는 받지 않고 아벨의 제사만 받으셨습니다. 하나님께서는 제물만 보시는 것이 아니라, 제사를 드리는 사람의 마음도 보십니다. 가인은 얼굴색이 붉어지며 분을 내고 화를 냈습니다. 가인은 하나님을 믿지 않았습니다. 하나님을 믿는 믿음이 없으니 동생 아벨을 시기하고 질투했습니다. 하나님께서 가인에게 말씀하셨습니다. "선한 마음을 가져라. 네 가운데 죄가 있으니, 너는 죄에게 끌려 다니지 말고 죄를 이겨야 한다." 그러나 가인은 신앙이 없었기 때문에 하나님의 권고를 무시했습니다. 결국 가인은 죄에게 졌습니다. 분노가 가득했던 가인은 아벨을 들로 데리고 나가 돌로 쳐 죽였습니다.

하나님께서 가인을 심문하십니다. "네 아우 아벨이 어디 있느냐?"(창 4:9) 가인은 시치미를 뚝 뗐습니다. "내가 알지 못하나이다. 내가 내 아우를 지키는 자니이까?"(9절) 가인은 감쪽같이 동생을 죽였으니 아무도 모를 것이라고 생각했던 것 같습니다. 그러나 하나님께서는 그 모든 것을 알고 계셨습니다. 하나님의 창조물인 땅이 아벨을 죽인 것을 알고 하나님께 호소하고 고소했습니다. "네가 무엇을 하였느냐? 네 아우의 핏소리가 땅에서부터 내게 호소하느니라. 땅이 그 입을 벌려 네 손에서부터 네 아우의 피를 받았은즉 네가 땅에서 저주를 받으리니 네가 밭을 갈아도 땅이 다시는 그 효력을 네게 주지 아니할 것이요 너는 땅에서 피하며 유리하는 자가 되리라"(창 4:10-12). 하나님께서는 살인자를 미워하십니다.

성경

창 4:1-15

아담이 그의 아내 하와와 동침하매 하와가 임신하여 가인을 낳고 이르되 내가 여호와로 말미암아 득남하였다 하니라 그가 또 가인의 아우 아벨을 낳았는데 아벨은 양 치는 자였고 가인은 농사하는 자였더라 세월이 지난 후에 가인은 땅의 소산으로 제물을 삼아 여호와께 드렸고 아벨은 자기도 양의 첫 새끼와 그 기름으로 드렸더니 여호와께서 아벨과 그의 제물은 받으셨으나 가인과 그의 제물은 받지 아니하신지라 가인이 몹시 분하여 안색이 변하니 여호와께서 가인에게 이르시되 네가 분하여 함은 어찌 됨이며 안색이 변함은 어찌 됨이냐 네가 선을 행하면 어찌 낯을 들지 못하겠느냐 선을 행하지 아니하면 죄가 문에 엎드려 있느니라 죄가 너를 원하나 너는 죄를 다스릴지니라 가인이 그의 아우 아벨에게 말하고 그들이 들에 있을 때에 가인이 그의 아우 아벨을 쳐죽이니라 여호와께서 가인에게 이르시되 네 아우 아벨이 어디 있느냐 그가 이르되 내가 알지 못하나이다 내가 내 아우를 지키는 자니이까 이르시되 네가 무엇을 하였느냐 네 아우의 핏소리가 땅에서부터 내게 호소하느니라 땅이 그 입을 벌려 네 손에서부터 네 아우의 피를 받았은즉 네가 땅에서 저주를 받으리니……

찬송

314장

HC 105문
WSC 68-69문

1. 하나님은 왜 가인의 제사를 받지 않으셨을까요?
2. 가인이 아벨을 죽이게 되는 과정을 이야기해 보세요.

'살인'과 '죽이는 것'의 차이

성경

창 9:1-7

하나님이 노아와 그 아들들에게 복을 주시며 그들에게 이르시되 생육하고 번성하여 땅에 충만하라 땅의 모든 짐승과 공중의 모든 새와 땅에 기는 모든 것과 바다의 모든 물고기가 너희를 두려워하며 너희를 무서워하리니 이것들은 너희의 손에 붙였음이니라 모든 산 동물은 너희의 먹을 것이 될지라 채소 같이 내가 이것을 다 너희에게 주노라 그러나 고기를 그 생명 되는 피째 먹지 말 것이니라 내가 반드시 너희의 피 곧 너희의 생명의 피를 찾으리니 짐승이면 그 짐승에게서, 사람이나 사람의 형제면 그에게서 그의 생명을 찾으리라 다른 사람의 피를 흘리면 그 사람의 피도 흘릴 것이니 이는 하나님이 자기 형상대로 사람을 지으셨음이니라 너희는 생육하고 번성하며 땅에 가득하여 그중에서 번성하라 하셨더라

찬송

324장

HC 105문
WSC 68-69문

어떤 사람은 "살인하지 말라."라는 제6계명을 지키려고 사형제도를 반대합니다. 사형제도도 사람을 죽이는 것이니 살인으로 해석한 것입니다. 전쟁도 사람을 죽이는 것이니 살인이라고 생각합니다. 사람을 죽이는 모든 것은 하지 말아야 한다고 주장합니다. 그런데 성경에는 '살인'과 '죽이는 것'을 구별합니다. 살인은 히브리어로 '라짜흐(Ratzah)'로 불법적으로 죽이는 것을 말합니다. 죽이는 것은 '무트(Mut)'로 합법적으로 죽이는 것입니다. 성경은 합법적으로 사람을 죽이는 것을 허용합니다. 하나님께서는 안식일을 어긴 자를 죽이라고 명령하십니다(민 15:32-36). 이스라엘 백성이 광야에 있을 때에 어떤 사람이 안식일에 나무를 했습니다. 하나님께서 그를 돌로 쳐 죽이도록 명령하셨습니다. 이것은 살인이 아니라, 합법적으로 죽이는 것입니다. 무엇이 합법이고 무엇이 불법인지 판단하는 기준은 하나님의 법입니다. 합법적으로 사람을 죽이는 것은 살인이 아닙니다. 지금도 세계 여러 곳에는 사형제도가 있습니다. 사형제도를 금지해야 한다는 사람들의 의견도 만만치 않습니다. 그들은 인간의 생명이 존귀하기 때문에 인간이 인간을 죽여서는 안 된다고 주장합니다. 그러나 합법적인 사형은 죄가 아닙니다. 제6계명을 어기는 것도 아닙니다. 전쟁의 경우를 보십시오. 전쟁에 나가 군인이 싸우면서 적군을 총으로 쏴 죽이는 것을 죄라고 생각하지 않습니다. 그것을 살인이라고 말하지 않습니다.

홍수 후 노아는 하나님께 복과 새로운 명령을 받았습니다. 생육하고 번성하여 땅에 충만한 것은 타락 전이나 타락 후나 같았습니다. 그런데 달라진 것이 하나 있습니다. 그것은 사람에게 먹거리로 채소만 주었는데, 이제는 모든 산 동물을 먹을 수 있게 허락하신 것입니다. 사람이 동물을 죽여 육식을 할 수 있게 되었습니다. 어떤 동물애호가들은 동물도 인격이 있기 때문에 죽여서는 안 된다고 주장합니다. 고상해 보이긴 하지만, 하나님께서 허락하신 것을 사람이 마음대로 먹지 못하게 할 수는 없습니다.

그러나 사람이 사람을 불법적으로 죽이는 살인은 금하셨습니다. 만약 살인을 하면 그도 죽임을 당해야 했습니다. 이것이 하나님의 법이었습니다.

나눔질문

1. 살인과 죽이는 것의 차이는 무엇입니까?
2. 성경은 죽이는 것을 허용합니까? 어떤 경우인가요?

사랑(1) : 하나님 사랑

교회에서 예배 전후에 인사를 하곤 합니다. 목사님이 옆에 앉은 사람과 "사랑합니다!"라고 인사하라고 시킵니다. 우리는 옆에 앉아 계신 분을 잘 모르지만, "사랑합니다."라고 인사합니다. 서먹하고 어색한 관계가 좀 부드러워지는 것 같긴 합니다. 그런데 정말 사랑하기 때문에 그런 인사를 한 것일까요? '앞으로 사랑하고 싶습니다.'라는 소원의 인사일까요? 사랑은 그런 것이 아닙니다. 사랑은 그렇게 한마디 인사처럼 던지는 것이 아닙니다.

성경은 사랑에 대해 무엇이라고 가르칠까요? 성경을 읽어 보면 사랑은 하나님의 성품 가운데 하나입니다. "하나님은 사랑이심이라"(요일 4:8). 하나님은 공의로우시지만 사랑이십니다. 사랑 없는 공의가 있을 수 없으며, 공의 없는 사랑은 의미가 없습니다. 하나님께는 이 두 가지 성품이 분리되지 않습니다. 사랑과 공의는 하나입니다.

우리가 하나님의 사랑을 어떻게 알 수 있습니까? 하나님의 사랑을 알 수 있는 방법은 간단합니다. "하나님이 세상을 이처럼 사랑하사 독생자를 주셨으니 이는 그를 믿는 자마다 멸망하지 않고 영생을 얻게 하려 하심이라"(요 3:16). 하나님의 사랑은 우리에게 독생자 예수 그리스도를 주신 데서 볼 수 있습니다. 왜 하나님은 독생자 예수님을 세상에 보내셨지요? "하나님이 자기의 독생자를 세상에 보내심은 그로 말미암아 우리를 살리려 하심이라"(요일 4:9). 죄로 죽은 상태에서 우리를 살리시려고 예수님을 보내셨습니다. 그러니 예수님은 하나님의 사랑의 표입니다. 우리는 죄 때문에 하나님을 떠나 영원히 죽게 될 운명이었습니다. 죄의 값은 죽음입니다. 이것이 하나님의 공의입니다. 그런데 하나님의 사랑이 죄로 인한 죽음의 문제를 해결하였습니다. 예수 그리스도를 세상에 보내셔서 죽게 하심으로 우리 죗값을 대신 치러주셨습니다. 십자가에 하나님의 사랑과 공의가 함께 밝게 빛납니다. "하나님이 우리를 사랑하사 우리 죄를 속하기 위하여 화목 제물로 그 아들을 보내셨음이라"(요일 4:10). 우리가 하나님을 사랑한 것이 아니라, 하나님께서 우리를 사랑하셨습니다. 바로 이 사랑이 참 사랑입니다. 하나님의 거저 주시는 사랑을 받은 사람들은 이제 서로 사랑할 수 있습니다. 그냥 말로 "사랑해요."라고 한마디 던지는 그런 사랑이 아니라, 이 정도의 사랑이 진정한 사랑입니다. 하나님의 큰 사랑을 맛본 사람이 참 사랑을 할 수 있습니다.

성경

요일 4:7-12

사랑하는 자들아 우리가 서로 사랑하자 사랑은 하나님께 속한 것이니 사랑하는 자마다 하나님으로부터 나서 하나님을 알고 사랑하지 아니하는 자는 하나님을 알지 못하나니 이는 하나님은 사랑이심이라 하나님의 사랑이 우리에게 이렇게 나타난 바 되었으니 하나님이 자기의 독생자를 세상에 보내심은 그로 말미암아 우리를 살리려 하심이라 사랑은 여기 있으니 우리가 하나님을 사랑한 것이 아니요 하나님이 우리를 사랑하사 우리 죄를 속하기 위하여 화목 제물로 그 아들을 보내셨음이라 사랑하는 자들아 하나님이 이같이 우리를 사랑하셨은즉 우리도 서로 사랑하는 것이 마땅하도다 어느 때나 하나님을 본 사람이 없으되 만일 우리가 서로 사랑하면 하나님이 우리 안에 거하시고 그의 사랑이 우리 안에 온전히 이루어지느니라

찬송

31장 2절

나눔 질문

1. 우리가 생각하는 사랑은 무엇입니까? 한번 생각나는 대로 말해 보세요.

2. 참 사랑은 어디에서 발견할 수 있습니까? 사랑과 공의와 관계는 어떻게 됩니까?

창조자 & 보호자 하나님

성경

창 4:13-15

가인이 여호와께 아뢰되 내 죄 벌이 지기가 너무 무거우니이 다 주께서 오늘 이 지면에서 나를 쫓아내시온즉 내가 주의 낯을 뵈옵지 못하리니 내가 땅에서 피하며 유리하는 자가 될지라 무릇 나를 만나는 자마다 나를 죽이겠나이다 여호와께서 그에게 이르시되 그렇지 아니하다 가인을 죽이는 자는 벌을 칠 배나 받으리라 하시고 가인에게 표를 주사 그를 만나는 모든 사람에게서 죽임을 면하게 하시니라

9:6

다른 사람의 피를 흘리면 그 사람의 피도 흘릴 것이니 이는 하나님이 자기 형상대로 사람을 지으셨음이니라

찬송

382장

HC 105문

WSC 68-69문

왜 하나님께서는 살인하지 말라고 하셨을까요? 창세기 9장 6절에서 그 이유를 찾을 수 있습니다. "이는 하나님이 자기 형상대로 사람을 지으셨음이니라." 하나님은 사람을 당신의 형상대로 창조하셨습니다. 그렇기 때문에 사람은 고귀하고 소중한 존재입니다. 특별히 창세기 2장에 보면 다른 동물과 달리 독특하게(unique)하게 창조되었습니다. 본래 동물도 사람처럼 흙으로 만들어졌습니다. 창세기 2장 19절에 보면 "여호와 하나님이 **흙으로** 각종 들짐승과 공중의 각종 새를 지으시고 아담이 무엇이라고 부르나 보시려고 그것들을 그에게로 이끌어 가시니……"라고 되어 있습니다. 많은 경우 이 구절을 무시하고 지나쳐 버립니다. 그러나 사람이 동물과 다른 점 하나는 하나님께서 생기를 그 코에 불어넣으셔서 사람이 '생령(生靈)'이 된 것입니다(창 2:7). 생령은 '살아 움직이는 존재'라는 뜻입니다. 사람은 숨을 쉬고 심장이 뛰고 뇌가 활발하게 움직이는 존재입니다. 이 정도에서 끝나는 것이 아니라 하나님의 형상을 가진 존재입니다. 즉, 하나님과 특별한 관계를 맺고 있는 존재라는 말입니다. 창조자는 피조물인 인간을 만드신 뒤 그냥 내버려두지 않으시고 계속 보호하십니다. 피조물인 인간은 하나님께 순종하는 관계에 있습니다. 그래서 이 생명이 유지되기 위해서는 하나님의 계명에 순종해야 합니다.

가인이 아벨을 죽이고 하나님께 저주를 받았습니다. 뒤늦게 생각해 보니 가인은 자신의 죄가 너무 크다고 느꼈습니다. 자신이 지은 죄의 짐이 너무 무거워 견딜 수 없었습니다. 두려웠습니다. '혹시 다른 사람이 나를 죽이지는 않을까?' 그때 하나님께서 가인의 생명을 보호해 주십니다. 가인이 죄인이지만 사람이 사람을 죽이지 못하도록 하신 것입니다. "가인을 죽이는 자는 벌을 칠 배나 받으리라"(창 4:15). 하나님께서는 가인에게 표를 주셔서 다른 사람이 죽이지 못하도록 하셨습니다. 하나님께서는 사람을 죽인 자는 반드시 죽이도록 명령하시는 분이기도 하지만 동시에 죽인 자를 보호해 주시는 분이기도 하십니다. 사람의 생명을 가볍게 생각해서는 안 됩니다. 사람이 소중한 것은 하나님의 형상으로 창조되었기 때문입니다. 사람은 하나님의 생기로 만들어진 생령이기 때문입니다. 특별한 존재인 사람의 생명을 귀하게 여깁시다.

나눔질문

1. 사람과 동물의 생명은 어떤 차이가 있습니까?
2. 생명을 창조하신 하나님은 생명을 보호해 주기도 하십니다. 우리는 생명을 어떻게 여겨야 할까요?

살인자를 위한 도피성, 예수님

이스라엘에는 여섯 개의 특별한 성이 있었습니다. 서쪽에 '게데스', '세겜', '헤브론', 이렇게 세 개가 있었고, 동쪽에 '베셀', '길르앗 라못', '바산 골란', 이렇게 세 개가 있었습니다. 이 성이 특별한 이유는 사고로 사람을 죽인 사람이 도망쳐 오면 사형을 하지 않고 살려 주는 곳이기 때문입니다. 물론 제사장이 조사를 해 그가 정말로 고의로 죽이지 않았는지 확인한 후에 살려 줍니다. 이 성을 도피성(逃避城)이라고 부릅니다. 실수이지만 사람을 죽였으니 재판을 통해 사형되어야 하지만, 고의로 죽인 것이 아니기 때문에 살려 주기 위해 만든 제도입니다. 도피성은 이스라엘 백성이 생각해 만든 것이 아닙니다. 하나님께서 만들어 주신 것입니다. 광야에 있을 때 가나안 땅에 들어가면 만들라고 명령하셨던 제도(민 35:9-34)입니다. 아주 섬세한 하나님의 사랑의 배려가 아닐 수 없습니다.

누구든지 살인하는 자는 반드시 죽이도록 명령하셨습니다. 쇠로 된 농기구로 사람을 쳐 죽이거나, 나무로 된 일하는 연장으로 사람을 죽이거나, 평소에 미워하던 사람이 위험한 곳에 서 있는 것을 보고 뒤에서 밀쳐 떨어져 죽게 했으면 사형의 벌을 받아야 했습니다. 이것이 본래 하나님의 법입니다.

그런데 의도하지 않고 장난으로 사람을 밀었는데 넘어져 죽거나, 사람을 향해 던진 돌이 아닌데 길 가던 사람이 맞고 죽은 경우에 살인자를 살릴 수 있는 길을 마련해 주신 것입니다. 억울하게 죽은 피해자의 가족이 그를 잡아 죽일 수 없습니다. 만약 도피성에 들어갔는데도 그를 찾아와 죽이면 그가 다시 살인자가 됩니다. 물론 고의로 사람을 죽이고도 도피성으로 들어가는 경우도 있기 때문에 두 사람 이상의 증인을 참석시켜 재판을 했습니다. 대제사장이 죽으면 그는 도피성에서 나와 자유롭게 살 수 있었습니다.

이 도피성은 예수님을 생각나게 합니다. 죽을 죄를 지은 우리에게 피할 길을 주셨기 때문입니다. 우리가 예수님에게 피하면 죽지 않습니다. 예수님은 우리에게 '도피성'과 같습니다. 예수님은 우리의 '대제사장'과 같습니다. 우리를 죽지 않게 조치를 취해 주시기 때문입니다. 예수님이 스스로 십자가에 죽으심으로 우리의 죄를 용서받고 우리가 자유를 얻게 된 것처럼 말입니다. 얼마나 감사한지요!

나눔 질문

1. 도피성이 무엇이며 어디에 있었는지 말해 보세요.
2. 도피성의 의미가 무엇입니까? 그 의미를 자신에게 적용시켜 보세요.

성경

수 20:1-9

여호와께서 여호수아에게 말씀하여 이르시되 이스라엘 자손에게 말하여 이르기를 내가 모세를 통하여 너희에게 말한 도피성들을 너희를 위해 정하여 부지중에 실수로 사람을 죽인 자를 그리로 도망하게 하라 이는 너희를 위해 피의 보복자를 피할 곳이니라 이 성읍들 중의 하나에 도피하는 자는 그 성읍에 들어가는 문 어귀에 서서 그 성읍의 장로들의 귀에 자기의 사건을 말할 것이요 그들은 그를 성읍에 받아들여 한 곳을 주어 자기들 중에 거주하게 하고 피의 보복자가 그의 뒤를 따라온다 할지라도 그들은 그 살인자를 그의 손에 내주지 말지니 이는 본래 미워함이 없이 부지중에 그의 이웃을 죽였음이라 그 살인자는 회중 앞에 서서 재판을 받기까지 또는 그 당시 대제사장이 죽기까지 그 성읍에 거주하다가 그 후에 살인자는 그 성읍 곧 자기가 도망하여 나온 자기 성읍 자기 집으로 돌아갈지니라 하라 하시니라 이에 그들이 납달리의 산지 갈릴리 게데스와 에브라임 산지의 세겜과 유다 산지의 기랏 아르바 곧 헤브론과 여리고 동쪽 요단 저쪽 르우벤 지파 중에서 평지 광야의 베셀과 갓 지파 중에서 길르앗 라못과 므낫세 지파 중에서 바산 골란을 구별하였으니 이는 곧 이스라엘 모든 자손과 그들 중에 거류하는 거류민을 위하여 선정된 성읍들로서 누구든지 부지중에 살인한 자가 그리로 도망하여 그가 회중 앞에 설 때까지 피의 보복자의 손에 죽지 아니하게 하기 위함이라

찬송

262장

HC 105문

WSC 68-69문

간접적인 살인도 책임이 있나요?

성경

출 21:28-29

소가 남자나 여자를 받아서 죽이면 그 소는 반드시 돌로 쳐서 죽일 것이요 그 고기는 먹지 말 것이며 임자는 형벌을 면하려니와 소가 본래 받는 버릇이 있고 그 임자는 그로 말미암아 경고를 받았으되 단속하지 아니하여 남녀를 막론하고 받아 죽이면 그 소는 돌로 쳐죽일 것이고 임자도 죽일 것이며

찬송

298장

HC 105문
WSC 68-69문

제6계명 "살인하지 말라."는 '본의 아니게' 다른 사람을 죽이거나 상처를 준 경우도 해당됩니다. 구약성경을 읽어 보면 이런 이야기가 있습니다. 들이나 마을을 걸어가던 소가 사람을 받아 죽이면 그 소를 죽입니다. 그 소를 반드시 돌로 쳐 죽이는 것이 벌입니다. 만약 그 소를 가만히 놔둔다면 또 다른 사고를 낳을 것이기 때문입니다. 또 그 고기를 먹지 말라고 합니다. 그 소가 사람을 죽여 역겹고 혐오스러운 죄를 지었다는 것을 보여 주기 위함입니다. 그런데 소 주인은 어떨까요? 잘못이 없을까요? 소 주인은 잘못이 없습니다. 소 주인은 벌을 받지 않아도 됩니다. 대신 값비싼 소를 잃은 것으로 충분히 손해가 있습니다.

그런데 다음과 같은 경우에는 주인에게 죄가 있습니다. 소가 본래 받는 버릇이 있어 평소에 주위 사람들이 주인에게 경고를 했습니다. "소를 풀어 놓지 마세요!" 그럼에도 불구하고 주인이 소를 아무렇게나 돌아다니도록 합니다. 어느 날 그 소가 아이나 여자나 남자를 받아 죽이면 소를 돌로 쳐 죽입니다. 당연합니다. 그런데 이 경우는 소만 죽이는 것이 아니라, 소의 주인도 죽여야 합니다. 주인에게도 책임이 있습니다. 직접적으로 그 사람을 죽이려고 계획하지 않았지만, 제6계명을 어긴 것입니다. 주인 스스로 소가 누구를 공격할지 몰랐지만 그는 제6계명을 어긴 것입니다. 왜냐하면 자기 소가 위험한 짐승인 줄 알면서도 사고가 날 것을 생각하고 미리 막지 않고 고의로 내버려두었기 때문입니다. 이처럼 간접적으로 다른 사람을 죽이거나 상처를 입혀도 제6계명을 어기는 것입니다.

하나님께서는 율법을 주시면서 엄격하게 율법주의적으로 적용하시지 않습니다. 율법을 주신 이유는 언약 백성을 위해서입니다. 살인하지 않는 것이 언약 백성에게 가장 좋습니다. 때로는 이렇게 생각합니다. '하나님은 왜 이렇게 무시무시한 율법을 주실까? 율법은 싫어!' 그렇지만 이 율법이 없었다면 우리는 어떻게 될까요? 아무도 살아남지 못할 것입니다. 죄를 지어도 죄인 줄 알지 못할 것입니다. 어떻게 살아야 할지도 모릅니다. 나쁜 일을 밥 먹듯이 할 겁니다. 그러니 율법을 주신 것에 감사해야 합니다!

나눔 질문

1. 우연히 소가 사람을 받아 죽이면 어떻게 처리했나요?
2. 위험한 소를 그냥 내버려 두어 사람을 죽였을 경우 주인은 책임이 있나요?

자살해도 되나요?

제6계명은 다른 사람을 해치는 것만이 아니라, 자신의 몸과 생명에 대해서도 명령합니다. 어떤 사람은 이렇게 생각합니다. '걱정하지 마세요! 내 몸은 내가 책임져요! 그러니까 간섭하지 마세요!' 정말 그럴까요? 내 몸과 생명은 내 것일까요? 많은 사람은 자기 몸을 자기 마음대로 사용합니다. 몸에 좋지 않은 담배를 마구 피웁니다. 우리나라 청소년의 흡연율이 세계 최고라고 합니다. 청소년기에 담배를 피우면 한창 자라는 폐가 다 자라지 못해 심폐기능이 약화된다고 합니다. 담배는 몸에 해롭습니다. 술을 마시는 것도 문제입니다. 우리나라 사람은 술을 한번 마시면 많이 마십니다. '폭탄주'라는 술이 있습니다. 이것은 여러 가지 술을 섞어 마시는 것인데, 술에 더 빨리 취하는 방법입니다. 몸의 균형을 잡을 수 없을 정도로 너무 많은 술을 마셔 교통사고의 주요 원인이 되기도 합니다. 음주운전은 자신뿐만 아니라, 다른 사람에게도 큰 피해를 입히는 행위입니다.

몸의 건강을 중요하게 생각하는 이유는 몸이 우리 것이 아니라, 하나님의 것이기 때문입니다. 하나님께서는 창세전에 우리를 선택하시고 예정하셔서 이 땅에 태어나게 하셨습니다. 우리는 우리의 것이 아닙니다. 하나님의 것입니다. 그러니 우리 몸을 관리하지 않고 아무렇게나 사용해 병들게 하거나 죽일 수 없습니다.

우리 주변에는 자살하는 사람이 있습니다. 스스로 자기 목숨을 끊는 것입니다. 끔찍합니다. 한국의 자살률은 OECD 국가 가운데 가장 높습니다. 2010년 한 해 동안 무려 15,566명이 자살했습니다. 하루에 42명이나 스스로 목숨을 끊고 있습니다. 이 숫자에는 교인도 많이 들어 있습니다. 교회에 다니는 유명 연예인이 자살하기도 했습니다. 자신의 생명을 자기 마음대로 할 수 있다고 생각한 것입니다. 자기의 몸을 스스로 죽이는 것은 제6계명을 어기는 무서운 죄입니다. 하이델베르크 요리문답 1문의 답은 "살아서나 죽어서나 나는 나의 것이 아니요, 몸도 영혼도 나의 신실한 구주 예수 그리스도의 것입니다."라고 합니다. 우리는 우리 것이 아닙니다. 주님의 것이기에 주님의 말씀대로 잘 보호해야 합니다. 우리 몸은 성령의 전입니다. 성령의 전을 더럽히거나 함부로 다루어서는 안 됩니다. 그러므로 자신의 몸도 건강하게 잘 돌보아야 합니다.

성경

고전 6:19-20

너희 몸은 너희가 하나님께로부터 받은 바 너희 가운데 계신 성령의 전인 줄을 알지 못하느냐 너희는 너희 자신의 것이 아니라 값으로 산 것이 되었으니 그런즉 너희 몸으로 하나님께 영광을 돌리라

찬송

301장

HC 105문

WSC 68-69문

나눔질문

1. 우리 몸을 괴롭게 하거나 해하는 것도 여섯째 계명을 어기는 것입니까? 왜 그런가요?
2. 우리 몸을 건강하게 잘 돌보는 데 있어서 우리가 특별히 조심해야 할 것들이 무엇인가요?

낙태해도 되나요?

성경

시 139:13-16

주께서 내 내장을 지으시며 나의 모태에서 나를 만드셨나이다 내가 주께 감사하옴은 나를 지으심이 심히 기묘하심이라 주께서 하시는 일이 기이함을 내 영혼이 잘 아나이다 내가 은밀한 데서 지음을 받고 땅의 깊은 곳에서 기이하게 지음을 받은 때에 나의 형체가 주의 앞에 숨겨지지 못하였나이다 내 형질이 이루어지기 전에 주의 눈이 보셨으며 나를 위하여 정한 날이 하루도 되기 전에 주의 책에 다 기록이 되었나이다

찬송

304장

HC 105문
WSC 68-69문

'낙태'라는 말을 들어 봤나요? 처음 들어 본다고요? 예, 낙태라는 말을 처음 들어 볼 수도 있겠군요. 낙태(落胎)는 뱃속에 있는 태아를 죽이는 것입니다. 왜 낙태를 할까요? 우선 생각할 수 있는 것은 아이를 임신해서 낳아 기르는 것이 쉽지 않게 되었기 때문입니다. 에덴동산에서 하와가 죄를 지은 후 임신하는 고통이 더 커졌습니다. 그리고 아이를 낳는 것도 수고해야 하는 아주 어려운 일이 되었습니다. 이것이 싫어 아기를 뱃속에서 낙태시키는 사람이 있습니다. 또 어떤 사람은 일 때문에 너무 바빠 아이를 양육할 자신이 없어 낙태하기도 합니다. 아들을 원했는데 딸이 임신되었을 경우에 낙태하기도 합니다. 계획하지 않은 임신이 되었을 때 아이를 낙태시키는 경우도 있습니다. 이렇게 낙태되는 아기가 얼마나 될까요? 일 년에 30-40만 명의 영아가 태어나지도 못하고 뱃속에서 죽는다고 합니다. 통계에 기록된 것 이외의 것까지 합친다면 150만 명의 영아가 죽습니다.

어떻게 이런 일이 가능할까요? 성경은 이렇게 말합니다. "주께서 내 내장을 지으시며 나의 모태에서 나를 만드셨나이다. 내가 주께 감사하옴은 나를 지으심이 심히 기묘하심이라. 주께서 하시는 일이 기이함을 내 영혼이 잘 아나이다. 내가 은밀한 데서 지음을 받고 땅의 깊은 곳에서 기이하게 지음을 받은 때에 나의 형체가 주의 앞에 숨겨지지 못하였나이다"(시 139:13-15). 뱃속의 아이는 아주 힘없고 작은 존재이지만, 하나님께서 주시는 소중한 생명입니다.

그런데 왜 사람은 아이를 낙태시킬까요? 아이가 힘이 없기 때문입니다. 뱃속에 있는 아이는 스스로 자신의 생명을 지킬 수 없는 가장 약한 사람입니다. 강한 자가 약한 자를 귀찮고 골치 아프다고 생각해서 제거하기로 결정합니다. 그것이 낙태입니다. 히틀러는 유대인을 죽였을 뿐만 아니라 약한 장애인과 골치 아픈 거리의 집시들을 모조리 죽였습니다. 왜냐하면 그들은 약하기 때문입니다. 아이가 어머니의 뱃속에서 임신이 되는 것은 우연이 아닙니다. 하나님의 계획 속에서 일어납니다. 작지만 소중하고 귀한 생명입니다. 뱃속의 아이를 죽이는 것은 '살인'입니다. 제6계명을 어기는 죄입니다.

나눔질문

1. 낙태가 무엇입니까?
2. 왜 낙태가 죄입니까?

제6계명은 사람의 생명을 죽이는 행동만 금지하는 것이 아닙니다. 우리의 행동뿐만 아니라 우리의 생각과 말도 포함합니다. 마태복음 5장에 바로 그 내용이 나옵니다. "옛 사람에게 말한 바 살인하지 말라. 누구든지 살인하면 심판을 받게 되리라 하였다는 것을 너희가 들었으나, 나는 너희에게 이르노니, 형제에게 노하는 자마다 심판을 받게 되고, 형제를 대하여 라가라 하는 자는 공회에 잡혀가게 되고, 미련한 놈이라 하는 자는 지옥 불에 들어가게 되리라"(마 5:21-22).

살인하는 것과 화내는 것, 살인하는 것과 바보라고 욕하는 것, 그리고 살인하는 것과 미련한 놈이라고 욕하는 것을 비교할 수 있을까요? 당연히 우리는 살인 죄가 더 큰 죄라고 생각합니다.그렇지만 하나님에게는 오십보백보(五十步百步)일 뿐입니다. 죄의 정도에 차이가 있긴 하지만, 죄라는 것은 같습니다. 하나님의 나라에서는 모든 사람이 죄인입니다. 특히 사람이 보지 못하는 마음까지도 아시는 하나님은 중심을 보십니다. 마음으로 분노하는 것도 살인 죄와 같이 매우 큰 죄라고 말씀하십니다. 성경은 "성내기도 더디 하라. 사람이 성내는 것이 하나님의 의를 이루지 못함이라."(약 1:19-20)라고 가르칩니다.

형제에게 '바보', '멍청이'라고 욕하는 것도 살인처럼 무서운 죄라고 말씀합니다. 이런 마음과 말이 왜 그렇게 심각한 죄일까요? 우리 주변에서 욕설하는 사람을 많이 봅니다. 요즘 학생들의 대화에는 욕설이 많이 섞여 있습니다. 욕설은 나쁜 죄입니다. 야고보는 이렇게 말했습니다. "혀는 곧 불이요 불의의 세계라. 혀는 우리 지체 중에서 온몸을 더럽히고 삶의 수레바퀴를 불사르나니 그 사르는 것이 지옥 불에서 나느니라"(약 3:6). 말로 다른 사람의 마음에 상처를 주면 그 영향은 무섭습니다. 살인은 가장 먼저 마음에서부터 시작합니다. 그리고 입으로 표현됩니다. 입으로 내뱉어진 말은 행동으로 번져나갑니다. 마음에서 죄가 시작되어 말과 행동으로 전염되기 때문에 마음의 죄가 크며, 말로 내뱉는 죄도 살인 죄처럼 악합니다.

성경

마 5:21-22

옛 사람에게 말한 바 살인하지 말라 누구든지 살인하면 심판을 받게 되리라 하였다는 것을 너희가 들었으나 나는 너희에게 이르노니 형제에게 노하는 자마다 심판을 받게 되고 형제를 대하여 라가라 하는 자는 공회에 잡혀가게 되고 미련한 놈이라 하는 자는 지옥 불에 들어가게 되리라

찬송

310장

HC 106문

WSC 68-69문

나눔질문

1. 살인은 행동뿐만 아니라 마음과 말로도 영향을 줍니다. 어떻게 이런 일이 일어납니까?

2. 욕설이 얼마나 큰 영향을 미칠까요?

사랑(2) : 사랑의 실천은 결코 쉽지 않아

성경

막 12:28-34

서기관 중 한 사람이 그들이 변론하는 것을 듣고 예수께서 잘 대답하신 줄을 알고 나아와 묻되 모든 계명 중에 첫째가 무엇이니이까 예수께서 대답하시되 첫째는 이것이니 이스라엘아 들으라 주 곧 우리 하나님은 유일한 주시라 네 마음을 다하고 목숨을 다하고 뜻을 다하고 힘을 다하여 주 너의 하나님을 사랑하라 하신 것이요 둘째는 이것이니 네 이웃을 네 자신과 같이 사랑하라 하신 것이라 이보다 더 큰 계명이 없느니라 서기관이 이르되 선생님이여 옳소이다 하나님은 한 분이시요 그 외에 다른 이가 없다 하신 말씀이 참이니이다 또 마음을 다하고 지혜를 다하고 힘을 다하여 하나님을 사랑하는 것과 또 이웃을 자기 자신과 같이 사랑하는 것이 전체로 드리는 모든 번제물과 기타 제물보다 나으니이다 예수께서 그가 지혜 있게 대답함을 보시고 이르시되 네가 하나님의 나라에서 멀지 않도다 하시니 그 후에 감히 묻는 자가 없더라

찬송

220장

하나님께서 우리를 사랑하셔서 당신의 사랑하는 아들을 세상에 보내시고 우리 죄를 대신해 죽게 하셨습니다. 우리는 바로 그 십자가 위에서 진정한 사랑을 압니다. 그 사랑을 아는 사람은 비로소 하나님과 이웃을 사랑할 수 있습니다.

한 서기관이 있었습니다. 그는 성경에 대해 아주 잘 아는 성경박사였습니다. 예수님이 성경에 대해 잘 아시는 것을 보고 다가와 이렇게 물었습니다. "모든 계명 중에 첫째가 무엇이니이까?" 예수님이 대답했습니다. "첫째는 이것이니 이스라엘아 들으라. 주 곧 우리 하나님은 유일한 주시라. 네 마음을 다하고 목숨을 다하고 뜻을 다하고 힘을 다하여 주 너의 하나님을 사랑하라 하신 것이요. 둘째는 이것이니, 네 이웃을 네 자신과 같이 사랑하라 하신 것이라. 이보다 더 큰 계명이 없느니라"(막 12:29-31). 서기관은 예수님의 대답에 동의하면서 하나님과 이웃을 사랑하는 것이 번제물과 기타 제물을 드리는 것보다 훨씬 낫다고 대답했습니다. 예수님은 그에게 지혜 있다고 칭찬하셨습니다.

그런데 문제는 이 지식을 실천하기가 쉽지 않다는 것입니다. 사랑하고 싶지 않기 때문에 자꾸만 핑계를 댑니다. 어떤 율법교사가 예수님에게 찾아와 영원한 생명을 얻는 방법을 물었습니다. 예수님은 율법에 뭐라고 쓰여 있느냐고 다시 물었습니다. 율법교사는 정말로 몰라서 물은 것이 아니라, 잘난 체하려고 물은 것입니다. 그래서 예수님은 본인 스스로 대답하게 했습니다. 율법(교)사는 자신 있게 "네 마음을 다하며 목숨을 다하며 힘을 다하며 뜻을 다하여 주 너의 하나님을 사랑하고 또 네 이웃을 네 자신같이 사랑하라 하였나이다."(눅 10:27)라고 대답했습니다. 예수님이 뭐라고 하셨을까요? "네 대답이 옳도다. 이를 행하라. 그러면 살리라"(28절).

그 율법(교)사는 사랑을 실천하는 데 관심이 없었습니다. 자기를 옳게 보이는 데만 관심이 있었습니다. "그러면 내 이웃이 누구니이까?"(29절) 이렇게 또 묻습니다. 이웃이 누군지 몰라서 사랑하지 못할까요? 정말 그럴까요? 선한 사마리아 사람 이야기에서 누가 이웃입니까? 도움이 필요한 사람입니다. 사랑을 실천하기보다는 자꾸만 핑계를 찾으려는 것이 우리의 모습입니다. 약한 우리의 모습이죠. 만약 이런 모습이 우리 가운데 보이면 어떻게 해야 할까요? 먼저 우리의 약함을 솔직하게 인정해야 합니다. 그리고 성령님의 도우심이 없이는 행할 수 없으니 도와주시기를 바라야 합니다. 성령님께 기도하세요!

나눔질문

1. 성경에서 가장 중요한 계명이 무엇입니까?

2. 율법(교)사는 무엇에 관심이 많았습니까? 우리가 사랑을 실천하지 못하는 이유가 무엇입니까?

제6계명을 지킬 수 있을까요?

보통 십계명 가운데 "살인하지 말라."라는 제6계명을 잘 지키고 있다고 생각합니다. 그런데 자세히 살펴보니 제6계명을 잘 지키고 있다고 말하기 힘들다는 것을 알 수 있습니다. 마음으로 미워하고, 분노하고, 시기하고, 질투하고, 말로 상처를 입히는 것까지 제6계명을 어기는 것이니까요. 제6계명을 지킬 수 있는 사람이 세상에 있을까요? 불가능합니다. 우리는 이 계명을 완벽하게 지킬 수 없습니다. 그 어느 누구도 이 계명을 지킬 수 없습니다. 솔직하게 인정해야 합니다.

그런데 왜 하나님께서는 지키지도 못할 명령을 하셨을까요? 짓궂지 않나요? 아닙니다. 이 계명을 지킬 수 있는 사람이 있습니다. 바로 예수님입니다. 예수님은 인간으로 이 계명을 완전하게 지키셨습니다. 예수님은 사랑으로 제6계명의 정신을 다 지키셨습니다. 살인하지 말라는 금지 명령은 사실 이웃을 사랑하라는 적극적인 명령입니다. 예수님은 이렇게 말씀하셨습니다. "또 네 이웃을 사랑하고 네 원수를 미워하라 하였다는 것을 너희가 들었으나, 나는 너희에게 이르노니, 너희 원수를 사랑하며 너희를 박해하는 자를 위하여 기도하라. 이같이 한즉 하늘에 계신 너희 아버지의 아들이 되리니, 이는 하나님이 그 해를 악인과 선인에게 비추시며, 비를 의로운 자와 불의한 자에게 내려주심이라. 너희가 너희를 사랑하는 자를 사랑하면 무슨 상이 있으리요? 세리도 이같이 아니하느냐? 또 너희가 너희 형제에게만 문안하면 남보다 더하는 것이 무엇이냐? 이방인들도 이같이 아니하느냐? 그러므로 하늘에 계신 너희 아버지의 온전하심과 같이 너희도 온전하라"(마 5:43-48). 우리는 모두 죄인으로 사랑은 고사하고 다른 사람에게 해를 끼치는 자입니다. 죄인인 우리는 모두 지옥에 갈 것입니다. 그런데 예수 그리스도께서 우리가 하지 못한 것을 이루셨습니다. 우리가 지은 죄를 대신해 예수님이 죽으셨습니다. 바로 그 덕택에 우리가 의인의 자리에 앉게 되었습니다. 우리 힘으로는 제6계명을 지킬 수 없습니다. 그러나 예수님의 능력으로 다른 사람을 사랑할 수 있게 되었습니다. 예수님이 하신 그 일을 우리도 할 수 있는 능력이 생겼습니다. 성령님이 우리 가운데 계시면서 이웃을 사랑하는 마음을 주십니다. 예수님 안에서 성령님의 도우심으로 믿고 순종하면 됩니다. 얼마나 신나는지 모릅니다. 우리 힘으로는 불가능하지만 하나님의 도우심으로는 가능합니다. 이것이 우리에게 복음이 아니고 무엇이겠습니까!

성경

마 5:43-48

또 네 이웃을 사랑하고 네 원수를 미워하라 하였다는 것을 너희가 들었으나 나는 너희에게 이르노니 너희 원수를 사랑하며 너희를 박해하는 자를 위하여 기도하라 이같이 한즉 하늘에 계신 너희 아버지의 아들이 되리니 이는 하나님이 그 해를 악인과 선인에게 비추시며 비를 의로운 자와 불의한 자에게 내려주심이라 너희가 너희를 사랑하는 자를 사랑하면 무슨 상이 있으리요 세리도 이같이 아니하느냐 또 너희가 너희 형제에게만 문안하면 남보다 더하는 것이 무엇이냐 이방인들도 이같이 아니하느냐 그러므로 하늘에 계신 너희 아버지의 온전하심과 같이 너희도 온전하라

찬송

292장

HC 107문
WSC 68-69문

나눔 문답

1. 우리가 여섯째 계명을 지킬 수 있나요?
2. 어떻게 우리가 이 계명을 지킬 수 있습니까?

제7계명은 무엇을 요구하나요?

성경

출 20:14

간음하지 말라

신 22:20-29

그 일이 참되어 그 처녀에게 처녀의 표적이 없거든 그 처녀를 그의 아버지 집 문에서 끌어내고 그 성읍 사람들이 그를 돌로 쳐죽일지니 이는 그가 그의 아버지 집에서 창기의 행동을 하여 이스라엘 중에서 악을 행하였음이라 너는 이와 같이 하여 너희 가운데서 악을 제할지니라 어떤 남자가 유부녀와 동침한 것이 드러나거든 그 동침한 남자와 그 여자를 둘 다 죽여 이스라엘 중에 악을 제할지니라 처녀인 여자가 남자와 약혼한 후에 어떤 남자가 그를 성읍 중에서 만나 동침하면 너희는 그들을 둘 다 성읍 문으로 끌어내고 그들을 돌로 쳐죽일 것이니 그 처녀는 성안에 있으면서도 소리 지르지 아니하였음이요 그 남자는 그 이웃의 아내를 욕보였음이라 너는 이같이 하여 너희 가운데에서 악을 제할지니라……

찬송

175장

HC 108문
WSC 71-72문

제7계명이 무엇이죠? 그렇죠. "간음하지 말라!"입니다. 이 계명은 어린아이들과는 관계가 없어 보입니다. 아이들은 '간음'이라는 단어의 뜻도 잘 모릅니다. 간음이 무엇입니까? 간음은 '부부가 아닌 사람끼리 같이 잠을 자는 것'입니다. 하나님께서는 이런 간음을 매우 싫어하십니다. 하나님께서는 한 남자에게 한 여자만 주셨고, 한 여자에게는 한 남자만 주셨습니다. 결혼한 남자와 여자는 함께 잠을 잘 수 있습니다. 그러나 결혼 전에는 아무리 사랑하고 좋아해도 남녀가 함께 잠을 자면 안 됩니다. 결혼 후에도 다른 남자나 여자와 잠자리를 같이 하는 것은 제7계명을 어기는 죄입니다.

만약 이스라엘 백성 가운데 어떤 여자가 결혼을 했는데, 다른 남자와 같이 잠을 잤다는 것이 밝혀지면 그 여자를 죽이라고 명령했습니다(신 22:20-21). 결혼하지 않은 어떤 처녀가 남자와 결혼을 약속했는데 다른 남자와 함께 잠을 자면 죽여야 합니다. 결혼 후에도 남자가 남의 아내와 잠을 자면 둘 다 죽이라고 했습니다(레 20:10). 또 어떤 남자가 결혼한 여자와 잠을 자면 둘 다 죽이라고 했습니다. 하나님께서는 이렇게 창조 목적에 어긋나게 간음한 자들에게 매우 엄한 벌을 내리셨습니다.

신약 시대에는 모세의 율법에 기록된 것처럼 간음한 남자나 여자를 돌로 쳐 죽이지 않습니다. 그렇지만 그런 것들은 여전히 죄입니다. 결혼하기 전인데도 남녀가 함께 잠자리를 합니다. 결혼한 후에도 다른 사람과 잠자리를 같이 합니다. 그런데도 그것을 죄로 생각하지 않습니다. 불신자들은 그렇게 하는 것이 뭐가 나쁘냐고 큰소리칩니다. 인간은 동물과 다를 바가 없다고 생각합니다. 인간은 동물과 같은데 단지 '고등동물'일 뿐이라고 여깁니다. 그러니 동물들처럼 자기가 원할 때 얼마든지 잠자리를 같이 할 수 있다고 믿습니다. 그러나 이것은 하나님의 뜻을 거스르는 죄입니다. 하나님께서는 간음을 매우 미워하십니다. 그래서 제7계명을 주셨습니다. 믿는 자는 "간음하지 말라!"는 명령을 잘 지켜야 합니다. 그것이 복입니다.

나눔질문

1. "간음하지 말라!"라는 뜻이 무엇인가요?

2. 간음하면 구약 시대에는 어떻게 했나요? 간음은 지금도 있나요?

하나님께서는 왜 '간음'을 싫어하실까요? 간음이 십계명에 들어갈 만큼 그렇게 중요한가요? 예, 하나님께서는 간음을 매우 싫어하십니다. 왜냐하면 간음은 하나님께서 사람을 창조하신 목적과 정반대이기 때문입니다. 하나님께서 사람을 창조하신 목적은 하나님을 사랑하고 이웃을 사랑하는 것입니다. 1-4계명은 하나님을 어떻게 사랑해야 하는가에 대한 것이고, 5-10계명은 이웃을 어떻게 사랑해야 하는가에 대한 것입니다. 간음은 바로 십계명의 두 번째 부분을 거스르는 것입니다. 간음은 다른 이웃보다 자기를 사랑하는 이기적인 것입니다. 그래서 하나님께서 싫어하십니다.

간음은 음란한 생각이나, 말이나, 행동을 포함합니다. 탐욕입니다. 탐욕은 욕심이죠. 욕심은 분수에 넘치게 무엇을 탐내는 것입니다. 다른 사람의 유익을 위해서가 아니라, 자기 유익을 위해 더 많은 것을 가지고 싶은 것입니다. 간음은 바로 자기의 탐욕을 채우기 위한 것이기 때문에 하나님께서 싫어하십니다. 이웃을 사랑하라는 창조 목적에 반대되는 간음을 싫어하십니다.

언제부터 사람은 자기만 사랑하며 살게 되었나요? 아담과 하와가 에덴동산에서 죄를 짓고 나서부터 그렇습니다. 본래 하나님께서는 사람을 정말 완벽하게 만드셨습니다. 하나님을 사랑하고 이웃을 사랑할 수 있었습니다. 그런데 아담과 하와가 사탄에게 속아 하나님과의 언약을 깨뜨리면서 그 능력을 잃어버렸습니다. 사람은 하나님과 이웃을 사랑하지 않고 자기만을 사랑하게 되었습니다. 하나님의 뜻대로 살기보다는 자기 뜻대로 살아갔습니다. 하나님께서 본래 주셨던 아름다운 남자와 여자의 관계도 파괴되었습니다. 결혼을 해 부부로서 육체적 관계를 맺는 것이 아니라, 서로 사랑하지 않으면서도 자기의 욕심과 탐욕을 위해 관계를 갖습니다.

하나님께서는 이스라엘 백성을 이집트에서 구원해 주시고 다시 언약을 맺으셨습니다. 그리고 깨어진 에덴동산의 본래 수준으로 돌려 놓으려 하셨습니다. 그래서 서로 사랑하기 위하여 간음하지 말라고 명령하신 것입니다. 왜 하나님께서 간음을 싫어하시고 금하셨는지 알겠죠?

성경

딤후 3:2
사람들이 자기를 사랑하며

찬송
414장

HC 108문
WSC 71-72문

나눔질문

1. 하나님께서 간음을 금하신 이유는 무엇인가요?
2. 하나님은 간음 말고 무엇을 하기 원하시나요?

혼인이란 무엇이죠?

성경

창 2:20–25

아담이 모든 가축과 공중의 새와 들의 모든 짐승에게 이름을 주니라 아담이 돕는 배필이 없으므로 여호와 하나님이 아담을 깊이 잠들게 하시니 잠들매 그가 그 갈빗대 하나를 취하고 살로 대신 채우시고 여호와 하나님이 아담에게서 취하신 그 갈빗대로 여자를 만드시고 그를 아담에게로 이끌어 오시니 아담이 이르되 이는 내 뼈 중의 뼈요 살 중의 살이라 이것을 남자에게서 취하였은즉 여자라 부르리라 하니라 이러므로 남자가 부모를 떠나 그의 아내와 합하여 둘이 한 몸을 이룰지로다 아담과 그의 아내 두 사람이 벌거벗었으나 부끄러워하지 아니하니라

찬송

605장

HC 108문
WSC 71–72문

세상에서 가장 먼저 결혼한 부부는 누구일까요? 예, 그렇습니다. 아담과 하와입니다. 아담과 하와는 인류 최초로 에덴동산에서 결혼했습니다. 한번 볼까요? "이러므로 남자가 부모를 떠나 그의 아내와 합하여 둘이 한 몸을 이룰지로다"(창 2:24). 이 말씀은 지금까지도 혼인이 무엇인지 가르쳐 줍니다.

첫째, 혼인은 부모를 떠나는 것입니다. 남자와 여자가 각각 정신적으로, 경제적으로, 물리적으로 자기 부모를 떠나 독립적인 한 가정을 이루는 것이 혼인입니다.

둘째, 혼인은 남자와 여자가 합하는 것입니다. 이것을 보통 우리는 '혼인'이라 부릅니다. 토요일이면 교회나 예식장에서 결혼식을 하는 사람이 많습니다. 이렇게 정식으로 아버지와 어머니의 허락 아래 여러 증인 앞에서 결혼합니다.

셋째, 혼인은 남자와 여자가 한 몸이 되는 것입니다. 전혀 다른 지역과 가정과 배경에서 자란 남자와 여자가 혼인해 함께 잠을 잘 수 있게 된 것입니다. 혼인한 사람만이 서로 성적인 관계를 맺을 수 있습니다. 아기를 만들고 낳을 수도 있습니다. 아버지 어머니도 이렇게 결혼해 우리를 낳았습니다. 부부 사이의 성은 한 몸이라는 것을 표현하는 것입니다. 이것도 하나님께서 창조 때에 주신 선물입니다.

그런데 사람이 타락한 후에는 이 성적인 행위가 왜곡되었습니다. 어떤 사람은 성을 혼인 관계를 넘어 마음대로 해도 된다고 여깁니다. 혼인하기 전에도 자기들이 동의하고 원하면 같이 육체적 관계를 가져도 된다고 생각합니다. 왜 이런 잘못된 생각을 할까요? 죄인이기 때문입니다. 어떤 부류의 사람은 성은 죄이기 때문에 혼인 자체를 거부합니다. 혼인을 하지 말라고 가르칩니다. 바울도 디모데에게 그런 사람이 있을 것이라고 경고했습니다. "……후일에 어떤 사람들이 믿음에서 떠나 미혹하는 영과 귀신의 가르침을 따르리라 하셨으니……혼인을 금하고……"(딤전 4:1–3). 하나님은 남녀에게 결혼 후 아기를 많이 낳으라고 명령하십니다. 혼인은 하나님께서 정하신 아름다운 것입니다.

나눔질문

1. 혼인이란 무엇인가요?
2. 사람이 죄인이기 때문에 혼인과 성에 대해 어떻게 생각하나요?

남자와 여자가 만나 혼인하면 한 가정이 탄생합니다. 새로운 집, 새로운 주방용품, 새로운 이불을 사서 행복하게 같이 삽니다. 그런데 신기한 것은 혼인한 가정에 새로운 생명이 태어나는 것입니다. 이것은 신비입니다. 생명이 탄생하는 것을 보고 경험하는 것은 하나님께서 우리에게 주신 복입니다. 하나님께서 언약 백성에게 주시는 언약의 자녀는 특별한 의미가 있습니다. 하나님은 바로 이 언약의 자녀를 통해 하나님의 나라를 이루십니다. 결혼한 남편과 아내가 밤에 함께 자면서 육체적인 사랑을 나누면 정자가 난자에게 들어가 한 생명이 창조됩니다. 하나님께서는 부부가 한 몸인데 정신적으로뿐만 아니라 육체적으로도 하나의 몸을 이루는 방법으로 생명을 탄생케 하십니다. 이렇게 생육하고 번성하는 것은 하나님의 명령입니다. 아이를 낳는 것은 복입니다. 시편 127편은 "자식들은 여호와의 기업이요, 태의 열매는 그의 상급"이라 말합니다. '기업'은 유산이고, '상급'은 선물이라는 뜻입니다. 물려받는 유산과 선물은 많을수록 좋습니다.

요즘은 결혼한 부부가 자녀 낳기를 싫어합니다. 우리나라는 50년 전부터 '산아제한정책'을 폈습니다. 아기를 적게 낳자는 운동입니다. 대한민국 정부가 "아들딸 구별 말고 둘만 낳아 잘 기르자!" 혹은 "잘 키운 딸 하나 열 아들 안 부럽다!"라는 표어를 만들어 사람들을 설득했습니다. 동네 벽보판에는 둥그런 지구에 사람이 너무 많아 밑으로 떨어져 멸망할 것이라는 포스터가 붙어 있었습니다. 정부의 이런 운동은 성공했습니다. 2005년에는 가임여성이 평균 1.08명의 아이를 낳아 세계에서 가장 낮은 출산율을 기록했습니다. 왜 사람들은 아이를 적게 낳으려 할까요? 아이를 낳아 기르는 것이 힘들고 어렵다고 생각하기 때문입니다. 하나님께서는 자녀를 많이 주시려고 하는데 우리 스스로 그 복을 거절하고 있습니다. 이것도 자기를 사랑하는 인간의 죄 때문에 생겨나는 문제입니다. 이기적인 생각에 하나님의 뜻을 거절하는 불신앙입니다. 우리는 어떻게 해야 할까요? 당연히 아이를 많이 낳아야겠지요! 아이 낳는 것은 하나님의 명령이고 복이니까요!

성경

창 1:28

하나님이 그들에게 복을 주시며 하나님이 그들에게 이르시되 생육하고 번성하여 땅에 충만하라, 땅을 정복하라, 바다의 물고기와 하늘의 새와 땅에 움직이는 모든 생물을 다스리라 하시니라

시 127:3-5

보라 자식들은 여호와의 기업이요 태의 열매는 그의 상급이로다 젊은 자의 자식은 장사의 수중의 화살 같으니 이것이 그의 화살통에 가득한 자는 복되도다 그들이 성문에서 그들의 원수와 담판할 때에 수치를 당하지 아니하리로다

찬송

605장

HC 108문
WSC 71-72문

나눔질문

1. 결혼을 하면 어떤 신비한 일이 있나요?
2. 하나님은 생육하고 번성하라고 명령하셨습니다. 그런데 왜 아이를 적게 낳으려 할까요?

성적(性的) 욕구의 신

성경

삿 2:13

곧 그들이 여호와를 버리고 바알과 아스다롯을 섬겼으므로

찬송

604장

HC 108문
WSC 71-72문

제7계명 "간음하지 말라"는 단순히 성적 부도덕에 대해 말하는 것이 아닙니다. 더 넓게 성적 욕구와 관련된 모든 생각, 말과 행동에 대한 것입니다. 사람에게는 기본적으로 중요한 세 가지 욕구가 있습니다. 첫째는 먹는 욕구, 둘째는 잠자는 욕구, 셋째는 성적 욕구입니다. 세 번째 성적 욕구는 어느 정도 육체가 발달되어야 생깁니다. 이것은 하나님께서 주신 선물로 자연스러운 것입니다. 이 성적 욕구는 혼인이라는 제도 안에서 즐길 수 있는 아름다운 것입니다.

그런데 타락한 인간은 이 성적 욕구를 하나님보다 더 높은 신처럼 우상으로 생각하기도 합니다. 구약성경에 보면 '아스다롯(Ashtaroth)'이라는 여신이 있습니다. 이 여신의 이름은 사사기 2장 13절에 처음 나타납니다. 이 아스다롯 신은 그리스에서 '아프로디테(Aphrodite)', 로마에서 '비너스(Venus)'라고 부르는 사랑의 여신입니다. 사람의 성적 욕구는 아름다운 것이며 사람이 추구하고 숭배할 수 있는 값진 것이라고 생각하는 우상입니다. 아스다롯을 섬기는 신전에는 여자 제사장들이 수천 명이나 있었다고 합니다. 성적 욕구를 채워 주고 해소해 주는 신이 아스다롯이기 때문에 남자들은 돈이나 제물을 바치고 여자 사제들과 성적인 관계를 맺었습니다. 성적인 욕구가 신성한 숭배의 대상이 된 것입니다. 이것은 종교를 가장한 교묘한 매춘행위였습니다. 하나님은 이런 행위를 매우 싫어하셨습니다. 이것은 바로 제7계명을 어기는 것이기 때문입니다.

지금도 자기의 성적 욕구를 채우기 위해 무엇이든지 해도 된다고 생각하는 사람이 많습니다. 마치 배가 고프면 음식을 먹고, 잠이 모자라면 잠을 자는 것이 자연스러운 것처럼, 성적인 욕구가 생기면 마음대로 해소해도 된다고 가르칩니다. 만약 '부부 관계 밖에서 성적인 관계를 해서는 안 된다'고 말하면 바보 같은 소리라고 무시합니다. 이런 사람들은 바로 성적 욕구의 신을 섬기고 있는 것입니다. 참으로 무서운 세상에 살고 있습니다.

1. 성적 욕구를 신으로 섬기는 사람들이 있었습니다. 그 신은 어떤 신인가요?
2. 요즈음도 그런 생각을 하는 사람들이 있나요? 왜 일곱 번째 계명이 필요한지 말해 보세요.

사랑(3) : 행함과 진실함으로 사랑하라

어느 가게에 가면 "고객님, 사랑합니다!"라고 인사합니다. 정말 고객을 사랑하는지 아닌지는 가게에 들어가 보면 알 수 있습니다. 품질도 좋지 않은 물건을 비싸게 팔고 있다면 그것은 말로만 고객을 사랑한다고 하는 것일 뿐, 실제로는 그렇지 않은 것입니다. 좋은 물건을 값싸게 팔아야 고객을 사랑하는 것이 아닐까요?

그리스도께서 우리를 위해 목숨을 버리셨다는 것을 믿고 알게 되니 그제야 사랑이 무엇인지 알게 되었습니다. 우리도 그 사랑을 본받아 형제를 사랑합니다. 이웃을 사랑하는 것이 마땅합니다. 부자는 형제가 가난하고 먹을 것과 입을 것이 없어 힘들어 하면 마땅히 도와주어야 합니다. 그런데 형제를 도와줄 마음이 없는 사람도 있습니다. 그런 사람이 정말 하나님의 사랑을 믿고 있는 것일까요? 의심이 생깁니다. "……도와줄 마음을 닫으면 하나님의 사랑이 어찌 그 속에 거하겠느냐?"(요일 3:17) 물론 그리스도인도 마땅히 행해야 할 사랑을 잘하지 못할 때가 있습니다. 그렇지만 그렇게 잘하지 못하는 것이 잘못이고 죄라는 것을 압니다. 자신의 약함을 고백하고 더 잘하려고 노력합니다. 그런데 참으로 하나님을 사랑하지 않는 사람은 이웃 사랑을 하지 않는 것이 죄가 아니라고 생각합니다. 그런 거짓 사랑을 가진 사람들이 있습니다.

정말 하나님의 사랑을 아는지 보려면 그가 이웃을 사랑하고 또 사랑하려고 노력하는지를 보면 됩니다. "누구든지 하나님을 사랑하노라 하고 그 형제를 미워하면, 이는 거짓말하는 자니 보는 바 그 형제를 사랑하지 아니하는 자는, 보지 못하는 바 하나님을 사랑할 수 없느니라"(요일 4:20). 눈에 보이지 않는 하나님을 사랑한다고 말하기는 쉽습니다. "하나님, 사랑합니다!"라고 말만 하면 되니까요. 그러나 그 사랑이 정말 참 사랑인지는 모릅니다. 보이지 않는 하나님을 사랑하는 것은 눈에 보이는 사람을 사랑하는 것에서 확인할 수 있습니다. 왜냐하면 눈에 보이는 형제를 미워하면서 보이지 않는 하나님을 사랑할 수는 없기 때문입니다.

그래서 요한은 그리스도인들에게 강력하게 요구합니다. "자녀들아 우리가 말과 혀로만 사랑하지 말고 행함과 진실함으로 하자"(요일 3:18). 하나님을 정말 사랑하는 사람은 하나님의 계명, 곧 말씀에 순종합니다. 하나님께 사랑한다고 큰소리로 말하지 않아도 하나님의 계명을 지키는 사람은 하나님을 사랑하는 것입니다. 우리는 어떤 사람입니까?

성경

요일 3:11-24

우리는 서로 사랑할지니 이는 너희가 처음부터 들은 소식이라 가인같이 하지 말라……

4:20-21

누구든지 하나님을 사랑하노라 하고 그 형제를 미워하면 이는 거짓말하는 자니 보는 바 그 형제를 사랑하지 아니하는 자는 보지 못하는 바 하나님을 사랑할 수 없느니라 우리가 이 계명을 주께 받았나니 하나님을 사랑하는 자는 또한 그 형제를 사랑할지니라

5:1-3

예수께서 그리스도이심을 믿는 자마다 하나님께로부터 난 자니 또한 낳으신 이를 사랑하는 자마다 그에게서 난 자를 사랑하느니라 우리가 하나님을 사랑하고 그의 계명들을 지킬 때에 이로써 우리가 하나님의 자녀를 사랑하는 줄을 아느니라 하나님을 사랑하는 것은 이것이니 우리가 그의 계명들을 지키는 것이라 그의 계명들은 무거운 것이 아니로다

찬송

293장

나눔질문

1. 말로 하나님과 이웃을 사랑한다고 하기는 쉽습니다. 말만 하고 실천하지 않는 경우가 있습니까? 어떤 경우입니까?
2. 요한은 그리스도인들에게 어떻게 하라고 요구합니까? 요일 3:18을 참고하세요.

마음으로 음욕을 품는 것도 죄입니까?

성경

마 5:27-28

또 간음하지 말라 하였다는 것을 너희가 들었으나 나는 너희에게 이르노니 음욕을 품고 여자를 보는 자마다 마음에 이미 간음하였느니라

잠 5:3-5

대저 음녀의 입술은 꿀을 떨어뜨리며 그의 입은 기름보다 미끄러우나 나중은 쑥 같이 쓰고 두 날 가진 칼 같이 날카로우며 그의 발은 사지로 내려가며 그의 걸음은 스올로 나아가나니

찬송

602장

HC 109문
WSC 71-72문

예수님은 제7계명 "간음하지 말라."의 기본 정신을 이렇게 가르치셨습니다. "또 간음하지 말라 하였다는 것을 너희가 들었으나 나는 너희에게 이르노니, 음욕을 품고 여자를 보는 자마다 마음에 이미 간음하였느니라"(마 5:27-28). 하나님께서 우리에게 요구하시는 수준은 행동이나 말뿐만 아니라, 마음까지도 간음하지 않는 것입니다.

주변에서 우리는 성적인 욕구를 자극하는 수많은 것들을 볼 수 있습니다. 텔레비전 드라마에도 선정적인 장면이 자주 나옵니다. 유명한 가수들이 추는 춤도 성적인 욕구를 자극하는 것들이 있습니다. 인터넷에 나오는 글이나 사진, 동영상도 성적인 욕구를 일으키는 것이 많습니다. 요즈음에는 옛날에 상상도 할 수 없었던 일들이 일어납니다. 성인에게나 허용되는 장면들이 어린 학생들에게까지 노출됩니다. 실제 행동으로 간음하지 않더라도 마음으로 얼마든지 간음할 수 있습니다.

예수님은 마음으로 음욕을 품는 것도 죄라고 분명하게 말씀하셨습니다. 우리는 죄에 빠지지 않기 위해 노력해야 합니다. 무엇을 보지 말아야 할지 결정해야 합니다. 무엇을 읽지 말아야 할지 분별해야 합니다. 어디에 가지 말아야 할지 결단해야 합니다. 잠언 5장에서 지혜자는 "음녀의 입술은 꿀을 떨어뜨리며, 그의 입은 기름보다 미끄러우나 나중은 쑥같이 쓰고 두 날 가진 칼같이 날카로우며, 그의 발은 사지로 내려가며 그의 걸음은 스올로 나아가나니."(잠 5:3-5)라고 했습니다. 성적 욕구가 강렬하고 우선은 성이 달콤하지만 하나님께서 허용하신 범위를 넘어서면 죄입니다. 멸망으로 인도하는 죄입니다.

사람의 마음을 볼 수는 없습니다. 그렇지만 하나님께서는 우리 마음 깊숙한 곳까지도 보시고 아십니다. 그러니 조심해야 합니다. 마음으로 죄를 짓지 못하도록 주의해야 합니다. 여자들은 옷매무새도 신경을 써야 합니다. 맨살을 많이 드러내거나 몸매가 너무 노골적으로 보이는 복장은 남자의 성적 욕구를 자극하는 것이니 조심해야 합니다. 이런 것은 가정의 가장인 아버지가 신경을 써 주어야 합니다. 마음으로 죄를 짓게 하는 것이기 때문입니다.

나눔터

1. 마음으로 성적 욕구를 이루려는 상상을 하는 것도 죄인가요?
2. 우리는 어떻게 해야 마음으로 일곱 째 계명을 지킬 수 있을까요?

고린도전서 6장 16절은 "창녀와 합하는 자는 그와 한 몸인 줄을 알지 못하느냐, 일렀으되 둘이 한 육체가 된다 하셨나니."라고 합니다. 남자와 여자가 한 이불 밑에서 잠을 자고 성적인 관계를 맺는 것은 한 몸이 되는 표입니다. 그렇기 때문에 남편과 아내는 절대로 다른 남자나 다른 여자와 잠자리를 같이 할 수 없습니다. 부부는 한 몸과 같습니다. 그런데 다른 사람과 한 몸이 되면 죄를 짓는 것입니다. 무서운 벌을 받을 것입니다. 고린도전서 6장은 '음행하는 자나……간음하는 자나 탐색하는 자나 남색하는 자'는 하나님의 나라에 들어갈 수 없다고 했습니다(고전 6:9).

하나님께서는 남자를 창조하시고 여자는 좀 특별하게 만드셨습니다. 동물은 처음부터 암수 각각 흙으로(창 2:19) 만드셨습니다. 그런데 여자는 남자로부터 창조하셨습니다. 하나님께서 아담을 만드시고 에덴동산에 있게 하셨습니다. 아담은 각종 동물들의 이름을 지었습니다. 모든 생물이 암수가 있는데 아담은 혼자였습니다. 돕는 배필이 없었습니다. 그때 하나님께서 아담을 깊이 잠들게 하시고 갈빗대를 꺼내 그것으로 여자를 만드셨습니다. 깨어난 아담은 하와를 보고 자신의 뼈와 살이라고 고백합니다. 자기와 한 몸이기 때문에 벌거벗었지만 부끄러워하지 않았습니다. 마치 목욕탕에서 자기의 벌거벗은 몸에 대해 부끄러워하지 않는 것처럼 말입니다. 부부는 혼인하면 둘이 아니고 한 몸입니다. 부부가 정말 한 몸인 것을 성적 행위를 통해 표현합니다. 동물들은 출산을 위해 성 행위를 합니다. 그러나 사람의 성 행위는 자녀를 출산하기 위해서뿐 아니라, 하나님께서 남편과 아내 사이에 두신 하나 됨을 표현하는 것입니다.

그러므로 혼인하기 전이나 혼인 밖에서 성 행위를 하는 것은 혼인제도의 목적을 무시하는 죄입니다. 하나님을 두려워하지 않는 사람은 자기의 탐욕을 위해 정욕으로 성 행위를 합니다. 창녀와 잠자리를 같이 하는 사람은 그와 한 몸이 됩니다. 하나님께서 금지하신 것입니다. 이렇게 하나님께서 허락하신 범위 밖에서 성 행위를 하는 사람들은 하나님의 복을 받을 수 없습니다. 그들에게는 하나님의 저주가 있을 것입니다. 부부는 둘인 것처럼 보이지만 하나입니다. 부부는 한 몸으로 한 하나님을 사랑해야 합니다.

성경

엡 5:22-33

아내들이여 자기 남편에게 복종하기를 주께 하듯 하라 이는 남편이 아내의 머리 됨이 그리스도께서 교회의 머리 됨과 같음이니 그가 바로 몸의 구주시니라 그러므로 교회가 그리스도에게 하듯 아내들도 범사에 자기 남편에게 복종할지니라 남편들아 아내 사랑하기를 그리스도께서 교회를 사랑하시고 그 교회를 위하여 자신을 주심 같이 하라 이는 곧 물로 씻어 말씀으로 깨끗하게 하사 거룩하게 하시고 자기 앞에 영광스러운 교회로 세우사 티나 주름 잡힌 것이나 이런 것들이 없이 거룩하고 흠이 없게 하려 하심이라 이와 같이 남편들도 자기 아내 사랑하기를 자기 자신과 같이 할지니 자기 아내를 사랑하는 자는 자기를 사랑하는 것이라 누구든지 언제나 자기 육체를 미워하지 않고 오직 양육하여 보호하기를 그리스도께서 교회에게 함과 같이 하나니 우리는 그 몸의 지체임이라 그러므로 사람이 부모를 떠나 그의 아내와 합하여 그 둘이 한 육체가 될지니 이 비밀이 크도다 나는 그리스도와 교회에 대하여 말하노라 그러나 너희도 각각 자기의 아내 사랑하기를 자신같이 하고 아내도 자기 남편을 존경하라

찬송

601장

HC 108문
WSC 71-72문

나눔토론

1. 성적 행위는 어떤 의미가 있습니까?
2. 부부는 한 몸이기 때문에 어떻게 처신해야 할까요?

부부 관계에서의 질서

성경

엡 5:22-33

아내들이여 자기 남편에게 복종하기를 주께 하듯 하라 이는 남편이 아내의 머리 됨이 그리스도께서 교회의 머리 됨과 같음이니 그가 바로 몸의 구주시니라 그러므로 교회가 그리스도에게 하듯 아내들도 범사에 자기 남편에게 복종할지니라 남편들아 아내 사랑하기를 그리스도께서 교회를 사랑하시고 그 교회를 위하여 자신을 주심 같이 하라 이는 곧 물로 씻음으로 깨끗하게 하사 거룩하게 하시고 자기 앞에 영광스러운 교회로 세우사 티나 주름 잡힌 것이나 이런 것들이 없이 거룩하고 흠이 없게 하려 하심이라 이와 같이 남편들도 자기 아내 사랑하기를 자기 자신과 같이 할지니 자기 아내를 사랑하는 자는 자기를 사랑하는 것이라 누구든지 언제나 자기 육체를 미워하지 않고 오직 양육하여 보호하기를 그리스도께서 교회에게 함과 같이 하나니 우리는 그 몸의 지체임이라 그러므로 사람이 부모를 떠나 그의 아내와 합하여 그 둘이 한 육체가 될지니 이 비밀이 크도다 나는 그리스도와 교회에 대하여 말하노라 그러나 너희도 각각 자기의 아내 사랑하기를 자신같이 하고 아내도 자기 남편을 존경하라

찬송

603장

HC 108문
WSC 71-72문

남편과 아내는 한 몸입니다. 한 몸이라는 말은 부부가 영적으로 하나라는 뜻입니다. 부부가 한 몸이지만 사실은 두 사람입니다. 남편은 남편대로, 아내는 아내대로 하나님 앞에 서야 합니다. 똑같이 책임 있고 존귀한 존재입니다. 둘은 서로 하나님 앞에서 동등합니다. 그런데 한 몸입니다. 이것이 부부 관계의 신비입니다.

부부는 서로 동등한 존재이지만 하나님께서 주신 직분은 다릅니다. 부부가 몸이라면 남편은 머리에 해당됩니다. 머리는 권위의 상징입니다. 머리는 몸의 각 지체를 지휘합니다. 그러므로 몸은 머리의 지시에 복종하는 것이 당연합니다. 이처럼 아내는 권위자인 남편에게 복종합니다. 현대 여성은 이 성경 말씀을 받아들이기 힘들어합니다. 여성평등을 주장하는 여성은 남편을 머리로 인정하고 복종하라는 성경 말씀을 구시대의 산물이라고 해석합니다. 그렇지만 이 말씀은 지금도 여전히 유효합니다. 왜냐하면 이 부부 관계를 교회와 그리스도의 관계로 해석하시기 때문입니다. 예수님은 교회의 머리이십니다. 교회는 그리스도에게 복종합니다. 교회가 그리스도에게 복종하듯이 아내도 남편에게 복종합니다. 이것이 성경이 가르치는 법입니다. 이것만 들으면 아내가 좀 억울해 할 수 있습니다. 무조건 복종해야 하는 것처럼 보이니까요.

그런데 남편에게는 더 큰 것을 요구합니다. 남편은 아내를 사랑해야 합니다. '사랑은 기본이잖아요! 그리고 사랑은 너무 쉬워요.'라고 생각할 수 있습니다. 그러나 절대 그렇지 않습니다. 남편은 그리스도께서 교회를 사랑하신 것처럼 아내를 사랑해야 합니다. 그리스도께서는 교회를 위해 십자가에 죽으셨습니다. 남편은 아내를 죽기까지 사랑해야 합니다. 누가 더 힘들까요? 복종하기가 힘들까요? 아니면 죽기까지 사랑하는 것이 힘들까요?

사실 부부 관계는 그리스도와 교회의 관계를 보여 주는 모델입니다. 부부 관계를 통해 그리스도의 사랑을 알고 교회가 그리스도께 복종해야 한다는 것을 배워야 합니다. 반대로 그리스도와 교회의 관계를 통해 부부 관계가 어떠해야 하는지 배울 수 있습니다.

나눔질문

1. 남편과 아내의 관계에 대해 말해 보세요.
2. 그리스도와 교회의 관계와 남편과 아내의 관계는 어떤 관계가 있나요?

제8계명은 무엇을 요구하나요?

하나님은 제8계명에서 "도둑질하지 말라!"라고 명령하십니다. 도둑질은 다른 사람의 물건을 훔치는 것입니다. 도둑을 맞아 본 경험이 있나요? 어느 날 집에 돌아왔는데 방문이 활짝 열려 있고 옷장의 옷은 널부러져 있고 깊숙이 보관해 놓은 귀중한 폐물들이 없어졌습니다. 도둑이 든 것입니다. 아파트 옥상에서 밧줄을 타고 열어 놓은 베란다로 들어온 것입니다. 소중한 것을 잃어버린 것도 속상하지만, 두렵기도 합니다. 누가 도둑인지 알 수 없습니다. 그때부터 사람들이 모두 도둑처럼 보입니다. 불신이 가득차게 됩니다. 그래서 국가에서도 도둑질은 절도죄로 매우 무거운 벌을 내립니다.

그런데 하나님께서는 왜 도둑질을 하지 말라고 하실까요? 그 이유를 알려면 창조 때로 돌아가야 합니다. 집은 사람이 건축하지만 그 재료는 모두 하나님께서 만드신 것입니다. 옷은 사람이 만들지만, 그 옷감은 하나님께서 창조하신 것입니다. "땅과 거기에 충만한 것과 세계와 그 가운데에 사는 자들은 다 여호와의 것이로다"(시 24:1). 뿐만 아니라 세상에 자라는 모든 생물도 하나님께서 만드시고 관리하십니다. 햇빛과 비를 주셔서 자라게 하십니다. "……여러분에게 하늘로부터 비를 내리시며 결실기를 주시는 선한 일을 하사 음식과 기쁨으로 여러분의 마음에 만족하게 하셨느니라"(행 14:17). 하나님은 세상을 창조하시고 내버려두지 않으십니다. 세밀하게 보호하시고 관리하십니다. 이 세상의 주인은 하나님입니다. 사람이 집을 짓고 먹을 것과 입을 것도 만들지만, 궁극적인 주인은 하나님입니다. 인간은 그저 하나님의 소유를 맡아 잠시 관리하는 '청지기'일 뿐입니다. 하나님이 '주인'이고, 우리는 '청지기'입니다. 청지기가 어떤 사람인가요? 청지기란 주인의 재산을 대신 맡아 지키고 관리하는 사람입니다. 사람은 하나님의 것을 대신 맡아 관리하고 있을 뿐입니다. 하나님께서 각 사람에게 재물과 돈을 맡기십니다. 그런데 모두 같은 양을 주시지 않습니다. 그렇다고 다른 사람의 물건을 훔치거나 도둑질해서는 안 됩니다. 자기에게 없는 것을 남이 가졌다고 훔치거나 더 가지고 싶어서 도둑질하는 것은 죄입니다. 다른 사람의 재산은 하나님의 소유입니다. 그것을 훔치면 하나님의 것을 도둑질하는 것과 같습니다. 도둑질은 사람에게 잘못하는 것이기도 하지만, 먼저 하나님께 죄를 짓는 것입니다. 하나님은 도둑질을 매우 싫어하십니다.

성경

출 20:15
도둑질하지 말라

찬송

94장

HC 110문
WSC 75문

나눔질문

1. 이 세상의 모든 물건과 돈은 누구의 것입니까?
2. 왜 도둑질이 무서운 죄인가요?

10월 OCTOBER 26 작은 것(물질)에 충성된 자

성경

눅 16:1–13

또한 제자들에게 이르시되 어떤 부자에게 청지기가 있는데 그가 주인의 소유를 낭비한다는 말이 그 주인에게 들린지라 주인이 그를 불러 이르되 내가 네게 대하여 들은 이 말이 어찌 됨이냐 네가 보던 일을 셈하라 청지기 직무를 계속하지 못하리라 하니 청지기가 속으로 이르되 주인이 내 직분을 빼앗으니 내가 무엇을 할까 땅을 파자니 힘이 없고 빌어 먹자니 부끄럽구나 내가 할 일을 알았도다 이렇게 하면 직분을 빼앗긴 후에 사람들이 나를 자기 집으로 영접하리라 하고 주인에게 빚진 자를 일일이 불러다가 먼저 온 자에게 이르되 네가 내 주인에게 얼마나 빚졌느냐 말하되 기름 백 말이니이다 이르되 여기 네 증서를 가지고 빨리 앉아 오십이라 쓰라 하고 또 다른 이에게 이르되 너는 얼마나 빚졌느냐 이르되 밀 백 석이니이다 이르되 여기 네 증서를 가지고 팔십이라 쓰라 하였는지라 주인이 이 옳지 않은 청지기가 일을 지혜 있게 하였으므로 칭찬하였으니 이 세대의 아들들이 자기 시대에 있어서는 빛의 아들들보다 더 지혜로움이니라 내가 너희에게 말하노니 불의의 재물로 친구를 사귀라 그리하면 그 재물이 없어질 때에 그들이 너희를 영주할 처소로 영접하리라 지극히 작은 것에 충성된 자는 큰 것에도 충성되고 지극히 작은 것에 불의한 자는 큰 것에도 불의하니라…….

찬송

94장

HC 110문

WSC 75문

하루는 예수님이 제자들에게 한 비유를 들려 주셨습니다. 한 청지기가 주인의 돈을 잘 관리하지 못하고 낭비한다는 소문이 들렸습니다. 주인이 청지기에게 청지기직을 내려놓으라고 명령했습니다. 청지기는 큰일입니다. 직장을 잃게 되면 먹고살 길이 없습니다. 청지기는 머리를 써 꾀를 냈습니다. 그는 빚진 사람들을 모두 불렀습니다. 그리고 기름 100말 빚진 사람에게는 50말이라고 써주었습니다. 쌀 100가마 빚진 사람에게는 80가마로 쓰도록 했습니다. 주인에게 쫓겨나지만 이 사람들이 자기를 친구로 받아 줄 것이라고 기대한 것입니다. 주인은 이 사실을 알지 못할 것입니다. 왜냐하면 이 일은 자기가 관리했기 때문입니다. 그러나 만약 이 사실이 알려지면 더 큰 벌을 받을 수도 있는데 잘한 짓일까요? 더 못된 짓을 한 것 같습니다.

그런데 주인의 재산을 낭비하다가 더 큰 손해를 입히는 것을 본 주인은 청지기에게 당연히 화를 내야 하는데, 그러지 않고 오히려 지혜 있다고 칭찬합니다. 자기 재물을 많이 잃었는데 무엇을 칭찬했다는 말일까요? 이 청지기는 자기 일을 잘하지 못한 나쁜 사람임은 분명합니다. 그런데 지혜는 있다고 칭찬한 것입니다. 나쁜 청지기는 물질을 잃더라도 친구를 얻는 것이 더 중요하다고 생각했습니다. 주인은 이것을 지혜롭다고 칭찬한 것입니다. 재물은 잃었지만, 친구를 재물로 얻었다는 뜻입니다.

예수님은 이 비유를 말씀해 주시고 이렇게 말씀하셨습니다. "지극히 작은 것에 충성된 자는 큰 것에도 충성되고 지극히 작은 것에 불의한 자는 큰 것에도 불의하니라"(눅 16:10). 여기서 '지극히 작은 것'은 무엇일까요? 예, 그렇습니다. 우리가 가진 재물입니다. '큰 것'은 하나님의 백성이 나중에 받을 '영원한 생명'입니다. 성도가 나중에 받게 될 영원한 것들에 비하면 재물은 아무것도 아닌 작은 것에 불과합니다. 그렇지만 이 하찮아 보이는 재물을 무시해서는 안 됩니다. 지금 우리 재산을 잘 사용하면 하나님께서 이후에 더 많은 것을 맡기실 것입니다. 그러나 재산을 불의하게 사용하면 하나님께서 어떻게 더 큰 것을 맡기실 수 있을까요? 제8계명은 재산에 관한 하나님의 명령입니다. 작아 보이지만 결코 작지 않은 하나님의 명령입니다.

나눔 질문

1. 청지기가 잘못한 것은 무엇입니까?
2. 그리스도인에게 재물은 아무것도 아닙니까? 아니면 중요합니까?

제8계명 "도둑질하지 말라."는 단순히 도둑질과 절도만을 금지한 것이 아닙니다. 이웃의 소유를 자기의 것으로 만들려는 '시도'와 모든 '속임수'와 '사기'도 제8계명에 해당됩니다. 군인이나 경찰은 사람의 돈을 보호하고 지켜야 하는데 오히려 강제로 뺏어가기도 합니다. 돈을 주지 않으면 위협하며 괴롭히기도 합니다. 세례 요한은 그런 사람들에게 회개하라고 설교했습니다(눅 3:14). 왜냐하면 제8계명을 어기는 것이기 때문입니다. 자기가 받는 월급에 만족하라고 했습니다. 다른 사람에게 돈을 빌려 주었는데 갚지 않는다고 해서 몽둥이로 때려 돈을 뺏어도 도둑질입니다. 장사하는 사람이 저울을 속여 돈을 더 많이 버는 것도 도둑질입니다(신 25:13; 잠 11:1, 16:11). 공무원이 뇌물을 받는 것도 도둑질입니다. 고리대금업, 곧 너무 높은 이자를 받고 돈을 빌려주는 것도 도둑질입니다. 위조지폐를 만드는 것도 도둑질입니다. 부당하게 많은 이익을 챙기는 것은 죄입니다.

그래서 제8계명은 재산과 관련된 죄라는 것을 알 수 있습니다. 제8계명을 어기게 되는 것을 정리해 보면 '탐욕'과 '낭비'라는 모양으로 나타납니다. 첫째, 탐욕은 할 수 있는 한 많은 재물과 돈을 끌어모으려는 것인데, 이것도 8계명을 어기는 것입니다. 많은 사람이 탐욕의 유혹에 빠집니다. 가능한 한 더 많은 돈을 벌기 위해 안간 힘을 씁니다. 하나님께서 우리에게 주시는 것보다 더 많이 가지려는 탐심은 도둑질을 하게 합니다. 둘째, 낭비는 하나님께서 주신 재물과 돈을 헤프게 쓰는 것인데, 이것도 제8계명을 어기는 것입니다. 하나님의 소유를 아무렇게나 낭비하게 되면 결국 하나님의 재물과 돈을 도둑질하는 것과 같습니다.

그러면 우리가 어떻게 제8계명을 잘 지킬 수 있을까요? 돈과 재산으로 하나님을 잘 섬겨야 합니다. 돈을 어떻게 벌고 어떻게 쓰는가가 매우 중요합니다. 돈을 아끼고 모으기만 한다고 잘했다고 칭찬받는 것이 아닙니다. 또 돈을 잘 쓰기만 한다고 잘하는 것도 아닙니다. 하나님을 잘 섬기는 것은 하나님의 방법대로 재물과 돈을 관리하는 것입니다. 재물과 돈을 하나님께서 명령하신 방법대로 사용하는 것, 바로 그것이 제8계명을 지키는 것입니다.

성경

눅 3:13-14

이르되 부과된 것 외에는 거두지 말라 하고 군인들도 물어 이르되 우리는 무엇을 하리이까 하매 이르되 사람에게서 강탈하지 말며 거짓으로 고발하지 말고 받는 급료를 족한 줄로 알라 하니라

찬송

633장

HC 110문
WSC 75문

나눔 교제

1. 8계명을 어기는 것에 대해 생각나는 대로 말해 보세요.
2. 나에게 있는 탐욕과 낭비의 요소를 생각해 보고 어떻게 고칠 것인지 계획을 세워 보세요.

10월 28 OCTOBER

사랑(4) : 사랑이 가장 소중해요

성경

고전 13:1-13

내가 사람의 방언과 천사의 말을 할지라도 사랑이 없으면 소리 나는 구리와 울리는 꽹과리가 되고 내가 예언하는 능력이 있어 모든 비밀과 모든 지식을 알고 또 산을 옮길 만한 모든 믿음이 있을지라도 사랑이 없으면 내가 아무 것도 아니요 내가 내게 있는 모든 것으로 구제하고 또 내 몸을 불사르게 내줄지라도 사랑이 없으면 내게 아무 유익이 없느니라 사랑은 오래 참고 사랑은 온유하며 시기하지 아니하며 사랑은 자랑하지 아니하며 교만하지 아니하며 무례히 행하지 아니하며 자기의 유익을 구하지 아니하며 성내지 아니하며 악한 것을 생각하지 아니하며 불의를 기뻐하지 아니하며 진리와 함께 기뻐하고 모든 것을 참으며 모든 것을 믿으며 모든 것을 바라며 모든 것을 견디느니라 사랑은 언제까지나 떨어지지 아니하되 예언도 폐하고 방언도 그치고 지식도 폐하리라 우리는 부분적으로 알고 부분적으로 예언하니 온전한 것이 올 때에는 부분적으로 하던 내가 어렸을 때에는 말하는 것이 어린아이와 같고 깨닫는 것이 어린아이와 같고 생각하는 것이 어린아이와 같다가 장성한 사람이 되어서는 어린아이의 일을 버렸노라 우리가 지금은 거울로 보는 것같이 희미하나 그때에는 얼굴과 얼굴을 대하여 볼 것이요 지금은 내가 부분적으로 아나 그때에는 주께서 나를 아신 것같이 내가 온전히 알리라 그런즉 믿음, 소망, 사랑, 이 세 가지는 항상 있을 것인데 그중의 제일은 사랑이라

찬송

299장

성경에서 '믿음장'이 어디죠? 예, 그렇습니다. 히브리서 11장입니다. '부활장'은? 고린도전서 15장입니다. 그러면 '사랑장'은? 잘 맞췄어요! 고린도전서 13장입니다. 사랑이 무엇인지 알고 싶으면 이 성경을 읽어 보면 알 수 있습니다. 사랑이 얼마나 중요한지요. 사랑이 없으면 아무리 멋진 일을 해도 소용이 없답니다. 어떤 사람들은 방언과 천사의 말을 하고 싶어 합니다. 심지어 방언을 하기 위해 연습을 하기도 합니다. 그러나 사랑이 없으면 소리 나는 구리와 울리는 꽹과리가 된다고 했습니다. 어떤 사람들은 하나님께 감춰진 비밀을 자기만 알고 싶어 합니다. 미래에 일어날 일을 먼저 아는 것은 신나는 일이지 않을까요? 그런데 예언하는 능력이 있어 모든 비밀과 모든 지식을 알아도 사랑이 없으면 아무것도 아니라고 합니다. 큰 믿음을 갖고 싶지 않으십니까? 예수님이 말씀하셨죠. 믿음이 있으면 이 산을 들어 바다에 던지라 하여도 될 것이라고……. 그러나 산을 옮길 만한 모든 믿음이 있을지라도 사랑이 없으면 아무것도 아니라고 합니다. 또 하나님에 대한 사랑을 증명하기 위해 가지고 있는 모든 재물을 가난하고 힘든 사람들에게 주어 구제하는 사람이 있습니다. 그러나 사랑이 없으면 그것도 아무 유익이 없다고 합니다. 심지어 세상의 불의에 대해 자신의 몸을 불살라 분신하는 사람도 있습니다. 얼마나 고귀한 죽음입니까? 그의 죽음으로 사회의 불의가 많이 개선되기도 합니다. 그러나 그것도 사랑이 없으면 아무 유익이 없다고 합니다.

이렇게 방언, 예언, 믿음, 헌신을 아무리 많이 하고 잘해도 사랑이 없으면 인정받지 못한다고 말합니다. 우리는 어떠한가요? 정말 사랑을 중요하게 여기고 있나요? 우리의 실제 생활은 많이 다릅니다. 우리는 사랑보다는 우선 눈에 보이는 능력을 더 소중하게 생각합니다. 그것을 얻기 위해 열심히 공부하고 일하고 노력합니다. 위대한 사람이 되어 큰일을 하고 싶어 합니다. 그렇지만 그보다 훨씬 소중하고 중요한 것이 있다고 합니다. 그것이 무엇입니까? 그렇습니다. 사랑입니다. 사랑이 얼마나 소중한지요. 이 사랑을 갖고 싶지 않으세요?

나눔터

1. 우리는 많은 일을 하고 싶어 합니다. 심지어 다른 사람을 위해 대단한 일을 하기도 합니다. 그러나 한 가지가 부족하면 아무것도 아닙니다. 그것이 무엇입니까?
2. 일도 중요합니다. 은사도 중요합니다. 그러나 그보다 중요한 것이 무엇입니까?

여러분은 스스로 부자라고 생각하십니까? 아니면 가난하기 때문에 더 많은 재물과 돈이 필요합니까? 대부분의 사람은 자기가 가진 것이 충분하지 않고 부족하다고 생각합니다. 재물과 돈은 가능한 한 더 많이 갖고 싶어 합니다. 회사에서 더 높은 지위에 있어야 더 많은 월급을 받습니다. 개인 사업을 하는 사람도 마찬가지입니다. 돈과 재물을 싫어하는 사람은 아무도 없습니다. 돈과 재물이 나에게는 없고 다른 사람에게는 있으니 훔치는 것입니다. 도둑질하려고 합니다. 도둑질하면 제8계명을 어기는 것입니다. 그런데 단지 다른 사람의 집에 들어가 도둑이 되어 물건을 훔치지 않았다고 해서 제8계명을 잘 지켰다고 말할 수 있을까요? 그렇지 않습니다. 제8계명은 재산과 돈에 대해 어떤 자세를 가지고 어떤 목적을 위해 사용해야 하는지에 대해서도 명령합니다.

하나님께서는 재산과 돈에 대해 어떻게 가르칩니까? 하나님께서는 사도 바울을 통해 이렇게 말씀하셨습니다. "우리가 세상에 아무것도 가지고 온 것이 없으매 또한 아무것도 가지고 가지 못하리니, 우리가 먹을 것과 입을 것이 있은즉 족한 줄로 알 것이니라. 부하려 하는 자들은 시험과 올무와 여러 가지 어리석고 해로운 욕심에 떨어지나니, 곧 사람으로 파멸과 멸망에 빠지게 하는 것이라"(딤전 6:7-9). 그렇죠. 우리는 태어날 때 빈손으로 왔습니다. 이 세상을 떠날 때에도 빈손으로 갈 겁니다. 이것을 한자로 '공수래공수거(空手來空手去)'라고 합니다. 그래서 먹을 음식과 입을 옷과 거할 집이 있으면 만족해야 합니다. 만약 더 많은 것을 가지려고 욕심을 낸다면 여러 가지 어리석고 해로운 탐심에 빠져 결국 망하게 될 것이라고 가르칩니다.

여러분은 먹을 음식과 입을 옷이 있습니까? 그러면 만족하라고 하십니다. 그런데 우리는 더 좋은 음식을 먹으려고 욕심을 부립니다. 더 좋은 옷과 신발을 신고 싶은 마음이 있습니다. 더 좋은 집에서 살고 싶습니다. 이것에서 자유하지 못해 많은 사람이 멸망에 빠졌습니다. "돈을 사랑함이 일만 악의 뿌리가 되나니, 이것을 탐내는 자들은 미혹을 받아 믿음에서 떠나 많은 근심으로써 자기를 찔렀도다"(딤전 6:10).

성경

딤전 6:6-10

그러나 자족하는 마음이 있으면 경건은 큰 이익이 되느니라 우리가 세상에 아무것도 가지고 온 것이 없으매 또한 아무것도 가지고 가지 못하리니 우리가 먹을 것과 입을 것이 있은즉 족한 줄로 알 것이니라 부하려 하는 자들은 시험과 올무와 여러 가지 어리석고 해로운 욕심에 떨어지나니 곧 사람으로 파멸과 멸망에 빠지게 하는 것이라 돈을 사랑함이 일만 악의 뿌리가 되나니 이것을 탐내는 자들은 미혹을 받아 믿음에서 떠나 많은 근심으로써 자기를 찔렀도다

찬송

634장

HC 111문
WSC 74문

나눔질문

1. 여러분은 스스로 부자라고 생각하나요? 아니면 아직도 부족한가요? 왜 그런가요?
2. 성경은 돈과 재물에 대해 어떤 자세를 가져야 한다고 가르치나요? 나는 어떤가요?

돈과 재물이 나쁜가요?

성경

딤전 6:10

돈을 사랑함이 일만 악의 뿌리가 되나니 이것을 탐내는 자들은 미혹을 받아 믿음에서 떠나 많은 근심으로써 자기를 찔렀도다

찬송

634장

HC 111문
WSC 74문

돈과 재물은 우리 마음속에 욕심을 자극해 죄를 짓게 합니다. 옛날에 어떤 사람은 돈과 재물 자체가 죄라고 생각했습니다. 그래서 자기가 가지고 있던 돈과 재물을 모두 사람들에게 나눠 주고 사람들이 살지 않는 사막으로 들어가 수도사가 되었습니다. 이집트에 살던 그리스도인인 안토니우스(Antonius)라는 사람입니다. 그는 사막에 최초의 수도원을 만든 사람이기도 합니다. 안토니우스는 돈이 많은 부자였는데 그것을 다 버렸으니 대단한 용기를 가진 사람입니다. 많은 사람이 그의 행동에 감동해 그를 스승으로 모시고 사막 수도원으로 모여들었습니다. 그것이 수도원의 시작입니다.

그러면 안토니우스가 생각한 것처럼 돈과 재물은 나쁜 것일까요? 우리도 그렇게 돈과 재물을 버려야 할까요? 모든 그리스도인은 안토니우스처럼 살아야 할까요? 성경은 그렇게 가르치지 않습니다. 돈과 재물을 버리기만 한다고 제8계명을 지키는 것이 아닙니다. 성경은 돈과 재물 그 자체가 죄라고 말하지 않습니다. 문제는 돈과 재물이 아니라, 부패한 사람의 마음에 있습니다. 돈과 재물을 사랑하는 인간의 마음이 문제입니다. 살아가는 데 필요한 기본적인 것에 만족하지 않고 더 많은 돈을 가지고 싶은 욕심이 죄를 낳습니다. 사도 바울은 "탐심은 우상숭배"(골 3:5)라고 했습니다. 야고보는 "욕심이 잉태한즉 죄를 낳고 죄가 장성한즉 사망을 낳느니라."(약 1:15)라고 했습니다. '탐심'이나 '욕심'이나 모두 마음에서 짓는 죄입니다. 바로 마음에서 죄가 시작됩니다. 마음에서 무엇을 갖고 싶은 욕심이나 탐심이 생기면 그것을 얻기 위해 수단과 방법을 가리지 않습니다. 결국 그것을 갖습니다. 그 탐심이 최신 컴퓨터나 스마트폰일 수 있습니다. 유명 브랜드 신발이나 옷일 수도 있습니다. 화려한 집이나 주방도구일 수 있습니다.

돈과 재물은 하나님께서 우리에게 맡겨 주신 선물입니다. 돈이 악한 것이 아니라, 돈을 사랑하는 사람의 마음이 문제입니다. "돈을 사랑함이 일만 악의 뿌리"(딤전 6:10)라고 했습니다. 돈은 사랑할 대상이 아닙니다. 돈을 사랑하게 되면 하나님을 사랑할 수 없습니다. 하나님과 재물을 겸하여 섬길 수 없습니다. 종은 두 주인을 섬길 수 없습니다. 만약 돈을 사랑하게 되면 믿음을 잃게 되고 망할 것입니다. 돈과 재물을 사랑하지 맙시다!

---

1. 돈과 재물이 죄를 짓게 만듭니다. 그러면 돈과 재물을 피해 달아나기만 하면 문제가 해결될까요?
2. 죄는 어디에서 시작되나요? 우리 가운데 있는 탐심과 욕심을 찾아 보세요.

322 교리와 함께하는 365 가정예배 10주년 기념판

부자는 어떻게 살아야 하나요?

그리스도인도 돈과 재물을 가질 수 있습니다. 태어날 때는 아무것도 없지만 하나님께서 여러 가지 방법으로 돈과 재물을 주십니다. 돈과 재물이 많은 그리스도인도 있습니다. 그리스도인 부자는 어떻게 살아야 할까요? 사도 바울은 부자들에게 어떻게 살아야 할지 구체적으로 가르쳐 주었습니다. "네가 이 세대에서 부한 자들을 명하여 마음을 높이지 말고 정함이 없는 재물에 소망을 두지 말고, 오직 우리에게 모든 것을 후히 주사 누리게 하시는 하나님께 두며, 선을 행하고 선한 사업을 많이 하고 나누어 주기를 좋아하며, 너그러운 자가 되게 하라. 이것이 장래에 자기를 위하여 좋은 터를 쌓아 참된 생명을 취하는 것이니라"(딤전 6:17-19).

첫째, 부자는 마음이 교만하지 않아야 합니다. 가난한 사람을 무시하거나 멸시하지 않아야 한다는 뜻입니다. '나는 열심히 공부하고 일해 많은 돈을 벌었지만 저 사람은 게을러 가난하게 된 거야!'라는 자세는 교만한 마음입니다. '내가 부자가 된 것은 하나님께서 도와 주셔서 사람과 환경과 기회가 잘 맞아떨어졌기 때문이야.'라는 겸손한 마음을 가져야 합니다.

둘째, 부자는 재물에 소망을 두지 말아야 합니다. 부자는 돈과 재물이 모든 문제를 해결해 줄 것이라고 믿기 쉽습니다. 친구도 돈으로 사귈 수 있다고 믿습니다. 자녀 교육도 돈으로 할 수 있다고 믿습니다. 교회 생활도 돈으로 할 수 있다고 믿습니다. 그렇지만 그것은 지혜로운 생각이 아닙니다. 돈과 재물을 믿으면 안 됩니다. 부자는 오히려 하나님을 믿고 신뢰해야 합니다.

셋째, 부자는 선을 행하고 선한 사업을 많이 하고 나누어 주기를 좋아하며 너그러운 자가 되어야 합니다. 이런 말이 있습니다. "가진 자가 부자가 아니라 베푸는 자가 부자이다." 그렇습니다. 진정한 부자는 얼마나 많이 가졌느냐가 아니라 필요한 자에게 얼마나 잘 베푸느냐에 달려 있습니다. 선한 일에는 어떤 것들이 있을까요? 우선 교회를 위해 헌금할 수 있어야 합니다. 그리고 그리스도인들이 하는 구제 사역이나 복지 사역에 재산과 돈을 사용할 수 있어야 합니다. 마지막으로 보통 사람들이 하는 좋은 일에도 돈과 재산을 기부할 수 있어야 합니다.

성경

딤전 6:17-19

네가 이 세대에서 부한 자들을 명하여 마음을 높이지 말고 정함이 없는 재물에 소망을 두지 말고 오직 우리에게 모든 것을 후히 주사 누리게 하시는 하나님께 두며 선을 행하고 선한 사업을 많이 하고 나누어 주기를 좋아하며 너그러운 자가 되게 하라 이것이 장래에 자기를 위하여 좋은 터를 쌓아 참된 생명을 취하는 것이니라

찬송

633장

HC 111문
WSC 74문

나눔 토의

1. 돈과 재산이 많은 부자는 잘못된 것일까요?
2. 부자는 어떤 자세를 가져야 하고 어떻게 살아야 할까요?

내가 받고 싶은 것을 주세요

성경

마 7:12

그러므로 무엇이든지 남에게 대접을 받고자 하는 대로 너희도 남을 대접하라 이것이 율법이요 선지자니라

찬송

427장

HC 111문
WSC 74문

한 번도 도둑질을 한 적이 없습니까? 그러면 제8계명을 잘 지킨 것일까요? 적어도 그렇게 보입니다. 그러나 정말 그럴까요? 제8계명이 가르치는 것은 그보다 훨씬 많습니다. 돈과 재물에 대한 자세뿐만 아니라 하나님과 사람에 대한 자세를 가르칩니다. 돈과 하나님을 동시에 사랑할 수 없다는 것도 배웁니다. 우리는 사람을 사랑해야 하는데 돈과 사람을 동시에 사랑할 수는 없습니다. 우리는 돈보다 사람을 사랑해야 합니다. 더 나아가 돈으로 사람 관계를 좋게 해야 합니다. 이것이 제8계명을 통해 우리에게 가르치는 것입니다.

우리가 할 수 있는 범위 안에서 이웃의 유익을 위해 재물과 돈을 사용해야 합니다. 조건은 우리에게 그럴 수 있는 능력이 있어야 한다는 것입니다. 능력도 되지 않는데 이웃의 유익을 위해 자신의 모든 것을 주는 것은 지혜로운 행동이 아닙니다. 하나님께서 기뻐하시지도 않을 것입니다. 그러므로 베풀 수 있는 능력이 없는 사람은 할 수 있을 때까지 기다려야 합니다.

우리는 대체로 주는 것보다 받는 것을 좋아합니다. 도움 주기보다 도움 받기를 바랍니다. 그런데 성경은 이렇게 말합니다. "무엇이든지 남에게 대접을 받고자 하는 대로 너희도 남을 대접하라. 이것이 율법이요 선지자니라"(마 7:12). 남이 나에게 재물과 돈을 주기를 원한다면 내가 남에게 재물과 돈을 주라는 역설적인 명령입니다. 다른 사람의 것을 갖고 싶어 도둑질을 할 것이 아니라, 그 사람이 필요한 것이 무엇인지 찾아 베풀어야 한다는 뜻입니다. 이것이 예수님이 우리에게 가르치시고 원하시는 수준입니다. 참 대단하죠!

마지막으로 우리는 의식주를 위해 성실하게 일해야 합니다. 우리가 성실히 일하면 어려운 가운데 있는, 도움이 필요한 사람을 도울 수 있습니다. 바울 사도는 이렇게 말합니다. "도둑질하는 자는 다시 도둑질하지 말고 돌이켜 가난한 자에게 구제할 수 있도록 자기 손으로 수고하여 선한 일을 하라"(엡 4:28). 우리가 열심히 일해 돈을 버는 이유는 단순히 우리가 먹고 마시기 위함이 아니라, 형제를 위해 손을 내밀 수 있기 위함입니다. 삶의 목표와 질이 다릅니다. 그렇게 살겠습니까?

나눔과 토론

1. 돈과 사람 중에 무엇이 더 중요합니까? 그런데 현실은 어떻습니까?
2. 우리가 성실히 일해야 하는 이유는 무엇입니까?

제9계명은 무엇을 요구하나요?

제9계명은 "네 이웃에 대하여 거짓 증거하지 말라."입니다. 이 계명도 이웃을 사랑하는 방법 중 하나입니다. 제6계명은 이웃의 생명, 제7계명은 이웃의 아내, 제8계명은 이웃의 재산에 대한 것입니다. 제9계명은 이웃의 명예에 관한 것입니다. 이 계명은 "거짓말하지 말라."는 명령처럼 보입니다. 비슷해 보이지만 다릅니다. 제9계명은 "거짓 증거하지 말라."는 명령입니다. 왜 이런 계명을 내렸을까요? 그 이유를 알려면 구약시대 이스라엘 백성의 역사 속으로 들어가 보아야 합니다.

아주 옛날에는 지금처럼 도시가 크지 않았습니다. 같은 성을 가진 사람들이 한 마을에 살았기 때문에 서로 잘 알고 지냅니다. 만약 마을에 한 사람이 죽는 일이 발생하면 어떻게 될까요? 현대에는 과학이 발달해서 지문이나 염색체를 검사하여 누가 살인자인지 가려 낼 수 있습니다. 그런데 당시에는 그렇지 못했습니다. 만약 사람이 죽는 현장에 누군가 본 사람이 있으면 그것이 가장 중요한 증거가 됩니다. 재판에서 증인의 역할이 매우 중요했습니다. 아무도 보지 않았다면 재판이 어려워질 것입니다. 이런 살인사건을 재판할 때에는 적어도 두세 명의 증인이 있어야 합니다. "사람의 모든 악에 관하여 또한 모든 죄에 관하여는 한 증인으로만 정할 것이 아니요, 두 증인의 입으로나 또는 세 증인의 입으로 그 사건을 확정할 것이며"(신 19:15). 한 사람이 거짓으로 증언을 할 수도 있기 때문입니다. 그래서 재판에서 증인이 거짓으로 말하느냐, 바르게 증언하느냐는 중요합니다. 살인자는 두세 사람의 증언이 있으면 사형을 당합니다. 그런데 그가 죽지 않았는데 다른 사람이 거짓말로 사람을 죽였다고 증언하면 그는 억울하게 사형을 받게 될 수도 있습니다. 그러므로 네 이웃에 대하여 거짓 증거하지 말라고 명령한 것입니다.

제6계명 "살인하지 말라."도 이웃의 생명을 보호하기 위한 것이지만 제9계명 "네 이웃에 대하여 거짓 증거하지 말라."도 생명을 보호하기 위한 것입니다. 제6계명은 손으로 사람을 죽이고, 제9계명은 '혀', 곧 거짓 '증언'으로 사람을 죽이는 것에 관한 것입니다. 거짓 증언으로 다른 사람에게 피해를 입히는 경우가 오늘날에도 얼마든지 있습니다. 이 계명은 지금도 지켜져야 합니다.

성경

출 20:16
네 이웃에 대하여 거짓 증거하지 말라

신 19:15
사람의 모든 악에 관하여 또한 모든 죄에 관하여는 한 증인으로만 정할 것이 아니요 두 증인의 입으로나 또는 세 증인의 입으로 그 사건을 확정할 것이며

찬송

573장

HC 112문
WSC 77-78문

나눔질문

1. "거짓 증거하지 말라."는 명령은 어떤 배경에서 나온 법입니까?
2. 제6계명과 제9계명의 공통점과 차이점은 무엇입니까?

인류 최초의 거짓 증언

성경

창 3:1-6

그런데 뱀은 여호와 하나님이 지으신 들짐승 중에 가장 간교하니라 뱀이 여자에게 물어 이르되 하나님이 참으로 너희에게 동산 모든 나무의 열매를 먹지 말라 하시더냐 여자가 뱀에게 말하되 동산 나무의 열매를 우리가 먹을 수 있으나 동산 중앙에 있는 나무의 열매는 하나님의 말씀에 너희는 먹지도 말고 만지지도 말라 너희가 죽을까 하노라 하셨느니라 뱀이 여자에게 이르되 너희가 결코 죽지 아니하리라 너희가 그것을 먹는 날에는 너희 눈이 밝아져 하나님과 같이 되어 선악을 알 줄 하나님이 아심이니라 여자가 그 나무를 본즉 먹음직도 하고 보암직도 하고 지혜롭게 할 만큼 탐스럽기도 한 나무인지라 여자가 그 열매를 따먹고 자기와 함께 있는 남편에게도 주매 그도 먹은지라

찬송

322장

HC 112문

WSC 77-78문

거짓 증언의 최고수는 누구일까요? 잘 모르겠나요? 거짓 증언의 최고수는 사탄입니다. 예수님은 이렇게 말씀하셨습니다. "너희는 너희 아비 마귀에게서 났으니…… 그는 처음부터 살인한 자요, 진리가 그 속에 없으므로 진리에 서지 못하고 거짓을 말할 때마다 제 것으로 말하나니, 이는 그가 거짓말쟁이요, 거짓의 아비가 되었음이라"(요 8:44). 사탄은 거짓말쟁이입니다. 사탄에게는 참과 진리가 없고 거짓만 있습니다. 사탄을 따르는 모든 사람은 거짓 증언을 하게 되어 있습니다. 언제부터 이렇게 사람이 거짓 증언을 하게 되었을까요?

바로 아담과 하와가 에덴동산에 있을 때부터입니다. 어느 날, 뱀이 여자에게 찾아와 물었습니다. "하나님이 참으로 너희에게 동산 모든 나무의 열매를 먹지 말라 하시더냐?"(창 3:1) 무엇이 거짓 증언일까요? 그렇습니다. '모든 나무의 열매를 먹지 말라 하시더냐?'입니다. 하나님께서 아담에게 명령하신 내용을 보세요. "동산 각종 나무의 열매는 네가 임의로 먹되, 선악을 알게 하는 나무의 열매는 먹지 말라"(창 2:16-17). 단 한 나무 열매를 제외하고 모든 나무 열매를 먹을 수 있습니다. 또 하와가 거짓 증언을 하는 것을 보세요. "동산 중앙에 있는 나무의 열매는 하나님의 말씀에 너희는 먹지도 말고 만지지도 말라. 너희가 죽을까 하노라 하셨느니라"(창 3:3). 무엇이 거짓 증언이죠? 예, '만지지도 말라'입니다. 하나님께서 먹지 말라고 하신 말에 이 말을 더 붙였습니다. 본래 있는 사실에 더하거나 빼는 것이 거짓 증언입니다. 사탄은 하와를 속여 조금씩 거짓으로 증언하도록 합니다.

마침내 사탄은 노골적으로 거짓 증언을 합니다. "너희가 결코 죽지 아니하리라. 너희가 그것을 먹는 날에는 너희 눈이 밝아져 하나님과 같이 되어 선악을 알 줄 하나님이 아심이니라"(창 3:4-5). 이것은 너무나 분명한 거짓 증언입니다. 하나님께서는 선악을 알게 하는 나무 열매를 먹으면 "반드시 죽으리라."라고 하셨지만, 뱀은 "결코 죽지 아니하리라."라고 했으니 완전히 반대 증언을 한 것입니다. 어느 것이 진리입니까? 뱀의 말입니까? 하나님의 말씀입니까? 안타깝게도 하와와 아담은 뱀의 거짓 증언을 따랐습니다. 그 후 모든 인간은 사탄의 거짓말에 속고 있습니다. 우리도 한때 그 사탄에게 속했었다니 끔찍하죠?

1. 왜 사람들은 거짓 증언을 할까요?
2. 최초의 거짓 증언은 어디에서 시작되었나요? 그 이야기를 해 보세요.

사랑(5) : 가장 좋은 길

04 11월 NOVEMBER

하나님은 사랑이라고 배웠습니다. 사랑이 없으면 우리가 하는 모든 일이 헛것이고 유익이 없다고 했는데, 그 사랑이 도대체 무엇입니까?

고린도전서 13장, 일명 '사랑장'은 12장에서 14장으로 연결되는 은사에 관한 내용 가운데 하나입니다. 하나님께서는 교회에 여러 가지 은사를 주십니다. 그리스도의 몸인 교회를 세우기 위해서입니다. 그런데 고린도교회에는 은사를 받은 사람들이 교회에서 자랑하고 다른 사람을 무시했고, 은사가 없는 사람은 열등감을 가졌습니다. 섬기기 위한 은사가 교만과 열등감을 불러일으킨 것입니다. 바울은 12장 마지막에 이렇게 말했습니다. "너희는 더욱 큰 은사를 사모하라. 내가 또한 가장 좋은 길을 너희에게 보이리라"(31절). 여기서 더욱 큰 은사는 14장에 나오는 예언의 은사입니다. '예언'이란 미래를 점치는 것이 아니라, '하나님의 말씀을 전하는 것'이랍니다. 그러니 가장 좋은 은사는 예언입니다. 복음을 전하는 것만큼 좋은 은사는 없습니다.

그러면 '가장 좋은 길'은 무엇입니까? 가장 좋은 길이 바로 13장의 주요 내용인 '사랑'입니다. 사랑은 은사를 사용할 때 반드시 가지고 있어야 하는 것입니다. 사랑은 은사를 사용하는 가장 좋은 '길(way)', 곧 '방법(way)'입니다. 사랑이라는 방법으로 은사를 사용해 교회를 세워야 한다는 말입니다. 사랑이 없으면 그 어떤 대단한 은사도 유익이 없다는 것이죠. 사랑 없는 은사는 문제만 생길 것이라는 말입니다.

사랑의 방법이란 구체적으로 무엇입니까? 고린도전서 13장 4-7절 말씀에 잘 나옵니다. 한번 볼까요? 사랑은 오래 참습니다. 사랑은 온유합니다. 사랑은 시기하지 않습니다. 사랑은 자랑하지 않습니다. 사랑은 교만하지 않습니다. 사랑은 무례하지 않습니다. 사랑은 자기의 유익을 구하지 않습니다. 사랑은 성내지 않습니다. 사랑은 악한 것을 생각하지 않습니다. 사랑은 불의를 기뻐하지 않습니다. 사랑은 진리와 함께 기뻐합니다. 사랑은 모든 것을 참습니다. 사랑은 모든 것을 믿습니다. 사랑은 모든 것을 바랍니다. 사랑은 모든 것을 견딥니다.

그러고 보니 사랑은 그리스도인이 갖추어야 할 모든 성품이네요. 어때요? 사랑할 수 있겠습니까? 흉내는 내겠지만, 솔직히 어렵습니다. 그런데 다행히 사랑을 온전히 이루신 분이 계십니다. 바로 예수님입니다. 예수님은 이 모든 사랑을 실천하셨습니다. 그분이 우리의 모델이십니다. 우리가 따라할 모델이 있음이 복입니다.

성경

고전 12:31
너희는 더욱 큰 은사를 사모하라 내가 또한 가장 좋은 길을 너희에게 보이리라

13:4-7
사랑은 오래 참고 사랑은 온유하며 시기하지 아니하며 사랑은 자랑하지 아니하며 교만하지 아니하며 무례히 행하지 아니하며 자기의 유익을 구하지 아니하며 성내지 아니하며 악한 것을 생각하지 아니하며 불의를 기뻐하지 아니하며 진리와 함께 기뻐하고 모든 것을 참으며 모든 것을 믿으며 모든 것을 바라며 모든 것을 견디느니라

찬송
89장 1절

나눔과 묵상

1. 사랑은 무엇입니까? 고린도전서 12-14장의 문맥에서 찾아 보세요.
2. 사랑의 수준이 어느 정도입니까? 우리는 이것을 다 행할 수 있습니까? 이 말씀을 완전하게 행한 분이 계십니다. 누구입니까?

말로 살인하는 사람들

성경

왕상 21:1-16

그 후에 이 일이 있으니라 이 스르엘 사람 나봇에게 이스르엘에 포도원이 있어 사마리아의 왕 아합의 왕궁에서 가깝더니 아합이 나봇에게 말하여 이르되 네 포도원이 내 왕궁 곁에 가까이 있으니 내게 주어 채소 밭을 삼게 하라 내가 그 대신에 그보다 더 아름다운 포도원을 네게 줄 것이요 만일 네가 좋게 여기면 그 값을 돈으로 네게 주리라 나봇이 아합에게 말하되 내 조상의 유산을 왕에게 주기를 여호와께서 금하실지로다 하니 이스르엘 사람 나봇이 아합에게 대답하여 이르기를 내 조상의 유산을 왕께 줄 수 없다 하므로……그의 성읍 사람 곧 그의 성읍에 사는 장로와 귀족들이 이세벨의 지시 곧 그가 자기들에게 보낸 편지에 쓴 대로 하여 금식을 선포하고 나봇을 백성 가운데 높이 앉히매 때에 불량자 두 사람이 들어와 그의 앞에 앉고 백성 앞에서 나봇에게 대하여 증언을 하여 이르기를 나봇이 하나님과 왕을 저주하였다 하매 무리가 그를 성읍 밖으로 끌고 나가서 돌로 쳐 죽이고 이세벨에게 통보하기를 나봇이 돌에 맞아 죽었나이다 하니 이세벨이 나봇이 돌에 맞아 죽었다 함을 듣고 이세벨이 아합에게 이르되 일어나 그 이스르엘 사람 나봇이 돈으로 바꾸어 주기를 싫어하던 나봇의 포도원을 차지하소서 나봇이 살아 있지 아니하고 죽었나이다 아합은 나봇이 죽었다 함을 듣고 곧 일어나 이스르엘 사람 나봇의 포도원을 차지하러 그리로 내려갔더라

찬송

586장

HC 112문

WSC 77-78문

거짓 증인을 하는 것이 뭐가 그렇게 나쁘냐고 생각할 수 있습니다. '거짓말로 이런 저런 이야기를 했다고 무슨 큰일이 있나요?' 그렇지 않습니다. 거짓 증언은 사람을 죽일 수 있습니다. 사탄이 아담과 하와를 영적으로 죽게 했던 것처럼, 위증자가 무죄한 한 포도농장 주인을 죽인 사건이 성경에 나옵니다.

아합 왕이 북 왕국 이스라엘을 통치하던 시대였습니다. 나봇이라는 사람이 아합 왕의 사마리아 궁전 옆에 살고 있었습니다. 아합 왕은 욕심이 많았습니다. 재산도 많고 땅도 많았지만 나봇의 소유인 포도농장이 갖고 싶었습니다. 아합 왕이 그를 불러 그 포도농장을 팔라고 말했습니다. 나봇은 하나님께서 조상들에게 주신 땅을 자기 마음대로 팔 수 없다고 말했습니다. 아합은 자기 욕심대로 되지 않자 심술이 나 밥맛도 잃을 정도로 괴로워하고 있었습니다. 옆에서 지켜보던 악한 아내 이세벨 왕비가 나섰습니다. 이세벨은 일을 꾸몄습니다. 왕의 이름으로 나봇의 성 지도자들에게 편지를 보냈습니다. '나봇이 하나님과 왕을 저주하였다고 거짓으로 고소해 죽이시오!' 거짓 증인 두 사람을 세워 나봇이 하나님과 왕을 저주하였다고 거짓 증언을 하게 해 죽이라는 것입니다. 그 성의 지도자들은 왕의 명령을 거절하지 못하고 나봇을 재판해 거짓 증인을 내세워 돌로 쳐 죽였습니다. 참으로 안타깝고 억울한 일이 아닐 수 없습니다. 나봇이 죽은 후 아합은 포도농장을 빼앗을 수 있었습니다. 아합과 이세벨 그리고 성의 지도자들, 불량자인 거짓 증인들은 모두 거짓 증언을 해 제9계명을 어겼습니다.

그들은 무슨 잘못을 했습니까? 첫째, 거짓 증언을 했습니다. 둘째, 다른 사람의 말을 왜곡했습니다. 셋째, 뒤에서 헐뜯고 나쁜 짓을 꾸며냈습니다. 넷째, 다른 증인의 말을 들어 보지도 않고 성급하게 정죄하고 처벌했습니다. 성의 지도자들이 이세벨의 중상모략과 나쁜 계획을 듣고도 따르지 않았다면 이런 일은 일어나지 않았을 것입니다. 또한 두 명의 악한 위증자가 이 계획에 가담하지 않았더라면 이런 참담한 일은 일어나지 않았을 것입니다. 마지막으로 어리석은 백성이 이 악한 자들의 말을 그대로 믿고 나봇에게 돌을 던져 죽인 것도 잘못입니다. 이렇게 거짓 증언은 무서운 결과를 낳습니다. 거짓말로 증언해서는 안 됩니다.

나눔 질문

1. 욕심은 죄를 낳게 된다는 말에 대해 어떻게 생각하나요?
2. 거짓 증언은 어떤 결과를 낳나요?

거짓이 진리를 이길 수 있을까요?

사탄이 뱀을 시켜 아담과 하와를 유혹했습니다. 유혹을 이기지 못한 아담과 하와는 거짓 증언을 믿고 따른 결과, 하나님께 심각한 죄를 지었습니다. 사탄의 계획은 성공했습니다. 그 후 사람은 사탄의 종이 되어 거짓말을 따르고 하나님의 말씀을 듣지도 않고 순종하지 않았습니다. 사탄이 하나님을 이긴 것 같았습니다. 그러나 하나님께서는 당신의 택한 백성을 그냥 내버려두지 않으십니다. 창세기 3장 15절에 보면 하나님께서 뱀에게 이런 말씀을 하셨습니다. "내가 너로 여자와 원수가 되게 하고 네 후손도 여자의 후손과 원수가 되게 하리니 여자의 후손은 네 머리를 상하게 할 것이요, 너는 그의 발꿈치를 상하게 할 것이니라." 하나님께서는 여자와 뱀이 사이좋게 지내지 못하도록 하십니다. 여자의 후손과 뱀의 후손은 서로 원수가 되어 싸우게 될 것입니다. 하나님의 백성과 사탄의 백성은 서로 분리될 것입니다. 그래서 여자의 한 후손이 오면 뱀의 머리에 치명타를 입혀 사탄을 지옥으로 보낼 것입니다. 이것이 하나님의 계획이었습니다.

사탄은 지금도 승리하는 것 같습니다. 거짓 증인들이 세상을 지배하고 있고 진리는 패하고 있는 것 같습니다. 사실 사탄은 예수님도 죽였습니다. 어떻게 죽였나요? 아담과 하와를 죽인 방법과 같습니다. 거짓 증언으로 예수님을 십자가에 못 박아 죽였습니다. 유대인의 재판장인 산헤드린과 본디오 빌라도 앞에서 재판을 받았는데 그 죄명은 이런 것입니다. "이 사람의 말이 내가 하나님의 성전을 헐고 사흘 동안에 지을 수 있다 하더라"(마 26:61). 이 말은 거짓입니다. 예수님이 말씀하신 의미를 왜곡한 것입니다. 이 말은 예수님의 성전 된 몸을 가리킨 말이었습니다. 두 번째 위증은 예수님이 유대인의 왕이라고 한 것입니다(마 27:11-14). 예수님은 세상의 왕이 아니라, 하나님 나라의 왕이십니다.

사탄은 자신의 주 특기인 거짓 증언으로 예수 그리스도를 죽였지만, 실패했습니다. 예수님은 오히려 사탄의 공격을 이용해 십자가 위에 죽으심으로 당신의 택한 백성을 위해 자신을 속죄제물로 하나님께 드리셨습니다. 진리 되신 예수 그리스도께서 택한 백성을 거짓의 아버지 사탄의 올무에서 구해내셨습니다. 결국 진리가 거짓을 이깁니다.

성경

요 14:6
예수께서 이르시되 내가 곧 길이요 진리요 생명이니 나로 말미암지 않고는 아버지께로 올 자가 없느니라

17:17
그들을 진리로 거룩하게 하옵소서 아버지의 말씀은 진리니이다

찬송

88장

HC 112문
WSC 77-78문

나눔 묵상

1. 거짓 증언에 속아 넘어진 하나님의 자녀들을 어떻게 보호해 주십니까?
2. 사탄이 예수님을 십자가에 죽인 방법은 무엇입니까? 진리가 거짓을 이길 수 있을까요? 왜 그럴까요?

혀의 위력

성경

출 23:1-2

너는 거짓된 풍설을 퍼뜨리지 말며 악인과 연합하여 위증하는 증인이 되지 말며 다수를 따라 악을 행하지 말며 송사에 다수를 따라 부당한 증언을 하지 말며

찬송

322장

HC 112문
WSC 77-78문

언어를 사용하는 피조물은 사람밖에 없습니다. 동물은 신호를 통해 의사소통을 하기는 하지만, 혀와 문자를 사용해 정확하게 일관성 있는 말과 언어를 사용하지는 못합니다. 왜 사람만 말을 할 수 있는지는 모릅니다. 그런데 분명한 것은 하나님께서도 말을 하신다는 사실입니다. 하나님께서는 아담과 하와를 만드시고 에덴동산에서 그들과 계속 이야기를 나누셨습니다. 에덴동산에서 쫓겨난 후에도 택한 백성들과 언약으로 특별한 관계를 맺으시고 대화를 하셨습니다. 그러나 타락한 죄인은 진리를 떠나 진리를 말할 능력을 잃어 사탄의 종이 되어 거짓을 말합니다. 그러나 감사하게도 예수 그리스도께서 사탄의 권세에서 우리를 구원해 주셔서 다시 진리를 말할 수 있게 되었습니다. 그럼에도 불구하고 우리에게는 아직도 옛 모습이 남아 있습니다. 거짓 증언하는 경우가 여러 형태로 나타납니다. 그래서 "네 이웃에 대하여 거짓 증거하지 말라."라고 명령하십니다.

말은 혀가 없으면 할 수 없습니다. 그래서 성경은 '혀'의 힘이 대단하다고 합니다. 야고보 선생은 이렇게 말합니다. "혀는 곧 불이요, 불의의 세계라. 혀는 우리 지체 중에서 온몸을 더럽히고 삶의 수레바퀴를 불사르나니, 그 사르는 것이 지옥 불에서 나느니라"(약 3:6). 하나님께서 혀를 창조하셨지만, 사탄은 그것을 자기의 것으로 만들었습니다. 지옥 불에서 나오는 혀는 사람들을 죽이기도 하는 무시무시한 무기입니다. 친구에게 내뱉은 말 한 마디가 친구의 마음을 깊숙이 찌르는 비수가 되기도 합니다. 교인들 사이에 잘못된 이야기를 덧붙여 전해 다른 사람에게 피해를 입히는 경우도 있습니다. 진실만을 이야기해야 하는데 잘못된 거짓말을 해 교회 안에서 공동체를 파괴하기도 합니다.

이런 거짓 증인은 벌을 받을 것입니다(잠 19:5). 거짓말을 하는 사람도 벌을 면하지 못할 것입니다. 사람은 다른 사람에 대해 나쁘게 말하기를 좋아합니다. 다른 사람을 깎아내리면 상대적으로 자신이 나은 것 같은 느낌을 갖기 때문입니다. 하나님 앞에 살지 않고 사람의 눈을 의식하는 사람입니다. 하나님께서는 분명하게 명령하셨습니다. "너는 거짓된 풍설을 퍼뜨리지 말며 악인과 연합하여 위증하는 증인이 되지 말며, 다수를 따라 악을 행하지 말며 송사에 다수를 따라 부당한 증언을 하지 말며"(출 23:1-2). 아멘!

나눔 질문

1. 혀의 역사를 이야기해 보세요.
2. 혀로 어떻게 잘못할 수 있나요? 하나님은 성경에서 어떻게 명령하시나요?

진실하면 무슨 말이든 할 수 있나요?

우리는 제9계명을 잘 지키기 위해 진실만을 이야기해야 합니다. 거짓 증언을 해서는 안 됩니다. 그런데 진실을 이야기할 때 지혜가 필요합니다. 사랑이 없는 진실은 잘못될 수 있기 때문입니다. 우리는 다른 사람의 잘못과 실수 혹은 단점 등을 알 수 있습니다. 그러나 그 모든 사실을 진실이라고 분별없이 말하고 다니는 것은 옳지 않습니다. 가끔 그런 사람이 우리 주변에도 있습니다. 사람이 많은 곳에서 농담처럼 다른 사람의 단점을 큰소리로 말해 버립니다. 아무리 그것이 진실이라 할지라도 사랑이 없는 말은 덕을 세우지 못합니다. 사랑은 좋지 않은 이야기를 말하지 않고 참고 덮어 주고 감춰 주는 면이 있습니다. 고린도전서 13장 6~7절을 보십시오. "(사랑은) 불의를 기뻐하지 아니하며 진리와 함께 기뻐하고 모든 것을 참으며……" 진리와 함께 기뻐하는 사랑은 모든 사실을 다 말하지 않습니다. 우리는 사람의 명예를 깎아내리는 진실을 말해서는 안 됩니다.

　사랑이 없는 진실은 말하지 않는 것이 좋습니다. 모세가 태어나기 전 이집트에 살고 있던 이스라엘의 산파들은 이집트 파라오보다 하나님을 두려워했습니다. 산파들은 남자아이가 태어나면 죽이라는 이집트 파라오의 명령에 복종하지 않고 살려주었습니다. 그리고 이렇게 거짓 증언했습니다. "히브리 여인은 애굽 여인과 같지 아니하고 건장하여 산파가 그들에게 이르기 전에 해산하였더이다"(출 1:19).

　여리고 성에 라합이라는 여자가 살고 있었습니다. 이스라엘의 정탐꾼(스파이) 두 명이 라합의 집에 숨어들어왔습니다. 그런데 어떤 사람이 그것을 보고 여리고 성 왕에게 알렸습니다. 군인이 와 정탐꾼을 내놓으라고 명령했습니다. 그때 라합은 그 두 사람을 숨겨 놓고 거짓 증언을 했습니다. "과연 그 사람들이 내게 왔으나 그들이 어디에서 왔는지 나는 알지 못하였고, 그 사람들이 어두워 성문을 닫을 때쯤 되어 나갔으니 어디로 갔는지 내가 알지 못하나 급히 따라가라. 그리하면 그들을 따라 잡으리라"(수 2:4-5). 라합이 이렇게 한 것은 하나님을 두려워하고 하나님을 믿었기 때문이었습니다(히 11:31). 하나님을 사랑하는 사람은 사람도 사랑하기에 지혜롭게 말합니다. 왜냐하면 사실을 말하는 것보다 하나님과 사람을 사랑하는 것이 더 중요하기 때문입니다.

성경

히 11:31

믿음으로 기생 라합은 정탐꾼을 평안히 영접하였으므로 순종하지 아니한 자와 함께 멸망하지 아니하였도다

찬송

189장

HC 112문
WSC 77-78문

1. 진실이라고 무엇이든지 말할 수 있나요? 어떤 문제가 생길 수 있나요?
2. 우리의 말은 하나님과 사람을 향한 사랑 안에 있어야 합니다. 그러면 우리는 어떻게 말하고 행동해야 할까요?

거짓이 없는 진리, 예수 그리스도

성경

요 14:6

예수께서 이르시되 내가 곧 길이요 진리요 생명이니 나로 말미암지 않고는 아버지께로 올 자가 없느니라

찬송

201장

HC 112문
WSC 77–78문

말실수를 하지 않은 사람이 세상에 있을까요? 목사님? 선생님? 할아버지? 대통령? 공자? 석가모니? 과연 그들은 말실수를 하지 않았을까요? 야고보는 이렇게 말했습니다. "우리가 다 실수가 많으니 만일 말에 실수가 없는 자라면 곧 온전한 사람이라"(약 3:2). 세상에는 완전한 사람이 없습니다. 말실수를 하지 않는 사람은 세상에 없습니다. 사람은 본성으로 하나님과 나의 이웃을 미워하는 성향이 있습니다. 제9계명을 지킬 수 없습니다. 사람은 대단해 보이지만 말에 실수가 많습니다.

그런데 세계 역사 가운데 딱 한 사람이 말에 실수가 없었습니다. 아담 이후 모든 사람이 죄를 지었지만, 이 분은 완전한 인간으로서 죄를 짓지 않았습니다. 그분은 바로 예수 그리스도입니다. 예수님은 거짓이 없으신 분이기 때문에 진리 자체이십니다. 예수님은 이렇게 선포하셨습니다. "내가 곧 길이요, 진리요, 생명이니, 나로 말미암지 않고는 아버지께로 올 자가 없느니라"(요 14:6). 예수님은 한 번도 거짓으로 증언하지 않았습니다. 하늘 아버지께서 말씀하신 것을 제자들에게 전해 주셨습니다(요 17:8). 뱀은 사람에게 거짓말을 했지만, 그리스도는 사람에게 진리를 주셨습니다. 거짓은 사람을 죽게 만들지만, 진리는 사람을 살립니다. 예수님은 진리로서 십자가에 죽으심으로 우리를 죽음의 구렁텅이에서 구해 주셨습니다.

이렇게 거짓의 영인 사탄을 이기신 예수 그리스도께서 우리를 구원해 주셨기 때문에 우리도 이제 거짓 증언하지 않는 힘을 얻습니다. 우리가 사탄의 종이었을 때에는 거짓말만 따르고 거짓말만 했지만, 이제는 진리를 따르며 진리를 말하게 되었습니다. 우리는 진리 안에 있습니다. 진리만 말해야 합니다. 예수님의 능력으로 우리는 진리만을 말할 수 있습니다. 진리와 진실만 말할 때 하나님께서 영광을 받으실 것입니다. 요한 사도는 요한계시록에서 이렇게 분명하게 말했습니다. "거짓말하는 모든 자들은 불과 유황으로 타는 못에 던져지리니 이것이 둘째 사망이라"(계 21:8). 진리를 말하지 않는 자들은 사탄의 종들이기 때문에 천국에 들어갈 수 없습니다. 그러나 우리는 진리를 따르며 거짓말을 하지 않을 것입니다. 하나님 나라의 백성이기 때문입니다.

나눔질문

1. 말로 실수하지 않는 사람이 있을까요?

2. 말에 실수 없는 사람이 있습니다. 누구일까요? 그리스도인인 우리는 어떨까요?

제10계명은 무엇입니까? "네 이웃의 집을 탐내지 말라. 네 이웃의 아내나 그의 남종이나 그의 여종이나 그의 소나 그의 나귀나 무릇 네 이웃의 소유를 탐내지 말라"(출 20:17). 이 계명은 제7계명 '간음하지 말라', 제8계명 '도둑질하지 말라'와 중복되는 것 같습니다. '이웃의 아내와 여종'은 제7계명과 비슷해 보입니다. '이웃의 집', '소', '나귀', '이웃의 소유'에 대한 것은 제8계명과 차이가 없어 보입니다. 그러면 제7−8계명과 제10계명의 차이는 무엇일까요? 그래요. 제7−8계명은 겉으로 드러나게 간음하고 도둑질하는 것이라면 제10계명은 마음으로 탐내지 말라는 것입니다. 그런 점에서 제7−8계명보다 제10계명이 훨씬 더 지키기 어렵습니다.

국가의 법은 사람의 마음속에 있는 탐심까지 처벌할 수 없습니다. 그가 무슨 생각과 계획을 하고 있는지 알지 못하고, 알아도 증명할 수가 없습니다. 어떤 사람이 사람을 죽이기 위해 칼을 샀다고 해도 정말 그 사람이 그 계획을 실행에 옮기기 전까지는 체포할 수 없고, 잡아 가둘 수도 없습니다.

그런데 하나님의 법은 다른 사람의 물건을 훔치고 싶은 탐심까지도 금하십니다. "네 이웃의 소유를 탐내지 말라."라고 명령합니다. 하나님께서는 사람을 창조하신 분이기 때문에 우리의 마음까지도 아십니다. 하나님을 속일 수 없습니다. 하나님께서는 사람의 마음과 생각과 계획을 아시기 때문에 그것까지 벌하시는 분입니다.

그러므로 제10계명은 나머지 제1−9계명 모두와 관계 있습니다. 하나님 외에 다른 신을 찾고 싶은 마음이 생기면 죄입니다(1계명). 하나님을 내 방법으로 섬긴다면 죄입니다(2계명). 내 뜻을 하나님의 뜻으로 생각하는 것도 죄입니다(3계명). '오늘 예배 드리고 싶지 않아.'라는 마음을 먹어도 죄입니다(4계명). 명절이 되어 부모님을 방문해 절을 했지만, 부모님 말씀에 순종하지 않으면 죄입니다(5계명). 사람을 죽이고 싶은 마음(6계명)이 있고 예쁜 다른 여자와 함께 잠을 자고 싶은 마음(7계명)이 있어도 죄입니다. 다른 사람에 대해 나쁜 마음을 품어도(9계명) 죄입니다. 제10계명은 쉽게 지킬 수 있을 것 같지만, 사실은 가장 어렵습니다. 당신은 잘 지킬 자신이 있나요?

성경

출 20:17

네 이웃의 집을 탐내지 말라 네 이웃의 아내나 그의 남종이나 그의 여종이나 그의 소나 그의 나귀나 무릇 네 이웃의 소유를 탐내지 말라

찬송

50장

HC 113문
WSC 80−81문

나눔토론

1. 제10계명의 핵심 내용은 무엇입니까?
2. 마음까지 보시는 하나님께서 살아 계시기 때문에 제10계명이 여전히 효력이 있습니다. 당신은 이 계명을 잘 지키고 있나요?

진실(1) : 거짓의 아버지, 사탄

성경

요 14:6

예수께서 이르시되 내가 곧 길이요 진리요 생명이니 나로 말미암지 않고는 아버지께로 올 자가 없느니라

찬송

321장 1절

요즘 진실한 사람을 찾기 어렵습니다. 거짓 없고 참된 사람이 드뭅니다. 사람들이 거짓말을 밥 먹듯 합니다. 그리스도인은 어떨까요? 성경은 이렇게 말합니다. "그런즉 거짓을 버리고 각각 그 이웃과 더불어 참된 것을 말하라"(엡 4:25). 그리스도인은 거짓말을 하지 않습니다. 그리스도인은 '길이요 진리요 생명'이신 예수 그리스도(요 14:6)를 따르기 때문에 거짓을 싫어합니다. 예수님은 진리(truth) 자체시기 때문에 진실(truthful)하십니다. 예수님은 자주 "진실로 진실로 네게 이르노니."(요 3:3)라고 말씀하셨습니다.

'진리'의 반대말이 '비진리'라면, '진실'의 반대말은 '거짓'입니다. 그리스도께서 진리라면, 비진리는 누구일까요? 사탄입니다. 그리스도인이 진실하면, 거짓말하는 자는 누구일까요? 예, 사탄의 졸개(부하)들입니다. 본래부터 사탄은 거짓말쟁이고 거짓의 아버지입니다. "너희는 너희 아비 마귀에게서 났으니 너희 아비의 욕심대로 너희도 행하고자 하느니라. 그는 처음부터 살인한 자요, 진리가 그 속에 없으므로 진리에 서지 못하고 거짓을 말할 때마다 제 것으로 말하나니 이는 그가 거짓말쟁이요, 거짓의 아비가 되었음이라"(요 8:44).

그런데 타락한 인간은 거짓의 아버지 사탄의 유혹에 넘어가 진리이신 하나님을 따르지 않습니다. 가장 먼저 아담과 하와가 에덴동산에서 그렇게 했습니다. 진리이신 하나님의 말씀인 "네가 먹는 날에는 반드시 죽으리라."(창 2:17)보다 거짓의 아버지 사탄의 말인 "너희가 결코 죽지 아니하리라."(창 3:4)를 믿고 따랐습니다. 그때부터 인간은 진리가 아닌 거짓을 따랐으니 진실하지 못합니다. 진리이신 하나님을 떠난 인간이 진실하지 못한 것은 너무나 당연합니다. 나봇의 포도원을 빼앗기 위해 아합 왕의 아내 이세벨 왕비가 거짓 증인을 내세워 나봇을 죽인 사건은 역사 속에 지금까지 전해지는 악한 모델입니다.

진실한 사람이 필요한 때입니다. 진리 되신 예수님을 만나면 진실한 사람이 될 수 있습니다. 진리 되신 예수 그리스도의 제자로서 진실한 그리스도인이 됩시다.

나눔질문

1. 세상에서 진리란 무엇입니까? 그리고 비진리는 무엇입니까? 진리와 비진리에서 무엇이 나옵니까?
2. 아담과 이세벨은 누구를 따랐나요? 우리는 누구를 따라야 할까요?

마음으로부터 모든 악이 나와요

우리나라 속담에 이런 말이 있습니다. "남의 떡이 더 커 보인다." 내 것에 만족하지 못하고 다른 사람의 소유를 갖고 싶은 인간의 탐심을 지적한 것입니다. 제10계명은 우리 눈에 보이지 않는 마음의 죄까지 금지하고 있습니다. 사람은 겉으로 드러난 표정과 말과 행동으로 잘못을 발견하지만, 하나님께서는 눈에 보이지 않는 숨겨진 마음속까지도 다 보고 계십니다. 제10계명은 마음속 깊은 곳에 숨어 있는 죄를 금하신 것입니다.

바리새인과 서기관은 겉으로 들어난 말과 행동에 빈틈이 없었습니다. 누가 보아도 훌륭한 종교인이었습니다. 그러나 그들의 마음속은 달랐습니다. 입술로는 율법을 존중하고, 하나님을 공경하며, 부모에게 효도한다고 하지만, 마음은 전혀 달랐습니다. 바리새인과 서기관은 예수님의 제자들이 손을 씻지 않고 음식을 먹은 것을 지적했습니다. 그때 예수님이 말씀하셨습니다. "입으로 들어가는 것이 사람을 더럽게 하는 것이 아니라, 입에서 나오는 그것이 사람을 더럽게 하는 것이니라"(마 15:11). 제자들이 이 말씀의 뜻을 설명해 달라고 요청하자 이렇게 설명해 주셨습니다. "입에서 나오는 것들은 마음에서 나오나니, 이것이야말로 사람을 더럽게 하느니라. 마음에서 나오는 것은 악한 생각과 살인과 간음과 음란과 도둑질과 거짓 증언과 비방이니, 이런 것들이 사람을 더럽게 하는 것이요, 씻지 않은 손으로 먹는 것은 사람을 더럽게 하지 못하느니라"(마 15:18-20).

예수님은 정확하게 제6계명 '살인하지 말라', 제7계명 '간음하지 말라', 제8계명 '도둑질하지 말라', 제9계명 '거짓 증언하지 말라'를 지적하고 있습니다. 마음에서 모든 악한 것이 시작됩니다. 마음에서 탐심을 가지면 그것을 갖기 위해 계획을 짭니다. 그리고 행동으로 옮깁니다. 한 아이가 자전거를 갖고 싶어 합니다. 부모님은 돈이 없다고 사주지 않습니다. 그래도 갖고 싶은 아이는 자전거를 훔칠 계획을 합니다. 어느 날 아이는 공원에 세워둔 자전거를 훔치는 데 성공합니다. 부모에게는 우연히 길에서 주웠다고 거짓말을 합니다. 자전거를 훔친 것은 죄입니다. 그런데 사실 그 죄는 이미 마음에서부터 시작되었습니다. 마음을 잘 다스리는 사람이 훌륭한 사람입니다. 우리는 무엇부터 조심해야 할까요?

성경

마 15:18-20

입에서 나오는 것들은 마음에서 나오나니 이것이야말로 사람을 더럽게 하느니라 마음에서 나오는 것은 악한 생각과 살인과 간음과 음란과 도둑질과 거짓 증언과 비방이니 이런 것들이 사람을 더럽게 하는 것이요 씻지 않은 손으로 먹는 것은 사람을 더럽게 하지 못하느니라

찬송

458장

HC 113문

WSC 80-81문

나눔마당

1. 바리새인과 서기관의 문제는 무엇입니까? 당신에게도 그런 모습이 있나요?
2. 정말 마음에서 악한 것들이 시작되나요? 예를 들어 보세요.

탐심에 대한 불교와 기독교의 차이

성경

렘 17:9

만물보다 거짓되고 심히 부패한 것은 마음이라 누가 능히 이를 알리요마는

찬송

93장

HC 113문

WSC 80-81문

'탐심'은 '무엇을 가지거나 차지하고 싶은 마음'이고 '지나친 욕심'입니다. 탐심을 금하는 것은 불교의 십계 가운데 하나로 중요한 교리입니다. 불교계의 거목으로 존경받는 법정 스님은 『무소유』라는 유명한 책을 썼습니다. 아무것도 가지지 않는 것이야말로 탐심을 이기는 방법이라고 생각한 것이죠. 과연 사람이 그런 경지에 이를 수 있을까요? 불교에서는 마음의 수련을 쌓고 고행을 하면 깨달음을 얻고 부처가 될 수 있다고 가르칩니다. 17세기 조선 시대에 김만중이라는 사람이 쓴 『구운몽』이라는 책은 불교의 탐심에 대한 내용을 잘 표현하고 있습니다. 이 책에서는 사람의 욕망과 탐심은 우선 달콤해 보이지만 꿈처럼 허무하다고 말합니다. 이 세상의 재물과 행복은 진짜가 아니며 헛것이라고 가르칩니다. 세상의 행복은 한낱 일장춘몽(一場春夢)에 불과하다는 것이지요. 그 사실을 깨닫는 사람은 비로소 욕망을 이겨낼 수 있답니다. 이것을 해탈(解脫)이라고 하죠. 부처가 되는 것입니다. 그런데 과연 사람이 마음속에 있는 욕망과 욕심과 탐하는 마음을 없앨 수 있을까요?

불교의 "탐심을 가지지 말라."라는 부탐심(不貪心)은 기독교의 제10계명과 큰 차이가 없어 보입니다. 그러나 기독교와 불교는 큰 차이가 있습니다. 첫째, 불교는 모든 욕망이 죄라고 하지만, 제10계명은 이 세상에 있는 좋은 것에 대해 가지는 모든 욕망이 잘못된 것이라고 말하지 않습니다. 우리는 자전거를 갖고 싶을 수 있습니다. 시험을 잘 쳐 좋은 점수를 받고 싶을 수 있습니다. 이런 욕망은 나쁘지 않습니다. 제10계명은 욕망 자체를 금하지 않습니다. 그러나 다른 사람의 소유, 예를 들면 남의 집, 남의 아내, 남의 회사 등을 갖고 싶은 욕망을 가지는 것은 죄입니다. 불교는 세상의 물질과 기쁨을 버려야 한다고 말하지만, 마음까지 버릴 수는 없습니다. 둘째, 불교는 탐심을 버림으로 스스로 구원받을 수 있다고 가르칩니다. 그런데 제10계명은 사람의 마음속에서 죄가 시작되기 때문에 스스로 구원할 수 없다고 가르칩니다. 인간은 스스로 자신을 구원할 수 없습니다. 불교의 교리는 우리를 하나님께로 인도하지 않습니다. 그러나 제10계명은 인간 스스로는 자신의 문제를 해결할 수 없을 정도로 부패했으며, 하나님께서 우리의 죄를 해결해 주셔야 한다는 것을 보여 줍니다. 곧 하나님께서 우리 마음의 문제를 해결해 주셔야 한다는 것을 보여 주는 계명입니다.

나눔질문

1. 불교에서는 어떻게 탐심을 이길 수 있다고 가르칩니까?

2. 탐심에서 기독교와 불교의 차이는 무엇입니까?

왜 하나님은 마음까지 요구하실까요?

성경

잠 23:26

내 아들아 네 마음을 내게 주며 네 눈으로 내 길을 즐거워 할지어다

찬송

17장

HC 113문
WSC 80–81문

우리를 죄에서 구원하신 하나님은 샤머니즘의 신과 다릅니다. 샤머니즘의 귀신에게는 마음을 줄 필요가 없습니다. 귀신은 돈과 재물만 요구합니다. 마음까지 줄 필요는 없습니다. 그러나 하나님은 인격적이신 분입니다. 하나님과 우리의 관계를 성경은 여러 가지로 표현했습니다. 부모와 자녀의 관계, 신랑과 신부의 관계, 왕과 백성의 관계로 설명했습니다. 이런 관계는 모두 아주 친하고 사이가 가까운 것을 나타냅니다.

우선 하나님은 우리를 아버지와 아들의 관계로 말씀하셨습니다. 잠언에 보면 "내 아들아, 네 마음을 내게 주며."(잠 23:26)라고 했습니다. 하나님은 우리에게 마음을 달라고 요구하십니다. 왜냐하면 하나님께서 우리의 아버지이기 때문입니다. 아버지는 아들이 마음으로 사랑하기를 원합니다. 자식이 겉으로 인사는 잘하지만 마음으로 사랑하지 않으면, 아버지는 그것을 금방 아시고 마음 아파합니다. 하나님도 마찬가지입니다.

또 하나님께서는 우리를 결혼한 부부 관계로 말씀하시기도 합니다. 호세아 선지자를 통해 이렇게 표현했습니다. "여호와께서 이르시되, 그날에 네가 나를 내 남편이라 일컫고"(호 2:16). "내가 네게 장가들어 영원히 살되 공의와 정의와 은총과 긍휼히 여김으로 네게 장가들며, 진실함으로 네게 장가들리니 네가 여호와를 알리라"(호 2:19-20). 결혼한 부부는 서로 마음을 온전히 줍니다. 마음을 다해 진실로 사랑합니다. 말과 겉모습으로는 사랑한다고 하면서 마음으로는 다른 사람을 사랑할 수 없습니다. 이처럼 하나님께서는 우리에게 마음까지도 줄 것을 바라십니다. 물론 하나님께서도 우리에게 마음을 주시지요.

마지막으로 하나님께서는 우리를 왕과 백성의 친밀한 관계로 설명합니다. 세상 왕은 백성들의 마음까지 요구할 수 없지만, 온 우주의 창조주이시며 왕이신 하나님은 백성인 우리의 마음까지도 요구할 수 있습니다.

하나님은 우리가 마음을 다하고 뜻을 다하고 힘을 다하여 하나님을 사랑할 것을 원하십니다. 물론 우리의 이웃에게도 이와 같이 사랑할 것을 요구하십니다. 이렇게 우리에게 마음을 요구하시는 이유는 하나님과 우리의 친밀한 관계 때문입니다.

나눔질문

1. 왜 하나님은 우리의 마음까지 요구하실까요?
2. 아버지와 아들, 신랑과 신부, 왕과 백성의 관계가 어떤지 말해 보세요.

성도는 십계명을 완전하게 지킬 수 있나요?

성경

롬 7:14–15

우리가 율법은 신령한 줄 알거니와 나는 육신에 속하여 죄 아래에 팔렸도다 내가 행하는 것을 내가 알지 못하노니 곧 내가 원하는 것은 행하지 아니하고 도리어 미워하는 것을 행함이라

요일 1:10

만일 우리가 범죄하지 아니하였다 하면 하나님을 거짓말하는 이로 만드는 것이니 또한 그의 말씀이 우리 속에 있지 아니하니라

찬송

282장

HC 114문

WSC 82문

교회에 다니는 사람 가운데 십계명을 잘 지키는 사람이 있나요? 우리 주변에 있는 목사님, 장로님, 권사님들 가운데 훌륭한 분이 많이 보입니다. 그분들은 십계명을 잘 지키는 것 같습니다. 역사 가운데 훌륭한 믿음의 선배도 많습니다. 한국에도 훌륭한 성도가 많이 있었습니다. 일제강점기 때 신사참배를 반대하다가 순교한 평양 산정현교회 주기철 목사님, 6.25전쟁 때 북한군에 의해 순교한 여수 애양원교회의 손양원 목사님, 거창교회 주남선 목사님과 같은 분들이야말로 참 훌륭한 분들이고 십계명을 잘 지키셨을 것입니다. 더 많은 사람들을 찾을 수 있을 것입니다. 우리도 그렇게 훌륭한 성도가 되기 위해 노력해야 합니다.

그런데 우리는 십계명을 완전하게 행할 수 있을까요? 성도라면 십계명을 완전하게 지켜야 되지 않을까요? 불신자가 십계명을 지킬 수 없는 것은 당연하지만, 신자는 십계명을 완전히 지켜야 하지 않을까요? 그것이 가능할까요?

어떤 사람들은 성도가 십계명을 완전히 지킬 수 있다고 주장했습니다. 성도는 이 세상에 살면서 십계명을 완전히 지키는 것이 목표이고, 또 그렇게 할 수 있다고 믿습니다. 이런 사람들을 '완전주의자(Perfectionist)'라고 부릅니다.

그렇게 될 수 있다면 얼마나 좋을까요? 그런데 성경은 뭐라고 말할까요? 바울 사도는 이렇게 말했습니다. "우리가 율법은 신령한 줄 알거니와 나는 육신에 속하여 죄 아래에 팔렸도다. 내가 행하는 것을 내가 알지 못하노니, 곧 내가 원하는 것은 행하지 아니하고 도리어 미워하는 것을 행함이라"(롬 7:14–15). 우리가 십계명대로 살려고 하지만 잘 되지 않는다는 것을 고백한 것입니다. 요한은 더 분명하게 이렇게 말했습니다. "만일 우리가 범죄하지 아니하였다 하면 하나님을 거짓말하는 이로 만드는 것이니, 또한 그의 말씀이 우리 속에 있지 아니하니라"(요일 1:10). 성도가 죄를 짓지 않는 것이 아닙니다. 우리가 의인이라는 것은 죄를 짓지 않아서가 아니라, 하나님께서 우리를 의롭다고 봐주시기(칭의) 때문입니다. 우리는 이 땅에서 완전하게 될 수 없습니다. 늘 부족할 뿐입니다. 그러면 우리가 아는 훌륭한 분들도 완전하지 않다는 말인가요? 네, 그렇습니다.

나눔과토론

1. 우리는 십계명을 완전히 지킬 수 있을까요?
2. 성경은 이것에 대해 어떻게 가르칩니까? 여기서 깨달은 것을 나누어 보세요!

교회의 신자도 십계명을 완벽하게 지킬 수 없다는 것이 성경의 답입니다. 교회에 비교적 열심히 다니고 성경을 읽고 배우고 있는 우리도 완전하지 않다는 것을 압니다. 거짓말과 욕설을 내뱉기도 합니다. 더럽고 추악한 생각과 욕심이 우리 마음속에 있습니다. 이런 것 때문에 괴로워하기도 합니다. 그래서 신자도 십계명을 완전히 지킬 수 없다는 말이 불완전한 우리에게 위로가 됩니다.

그렇지만 예수님을 믿고 난 후에도 별로 달라지는 것이 없다면 불신자와 어떤 차이가 있을까요? 십계명을 완전하게 지킬 수도 없는데 왜 하나님은 여전히 우리에게 계명을 지키라고 명령하고 계실까요?

이 점에서 불신자와 신자의 차이가 없는 것이 아닙니다. 분명한 차이가 있습니다. 불신자는 하나님을 모르고 알려고 하지 않으며, 하나님의 법에 따라 살려고 시도하지도 않습니다. 자기 자신이 곧 법이기 때문에 자신의 유익을 위해 살아갑니다. 그러나 신자는 다릅니다. 신자는 더 이상 자기를 위해 살지 않고 하나님의 영광을 위해 살아가려 합니다. 자기 욕망을 좇지 않으려 합니다. 중생한 그리스도인은 과거에는 자기만을 위해 살았지만, 이제부터는 하나님의 말씀에 순종하며 살기 시작한 것입니다. 그리스도인은 절대로 완전해졌다고 생각하지 않습니다. 말씀대로 살아가려고 애쓰고 있는 중입니다. 바울 사도는 이 점에서 우리와 같습니다. 그는 이렇게 말했습니다. "내가 이미 얻었다 함도 아니요, 온전히 이루었다 함도 아니라, 오직 내가 그리스도 예수께 잡힌 바 된 그것을 잡으려고 달려가노라. 형제들아 나는 아직 내가 잡은 줄로 여기지 아니하고, 오직 한 일, 즉 뒤에 있는 것은 잊어버리고 앞에 있는 것을 잡으려고 푯대를 향하여 그리스도 예수 안에서 하나님이 위에서 부르신 부름의 상을 위하여 달려가노라"(빌 3:12-14).

신자는 아무리 거룩한 생활을 한다 해도 겨우 하나님의 계명에 순종하는 것을 시작했을 뿐입니다. 신자는 자기 뜻대로 살지 않고 굳은 결심으로 하나님의 뜻대로 살려고 합니다. 신자는 일부 하나님의 계명만 지키고 다른 계명은 무시하는 것이 아니라, 성경에 나타난 모든 말씀을 지키며 살기로 굳게 결심했습니다. 이 세상에 사는 그리스도인은 이렇게 십계명을 지키는 시작 단계에 있을 뿐입니다. 그렇기 때문에 자랑할 만한 것이 전혀 없습니다. 그렇죠?

성경

빌 3:12-14

내가 이미 얻었다 함도 아니요 온전히 이루었다 함도 아니라 오직 내가 그리스도 예수께 잡힌 바 된 그것을 잡으려고 달려가노라 형제들아 나는 아직 내가 잡은 줄로 여기지 아니하고 오직 한 일 즉 뒤에 있는 것은 잊어버리고 앞에 있는 것을 잡으려고 푯대를 향하여 그리스도 예수 안에서 하나님이 위에서 부르신 부름의 상을 위하여 달려가노라

찬송

463장

HC 114문
WSC 82문

나눔 질문

1. 우리는 십계명을 얼마나 잘 지키고 있나요?
2. 십계명을 완전히 지키지 못한다면 불신자와 어떤 차이가 있나요?

완전히 지키지도 못할 십계명을 왜 엄격히 지키라 명령하나요?

성경

딤후 4:7-8

나는 선한 싸움을 싸우고 나의 달려갈 길을 마치고 믿음을 지켰으니 이제 후로는 나를 위하여 의의 면류관이 예비되었으므로 주 곧 의로우신 재판장이 그 날에 내게 주실 것이며 내게만 아니라 주의 나타나심을 사모하는 모든 자에게도니라

찬송

212장

HC 115문
WSC 35, 84-85문

옛날 교회에서 예배드릴 때에는 십계명을 꼭 읽었던 기억이 있습니다. 그런데 요즈음은 십계명을 잘 읽지 않습니다. 너무 길기 때문일까요? 아니면 지키지도 못할 십계명을 낭독할수록 마음에 부담만 생기니 싫어하는 것일까요?

하나님께서는 십계명을 여전히 지키라고 명령하십니다. 십계명뿐만 아니라 성경에서 명령하는 모든 것을 설교하게 하십니다. 하나님을 사랑하고 이웃을 사랑하라는 명령이 쉽습니까? 이 계명을 완전하게 지킬 수 있는 사람은 세상에 아무도 없습니다. 그런데도 왜 하나님께서는 이 하나님의 명령을 계속 설교하도록 하십니까?

그 이유가 있습니다. 우리를 겸손하게 하기 위함입니다. 우리는 과거 아담부터 시작된 죄성을 가지고 있습니다. 우리는 태어나면서부터 죄인입니다. 죄를 지어 죄인이 된 것이 아니라, 죄인이기 때문에 죄를 짓습니다. 우리는 모두 진노의 자녀(엡 2:3)입니다. 하나님의 진노를 받아 영적으로 죽은 자였다는 말입니다. 그런데 예수님이 우리의 죗값을 십자가에서 지불하셨습니다. 우리는 예수 그리스도 덕택으로 죗값을 치르지 않아도 됩니다. 믿는 자에게는 그런 복을 주시기로 새롭게 언약을 맺으셨습니다. 이렇게 된 것은 하나님의 은혜로 된 것이지 우리가 잘나서, 우리가 열심히 노력해서 된 것이 아닙니다. 자랑할 이유가 전혀 없습니다. 여전히 우리는 약하고 죄성을 가지고 있습니다. 십계명의 기준에 비추어 보면 함량 미달입니다. 우리를 의지할 수 없습니다. 우리는 여전히 부족하고 연약하기 때문입니다. 혹시 우리가 열심을 내 십계명을 잘 지켰더라도 그것을 자랑할 수 없습니다. 그것은 단지 시작일 뿐이기 때문입니다.

십계명 설교를 들을 때 우리는 이렇게 생각해야 합니다. '스스로를 의지해서는 안 됩니다. 그리스도 안에서만 죄의 용서가 있고 의롭게 될 수 있습니다.' 예수 그리스도를 의지하고 믿음으로만, 또 그분이 보내신 성령 하나님의 도움으로만 십계명을 기쁨으로 행할 수 있습니다. 십계명을 계속 설교하는 이유는 바로 이 겸손을 가르치기 위함입니다. 그렇지 않으면 우리는 스스로 뭔가 착한 일을 많이 했다고 자랑하거나 교만하게 되기 십상이기 때문입니다.

나눔질문

1. 완전하게 지키지도 못할 십계명을 왜 자꾸만 설교하라고 하시나요?
2. 나 스스로 만족하고 다른 사람을 지적하는 생각은 왜 생길까요?

진실(2) : 거짓말은 사람을 죽이는 것

옛날에 아합 왕의 아내 이세벨은 **나봇의 포도원을 빼앗기 위해 거짓 증인 두 사람을** 세워 나봇이 하나님과 왕을 저주하였다고 증언하게 했습니다(왕상 21:13). 나봇은 억울하게 죽었습니다. 거짓 증언은 사람을 죽입니다. 그래서 십계명 가운데 9계명은 네 이웃에 대하여 거짓 증거하지 말라고 했습니다. 진리는 생명을 주지만, 거짓말은 죽음을 낳습니다. 진실해야 합니다. 진리만을 말해야 합니다.

안창호 선생은 독립운동가로 활동하다가 미국으로 망명을 갔습니다. 그곳에서 그는 미국으로 이민 와 사는 한국인이 거짓말을 많이 하는 것을 보았습니다. 한국 사람이 집 정원 나무 자르는 일을 할 때 미국 주인이 보면 열심히 하는 체하다가 없으면 일을 대충하였습니다. 거짓으로 일한 것입니다. 예수님을 잘 믿는 안창호는 진실해야 한다고 생각했습니다. 안창호는 주인이 보든 보지 않든 자기가 할 일을 성실하게 했습니다. 그는 진실했습니다. 한국에 돌아온 안창호 선생은 '죽어도 거짓 없어라!'라고 젊은이들에게 가르쳤습니다. 거짓 없는 진실은 참 중요합니다.

어린아이들도 거짓말을 하면 안 됩니다. 농담으로라도 거짓말하는 습관을 들이는 것은 좋지 않습니다. 잠언에 이런 말씀이 있습니다. "횃불을 던지며 화살을 쏘아서 사람을 죽이는 미친 사람이 있나니, 자기의 이웃을 속이고 말하기를 내가 희롱하였노라 하는 자도 그러하니라"(잠 26:18-19). 또 19절의 다른 번역은 좀 더 이해하기 쉽게 번역했습니다. "이웃을 속이고서도 '농담도 못하냐?' 하고 말하는 사람도 그러하다"(새번역). 재미로 친구에게 거짓말을 하는 경우가 있습니다. 금방 진실을 말해 주면 다행이지만, 어떤 경우는 하루 이틀이 지나기도 합니다. 그 거짓말로 인해 친구가 당하는 고통은 이루 말할 수 없이 큽니다. 이것은 친구를 죽이는 것과 같습니다. 말로 사람을 죽일 수도 있습니다. 만약 그것이 밝혀지기라도 하면 이렇게 변명합니다. "농담도 못하냐?" 참 어처구니가 없습니다.

아니면 아니다, 옳으면 옳다 분명하게 말해야 합니다. 하나님은 우리 마음이 진실함을 원하십니다. "보소서. 주께서는 중심이 진실함을 원하시오니, 내게 지혜를 은밀히 가르치시리이다"(시 51:6).

성경

잠 26:18-19

횃불을 던지며 화살을 쏘아서 사람을 죽이는 미친 사람이 있나니 자기의 이웃을 속이고 말하기를 내가 희롱하였노라 하는 자도 그러하니라

찬송

189장 1절

나눔토론

1. 거짓말은 사람을 죽일 수도 있습니다. 반대로 진리의 말씀은 살리기도 합니다. 어떤 것을 택하시렵니까?
2. 농담으로도 거짓을 말해서는 안 됩니다. 왜 그렇습니까?

우리는 언제 완전해질 수 있나요?

성경

딤후 4:7-8

나는 선한 싸움을 싸우고 나의 달려갈 길을 마치고 믿음을 지켰으니 이제 후로는 나를 위하여 의의 면류관이 예비되었으므로 주 곧 의로우신 재판장이 그날에 내게 주실 것이며 내게만 아니라 주의 나타나심을 사모하는 모든 자에게니라

찬송

426장

HC 115문
WSC 35, 84-85문

이 세상에서 그리스도인은 완전해질 수 없나요? 완전해질 수 없다면 왜 그리스도인은 십계명을 열심히 지켜야 할까요? 요한 사도는 이렇게 말했죠! "만일 우리가 범죄하지 아니하였다 하면 하나님을 거짓말하는 이로 만드는 것이니 또한 그의 말씀이 우리 속에 있지 아니하니라"(요일 1:10). 정말 그렇습니다. 그리스도인이지만 여전히 죄를 짓기도 하는, 아직 완전하지 않은 자입니다. 그래서 십계명을 들을수록 그리스도인은 겸손하게 됩니다. 자랑하지 않습니다. "나 대단하지!"라고 다른 사람에게 큰 소리로 알리지 않습니다. 왼손이 하는 일을 오른손이 모르게 합니다. 사람의 눈을 의식하지 않고 보이지 않는 곳에 계신 하나님만 생각하며 살아갑니다. 그런 사람이야말로 참 그리스도인답습니다.

이 세상에서 그리스도인은 완전해질 수 없기 때문에 우리의 기대 수준을 낮추어도 될까요? '어차피 잘 되지 않는데 그냥 편한 대로 살지 뭐!'라고 생각해도 될까요? 아닙니다. 하나님께서는 우리를 당신이 원하시는 수준으로 만들기 원하십니다. 또 그렇게 할 수 있도록 새 생명을 주셨습니다. 본래 하나님께서 아담과 하와를 창조하시고 에덴동산에 살도록 하셨을 때에는 사람이 기쁨으로 하나님의 말씀대로 살았습니다. 말씀대로 사는 것이 부담이 아니라 즐거움이었습니다. 말씀에 순종하는 것이 불순종하는 것보다 훨씬 쉽고 행복했습니다. 그런데 죄를 짓고 난 후부터 순종하는 것이 어려워졌습니다. 왜냐하면 영적으로 죽어 사탄의 종이 되었기 때문입니다. 그러나 이제 예수 그리스도를 믿음으로 새롭게 창조되었습니다. 사탄의 종이 아니라 하나님의 아들이 되었습니다. 이제부터는 성령 하나님의 도우심으로 예수 그리스도께서 걸어가신 그 길을 포기하지 않고 걸어갈 수 있게 되었습니다. 이 세상 삶을 마치고 목적지인 완전에 이를 때까지, 하나님의 형상으로 더욱 변화되기를 끊임없이 노력합니다.

뿐만 아니라 성령 하나님께서 우리 속에서 도와주십니다. 우리를 홀로 내버려두지 않으십니다. 하나님께서 도와주시면 주님께 가게 될 때 우리는 완전하게 될 것입니다. 바울 사도도 그렇게 살았습니다. "나는 선한 싸움을 싸우고 나의 달려갈 길을 마치고 믿음을 지켰으니, 이제 후로는 나를 위하여 의의 면류관이 예비되었으므로, 주 곧 의로우신 재판장이 그날에 내게 주실 것이며"(딤후 4:7-8). 바로 이것이 우리의 목표입니다.

1. 우리는 완전할 수 없기 때문에 포기하고 살아야 하나요?
2. 그리스도인은 언제 완전해질 수 있나요?

한국교회에는 기도 모임이 수없이 많습니다. 새벽기도회, 수요기도회, 금요철야기도회, 수능을 위한 특별기도회, 40일 작정기도회, 신년기도회, 각종 금식 기도회 같은 것들이 있습니다. 왜 그리스도인은 기도를 해야 합니까? 하나님께서 졸고 계시거나 주무시고 계셔서 우리가 목소리를 높여 깨워드려야 비로소 응답하실까요? 열심히 기도하는 사람은 원하는 것을 얻을 수 있고 기도하지 않는 사람은 적게 받을까요?

시편 121편 4절에는 "이스라엘을 지키시는 이는 졸지도 아니하시고 주무시지도 아니하시리로다."라는 말씀이 있습니다. 이 말씀대로라면 하나님은 절대 졸지 않으십니다. 우리의 처지와 어려움을 아시고 도와주시는 하나님입니다. 기도하지 않았다고 해서 내버려두시는 분은 아닙니다.

그런데 왜 우리는 기도하고 또 기도해야 합니까? 그 이유는 너무나 간단합니다. 우리가 하나님의 자녀이기 때문입니다. 우리는 본래 죄로 죽어 진노의 자녀였습니다. 사탄이 좋아하는 일만 하고 하나님을 싫어했습니다. 그런데 예수 그리스도의 십자가로 우리와 하나님 사이가 회복되었습니다. 우리는 죽었다가 다시 살아 하나님을 아버지로 부를 수 있게 되었습니다. 사탄의 자녀에서 하나님의 자녀로 입양되었습니다. 이렇게 된 것은 모두 하나님 덕택입니다. 우리는 아무것도 한 것이 없습니다. 이런 것을 '은혜'라 부릅니다. 우리는 아무런 자격이 없는데 하나님께서 우리를 입양해 주셔서 하늘나라의 자녀가 된 것이지요.

자녀는 아버지와 대화를 합니다. '아버지! 저를 입양해 주셔서 감사합니다.' '아버지, 저 행복해요!' '아버지, 저! 아직 적응이 안 돼서 힘들어요!' '아버지, 오늘 학교에서 넘어져 다쳤어요! 아버지께서 조심하라고 말씀하셨는데 제가 주의하지 않아 그만……(울먹울먹)!' '아버지, 내일 시험을 봅니다. 마음이 떨려요!' 이런 대화는 너무나 당연한 것이고 자연스럽습니다. 만약 우리가 하나님의 자녀가 아니라면 기도할 이유가 없습니다. 하나님께서는 너무나 든든한 우리의 보호자 아버지이십니다. 기도할 마음이 생기지요?

성경

시 121:5-7

여호와는 너를 지키시는 이시라 여호와께서 네 오른쪽에서 네 그늘이 되시나니 낮의 해가 너를 상하게 하지 아니하며 밤의 달도 너를 해치지 아니하리로다 여호와께서 너를 지켜 모든 환난을 면하게 하시며 또 네 영혼을 지키시리로다

찬송

363장

HC 116문
WSC 88, 98문

나눔 토론

1. 교회에는 수많은 기도 모임이 있습니다. 기도가 그렇게 중요한가요?
2. 그리스도인은 왜 기도합니까? 그 이유가 무엇입니까?

기도는 명령입니다

성경

시 50:15

환난 날에 나를 부르라 내가 너를 건지리니 네가 나를 영화롭게 하리로다

마 7:7

구하라 그리하면 너희에게 주실 것이요 찾으라 그리하면 찾아낼 것이요 문을 두드리라 그리하면 너희에게 열릴 것이니

겔 36:37

주 여호와께서 이같이 말씀하셨느니라 그래도 이스라엘 족속이 이같이 자기들에게 이루어 주기를 내게 구하여야 할지라 내가 그들의 수효를 양 떼같이 많아지게 하되

찬송

364장

HC 116문
WSC 88, 98문

우리는 왜 기도해야 합니까? 하나님께서 우리 아버지이시지만 눈에 잘 보이지 않고 모든 것을 아시는 분이니 굳이 대화를 나누지 않아도 되는 것 아닌가요? 그러니 기도하지 않아도 되겠지요? 하나님께서 당신의 자녀를 돌보겠다고 약속하셨고, 예수님은 우리와 영원히 함께 하겠다고 굳게 말씀하셨으니, 우리가 기도하지 않아도 다 이루어 주시는 것 아닌가요? 예, 그렇습니다. 하나님께서는 우리의 기도 때문에 하실 것을 안 하시고 안 하실 것을 하시는 분은 아닙니다. 그러면 기도가 필요 없는 것이 아닐까요?

아닙니다. 성도는 반드시 기도해야 합니다. 그 이유는 우리에게 기도하라고 명령하셨기 때문입니다. 하나님은 이렇게 명령하셨습니다. "환난 날에 나를 부르라"(시 50:15). "구하라…… 찾으라…… 두드리라"(마 7:7). "시험에 들지 않게 일어나 기도하라"(눅 22:46). "쉬지 말고 기도하라"(살전 5:17). "만물의 마지막이 가까이 왔으니 그러므로 너희는 정신을 차리고 근신하여 기도하라"(벧전 4:7). 기도는 하나님의 명령입니다. 기도해도 되고 안 해도 되는 선택 사항이 아닙니다. 하나님께서 우리에게 기도하라고 명령하셨기 때문에 해야 합니다. 어떤 사람은 기도하지 않습니다. 그냥 하고 싶지 않습니다. 괜찮은 건가요? 괜찮지 않습니다. 기도하지 않는 사람은 죄를 짓는 것입니다. 기도는 하나님께서 명령하신 것이기 때문입니다. 기도는 호흡과 같습니다. 숨을 쉬지 않는 사람은 죽습니다. 기도하지 않는 사람은 영혼이 살 수 없습니다. 물고기가 물을 떠나면 죽는 것처럼 기도하지 않는 사람은 죽을 수밖에 없습니다. 기도가 대화라면, 대화를 하지 않는 아버지와 아들의 관계는 생각할 수 없습니다. 올바른 아들이라면 아버지와 대화합니다. 하늘에 계신 우리 아버지는 우리와 대화하기 원하십니다. 그래서 기도하라고 명령하신 것입니다. 기도는 하나님을 위한 것 같아 보이지만, 사실은 우리를 위한 것입니다. 하나님께서는 이스라엘 백성을 바벨론 포로생활에서 구해 주기로 약속하셨습니다. 그래도 하나님께서는 기도하라고 명령하셨습니다. "주 여호와께서 이같이 말씀하셨느니라. 그래도 이스라엘 족속이 이같이 자기들에게 이루어 주기를 내게 구하여야 할지라……"(겔 36:37).

나눔터

1. 전능하신 하나님께서 우리의 처지를 다 아시는데 굳이 기도해야 하나요?

2. 우리는 왜 기도해야 하나요? 누구를 위해 기도해야 하나요?

기도는 대화입니다

기도가 무엇일까요? 우리가 생각하는 기도는 어떤 것입니까? 우리가 하고 있는 기도를 생각해 보세요. 우리는 기도할 때 대체로 무엇을 달라고만 합니다. 일방적으로 하나님께 무엇을 받기 위해 부탁하는 것이 기도라고 생각합니다. 우리는 '기도(祈禱)', 곧 빌 '기'에 빌 '도', 즉 '비나이다. 비나이다.'를 기도라고 생각합니다. 그런데 기도는 그것만이 아닙니다.

기도라는 말의 그리스어 뜻은 '누구에게 말하다.'입니다. 기도라는 라틴어 단어의 뜻도 '말' 혹은 '대화'입니다. 그러니까 기도는 대화입니다. 그리스도인이 하는 기도는 하나님과 대화하는 것입니다.

하나님의 자녀가 된 성도는 아버지 하나님과 대화하는 것이 너무 자연스럽습니다. 우리 가정을 생각해 보세요. 아버지와 자녀 사이에 대화를 합니다. "안녕히 주무셨어요?" "응, 그래. 너도 잘 잤니?" "숙제는 했니?" "아뇨, 아직 안했어요. 이것 끝내 놓고 하려고요." "아빠, 사탕 하나 먹어도 돼요?" "너 사탕 많이 먹으면 이가 썩는다!" 부모와 자녀 사이에 대화가 없으면 너무나 이상할 겁니다.

하나님과 우리의 관계도 이와 같습니다. 그렇지만 하나님과 우리의 관계는 좀 특별합니다. 인간은 하나님의 얼굴을 볼 수 없습니다. 우리는 영이신 하나님을 눈으로 직접 볼 수 없기 때문에 대화하는 것이 쉽지 않습니다. 그래서 우리는 기도하면서 우리 이야기만 늘어놓기 쉽습니다. 이것저것 달라고만 합니다. 또 하나님께서 우리 기도를 들으셨는지 안 들으셨는지 잘 모릅니다. 그러니 기도해 놓고 기다리지도 않습니다. 너무 많은 것들을 달라고 했기 때문에 기억도 나지 않습니다.

그러나 하나님은 우리의 기도를 다 듣고 계십니다. 하나님은 우리와 대화하기 원하십니다. 그래서 기도하라고 명령하셨습니다. 누구를 위해 그렇게 하셨을까요? 하나님을 위해서가 아니라 바로 우리를 위해 기도하라고 하셨습니다. 왜냐하면 기도를 통해 하나님과 사이가 좋아지기 때문입니다. "여호와께서는 자기에게 간구하는 모든 자 곧 진실하게 간구하는 모든 자에게 가까이 하시는도다"(시 145:18). 하나님은 대화하는 자녀를 더 가깝게 생각하신답니다. 그러니 기도하는 것이 우리에게 좋을 수밖에 없습니다.

성경

시 145:18

여호와께서는 자기에게 간구하는 모든 자 곧 진실하게 간구하는 모든 자에게 가까이 하시는도다

찬송

365장

HC 116문
WSC 88, 98문

나눔 질문

1. 우리는 기도할 때 어떻게 합니까?
2. 기도라는 말의 뜻은 무엇입니까? 기도는 누구를 위해 하라고 하셨나요?

기도는 감사입니다

성경

시 50:14

감사로 하나님께 제사를 드리며 지존하신 이에게 네 서원을 갚으며

눅 17:11–19

예수께서 예루살렘으로 가실 때에 사마리아와 갈릴리 사이로 지나가시다가 한 마을에 들어가시니 나병환자 열 명이 예수를 만나 멀리 서서 소리를 높여 이르되 예수 선생님이여 우리를 불쌍히 여기소서 하거늘 보시고 이르시되 가서 제사장들에게 너희 몸을 보이라 하셨더니 그들이 가다가 깨끗함을 받은지라 그 중의 한 사람이 자기가 나은 것을 보고 큰 소리로 하나님께 영광을 돌리며 돌아와 예수의 발 아래에 엎드리어 감사하니 그는 사마리아 사람이라 예수께서 대답하여 이르시되 열 사람이 다 깨끗함을 받지 아니하였느냐 그 아홉은 어디 있느냐 이 이방인 외에는 하나님께 영광을 돌리러 돌아온 자가 없느냐 하시고 그에게 이르시되 일어나 가라 네 믿음이 너를 구원하였느니라 하시더라

찬송

368장

HC 116문
WSC 88, 98문

'기도' 하면 생각하는 것이 무엇인가요? '좋은 대학에 입학할 수 있게 해 주세요!' '훌륭한 남편 만나게 해 주세요!' '투자한 주식이 오르게 해 주세요!' 이런 수많은 요구를 늘어놓는 것이 기도라고 생각합니다. 기도는 그런 것이 아니라 하나님께 감사하는 것입니다. 기도 시간에 우리는 왜 감사해야 합니까? 그 이유는 너무나 분명합니다. 우리는 하나님의 아들이 될 자격이 없는 자였는데, 죄를 용서받고 아들로 입양되었기 때문입니다. 하나님의 거저 주시는 은혜로 우리가 사탄의 올무에서 벗어나 하나님의 아들딸이 되었습니다. 그러므로 우리는 기도에서 하나님께 감사해야 합니다. 우리의 필요를 하나님께 이야기하기도 해야겠지만, 가장 먼저 해야 할 기도의 내용은 하나님이 우리에게 베풀어 주신 은혜를 감사하는 것입니다.

하나님께서 우리에게 요구하시는 것이 바로 "감사로 하나님께 제사를 드려라."(시 50:14)였습니다. 감사하지 않는 사람을 배은망덕(背恩忘德)하다고 합니다. 은혜를 알지 못하고 감사하지 않는 사람은 하나님의 나라에 합당하지 않습니다.

예수님께 와서 나은 나병환자 열 명이 있었습니다. 그들은 제사장에게 가 보이라는 예수님의 명령을 듣고 가다가 병이 나았습니다. 기적이었습니다. 그중 한 명인 사마리아 사람은 큰소리로 하나님께 영광을 돌리면서 예수님께 돌아와 엎드려 감사했습니다. 그런데 다른 아홉 명은 예수님께 돌아와 감사하지도 않고 하나님께 영광을 돌리지도 않았습니다. 사마리아 출신 나병환자는 감사를 드려 그의 믿음을 인정받았습니다. 그리고 구원받았습니다. "그에게 이르시되 일어나 가라. 네 믿음이 너를 구원하였느니라"(눅 17:19). 예수님은 '감사'를 '믿음'으로 해석했습니다. 참 믿음이 있는 사람은 감사합니다. 감사하는 것을 보고 믿음을 평가할 수 있는 것이죠.

하나님께 감사합시다. 여러 방법으로 감사할 수 있겠지만, 기도는 감사입니다. 이렇게 감사하는 사람에게 하나님께서 은혜를 주시고 좋은 선물(성령님)을 주십니다. 감사하는 사람을 하나님께서 사랑하십니다. 오늘도 기도합시다!

1. 기도할 때 감사를 얼마나 합니까? 나의 기도는 어떤지 이야기해 보세요.
2. 감사와 믿음은 어떤 관계가 있을까요?

하나님께서 좋아하시는 기도, 저도 하고 싶어요

우리는 하나님의 자녀입니다. 눈에 보이지 않는 하나님이지만 우리를 사랑하시고 대화하기 원하시는 것을 알고 있습니다. 물론 우리가 대화하기 싫어도 명령이기 때문에 좋은 일이든 힘든 일이든 하나님께 이야기해야 합니다. 그러면 어떻게 기도해야 하나님께서 좋아하실까요? 하나님은 아무렇게나 기도하는 것을 좋아하지 않습니다. 그래서 바른 기도 방법을 알아야 합니다. 어떻게 기도해야 할까요? 네 가지 방법을 소개합니다.

첫째는 하나님께만 기도해야 합니다. 로마 가톨릭교도는 기도한다고 하면서 성인들의 이름을 부르기도 합니다. 그들은 성모 마리아의 이름을 부르며 그에게 기도합니다. 마리아에게 기도하면 마리아가 예수님께 말씀하시고, 예수님은 어머니의 부탁을 거절하지 않을 것이라는 기대를 합니다. 마리아는 예수님을 낳은 어머니지만 하나님이 아니고 사람에 불과합니다. 잘못된 기도입니다. 하나님께만 기도해야 합니다.

둘째는 하나님께서 구하라고 명령하신 모든 것을 진심으로 기도해야 합니다. "먼저 그의 나라와 그의 의를 구하라."라고 명령하셨습니다. 우리는 그렇게 기도해야 합니다. "일용할 양식을 주시고."라고 가르쳐 주셨습니다. 우리는 하루에 필요한 만큼만 달라고 욕심 없이 기도해야 합니다.

셋째는 우리 자신의 부족과 비참함을 똑바로, 철저하게 깨달아야 합니다. 우리가 기도할 때 마치 우리는 아무런 잘못이 없는 것처럼 하나님께 따지듯이 기도하기도 합니다. 우리는 엄위하신 하나님 앞에 겸손해야 합니다. 늘 부족하고 죄로 인해 넘어지는 자신을 인정해야 합니다. 이것이 기도하는 자의 마땅한 자세입니다.

넷째는 우리가 비록 자격이 없지만 예수 그리스도 덕분에 하나님께서 우리에게 약속하신 것을 들어주실 것이라는 확신을 가져야 합니다. 나의 신념이나 확신에 근거해 '믿습니다!'를 반복해서 외치며 확신을 갖는 것과는 다릅니다. 하나님의 언약, 곧 말씀에 의지해서 기도하고 그 약속은 꼭 이루어 주신다는 확신을 가지라는 것입니다.

성경

마 6:9-13

그러므로 너희는 이렇게 기도하라 하늘에 계신 우리 아버지여 이름이 거룩히 여김을 받으시오며 나라가 임하시오며 뜻이 하늘에서 이루어진 것같이 땅에서도 이루어지이다 오늘 우리에게 일용할 양식을 주시옵고 우리가 우리에게 죄 지은 자를 사하여 준 것같이 우리 죄를 사하여 주시옵고 우리를 시험에 들게 하지 마시옵고 다만 악에서 구하시옵소서 (나라와 권세와 영광이 아버지께 영원히 있사옵나이다 아멘)

찬송

369장

HC 117문
WSC 88, 98문

나눔질문

1. 하나님께서 좋아하는 기도는 어떤 것입니까?
2. 그중에서 가장 못하는 것은 무엇입니까?

진실(3) : 사랑 안에서 진실해야 완전합니다

성경

엡 4:15

오직 사랑 안에서 참된 것을 하여 범사에 그에게까지 자랄 지라 그는 머리니 곧 그리스 도라

찬송

496장 1절

그리스도인은 진실해야 합니다. 거짓말하지 않아야 합니다. 친구가 죄를 짓는데 상처를 주지 않기 위해 눈을 감아 주거나 잘한다고 말하면 안 됩니다. 그에게 찾아가 진실을 밝혀 죄에서 돌아서게 해야 합니다. 진실은 사람을 구원하고, 교회를 세웁니다.

거짓말하지 않고 진실한 것은 귀합니다. 워낙 거짓이 난무한 세상에 살고 있으니까요. 그러나 거짓말하지 않는다고 하나님이 원하시는 선의 기준에 도달할 수는 없습니다. 여리고 성의 시민이었던 기생 라합은 이스라엘의 두 정탐꾼을 집에 숨겨 주었습니다. 여리고 성의 군인이 라합에게 두 정탐꾼을 끌어내라고 명령했습니다. 라합은 그들을 지붕 옥상에 숨겨 두고는 거짓말을 했습니다. "과연 그 사람들이 내게 왔으나 그들이 어디에서 왔는지 나는 알지 못하였고 그 사람들이 어두워 성문을 닫을 때쯤 되어 나갔으니 어디로 갔는지 내가 알지 못하나 급히 따라가라. 그리하면 그들을 따라 잡으리라"(수 2:4-5). 라합은 진실을 말하지 않았습니다.

라합은 잘못한 것입니까? 아닙니다. 라합은 이방신을 버리고 하나님을 믿고 사랑해, 하나님 나라의 유익을 위한 중요한 결단을 내렸습니다. 그녀는 진실을 말하지 않았지만 하나님 앞에서 믿음으로 받았습니다. 물론 이것은 아주 드문 예외적인 경우입니다. 거짓말을 해서는 안 되고 진실해야 합니다. 그러나 진실을 말할 때에도 하나님의 뜻 안에서 지혜로워야 합니다.

아브라함은 이삭을 제물로 바치기 위해 모리아 산 위로 올라갈 때 "아버지, 불과 나무는 있는데 제물은 어디에 있나요?"라는 아들의 질문에 "하나님께서 준비하실 것이다."라고 대답했습니다. 아브라함은 사실을 다 말하지 않습니다. 아브라함은 하나님을 사랑하기에 명령에 순종했고, 하나님께서 준비하실 것이라고 지혜롭게 대답했습니다.

정직하고 진실해야 한다며 교회에서 다른 사람의 잘못과 실수를 말하고 다닌다면 잘하는 것일까요? 그렇게 해서는 안 됩니다. 바울은 우리에게 이렇게 충고했습니다. "오직 사랑 안에서 참된 것을 하여 범사에 그에게까지 자랄지라. 그는 머리니 곧 그리스도라"(엡 4:15). '사랑 안에서' '참된 것'을 해야 합니다. 진실은 사랑이 함께 할 때 능력이 있습니다. 사랑이 없는 진실은 유익도 없고 위험합니다.

나눔 질문

1. 라합의 거짓말은 생각할 점이 많습니다. 라합은 믿음과 사랑의 원리를 어떻게 실천했습니까?
2. 진실만을 이야기해야 한다고 모든 사실을 다 밝히는 것이 지혜로운 것일까요?

우리는 항상 기도해야 하지만, 제대로 기도하지 않으면 하나님께서 듣지 않으십니다. 이사야 선지자는 이렇게 경고했습니다. "너희가 손을 펼 때에 내가 내 눈을 너희에게서 가리고 너희가 많이 기도할지라도 내가 듣지 아니하리니, 이는 너희의 손에 피가 가득함이라"(사 1:15). '손을 펼 때'는 두 손을 하늘을 향해 들고 기도하는 것을 말합니다. 예레미야 선지자도 마찬가지입니다. "그들이 순종하지 아니하며 귀를 기울이지 아니하고 각각 그 악한 마음의 완악한 대로 행하였으므로……그들이 내게 부르짖을지라도 내가 듣지 아니할 것인즉"(렘 11:8, 11).

　우리는 죄를 짓지 않고 완전하게 살고 있나요? 그렇지 못합니다. 죄가 있으면 우리의 기도를 하나님께서 듣지 않으실 것입니다. 그렇기 때문에 우리는 어떤 자세로 기도해야 할까요? 그렇습니다. 우리는 긍휼이 풍성하신 하나님을 의지하고 겸손히 우리 자신의 처지를 솔직하게 하나님께 아뢰고, 잘못에 대해 회개해야 합니다. 이 점에서 우리가 잘 아는 다니엘은 정말 훌륭한 기도를 했습니다. 들어볼까요? "……우리가 주 앞에 간구하옵는 것은 우리의 공의를 의지하여 하는 것이 아니요, 주의 큰 긍휼을 의지하여 함이니이다. 주여 들으소서. 주여 용서하소서. 주여 귀를 기울이시고 행하소서. 지체하지 마옵소서. 나의 하나님이여. 주 자신을 위하여 하시옵소서. 이는 주의 성과 주의 백성이 주의 이름으로 일컫는 바 됨이니이다"(단 9:18-19). 다윗도 자신의 비참함을 이렇게 기도했습니다. "무릇 나는 내 죄과를 아오니 내 죄가 항상 내 앞에 있나이다"(시 51:3).

　기도하는 자는 자신의 비참한 죄를 고백하고 회개해야 합니다. 이렇게 회개의 기도를 할 수 있는 것은 하나님의 풍성한 긍휼과 큰 사랑을 의지하고 믿기 때문입니다. 전능하신 하나님 앞에서 낮아지고 겸손해지는 것은 결코 부끄럽고 창피한 일이 아닙니다. 우리에게는 이런 확신이 있습니다. "만일 우리가 우리 죄를 자백하면 그는 미쁘시고 의로우사 우리 죄를 사하시며 우리를 모든 불의에서 깨끗하게 하실 것이요"(요일 1:9). 그것을 하나님 앞에 인정할 때 하나님의 기쁘신 응답을 기대할 수 있습니다.

성경

사 1:15

너희가 손을 펼 때에 내가 내 눈을 너희에게서 가리고 너희가 많이 기도할지라도 내가 듣지 아니하리니 이는 너희의 손에 피가 가득함이라

단 9:18-19

나의 하나님이여 귀를 기울여 들으시며 눈을 떠서 우리의 황폐한 상황과 주의 이름으로 일컫는 성을 보옵소서 우리가 주 앞에 간구하옵는 것은 우리의 공의를 의지하여 하는 것이 아니요 주의 큰 긍휼을 의지하여 함이니이다 주여 들으소서 주여 용서하소서 주여 귀를 기울이시고 행하소서 지체하지 마옵소서 나의 하나님이여 주 자신을 위하여 하시옵소서 이는 주의 성과 주의 백성이 주의 이름으로 일컫는 바 됨이니이다

찬송

369장

HC 117문
WSC 88, 98문

나눔과 묵상

1. 우리는 기도할 때 어떤 자세로 기도하며 구체적으로 어떤 기도를 해야 합니까?

2. 겸손한 자세로 죄와 비참을 고백할 때 우리는 무엇을 의지해야 합니까?

약속에 대한 확신으로 기도해요

11월 NOVEMBER 27

성경

삼하 7:27

만군의 여호와 이스라엘의 하나님이여 주의 종의 귀를 여시고 이르시기를 내가 너를 위하여 집을 세우리라 하셨으므로 주의 종이 이 기도로 주께 간구할 마음이 생겼나이다

찬송

363장

HC 117문
WSC 88, 98문

우리가 기도하면 하나님께서 정말 기도에 응답하실까요? 기도할 때 의심이 생기기도 합니다. 하나님께서 우리 눈에 보이지 않으시니 들으셨다는 확신이 서지 않습니다. 그렇다고 기도할 때 "하나님! 기도하긴 했는데 솔직히 잘 모르겠습니다."라고 기도해도 될까요? 그런 기도처럼 어리석은 기도도 없을 것입니다.

우리는 기도할 때 하나님께서 들으신다는 확실한 믿음을 가져야 합니다. 성경은 우리가 기도할 때 담대하게 확신을 가지라고 말합니다. "그러므로 우리는 긍휼하심을 받고 때를 따라 돕는 은혜를 얻기 위하여 은혜의 보좌 앞에 담대히 나아갈 것이니라"(히 4:16). 야고보는 "오직 믿음으로 구하고 조금도 의심하지 말라."(약 1:6)라고 가르쳤습니다. 예수님도 확신 있는 믿음의 기도를 명령하셨습니다. "……무엇이든지 기도하고 구하는 것은 받은 줄로 믿으라. 그리하면 너희에게 그대로 되리라"(막 11:24). 믿음의 선배들은 이렇게 확신 있는 믿음의 기도를 하나님께 드렸습니다. 그렇게 할 수 있었던 것은 하나님께서 살아 계시고 긍휼이 풍성하시고 너무나도 큰 사랑을 가진 분이라는 것을 신뢰하기 때문이었습니다.

어떻게 믿음의 선배들은 그렇게 확신 있는 믿음을 가지고 기도했을까요? 그것은 다름 아닌 하나님의 약속에 대한 확신 때문이었습니다. 다윗 왕을 보십시오. 다윗은 이런 기도를 드렸습니다. "만군의 여호와 이스라엘의 하나님이여! 주의 종의 귀를 여시고 이르시기를 '내가 너를 위하여 집을 세우리라.' 하셨으므로 주의 종이 이 기도로 주께 간구할 마음이 생겼나이다"(삼하 7:27). 바로 이것입니다. 다윗은 하나님의 약속을 의지하고 확신 있는 기도를 드릴 수 있었습니다. 우리도 하나님께서 우리에게 약속하신 말씀을 믿고 확신 있는 기도를 드려야 합니다. 하나님은 이렇게 약속하셨습니다. "환난 날에 나를 부르라. 내가 너를 건지리니 네가 나를 영화롭게 하리로다"(시 50:15). 어렵고 힘든 때에 하나님을 부르고 회개하며 기도할 때 하나님께서 들으시고 응답하실 것이라는 분명한 약속이 있습니다. 그러니 우리도 하나님께 확신 있는 믿음의 기도를 드립시다.

나눔질문

1. 기도할 때 확신 없이 기도해 본 적 있나요?
2. 우리는 어떻게 확신 있는 기도를 드릴 수 있을까요?

하나님은 온전한 기도만 들으실까요?

기도는 성도가 하나님과 나누는 친밀한 교제입니다. 그럼에도 불구하고 경외하는 자세와 겸손한 마음으로 기도해야 합니다. 자신의 죄를 회개하고 확신 있는 믿음으로 기도해야 합니다. 잡다한 소원을 마구 늘어놓는다든지 하나님이 허락하시는 범위를 넘어서는 기도를 하지 않아야 합니다. 그런데 이렇게 완전무결한 기도만 하나님께서 들으실까요?

그렇지 않습니다. 세상에는 이렇게 흠 없이 기도할 수 있는 사람이 아무도 없습니다. 하나님은 잘못 기도하거나 무지함으로 인하여 회개 없이 기도해도 용납해 주십니다. 기도에서 우리의 부족함을 하나님께서 용납해 주시지 않는다면, 우리는 도저히 하나님께 나아갈 수 없을 것입니다.

기도 가운데 감정이 폭발하는 경우도 있습니다. "만군의 하나님 여호와여, 주의 백성의 기도에 대하여 어느 때까지 노하시리이까?"(시 80:4) 불경스럽게도 예레미야는 하나님께 따지는 기도를 하기도 했습니다. "내가 부르짖어 도움을 구하나 내 기도를 물리치시며"(애 3:8). 성도가 극심한 환난 가운데서 믿음이 나약해졌기 때문입니다. 또 기도할 때 자신의 비참한 죄에 대해 간절한 마음이 없고 회개하지 않고 기도하기도 합니다. 하늘에 계신 아버지께 기도하는데 마음이 땅에 붙들려 잡다한 다른 생각으로 가득 차 있기도 합니다. 성도의 믿음이 의심이나 두려움과 뒤섞여 불신앙의 모습으로 나타나는 경우입니다. 모두 잘못된 기도입니다.

그러나 하나님은 이런 우리의 잘못된 기도에 대해서도 용납해 주시는 은혜로운 분입니다. 자식이 완벽하게 말하지 못해도 부모는 들어 주십니다. 그러므로 우리는 기도를 멈추지 말아야 합니다.

그렇다고 아무렇게나 기도해도 된다는 말은 아닙니다. 우리의 연약함을 철저히 인정하고 하나님 앞에 나아가는 기도를 쉬지 말아야 합니다. 그것을 하나님께서 기뻐하십니다. 용납하시는 하나님께 감사합시다!

성경

시 51:17

하나님께서 구하시는 제사는 상한 심령이라 하나님이여 상하고 통회하는 마음을 주께서 멸시하지 아니하시리이다

찬송

361장

HC 117문
WSC 88, 98문

나눔 교제

1. 우리는 하나님께서 기뻐하시는 기도를 온전하게 드릴 수 있을까요?
2. 불완전한 기도는 하나님께서 절대로 듣지 않으시나요?

"예수님 이름으로" 기도하는 이유를 아십니까?

성경

요 14:13

너희가 내 이름으로 무엇을 구하든지 내가 행하리니 이는 아버지로 하여금 아들로 말미암아 영광을 받으시게 하려 함이라

16:24

지금까지는 너희가 내 이름으로 아무 것도 구하지 아니하였으나 구하라 그리하면 받으리니 너희 기쁨이 충만하리라

찬송

3장

HC 117문
WSC 88, 98문

우리는 기도할 때 반드시 마지막을 "예수님 이름으로 기도합니다."라고 끝맺습니다. 이 말이 나오면 기도가 끝이구나, 라고 생각합니다. 그러면 우리는 왜 이렇게 기도를 끝냅니까? 다른 말로 하면 안 될까요?

기도 마지막에 "예수님 이름으로 기도합니다."라고 하는 이유가 있습니다. 우리는 긍휼하심을 받고 때를 따라 돕는 은혜를 얻기 위하여 은혜의 보좌 앞에 담대히 나아갈(히 4:16) 수 있습니다. 이렇게 우리가 하나님께 나가 기도할 수 있는 것은 순전히 예수 그리스도의 중보자 역할 때문입니다. 예수님이 직접 이렇게 말씀하셨습니다. "너희가 내 이름으로 무엇을 구하든지 내가 행하리니 이는 아버지로 하여금 아들로 말미암아 영광을 받으시게 하려 함이라"(요 14:13). 또 "지금까지는 너희가 내 이름으로 아무것도 구하지 아니하였으나 구하라. 그리하면 받으리니 너희 기쁨이 충만하리라."(요 16:24)라고 하셨습니다.

구약 시대에는 제사장이 홀로 성소에 들어갔습니다. 양 어깨에 이스라엘 열두 지파의 이름을 붙이고 가슴에 진귀한 열두 보석을 붙이고 들어가 열두 지파를 대신해 기도했습니다. 그동안 백성은 바깥뜰에서 거리를 두고 서서 기도했습니다(출 28:9-21). 그러면 하나님께서 희생 제물의 피를 보시고 제사장의 기도를 백성의 기도로 인정해 주셨습니다.

이와 같이 우리 스스로는 하나님께 나가 기도할 수 없는데, 우리 대신 그리스도께서 제사장으로서, 또 자신의 몸을 제물로 바쳐 피 흘리는 제사를 드리시고 하늘 성소에 들어가셔서 우리를 위해 기도하십니다. 바로 이 사실 때문에 우리가 "예수님 이름으로 기도합니다."라고 기도해야 합니다. 예수 그리스도께서 우리를 위한 유일한 대제사장이십니다. 이 예수님이 계시기 때문에 그분의 이름으로 기도함으로써 우리의 부족한 기도에도 불구하고 하나님의 긍휼하심과 용납하심을 받을 수 있습니다. 히브리서 기자는 이렇게 썼습니다. "그러므로 형제들아! 우리가 예수의 피를 힘입어 성소에 들어갈 담력을 얻었나니 그 길은 우리를 위하여 휘장 가운데로 열어 놓으신 새로운 산 길이요……"(히 10:19-20). 이제 왜 우리가 '예수님 이름'으로 기도를 마무리하는지 알겠지요!

1. 기도는 어떻게 마무리합니까?
2. 왜 우리는 "예수님 이름으로 기도합니다."라고 기도해야 합니까? 그 이유가 무엇입니까?

예수님과 성령님이 우리를 위해 기도하세요

하나님의 자녀로서 우리는 당연히 기도해야 합니다. 그런데 어떤 때는 기도하고 싶지 않을 때도 있습니다. 어려움과 절망에 빠져 하나님께 이야기하기 싫은 때도 있습니다. 그럴 때는 어떻게 하나요? 하나님께서 믿는 우리를 버리실까요?

그럴 때 교회의 형제자매들이 약한 성도를 위해 기도할 수 있습니다. 신앙적으로 어려움을 겪고 있는 교회의 형제자매를 위해 기도해 주는 것을 일반적으로 '중보기도'라고 합니다. 그런데 중보기도라는 말을 살펴보면 정확한 용어가 아니라는 것을 알 수 있습니다. 중보란 '두 사람 사이에서 일을 주선하는 것'이라는 뜻입니다. 그러면 중보기도는 다른 사람과 하나님 중간에서 대신 일을 주선해 주는 기도라는 뜻인데, 적절한 표현이 아닙니다. 인간은 어느 누구도 하나님과 사람 사이에서 중보 역할을 할 수 없습니다.

하나님과 우리 사이를 주선해 줄 수 있는 분은 예수님과 성령님밖에 없습니다. 구약성경에 보면 모세가 이스라엘 백성과 하나님 사이에서 중보기도를 했습니다. 구약의 왕과 선지자와 제사장이 하나님과 백성 사이에서 중보 역할을 했습니다. 그러나 예수님이 그들의 역할을 다 성취하셨습니다. 그러므로 하나님과 우리 사이에는 예수님과 성령님 외에 그 어떤 중보자도 없습니다. 우리와 하나님 사이에는 로마 천주교회의 사제도, 그 어떤 성인도 있을 수 없습니다. 오직 예수님과 성령님만이 하나님과 우리 사이에서 도와주실 수 있습니다. 그러니 중보기도라는 말은 적합하지 않습니다. 그러면 우리는 형제자매를 위해 기도할 수 없습니까? 기도할 수 있습니다. 그것은 중보기도가 아니라, 그냥 '다른 사람을 위한 기도'일 뿐입니다.

우리가 힘들 때 우리를 위해 기도해 주시는 분이 계십니다. 바로 예수님과 성령님입니다. 우리가 힘들어 바르게 기도하지 못할 때 우리의 약함을 도와주십니다. 성령님이 말할 수 없는 탄식으로 우리를 위해 친히 중보기도해 주십니다(롬 8:26). 동시에 예수님도 하나님 우편에 계시면서 우리를 위해 중보기도해 주십니다(롬 8:34). 참 좋으신 하나님입니다. 힘이 없고 잘 몰라 바르게 기도할 수 없을 때도 성자 하나님과 성령 하나님께서 도와주십니다.

성경

롬 8:26

이와 같이 성령도 우리의 연약함을 도우시나니 우리는 마땅히 기도할 바를 알지 못하나 오직 성령이 말할 수 없는 탄식으로 우리를 위하여 친히 간구하시느니라

8:34

누가 정죄하리요 죽으실 뿐 아니라 다시 살아나신 이는 그리스도 예수시니 그는 하나님 우편에 계신 자요 우리를 위하여 간구하시는 자시니라

찬송

93장

HC 117문
WSC 88, 98문

나눔질문

1. 우리가 기도하지 않으면 하나님이 우리를 외면하실까요?
2. '중보기도'라는 말은 왜 잘못되었습니까? 누가 우리를 위해 중보기도하시나요?

베드로를 위해 기도하신 예수님

성경

눅 22:32-35

그러나 내가 너를 위하여 네 믿음이 떨어지지 않기를 기도하였노니 너는 돌이킨 후에 네 형제를 굳게 하라 그가 말하되 주여 내가 주와 함께 옥에도, 죽는 데에도 가기를 각오하였나이다 이르시되 베드로야 내가 네게 말하노니 오늘 닭 울기 전에 네가 세 번 나를 모른다고 부인하리라 하시니라 그들에게 이르시되 내가 너희를 전대와 배낭과 신발도 없이 보내었을 때에 부족한 것이 있더냐 이르되 없었나이다

눅 22:39-46

눅 22:54-62

요 21:15-23

찬송

95장

HC 117문
WSC 88, 98문

베드로와 야고보, 요한은 예수님과 가까이 지냈던 제자들입니다. 그중에서 베드로는 특별히 제자들의 대표 역할을 한 것으로 보입니다. 그런 대표 제자인 베드로가 예수님을 모른다고 세 번이나 부인했습니다. 한마디로 예수님을 배신한 것입니다. 참 부끄럽습니다. 어떻게 이런 일이 일어났을까요? 베드로가 열심이 없고 믿음이 부족해서일까요? 아닙니다. 베드로의 열정은 대단했습니다. 베드로는 "주여! 내가 주와 함께 옥에도, 죽는 데에도 가기를 각오하였나이다."(눅 22:33)라고 큰소리쳤습니다. 그런데 베드로의 열심과 의지로 예수님을 따를 수 있었을까요? 아닙니다. 예수님은 이렇게 예언하셨습니다. "베드로야! 내가 네게 말하노니 오늘 닭 울기 전에 네가 세 번 나를 모른다고 부인하리라"(눅 22:34).

그날 밤 갑자기 예수님이 대제사장의 집으로 붙잡혀 가셨습니다. 베드로는 겁을 먹었습니다. 그러나 베드로는 예수님 앞에 큰소리친 것이 있었습니다. 멀찍이 예수님을 따라갔습니다. 뜰 가운데 사람들이 불을 피우고 앉아 있었습니다. 베드로도 그 가운데 있었습니다. 한 여자가 베드로의 얼굴을 보고 "이 사람은 예수님과 함께 있었던 사람이야!"라고 말했습니다. 그때 베드로는 "이 여자여, 내가 그를 알지 못하노라."라고 부인했습니다. 잠시 후 다른 사람이 보고 "당신은 그 무리라."라고 하자 베드로는 "이 사람아, 나는 아니네!"라고 부인했습니다. 한 시간이 지나 또 한 사람이 확신 있게 "이는 갈릴리 사람인데 정말 예수와 함께 있었어!"라고 했습니다. 베드로는 "이 사람아! 나는 네가 무슨 말을 하는지 모르겠다!"라고 대답했습니다. 그때 닭이 울었습니다. 예수님이 멀리서 베드로를 바라보셨습니다. 베드로는 예수님이 세 번 나를 부인하리라는 말씀이 생각나 밖에 나가 큰소리로 후회하며 울었습니다.

당시 또 다른 제자 유다가 있었습니다. 예수님을 은 삼십에 대제사장에게 팔았습니다. 그는 나중에 후회했습니다. 그렇지만 베드로와 유다는 달랐습니다. 베드로는 다시 회복되었고, 유다는 멸망했습니다. 왜 그렇게 되었을까요? 예수님의 기도 덕분입니다. 예수님은 유다의 구원을 위해 기도하지 않으셨지만 베드로의 구원을 위해 기도하셨습니다. "시몬아, 시몬아, 보라 사탄이 너희를 밀 까부르듯 하려고 요구하였으나, 그러나 내가 너를 위하여 네 믿음이 떨어지지 않기를 기도하였노니"(눅 22:31-32). 예수님의 기도로 베드로가 영원히 넘어지지 않고 다시 회복된 것처럼 우리의 믿음도 예수님의 기도로 넘어지지 않을 것입니다.

1. 베드로 자신의 열심과 열정과 의지로 믿음을 지킬 수 있었나요?
2. 베드로와 유다는 똑같이 죄를 지었지만 어떤 차이가 있나요?

진실(4): 관계 속에서 진실

성경

엡 4:15

오직 사랑 안에서 참된 것을 하여 범사에 그에게까지 자랄 지라 그는 머리니 곧 그리스 도라

찬송

341장 2절

예수님은 진리이십니다. 진리는 하나님 한 분입니다. 하나님께서 말씀하신 것과 행하신 일은 모두 진리입니다. 이 진리의 허리띠(엡 6:14)로 무장해야 사탄의 공격을 물리칠 수 있습니다. 진리 가운데 살아가는 그리스도인은 진실합니다. 진리에서 진실한 삶이 나옵니다. 진실한 생각, 진실한 말, 진실한 행동이 진리에서 솟아납니다. 진리 되신 하나님을 믿고 그분의 말씀에 순종하면 진실합니다. 혹시 실수를 범하면 진리의 영이신 성령 하나님께 도움을 요청해야 합니다.

그런데 이 진리와 진실의 문제가 사람과의 관계에서는 좀 복잡합니다. 그리스도인도 아직 불완전해 진리와 거짓이 마음에서 싸웁니다. 그리스도인 상호관계에 갈등이 일어나기도 합니다. 문제는 언제나 자기 자신만이 진실이라고 생각하는 데 있습니다. 우리는 포스트모더니즘 시대를 살고 있습니다. 이 시대의 특징은 진리가 없다는 것입니다. 하나님과 사람 앞에서 진실할 필요도 없습니다. 자기 자신에게 최선을 다하면 그것이 진리입니다. 이런 분위기에서 성장한 젊은 그리스도인이 많습니다. 그러다 보니 자신의 생각이 늘 진실이라고 착각하는 경향이 많습니다. 가정, 교회, 사회 공동체에서 부딪치는 경우가 있습니다. 사람들은 동기가 선하면 혹시 그 결과가 좋지 않아도 용납해 주기를 바랍니다.

그렇지만 다른 사람의 생각은 다를 수 있습니다. 사실(fact) 자체에 대한 평가도 서로 다른 경우가 많습니다. 이럴 경우 적당하게 그냥 지나가면 안 됩니다. 문제를 덮어 둔다고 해결되지는 않습니다. 어쩌면 힘들지만 긴 터널 속을 통과해야 될지도 모릅니다. 인간은 죄인이고 유한한 존재이기 때문에 진실한 대화를 통해 문제를 풀어야 합니다. 이럴 경우 반드시 잊지 말아야 할 것은 사랑 안에서 진실하게 말하는 것입니다. 즉, 사랑의 관점에서 말해야 합니다. 그렇지 않으면 문제가 해결되지 않습니다. 이런 말이 있습니다. "진실하게 이야기하세요! 다만 사랑 안에서……."(Speak straightly in love!)

나눔질문

1. 진리는 한 분밖에 없습니다. 누구입니까? 어째서 그렇습니까?
2. 사람 관계에서 모두 자신의 생각이 진실이라고 주장한다면 어떻게 문제를 해결해야 할까요?

골방기도 좋아요

성경

마 6:5-6

또 너희는 기도할 때에 외식하는 자와 같이 하지 말라 그들은 사람에게 보이려고 회당과 큰 거리 어귀에 서서 기도하기를 좋아하느니라 내가 진실로 너희에게 이르노니 그들은 자기 상을 이미 받았느니라 너는 기도할 때에 네 골방에 들어가 문을 닫고 은밀한 중에 계신 네 아버지께 기도하라 은밀한 중에 보시는 네 아버지께서 갚으시리라

찬송

364장

HC 117문
WSC 88, 98문

기도는 하나님과의 대화입니다. 그런데 하나님 앞에서 기도하지 않고 사람에게 보이기 위해 기도하는 경우도 있습니다. 여러분은 그런 경우가 없나요? 우리가 하나님을 눈으로 볼 수 없으니 보이는 사람을 의식하게 되는 것 같습니다. 우리는 기도할 때 사람을 보지 않으려고 눈을 감습니다. 눈을 감으면 사람을 볼 수 없고 하나님만 생각할 수 있어 집중할 수 있기 때문이죠. 그럼에도 불구하고 기도할 때 사람을 의식합니다. 예를 들면, 예배 시간 혹은 기도 시간에 움직이는 것입니다. 예배 중간에 기도 순서 후 중창단의 특별 순서가 있을 경우 기도하는 시간에 움직입니다. 기도가 끝나 고개를 들고 눈을 뜨고 보면 놀랍게도 중창단원들이 무대에 서 있습니다. 기도 시간에 준비한 것입니다. 갑자기 화장실에 갈 상황이 생기면 기도 시간에 움직입니다. 이런 모습은 기도를 하나님 앞에서 드린다는 것보다는 사람을 의식하고 있다는 것을 단적으로 보여 주는 좋은 예입니다.

성경에 보면 그런 종교 지도자들이 있었습니다. 특별히 예수님 당시 바리새인이 그런 지도자였습니다. 바리새인은 사람에게 보이려고 회당과 큰 거리에서 기도하기를 좋아했습니다(마 6:5). 다른 사람이 그 모습을 보고 '바리새인은 참 기도를 많이 하는구나.'라고 생각하도록 보인 것입니다. 그들은 사람에게 칭찬을 받았기 때문에 상을 이미 받았다고 예수님이 말씀하셨습니다. 그런 기도는 하나님께서 기뻐하지 않는다고 말씀하시면서 '골방기도'를 소개해 주셨습니다. "너는 기도할 때에 네 골방에 들어가 문을 닫고 은밀한 중에 계신 네 아버지께 기도하라. 은밀한 중에 보시는 네 아버지께서 갚으시리라"(마 6:6). 그렇습니다. 바로 이것입니다. 사람 앞에서 기도할 것이 아니라, 하나님 앞에서 기도해야 합니다. 그렇게 하기 위해 사람들이 보지 않는 구석진 곳에 들어가 기도하라고 하십니다. 우리의 골방을 만들어야 합니다. 다른 사람들이 보고 '너 참 기도 많이 하는구나!'라는 생각을 하지 못하도록 비밀리에 하나님께 기도하는 방법을 찾아 봅시다. 그것이 바로 골방기도입니다.

1. 우리가 사람을 의식하고 기도하는 경우가 있나요?
2. 우리는 어떻게 기도해야 할까요? 당신의 골방은 어디가 될 수 있을까요?

실망하지 말고 기도하세요

우리는 하나님께 항상 기도해야 합니다. 바울 사도는 "쉬지 말고 기도하라."라고 했습니다. 그런데 기도하다 보면 실망하거나 낙심할 때가 있습니다. 왜냐하면 기도하는 내용이 금방 응답되지 않기 때문이죠. 그럴 때 우리는 기도를 멈추게 됩니다. 예수님은 실망하지 말고 항상 기도할 것을 비유로 설명해 주셨습니다.

어떤 도시에 불의한 판사와 과부가 있었습니다. 판사는 하나님을 두려워하지 않고 사람을 무시하는 나쁜 사람이었습니다. 과부가 판사에게 가서 자주 자신의 원수에 대한 원한을 풀어 달라고 간청했습니다. 판사는 불쌍한 과부의 간청을 들어 주지 않았습니다. 얼마 지나 판사는 생각했습니다. '귀찮아 죽겠네! 과부의 부탁을 들어주어야겠다. 그러지 않으면 계속 괴롭힐 테니까!' 판사는 과부의 간청을 들어 주었습니다. 예수님은 이 비유를 통해 제자들에게 기도하다가 낙심하지 말 것을 가르치셨습니다. "나쁜 판사라도 간청하는 부탁을 들어 준다면, 하물며 하나님께서 밤낮 부르짖는 택한 백성의 원한을 풀어 주지 않겠느냐? 하나님께서는 오래 참지 않고 속히 원한을 풀어 주실 것이다."

어떤 사람은 기도로 무조건 간청하기만 하면 이루어진다고 잘못 생각합니다. 무조건 하나님을 귀찮게 해야 한다고 가르칩니다. 이 비유를 그렇게 해석한다면 예수님의 비유를 잘못 이해한 것입니다. 과부는 억울한 상황에 있었고 그 간청은 정당한 것이었습니다. 과부의 상황을 그리스도인에게 적용해 봅시다. 그리스도인으로서 세상에 살아가자면 억울한 일을 많이 겪습니다. 가정과 교회와 사회와 직장에서 그리스도인으로서 말씀대로 살기가 어렵습니다. 손해도 보고 놀림을 받기도 합니다. 심지어 핍박을 받기도 합니다. 그런 상황에서 그리스도인이 하나님께 항상 간청할 수 있습니다. 실망하지 말고 인내함으로 계속 기도하라는 말씀입니다. 그러면 속히 하나님께서 원한을 풀어 주실 것이라는 교훈입니다. 우리는 먼저 세상과 타협하지 않는 삶을 살아야 합니다. 적당히 세상과 교회, 양쪽에 다리를 걸치고 살면서 자기의 욕심을 위해 기도하는 것이 이루어질 것이라고 기대해서는 안 됩니다. 그러나 하나님 나라를 향한 치열한 영적 싸움을 하는 사람은 인내함으로 계속 기도할 수 있습니다. 실망하지 마십시오!

성경

눅 18:1-8

예수께서 그들에게 항상 기도하고 낙심하지 말아야 할 것을 비유로 말씀하여 이르시되 어떤 도시에 하나님을 두려워하지 않고 사람을 무시하는 한 재판장이 있는데 그 도시에 한 과부가 있어 자주 그에게 가서 내 원수에 대한 나의 원한을 풀어 주소서 하되 그가 얼마 동안 듣지 아니하다가 후에 속으로 생각하되 내가 하나님을 두려워하지 않고 사람을 무시하나 이 과부가 나를 번거롭게 하니 내가 그 원한을 풀어 주리라 그렇지 않으면 늘 와서 나를 괴롭게 하리라 하였느니라 주께서 또 이르시되 불의한 재판장이 말한 것을 들으라 하물며 하나님께서 그 밤낮 부르짖는 택하신 자들의 원한을 풀어 주지 아니하시겠느냐 그들에게 오래 참으시겠느냐 내가 너희에게 이르노니 속히 그 원한을 풀어 주시리라 그러나 인자가 올 때에 세상에서 믿음을 보겠느냐 하시니라

찬송

364장

HC 117문
WSC 88, 98문

나눔질문

1. 우리가 계속 간절하게 기도하지 않는 이유가 무엇인가요?
2. 무조건 간청하기만 하면 속히 응답해 주시나요?

응답받지 못하는 기도

성경

렘 11:6-14

여호와께서 내게 이르시되 너는 이 모든 말로 유다 성읍들과 예루살렘 거리에서 선포하여 이르기를 너희는 이 언약의 말을 듣고 지키라……그들이 내게 부르짖을지라도 내가 듣지 아니할 것인즉 유다 성읍들과 예루살렘 주민이 그 분향하는 신들에게 가서 부르짖을지라도 그 신들이 그 고난 가운데에서 절대로 그들을 구원하지 못하리라 유다야 네 신들이 네 성읍의 수와 같도다 너희가 예루살렘 거리의 수대로 그 수치스러운 물건의 제단 곧 바알에게 분향하는 제단을 쌓았도다 그러므로 너는 이 백성을 위하여 기도하지 말라 그들을 위하여 부르짖거나 구하지 말라 그들이 그 고난으로 말미암아 내게 부르짖을 때에 내가 그들에게서 듣지 아니하리라

약 4:3

구하여도 받지 못함은 정욕으로 쓰려고 잘못 구하기 때문이라

찬송

366장

HC 117문
WSC 88, 98문

우리가 기도하면 하나님께서 들으십니다. 그러나 모든 기도가 응답받는 것은 아닙니다. 그러면 어떤 기도가 응답받지 못하는 기도일까요? 북 왕국 이스라엘과 남 왕국 유다가 모두 하나님의 언약을 무시하고 깨뜨렸습니다. 그들은 다른 신을 섬겼습니다. 각 도시마다 한 개의 신을 모셨고, 그 신에게 기도했습니다. 거리마다 제단을 만들고 바알 신에게 향을 피우며 기도했습니다. 동시에 그들은 하나님께도 제사하며 기도했습니다. 한마디로 두 가지 마음을 가지고 있었던 것입니다. 하나님께서 가장 싫어하시는 우상숭배를 한 것입니다. 십계명 가운데 제1계명이 "너는 나 외에는 다른 신들을 네게 두지 말라."입니다. 하지만 하나님도 섬기며 다른 신도 섬겼습니다. 두 마음을 품었습니다. 그들이 기도했던 것이 무엇일까요? 그것은 세속적인 성공, 재물 그리고 명예였습니다. 그들의 욕심을 채워 줄 것을 달라고 기도했습니다. 정욕을 위해 잘못 구한 것입니다. 이런 기도를 하나님께서 들어 주실까요? 아닙니다. "구하여도 받지 못함은 정욕으로 쓰려고 잘못 구하기 때문이라."(약 4:3)라고 했습니다. '정욕'이란 건강하지 않은 쾌락을 말합니다.

더구나 북 왕국 이스라엘과 남 왕국 유다는 하나님의 언약을 깨뜨렸습니다. 하나님의 말씀을 순종하지 않고 자기 마음대로 살았습니다. 하나님께서 이렇게 말씀하셨습니다. "그들이 내 말 듣기를 거절한 자기들의 선조의 죄악으로 돌아가서 다른 신들을 따라 섬겼은즉 이스라엘 집과 유다 집이 내가 그들의 조상들과 맺은 언약을 깨뜨렸도다 그러므로 나 여호와가 이와 같이 말하노라 보라 내가 재앙을 그들에게 내리리니 그들이 피할 수 없을 것이라 그들이 내게 부르짖을지라도 내가 듣지 아니할 것인즉"(렘 11:10-11).

기도는 하나님과의 관계가 바로 서 있을 때 응답됩니다. 하나님의 언약을 떠나 자기 뜻대로 살아가는 사람은 아무리 많이 기도해도 하나님께서 응답하지 않으십니다. 그런 기도는 하나님 나라의 쓰레기통에 다 버려질 것입니다. 오히려 그런 기도는 하나님의 진노만 일으키게 될 것입니다.

1. 왜 기도가 응답되지 않을까요?
2. 하나님과의 관계가 나쁜 데도 기도가 응답될까요?

응답받는 기도

하나님은 우리가 기도하는 모든 것을 뚝딱 들어 주실까요? 우리는 그렇지 않다는 것을 잘 알고 있습니다. 응답받지 못하는 기도가 있습니다. 우리가 기도하는 무엇이나 그대로 되지는 않습니다. 그러면 어떤 기도는 응답을 받고, 어떤 기도는 응답을 받지 못할까요?

예수님이 한 비유를 들려 주셨습니다. 두 사람이 예루살렘 성전에 기도하러 갔습니다. 한 사람은 대부분의 사람이 의롭다고 인정하는 종교 지도자 바리새인이었고, 다른 사람은 모든 사람이 죄인이라고 손가락질하는 세금 징수자 곧 세리였습니다. 바리새인은 세리와 멀리 떨어져 따로 서서 이렇게 기도했습니다. "하나님이여, 나는 다른 사람들 곧 토색, 불의, 간음을 하는 자들과 같지 아니하고 이 세리와도 같지 아니함을 감사하나이다. 나는 이레에 두 번씩 금식하고 또 소득의 십일조를 드리나이다"(눅 18:11-12). 바리새인은 하나님 앞에 나와 대화하는 자세가 교만합니다. 자기가 얼마나 훌륭한 사람인지, 특히 다른 사람과 비교하면서 상대적으로 괜찮은 사람이라는 것을 드러내려고 합니다.

그에 비해 세리는 바리새인과 멀리 떨어져 감히 눈을 들어 하늘을 쳐다보지도 못하고 가슴을 치며 이렇게 기도했습니다. "하나님이여, 불쌍히 여기소서! 나는 죄인이로소이다." 누가 의로운 사람일까요? 우리가 보기에 바리새인이 훨씬 훌륭한 종교인이고 세리는 가난한 사람들의 돈을 뺏어가는 나쁜 죄인이지만, 예수님은 반대로 평가하셨습니다. 세리가 의롭다고 하셨습니다.

예수님은 "너희가 내 안에 거하고 내 말이 너희 안에 거하면 무엇이든지 원하는 대로 구하라. 그리하면 이루리라."(요 15:7)라고 약속하셨습니다. 우리가 하나님 안에 있고 하나님의 말씀이 우리 안에 거하려면 어떻게 해야 합니까? 겸손하면 됩니다. 스스로 다른 사람보다 잘났다고 교만하면 안 됩니다. 자신을 하나님과 사람 앞에서 낮추며 죄인임을 인정하고 겸손해야 합니다. 겸손한 척해서도 안 됩니다. 진실로 마음으로 겸손해야 합니다. 그런 겸손한 사람의 기도를 하나님께서 들으십니다.

성경

요일 3:22

무엇이든지 구하는 바를 그에게서 받나니 이는 우리가 그의 계명을 지키고 그 앞에서 기뻐하시는 것을 행함이라

요 15:7

너희가 내 안에 거하고 내 말이 너희 안에 거하면 무엇이든지 원하는 대로 구하라 그리하면 이루리라

눅 18:11-14

바리새인은 서서 따로 기도하여 이르되 하나님이여 나는 다른 사람들 곧 토색, 불의, 간음을 하는 자들과 같지 아니하고 이 세리와도 같지 아니함을 감사하나이다 나는 이레에 두 번씩 금식하고 또 소득의 십일조를 드리나이다 하고 세리는 멀리 서서 감히 눈을 들어 하늘을 쳐다보지도 못하고 다만 가슴을 치며 이르되 하나님이여 불쌍히 여기소서 나는 죄인이로소이다 하였느니라 내가 너희에게 이르노니 이에 저 바리새인이 아니고 이 사람이 의롭다 하심을 받고 그의 집으로 내려갔느니라 무릇 자기를 높이는 자는 낮아지고 자기를 낮추는 자는 높아지리라 하시니라

찬송

212장

HC 117문
WSC 88, 98문

1. 하나님은 어떤 사람의 기도를 듣지 않으실까요?
2. 하나님은 어떤 사람의 기도를 들으실까요?

예수님이 가르쳐 주신 기도는 무엇입니까?

성경

마 6:9-13

그러므로 너희는 이렇게 기도
하라 하늘에 계신 우리 아버지
여 이름이 거룩히 여김을 받으
시오며 나라가 임하시오며 뜻
이 하늘에서 이루어진 것같이
땅에서도 이루어지이다 오늘
우리에게 일용할 양식을 주시
옵고 우리가 우리에게 죄 지은
자를 사하여 준 것같이 우리
죄를 사하여 주시옵고 우리를
시험에 들게 하지 마시옵고 다
만 악에서 구하시옵소서 (나라
와 권세와 영광이 아버지께 영
원히 있사옵나이다 아멘)

찬송

636장

HC 118-119문
WSC 99문

기도할 때 말을 많이 하는 것이 좋을까요? 이 말 했다가 저 말 했다가 '중언부언(重言復言)' 식으로 기도합니다. 중언부언은 지루하게 같은 말을 반복하는 것입니다. 바알 선지자들이 엘리야 선지자와 대결할 때 하루 종일 같은 말을 반복하며 기도했던 것이 바로 그것입니다. '말을 많이 하는 것'과 '장황하게 말하는 것'도 포함됩니다. 실제와 다르게 부풀려 기도하는 것도 포함됩니다. 이런 중언부언하는 기도에는 신뢰와 믿음이 없습니다. 생각해 보십시오. 하나님은 우리가 기도하지 않아도 필요한 것을 이미 아십니다. 그러므로 정말 필요한 인격적인 대화를 해야 합니다.

예수님이 제자들에게 가르쳐 주신 기도문이 있습니다. 바로 주기도문(主祈禱文)입니다.

> "하늘에 계신 우리 아버지여!
> 이름이 거룩히 여김을 받으시오며,
> 나라가 임하시오며,
> 뜻이 하늘에서 이루어진 것같이 땅에서도 이루어지이다.
> 오늘 우리에게 일용할 양식을 주시옵고,
> 우리가 우리에게 죄 지은 자를 사하여 준 것같이
> 우리 죄를 사하여 주시옵고,
> 우리를 시험에 들게 하지 마시옵고,
> 다만 악에서 구하시옵소서.
> 나라와 권세와 영광이 아버지께 영원히 있사옵나이다.
> 아멘!"

예수님이 친히 우리에게 가르쳐 주신 기도입니다. 우리가 할 수 있는 최고의 기도입니다. 주기도문은 '부르는 것'과 '간구'로 구성되어 있습니다. 간구는 여섯 가지입니다. 처음 세 가지(하나님의 이름, 하나님의 나라, 하나님의 뜻)는 하나님께 대한 것이고, 두 번째 세 가지(우리의 일용할 양식, 우리의 죄, 우리의 시험)는 사람에 대한 것입니다.

나눔질문

1. 중언부언 기도할 때가 있나요? 그런 기도는 누가 하는 것입니까?
2. 예수님은 어떤 기도를 가르쳐 주셨나요?

왜 하나님을 "아버지"라고 부릅니까?

우리는 본래 누구의 자녀였나요? 듣기에 기분이 좋지 않지만 우리는 본래 하나님의 자녀가 아니었습니다. 우리는 사탄의 자녀로 태어났습니다. 우리는 온 우주와 생물과 사람을 창조하신 하나님의 자녀가 아니었던 적이 있습니다. 아담과 하와 그리고 우리 자신의 죄 때문에 사탄의 자녀였습니다. 사탄이 가게 될 지옥으로 가게 될 운명이었지요.

그런데 하나님께서 하나밖에 없는 성자 하나님을 사람의 몸으로 세상에 보내셨습니다. 그분이 예수 그리스도이십니다. 그리스도께서는 우리 죄를 대신해 십자가 위에서 피 흘려 죽으셨습니다. "때가 차매 하나님이 그 아들을 보내사 여자에게서 나게 하시고 율법 아래에 나게 하신 것은 율법 아래에 있는 자들을 속량하시고 우리로 아들의 명분을 얻게 하려 하심이라. 너희가 아들이므로 하나님이 그 아들의 영을 우리 마음 가운데 보내사 아빠 아버지라 부르게 하셨느니라"(갈 4:4-6). 사탄의 자녀였던 우리가 하나님의 자녀가 된 것입니다. 본래 하나님께는 외아들이 계셨습니다. 그런데 그리스도 안에서 우리를 입양해 주셨습니다. 우리가 하나님의 아들딸이 되었습니다. 그래서 하나님을 "아빠" 혹은 "아버지"라고 부를 수 있게 되었습니다. 누구 때문에 그렇게 되었나요? 예, 그렇습니다. 예수 그리스도 덕택입니다.

예수 그리스도를 믿는 우리는 이제 하나님께 기도할 때 "아버지!"라고 불러도 됩니다. 하나님을 아버지로 부를 때 우리는 하나님을 믿고 신뢰하며 공경하는 마음을 가져야 합니다. 동시에 우리가 아버지께 기도할 때 반드시 좋은 것을 주실 것이라고 확신할 수 있습니다.

땅에 있는 아버지도 생선을 달라고 하는데 뱀을 주고, 알을 달라고 하는데 전갈을 주시지는 않습니다. 그런데 하물며 하늘에 계신 우리 아버지께서 구하는 우리에게 좋은 것을 주시지 않을까요? 반드시 좋은 것을 주십니다. 그런데 우리에게 가장 좋은 것은 무엇일까요? 마태는 그냥 '좋은 것'이라고 했지만(마 7:11), 누가는 '성령님'을 주실 것이라고 했습니다(눅 11:13). 아이는 사탕이 먹고 싶지만, 아버지는 아이의 건강을 위해 가장 좋은 것이 무엇인지 압니다. 그처럼 하나님께서는 우리가 구하는 것보다 더 좋은, 아니 가장 좋은 것을 주기 원하십니다.

성경

눅 11:11-13

너희 중에 아버지 된 자로서 누가 아들이 생선을 달라 하는데 생선 대신에 뱀을 주며 알을 달라 하는데 전갈을 주겠느냐 너희가 악할지라도 좋은 것을 자식에게 줄 줄 알거든 하물며 너희 하늘 아버지께서 구하는 자에게 성령을 주시지 않겠느냐 하시니라

찬송

635장

HC 120문
WSC 100문

나눔질문

1. 우리는 언제 어떻게 하나님의 자녀가 되었나요?
2. 하나님께서 우리의 아버지라면 우리는 어떤 자세로 기도해야 하나요?

기쁨(1) : 기쁨의 근원은 하나님

성경

갈 5:22

오직 성령의 열매는 사랑과 희락과 화평과 오래 참음과 자비와 양선과 충성과

찬송

428장 1~2절

자, 한번 기쁘게 웃어 보시겠습니까? 좀 어색하나요? 기쁨은 억지로 혹은 강제로 만들어 낼 수 없습니다. 기쁨은 마음속 깊은 곳에서 자연스럽게 솟아납니다. 성경은 기쁨을 하나님 때문에 자연스럽게 가슴 속에서 용솟음쳐 오르는 형언할 수 없는 즐거움이나 느낌(벧전 1:8)으로 표현합니다. 기쁨은 원인이 아니라 결과입니다. 갈라디아 5장 22절에 나오는 성령의 열매 중 하나가 '희락'입니다. 헬라어로 '카라(kara)'인데 '기쁨'입니다. 성령님이 우리 마음속에 계시면서 말씀하실 때 우리가 순종하면 기쁨의 열매를 맺게 됩니다.

이스라엘 백성은 홍해를 건너 기쁨으로 노래했습니다. 시편에 보면 하나님의 은혜를 기뻐하며 시를 지어 노래했습니다. "주께서 내 마음에 두신 기쁨은 그들의 곡식과 새 포도주가 풍성할 때보다 더하니이다"(시 4:7). "주께 피하는 모든 사람은 다 기뻐하며 주의 보호로 말미암아 영원히 기뻐 외치고 주의 이름을 사랑하는 자들은 주를 즐거워하리이다"(시 5:11). 예수님이 태어났을 때 천사가 나타나 "보라 내가 온 백성에게 미칠 큰 기쁨의 좋은 소식을 너희에게 전하노라."(눅 2:10)라고 했습니다. 이 큰 기쁨은 바로 우리를 구원하신 예수 그리스도이십니다. 우리는 이제 예수 그리스도의 십자가의 죄 용서로 큰 기쁨을 누립니다. 이 기쁨은 하나님에게서 온 선물입니다. 공짜로 받은 은혜입니다. 은혜라는 말, '카리스(karis)'는 '카라(기쁨)'에서 왔습니다. 죄인이 은혜를 받지 못했다면 기쁨도 없었을 것입니다.

하나님께서 기쁨의 근원이십니다. 하나님께서 우리에게 기쁨을 주기도 하시지만 하나님 당신 자신이 기뻐하십니다. "너의 하나님 여호와가 너의 가운데에 계시니, 그는 구원을 베푸실 전능자이시라. 그가 너로 말미암아 기쁨을 이기지 못하시며, 너를 잠잠히 사랑하시며 너로 말미암아 즐거이 부르며 기뻐하시리라 하리라"(습 3:17). 하나님께서는 무서운 얼굴을 하시는 분이 아니라, 기쁨을 이기지 못하여 활짝 웃으시는 인격적이신 분입니다.

우리에게 기쁨을 선물하신 기쁨의 하나님께 기쁨으로 감사해요!

1. 기쁨은 노력해 얻을 수 있는 것인가요? 기쁨은 무엇입니까?
2. 참 기쁨의 근원은 어디입니까?

하나님을 아버지라고 부를 수 있는 특권

우리는 하나님을 아버지라고 부를 수 있습니다. 너무나 당연하다고 생각할지 모르지만 그렇지 않습니다. 이슬람교와 비교해 보면 우리가 얼마나 특별한 존재인지 알 수 있습니다. 마호메트가 창시한 이슬람교의 무슬림들은 구슬이 달린 목걸이를 걸고 다닙니다. 로마 천주교회의 묵주와 비슷한 것입니다. 무슬림은 그 목걸이를 기도 시간에 사용합니다. 이 목걸이는 99개의 작은 구슬을 꿰어 만든 것인데, 그중에 한 개는 큰 구슬입니다. 알라 신이 99개의 순결한 이름을 가지고 있기 때문입니다. 큰 구슬 한 개는 알라 신을 위한 것입니다. 그런데 신기한 것은 99개의 알라에 대한 이름 가운데 아버지라는 이름은 없습니다.

어떤 사람이 한 이집트 무슬림에게 아라비아어 발음을 배우려고 하는데 '주기도문'을 녹음하게 읽어 달라고 부탁했습니다. 무슬림은 그렇게 해 주겠다고 대답했습니다. 그런데 놀라운 사실을 확인할 수 있었습니다. 그는 '하늘에 계신 우리 아버지'를 읽기를 거부했습니다. 한 번도 그는 하나님을 아버지라고 불러 본 적이 없었기 때문입니다. 무슬림들은 알라 신과 친밀하고 신뢰 있는 관계를 가질 수 없습니다.

예수 그리스도께서는 우리에게 하나님께서 우리의 아버지가 되신다고 가르치셨습니다. 특별히 주님께서 가르쳐 주신 기도에서 하늘에 계신 우리 아버지라고 분명하게 말씀하셨습니다. 예수 그리스도 덕분에 우리는 하나님이 우리에게 어떤 분인지 알게 되었습니다. 예수 그리스도 덕분에 우리는 하나님과 인격적인 관계를 맺을 수 있습니다. 하나님께서는 우리의 아버지시고, 우리는 그분의 자녀들입니다. 바로 이 점이 그리스도인과 무슬림의 큰 차이입니다. 무슬림은 예수 그리스도를 하나님과 사람의 중보자로 인정하지 않습니다. 그들은 알라 신이 능력의 신으로 가까이 계신다고 믿지만 예수 그리스도를 통해 사랑을 부어 주신 아버지는 아닙니다. 우리가 하나님을 '아버지' 혹은 '아빠'라고 부를 수 있는 것은 얼마나 큰 특권인지요! 예수 그리스도께 감사를 드립니다!

성경

갈 4:4-6

때가 차매 하나님이 그 아들을 보내사 여자에게서 나게 하시고 율법 아래에 나게 하신 것은 율법 아래에 있는 자들을 속량하시고 우리로 아들의 명분을 얻게 하려 하심이라 너희가 아들이므로 하나님이 그 아들의 영을 우리 마음 가운데 보내사 아빠 아버지라 부르게 하셨느니라

찬송

202장

HC 120문
WSC 100문

나눔질문

1. 우리가 하나님을 아버지라고 부를 수 있는 것은 특별한 것인가요?
2. 무슬림은 알라 신과 어떤 관계에 있나요?

"하늘에 계신"

성경

행 17:24-25

우주와 그 가운데 있는 만물을 지으신 하나님께서는 천지의 주재시니 손으로 지은 전에 계시지 아니하시고 또 무엇이 부족한 것처럼 사람의 손으로 섬김을 받으시는 것이 아니니 이는 만민에게 생명과 호흡과 만물을 친히 주시는 이심이라

찬송

636장

HC 121문
WSC 100문

어느 날 아들이 말합니다. "아빠! 우리에게는 아버지가 많아요!" 아버지가 대답합니다. "어떻게 아버지가 많지?" 아들이 말합니다. "아빠-아버지, 하나님-아버지, 작은-아버지, 큰-아버지, 할-아버지……." 하하하! 그렇네요! 우리에게는 아버지가 아주 많습니다.

그런데 우리가 경험한 아버지의 모습은 어떠한가요? 어릴 때 아이의 눈에 비친 아버지는 전지전능합니다. 그러나 아이가 자라면서 아버지가 완전하지 않다는 것을 알게 되고 실망하거나 싫어하기도 합니다. 땅의 아버지는 거짓말도 하고 실수도 자주 합니다. 어떤 사람은 아버지에 대한 인상이 좋지 않아 하나님을 아버지라고 부르는 것을 부담스러워 합니다.

우리는 땅의 아버지를 모델로 삼아 하늘의 아버지에 대해 약간은 배울 수 있지만, 한계가 있습니다. 오히려 우리는 하늘 아버지를 모델로 삼아 땅의 아버지가 어떠해야 하는가를 배워야 합니다.

기도할 때 하나님을 "우리 아버지!"라고 부르지만, "하늘에 계신"을 반드시 붙여야 합니다. 땅의 아버지와 하늘의 아버지는 완전히 다르기 때문입니다. 하늘에 계신 아버지는 온 천지만물을 창조하신 전지전능하신 분입니다. 영광스런 모습을 가지고 계신 분입니다. 이사야 선지자가 본 하나님의 영광을 보세요. "……내가 본즉 주께서 높이 들린 보좌에 앉으셨는데 그의 옷자락은 성전에 가득하였고, 스랍들이 모시고 섰는데……서로 불러 이르되 거룩하다, 거룩하다, 거룩하다, 만군의 여호와여! 그의 영광이 온 땅에 충만하도다 하더라……그때에 내가 말하되 화로다! 나여, 망하게 되었도다. 나는 입술이 부정한 사람이요……만군의 여호와이신 왕을 뵈었음이로다 하였더라"(사 6:1-5).

동시에 하늘에 계신 하나님은 우리를 불쌍히 여기시고, 사랑을 베푸시며, 은혜를 주시는 아버지이십니다. 우리의 몸과 영혼에 필요한 모든 것을 주시길 기뻐하시는 인자하신 분입니다. 하늘에 계신 아버지께서는 전능하시고 사랑이 많으신 분입니다. 그래서 우리는 하나님을 아버지라 부르고 아들로서 필요한 것을 달라고 할 수 있습니다. 얼마나 든든한지요!

1. 땅의 아버지와 하늘 아버지는 어떤 차이가 있나요?
2. 하늘 아버지께 우리는 무엇을 기대할 수 있나요?

우리가 하나님을 "하늘에 계신 우리 아버지."라고 부를 때 그분이 어떤 분인지 잘 알아야 합니다. 우리를 만드신 창조주 하나님이 우리의 아버지이지만, 사람과는 다릅니다. 그래서 "아버지의 이름이 거룩히 여김을 받으시오며."라고 기도해야 합니다.

왜 이렇게 기도해야 합니까? 이유는 간단합니다. 하나님께서 거룩하시기 때문입니다. 이사야 6장 3절에 보면 "거룩하다, 거룩하다, 거룩하다, 만군의 여호와여! 그의 영광이 온 땅에 충만하도다."라고 했습니다. 요한계시록 4장 8절에서도 "……거룩하다, 거룩하다, 거룩하다, 주 하나님 곧 전능하신 이여! 전에도 계셨고 이제도 계시고 장차 오실 이시라."라고 했습니다. 하나님께서 거룩하다는 것은 사람과 다르고 인간이 만든 신들과 다르다는 말입니다. 하나님께서는 사람과 사람이 만든 신들과 달리 완전하시고 전능하시며 영광이 충만하신 분이라는 뜻입니다. 하늘 높이 계시면서 순전하시고 죄를 미워하시는 분입니다. 그에 비해 사람은 약하고 병들고 악하고 자꾸만 죄를 짓습니다. 이렇게 하나님께서는 사람과 다른 구별된 분이라는 것을 분명히 알아야 합니다. 이런 뜻이 "이름이 거룩히 여김을 받으시오며."에 들어 있습니다.

그런데 이렇게 거룩하신 하나님께서 부족한 우리 가운데 계십니다. 이스라엘 백성 가운데 성소를 만들게 하시고 거기에 함께 하셨습니다. "내가 하나님이요 사람이 아님이라. 네 가운데 있는 거룩한 이니……"(호 11:9). 죄인에게는 참 영광이 아닐 수 없습니다. 거룩하신 하나님께서 죄인과 함께 계시겠다는 것은 은혜입니다. 그런데 문제는 우리에게 있습니다. 우리는 죄인이기 때문에 하나님을 거룩하게 구별하지 않을 수도 있습니다. 조심해야 합니다. 하나님을 세상 우상과 버러지 형상으로 대우할 위험이 있습니다. 그래서 "이름이 거룩히 여김을 받으시오며."라는 기도가 필요합니다.

거룩하신 하나님이 하시는 모든 계획과 일은 언제나 거룩하고 완전하다는 것을 노래해야 합니다. 예배 시간에 성부 성자 성령 하나님의 이름을 경배하고 찬양해야 합니다. 하나님의 전능, 지혜, 선하심, 의, 자비와 진리를 온 세상에 선포해야 합니다. 그래서 이 기도는 하나님의 마음을 기쁘게 해 드리는 것입니다.

성경

호 11:9

내가 나의 맹렬한 진노를 나타내지 아니하며 내가 다시는 에브라임을 멸하지 아니하리니 이는 내가 하나님이요 사람이 아님이라 네 가운데 있는 거룩한 이니 진노함으로 네게 임하지 아니하리라

찬송

12장

HC 122문
WSC 101문

나눔질문

1. "거룩하다."라는 말은 무슨 뜻입니까?
2. 왜 우리는 "이름이 거룩히 여김을 받으시오며."라고 기도해야 합니까?

거룩, 성도(聖徒)의 당연한 도리

성경

레 20:26

너희는 나에게 거룩할지어다 이는 나 여호와가 거룩하고 내가 또 너희를 나의 소유로 삼으려고 너희를 만민 중에서 구별하였음이니라

찬송

422장

HC 121문
WSC 100문

우리가 "이름이 거룩히 여김을 받으시오며."라고 기도할 때에는 우리 자신을 향한 의미도 있습니다. 왜냐하면 거룩하신 하나님께서 택한 백성을 거룩하게 하시기 때문입니다. 하나님께서는 이스라엘 백성을 만민 중에서 구별해 거룩하게 만드셨습니다. 그리고 '거룩한 백성'이 되라고 요구했습니다. "너희는 나에게 거룩할지어다. 이는 나 여호와가 거룩하고 내가 또 너희를 나의 소유로 삼으려고 너희를 만민 중에 구별하였음이니라"(레 20:26). 레위기에는 '거룩'이라는 단어가 수없이 나타납니다. 거룩하신 하나님께서 거룩한 백성에게 거룩히 여김을 받기 위해 여러 가지 방법을 가르쳐 주셨습니다. 거룩한 사람, 거룩한 장소, 거룩한 방법, 거룩한 때에 대한 지침을 주셨습니다. 이스라엘 백성은 그 방법을 사용해 하나님의 거룩하심을 비추어야 했습니다. 그들은 특별한 음식을 먹어야 했고, 구별된 동물을 먹어야 했습니다. 특별한 사람이 특별한 장소에서 하나님을 만날 수 있었습니다. 이 특별히 구별된 것이 곧 거룩한 것이었습니다. 레위기의 모든 규례는 예수님의 사역을 그림자로 보여 주는 것이었습니다. 예수님이 특별히 거룩한 사람을 만들기 위해 십자가에 죽으심으로 이제 믿는 누구든지 인종, 성별, 신분의 차이를 뛰어 넘어 '성도(聖徒)'라 불러 주셨습니다. 성도란 '거룩한 제자'라는 뜻이랍니다. 지금도 여전이 성도는 하나님을 거룩하게 비춰야 합니다.

어떻게 하나님을 거룩하게 할 수 있을까요? 우리가 뭔가 할 수 있을까요? 우리 속에는 아직도 악한 것들이 남아 있습니다. 그것들이 우리를 더럽게 합니다. 그렇기에 하나님 앞에서 우리가 거룩하게 되기 위해 도움이 필요합니다. 만약 하나님께서 우리의 모든 삶을 지도해 주시고 생각과 말과 행동을 인도해 주지 않으시면 거룩한 삶은 불가능합니다. 하나님의 이름이 우리 때문에 더럽혀지지 않도록 도와 주셔야 합니다. 우리가 하나님의 이름에 누가 되지 않고 찬양과 영광이 될 수 있으려면 하나님의 도움이 필요합니다. 그래서 기도합니다. "(아버지의) 이름이 (우리를 통해) 거룩히 여김을 받으십시오!" 우리는 불가능하지만 하나님의 도우심만 가능하다는 것을 인정하는 것입니다. 그것이 이 기도의 의미입니다.

나눔질문

1. 거룩한 하나님께서 죄인인 우리를 어떻게 해 주셨나요?
2. '성도'가 된 우리가 하나님을 거룩하게 할 수 있을까요?

우리는 아버지처럼 믿을 만한 하나님께 기도합니다. 아버지의 이름이 욕을 듣지 않기 원합니다. 아버지의 이름이 칭찬과 박수를 받게 해 드리고 싶습니다. 그런데 우리가 "나라가 임하시오며."라고 기도할 때는 하나님을 아버지보다는 '왕'으로 생각합니다. 우리나라나 땅의 나라가 아니고, '하나님 나라' 혹은 '하늘나라'의 왕이십니다. 나라에는 다스리는 왕이 있고, 다스리는 땅이 있고, 다스리는 백성이 있고, 다스리는 법이 있습니다.

그런데 왜 우리는 "나라가 임하시오며."를 기도해야 하나요? 이미 하나님 나라는 우리 가운데 있고 하나님께서 친히 세상을 다스리시고 온 우주의 왕이시지 않나요? 예수님이 하늘과 땅의 모든 권세를 받지 않으셨나요?(마 28:18)

맞습니다. 맞아요! 예수님이 온 우주의 왕이십니다. 그런데 문제는 사람들이 예수님을 왕으로 인정하고 있지 않다는 것입니다. 아담의 후손은 하나님을 인정하지 않고 복종하려 하지 않습니다. 그래서 하나님께 복종하는 아름다운 하나님 나라가 속히 임하기를 기도하는 것입니다. 하나님께서 언젠가 세상에서 가라지를 제거하고 하나님 나라에 알곡을 들이시는 심판을 행하실 것입니다. "하나님의 날이 임하기를 바라보고 간절히 사모하라. 그날에 하늘이 불에 타서 풀어지고 물질이 뜨거운 불에 녹아지려니와 우리는 그의 약속대로 의가 있는 곳인 새 하늘과 새 땅을 바라보도다"(벧후 3:12-13). 언젠가 그날이 올 것입니다. 싸움도 없고 고통도 없고 시기와 질투도 없는 그날이 올 겁니다.

문제는 우리가 지금 하나님 나라를 잘 볼 수 없다는 것입니다. 불신자들은 하나님을 전혀 의식하지 않습니다. 자기 자신이 하나님입니다. 신자도 교회에서 예배드릴 때만 하나님을 생각하고 가정과 직장과 학교에 가면 하나님을 잊고 삽니다. 하나님 나라에 살고 싶어 하지 않습니다. 하나님 나라는 눈에 보이는 미국과 같은 나라가 아닙니다. 하나님 나라는 하나님의 백성의 마음속에 있습니다. 하나님의 백성이 하나님의 말씀에 순종할 때 언제 어디서나 하나님 나라가 이루어집니다. 우리가 "나라가 임하시오며."라고 기도한다는 의미는 '우리가 하나님 말씀에 순종하게 해 주세요.'라고 부탁하는 것이고, '우리가 말씀에 순종하겠습니다.'라고 각오하는 것입니다.

성경

사 59:21

여호와께서 이르시되 내가 그들과 세운 나의 언약이 이러하니 곧 네 위에 있는 나의 영과 네 입에 둔 나의 말이 이제부터 영원하도록 네 입에서와 네 후손의 입에서와 네 후손의 후손의 입에서 떠나지 아니하리라 하시니라 여호와의 말씀이니라

찬송

208장

HC 123문
WSC 102문

나눔질문

1. 하나님 나라의 왕, 백성, 땅, 법, 적군은 무엇입니까?
2. 하나님의 통치는 지금도 계속되고 있는데 또 기도하는 것은 무슨 의미입니까?

셋째 기도: "뜻이 하늘에서 이루어진 것같이 땅에서도 이루어지이다"

성경

눅 22:41-42

그들을 떠나 돌 던질 만큼 가서 무릎을 꿇고 기도하여 이르시되 아버지여 만일 아버지의 뜻이거든 이 잔을 내게서 옮기시옵소서 그러나 내 원대로 마시옵고 아버지의 원대로 되기를 원하나이다 하시니

찬송

191장

HC 124문
WSC 103문

한 아이가 갑자기 아파 병원에 가 보니 백혈병에 걸렸다는 진단을 받습니다. 의사 선생님은 아이가 얼마 살지 못할 것이라고 합니다. 이 병원 저 병원에서 재진을 받아 보지만 결과는 같습니다. 아이의 상태는 점점 나빠져 며칠 안에 죽을 것 같습니다. 이때 부모가 기도합니다. "하나님! 아이를 살려 주십시오. 제발 살려 주십시오!" 그리고 마지막으로 이렇게 기도합니다. "만약 아이를 살려주시는 것이 하나님의 뜻이 아니라면 받아들일 수 있게 믿음을 주십시오!" 참 안타까운 경우이지만, 이 기도의 경우는 하나님의 뜻대로 될 것을 받아들이게 해 달라는 기도입니다. 곧 '숨겨진 하나님의 뜻'을 믿음으로 받아들이기 원하는 쉽지 않은 기도입니다.

그러나 세 번째 기도인 "뜻이 하늘에서 이루어진 것같이 땅에서도 이루어지이다."라는 기도는 이미 '계시된 하나님의 뜻'에 우리가 순종하게 해 달라고 기도하는 것입니다. 좀 더 적극적입니다. 하나님의 뜻을 모르는 것이 아니라, 분명한 경우입니다. "항상 기뻐하라, 쉬지 말고 기도하라, 범사에 감사하라."(살전 5:16-18)는 우리를 향한 하나님의 명백한 뜻입니다. 애매하지도 않습니다. 그러나 그 뜻에 순종하는 것은 어렵습니다. 그러니 하나님께서 힘을 주셔서 우리가 하나님 말씀에 잘 순종하게 해 달라는 기도입니다.

교회의 한 청년이 불신자 아가씨와 사귀고 있습니다. 부모님은 아들이 불신 여자와 교제하는 것을 허락하지 않습니다. 성경에도 불신자와 결혼하는 것을 금하기 때문에 관계를 끊는 것이 하나님의 분명한 뜻인데도 청년은 부모님을 설득하려 합니다. "학교 캠퍼스에서 만났는데 서로 너무나 사랑하고 있어요. 이것은 우연이 아닙니다. 더구나 서로 사랑한다면 결혼해도 되는 것 아닌가요? 이 마음은 하나님께서 주신 것 아닌가요? 결혼하게 되면 여자 친구도 교회에 나올 거예요. 저는 결혼하는 것이 하나님의 뜻이라고 생각해요!"

자기의 뜻과 소원을 하나님의 뜻이라고 우기는 경우입니다. 하나님의 뜻은 너무나 분명합니다. 불신자와 멍에를 함께 메지 말라고 했습니다. 이럴 경우 우리는 기도해야 합니다. 하나님의 분명한 뜻에 순종할 수 있게 해 달라고 말입니다. 그것이 "뜻이 하늘에서 이루어진 것같이 땅에서도 이루어지이다."라는 기도입니다. '하나님! 당신의 뜻대로 하세요!'라는 것이 아니라, '하나님, 제가 하나님의 일을 하게 해 주세요!'라는 기도입니다.

나눔질문

1. 두 가지 종류의 하나님의 뜻이 있습니다. 그것은 무엇이며 차이가 무엇입니까?
2. 자기의 뜻을 하나님의 뜻이라고 우기는 것을 보면서 우리에게 필요한 것이 무엇인지 알게 됩니다. 무엇입니까?

성.품.예.배(50)

기쁨(2): 명령으로서의 기쁨

하나님께서 우리에게 기쁨을 주신 것은 맞습니다. 그런데 기뻐할 수 없는 상황도 있지 않습니까? 감기가 걸려 코가 막히고 기침이 심할 때는 정말 힘듭니다. 더 심한 병에 걸리기도 합니다. 학교 성적이 잘 나오지 않으면 기분이 나쁩니다. 친구가 나를 무시하거나 놀리면 매우 불쾌합니다. 아버지 사업이 잘 되지 않으면 온 가족이 힘들어 합니다. 이럴 때에도 우리는 기뻐할 수 있을까요? 어렵습니다.

그런데 성경에는 샘물처럼 솟아나는 기쁨도 있지만, 능동적이고 적극적으로 기뻐하라는 명령도 있습니다. "주 안에서 항상 기뻐하라. 내가 다시 말하노니 기뻐하라"(빌 4:4). 데살로니가교회에 보낸 편지에서도 "항상 기뻐하라."(살전 5:16)라고 명령합니다. '항상'이라는 말의 의미는 좋은 때나 어려울 때나 상관없이 기뻐하라는 것입니다. 좋을 때 기뻐하는 것은 당연하지만 힘들 때는 기뻐하기 어렵습니다. 그래서 명령하는 것이겠죠. 특별히 '주 안에서'라는 조건이 있습니다. 우리가 스스로 죄를 지어 당하는 벌과 징계를 기뻐하라는 뜻이 아닙니다. 그것은 슬퍼해야 할 일입니다. 하나님의 백성이 의를 위하여 (애매히) 핍박을 받을 때에 기뻐하라는 명령입니다.

구원받은 성도에게 늘 즐거운 일만 있지는 않습니다. 때론 힘든 일을 당하기도 합니다. 그 원인을 알 수 없는 경우도 있습니다. 그럼에도 불구하고 기뻐하라고 합니다. 베드로 사도가 우리에게 좋은 교훈을 줍니다. "사랑하는 자들아! 너희를 연단하려고 오는 불 시험을 이상한 일 당하는 것같이 이상히 여기지 말고, 오히려 너희가 그리스도의 고난에 참여하는 것으로 즐거워하라. 이는 그의 영광을 나타내실 때에 너희로 즐거워하고 기쁘게 하려 함이라"(벧전 4:12-13). '고난'과 '기쁨'은 전혀 어울리지 않습니다. 어떻게 고난을 즐거워할 수 있습니까? 그러나 주 안에서는 고난을 기쁨으로 받을 수 있는 신비한 힘을 얻습니다. 고난 가운데서도 기쁨을 가질 수 있었던 욥의 경우를 보십시오. "……우리가 하나님께 복을 받았은즉 화도 받지 아니하겠느냐 하고 이 모든 일에 욥이 입술로 범죄하지 아니하니라"(욥 2:10). 욥은 불평하지 않고 고난을 그대로 받아들였습니다. 욥이 힘들어 했던 것은 고난보다는 오히려 친구들의 비난이었습니다. 어려운 가운데서도 기뻐해요!

성경

빌 4:4

주 안에서 항상 기뻐하라 내가 다시 말하노니 기뻐하라

찬송

428장 1-2절

나눔 질문

1. 기뻐할 수 없는 고난의 때가 있습니다. 그럴 때는 어떻게 해야 합니까?
2. 고난과 기쁨은 어울리는 쌍이 아닙니다. 이것이 어떻게 함께 갈 수 있을까요?

내 뜻이 아니라 아버지의 뜻대로

성경

눅 22:41-42

그들을 떠나 돌 던질 만큼 가서 무릎을 꿇고 기도하여 이르시되 아버지여 만일 아버지의 뜻이거든 이 잔을 내게서 옮기시옵소서 그러나 내 원대로 마시옵고 아버지의 원대로 되기를 원하나이다 하시니

찬송

463장

HC 124문
WSC 103문

하나님 나라에 사는 시민은 좋은 시민이어야 합니다. 좋은 시민이 되려면 하나님 나라의 법을 잘 지켜야 합니다. 곧 하나님의 뜻에 잘 순종해야 합니다. 그런데 순종은 결코 쉽지 않습니다. 예레미야는 하나님의 선지자로 부름 받았을 때 하지 않겠다고 핑계했습니다. "슬프도소이다. 주 여호와여! 보소서. 나는 아이라. 말할 줄을 알지 못하나이다"(렘 1:6). 하나님의 뜻에 순종하지 않으려 합니다. 그때 하나님께서 말씀하십니다. "너는 아이라 말하지 말고 내가 너를 누구에게 보내든지 너는 가며 내가 네게 무엇을 명령하든지 너는 말할지니라. 너는 그들 때문에 두려워하지 말라. 내가 너와 함께 하여 너를 구원하리라. 나 여호와의 말이니라"(렘 1:7-8). 예레미야는 하나님의 말씀에 순종합니다. 예레미야가 전한 말씀은 이스라엘에 대한 심판의 소식입니다. 유다 사람은 예레미야를 싫어합니다. 예레미야는 물이 마른 깊은 웅덩이에 갇히기도 합니다. 조롱과 치욕이 너무나 심해 자신의 출생을 저주하기까지 합니다. 그러나 결국 자신의 뜻이 아니라 하나님의 뜻을 이룹니다. 예레미야 같은 경우가 우리에게도 닥칠 수 있습니다. 그러므로 우리는 기도해야 합니다.

예수님은 우리와 다른 분입니다. "나의 양식은 나를 보내신 이의 뜻을 행하며 그의 일을 온전히 이루는 이것이니라"(요 4:34). "내가 하늘에서 내려온 것은 내 뜻을 행하려 함이 아니요, 나를 보내신 이의 뜻을 행하려 함이니라"(요 6:38). 우리는 예수님 근처에도 갈 수 없습니다. 우리는 순종하는 척하면서도 불평합니다. 말씀에 복종하면서도 기쁨으로 하지 않습니다. 억지로 적당하게 순종합니다. 온갖 핑계거리를 늘어놓습니다. '나만 그러나? 다들 그러는데, 뭐!' '내가 하는 것은 아무것도 아냐, 이보다 훨씬 심한 경우도 많아!' '나는 잘 되라고 한 것(말)이었는데…….' '내 경우는 좀 다른데…….' '나만 죄인인가?'

예수님은 십자가를 지시기 전날 겟세마네 동산에서 기도하셨습니다. "아버지여! 만일 아버지의 뜻이거든 이 잔을 내게서 옮기시옵소서. 그러나 내 원대로 마시옵고 아버지의 원대로 되기를 원하나이다"(눅 22:42). 이 기도는 그렇게 순종하겠다는 것입니다. 우리도 이런 기도를 합시다!

1. 예레미야의 경우가 우리에게 있을 수 있을까요? 그런 경우가 있었나요? 생각해 보세요.
2. 하나님의 뜻에 순종하는 것이 쉽나요? 우리는 어떻게 해야 할까요?

예수님은 제자들에게 "목숨을 위하여 무엇을 먹을까, 무엇을 마실까, 몸을 위하여 무엇을 입을까 염려하지 말라."(마 6:25)라고 하셨습니다. 이 말씀 때문에 어떤 그리스도인은 양식을 위해 기도하면 안 된다고 생각하기도 합니다. 하지만 예수님은 주기도문에서 우리에게 일용할 양식을 달라고 기도하라고 하십니다. 먹을 것을 달라고 기도해도 될까요? 아니면 안 될까요? 정답은 '기도해야 한다.'입니다. 예수님이 그렇게 가르쳐 주셨기 때문이죠. 예수님은 단지 목숨을 위하여 무엇을 먹을까 '염려하지 말라'고 했을 뿐입니다. 염려는 하지 말고 기도는 해야 합니다.

옛날에는 농사의 소출이 적었습니다. 질병도 많고 자연재해도 많아 농사를 그르치는 경우가 많았습니다. 그래서 하나님께서 도와주시지 않으면 풍년을 기대할 수 없다는 것을 잘 알았습니다. 하나님을 잘 모르는 사람들도 추수 때만 되면 감사제사를 지내며 신께 감사하고, 내년에도 풍년을 주시길 기도했습니다. 그런데 요즈음은 과학과 기술의 발달로 농사를 쉽게 짓고 많은 수확을 얻을 수 있습니다. 옛날에는 하나님께서 주신다고 쉽게 믿었지만 지금은 우리에게 필요한 음식, 과일, 옷, 컴퓨터, 휴대폰을 회사와 과학자가 만들어 준다고 생각합니다. 음식을 먹고 기계를 사용할 때 하나님을 생각하지 않습니다. 기술자와 과학자에게 감사하고 감동합니다. 기술과 과학이 자연과 만물을 조절하고 통제할 수 있다고 믿습니다. 사람이 자연을 탐구하고 영향을 미치고 변화시키며 조정합니다. 사람이 신의 자리에 앉게 되었습니다. 그래서 일용할 양식을 위해 기도하는 것은 옛날에나 필요하다고 생각합니다. 특별히 먹을 것이 풍족한 나라에 사는 사람은 더욱 그렇습니다.

그러나 우리는 하나님께 "오늘 우리에게 일용할 양식을 주십시오."라고 기도해야 합니다. 왜냐하면 하나님께서 모든 좋은 것을 주시는 분이기 때문입니다. 과학과 기술과 회사까지도 하나님의 손 안에 있습니다. 그리스도인은 세상의 모든 좋은 것이 하나님에게서 온다는 것을 압니다. 하나님께서 복을 주시지 않으면 우리가 아무리 염려하고 노력해도 아무런 유익이 없다는 것을 믿어야 합니다. 기술이 발달한 이 시대에도 우리는 양식을 위해 기도함으로써 오직 하나님만 의지하고 신뢰해야 한다는 것을 인정해야 합니다.

성경

마 6:11

오늘 우리에게 일용할 양식을 주시옵고

찬송

588장

HC 125문
WSC 104문

나눔 질문

1. 무엇을 먹을까, 마실까, 입을까 염려하지 말아야 하는 것과 그것을 위해 기도해야 한다는 것은 어떤 차이가 있나요?
2. 양식이 풍성한 시대에 우리가 양식을 위해 기도하는 것은 무슨 의미가 있나요?

일용할 양식

성경

잠 30:8-9

곧 헛된 것과 거짓말을 내게
서 멀리 하옵시며 나를 가난하
게도 마옵시고 부하게도 마옵
시고 오직 필요한 양식으로 나
를 먹이시옵소서 혹 내가 배불
러서 하나님을 모른다 여호와
가 누구냐 할까 하오며 혹 내
가 가난하여 도둑질하고 내 하
나님의 이름을 욕되게 할까 두
려워함이니이다

찬송

635장

HC 125문
WSC 104문

예수님이 가르쳐 주신 넷째 기도, "오늘 우리에게 일용할 양식을 주시옵고."라고 기도해야 하는 이유는 어떤 피조물도 의지하지 않고 오직 하나님만 신뢰하기 위함입니다.

먹는 것을 위해 기도하는 것이 하찮은 것일까요? 절대로 그렇지 않습니다. 먹을 것이 풍족한 세상에 살고 있는 사람들은 너무 많이 먹어 병이 생깁니다. 비만은 오늘날 큰 문제입니다. 돈을 주고 살을 빼려고 난리입니다. 그런데 우리나라도 몇 십 년 전만 해도 먹을 것이 없어 영양실조로 병에 걸리거나 죽는 사람이 많았습니다. 지금도 세계 많은 지역에서는 먹을 것이 없어 하루에 한 끼밖에 먹지 못하거나 기아로 죽어가는 사람이 많습니다. 지구 한쪽에서는 먹을 것이 너무 많아 버리고 있고, 다른 한쪽에서는 그것조차 없어 굶고 있습니다.

매일 먹는 음식을 당연하게 생각하지만, 그렇지 않습니다. 한 끼 혹은 하루를 아무것도 먹지 않고 굶어 보면 음식의 중요성을 알 수 있습니다. 하나님께서 우리에게 먹을 것을 주시지 않으면 불행이 뭔지를 몸으로 느낄 수 있습니다. 영적인 일을 위해서도 음식이 절대적으로 필요합니다. 오늘 먹을 양식은 지금도 매우 중요합니다.

그런데 먹거리와 관련해 문제는 두 가지입니다. 하나는 너무 많은 양식을 가진 경우이고, 다른 경우는 너무 가난해 먹을 것이 없는 경우입니다. 잠언 30장 8-9절에는 이런 기도문이 있습니다. "……나를 가난하게도 마옵시고 부하게도 마옵시고 오직 필요한 양식으로 나를 먹이시옵소서. 혹 내가 배불러서 '하나님을 모른다' '여호와가 누구냐' 할까 하오며 혹 내가 가난하여 도둑질하고 내 하나님의 이름을 욕되게 할까 두려워함이니이다." 배가 부른 사람은 하나님을 잊고 의지하지 않습니다. 배가 고픈 사람은 도둑질하며 하나님의 이름을 더럽힙니다. 둘 다 잘못된 경우입니다. 여러분은 어떤 경우에 속합니까? 배부른 경우입니까? 그렇다면 하나님을 신뢰하지 않고 다른 무엇인가를 믿고 있을 수 있습니다. 조심해야 합니다. 욕심을 버려야 합니다.

그래서 예수님은 '일용할 양식'을 달라고 기도하라 했습니다. 일용할, 곧 하루에 필요한 양의 양식을 기도해야지 욕심과 탐심으로 더 달라고 기도해서는 안 된다는 뜻입니다. 우리는 직분과 소명을 행하기에 적당한 만큼의 양식이 필요합니다. 그것을 위해 기도하십시오!

나눔질문

1. 먹는 음식을 위해 기도하는 것은 좀 유치하지 않나요?
2. '일용할 양식'을 기도하라고 한 깊은 뜻은 무엇인가요?

우리는 예수님이 가르쳐 주신 넷째 기도에서 하나님만 신뢰해야 한다는 것을 배웁니다. 그런데 그것이 쉽지 않습니다. 사람은 하나님보다 피조물을 더 신뢰하는 경향이 있습니다. 특별히 과학과 기술의 발달로 이런 경향은 더 강화되고 있습니다. 농부는 비료나 잡초를 죽이는 약품을 매우 신뢰합니다. 환자는 훌륭한 의사나 의료과학의 발전을 신뢰합니다. 비행기를 타는 승객은 경력이 많은 기장을 믿으려 합니다. 군대의 장군은 군인 수나 현대 무기를 믿습니다. 이 경우 우리는 질문을 할 수 있습니다. "당신은 하나님을 더 믿습니까? 아니면 의사, 무기, 비료를 더 믿습니까?" 이 질문에 우리는 하나를 선택해야 한다고 생각합니다. 질문 자체가 잘못되었습니다. 하나님과 피조물의 관계는 비교할 수 없는 큰 격차가 있기 때문입니다. 하나님은 모든 피조물보다 위에 계십니다. 하나님께서 모든 피조물을 만드셨습니다. 하나님의 허락이 없이는 그 어떤 피조물도 자기 마음대로 움직일 수 없습니다. 하나님께서 허락하시고 복을 주셔야만 비료나 의사나 과학 기술이나 현대식 무기가 효력 있습니다. 그런데 이 점을 사람들이 인정하려 하지 않습니다. 하나님 없이 사람만 의지합니다. 그 뒤에 모든 만물을 조정하고 보호하고 계시는 하나님을 보지 못합니다. 그러나 절대로 사람과 피조물을 하나님보다 더 의지해서는 안 됩니다. 오직 하나님만 믿고 신뢰해야 합니다.

한 의사가 심한 병에 걸린 환자를 치료합니다. 그의 전문성과 노력으로 질병이 나을 수 있습니다. 그 환자는 그리스도인입니다. 감사의 기도를 하나님께 드립니다. 병원을 떠나는 그를 향해 의사가 빈정거리며 말합니다. "하나님이 병을 고쳐주었다고요? 천만에요! 제가 치료했거든요?" 이때 우리는 어떻게 지혜롭게 대답할 수 있을까요? "하나님께서 훌륭한 의사 선생님을 보내 주시고 열심히 치료하게 하셔서 저를 낫게 하셨네요! 선생님 감사해요!"라고 대답하면 좋은 대답이 되지 않을까요?

우리 삶의 모든 영역에 하나님의 능력이 분명하게 보이지만, 사람들은 하나님을 신뢰하지도 않고 영광을 돌리지도 않습니다. 이런 세상에서 우리가 "오늘 우리에게 일용할 양식을 주시옵고."라고 기도하는 것은 모든 일에 하나님을 신뢰하게 해 달라고 간구하는 것입니다.

성경

롬 1:19-23

이는 하나님을 알 만한 것이 그들 속에 보임이라 하나님께서 이를 그들에게 보이셨느니라 창세로부터 그의 보이지 아니하는 것들 곧 그의 영원하신 능력과 신성이 그가 만드신 만물에 분명히 보여 알려졌나니 그러므로 그들이 핑계하지 못할지니라 하나님을 알되 하나님을 영화롭게도 아니하며 감사하지도 아니하고 오히려 그 생각이 허망하여지며 미련한 마음이 어두워졌나니 스스로 지혜 있다 하나 어리석게 되어 썩어지지 아니하는 하나님의 영광을 썩어질 사람과 새와 짐승과 기어다니는 동물 모양의 우상으로 바꾸었느니라

찬송

542장

HC 125문
WSC 104문

나눔질문

1. 사람들은 삶에서 누구를 더 의지하는 경향이 있습니까? 당신의 삶에서 좀 더 구체적인 것을 생각해 보세요.
2. 우리는 하나님을 어떻게 신뢰해야 할까요?

다섯째 기도: "우리가 우리에게 죄 지은 자를 사하여 준 것같이 우리 죄를 사하여 주시옵고"

성경

마 6:12

우리가 우리에게 죄 지은 자를 사하여 준 것같이 우리 죄를 사하여 주시옵고

찬송

636장

HC 126문
WSC 105문

이 기도는 마치 우리가 다른 사람의 죄를 용서해 주면 우리의 죄도 용서받는 것처럼 보입니다. 정말 그럴까요? 만약 우리가 다른 사람의 죄를 용서해 주지 않으면 하나님께서도 죄를 용서해 주시지 않는 것일까요? 그런 것처럼 보이는 예수님의 말씀이 있습니다. "너희가 사람의 잘못을 용서하면 너희 하늘 아버지께서도 너희 잘못을 용서하시려니와, 너희가 사람의 잘못을 용서하지 아니하면 너희 아버지께서도 너희 잘못을 용서하지 아니하시리라"(마 6:14-15). 그리고 주님이 가르쳐 주신 기도도 그런 것처럼 보입니다. "우리가 우리에게 죄 지은 자를 사하여 준 것같이 우리 죄를 사하여 주시옵고." 다른 사람을 용서하는 조건으로 우리 죄도 용서해 달라고 기도하는 것 같습니다. 그럴까요?

절대로 그렇지 않습니다. 하나님께서는 죄를 용서받기 위한 조건을 요구하지 않으십니다. "그리스도 예수 안에 있는 속량으로 말미암아 하나님의 은혜로 값없이 의롭다 하심을 얻은 자 되었느니라"(롬 3:24). 성경은 죄 용서와 구원이 오직 하나님의 은혜와 긍휼과 자비로 된다고 선포합니다. 우리가 먼저 다른 사람을 용서해야 죄 용서를 받는 것이 아닙니다. 하나님께서 먼저 우리가 아무런 의를 행하지 않은 때에 사랑의 손을 내밀어 구원하십니다. 우리 쪽에서는 아무것도 할 것이 없습니다. 단지 우리의 손을 내밀어 은혜를 받기만 하면 됩니다. 그렇게 '손을 내미는 것'을 믿음이라고 부릅니다. 그렇다고 믿음이 구원의 조건이 아닙니다. 믿음이 구원 얻는 조건처럼 보이지만, 믿음은 하나님의 선물입니다(엡 2:8). 구원의 조건이 있다면 하나님의 은혜밖에 없습니다.

용서도 이와 같습니다. 믿음을 요구하시지만 구원의 조건이 아니듯이, 용서를 요구하시지만 용서받는 조건이 아닙니다. 하나님께 공짜로(은혜로) 죄 용서를 받은 사람은 다른 사람을 공짜로(은혜로) 용서하게 됩니다. 이렇게 다른 사람의 죄를 용서하기로 결심하고 실천하는 것을 보면 우리가 하나님께 죄 용서받은 자라는 것을 확신할 수 있습니다. 우리는 은혜를 받은 자이지만, 아직 완전하지 않습니다. 그러므로 죄 용서받은 사람답게 살아가도록 해 달라고 기도하는 것입니다. 좀 복잡하고 어렵나요? 우리 스스로 매일 짓는 죄에 대해 하나님께 용서를 구할 수 있습니다. 다른 사람의 죄를 용서할 결심을 하십시오. 그리고 나의 죄를 용서해 달라고 기도하십시오!

나눔 질문

1. 다섯째 기도는 다른 사람을 용서하는 것이 내 죄를 용서받는 조건처럼 보입니다. 정말 그런가요?
2. 죄 용서를 기도할 수 있는 사람은 어떤 사람인가요?

우리에게 나쁘게 한 사람을 **몇 번이나 용서해야 할까요?** 베드로는 7번 정도면 잘 한 것이라고 생각합니다. 그런데 예수님은 7번을 70번까지도 용서해 주라고 하십니다. 이 말은 무한히 용서하라는 말씀입니다. 한 비유를 말씀해 주십니다. 한 나라에 1만 달란트를 임금에게 빚진 자가 있었습니다. 1달란트는 6천 데나리온(1데나리온은 노동자 하루 품삯)입니다. 1만 달란트는 노동자 한 사람이 164,383년을 일해야 갚을 수 있는 돈입니다. 어마어마한 돈입니다. 1만 달란트라는 말은 도저히 갚을 수 없는 정도의 액수라는 뜻입니다. 왕의 종은 갚을 능력이 없습니다. 왕에게 절하며 참아 주시면 다 갚겠다고 말합니다. 그런데 왕이 종을 불쌍하게 여깁니다. 1만 달란트 빚을 탕감해 줍니다. 종은 얼마나 기뻤을까요? 그렇게 많은 돈을 갚지 않아도 되니 그만큼의 돈을 번 것이나 다름없습니다.

그런데 빚을 탕감 받은 종이 나가다가 자기에게 100데나리온 빚진 동료를 만납니다. 1만 달란트 탕감 받은 종은 100데나리온, 곧 얼마 되지 않는 돈을 갚으라고 동료의 멱살을 잡고 위협합니다. 동료가 엎드려 빌며 참아 달라고 간청합니다. "꼭 갚겠습니다!" 그런데 1만 달란트 탕감 받은 종은 동료가 빚을 갚을 때까지 감옥에 가둡니다. 옆에 있던 다른 동료들이 그것을 보고 왕에게 알립니다. 왕이 그 사실을 알고 종을 부릅니다. "악한 종아, 네가 빌기에 내가 네 빚을 전부 탕감하여 주었거늘, 내가 너를 불쌍히 여김과 같이 너도 네 동료를 불쌍히 여김이 마땅하지 아니하냐?"라고 꾸짖고는 다시 빚을 갚도록 감옥에 가둡니다.

우리는 이 비유에서 1만 달란트 탕감 받은 종이 동료를 불쌍히 여기지 않았기 때문에 다시 1만 달란트 탕감 받은 것이 취소된 것처럼 보입니다. 그래서 동료를 불쌍히 여기는 것이 마치 조건처럼 보이지만 가만히 보면 그렇지 않습니다. 1만 달란트 빚진 종은 자신의 빚이 얼마나 큰지 잘 몰랐습니다. 자기가 갚을 수 없으면서 갚겠다고 한 것에서 알 수 있습니다. 또 왕이 탕감해 준 빚에 대한 감사도 없습니다. 왕의 긍휼을 알지 못하기에 감사도 없습니다. 그 결과 동료를 불쌍히 여기지 않았습니다. 거꾸로 말해서 동료를 불쌍히 여기는 것을 보면 그가 정말 하나님의 긍휼을 받았다는 것을 알 수 있습니다. 용서가 얼마나 감사하고 귀한 것인지 제대로 아는 사람은 자신의 빚이 얼마나 많고 용서가 얼마나 큰 은혜인지 압니다. 그런 자는 다른 자를 용서할 수 있습니다.

나눔토론

1. 1만 달란트 빚진 종은 어떻게 해서 빚을 탕감 받게 되었나요?
2. 그가 정말 왕의 긍휼을 조금이라도 알았다면 동료에게 어떻게 했을까요?

성경

마 18:21-35

그때에 베드로가 나아와 이르되 주여 형제가 내게 죄를 범하면 몇 번이나 용서하여 주리이까 일곱 번까지 하오리까 예수께서 이르시되 네게 이르노니 일곱 번뿐 아니라 일곱 번을 일흔 번까지라도 할지니라 그러므로 천국은 그 종들과 결산하려 하던 어떤 임금과 같으니 결산할 때에 만 달란트 빚진 자 하나를 데려오매 갚을 것이 없는지라 주인이 명하여 그 몸과 아내와 자식들과 모든 소유를 다 팔아 갚게 하라 하니 그 종이 엎드려 절하며 이르되 내게 참으소서 다 갚으리이다 하거늘 그 종의 주인이 불쌍히 여겨 놓아 보내며 그 빚을 탕감하여 주었더니 그 종이 나가서 자기에게 백 데나리온 빚진 동료 한 사람을 만나 붙들어 목을 잡고 이르되 빚을 갚으라 하매 그 동료가 엎드려 간구하여 이르되 나에게 참아 주소서 갚으리이다 하되 허락하지 아니하고 이에 그가 빚을 갚도록 옥에 가두거늘 그 동료들이 그것을 보고 몹시 딱하게 여겨 주인에게 가서 그 일을 다 알리니 이에 주인이 그를 불러다가 말하되 악한 종아 네가 빌기에 내가 네 빚을 전부 탕감하여 주었거늘 내가 너를 불쌍히 여김과 같이 너도 네 동료를 불쌍히 여김이 마땅하지 아니하냐 하고 주인이 노하여 그 빚을 다 갚도록 그를 옥졸들에게 넘기니라 너희가 각각 마음으로부터 형제를 용서하지 아니하면 나의 하늘 아버지께서도 너희에게 이와 같이 하시리라

찬송

304장

HC 126문
WSC 105문

기쁨(3) : 하나님의 뜻

성경

살전 5:16-18

항상 기뻐하라 쉬지 말고 기도하라 범사에 감사하라 이것이 그리스도 예수 안에서 너희를 향하신 하나님의 뜻이니라

찬송

64장 1절

바울은 기쁨, 감사, 기도의 조화를 데살로니가전서에서 잘 표현했습니다. "항상 기뻐하라. 쉬지 말고 기도하라. 범사에 감사하라. 이것이 그리스도 예수 안에서 너희를 향하신 하나님의 뜻이니라"(살전 5:16-18). 도저히 불가능해 보이는 것을 명령하는 것 같습니다. 그러나 우리가 가야 할 수준이 그곳입니다. 어려움 속에서 하나님의 뜻을 물으며 기도하면 감사할 것이 있고, 어떠한 상황 가운데서도 기뻐할 수 있습니다. 그러므로 기뻐하는 사람은 감사할 줄 압니다. 그리고 기뻐하기 위해서는 기도합니다.

이것이 가능한 것은 믿는 바가 있기 때문입니다. 우리는 믿음직한 분을 알고 있습니다. 그분이 우리의 하늘 아버지이십니다. 우리는 이렇게 고백합니다. "우리가 알거니와 하나님을 사랑하는 자 곧 그의 뜻대로 부르심을 입은 자들에게는 모든 것이 합력하여 선을 이루느니라"(롬 8:28). 하나님께서는 결국 고난과 고통을 기쁨으로 만드실 것이기 때문에 슬퍼하거나 애통해 할 필요가 없습니다. 그리스도인에게는 소망이 있습니다. 소망을 바라보며 실망하지 말고 기뻐할 것을 권면하는 히브리서 기자의 말을 들어 봅시다. "……또 온전하게 하시는 이인 예수를 바라보자. 그는 그 앞에 있는 기쁨을 위하여 십자가를 참으사 부끄러움을 개의치 아니하시더니 하나님 보좌 우편에 앉으셨느니라. 너희가 피곤하여 낙심치 않기 위하여 죄인들이 이같이 자기에게 거역한 일을 참으신 자를 생각하라"(히 12:2-3). 예수님의 낮아지심과 죄인의 신분으로 모욕과 고난을 당하신 것을 생각하면 현재의 고난을 이겨 낼 수 있는 힘이 생깁니다. 바울이 자신의 육체의 가시를 없애 달라고 기도했을 때 하나님은 "……내 은혜가 네게 족하도다. 이는 내 능력이 약한 데서 온전하여짐이라."(고후 12:9)라고 응답하셨습니다. 이에 대해 바울은 실망하지 않고 오히려 "크게 기뻐함으로 나의 여러 약한 것들에 대하여 자랑하리니 이는 그리스도의 능력이 내게 머물게 하려 함이라. 그러므로 내가 그리스도를 위하여 약한 것들과 능욕과 궁핍과 박해와 곤고를 기뻐하노니 이는 내가 약한 그때에 강함이라."(고후 12:9-10)라고 고백했습니다.

이를 실천하기 위해 매일 기쁘게 찬양합시다. 모든 일에 기쁜 일을 찾아 봅시다. 그리고 어려움 가운데서도 웃음을 잃지 않으려고 노력합시다.

나눔 질문

1. 그리스도인이 고난 속에서도 실망하지 않고 기뻐할 수 있는 근거가 무엇입니까?

2. 우리는 기뻐하기 위해 구체적으로 어떻게 노력해야 할까요?

그리스도인은 죄와 용서에 대해 너무 쉽게 생각하는 경향이 있습니다. 교회에서 수없이 듣는 이야기가 '죄'와 '용서'입니다. 그러다 보니 아무 생각 없이 "용서해 주세요!"라고 하거나 "용서할게요!"라고 합니다. '우린 모두 죄인이야. 잘못도 많고 부족한 것도 많아. 다른 사람들처럼 하나님께 용서해 달라고 하지 뭐. 하나님은 사랑이시기 때문에 죄를 용서해 주셔.' 그러나 사실 자세히 살펴보면 죄에 대해 별로 심각하게 생각하지 않고 양심에 가책도 없습니다. 자신의 죄에 대해 안타까워하는 모습도 없습니다. 하나님께서 "너의 어떤 죄를 용서해 줄까?"라고 물으신다면 "글쎄요! 모든 사람이 죄인인 것처럼 저도 죄인 아닌가요? 구체적으로 잘 모르겠어요! 최근에 지은 죄가 없어서!"라는 반응을 보입니다. 너무 가볍습니다.

한 목사가 어느 여자 성도를 방문합니다. 그 여자는 다른 사람에 대해 나쁜 이야기를 많이 하는 사람입니다. "호호호! 목사님, 제가 죄인이죠!"라고 말합니다. 목사가 말합니다. "예, 저도 들었습니다." 그때 여자 성도의 얼굴 표정이 굳어지더니 버럭 화를 내면서 말합니다. "누가 나에 대해 입방아를 찧었나요?" 사람은 자신의 죄와 용서에 대해 얕은 수준에 머물러 있습니다.

그러나 성경은 죄에 대해 더 깊게 말합니다. 첫째, 죄에는 원죄가 있습니다. 이것은 우리가 태어나면서 가지고 나온 것인데 느낄 수 없습니다. 둘째, 죄는 하나님과 사람을 사랑하는 데 있어서 부족한 것도 포함됩니다. 특별히 나쁜 일을 하지 않아도 하나님과 사람을 적극적으로 사랑하지 않는 것도 죄입니다. 그래서 소요리문답 14문은 죄를 이렇게 정의했습니다. "죄는 하나님의 율법을 조금이라도 부족하게 지키거나 그 법을 어기는 것입니다." 이렇게 보면 우리는 매일 죄를 짓습니다. 그러나 누가 특별히 죄를 지적하기 전에는 그 죄를 잘 느끼지 못하고 깊이 생각하지도 않습니다. "우리의 죄를 용서해 주세요."라고 기도하려면 정말 죄에 대한 감각이 있어야 합니다. 그래야 용서해 달라고 회개하는 마음이 생깁니다. 어떻게 그것이 가능할까요? 죄를 깨닫게 하시는 성령 하나님의 도우심이 필요합니다. 하나님과 가깝게 지내야 합니다. 우리는 하나님 앞에 서면 작아집니다. 구체적으로 내가 무엇이 부족한지 하나하나 따져보아야 합니다. 성경을 읽는 것이 가장 좋은 방법입니다. 말씀과 성령님이 우리의 죄를 깨닫게 하실 것입니다.

성경

롬 13:8

피차 사랑의 빚 외에는 아무에게든지 아무 빚도 지지 말라 남을 사랑하는 자는 율법을 다 이루었느니라

찬송

304장

HC 126문
WSC 105문

나눔 질문

1. 우리는 죄와 용서에 대해 너무 가볍게 생각하는 경향이 있지 않나요?

2. 죄를 가깝게 느끼려면 어떻게 해야 할까요?

무조건 용서해야 하나요?

성경

눅 17:3-4

너희는 스스로 조심하라 만일 네 형제가 죄를 범하거든 경고하고 회개하거든 용서하라 만일 하루에 일곱 번이라도 네게 죄를 짓고 일곱 번 네게 돌아와 내가 회개하노라 하거든 너는 용서하라 하시더라

찬송

255장

HC 126문
WSC 105문

성경은 여러 곳에서 그리스도인들에게 용서하라고 명령하고 있습니다. "서로 친절하게 하며 불쌍히 여기며 서로 용서하기를 하나님이 그리스도 안에서 너희를 용서하심과 같이 하라"(엡 4:32). 더군다나 용서하지 않으면 용서받지 못할 것이라는 두려움까지 있습니다. 그런데 나에게 나쁜 일을 한 사람의 죄를 용서하는 것이 쉽나요? 절대로 쉽지 않습니다. 용서는 어렵습니다. 어떤 경우는 용서는 하지만 잊을 수는 없다고 말합니다. 그것은 용서한 것이 아니죠. 하나님께서는 우리의 죄를 용서해 주실 때 우리의 죄를 바다에 던져버렸다고 하셨습니다(미 7:19). 그리고 우리의 죄를 없는 것처럼 덮어버렸다고 합니다. 그런데 우리가 그렇게 용서하나요?

사실 용서는 상대방이 회개할 때 가능합니다. 예수님은 이렇게 말씀하셨습니다. "너희는 스스로 조심하라. 만일 네 형제가 죄를 범하거든 경고하고 회개하거든 용서하라. 만일 하루에 일곱 번이라도 네게 죄를 짓고 일곱 번 네게 돌아와 내가 회개하노라 하거든 너는 용서하라"(눅 17:3-4). 만일 다른 사람이 나에게 나쁜 짓을 하면 일단 '나를 힘들게 했다'고 경고해야 합니다. 상대방은 아무 생각 없이 내뱉은 말인데 내가 힘들었으면 말해야 압니다. 상대방이 그것에 대해 "미안합니다!"라고 회개하면 그때 용서할 수 있습니다. 만약 상대방이 자신의 잘못을 알지도 못하고 미안해하지도 않는다면 용서할 수 없습니다.

용서는 회개가 있어야 가능합니다. 하나님도 우리를 용서하실 때 무조건 용서하지 않으십니다. 우리가 진심으로 죄를 회개하고 돌이킬 때 용서하십니다. 그러므로 회개가 없는 용서는 잘못된 것입니다. 그런 용서는 당장은 효과가 있어 보이지만 사실은 위험합니다. 제대로 된 용서가 아니기 때문에 나중에 다시 문제가 발생합니다.

기독교가 사랑의 종교이기 때문에 그리스도인들은 무조건 용서해야 한다는 부담감을 가지고 있습니다. 무조건 용서할 수는 없습니다. 반드시 회개가 있어야 합니다. 그렇다면 죄를 지은 사람이 회개를 하지 않으면 어떻게 합니까? 그를 정죄하지 말고 그도 나와 같은 연약한 죄인임을 알고 사랑으로 품어 주는 마음을 가져야 합니다. 용서가 아니라 사랑으로 품어야 합니다.

나눔질문

1. 기독교는 무조건 용서해야 합니까?
2. 용서를 하려면 무엇이 전제되어야 합니까?

성경

마 6:13

우리를 시험에 들게 하지 마시옵고 다만 악에서 구하시옵소서 (나라와 권세와 영광이 아버지께 영원히 있사옵나이다 아멘)

찬송

636장

HC 127문
WSC 106문

그리스도인은 예수 그리스도 안에서 죄를 용서받았습니다. 모든 죄를 한 번에 용서받았지만, 더 이상 죄를 짓지 않는 것은 아닙니다. 그리스도인도 매일 죄를 짓습니다. 매일 하나님의 용서가 필요합니다. 그래서 죄를 용서해 달라고 하나님께 기도합니다. 왜 우리가 매일 죄를 짓습니까? 아직 약하기 때문입니다. 사탄이 우리를 넘어뜨리려고 계속 공격합니다. 그리스도인은 어떻게 해야 할까요? 계속 죄를 짓고 용서해 달라고 기도만 하면 될까요? 아닙니다. 죄에 대항해 싸워야 합니다. 그리스도인은 계속 영적인 싸움을 해야 합니다. 이 싸움에 승리하기 위해서는 하나님의 도우심이 필요합니다. 그래서 기도해야 합니다.

"우리를 시험에 들게 하지 마시옵고 다만 악에서 구하시옵소서." 이렇게 기도할 때 우리는 스스로 너무 연약해 한순간도 스스로 설 수 없다는 것을 고백하는 것입니다. 게다가 원수 '사탄'이 '세상'과 우리의 '육신'을 이용해 끊임없이 우리를 공격하고 있습니다. 사탄은 하나님과 하나님의 자녀를 대적하는 타락한 천사입니다. 하늘에서 쫓겨나 세상에 살면서 하나님의 백성을 괴롭힙니다. 그래서 베드로는 이렇게 경고했습니다. "근신하라. 깨어라. 너희 대적 마귀가 우는 사자같이 두루 다니며 삼킬 자를 찾나니"(벧전 5:8).

'세상'은 창조세계를 말하는 것이 아니라, 하나님 밖에서 행복을 찾는 모든 것을 말합니다. 우리가 사는 사회, 주변 환경, 컴퓨터, 텔레비전, 게임 등 수많은 세상을 말합니다. '육신'은 운동하는 몸을 말하는 것이 아니라 우리 속에 있는 죄 된 모든 성품을 말합니다. 이런 것들이 우리를 지속적으로 죄 가운데 살도록 유혹합니다.

그래서 우리는 기도해야 합니다. 성령 하나님께서 우리를 친히 붙들어 주셔서 강하게 하시고, 치열한 영적 전쟁에서 패하지 않고 결국 완전한 승리를 얻을 때까지 우리의 원수에 대해 항상 굳세게 대항하게 해 달라고 기도해야 합니다. "우리를 시험에 들게 하지 마시옵고 다만 악에서 구하시옵소서!"

나눔질문

1. 죄를 자주 짓는 우리는 용서해 달라고만 하면 될까요? 어떻게 해야 합니까?

2. 우리를 공격하는 것들은 어떤 것들이 있나요?

영적 완전무장을 하십시오

12월 27
DECEMBER

성경

엡 6:10-18

끝으로 너희가 주 안에서와 그 힘의 능력으로 강건하여지고 마귀의 간계를 능히 대적하기 위하여 하나님의 전신 갑주를 입으라 우리의 씨름은 혈과 육을 상대하는 것이 아니요 통치자들과 권세들과 이 어둠의 세상 주관자들과 하늘에 있는 악의 영들을 상대함이라 그러므로 하나님의 전신 갑주를 취하라 이는 악한 날에 너희가 능히 대적하고 모든 일을 행한 후에 서기 위함이라 그런즉 서서 진리로 너희 허리 띠를 띠고 의의 호심경을 붙이고 평안의 복음이 준비한 것으로 신을 신고 모든 것 위에 믿음의 방패를 가지고 이로써 능히 악한 자의 모든 불화살을 소멸하고 구원의 투구와 성령의 검 곧 하나님의 말씀을 가지라 모든 기도와 간구를 하되 항상 성령 안에서 기도하고 이를 위하여 깨어 구하기를 항상 힘쓰며 여러 성도를 위하여 구하라

찬송

348장

HC 127문
WSC 106문

우리는 약하기 때문에 사탄에게 져 자주 죄에 빠집니다. 그렇다고 그냥 당하고만 있나요? 그렇지 않습니다. 그리스도인은 마귀를 대적해 싸워야 합니다. 그리스도인은 모든 일에 화평해야 하지만 사탄과는 싸워야 합니다. 하나님께서 그렇게 명령하셨습니다. 바울은 그리스도인이 싸우기 위해 어떻게 해야 하는지 로마 군인의 예를 들어 설명했습니다. 로마 군인의 완전무장한 모습을 보십시오.

여섯 가지 무장이 있는데 세 가지는 방어용이고, 세 가지는 공격용입니다. 방어용으로 '의의 호심경'이 있습니다. 호심경이란, 가슴을 방어하는 매우 중요한 것입니다. 우리가 의인이 된 것은 그리스도를 통해 가능하게 되었습니다. 그래서 하나님과의 관계가 좋아졌음을 말합니다. '믿음의 방패'는 하나님을 향한 굳건한 신뢰입니다. 이것이 있으면 사탄의 공격을 막아낼 수 있습니다. '구원의 투구'는 하나님께서 우리에게 거저 주시는 은혜입니다.

공격용 무기도 세 가지입니다. '성령의 검'은 하나님의 말씀입니다. 이것으로 사탄을 공격할 수 있습니다. 말씀은 사탄의 나라를 물리칠 수 있는 무기입니다. 예수님은 40일 금식하시고 사탄의 시험을 말씀으로 물리치셨습니다. '진리의 허리띠'는 하나님의 말씀으로부터 얻은 지식입니다. 이것이 있으면 든든합니다. 흔들리지 않습니다. '평안의 복음이 준비한 것으로 신'을 신는 것입니다. 이것은 복음을 전하는 노력을 말합니다. 이것으로 하나님의 나라가 확장될 것입니다.

이렇게 영적 완전무장을 하면 사탄을 물리칠 수 있습니다. 그런데 우리는 여섯 가지 완전무장을 잘 하지 못합니다. 우리 힘으로는 사탄을 물리칠 수 없고 시험에서 이길 수 없습니다. 기도가 필요합니다. 주님께서 가르쳐 주신 것처럼 시험에 들지 않도록 기도해야 합니다.

나눔질문

1. 바울이 가르쳐 준 완전무장의 방어용 무기는 무엇이며, 어떤 의미가 있습니까?
2. 바울이 가르쳐 준 완전무장의 공격용 무기는 무엇이며, 어떤 의미가 있습니까?

"나라와 권세와 영광이 아버지께 영원히 있사옵나이다"

주기도문은 "나라와 권세와 영광이 아버지께 영원히 있사옵나이다."로 끝납니다. 하나님을 찬양합니다. 앞에서 여섯 가지 기도를 드릴 수 있는 것은 바로 마지막의 고백 때문입니다. "아버지의 이름이 거룩하게 하시며."라는 기도가 가능한 것은 하나님 나라가 아버지의 것이기 때문입니다. "아버지의 나라가 오게 하시며."라는 기도가 가능한 것은 권세가 아버지의 것이기 때문입니다. "아버지의 뜻이 이루어지이다."라는 기도가 가능한 것은 영광이 아버지의 것이기 때문입니다. 나머지 일용할 양식을 위한 기도와 죄를 용서해 주시기를 바라는 기도와 시험에 빠지지 않게 해 달라는 기도는 하나님이 우리의 전능한 왕이시기 때문에 가능합니다.

하나님은 왕으로서 만물에 대한 모든 권세를 가지신 분으로 우리에게 모든 좋은 것을 주기 원하시며 또한 주실 수 있는 분입니다. 그래서 우리는 여섯 가지를 기도할 수 있습니다. 이렇게 기도하는 것은 우리의 유익을 위한 것이 아니라, 아버지의 이름이 영원히 영광을 받기 위함입니다.

성경에는 이처럼 하나님께 영광을 올려드리는 노래 같은 기도가 많이 있습니다. 모세와 미리암이 지어 부른 노래가 그렇습니다. "내가 여호와를 찬송하리니 그는 높고 영화로우심이요 말과 그 탄 자를 바다에 던지셨음이로다"(출 15:1). 또 천사들도 그렇게 하나님께 영광을 노래합니다. "거룩하다. 거룩하다. 거룩하다. 만군의 여호와여 그의 영광이 온 땅에 충만하도다"(사 6:3). 예수님의 탄생을 축하한 천사들의 영광 노래도 있습니다. "지극히 높은 곳에서는 하나님께 영광이요 땅에서는 하나님이 기뻐하신 사람들 중에 평화로다"(눅 2:14). 요한계시록에는 모든 피조물이 하나님께 영광을 찬송합니다. "보좌에 앉으신 이와 어린양에게 찬송과 존귀와 영광과 권능을 세세토록 돌릴지어다"(계 5:13). 시편 136편에서는 "그 인자하심이 영원함이로다."가 계속 반복됩니다. 결국 우리의 기도는 우리의 영광이 아니라, 하나님의 이름을 높이기 위한 것임을 주기도문 마지막에서 분명히 도장 찍고 있습니다.

성경

마 6:13
우리를 시험에 들게 하지 마시옵고 다만 악에서 구하시옵소서 (나라와 권세와 영광이 아버지께 영원히 있사옵나이다 아멘)

대상 29:10-12
다윗이 온 회중 앞에서 여호와를 송축하여 이르되 우리 조상 이스라엘의 하나님 여호와여 주는 영원부터 영원까지 송축을 받으시옵소서 여호와여 위대하심과 권능과 영광과 승리와 위엄이 다 주께 속하였사오니 천지에 있는 것이 다 주의 것이로소이다 여호와여 주권도 주께 속하였사오니 주는 높으사 만물의 머리이심이니이다 부와 귀가 주께로 말미암고 또 주는 만물의 주재가 되사 손에 권세와 능력이 있사오니 모든 사람을 크게 하심과 강하게 하심이 주의 손에 있나이다

찬송
3장

HC 128문
WSC 107문

나눔 질문

1. 하나님께 영광을 돌리는 것과 우리의 기도는 어떤 관계가 있을까요?
2. 결국 기도는 누구를 위한 것입니까? 우리입니까, 하나님입니까?

"아멘"이라는 짧은 말의 의미는 무엇인가요?

성경

사 65:24

그들이 부르기 전에 내가 응답하겠고 그들이 말을 마치기 전에 내가 들을 것이며

고후 1:20

하나님의 약속은 얼마든지 그리스도 안에서 예가 되니 그런즉 그로 말미암아 우리가 아멘 하여 하나님께 영광을 돌리게 되느니라

찬송

644장

HC 129문

WSC 107문

우리는 "아멘!"이라는 말로 기도를 끝냅니다. 그러다 보니 아멘이라는 말이 '이제 기도를 끝내고 눈을 떠도 됩니다.'라는 뜻이 되었습니다. 다시 말하면 아멘의 깊은 의미를 잘 모르고 기도할 수 있다는 뜻입니다.

아멘은 '참되고 확실하다'는 뜻입니다. 예수님은 자주 "진실로 진실로 내가 네게 이르노니."(요 6:47)라고 하셨습니다. 여기서 '진실로 진실로'가 헬라어로 '아멘 아멘'입니다. 기도 마지막에 이 말을 하는 것은 내 기도를 하나님이 들으신다는 것을 진실로 믿는다는 뜻입니다. 그러므로 '아멘'은 기도의 내용보다 하나님께서 기도를 들으실 것이라는 하나님의 신실성에 관한 것입니다.

하나님께서는 성도의 기도를 들으십니다. 뿐만 아니라 우리가 왜 기도하는지 이해하십니다. 그리고 하나님의 뜻과 방법으로 응답하십니다. 하나님께서는 우리가 부탁한 것과 다르게 응답하실 수도 있습니다. 그것이 우리에게 최선의 기도 응답입니다.

예수님은 겟세마네 동산에서 "만일 아버지의 뜻이거든 이 잔을 내게서 옮기시옵소서."(눅 22:42)라고 기도하셨습니다. 예수님의 이 기도는 응답되지 않았습니다. 그러나 대신 천사를 보내셔서 도와주셨습니다. 다니엘이 이스라엘을 위해 기도를 시작했을 때 하나님께서 천사를 보내 힘을 주셨습니다(단 9:20-23). 바울은 자신을 괴롭혔던 육체의 가시를 제거해 달라고 하나님께 세 번이나 기도했습니다. 하나님께서 응답하셨지만, 바울의 원대로 하지 않으셨습니다. 대신 하나님께서 바울에게 다른 뜻을 말씀해 주셨습니다. "내 은혜가 네게 족하도다. 이는 내 능력이 약한 데서 온전하여짐이라 하신지라. 그러므로 도리어 크게 기뻐함으로 나의 여러 약한 것들에 대하여 자랑하리니, 이는 그리스도의 능력이 내게 머물게 하려 함이라"(고후 12:9).

우리는 기도를 마무리하면서 "아멘!"이라고 고백하지만 우리가 원하는 기도 내용 그대로 응답되지 않을 수 있다는 것을 압니다. 그러나 확신하는 것은 하나님께서 반드시 기도를 들으시고 가장 좋은 길로 인도해 주실 것이라는 사실입니다. 그래서 "아멘."이라고 힘차게 기도를 마무리합니다.

1. 기도를 마칠 때 '아멘'을 습관적으로 하지 않나요?
2. '아멘'의 깊은 뜻은 무엇입니까?

검약

미국인은 매년 음식물의 절반 정도를 먹지 않고 버린다고 합니다. 버리는 음식의 15%만 줄여도 2천 5백만 명을 먹여 살릴 수 있다고 합니다. 세계적으로 지금도 수백만 명이 굶어 병들거나 죽어가고 있는 것을 생각해 보면 근검절약은 그리스도인의 당연한 의무입니다. 꼭 그리스도인이 아니더라도, 대한민국 사람 누구나 이 부분에 관심을 기울여야 합니다. 음식물을 잘 버리지 않더라도, 물을 낭비한다거나 물건과 옷을 과하게 소비하는 모습은 그리스도인으로서 잘못된 생활 습관입니다.

검약(儉約)이란 근검절약(勤儉節約)의 준말입니다. 근검절약은 부지런하고 검소하게 살며 재물과 시간을 아끼는 것입니다. 왜 우리는 검약해야 합니까? 그렇게 살면 부자가 되기 때문일까요? 열심히 일하고 돈을 아끼면 부자가 될 수 있습니다. 그러나 잘못하면 구두쇠나 짠돌이가 될 수 있습니다. 그런 차원에서 검약하는 것은 아닙니다.

그리스도인이 검약해야 하는 이유는 우리가 가진 모든 것이 하나님의 소유이기 때문입니다. 하나님께서 우리에게 주신 시간과 재물, 명예를 잘 관리해야 합니다. 그런 의미에서 우리는 하나님의 청지기입니다. 요즘 말로 하자면 '매니저(Manager)'입니다. 하나님의 매니저는 하나님의 법에 따라 살아야 합니다. 하나님의 뜻을 잘 알고 그 방법대로 하나님의 재산을 관리해야 합니다. 달란트 비유는 그것을 잘 보여 줍니다. 하나님께서는 다섯 달란트, 두 달란트, 한 달란트를 주셨습니다. 주신 달란트를 낭비하지 않고 잘 경영해야 합니다. 무조건 열심히 일만 하고 아끼기만 한다고 잘하는 것은 아닙니다. 한 달란트 받은 자가 그것을 땅에 묻어 둔 것은 어리석은 행동입니다.

검약은 인색함과 다릅니다. 인색함은 다른 사람에게 주기를 아까워하고 자신을 위해서는 더 많이 사용하는 것입니다. 검약은 자신의 필요를 위해서는 아끼고 하나님과 다른 사람들을 위해서는 풍성히 주는 것입니다. 아무 생각 없이 생활 속에서 검약하지 않는 것들이 무엇이 있을까요? 치약, 샴푸, 비누, 화장지, 일회용품, 세탁기, 전기, 냉난방, 가구, 그릇, 옷, 자동차, 컴퓨터를 사용할 때 내가 검약하기 어려운 부분은 무엇인지 생각해 봅시다.

성경

딤전 6:8

우리가 먹을 것과 입을 것이 있은즉 족한 줄로 알 것이니라

마 25:21

그 주인이 이르되 잘하였도다 착하고 충성된 종아 네가 적은 일에 충성하였으매 내가 많은 것을 네게 맡기리니 네 주인의 즐거움에 참여할지어다 하고

찬송

597장 2절

나눔질문

1. 검약의 뜻이 무엇입니까? 우리는 왜 검약해야 합니까?
2. 인색함과 검약의 차이가 무엇인지 이야기해 보세요. 구체적으로 검약할 수 있는 것을 찾아보고 실천에 옮길 수 있도록 결심하고, 다른 사람의 도움을 구하세요.

매일 기도의 시간을 가지세요

성경

눅 5:16

예수는 물러가사 한적한 곳에서 기도하시니라

찬송

364장

HC 129문
WSC 107문

지금까지 주기도문을 배웠습니다. 기도할 줄 모르는 사람은 주기도문으로 기도하면 됩니다. 그러나 기도할 때 주기도문을 반복하기만 하면 주문이 될 수도 있습니다. 주기도문의 의미를 생각하고 자신의 기도를 드리는 것이 좋습니다. 매일 경험하는 일과 고민이 다르기 때문에 구체적으로 하나님께 말씀드릴 내용이 달라질 수밖에 없습니다.

기도하기 전에 반드시 말씀을 읽는 것이 좋습니다. 성령님은 성경 말씀을 통해 우리에게 다가오십니다. 하나님께서 성경을 통해 말씀하시면 우리는 대답합니다. 우리는 기도 가운데 하나님께서 어떤 분이고 우리를 위해 무엇을 하셨는지 복창합니다. 하나님께서 우리에게 명령하시면 우리는 대답합니다. 순종하기 힘들다든가 아니면 기쁨으로 실천하겠다는 반응을 합니다. 성경 읽기 목록을 정해 매일 일정 분량을 읽는 것은 도움이 됩니다. 성경을 읽고 도움이 되는 책을 이용하는 것도 좋습니다.

이렇게 성경을 읽고 기도하려면 시간과 장소를 만들어야 합니다. 침실 혹은 아무 방해도 받지 않는 골방을 선택할 수도 있습니다. 이른 아침이나 자기 전에 할 수도 있습니다. 그런 시간을 우리는 'QT(Quiet Time)'라고 부릅니다. 전통적으로 한국교회에서는 새벽에 예배당에서 함께 '말씀+찬송+기도'의 시간을 가집니다. 요즘 젊은 사람들도 개인적으로 경건시간을 가집니다.

그러면 어떻게 개인 경건의 시간을 가지면 좋을까요?

기도하기: 성경을 깨닫게 해 달라고 기도합니다.
성경읽기: 차분하게 주의를 기울여 성경을 정확하게 읽습니다.
생각하기: 하나님과 하나님께서 행하신 일, 명령과 약속을 찾고 주기도문에 일치하는 것을 발견합니다.
기도하기: 읽고 배운 것에 대해 기도와 감사와 찬양을 하고, 지금 하고 있는 모든 것을 하나님께 말씀드립니다. 주기도문에 따라 내 말로 기도합니다.
행하기: 읽고 배운 것을 실천합니다.

나눔질문

1. 주기도문을 실생활에서 어떻게 활용할 수 있을까요?
2. 경건의 시간을 가질 때 가장 잘 되지 않는 것은 무엇입니까?

· 부 록 ·

하이델베르크 요리문답

이 책에 수록된 **하이델베르크 요리문답**은 역자의 허락을 받아
『**하이델베르크 신앙교육서**』(황대우 역, 고려신학대학교 개혁주의학술원, 2013)에서 발췌하였습니다.

1문. 삶과 죽음에 있어서 당신의 유일한 위로는 무엇입니까?
대답. 몸과 영혼을 가진 나는 삶과 죽음 둘 다에 있어서 나의 것이 아니라 나의 신실하신 구원자 예수 그리스도의 것이라는 [사실]입니다. 그분은 자신의 보혈로 나의 모든 죄들을 위한 [값을] 완전히 지불하셨고, 나를 마귀의 모든 권세로부터 구원하셨으며, 또한 하늘에 계신 내 아버지의 뜻 없이는 머리털 하나도 내 머리로부터 떨어질 수 없도록 나를 보호하십니다. 그래서 만물도 또한 나를 섬기되 나의 구원을 위해 섬겨야 한다는 것입니다. 그러므로 그분은 내게 자신의 성령을 통해서도 영생을 확신시켜 주시고, 이제부터는 그분을 위해 자발적이고 준비된 삶을 진심으로 살아갈 수 있도록 하십니다.

2문. 당신이 이러한 위로 가운데 복되게 살고 죽을 수 있다는 것을 알기 위해 당신에게 필수적인 것은 몇 가지가 있습니까?
대답. 세 가지입니다. 첫째는 나의 죄와 비참함(=불행)이 얼마나 큰가, 둘째는 나의 모든 죄와 비참함으로부터 어떻게 구원을 받는가, 셋째는 내가 그러한 구원을 주신 하나님께 어떻게 감사를 드려야 하는가 입니다.

3문. 당신의 죄와 비참함을 어디서(=어떻게) 압니까?
대답. 하나님의 율법으로부터(=율법에 의해) [압니다].

4문. 하나님의 율법이 우리에게 무엇을 요구합니까?
대답. 그리스도께서 마태복음 22장에서 요약적으로 가르치시는 것은 이것입니다. "네 마음을 다하고 목숨을 다하고 뜻을 다하여 주 너의 하나님을 사랑하라 하셨으니 이것이 크고 첫째 되는 계명이요, 둘째도 그와 같으니 네 이웃을 네 자신과 같이 사랑하라 하셨으니, 이 두 계명이 온 율법과 선지자의 강령이니라"(마 22:37-40).

5문. 당신은 이 모든 것을 온전히 지킬 수 있습니까?
대답. 아닙니다. 나에게는 본성적으로 하나님과 나의 이웃을 미워하는 경향이 있습니다.

6문. 그렇다면 하나님께서 사람을 이처럼 악하고 반역적인 [모습으로] 창조하셨습니까?
대답. 아닙니다. 오히려 하나님께서는 사람을 선하게, 그리고 자신의 형상을 따라 창조하셨는데, 즉 참된 의와 거룩함으로

[창조하셨습니다.] 이것을 근거로 사람은 자신의 창조주이신 하나님을 바르게 알고, 진심으로 사랑하며, 영원한 복락 가운데서 그분과 함께 살아가도록 되어 있는데, 이것은 하나님을 찬미하고 찬양하기 위함입니다.

7문. 그렇다면 사람의 이런 타락한 성질은 어디에서 오는 것입니까?
대답. 낙원에 있던 우리의 첫 조상인 아담과 하와의 타락과 불순종으로부터[입니다]. 거기서 우리의 본성도 부패하게 되었는데, 그 결과 우리 모두는 죄악 중에 잉태되고 출생하게 되었습니다.

8문. 하지만 우리가 어떤 선행에 대해서도 전적으로 무능하고, 온갖 악행에 기울어질 만큼 그렇게 타락했습니까?
대답. 그렇습니다. 우리가 하나님의 성령을 통해 거듭날 때까지는 그렇습니다.

9문. 하나님께서 사람이 행할 수 없는 것을 그의 율법에서 요구하시는데, 그렇다면 하나님께서 사람에게 부당한 것을 요구하시는 것이 아닙니까?
대답. 아닙니다. 왜냐하면 하나님께서 사람이 행할 수 있도록 그를 창조하셨기 때문입니다. 하지만 그 사람이 마귀의 꾐에 빠져 고의로 불순종함으로써 그 자신뿐만 아니라, 그의 모든 후손도 하나님의 바로 그 선물을 상실하게 되었습니다.

10문. 하나님께서는 그러한 불순종과 반역을 처벌하지 않고 내버려두기를 원하십니까?
대답. 결코 그렇지 않습니다. 오히려 하나님께서는 원죄와 자범죄 둘 다에 대해 심히 진노하시며 이것들을 정당한 심판에 의해 한시적이고도 영원히 처벌하기를 원하시는데, 이것은 하나님께서 말씀하신 것과 같은 것입니다. "누구든지 율법 책에 기록된 대로 모든 일을 항상 행하지 아니하는 자는 저주 아래 있는 자라"(갈 3:10).

11문. 그렇다면 하나님께서는 참으로 자비롭지 않으십니까?
대답. 하나님께서는 참으로 자비로우십니다. 하지만 또한 의로우십니다. 따라서 하나님의 의가 요구하는 것은 하나님의 최고 위엄을 거스르는 죄 역시 최고의 [형벌]로, 즉 몸과 영혼에 내리는 영원한 형벌로 처벌되게 하는 것입니다.

12문. 우리가 하나님의 의로운 심판으로 한시적 형벌과 영원한 형벌을 동시에 받았는데, 어떻게 이 형벌을 피할 수 있고, 다시 은혜를 입을 수 있으며 하나님과 화해할 수 있습니까?

대답. 하나님께서는 자신의 의(義)가 만족되기를 원하십니다. 따라서 우리는 우리 자신이나 타인에 의해 하나님의 의에 대한 완전한 값을 지불해야 합니다.

13문. 그럼 우리가 스스로 이 값을 지불할 수 있습니까?

대답. 결코 그렇지 않습니다. 오히려 우리는 날마다 우리의 빚을 증가시킬 뿐입니다.

14문. 그럼 우리를 위해 그 값을 대신 지불할 수 있는 피조물이 있습니까?

대답. 하나도 없습니다. 왜냐하면, 첫째, 하나님께서는 인간이 진 빚으로 인해 다른 피조물을 처벌하기를 원하시지 않기 때문입니다. 둘째, 어떤 피조물도 죄에 대한 하나님의 영원한 진노의 짐을 감당할 수도 없고, 그 [진노]로부터 다른 피조물을 구해낼 수도 없기 때문입니다.

15문. 그렇다면 우리가 중보자와 구원자를 위해 찾아야 하는 것은 무엇입니까?

대답. 이런 분을 [찾아야 하는데], 즉 참되고 의로운 사람이면서 또한 [동시에] 모든 피조물보다 강한 분, 즉 참 하나님과 동등하신 분입니다.

16문. 왜 그분은(=중보자와 구원자는) 참 인간이시며 의로운 인간이셔야 합니까?

대답. 하나님의 의가 요구하는 것은 죄 지은 인성이 죄에 대한 값을 지불하도록 하는 것이지만, 스스로 죄인이 된 사람은 다른 사람을 위해 대신 값을 지불할 수 없게 되었기 때문입니다.

17문. 왜 동시에 그분은 참 하나님이셔야 합니까?

대답. 그분께서 자신의 신성의 능력에 의해 하나님의 진노의 짐을 자신의 인성으로 짊어지실 수 있기 위해서, 또한 우리에게 의와 생명을 얻게 하여 우리를 다시 태어날 수 있도록 하기 위해서입니다.

18문. 하지만 누가 그와 같은 중보자, 즉 참 하나님이신 동시에 참되고 의로운 인간이신 중보자입니까?

대답. 우리 주 예수 그리스도이신데, 즉 완전한 구원과 의를 위해 우리에게 거저 주어지신 분입니다.

19문. 당신은 이것을 어떻게 압니까?

대답. 거룩한 복음에 의해 [아는데], 이 복음은 태초에 하나님께서 친히 낙원에서 계시하셨고, 그 후에는 거룩한 족장들과 선지자들에게 선포하도록 하셨으며, 또한 제사들과 율법의 다른 의식들을 통해 예표하셨으며, 마지막에는 자신의 독생자를 통해 완성하셨습니다.

20문. 그렇다면 모든 사람이 아담을 통해 멸망한 것처럼 그리스도를 통해 다시 구원을 받습니까?

대답. 아닙니다. 이런 자들만, 즉 참된 믿음으로 그리스도께 접붙여지고 그의 모든 선행을(=호의를) 받아들이는 자들만 그렇습니다.

21문. 참된 믿음이란 무엇입니까?

대답. 참된 믿음은 확실한 지식인데, 저는 이것을 통해 하나님께서 그의 말씀에서 우리에게 계시하신 모든 것이 참된 것이라 여깁니다. 뿐만 아니라 [참된 믿음은] 진정한 신뢰인데, 이것은 성령께서 복음을 통해 내 속에서 일으키시는 것입니다. 이것은 하나님께서 죄 사함, 즉 영원한 의(義)와 구원을 다른 사람에게뿐만 아니라 나에게도 제공하시되, 순전히 은혜로만, 오직 그리스도의 공로로만 제공하시기 위함입니다.

22문. 그렇다면 그리스도인은 무엇을 믿어야 합니까?

대답. 복음에 약속된 모든 것을 [믿어야 합니다]. 이것들은 우리의 보편적이고 의심의 여지 없는 기독교 신앙 조항이 요약적으로 가르쳐 주는 것입니다.

23문. 그것은 어떤 것입니까?

대답. 나는 전능하신 아버지 하나님, 천지의 창조주를 믿습니다. 나는 그의 유일하신 아들, 우리 주 예수 그리스도를 믿습니다. 그는 성령으로 잉태되어 동정녀 마리아에게 나시고, 본디오 빌라도에게 고난을 받아, 십자가에 못 박혀 죽으시고, 장사된 지 사흘 만에 죽은 자 가운데서 다시 살아나셨으며, 하늘에 오르시어 전능하신 아버지 하나님 우편에 앉아 계시다가, 거기로서 살아 있는 자와 죽은 자를 심판하러 오십니다. 나는 성령을 믿으며, 거룩한 공교회와 성도의 교제와 죄를 용서받는 것과 몸의 부활과 영생을 믿습니다.

24문. 이 조항들은 어떻게 나누어집니까?

대답. 세 부분으로 [나누어집니다]. 첫째는 성부 하나님과 우리의 창조에 관한 것입니다. 둘째는 성자 하나님과 우리의 구원에 관한 것입니다. 셋째는 성령 하나님과 우리의 성화에 관한 것입니다.

25문. 신적 존재는 오직 한 분뿐이신데, 왜 당신은 세 분, 즉 성부와 성자와 성령을 말합니까?

대답. 왜냐하면 하나님께서 친히 자신의 말씀에서 계시하신 것은 이 구별된 세 분이(=삼위가) 참되고 영원한 한 분 하나님이시라는 것이기 때문입니다.

26문. 당신이 "나는 전능하신 아버지 하나님, 천지의 창조주를 믿습니다"라고 말할 때 당신이 믿는 것은 무엇입니까?

대답. [내가 믿는 것은] 하늘과 땅과 더불어 그 속에 있는 만물을 무로부터 창조하셨고, 또한 이것들을 자신의 영원한 작정과 섭리로써 보존하시고 다스리시는, 우리 주 예수 그리스도의 영원하신 아버지께서 자신의 아들 그리스도를 의지하여 나의 하나님과 나의 아버지 되신다는 것입니다. 또한 이로써 내가 신뢰하는 것은 그분이 나의 몸과 영혼에 필요한 모든 것을 채워 주시리라는 것을 내가 조금도 의심하지 않는다는 것입니다. 또한 이 눈물 골짜기 같은 세상에서 당하게 하시는 어떠한 악도 합력하여 선을 이루게 하시리라는 것을 [내가 조금도 의심하지 않는다는 것입니다] 왜냐하면 그분은 전능하신 하나님으로서 그렇게 하실 수 있기 때문이요, 신실하신 아버지로서 그렇게 하기를 원하시기 때문입니다.

27문. 하나님의 섭리란 무엇입니까?

대답. [섭리란] 하나님의 전능하고 무소부재한 능력인데, 이것으로 하나님은 마치 자신의 손으로 하시듯이 하늘과 땅과 모든 피조물을 여전히 보존하시고 다스리시는 것입니다. 그리하여 잎과 풀, 비와 가뭄, 풍년과 흉년, 먹을 것과 마실 것, 건강과 질병, 부와 가난 등 만사가 우연한 것이 아니라 그분

의 부성적인 손에(=아버지 손에) 의해 우리에게 다가오는 것입니다.

28문. 하나님의 창조와 구원에 대한 지식으로부터 우리는 어떤 유익을 얻습니까?

대답. 우리가 모든 역경 속에서 인내해야 하고, 형통할 때 감사해야 하며, 또한 장래 일에 대해서도 우리의 신실하신 하나님이시며 아버지이심에 대한 선한 확신이 있어야 한다는 것인데, [이 확신은] 어떤 피조물도 우리를 하나님의 사랑에서 끊을 수 없으리라는 것입니다. 왜냐하면 모든 피조물 역시 그분의 손 안에 있으므로 그분의 뜻이 아니면 움직일 수도 활동할 수도 없기 때문입니다.

29문. 왜 하나님의 아들이 예수, 즉 구원자라 불립니까?

대답. 그분이 우리의 죄로부터 우리를 구원하시기 때문이며, 또한 어떤 다른 곳에서도 구원을 찾거나 발견할 수 없기 때문입니다.

30문. 그렇다면 자신의 구원과 지복을 성인들이나 자기 자신이나, 아니면 어떤 다른 곳에서 찾는 사람들도 유일한 구원자이신 예수를 믿는 것입니까?

대답. 아닙니다. 오히려 그들은, 비록 [그것을] 똑같은 것이라고 자랑할지라도, 유일한 구원자요 구속자이신 예수님을 행위로는 부인합니다. 그러므로 예수께서 완전한 구세주가 아니어야 하든지, 아니면 이 구세주를 참된 믿음으로 영접한 자들이 자신들의 구원을 위해 필요한 모든 것을 그분에게서 발견해야 하든지, 둘 중 하나뿐이어야 합니다.

31문. 왜 그분은 그리스도, 즉 기름 부음 받은 자라 불립니까?

대답. 그것은 그분이 [다음과 같이 되도록] 성부 하나님에 의해 정해지셨고 성령으로 기름 부음 받으셨기 때문입니다. 즉 그분은 구원과 관련하여 우리에게 하나님의 숨겨진 목적과 뜻을 충만하게 계시하시는 우리의 최상의 선지자와 교사가 되시는 것입니다. 또한 자신의 몸을 유일한 제물로 삼아 우리를 구원하시고 자신의 중보기도를 통해 우리가 지속적으로 성부께 나아가도록 하시는 우리의 유일한 대제사장이 되시는 것입니다. 그리고 또한 자신의 말씀과 자신의 영으로 우리를 다스리시고 자신이 획득하신 구원으로 우리를 보호하고 보존하시는 우리의 영

원한 왕이 되시는 것입니다.

32문. 그런데 왜 당신은 그리스도인이라 불립니까?
대답. 왜냐하면 내가 믿음으로 그리스도의 지체가 되었고, 또한 그분의 기름 부음에 참여하기 때문입니다. 그래서 나도 그의 이름을 고백하고, 나 자신을 살아 있는 감사 제물로 그분께 드리며, 또한 이 세상에 사는 동안에 자유로운 양심으로 죄와 마귀에 대항하여 싸우는 것입니다. 그런 다음에는 영원토록 그분과 함께 모든 피조물을 다스릴 것입니다.

33문. 우리 역시 하나님의 자녀인데, 왜 그분이 "하나님의 독생자"라 불립니까?
대답. 왜냐하면 오직 그리스도만이 하나님의 영원한 본성적 아들이시고 우리는 하나님의 뜻을 따라 은혜에 의해 하나님의 자녀로 받아들여졌기 때문입니다.

34문. 왜 당신은 그분을 "우리 주님"이라고 부릅니까?
대답. 그것은 그분이 우리의 몸과 영혼을 죄와 마귀의 모든 권세로부터 금이나 은이 아니라, 자신의 보혈로 자신의 소유가 되도록 구원하시고 구속하셨기 때문입니다.

35문. "그는 성령으로 잉태되어 동정녀 마리아에게서 나시고"라는 것은 무엇을 의미합니까?
대답. 그것은 하나님의 영원한 아들이 참되고 영원한 하나님이시라는 것과 여전히 하나님이신 동시에 동정녀 마리아의 살과 피로 태어난 참된 인성을 성령의 사역을 통해 스스로 취하셨다는 것인데, 이로써 그분은 다윗의 참된 씨가(=후손이) 되셨고 모든 면에서 자신의 형제들과 동일하시지만 죄를 짓지는 않으셨습니다.

36문. 그리스도의 거룩한 잉태와 탄생으로부터 당신은 어떤 유익을 얻습니까?
대답. 그것은 그분이 우리의 중보자이시며, 그분의 무죄하심과 온전한 거룩하심으로 나의 죄(나는 그 죄 중에 태어났다)를 하나님 면전에서 덮어주셨다는 것입니다.

37문. "고난을 받아"라는 간단한 말을 통해 당신이 이해하는 것은 무엇입니까?

대답. 그것은 그분이 이 세상에 사셨던 전 생애 동안, 특히 생의 마지막 기간에 온 인류의 죄에 대한 하나님의 진노를 자신의 몸과 영혼에 짊어지셨다는 것입니다. 그분은 유일한 화목 제물로 고난당하심으로써 우리의 몸과 영혼을 영원한 저주로부터 구원하셨고, 우리를 위해 하나님의 은혜와 의와 영원한 생명을 얻으셨습니다.

38문. 왜 그분은 재판관 "본디오 빌라도에게(=빌라도 치하에)" 고난을 받으셨습니까?
대답. 왜냐하면 그분은 죄 없이 세상의 재판관에게(=재판관 치하에) 정죄되었기 때문인데, 이로써 우리가 받아야 하는 하나님의 준엄한 심판으로부터 우리를 구원하셨습니다.

39문. 그래서 그분이 "십자가에 못 박혀" 죽으신 것이 다른 방법으로 죽는 것보다 더 나은 것입니까?
대답. 그렇습니다. 그러므로 이로써 나는 내게 있는 저주를 그분께서 스스로 지셨다는 것을 확신하게 되는데, 왜냐하면 십자가의 죽음이란 하나님으로부터 저주를 받은 것이기 때문입니다.

40문. 그리스도께서 왜 "죽음"이라는 고난을 받아야 했습니까?
대답. 왜냐하면 그것은 하나님의 의와 진리로 인해 하나님의 아들의 죽음을 통하지 않고는 달리 우리의 죗값을 지불할 길이 없기 때문입니다.

41문. 그분은 왜 "장사"되셨습니까?
대답. 이것으로 그분이 정말 죽으셨다는 [사실]을 확증하는 것입니다.

42문. 그리스도께서 우리를 대신해서 죽으셨는데 우리 역시 죽어야 한다는 것은 어떻게 된 것입니까?
대답. 우리의 죽음은 우리 죄를 위한 값을 지불하는 것이 아니라, 단지 죄를 끊어버리는 것이요, 영생에 들어가는 것입니다.

43문. 그리스도의 십자가의 희생과 죽으심으로부터 우리가 무슨 유익을 더 많이 얻게 됩니까?
대답. 그것은 그분의 능력으로 우리의 옛 자아가 그분과 함께 십자가에 못 박히어 죽고 장사되었다는 것입니다. 그 결과로 우리의 죽을 육체의 악한 욕망들이 더 이상 우리를 지배할 수 없게 되었고, 오히려 우리가 우리 자신을 그분께 감사의 제물로 드릴 수 있게 되었습니다.

44문. 왜 "음부에 내려가셨으며"라는 [문구가] 뒤따라옵니까?

대답. 그것은 내가 극심한 고생과 시련 속에서도 내가 확신할 수 있는 것은 나의 주 그리스도께서 나를 구원하시되 십자가에서뿐만 아니라 그 이전에도 자신의 영혼이 겪은 말할 수 없는 근심과 고통과 공포에 의해 지옥 같은 걱정거리들과 고통들로부터 나를 구원하셨다는 [사실]입니다.

45문. 그리스도의 "부활"은 우리에게 어떤 유익을 줍니까?

대답. 첫째, 그리스도는 자신의 부활로써 죽음을 이기셨으며, 그래서 죽으심으로써 얻으신 의에 우리로 참여할 수 있도록 하셨습니다. 둘째, 그의 능력으로 말미암아 우리도 이제 새로운 생명으로 다시 살아났습니다. 셋째, 그리스도의 부활은 우리의 복된 부활에 대한 확실한 보증입니다.

46문. "하늘에 오르시어"를 당신은 어떻게 이해합니까?

대답. 그것은 그리스도께서 제자들이 보는 가운데 땅에서 하늘로 오르셨고, 우리의 유익을 위하여 거기에 계시며, 장차 살아 있는 자들과 죽은 자들을 심판하러 다시 오실 것이라는 것입니다.

47문. 그렇다면 친히 우리에게 약속하신 것과 달리 그리스도는 세상 끝날까지 우리와 함께 계시는 것이 아닙니까?

대답. 그리스도는 참 인간이시고 참 하나님이십니다. 그분의 인성을 따라서는 더 이상 세상에 계시지 않지만, 그분의 신성과 위엄과 은혜와 성령에 따라서는 잠시도 우리를 떠나시지 않습니다.

48문. 하지만 그리스도의 신성이 있는 곳마다 인성이 있는 것이 아니라면 이와 같은 방법으로 그리스도 안에 있는 두 본성이 서로 나누어지는 것은 아닙니까?

대답. 결코 그렇지 않습니다. 왜냐하면 신성이란 불가해하며 무소부재하기 때문에, 반드시 뒤따라야 할 결론은 신성이 스스로 취한 인성 밖에도 있는 것이 확실함에도 불구하고 또한 인성 안에도 있으며 인격적으로 인성과 결합된 상태에 있다

는 것이다.

49문. 그리스도의 승천이 우리에게 주는 유익은 무엇입니까?

대답. 첫째, 그리스도께서는 하늘에서 그의 아버지 앞에 서신 우리의 대언자이시라는 것입니다. 둘째, 머리 되신 그리스도께서 자신의 지체인 우리를 자신에게로 이끌어 올리시리라는 확실한 보증대로 우리의 육신이 하늘에 있다는 것입니다. 셋째, 그리스도께서는 그 보증대로 자신의 성령을 우리에게 보내신다는 것인데, 이 성령의 능력으로 우리는 그리스도께서 하나님 우편에 앉아 계신 위의 것을 찾고 땅의 것을 찾지 않습니다.

50문. 왜 "하나님 우편에 앉아 계시다가"라는 말이 덧붙여졌습니까?

대답. 그것은 그리스도께서 거기에서 자신을 자신의 교회의 머리로 나타내기 위해 하늘에 오르셨으며 이 그리스도를 통해 성부께서는 만물을 다스리신다는 것입니다.

51문. 우리의 머리 되신 그리스도의 이 영광은 우리에게 무슨 유익을 줍니까?

대답. 첫째, 그분은 자신의 성령을 통해 자신의 지체인 우리 속에 하늘의 은사들을 부어주신다는 것입니다. 둘째, 그분은 모든 원수들을 대항하여 자신의 권능으로 우리를 보호하고 보존하신다는 것입니다.

52문. "살아 있는 자와 죽은 자를 심판하러" 그리스도께서 다시 오신다는 것은 당신에게 무슨 위로를 줍니까?

대답. 나는 모든 슬픔과 핍박 중에도 전에 나를 위하여 하나님의 심판대 앞에 자신을 세우시고 나로 인해 발생한 모든 저주를 제거하신 바로 그분이 심판자의 머리로 하늘로부터 오시기를 학수고대합니다. 그분은 자신의 원수들과 나의 모든 원수들을 영원한 저주 속에 던지실 것입니다. 그러나 그분은 나를 그분의 택함을 받은 모든 사람들과 함께 하늘의 기쁨과 영광 속으로 이끌어 주실 것입니다.

53문. 당신은 성령에 관하여 무엇을 믿습니까?

대답. 첫째, 성령은 성부와 성자와 동일하게 영원한 하나님이시라는 것을 [믿습니다]. 둘째, 그분은 또한 내게도 주어졌으

며, 참된 믿음을 통해 그리스도와 그의 모든 유익에 나를 참여하게 하시고, 나를 위로하시며, 영원토록 나와 함께 하시리라는 것을 [믿습니다].

54문. 당신은 "거룩한 공교회"에 관하여 무엇을 믿습니까?

대답. 나는 하나님의 아들이 온 인류로부터, 영생하도록 택하신 자들을, 자신의 성령과 말씀을 통해, 참된 믿음의 통일을 위해, 세상의 처음부터 마지막 날까지 친히 불러 모으고 보호하고 보존하신다는 것을 [믿습니다]. 그리고 나도 [이 교회의] 살아 있는 지체이며 [거기서] 영원히 살 것이라는 것을 [믿습니다].

55문. 당신이 "성도의 교제"라는 말을 통해 이해할 수 있는 것은 무엇입니까?

대답. 첫째, 신자 모두, 그리고 신자 각자는 지체로서 주 그리스도와 교제하며 그의 모든 보화와 은사를 함께 나눈다는 것입니다. 둘째, 각자는 자신의 은사를 다른 지체의 유익과 구원을 위하여 기꺼이 그리고 즐겁게 사용할 의무가 있다는 것을 알아야 한다는 것입니다.

56문. "죄를 용서받는 것"에 관하여 당신은 무엇을 믿습니까?

대답. 하나님께서는 그리스도의 속죄(=만족하게 하심) 때문에 나의 모든 죄뿐만 아니라 내가 일평생 싸워야 할 죄의 성향까지도 더 이상 기억하시기를 원하시지 않고, 오히려 은혜로 그리스도의 의를 내게 베푸셔서 내가 결코 정죄함에 이르지 않도록 하신다는 것을 [믿습니다].

57문. "몸의 부활"은 당신에게 무슨 위로를 줍니까?

대답. 금생(今生)이 [끝난] 후에 나의 영혼은 머리 되신 그리스도께로 올려지게 되리라는 것입니다. 뿐만 아니라 나의 이 육신도 그리스도의 능력으로 일으킴을 받아 나의 영혼과 다시 결합되어 그리스도의 영광스러운 몸과 같이 되리라는 것입니다.

58문. "영생"이라는 조항은 당신에게 무슨 위로를 줍니까?

대답. 내가 지금 [이 땅에서] 영원한 기쁨을 내 마음 속에 경험했기 때문에 금생이 [끝난] 후에는 완전한 구원을 소유하게 되리라는 것입니다. 이 완전한 구원은 눈으로 보지 못하고 귀로도 듣지 못하고 사람의 마음으로도 생각지 못한 것이요, 하나님을 영원토록 찬양하기 위한 것입니다.

59문. 하지만 이 모든 것을 믿는다는 것이 지금 당신에게 무슨 도움이 됩니까?

대답. 내가 그리스도 안에서 하나님 앞에 의롭게 되며 영원한 생명의 상속자가 된다는 것입니다.

60문. 어떻게 당신은 하나님 앞에서 의롭게 됩니까?

대답. 오직 예수 그리스도를 믿는 참된 믿음으로만 [의롭게 됩니다]. 이것은, 비록 내가 하나님의 모든 계명을 크게 어겼고 단 하나도 지키지 않았으며 여전히 모든 악으로 기울어져 있음을 나의 양심이 고소할지라도, 하나님께서 나의 공로가 전혀 없이 순전히 은혜로 그리스도의 완전한 속죄와 의와 거룩을(=그리스도의 완전히 만족하게 하심과 의로우심과 거룩하심을) 거저 주신다는 것입니다. 또한 내가 오직 믿는 마음으로 이 선물을 받아들이기만 하면, [하나님께서는] 마치 나에게 죄가 전혀 없고 또한 내가 죄를 짓지 않은 것처럼, 실로 그리스도께서 나를 위해 이루신 모든 순종을 내가 직접 이룬 것처럼 여겨주신다는 것입니다.

61문. 왜 당신은 오직 믿음으로만 의롭게 된다고 말합니까?

대답. 그것은 나의 믿음에 어떤 가치가 있어서 내가 그것으로 하나님을 기쁘시게 한다는 [뜻]이 아니라, 오직 그리스도의 속죄와 의와 거룩만이(=그리스도의 완전히 만족하게 하심과 의로우심과 거룩하심만이) 하나님 앞에서 나의 의가 되고, 오직 믿음으로만 나는 이러한 의를 받아들여 나의 것으로 삼을 수 있다는 [뜻]입니다.

62문. 하지만 왜 우리의 선행이 하나님 앞에서 의나 의의 한 부분이 될 수 없습니까?

대답. 왜냐하면 의가 만일 하나님의 심판대 앞에 서게 될 때 절대적으로 완전해야 하며 하나님의 율법에 완벽하게 일치해야 하는데, 우리가 금생에서 [행한] 최고의 행위조차도 모두 불완전하며 죄로 오염되어 있기 때문입니다.

63문. 그렇다면 하나님께서 우리의 선행에 대해 금생과 내생(來生)에서 상을 베푸실 것이라는 [말씀에도] 불구하고 우리의 선행은 아무것도 획득하지 못한다는 것입니까?

대답. 이러한 상은 공로가 아니라 은혜로부터 나오는 것입니다.

64문. 하지만 이러한 가르침은 사람들을 경거망동하고 방종하도록 만들지 않겠습니까?

대답. 아닙니다. 왜냐하면 그와 같이 참된 믿음으로 그리스도께 접붙여진 사람들이 감사의 열매를 맺지 않게 된다는 것은 불가능하기 때문입니다.

65문. 오직 믿음만이 우리를 그리스도와 그분의 모든 복의 참여자로 만드는 것이라면, 이 믿음은 어디서 옵니까?

대답. 성령께서 바로 복음의 설교를 통해 그것(=믿음)을 우리 마음속에 일으키시며 성례의 사용을 통해 그것을 강화하십니다.

66문. 성례란 무엇입니까?

대답. 성례란 볼 수 있는 거룩한 표와 인인데, 하나님에 의해 제정된 것입니다. 그 결과 하나님은 우리가 성례를 사용함으로써 복음의 약속을 보다 잘 이해하도록 하실 뿐만 아니라 우리를 보증하신다는 것입니다. 다시 말하면 십자가 위에서 완성하신 그리스도의 단번(=영원토록 단 한 번)의 제사 때문에 하나님께서 죄 용서와 영생을 우리에게 은혜로 주신다는 것입니다.

67문. 그렇다면 말씀과 성례는 둘 다 예수 그리스도의 십자가상의 제사, 즉 구원의 유일한 토대 위에 있는 우리의 믿음을 가리키도록 방향이 정해진 것입니까?

대답. 정말 그렇습니다. 성령께서는 복음 안에서 가르치실 뿐만 아니라 성례를 통하여 강화하셔서 우리의 온전한 구원이, 십자가 위에서 우리를 위해 발생한 그리스도의 단번의 제사에 서 있도록 하십니다.

68문. 그리스도는 신약에서 몇 개의 성례를 제정하셨습니까?

대답. 두 개[입니다]. 즉, 성 세례와 성 만찬[입니다].

69문. 십자가 위에서의 그리스도의 단번의 제사가 당신에게 선한 것으로 다가오는 것을 어떻게 당신은 세례에서 기억하고 확신합니까?

대답. 그리스도는 이런 외적인 목욕을 제정하셨고 거기서 약속하신 것이 있는데 이 약속은 마치 내가 몸의 어떤 더러움을 제거하기 위해 물로 외부를 씻는 것처럼 그분의 피와 영으로 내 영혼의 불결함, 즉 나의 모든 죄악으로부터 내가 씻겨진다는 것입니다.

70문. 그리스도의 피와 영으로 씻겨 진다는 것은 무슨 뜻입니까?

대답. 그것은 자신을 드리는 제사로 말미암아 십자가에서 우리를 위해 친히 흘리신 그리스도의 피 덕분에, 하나님으로부터 은혜로 말미암아 죄 용서를 받게 된다는 뜻입니다. 그런 다음 또한 그분은 성령을 통해 [우리를] 새롭게 하시고 그리스도의 지체가 되도록 [우리를] 성화시키십니다. 그 결과 우리는 점점 죄에 대해서는 죽고 경건하고 흠 없는 삶을 살게 되는 것입니다.

71문. 그리스도께서는 우리가 물세례에 의해 씻겨지는 것과 같이 그렇게 그분의 피와 영으로 씻겨진다는 것을 어디에 약속하셨습니까?

대답. 다음과 같이 선포된 세례의 제정에서입니다. "그러므로 너희는 가서 모든 민족을 제자로 삼아 아버지와 아들과 성령의 이름으로 세례를 베풀고", "믿고 세례를 받는 사람은 구원을 얻을 것이요, 믿지 않는 사람은 정죄를 받으리라." 이 약속의 성경이 세례를 "중생의 씻음" 혹은 "죄 씻음"이라고 부른 데서도 거듭 나타납니다.

72문. 그렇다면 외적인 세례가 "죄 씻음" 자체입니까?

대답. 아닙니다. 오직 예수 그리스도의 피와 성령만이 우리를 모든 죄로부터 깨끗하게 합니다.

73문. 그러면 왜 성령께서는 세례를 "중생의 씻음"과 "죄 씻음"이라고 부르십니까?

대답. 하나님께서 또한 그렇게 말씀하신 것에는 중대한 이유가 있습니다. 즉 하나님께서는 몸의 더러움이 물로 제거되는 것처럼 우리의 죄가 그리스도의 피와 영으로 제거된다는 것을 우리에게 가르치기를 원하실 뿐만 아니라, 오히려 마치 우리가 육적인 물로 씻겨지는 것처럼 그와 같이 우리가 참으로 우리의 죄들로부터 영적으로 씻겨졌다는 사실을 신적 보증과 표를 통해 우리에게 확신시키기를 원하십니다.

74문. 유아들에게도 세례를 베풀어야 합니까?

대답. 그렇습니다. 왜냐하면 성인들뿐만 아니라 유아들도 하나님의 언약과 그분의 교회에 속해 있기 때문이며 또한 성인들 못지않게 유아들에게도 그리스도의 피 안에서 속죄와 성령, 즉 믿음을 유효하게 하시는 성령이 약속되었기 때문입니다. 그래서 유아들 역시 언약의 표인 세례를 통해 그리스도의 교회와 연합되어야 하고 불신자의 자녀와 구별되어야 합니다. 그것은 마치 구약에서 할례를 통해 일어났던 것과 같은 것인데, 신약에서는 그 자리에 세례가 제정되었습니다.

75문. 당신이 성찬식에 참여할 때 십자가에 달리신 그리스도의 단번의 제사와 그 모든 효력에 참여한다는 사실을 어떻게 깨닫고 확신합니까?

대답. 그리스도는 자신을 기념하도록 나와 모든 성도에게 이 뗀 떡을 먹고 이 잔을 마시라고 명령하셨습니다. 그리고 그때 [두 가지를] 약속하셨습니다. 첫 번째는 내가 주님의 떡이 나에게 떼어지고 잔이 나에게 분배되는 것을 눈으로 보는 것처럼 확실하게 그분의 몸은 나를 위해 십자가에서 드려지고 찢기셨으며 그분의 피도 나를 위해 쏟으셨다는 것입니다. 두 번째는 내가 그리스도의 몸과 피의 확실한 표로서 나에게 주어진 주님의 떡과 잔을 목사의 손에서 받아 육적으로 즐기는 것처럼 확실하게, 주님께서는 [나의] 영생을 위해 십자가에 달리신 자신의 몸과 흘리신 피로써 내 영혼을 먹이시고 마시우신다는 것입니다.

76문. 십자가에 달리신 그리스도의 몸을 먹고 그분의 흘리신 피를 마신다는 것은 무슨 뜻입니까?

대답. 그것은 믿는 마음으로 그리스도의 온전한 고난과 죽음을 받아들인다는 것이요, 이로써 죄 용서를 받고 영생에 이르게 된다는 것입니다. 뿐만 아니라 그것은 그리스도 안에도 거하시고 동시에 우리 안에도 거하시는 성령으로 말미암아 우리가 점점 더 그분의 축사된 몸과 하나가 된다는 것입니다. 이렇게 함으로써 비록 그분은 하늘에 계시고 우리는 땅에 있지만 우리는 그분의 살 중의 살이요 그분의 뼈 중의 뼈가 되는 것이요, 또한 마치 우리 몸의 지체들이 하나의 영혼에 의해 살고 다스림을 받는 것처럼 우리가 한분 성령에 의해 영원

히 살고 다스려지는 것입니다.

77문. 신자들이 이 뗀 떡을 먹고 이 잔을 마시는 것처럼 그와 같이 분명하게 그리스도께서도 자신의 몸과 피로 그들을 먹이시고 마시우신다는 것을 어디에 약속하셨습니까?

대답. 주님께서 말씀하신 성찬 제정에서입니다. "주 예수께서 잡히시던 밤에 떡을 가지사 축사하시고 떼어 이르시되 '이것은 너희를 위하는 내 몸이니 이것을 행하여 나를 기념하라' 하시고 식후에 또한 그와 같이 잔을 가지시고 이르시되 '이 잔은 내 피로 세운 새언약이니 이것을 행하여 마실 때마다 나를 기념하라' 하셨으니 너희가 이 떡을 먹으며 이 잔을 마실 때까지 주의 죽으심을 그가 오실 때까지 전하는 것이니라"(고전 11:23b-26). 그리고 또한 이 약속은 성 바울이 다음과 같이 말한 곳에서도 반복됩니다. "우리가 축복하는 바 축복의 잔은 그리스도의 피에 참여함이 아니며 우리가 떼는 떡은 그리스도의 몸에 참여함이 아니냐? 떡이 하나요 많은 우리가 한 몸이니 이는 우리가 다 한 떡에 참여함이라"(고전 10:16-17).

78문. 떡과 포도주가 그리스도의 실제 몸과 피로 변합니까?

대답. 아닙니다. 세례의 물이 그리스도의 피로 변화된다거나 죄 씻음 그 자체가 되는 것이 아니라, 단순히 그것(=그리스도의 피와 죄 씻음)에 대한 하나의 신적인 표와 인이듯이 성찬의 떡 역시, 비록 그것이 성례의 성질과 용례에 따라 그리스도의 몸이라고 불려진다 해도, 그리스도의 몸 자체가 되는 것은 아닙니다.

79문. 그렇다면 왜 그리스도께서는 떡을 자신의 몸이라 하시고, 잔을 자신의 피, 또는 자신의 피로 세운 새언약이라고 하십니까? 그리고 바울은 왜 그것을 예수 그리스도의 몸과 피의 교제라고 합니까?

대답. 그리스도께서 그렇게 말씀하신 것에는 중요한 이유가 있습니다. 즉 그분께서 그것으로 우리에게 가르치려고 하신 것은, 마치 떡과 포도주가 유한한 생명을 유지하듯이, 그분의 십자가에 달리신 몸과 흘리신 피가 영생을 위한 우리 영혼의 참된 양식과 음료가 된다는 사실뿐만 아니라, 또한 오히려 그리스도께서 이러한 가시적인 표지와 보증으로 우리에게 [다음과 같은 것을] 확고하게 하길 원하신다는 사실입니다. 즉 그것은, 마치 우리가 그리스도를 기념하기 위해 육신의 입으

로 이 거룩한 표지들을(=떡과 포도주를) 받아먹는 것처럼, 우리가 참으로 성령의 역사에 의해 그분의 참된 몸과 피에 참여한다는 것이요, 그리고 마치 우리가 직접 우리 각자에 의해 그 모든 것을 겪고 만족시킨 것처럼, 그리스도의 모든 고난과 순종이 확실하게 우리 자신의 것이 된다는 것입니다.

80문. 주님의 성찬과 교황적인 미사 사이에 있는 차이는 무엇입니까?

대답. 성찬이 우리에게 증언하는 것은 마치 예수 그리스도께서 친히 십자가에서 단번에 이루신 것같이 그분의 한 번의 제사를 통해 우리의 모든 죄가 완전히 용서된다는 것입니다. 또한 우리가 성령에 의해, 지금 자신의 참된 몸으로는 하늘에 아버지 우편에 계시고 그곳에서 경배 받기를 원하시는 그리스도와 한 몸이 된다는 것입니다. 그러나 미사가 가르치는 것은 그리스도께서 산 자들과 죽은 자들을 위해 아직도 날마다 미사의 사제들에 의해 드려지지 않는다면 그들이 그리스도의 고난을 통해 죄 용서를 받지는 못한다는 것입니다. 또한 그리스도께서 떡과 포도주의 형태 아래 육적으로 임재하시고 그 안에서 경배 받으셔야 한다는 것입니다. 또한 미사는 근본적으로 예수 그리스도의 단번의 제사와 고난을 부인하는 것 이외의 다른 것이 아니며 저주받을 우상숭배입니다.

81문. 어떤 사람이 주님의 식탁에 나아가야 합니까?

대답. 자신들의 죄 때문에 자신을 불쾌하게 여기고 싶어 하면서도 [동시에] 그들 자신이 그리스도의 고난과 죽으심으로 말미암아 그 죄들뿐만 아니라 나머지 죄들조차도 용서된다는 것을 확신하는 자들입니다. 또한 점점 자신의 믿음을 강화하고 자신의 인생을 증진하기를 열망하는 사람들입니다. 그러나 회개하지 않은 자들과 위선자들은 스스로 심판을 먹고 마시는 것입니다.

82문. 그러나 그들의 신앙고백과 행위에서 자신을 불신자와 불경건한 자로 드러내는 자들도 이 성찬에 [참여하도록] 허락되어야 합니까?

대답. 안됩니다. 그렇게 되면 그것은 하나님의 언약이 심각하게 훼손되는 것이요, 또한 온 회중 위에 하나님의 진노가 내리게 되는 것입니다. 그러므로 그리스도의 교회는 그리스도와 사도들의 규범에 따라 [천국] 열쇠의 직분을 통해 그러한 자들을 배제하되,

그들이 회개할 때까지 배제해야 합니다.

83문. [천국] 열쇠의 직분이란 무엇입니까?

대답. [그것은] 거룩한 복음의 설교와 기독교 권징인데, 이 둘을 통해 천국이 신자들에게는 열리고 불신자들에게는 닫히는 것입니다.

84문. 어떻게 천국이 거룩한 복음의 설교에 의해 열리고 닫힙니까?

대답. 그것은 이렇습니다. 그리스도의 명령에 따라 신자들 모두에게, 또한 각자에게 선포되고 공적으로 증거되는 것은 그들이 복음의 약속을 참된 믿음으로 받아들이기만 하면 참으로 그들의 모든 죄가 그리스도의 공로 덕분에 하나님에 의해 용서될 것이라는 [사실]입니다. 반대로 모든 불신자들과 위선자들에게 [선포되고 공적으로 증거되는 것은] 그들이 회개하지 않는 한 하나님의 진노와 영원한 저주가 그들 위에 놓이게 된다는 [사실]입니다. 이 복음증거에 따라 하나님께서는 금생과 내생 둘 다에서 심판하실 것입니다.

85문. 어떻게 천국이 기독교 권징에 의해 닫히고 열립니까?

대답. 그것은 이렇습니다. 기독교적인 이름으로 비기독교적인 교리와 행동을 취하는 자들이 몇 번에 걸쳐 형제적인 권면을 받았음에도 불구하고 자신들의 잘못과 과실로부터 멀어지지 않았을 경우, 교회 혹은 교회에 의해 세워진 자들은 그리스도의 명령에 따라 그들을 지적하되, 그들이 이러한 동일한 훈계에도 불구하고 여전히 돌아서지 않는다면 교회 직분자들에 의해 성찬이 금지됨으로써 기독교 공동체로부터 추방되고 하나님 자신에 의해 그리스도의 나라로부터 추방되는 것입니다. 그러나 그들이 참으로 나아질 것을 약속하고 실천하면 그리스도의 지체와 교회의 지체로 다시 받아들여질 것입니다.

86문. 우리가 우리의 비참함으로부터 구원을 받은 것은 우리의 어떤 공로도 없이 그리스도에 의해 은혜로 말미암아 된 것인데, 왜 우리는 선행을 해야 합니까?

대답. 그 이유는 그리스도께서 자신의 피로 우리를 구속하신 후에도 우리를 또한 그분의 성령을 통해 자신의 형상대로 새롭게 하시기 때문입니다. 그래서 우리는 우리의 온 삶을 다해 하나님께서 베푸신 선행(=호의)에 대해 그분께 감사를 드리고 하나님

께서는 우리를 통해 찬양을 받으시는 것입니다. 이후로도 [계속해서] 우리는 우리 스스로 우리의 믿음을 그 열매로 말미암아 확인하며 또한 우리의 경건한 행동으로 우리 이웃을 그리스도께로 인도하는 것입니다.

87문. 그렇다면 감사하지도 회개하지도 않은 자신의 길로부터 벗어나 하나님께로 돌이키지 않는 사람(=회심하지 않는 사람)은 구원받을 수 없습니까?

대답. 예, 그렇습니다. 왜냐하면 성경이 다음과 같이 말하기 때문입니다. "음행하는 자나 우상숭배하는 자나 간음하는 자나…… 도적이나……술 취하는 자나 모욕하는 자나 속여 빼앗는 자들은 하나님의 나라를 유업으로 받지 못하리라"(고전 6:9-10).

88문. 사람의 참된 회개나 회심에는 어떤 요소들이 있습니까?

대답. 두 가지가 있는데, 즉 옛 사람의 죽임(=옛 사람을 죽이는 것)과 새 사람의 살림(=새 사람을 살리는 것)입니다.

89문. 옛 사람을 죽이는 것이란 무엇입니까?

대답. 죄를 진심으로 뉘우치고 그것을 점점 더 미워하고 피하는 것입니다.

90문. 새 사람을 살리는 것이란 무엇입니까?

대답. 하나님 안에서 그리스도를 통해 마음의 기쁨을 누리며, 하나님의 뜻을 따라 모든 선행 가운데 살기를 좋아하고 사랑하는 것입니다.

91문. 그렇다면 선행이란 어떤 것입니까?

대답. 오직 그분을 영화롭게 하기 위해 하나님의 율법에 따라 참된 믿음으로부터 발생하는 것만이 [선행이며], 우리의 판단이나 인간의 전통에 근거한 것은 [선행이] 아닙니다.

92문. 주님의 율법이란 어떤 것입니까?

대답. 하나님이 이 모든 말씀으로 말씀하여 이르시되,

제1계명: 나는 너를 애굽 땅, 종 되었던 집에서 인도하여 낸 네 하나님 여호와니라. 너는 나 외에는 다른 신들을 네게 두지 말라.

제2계명: 너를 위하여 새긴 우상을 만들지 말고, 또 위로 하늘에 있는 것이나, 아래로 땅에 있는 것이나, 땅 아래 물 속에 있는 것의 어떤 형상도 만들지 말며, 그것들에게 절하지 말며, 그것들을 섬기지 말라. 나 네 하나님 여호와는 질투하는 하나님인즉 나를 미워하는 자의 죄를 갚되 아비로부터 아들에게로 삼사 대까지 이르게 하거니와, 나를 사랑하고 내 계명을 지키는 자에게는 천 대까지 은혜를 베푸느니라.

제3계명: 너는 네 하나님 여호와의 이름을 망령되게 부르지 말라. 여호와는 그의 이름을 망령되게 부르는 자를 죄 없다 하지 아니하리라.

제4계명: 안식일을 기억하여 거룩하게 지키라. 엿새 동안은 힘써 네 모든 일을 행할 것이나, 일곱째 날은 네 하나님 여호와의 안식일인즉, 너나 네 아들이나, 네 딸이나, 네 남종이나, 네 여종이나, 네 가축이나, 네 문 안에 머무는 객이라도 아무 일도 하지 말라. 이는 엿새 동안에 나 여호와가 하늘과 땅과 바다와, 그 가운데 모든 것을 만들고 일곱째 날에 쉬었음이라. 그러므로 나 여호와가 안식일을 복되게 하여 그날을 거룩하게 하였느니라.

제5계명: 네 부모를 공경하라. 그리하면 네 하나님 여호와가 네게 준 땅에서 네 생명이 길리라.

제6계명: 살인하지 말라.

제7계명: 간음하지 말라.

제8계명: 도둑질하지 말라.

제9계명: 네 이웃에 대하여 거짓 증거하지 말라.

제10계명: 네 이웃의 집을 탐내지 말라. 네 이웃의 아내나, 그의 남종이나, 그의 여종이나, 그의 소나, 그의 나귀나, 무릇 네 이웃의 소유를 탐내지 말라.

93문. 이러한 계명들은 어떻게 나누어집니까?

대답. 두 판으로 [나누어지는데], 그 가운데 네 개의 계명으로 된 첫째 판은 우리가 하나님에 대해 어떤 자세를 취해야 하는지를 가르치고, 여섯 개의 계명으로 된 둘째 판은 우리 이웃에 대한 의무가 무엇인지를 가르칩니다.

94문. 주님께서 제 1계명에서는 무엇을 원하십니까?

대답. 내 영혼의 구원과 지복을 상실하지 않으려면(=라틴어 번역: 내 영혼의 구원이 값진 것이기 때문에) 나는 모든 우상숭배와 마술, 미신적인 주문, 성인이나 다른 피조물들에 대한 기도 등을 멀리하고 피해야 합니다. 그리고 나는 참되신 한 분 하나님만을 바르게 알아야 하고, 그분만을 신뢰해야 하며, 오직 그분으로부터만 오는 선한 것들을 모든 겸손과 인내로써 기대해야 하고, 전심으로 그분을 사랑하고 두려워하고 공경해야 합니다. 그래야 나는 아무리 사소한 것일지라도 그분의 뜻을 거슬러 행하기보다는 오히려 만물을 포기할 것입니다.

95문. 우상숭배란 무엇입니까?

대답. 그것은(=우상숭배란) 참되신 한 분 하나님, 즉 그분의 말씀을 통하여 자신을 계시하신 하나님을 대신하여 그분 곁에 다른 무엇을 나란히 두거나 가짐으로써 인간이 그것을 신뢰하는 것입니다.

96문. 하나님께서 제2계명에서는 무엇을 원하십니까?

대답. 우리가 어떤 방법으로도 하나님을 형상화하지 말아야 하고, 또한 하나님께서 자신의 말씀에서 명령하신 것과 다른 그 어떤 방법으로도 그분을 숭배하지 말아야 한다는 것입니다.

97문. 그렇다면 어떤 형상도 만들지 말아야 합니까?

대답. 하나님은 결코 형상화될 수도 없고 되어서도 안 됩니다. 비록 피조물들이 형상화될 수는 있겠지만, 인간이 그것을 경배하거나 그것으로 하나님을 섬길 목적으로 그와 같은 형상을 만드는 것과 가지는 것에 대해서는 하나님께서 금하셨습니다.

98문. 하지만 그 형상들이 교회에서 평신도용 교재로도 허용될 수 없다는 겁니까?

대답. 그렇습니다. 왜냐하면 우리가 하나님보다 더 현명하려고 해서는 안 되기 때문입니다. 이 하나님은 자신의 모든 그리스도인들을 말 못하는 우상에 의해서가 아니라 자신의 말씀에 대한 살아 있는 설교로 교육하기를 원하셨던 분이십니다.

99문. 제3계명은 무엇을 요구합니까?

대답. 우리가 저주나 거짓 맹세뿐만 아니라 불필요한 맹세로 하나님의 이름을 모독하거나 오용하지 말아야 하고, 또한 침묵과 방관으로 그러한 무서운 죄들에 동참해서도 안 된다는 것입니다. 요약하자면, 우리는 오직 두려움과 경외심만으로 하나님의 거룩한 이름을 사용해야 한다는 것인데, 이 [두려움과 경외심]이란 우리가 그분을 바르게 고백하고 그분께 바르게 기도하며 우리의 모든 말과 행위 가운데 그분을 찬양하는 수단입니다.

100문. 그렇다면 맹세와 저주로써 하나님의 이름을 모독하는 것이, 이런 일을 막고 금하도록 돕지 않은 사람들에게도 하나님께서 화를 내실만큼 그렇게 심각한 죄라는 말입니까?

대답. 정말 그렇습니다. 그분의 이름을 모독하는 것보다 더 큰 죄는 없으며 또한 하나님께서 그것보다 더 과격하게 분노하시는 것은 없기 때문입니다. 그러므로 하나님께서는 그 죄를 사형으로 처벌하라고 명령하셨습니다.

101문. 그렇지만 하나님의 이름으로 맹세하는 것은 가능합니까?

대답. 그렇습니다. 그것이 하나님의 영광과 이웃의 안녕을 위해 충성과 진실을 보존하고 증진하는 수단으로써 정부가 백성에게 요구하거나 필요할 경우에는 가능합니다. 왜냐하면 이렇게 맹세하는 것은 하나님의 말씀에 기초되어 있고 구약과 신약의 성도들에 의하여 정당하게 사용되기 때문입니다.

102문. 성인들이나 다른 피조물들로 맹세하는 것도 가능합니까?

대답. 안됩니다. 왜냐하면 정당한 맹세란 하나님께 호소하는 것인데, 진리의 유일한 참 통달자이신 하나님께서 증거를 제시하실 것이요, 내가 거짓으로 맹세할 경우에는 나를 징벌하실 것이기 때문입니다. [따라서] 그런 영광은 어떤 피조물에게도 해당되지 않기 때문입니다.

103문. 하나님께서 제4계명에서는 무엇을 원하십니까?

대답. 하나님께서 원하시는 것은 첫째, 설교사역과 교육하는 일이 유지되는 것과 특히 축일에는 내가 열심히 하나님의 교회에 나아가 하나님의 말씀을 배우고 성례에 참여하고 주님께 공적으로 기도하고 기독교적인 자선을 베푸는 것입니다. 둘째, 내가 내 생애의 모든 날들을 나의 악한 행위들로부터 해방시키는 것과 주께서 주의 성령을 통해 내 속에서 일하시도록 하는 것이며 이생에서 영원한 안식을 시작하는 것입니다.

104문. 하나님께서 제5계명에서는 무엇을 원하십니까?

대답. 내가 내 아버지와 어머니, 그리고 모든 윗분들께 모든 공경과 사랑과 신뢰를 나타내어야 한다는 것과, 모든 선한 가르침과 징계에 마땅한 순종으로 나를 복종시켜야 한다는 것과, 또한 그들의 결점에 대해서는 인내해야 한다는 것입니다. 왜냐하면 하나님께서는 그들의 손을 통해 우리를 다스리기를 원하시기 때문입니다.

105문. 하나님께서 제6계명에서는 무엇을 원하십니까?

대답. 내가 나 자신이나 다른 사람을 통해 생각으로든, 말이나 몸짓으로든, 더욱이 행동으로든, 내 이웃을 비방하거나 증오하거나 모욕하거나 살인하지 않아야 한다는 것, 뿐만 아니라 모든 복수심을 버려야 한다는 것, 또한 나 자신을 해치거나 위험에 빠뜨려서도 안 된다는 것입니다. 그러므로 정부도 살인을 방지하기 위해 칼을 가지고 있는 것입니다.

106문. 그렇다면 이 계명은 오직 살인에 대해서만 언급하는 것이 아닙니까?

대답. 하나님께서 살인 금지를 통해 우리에게 가르치기를 원하시는 것은 하나님이 시기심과 증오와 분노와 복수심과 같은 살인의 뿌리를 미워하신다는 것과 이 모든 것들이 그분께는 숨겨진 살인이라는 것입니다.

107문. 언급된 것처럼 우리가 우리의 이웃을 살인하지 않는 것만으로 충분하다는 것입니까?

대답. 아닙니다. 하나님께서는 시기심과 증오와 분노를 정죄하심으로써 우리가 우리의 이웃을 나 자신처럼 사랑할 것과, 인내와 화평과 온유와 자비와 친절로 그들을 대할 것과, 가능한 한 그들이 피해를 당하지 않도록 할 것과, 우리의 원수들에게도 선을 베풀 것을 우리에게 요구하십니다.

108문. 제7계명은 무엇을 요구합니까?

대답. 모든 부정한 것은 하나님에 의해 저주되어진다는 것과, 따라서 우리는 그것들을 진심으로 미워해야 하고 순결하게 절제하며 살아야 한다는 것인데, 이것은 거룩한 결혼 관계 속에서나 밖에서나 마찬가지입니다.

109문. 하나님께서 이 계명에서는 간통과 이런 종류의 과오들 외에 더 이상 아무것도 금하지 않습니까?

대답. 우리의 몸과 영혼이 모두 성령의 전이기 때문에, 하나님께서는 우리가 그 둘 모두를 순전하고 거룩하게 지키기를 원하십니다. 그래서 하나님께서는 모든 부정한 행동들과 몸짓들과 말들과 생각들과 욕망을 금하시고 그것을 향해 사람의 호기심을 유발할 수 있는 것도 금하십니다.

110문. 하나님께서 제8계명에서는 무엇을 금하십니까?

대답. 하나님께서는 정부가 처벌하는 도둑질과 강도짓만 금하신 것이 아닙니다. 뿐만 아니라 하나님께서는 우리 이웃의 재산을 우리의 것으로 삼으려는 생각으로 하는 모든 악한 속임수와 간계도 역시 도둑질이라고 말씀하십니다. 이것은 폭력을 수반하거나 정당성을 가장하기도 하는데, 부당한 저울이나 자, 되, 사기, 위조, 폭리 혹은 하나님께서 금하신 모든 수단들이 바로 그런 것입니다. 이런 것들을 불러일으키는 모든 탐욕과 자신의 은사를 무익하게 낭비하는 것도 역시 [도둑질이라고 말씀하십니다.]

111문. 이 계명에서 하나님께서는 당신에게 무엇을 명령하십니까?

대답. 내가 할 수 있고 해도 되는 곳에서 내 이웃의 유익들을 증진시키되, 사람들이 내게 대접해 주기를 원하는 만큼 그렇게 하고, 내가 가난한 자들에게 그들의 필요를 도울 수 있도록 성실하게 일하는 것입니다.

112문. 제9계명은 무엇을 요구합니까?

대답. 내가 누구에게도 거짓 증언을 해서는 안 된다는 것입니다. 즉 누구의 말도 왜곡하지 않아야 한다는 것입니다. 결코 흠담하는 자와 중상하는 자가 되지 말아야 한다는 것입니다. 아무도 판단하지 말고 경솔하게 정죄하는 일에 동조하지 말아야 한다는 것입니다. 뿐만 아니라 마귀의 고유한 일인 온갖 거짓과 속임수를 피해야 하는데, 여기에는 하나님의 무서운 진노가 임하기 때문입니다. 재판하는 일과 다른 모든 일에 있어서 진실을 사랑하고 정직하게 말하고 고백해야 한다는 것입니다. 또한 능력껏 내 이웃의 명예와 위신을 보호하고 증진시켜야 합니다.

113문. 제10계명은 무엇을 요구합니까?

대답. 아무리 사소한 욕망이나 생각도 하나님의 어떤 계명에 반대되는 것이라면 결단코 우리의 마음에 들어오지 못하게 해야 할 뿐만 아니라, 온 마음으로 그 모든 죄들을 미워해야 하고 모든 의를 기뻐해야 한다는 것입니다.

114문. 그런데 하나님께로 돌이킨 사람들은 저 계명들을 온전히 지킬 수 있습니까?

대답. 아닙니다. 가장 거룩한 사람들이라도 그들이 이생에 있는 동안에는 단지 이러한 순종을 겨우 시작할 뿐입니다. 그럼에도 불구하고 그들은 하나님의 계명 가운데 두세 개만 아니라, 계명 전부를 따라 살기 위해 열정적인 뜻을 품고 출발하는 것입니다.

115문. 그렇다면 이생에서는 아무도 저 십계명을 지킬 수 없음에도 불구하고, 왜 하나님께서는 우리에게 저 십계명을 그토록 엄중히 선포하도록 하십니까?

대답. 첫째 [이유는] 이 십계명으로 인해 우리가 우리 평생에 점차 우리의 죄악 된 성품을 더 잘 깨닫게 되고, 그럴수록 더욱더 열심히 그리스도 안에 있는 죄 용서와 의를 추구하게 되는 것입니다. 둘째 [이유는] 우리가 끊임없이 전심전력하고 하나님께 성령의 은혜를 간구하는 것인데, 이 결과 우리는 이생에서 완전이라는 목표에 도달할 때까지 점점 더 하나님의 형상으로 새로워져 가게 됩니다.

116문. 왜 그리스도인에게 기도가 필요합니까?

대답. 왜냐하면 기도가 하나님께서 우리에게 요구하시는 감사의 가장 주요 부분이기 때문입니다. 그리고 하나님께서 자신의 은혜와 성령을 베푸시되, 진정한 탄식으로 끊임없이 기도하고 또한 그것을 위해 하나님께 감사하는 자들에게만 베풀기를 원하시기 때문입니다.

117문. 어떤 것이 하나님께서 기뻐하시고 들어주시는 그런 기도에 속합니까?

대답. 첫째, 우리가 오직 참되신 한 분 하나님께만, 즉 자신의 말씀을 통해 우리에게 자신을 계시하신 하나님께만 모든 것, 즉 하나님께서 우리에게 기도하라고 명령하신 그 모든 것을 진심으로 간구하는 것입니다. 둘째, 우리는 하나님의 위엄 앞에 겸손하기 위해 우리의 부족함과 비참함을 바르게 근본적으로 인정하는 것입니다. 셋째, 하나님께서는 우리가 무가치하다는 것을 개의치 않으시고 자신의 말씀을 통해 약속

하신 것처럼, 주 그리스도 덕분에 친히 우리의 기도를 들어주기를 원하신다는 이 확실한 근거를 우리가 가지고 있다는 것입니다.

118문. 하나님께서 자신에게 기도하도록 우리에게 명령하신 것은 무엇입니까?

대답. [그것은] 모든 영적이고 육적인 필요인데, 이것은 주 그리스도께서 우리에게 친히 가르쳐 주신 그 기도에 포함시키신 것입니다.

119문. 바로 그 기도(=주님께서 가르쳐 주신 기도)의 내용은 어떤 것입니까?

대답. 하늘에 계신 우리 아버지, 아버지의 이름을 거룩하게 하시며, 아버지의 나라가 오게 하시며, 아버지의 뜻이 하늘에서와 같이 땅에서도 이루어지게 하소서. 오늘 우리에게 일용할 양식을 주시고, 우리가 우리에게 잘못한 사람을 용서하여 준 것같이 우리 죄를 용서하여 주시고 우리를 시험에 빠지지 않게 하시고, 악에서 구하소서. 나라와 권능과 영광이 영원히 아버지의 것입니다. 아멘.

120문. 그리스도께서는 왜 하나님을 "우리 아버지"라고 부르도록 우리에게 명령하셨습니까?

대답. 그것은 그리스도께서, 우리가 기도를 시작할 때, 하나님께 대한 자녀다운 경외심과 신뢰를 우리 속에 불러일으키도록 하기 위해서인데, 이 [경외심과 신뢰]가 우리 기도의 기초이어야 합니다. 즉 하나님께서 그리스도를 통해 우리의 아버지가 되시도록 하기 위해, 또한 우리가 그분께 믿음으로 구하기 때문에 그분은 우리의 부친들이 우리에게 지상의 것을 거절하시는 것보다 훨씬 적게 거절하기를 원하시도록 하기 위해서입니다.

121문. 왜 "하늘에 계신"이란 말이 첨가되었습니까?

대답. 우리가 하나님의 천상적인 위엄을 지상적인 것으로 생각하지 않도록 하기 위해서, 또한 영혼과 육체의 모든 필요가 그분의 전능에 달린 것으로 기대하도록 하기 위해서입니다.

122문. 첫 번째 간구는 무엇입니까?

대답. "아버지의 이름을 거룩하게 하시며"입니다. 즉 이것은

우리에게 다음과 같은 뜻입니다. 첫째, 우리가 하나님을 바르게 인식하게 해 달라는 [간구]요, 우리가 그분의 전능과 지혜와 선하심과 의와 자비와 진리가 빛나는 하나님의 모든 일들을 통해 하나님을 거룩히 여기고 찬송하며 찬양하게 해 달라는 [간구]입니다. 또한 둘째, 우리가 우리의 모든 인생과 생각들과 말들과 일들을 바르게 세우도록 하셔서 그분의 이름이 우리로 말미암아 더럽히지 않고, 오히려 영광 받고 찬양 받을 수 있게 해 달라는 [간구]입니다.

123문. 두 번째 간구는 무엇입니까?

대답. "아버지의 나라가 오게 하시며"입니다. 즉 이것은 우리가 점점 더 주님께 복종하도록 우리를 주의 말씀과 성령으로 다스려 달라는 [간구]요, 주의 교회를 보존하시고 부흥시켜 달라는 [간구]입니다. 그리고 마귀의 활동과, 주님을 대항하는 모든 권세와, 주의 거룩한 말씀을 대항하여 날조된 모든 악한 모의들을 쳐부수어 달라는 [간구]입니다. 이것은 주의 완전한 나라가 다시 임하여 주님께서 만유 안에 계신 만유가 되실 때까지 [그러기를 바라는 간구입니다].

124문. 세 번째 간구는 무엇입니까?

대답. "아버지의 뜻이 하늘에서와 같이 땅에서도 이루어지게 하소서."입니다. 즉 우리와 모든 사람들이 자신의 뜻을 포기하고 아무런 불평 없이 주님의 선한 뜻만 따르도록 해 달라는 것인데, 이것은 각자가 마치 하늘에 있는 천사처럼, 자신의 직분과 소명을 기꺼이 그리고 성실하게 이행하기 위해서입니다.

125문. 네 번째 간구는 무엇입니까?

대답. "오늘 우리에게 일용할 양식을 주시고"입니다. 즉 육신에 필요한 모든 것으로 우리를 보살펴 주시기를 원하는 것입니다. 그렇기 때문에 이 [간구]로 말미암아 우리가 깨닫게 되는 것은 주께서 모든 선함의 근원이시라는 [사실]과 주께서 복을 베푸시지 않으면 우리의 염려와 노력도, 주의 은사들도 우리에게 헛되다는 [사실]입니다. 그리하여 우리가 우리의 신뢰를 모든 피조물에게서 제거하고 오직 주님께만 두려는 것입니다.

126문. 다섯 번째 간구는 무엇입니까?

대답. "우리가 우리에게 잘못한 사람을 용서하여 준 것같이 우리 죄를 용서하여 주시고"입니다. 즉 이것은 그리스도의 피로 인해, 우리의 모든 범죄와 아직도 끊임없이 우리에게 붙어있는 죄악들을 가련한 죄인들이요, 악한 자들인 우리에게 돌리지 마시기를 원하는 것입니다. 마치 우리도 역시 주의 은혜에 대한 이러한 증거를 우리 속에서 발견하여 우리의 이웃을 진심으로 용서하는 것이 우리의 온전한 결단이 되는 것처럼!

127문. 여섯 번째 간구는 무엇입니까?

대답. "우리를 시험에 빠지지 않게 하시고 악에서 구하소서!"입니다. 즉 이것은 우리가 우리 자신으로는 너무나 연약하여 단 한순간도 서 있을 수 없다는 것과 게다가 우리의 공적인 적인 마귀와 세상, 그리고 우리 자신의 육신도 우리를 공격하는 일을 멈추지 않는다는 것 때문에, 주의 성령의 능력으로 우리를 지켜 주시고 강하게 해 주시길 원하는 것입니다. 이로 말미암아 우리는 마침내 승리를 완전하게 소유할 때까지, 우리가 그것들에 대하여 확고하게 저항할 수 있고 이 영적 싸움에서 패배하지 않을 수 있습니다.

128문. 당신은 이 기도를 어떻게 마무리하십니까?

대답. "나라와 권능과 영광이 영원히 아버지의 것입니다."입니다. 즉 그러므로 우리가 주님께 기도하는 그 모든 것은 주께서 우리의 왕이시며 만물의 창조자로서 우리에게 모든 선한 것을 베푸시길 원하시고 또 베푸실 수 있다는 것으로 인해 우리가 아니라, 주의 거룩한 이름이 영원토록 찬양 받아 마땅하다는 것입니다.

129문. "아멘"이라는 단어가 의미하는 것은 무엇입니까?

대답. "아멘"이란 "그것은 반드시 진실하고 확실합니다."라는 뜻입니다. 그렇다면 이것은 내가 그러한 것들을 하나님께 간절히 바라는 열망을 내 마음으로 느끼는 것보다 더 확실하게 하나님께서 내 기도를 들으신다는 [뜻]입니다.

저자 임경근

고려신학대학원을 졸업한 후 네덜란드에서 개혁신학을 공부(Drs. Th. D)한 후 한국에 들어와, 샘물기독학교에서 기독교 교육에 몸담았다. 기독교 학교의 기초와 실제를 다룬 『기독교 학교 이야기』를 저술했다.

네 명의 자녀를 홈스쿨링으로 교육하면서 성품 교육에 많은 경험을 쌓았다. 그리고 수 권의 가정예배서 『교리와 함께하는 365 가정예배』, 『365 교리 묵상』, 『콕 집어 알려주는 가정예배 가이드』를 저술했으며, 전공을 살려 교회사 책 『세계 교회사 걷기』, 『한국 교회사 걷기』도 출간했다. 그리고 『easy 성경통독(구약)』, 『easy 성경통독(신약)』을 엮어 개혁신앙으로 성경 읽기를 시도하고 있으며, 하나님의 형상인 성품을 회복을 위한 책 『성품 − 하나님의 형상을 찾아서』를 출간했다. 번역서로는 헤르만 바빙크의 『믿음의 확신』과 아브라함 카이퍼의 『반혁명 국가학』이 있다.

고신대, 고려신학대학원, 백석대학교 대학원에서 후학들을 가르쳤고, 지금은 다우리교회를 개척하여 목회 현장에서 사역하고 있다.